莊子集釋

● 〔晉〕郭象　注
● 〔唐〕陸德明　釋文
● 〔唐〕成玄英　疏
● 〔清〕郭慶藩　集釋

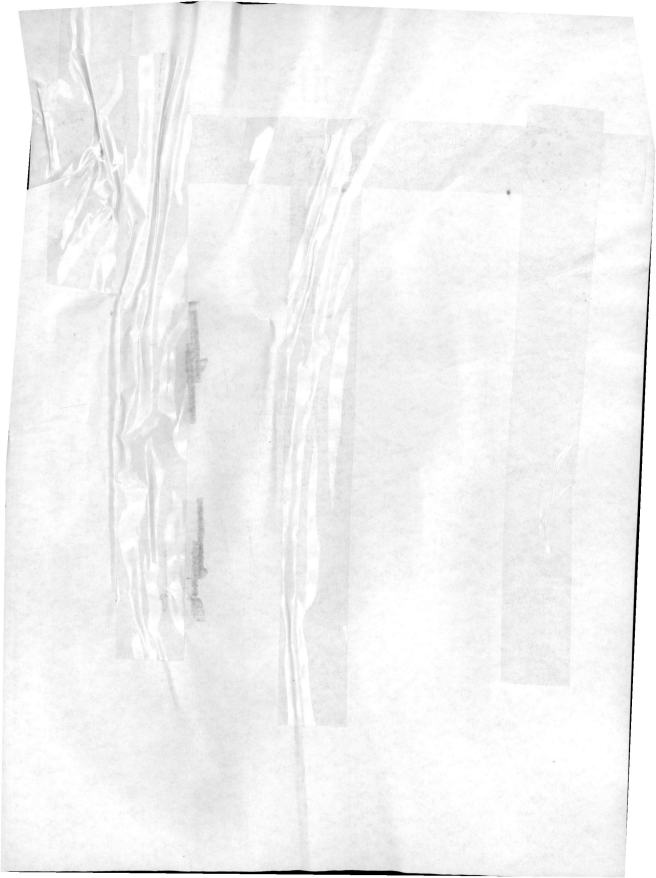

編輯人語

長久以來，對於經常被拘束、固限在傳統生存方式與價值觀的中國知識分子們來說，莊子的思想提供了一種超然物外的想像與可能。

歷代注解詮釋《莊子》者，最著名的莫過於西晉郭象。郭氏以玄學注《莊》，認為莊子學說本質是內聖外王之道，而詮釋的方式必須「要其會歸而遺其所寄」，把握精神本質，但表達手法可以超越。學界普遍認為郭象是以《莊子》為基礎，提出個人的哲學思想。而郭象對於莊子學說的另一個重要貢獻在於整理《莊子》全文。按《史記》所載，《莊子》原書十餘萬字，而今日我們所讀，三十三篇，共計七萬多字的《莊子》，應該為郭象所編。

郭象之後，注《莊子》者不下數十家，唐代成玄英深諳儒學與佛法，以佛法解《莊》，與郭象注解方向截然不同，各勝擅場，頗有相互發明之妙。

本書作者為清末學者郭慶藩，全書收錄西晉郭象注、唐朝成玄英的疏及陸德明於《經典釋文》中的《莊子》音義，並同時摘引清代著名學者如王念孫、俞樾等人的訓詁考證內容與盧文弨的校勘，同時陳述自己（與叔父郭嵩燾）的意見，內容完備，被視為近代《莊子》訓詁考據的大成之作。

初唐時訓詁學家陸德明，考證古音，辨別訓義，以「精研六典，採納九流，搜訪異同，校之《蒼》、《雅》」為原則，編纂《經典釋文》一書，其中收錄《莊子》在內十四部文獻，為歷代學者所推崇。

此外，郭氏所生存的年代，正逢清末內憂外患、風雨飄搖之際，他投身宦海，講求實

務，重視工業發展，可說是當時實務改革派的一員。

而郭氏於《莊子集釋》中想表達的觀點，不侷限追求個人超脫的精神境界，更強調與時俱進的變化性和適應性，將莊子的思想從形而上的精神追求，帶入了形而下的生活落實中，更具包容力，並與時代接軌。郭氏成書距今雖已超過百年，但重要性不減，為今日《莊子》研究者所必讀。

陳名珉（商周出版編輯）

目錄

莊子集釋

《莊子集釋》序

【清】王先謙

郭君子瀟為《莊子集釋》成，以授先謙讀之，而其年適有東夷之亂，作而歎曰：莊子其有不得已於中乎！夫其遭世否塞，拯之末由，神彷徨乎馮閎，驗小大之無垠，究天地之終始，懼然而為是言也。

騶衍曰：「儒者所謂中國，於天下乃八十一分居其一分耳。赤縣神州外自有九州，裨海環之，大瀛海環其外。」惠施曰：「我知天下之中央，燕之北，越之南是也。」而莊子稱之，亦言儵與忽鑿混沌死，其說若豫覩將來而推厥終極，亦異人矣哉！

子貢為挈水之橰，而漢陰丈人笑之。今之機械機事，倍於橰者相萬也。使莊子見之，奈何？蠻觸氏爭地於蝸角，伏尸數萬。今之蠻觸氏不知其幾也，而莊子奈何？

是故以黃帝為君而有蚩尤，以堯為君而有叢枝、宗、膾、胥敖。黃帝、堯非好事也，然而欲虛其國，刑其人，其不能以虛靜治，決矣。彼莊子者，求其術而不得，將遂獨立於寥闊之野，以幸全其身而樂其生，烏足及天下！

且其書嘗暴著於後矣。晉演為玄學，無解於胡羯之氛；唐尊為真經，無救於安史之禍。徒以藥世主淫侈，澹末俗利欲，庶有一二之助焉。

而其文又絕奇，郭君愛翫之不已，因有集釋之作，附之以文，益之以博。使莊子見之，得毋曰「此猶吾之糟粕」乎？雖然，無迹奚以測履，無糟粕奚以觀於古美矣！郭君於是書為副墨之子，將群天下為洛誦之孫已夫！

光緒二十年歲次甲午冬十二月，長沙愚弟王先謙謹撰。

《莊子》序

【西晉】郭象

夫莊子者，可謂知本矣，故未始藏其狂言，言雖無會而獨應者也。夫應而非會，則雖當無用；言非物事，則雖高不行；與夫寂然不動，不得已而後起者，固有間矣，斯可謂知無心者也。夫心無為，則隨感而應，應隨其時，言唯謹爾。故與化為體，流萬代而冥物，豈曾設對獨遘而游談乎方外哉！此其所以不經而為百家之冠也。

然莊生雖未體之，言則至矣。通天地之統，序萬物之性，達死生之變，而明內聖外王之道，上知造物無物，下知有物之自造也。其言宏綽，其旨玄妙。至至之道，融微旨雅；泰然遣放，放而不敖。故曰不知義之所適，猖狂妄行而蹈其大方；含哺而熙乎澹泊，鼓腹而游乎混芒。至仁極乎無親，孝慈終於兼忘，禮樂復乎已能，忠信發乎天光。用其光則其朴自成，是以神器獨化於玄冥之境而源流深長也。

故其長波之所蕩，高風之所扇，暢乎物宜，適乎民願。弘其鄙，解其懸，灑落之功未加，而矜夸所以散。故觀其書，超然自以為已當，經崑崙，涉太虛，而游惚怳之庭矣。雖復貪婪之人，進躁之士，暫而攬其餘芳，味其溢流，彷彿其音影，猶足曠然有忘形自得之懷，況探其遠情而玩永年者乎！遂綿邈清遐，去離塵埃而返冥極者也。

《經典釋文》序錄——《莊子》 【唐】陸德明

莊子者，姓莊，名周（太史公云：字子休），梁國蒙縣人也。六國時，為漆園吏，與魏惠王、齊宣王、楚威王同時（李頤云：與齊愍王同時），齊楚嘗聘以為相，不應。時人皆尚遊說，莊生獨高尚其事，優遊自得，依老氏之旨，著書十餘萬言，以逍遙自然無為齊物而已；大抵皆寓言，歸之於理，不可案文責也。

然莊生弘才命世，辭趣華深，正言若反，故莫能暢其弘致；後人增足，漸失其真。故郭子玄云：「一曲之才，妄竄奇說，若〈閼弈〉、〈意脩〉之首，〈危言〉、〈游鳧〉、〈子胥〉之篇，凡諸巧雜，十分有三。」《漢書·藝文志》：「《莊子》五十二篇。」即司馬彪、孟氏所注是也。言多詭誕，或似《山海經》，或類《占夢書》，故注者以意去取。其〈內篇〉眾家並同，自餘或有〈外〉而無〈雜〉。惟子玄所注，特會莊生之旨，故為世所貴。徐仙民、李弘範作《音》，皆依郭本。今以郭為主。

崔譔《注》十卷，二十七篇（清河人，晉議郎。〈內篇〉七，〈外篇〉二十）。

向秀《注》二十卷，二十六篇（一作二十七篇，一作二十八篇，亦無〈雜篇〉）。為〈音〉三卷）。

司馬彪《注》二十一卷，五十二篇（字紹統，河內人，晉祕書監。〈內篇〉七，〈外篇〉二十八，〈解說〉三。為〈音〉三卷）。

郭象《注》三十三卷，三十三篇（字子玄，河內人，晉太傅主簿。〈內篇〉七，〈外篇〉十五，〈雜篇〉十一。為〈音〉三卷）。

李頤《集解》三十卷，三十篇（字景真，潁川襄城人，晉丞相參軍，自號玄道子。一作

三十五篇，為《音》一卷）。

孟氏《注》十八卷，五十二篇（不詳何人）。

王叔之《義疏》三卷（字穆口，琅邪人，宋處士。亦作注）。

李軌《音》一卷。

徐邈《音》三卷。

《莊子》序

【唐】成玄英

夫《莊子》者，所以申道德之深根，述重玄之妙旨，暢無為之恬淡，明獨化之窈冥，鉗揵九流，括囊百氏，諒區中之至教，實象外之微言者也。

其人姓莊，名周，字子休，生宋國睢陽蒙縣，師長桑公子，受號南華仙人。當戰國之初，降衰周之末，歎蒼生之業薄，傷道德之陵夷，乃慷慨發憤，爰著斯論。其言大而博，其旨深而遠，非下士之所聞，豈淺識之能究！

所言子者，是有德之嘉號，古人稱師曰子。亦言子是書名，非但三篇之總名，亦是百家之通題。所言〈內篇〉者，內以待外立名，篇以編簡為義。古者殺青為簡，以韋為編；編簡成篇，猶今連紙成卷也。故元愷云：「大事書之於策，小事簡牘而已。」〈內〉則談於理本，〈外〉則語其事迹。事雖彰著，非理不通；理既幽微，非事莫顯；欲先明妙理，故前標「內篇」。〈內篇〉理深，故每於文外別立篇目，郭象仍於題下即注解之，「逍遙」、「齊物」之類是也。自〈外篇〉以去，則取篇首二字為其題目，「駢拇」、「馬蹄」之類是也。

所言「逍遙遊」者，古今解釋不同。今汎舉紘綱，略為三釋。所言三者：

第一，顧桐柏云：「道者，銷也；遙者，遠也。銷盡有為累，遠見無為理。以斯而遊，故曰逍遙遊。」

第二，支道林云：「物物而不物於物，故逍然不我待；玄感不疾而速，故遙然靡所不為。以斯而遊天下，故曰逍遙。」

第三，穆夜云：「逍遙者，蓋是放狂自得之名也。至德內充，無時不適；忘懷應物，何

往不通！以斯而遊天下，故曰逍遙遊。」

〈內篇〉明於理本，〈外篇〉語其事迹，〈雜篇〉雜明於理事。〈內篇〉雖明理本，不無事迹；〈外篇〉雖明事迹，甚有妙理；但立教分篇，據多論耳。

所以〈逍遙〉建初者，言達道之士，智德明敏，所造皆適，遇物逍遙，故以逍遙命物。夫無待聖人，照機若鏡，既明權實之二智，故能大齊於萬境，故以〈齊物〉次之。既指馬蹄天地，混同庶物，心靈凝澹，可以攝衞養生，故以〈養生主〉次之。既善惡兩忘，境智俱妙，隨變任化，可以處涉人間，故以〈人間世〉次之。內德圓滿，故能支離其德，外以接物，既而隨物昇降，內外冥契，故以〈德充符〉次之。止水流鑑，接物無心，忘德忘形，契外會內之極，可以匠成庶品，故以〈大宗師〉次之。古之真聖，知天知人，與造化同功，即寂即應，既而驅馭群品，故以〈應帝王〉次之。〈駢拇〉以下，皆以篇首二字為題，既無別義，今不復次篇也。

而自古高士，晉漢逸人，皆莫不躭翫，為之義訓；雖注述無可間然，並有美辭，咸能索隱。玄英不揆庸昧，少而習焉，研精覃思三十矣。依子玄所注三十篇，輒為疏解，總三十卷。雖復詞情疏拙，亦頗有心迹指歸；不敢貽厥後人，聊自記其遺忘耳。

莊子集釋

莊子集釋　卷一上

內篇¹逍遙遊第一²

1.【釋文】內篇,內者,對外立名。《說文》:篇,書也。字從竹;從艸者草名耳,非也。

2.【注】夫小大雖殊,而放於自得之場,則物任其性,事稱其能,各當其分,逍遙一也,豈容勝負於其間哉!◎慶藩案劉義慶《世說新語·文學類》云:《莊子·逍遙篇》,舊是難處,諸名賢所可鑽味,而不能拔理於郭向之外。支道林在白馬寺中,將馮太常共語,因及〈逍遙〉。支卓然標新理於二家之表,立異義於眾賢之外,皆是諸名賢尋味之所不得,後遂用支理。劉孝標注云:向子期、郭子玄〈逍遙義〉曰:「夫大鵬之上九萬,尺鷃之起榆枋,小大雖差,各任其性,苟當其分,逍遙一也。然物之芸芸,同資有待,得其所待,然後逍遙耳。唯聖人與物冥而循大變,為能無待而常通。豈獨自通而已!又從有待者不失其所待,不失則同於大通矣。」支氏〈逍遙論〉曰:「夫逍遙者,明至人之心也。莊生建言大道,而寄指鵬鷃。鵬以營生之路曠,故失適於體外;鷃以在近而笑遠,有矜伐於心內。至人乘天正而高興,遊無窮於放浪。物物而不物於物,則遙然不我得;玄感不為,不疾而速,則逍然靡不適。此所以為逍遙也。若夫有欲當其所足,足於所足,快然有似天真,猶饑者一飽,渴者一盈,豈忘烝嘗於糗糧,絕觴爵於醪醴哉!苟非至足,豈所以逍遙乎!」此向郭之注所未盡。

【釋文】「逍」音銷,亦作消。「遙」如字,亦作搖。《說文》不收,作消搖者是也。《禮·檀弓》:消搖於門,《漢書·司馬相如傳》消搖乎襄羊,京山引《太玄·翕首》雖欲消搖,天不之茲,漢〈開母石闕〉則文燿以消搖,《文選》宋玉〈九辯〉聊消搖以相羊,《後漢·東平憲王蒼傳》消搖相羊,字並從水作消,從手作搖。唐釋湛然《止觀輔行傳弘決》引王叔夜云:消搖者,調暢逸豫之意。夫至理內足,無時不適;止懷應物,何往不通。以斯而遊天下,故曰消搖。又曰:理無幽隱,消然而當,形無鉅細,搖然而通,故曰消搖。解消搖義,視諸儒為長。「遊」如字。亦作游。逍遙遊者,篇名,義取閒放不拘,怡適自得。〈天下篇〉莊子自言其道術充實不可以已,上與造物者遊。首篇曰逍遙遊者,莊子用其無端崖之詞以自喻也。注謂小大雖殊,逍遙一也,似失莊子之恉。◎又案《文選》潘安仁〈秋興賦〉注引司馬彪云:言逍遙無為者能遊大道也。《釋文》闕。「夫小大」音符。「之場」

直良反。「事稱」尺證反。「各當」丁浪反。「其分」符問反。

北冥有魚，其名為鯤。鯤之大，不知其幾千里也[1]。化而為鳥，其名為鵬[2]。鵬之背，不知其幾千里也；怒而飛，其翼若垂天之雲[3]。是鳥也，海運則將徙於南冥。南冥者，天池也[4]。

1.【疏】溟，猶海也，取其溟漠無涯，故謂之溟。此大魚，欲明物性自然，故標為章首。《玄中記》云：東方有大魚焉，行者一日過魚頭，七日過魚尾；產三日，碧海為之變紅。故知大物生於大處，豈獨北溟而已。【釋文】「北冥」本亦作溟，覓經反，北海也。嵇康云：取其溟漠無涯也。梁簡文帝云：窅冥無極，故謂之冥。東方朔《十洲記》云：水黑色謂之冥海，無風洪波百丈。◎慶藩案慧琳《一切經音義·三十一·大乘入楞伽經卷二》引司馬云：溟，謂南北極也。去日月遠，故以溟為名也。《釋文》闕。「鯤」徐音昆，李侯溫反。崔譔云：鯤當為鯨，簡文同。◎慶藩案方以智曰：鯤本小魚之名，《魯語》魚禁鯤鮞，韋昭注：鯤，魚子也。張衡（西京賦）摴鯤鮞，薛綜注：鯤，魚子也。《說文》凡魚之子名鯤，段玉裁曰：魚子未生者曰鯤。鯤即卵字，許慎作卝字包之，古音讀如關，亦讀如昆。《禮·內則》濡魚卵醬，鄭讀卵若鯤。凡未出者曰卵，已出者曰子。鯤即魚子也。《釋文》引李頤云：鯤，大魚名也，崔譔、簡文並云鯤當為鯨，皆失之。莊子謂絕大之魚為鯤，此則齊物之寓言，所謂汪洋自恣以適己者也。

2.【注】鵬鯤之實，吾所未詳也。夫莊子之大意，在乎逍遙放，無為而自得，故極小大之致以明性分之適。達觀之士，宜要其會歸而遺其所寄，不足事事曲與生說。自不害其弘旨，皆可略之耳。【疏】夫四序風馳，三光電卷，是以負山岳而捨故，揚舟壑以趨新。故化魚為鳥，欲明變化之大理也。【釋文】「鵬」步登反。徐音朋。郭甫登反。崔音鳳，云：鵬即古鳳字，非來儀之瑞也。《說文》云：朋及鵬，皆古文鳳字也。朋鳥象形。鳳飛，群鳥從以萬數，故以朋為朋黨字。《字林》云：鵬，朋黨也，古以為鳳字。◎盧文弨曰：以朋舊作以鵬，今案文義改正。◎慶藩案《廣川書跋·寶穌鍾銘》、《通雅·四十五》並引司馬云：鵬者鳳也。《釋文》闕。「夫莊」音符。

發句之端皆同。「性分」符問反。下皆同。「達觀」古亂反。「宜要」一遙反。

3.【疏】魚論其大，以表頭尾難知；鳥言其背，亦示修短叵測。故下文云未有知其修者也。鼓怒翅翼，奮迅毛衣，既欲摶風，方將擊水。遂乃斷絕雲氣，背負青天，騫翥翱翔，凌摩霄漢，垂陰布影，若天涯之降行雲也。

【釋文】「垂天之雲」司馬彪云：若雲垂天旁。崔云：垂，猶邊也，其大如天一面雲也。

4.【注】非冥海不足以運其身，非九萬里不足以負其翼。此豈好奇哉？直以大物必自生於大處，大處亦必自生此大物，理固自然，不患其失，又何厝心於其間哉。

【疏】運，轉也。是，指斥也。即此鵬鳥，其形重大，若非海中運轉，無以自致高昇，皆不得不然，非樂然也。且形既遷革，情亦隨變。昔日為魚，涵泳北海；今時作鳥，騰翥南溟。雖復昇沉性殊，逍遙一也。亦猶死生聚散，所遇斯適，千變萬化，未始非吾。所以化魚為鳥，自北徂南者，鳥是凌虛之物，南即啟明之方；魚乃滯溺之蟲，北蓋幽冥之地。欲表向明背暗，捨滯求進，故舉南北鳥魚以示為道之逕耳。而大海洪川，非人所作，故曰天池也。

【釋文】「海運」司馬云：運，轉也。向秀云：非海不行，故曰海運。簡文云：運，徙也。◎慶藩案《玉篇》：運，行也。渾天儀云：天運如車轂，謂天之行不息也。此運字亦當訓行。莊子言鵬之運行不息於海，則將徙天池而休息矣（《說文》：徙，迻也。段注：乍行乍止而竟止，則逐其所矣）。下文引〈齊諧〉六月息之言可證。郭氏謂非冥海不足以運其身，《釋文》引司馬向秀之說，皆失之。「豈好」呼報反。下皆同。「大處」昌慮反。「何厝」七故反。本又作措。◎盧文弨曰：案《說文》：厝，屬石也；措，置也；俗多通用。今莊子注作措，與《說文》合。

〈齊諧〉者，志怪者也。〈諧〉之言曰：「鵬之徙於南冥也，水擊三千里，摶扶搖而上者九萬里[1]，去以六月息者也。[2]」野馬也，塵埃也，生物之以息相吹也[3]。天之蒼蒼，其正色邪？其遠而無所至極邪？其視下也，亦若是則已矣[4]。

1.【注】夫翼大則難舉，故摶扶搖而後能上，九萬里乃足自勝耳。既有斯翼，豈得決然而起，數仞而下哉！此皆不得不然，非樂然也。

【疏】姓齊，名諧，人姓名也。亦言書名也。齊國有此俳諧之書也。誌，記也。擊，打

也。摶，圜也，扶搖，旋風也。齊諧所著之書，多記怪異之事，莊子引以為證，明己所說不虛。大鵬既將適南溟，不可決然而起，所以舉擊兩翅，動蕩三千，踉蹌而行，方能離水。然後繚戾宛轉，鼓怒徘徊，風氣相扶，搖動而上。塗經九萬，時隔半年，從容志滿，適足而已，豈措情乎哉！

【釋文】「齊諧」戶皆反。「志怪」志，記也。怪，異也。一云，並云人姓名。簡文云書。◎俞樾曰：按下文諧之言曰，則當作人名為允。若是書名，不得但稱諧。

「水擊」崔云：將飛舉翼，擊水踉蹌也。踉，音亮。蹌，音七亮反。「摶」徒端反。司馬云：摶飛而上也。一音團。崔云：拊翼徘徊而上也。◎盧文弨曰：當云本一作摶，音博，陸氏於《考工記》之摶埴，亦云劉音博，不分別字體，非。司馬及崔音博，不分別字體，非。◎慶藩案慧琳《一切經音義·七十二》引司馬云：摶，猶動也。又《文選》江文通《雜體詩》注引司馬云：摶，圜也。扶搖，上行風也。圜飛而上行者若扶搖也。◎又案《說文》注引司馬曰：摶，圜也。圜飛而上若扶搖也。張景陽《七命》注、《御覽·九》及《御覽·九百二十七》、《初學記·一》並引司馬曰：扶搖，上行風也。諸書所引，互有異同，與《釋文》亦小異。《說文》：摶，以手圜之也。古借作專。《漢書·天文志》騎氣卑而布卒氣摶，如淳注：摶，專也。《爾雅》《釋文》摶下上倒，今據《爾雅》注改正。

「扶搖」徐音遙。（擅亦有專義）

「而上」時掌反。注同。「自勝」音升。下同。「決然」喜缺反。下同。「數仞」色主反。下同。「非樂」音嶽，又五孝反。

2.【注】夫大鳥一去半歲，至天池而息；小鳥一飛半朝，搶榆枋而止。此比所能則有間矣，其於適性一也。

【釋文】「搶」七羊反。「枋」音方。◎家世父曰：去以六月息，猶言乘長風也，與下時則不至而控於地對文。莊文多不能專於字句求之。

3.【注】此皆鵬之所憑以飛者耳。野馬者，游氣也。

【疏】《爾雅》云：邑外曰郊，郊外曰牧，牧外曰野。揚土曰塵，塵之細者曰埃。天地之間，生物氣息更相吹動以舉於鵬者也。夫四生雜沓，萬物參差，形性不同，資待宜異。故鵬鼓垂天之翼，託風氣以逍遙；蜩張決起之翅，搶榆枋而自得。斯皆率性而動，稟之造化，非有情於遐邇，豈措意於驕矜！體斯趣者，於何而語夸企乎！

【釋文】「野馬」司馬云：春月澤中游氣也。崔云：天地閒氣如野馬馳也。「塵埃」音哀。崔云：天地間氣

蓊鬱似塵埃揚也。「相吹」如字。◎慶藩案吹、炊二字古通用。《集韻》：炊，累動而升也。《荀子‧仲尼篇》可炊而僾也，本書〈在宥篇〉從容無為而萬物炊累焉，注並云：炊與吹同。◎又案莊生既言鵬之飛與息各適其性，又申言野馬塵埃皆生物之以息相吹，蓋喻鵬之純任自然，亦猶野馬塵埃之累動而升，無成心也。郭氏謂鵬之所馮以飛者，疑誤。「所馮」皮冰反。本亦作憑。◎盧文弨曰：今注作憑，改正。

4.【注】今觀天之蒼蒼，竟未知便是天之正色邪，天之為遠而無極邪。鵬之自上以視地，亦若人之自地視天。則止而圖南矣，言鵬不知道里之遠近，趣足以自勝而逝。【疏】仰視圓穹，甚為迢遞，碧空高遠，算數無窮，蒼蒼茫昧，豈天正色！然鵬處中天，人居下地，而鵬之俯視，不異人之仰觀。人既不辨天之正色，鵬亦詎知地之遠近！自勝取足，適至南溟，鵬之圖度，止在於是矣。【釋文】「色邪」餘嗟反，助句不定之辭。後放此。◎盧文弨曰：舊也嗟反，今據《易》釋文正。

且夫水之積也不厚，則其負大舟也無力。覆杯水於坳堂之上，則芥為之舟；置杯焉則膠，水淺而舟大也¹。風之積也不厚，則其負大翼也無力。故九萬里，則風斯在下矣²，而後乃今培風；背負青天而莫之夭閼者，而後乃今將圖南³。

1.【注】此皆明鵬之所以高飛者，翼大故耳。夫質小者所資不待大，則質大者所用不得小矣。故理有至分，物有定極，各足稱事，其濟一也。若乃失乎忘生之生而營生於至當之外，事不任力，動不稱情，則雖垂天之翼不能無窮，決起之飛不能無困矣。【疏】且者假借，是聊略之辭。夫者開發，在語之端緒。積，聚也。厚，深也。杯，小器也。坳，污陷也，謂堂庭坳陷之地也。芥，草也。膠，黏也。此起譬也。夫翻覆一杯之水於坳污堂地之間，將草葉為舟，則浮汎靡滯；若還用杯為舟，理必不可。何者？水淺舟大，則黏地不行故也。是以大舟必須深水，小芥不待洪流，苟其大小得宜，則物皆逍遙。【釋文】「且夫」音符。「覆」芳服反，「杯」崔本作盃。「坳堂」於交反，又烏了反，李又伊九反，李云：塗地令平。支遁云：謂有坳垤形也。「芥」吉邁反，徐古邁反，一音古黠反。李云：小草也。「則膠」徐，李古孝反，一音如字。崔云：膠著地也。李云：黏也。「稱

事〕尺證反。後同。「其濟」子細反，本又作齊，如字。「之生」本亦作主字。「至當」丁浪反。後皆同。

2.〔疏〕此合喻也。夫水不深厚，則大舟不可載浮；風不崇高，大翼無由淩霄漢。是以小鳥半朝，決起搶榆之上；大鵬九萬，飄風鼓扇其下也。

3.〔注〕夫所以乃今將圖南者，非其好高而慕遠也，風不積則夭閼不通故耳。此大鵬之逍遙也。〔疏〕培，重也。夭，折也。閼，塞也。初賴扶搖，故能昇翥，重積風吹，然後飛行。既而上負青天，下乘風脊，一淩霄漢，六月方止。網羅不逮，畢弋無侵，折塞之禍，於何而至！良由資待合宜，自致得所，逍遙南海，不亦宜乎！〔釋文〕「而後乃今培」音裴，重也。徐扶杯反，又父幸反，三音扶北反。本或作陪，非。「風」絕句。◎慶藩案王念孫曰：培之言馮也。馮，乘也（見《周官》馮相氏注）。風在鵬下，故言負；鵬在風上，故言馮。必九萬里而後在風之上，在風之上而後能馮風，故曰而後乃今培風。若訓培為重，則與上文了不相涉矣。馮與培，聲相近，故義亦相通。《漢書‧周繻傳》更封繻為剻城侯，顏師古曰：剻，呂忱音陪。之部之音與蒸部相近，故陪馮聲亦相近。〔注〕背負青天，而莫之夭閼者，而後乃今將圖南。〔疏〕陪馮聲相近，是其證也（馮字古音在蒸部，陪字古音在之部。之部之音與蒸部相近，故陪馮聲亦相近。《漢書‧文帝紀》注引晉灼曰：陪，輔也。張晏注《百官公卿表》曰：馮，輔也。《說文》曰：馮，滿也。陪馮聲相近，故皆訓為輔。《說文》曰：俛，從人，朋聲，讀若陪位。鄘，從邑，崩聲，讀若陪。《墨子‧尚賢篇》守城則倍畔，〈非命篇〉倍作崩。《漢書‧王尊傳》南山群盜偖宗等，蘇林曰：偖，音倍。皆其例也）。今案《說文》：「培，益也。」培風者，以風益大翼之力，助其高飛也。陸氏訓重，未明，當從王氏為允。「背負青天」一讀以背字屬上句。「夭」於表反。司馬云：折也。「閼」徐於葛反，一音謁。司馬云：止也。李云：塞也。◎慶藩案《文選》劉孝標〈辨命論〉注引司馬云：夭，折；閼，止也；言無有天止使不通者也。視《釋文》所引為詳。

蜩與學鳩笑之曰：「我決起而飛，搶榆枋，時則不至，而控於地而已矣，奚以之九萬里而南為？」[1]適莽蒼者，三飡而反，腹猶果然；適百里者，宿舂糧[2]；適千里者，三月聚糧。之二蟲又何知[3]！

1.【注】苟足於其性，則雖大鵬無以自貴於小鳥，小鳥無羨於天池，而榮願有餘矣。故小大雖殊，逍遙一也。

【疏】蜩，蟬也，生七八月，紫青色，一名蜋蟟。鸒鳩，鶻鳩也，即今之班鳩是也。決，疾也，亦突也。枋，檀木也。控，投也，引也。窮也。奚，何也。之，適也。蜩鳩聞鵬鳥之弘大，資風水以高飛，故嗤彼形大而劬勞，欣我質小而逸豫。且騰躍不過數仞，突榆檀而栖集；時困不到前林，投地息而更起，逍遙適性，樂在其中。何須時經六月，途遠九萬，跋涉辛苦，南適胡為！以小笑大，夸企自息而不逍遙者，未之有也。【釋文】「蜩」音條。司馬云：蟬也。「學鳩」如字。一音於角反。本又作鸒，音預。崔云：學讀為滑，滑鳩，一名滑雕。司馬云：學鳩，小鳩也。李云：鶻鵃也。《毛詩草木疏》云：鶻鳩，班鳩也。簡文云：〈月令〉云鳴鳩拂其羽是也。◎慶藩案俞樾曰：釋文曰：學，本或作鸒，音預。據《文選》江文通〈雜體詩〉鸒斯蒿下飛，李善注即以莊子此文說之。又引司馬云：鸒鳩，小鳥。毛萇《詩傳》曰：鸒斯，鶻居；鶻居，鴉烏也。然則李氏所據本固作鸒，不作學也。今《釋文》引司馬云，鸒鳩，學鳩，小鳩也，此經後人竄改，非其原文矣。今案《釋文》，學本又作鸒。《說文》：：鸒，雗鸒，山鵲，知來事鳥，或作鷽。《爾雅・釋鳥》：：鸒，山鵲。作鸒者，蓋鸒假借字。鳩為五鳩之總名，鸒、鳩當是兩物，《釋文》引諸說似未分曉。「我決」向、徐喜缺反，李呼穴反。李頤云：疾貌。搶，七良反。司馬、李云：猶集也。崔云：著也。支遁云：搶，突也。◎俞樾曰：王氏引之《經傳釋詞》曰：則，猶或也。引《史記・陳丞相世家》則恐後悔為證。此文則字亦當訓為或。「榆」徐音踰，木名也。「枋」徐音方。李云：檀木也。崔云：本也。或曰：木名。◎盧文弨曰：今本作崔云木也，與下複，係字誤。「控」苦貢反。司馬云：投也。又云引也。◎俞樾曰：而字下當有圖字。上文而後乃今將圖南，此即承上文而言也。《文選》注引此，正作奚以之九萬里而圖南為。

2.【注】所適彌遠，則聚糧彌多，故其翼彌大，則積氣彌厚也。

【疏】適，往也。莽蒼，郊野之色。適，往也。莽蒼，郊野之色，遙望之不甚分明也。果然，飽貌也。往於郊野，來去三食，路既非遙，腹猶充飽。百里之行，路程稍遠，舂擣糧食，為一宿之借。適於千里之途，路既迢遠，聚積三月之糧，方充往來之食。故郭注云，所適彌遠，則聚糧彌多，故其翼彌大，則積氣彌厚者也。【釋文】「莽」莫浪反，或莫郎反。「蒼」七蕩反，或如字。司馬云：莽蒼，近郊之色也。李云：近野也。支遁云：冢間也。崔云：草野之色。「三浪」七丹反。「果然」徐如字，又苦火反。眾家皆云：飽貌。「舂」束容反。「糧」音良。

3.【注】二蟲，謂鵬蜩也。對大於小，所以均異趣也。夫趣之所以異，豈知異而異哉？皆不知所以然而自然耳。自然耳，不為也。此逍遙之大意。【疏】郭注云：二蟲，鵬蜩也。對大於小，所以均異趣也。且大鵬摶風九萬，小鳥決起榆枋，雖復遠近不同，適性均也。咸不知道里之遠近，各取足而自勝，天機自張，不知所以。既無意於高卑，豈有情於優劣！逍遙之致，其在茲乎！而呼鵬為蟲者，《大戴禮》云：東方鱗蟲三百六十，鳳皇為其長；西方毛蟲三百六十，麒麟為其長；北方甲蟲三百六十，靈龜為其長；中央倮蟲三百六十，應龍為其長；南方羽蟲三百六十，聖人為其長。通而為語，故名鵬為蟲也。◎俞樾曰：二蟲即承上文蜩、鳩之笑而言，謂蜩、鳩至小，不足以知鵬之大也。郭注云二蟲謂鵬、蜩也。失之。

小知不及大知，小年不及大年[1]。奚以知其然也[2]？朝菌不知晦朔，蟪蛄不知春秋，此小年也[3]。楚之南有冥靈者，以五百歲為春，五百歲為秋；上古有大椿者，以八千歲為春，八千歲為秋[4]。而彭祖乃今以久特聞，眾人匹之，不亦悲乎[5]！

1.【注】物各有性，性各有極，皆如年知，豈跂尚之所及哉！自此已下至於列子，歷舉年知之大小，各信其一方，未有足以相傾者也。然後統以無待之人，遺彼忘我，冥此群異，異方同得而我無功名。是故統小大者，無小無大者也；茍有乎大小，則雖大鵬之與斥鷃，斥鷃之與大鵬，宰官之與御風，同為累物耳。齊死生者，無死無生者也；茍有乎死生，則雖大椿之與蟪蛄，彭祖之與朝菌，均於短折耳。故遊於無小無大者，無窮者也；冥乎不死不生者，無極者也。若夫逍遙而繫於有方，則雖放之使遊而有所窮矣，未能無待也。【疏】夫物受氣不同，稟分各異，智則有明有暗，年則或短或長，故舉朝菌冥靈、宰官榮子，皆如年知，豈企尚之所及哉！故知物性不同，不可強相希效也。【釋文】「小知」音智，本亦作智。下大知並注同。下年知放此。「跂尚」丘跂反。後同。「累物」劣偽反。下皆同。

2.【疏】奚，何也。然，如此也。此答前問也。此何以知年知不相及若此之縣耶？假設其問以生後答。

3.【疏】朝菌者，謂天時滯雨，於糞堆之上熱蒸而生，陰溼則生，見日便死，亦謂之大芝，生於朝而死於暮，故曰朝菌。月終謂之晦，月旦謂之朔；假令逢陰，數日便萎，終不涉三旬，故不知晦朔也。蟪蛄，夏

蟬也。生於麥梗，亦謂之麥節，夏生秋死，故不知春秋。菌則朝生暮死，蟬則夏長秋殂，斯言齡命短促，故謂之小年也。

【釋文】「朝菌」徐其隕反。司馬云：大芝也，天陰生糞上，見日則死，一名日及，故不知月之終始也。崔云：糞上芝，朝生暮死，晦者不及朔，朔者不及晦。一云：欻生之芝也。欻，音況物反。◎盧文弨曰：案菌，芝類，故字從艸。支遁云：大芝也。支遁潘尼以木槿當之，說殊誤。◎慶藩案慧琳《一切經音義·八十四·集古今佛道論衡卷三》引司馬云：朝菌，大芝也，天陰時生糞上，見陽則萎，故不知月之始終。與《釋文》改之。又《御覽·九百九十八》引司馬云：朝菌，大芝也，天陰時生糞上，見陽則萎，故不知月之始終。江東呼為土菌，一名舜英。支遁潘尼以木槿當之，說殊誤。◎慶藩案簡文《廣雅》云：蟪蛄，蛁蟧也。◎又案王引之曰：案《淮南·道應篇》引此，朝菌作朝秀（今本《淮南》作朝秀，今據改）。《文選·辯命論》注及《太平御覽·蟲豸部六》引《淮南》並作朝秀（今本《淮南》作朝秀，今據改）。高注曰：朝秀，朝生暮死之蟲也，生水上，狀似蠶蛾，一名孳母。據此，則朝秀與蟪蛄，皆蟲名也。朝菌朝秀，語之轉耳，非謂芝菌，亦非謂木槿也。上文云之二蟲又何知，謂蜩與學鳩，此云不知晦朔，亦必謂朝菌之蟲。蟲者微有知之物，故以知不知言之；若草木無知之物，何須言不知乎？今案王說是也。《廣雅》正作朝蜏，以其為蟲，故字從虫耳。「晦朔」晦，冥也。朔，旦也。◎盧文弨曰：此以一日之蚤莫言，不若以一月之終始言。蓋朝生者不及暮，然後固知暮矣。故晦朔不當從日為解。「惠」本亦作蟪，同。◎盧文弨曰：今本作蟪，係《說文》新附字。「蛄」音姑。司馬云：惠蛄，寒蟬也，一名蝭蟧，春生夏死，夏生秋死。崔云：蝭蟧也。或曰山蟬。秋鳴者不及春，春鳴者不及秋。《廣雅》云：蟪蛄，蛁蟧也。案即《楚辭》所云寒螿者也。蝭，音提。蟧，音勞，又音遼。蛁，音彫。蟟，音將。與《釋文》所引小異。

4.【疏】冥靈大椿，並木名也，以葉生為春，以葉落為秋。冥靈生於楚之南，以二千歲為一年也。而言上古者，伏羲時也。大椿之木長於上古，以三萬二千歲為一年也。冥靈五百歲而花生，大椿八千歲而葉落，並以春秋賒永，故謂之大年也。

【釋文】「冥」本或作溟，同。「靈」李頤云：冥靈，木名也。江南生，以葉生為春，葉落為秋。此木以二千歲為一年。◎盧文弨曰：案《說文》云：以五百歲為春，以五百歲為秋。言春秋則包乎冬夏矣，則當云以二千歲為一年，不當云三萬二千歲。◎慶藩案《齊民要術》靈作泠，引司馬云：木生江南，千歲為一年。《釋文》漏引。「大椿」丑倫反。司馬云：木，一名櫄也。櫄，木槿也。崔音櫄

華，同。李云：生江南。一云生北戶南。此木三萬二千歲為一年。◎慶藩案《齊民要術》引司馬云：木槿也，以萬六千歲為一年。一名蕣椿。與《釋文》所引小異。

4.【注】夫年知不相及若此之懸也．比於眾人之所悲，亦可悲矣。而眾人未嘗悲此者，以其性各有極也。苟知其極，則毫分不可相跂，天下又何所悲乎哉！夫物未嘗以大欲小，而必以小羨大，故舉小大之殊各有定分，非羨欲所及，則羨欲之累可以絕矣。夫悲生於累，累絕則悲去，悲去而性命不安者，未之有也。

5.【疏】彭祖者，姓籛，名鏗，帝顓頊之玄孫也。善養性，能調鼎，進雉羹於堯，堯封於彭城，其道可祖，故謂之彭祖。歷夏經殷至周，年八百歲矣．特，獨也。以其年長壽，所以聲名獨聞於世。而世人比匹彭祖，深可悲傷；而不悲者，為彭祖稟性遐壽，非我氣類，置之言外，不敢嗟傷。故知生也有涯，豈唯彭祖去己一毫不可企及，於是均椿菌，混彭殤，各止其分而性命安矣。

【釋文】「彭祖」李云：堯臣，封於彭城。籛，音翦。一云：即老子也。崔云：堯臣，仕殷世，其人甫壽七百年。王逸注《楚辭·天問》云：彭祖即彭鏗，在商為守藏史，在周為柱下史，年七百歲，故以久壽見聞。世本云：姓籛，名鏗。猶曰悔不壽，恨枕高而唾遠云。《玉篇》：籛，子踐切，姓也，與此正合。是古讀皆然，或據《廣韻》改作音箋，非是。帝嚳之玄孫。◎慶藩案《神仙傳》曰：彭祖諱鏗，帝顓頊之玄孫，至殷末年，七百六十七歲，而不衰老，遂往流沙之西，非壽終也。今案《史記·楚世家》，顓頊生稱，稱生卷章，卷章生重黎。重黎為帝嚳所殺，以其弟吳回後重黎為火正。吳回生陸終，陸終生彭祖。以世系推之，彭祖乃顓頊玄孫，陸終之子，《禮》所謂顓項之姪，名矣。彭祖乃顓頊子，稱之玄孫，帝嚳之姪玄孫也。來孫也。成疏緣《神仙傳》作顓頊之玄孫，誤。《釋文》引王逸《楚辭章句》以為帝嚳之玄孫，亦非（帝嚳為顓項之姪玄孫也）。「特聞」如字。崔本作待問。「之懸」音玄。「豪分」符問反，又方云反。

湯之問棘也是已[1]。窮髮之北有冥海者，天池也。有魚焉，其廣數千里，未有知其修者，其名為鯤[2]。有鳥焉，其名為鵬，背若太山，翼若垂天之雲，摶扶搖羊角而上者九萬里，絕雲氣，負青天，然後圖南[3]，且適南冥也。斥鴳笑之曰：「彼且奚適也？我騰躍而上，不過數仞而下，翱翔蓬蒿之

間，此亦飛之至也。而彼且奚適也？」此小大之辯也[4]。

1.【注】湯之問棘，亦云物各有極，任之則條暢，故莊子以所問為是也。　【疏】湯是帝嚳之後，契之苗裔，姓子，名履，字天乙。母氏扶都，見白氣貫月，感而生湯。豐下兌上，身長九尺。仕夏為諸侯，有聖德，諸侯歸之。遭桀無道，囚於夏臺。後得免，乃與諸侯同盟於景亳之地，大戰於鳴條之野，桀奔於南巢。湯既克桀，讓天下於務光，務光不受。湯即位，乃都於亳，後改為商，殷開基之主也。棘者，湯時賢人，亦云湯之博士。《列子》謂之夏革，革棘聲類，蓋字之誤也。而棘既是賢人，湯師事之，故湯問於棘，詢其至道，云物性不同，各有素分，循而直往，因而任之。殷湯請益，深有玄趣，莊子許其所問，故云是已。　【釋文】「棘」李云：湯時賢人。又云是棘子。崔云：齊諧之徒識冥靈大椿者名也。簡文云：湯，廣也，棘，狹小也。◎俞樾曰：李云湯時賢人，是。簡文云湯大也，棘狹小也，以湯棘為寓名，殆未讀《列子》。上文所說鯤鵬及冥靈大椿，皆〈湯問篇〉文）。◎慶藩案《列子·湯問篇》張注：夏革即夏棘，字子棘，湯時賢大夫。革棘古同聲通用。《論語》棘子成，《漢書·古今人表》作革子成。《詩》匪棘其欲，《禮坊記》引作匪革其猶。《漢書》煮棗侯革朱，《史記索隱》革音棘。皆其證。

2.【疏】修，長也。地以草為毛髮，北方寒冱之地，草木不生，故名窮髮，所謂不毛之地。鯤魚廣闊數千，未有知其長者，明其大也。然冥海鯤鵬，前文已出，如今重顯者，正言前引〈齊諧〉，足為典實，今牽《列子》，再證非虛，鄭重殷勤以成其義者也。　【釋文】「窮髮」李云：髮，猶毛也。司馬云：北極之下無毛之地也。崔云：北方無毛地也。案毛，草也。地理書云：山以草木為髮。◎慶藩案窮髮之北，《列子》作窮髮北之北。《北史·蠕蠕傳》：蠕蠕者，匈奴之裔，根本莫尋，篛之窮髮之野，逐之無人之鄉。窮髮，言極荒遠之地也。「其廣」古曠反。「數千」色主反。下同。

3.【疏】鵬背宏巨，狀若嵩華，旋風曲戾，猶如羊角。既而淩摩蒼昊，遏絕雲霄，鼓怒放暢，圖度南海。故《禦寇·湯問篇》云：世豈知有此物哉？大禹行而見之，伯益知而名之，夷堅聞而誌之，是也。　【釋文】「羊角」司馬云：風曲上行若羊角。「而上」時掌反。

4.【注】各以得性為至，自盡為極也。向言二蟲殊翼，故所至不同，或翱翔天池，或畢志榆枋，直各稱體而

足，不知所以然也。今言小大之辯，各有自然之素，既非跂慕之所及，亦各安其天性，不悲所以異，故再出之。

【疏】且，將也，亦語助也。斥，小澤也。鴳，雀也。八尺曰仞。翱翔，猶嬉戲也。騰舉踴躍，自得蓬蒿之內，故能嗤九萬之遠適，欣數仞之近飛。斯蓋辯小大之性殊，論各足之不二也。

【釋文】「斥」如字。司馬云：小澤也。本亦作尺，崔本同。簡文云：作尺非。「鴳」於諫反。字亦作鷃。司馬云：鴳，鴳雀也。下同。「且適」如字，舊子餘反。下同。「鴳」如字。◎慶藩案斥鴳，《釋文》引崔本作尺，崔本同。簡文云：作尺非。斥尺古字通。《說文》：鴳，鶠雇也。（鍵為舍人、李巡、孫炎《爾雅》注皆云：鴳，鴳雀也，郭注同）《文選》曹植《七啟》注：鷃飛不過一尺，言其劣弱也。宋玉《對楚王問》注：尺鷃，言小也。夏侯湛抵疑尺鷃不能陵桑榆，字正作尺。《淮南》高注：斥澤之鷃，為飛不出頃畝，喻弱也。《一切經音義》尺鷃下云：鷃長惟尺，即以尺名。《釋文》引簡文云作尺非，失之。「騰躍」由若反。「翱翔」五刀反。「蓬蒿」好刀反。

故夫知效一官，行比一鄉，德合一君，而徵一國者，其自視也亦若此矣[1]。而宋榮子猶然笑之[2]。且舉世而譽之而不加勸，舉世而非之而不加沮[3]，定乎內外之分[4]，辯乎榮辱之境[5]，斯已矣[6]。彼其於世，未數數然也[7]。雖然，猶有未樹也[8]。夫列子御風而行，泠然善也[9]，旬有五日而後反[10]。彼於致福者，未數數然也[11]。此雖免乎行，猶有所待者也[12]。若夫乘天地之正，而御六氣之辯，以遊无窮者，彼且惡乎待哉[13]！故曰：至人无己[14]，神人无功[15]，聖人无名[16]。

1.【注】亦猶鳥之自得於一方也。【疏】故是仍前之語，夫是生後之詞。國是五等之邦，鄉是萬二千五百家也。自有智數功效，堪蒞一官；自有名譽著聞，比周鄉黨；自有道德宏博，可使南面，徵成邦國，安育黎元。此三者，稟分不同，優劣斯異，其於各足，未始不齊，視己所能，亦猶鳥之自得於一方也。【釋文】「知效」音智。下

戶教反。「行」下孟反。「比」毗至反，徐扶至反。李云：合也。「而徵」如字。司馬云：信也。崔、支云：成也。◎慶藩案而徵一國，《釋文》及郭注無訓，成疏讀而為轉語，非也。而字當讀為能，能而古聲近通用也。官、鄉、君、國相對，知、仁、德、能亦相對，則而字非轉語詞明矣。《淮南・原道篇》而以少正多，高注：而，能也。《呂覽》《去私》、《不屈》諸篇注皆曰：而，能也。《墨子・尚同篇》：不而矯其耳目之欲。《楚辭・九章》：世長。又曰：天下所以治者何也？唯而以尚同一義為政故也。〈非命篇〉：故古者聖王唯而審以尚同以為正，孰云而知之？〈齊策〉：子孰而與我赴諸侯乎？而並與能同。《堯典》柔遠能邇，漢〈督郵班碑〉作而邇。〈皋陶謨〉能哲而惠，〈衞尉衡方碑〉作能悲能惠，《史記・夏本記》作能智能惠。《禮運正義》曰：劉向《說苑》能字皆作而。是其例。

2.【注】未能齊，故有笑。　【疏】子者，有德之稱，姓榮氏，宋人也。猶然，如是。榮子雖能忘有，未能遣無，故笑。宰官之徒，滯於爵祿，虛淡之人，猶懷嗤笑，見如是所以不齊。前既以小笑大，示大者不夸；今則以大笑小，小者不企；而性命不安者，理未之聞也。　【釋文】「宋榮子」司馬、李云：宋國人也。崔云：賢者也。「猶然笑之」崔、李云：猶，笑貌。案謂猶以為笑。

3.【注】審自得也。　【疏】舉，皆也。勸，勵勉也。沮，怨喪也。榮子率性懷道，謷然超俗，假令世皆譽讚，亦不增其勸獎，率土非毀，亦不加其沮喪，審自得也。　【釋文】「譽之」音餘。「加沮」慈呂反，敗也。

4.【注】內我而外物。　【疏】榮子知內既非我，外亦非物，內外雙遣，物我兩忘，故於內外之分定而不忒也。

5.【注】榮己而辱人。　【疏】忘勸沮於非譽，混窮通於榮辱，故能返照明乎心智，玄鑒辯於物境，不復內我而外物，榮己而辱人也。　【釋文】「之竟」居領反。◎慶藩案《釋文》作竟，古竟境字通。

6.【注】亦不能復過此。　【疏】斯，此也。已，止也。宋榮子智德止盡於斯也。

7.【注】足於身，故閒於世也。　【疏】數數，猶汲汲也。宋榮子率性虛淡，任理直前，未嘗運智推求，役心為道，栖身物外，故不汲汲然者也。　【釋文】「能復」扶又反。「數數」音朔。下同。徐所祿反。一音桑縷反。司馬云：猶汲汲也。崔云：迫促意也。簡文所喻反，謂計數。「故閒」音閑。本亦作閑。

逍遙之趣，智尚虧也。

8.【注】唯能自是耳，未能無所不可也。

【疏】樹，立也。榮子捨有證無，溺在偏滯，故於無待之心，未立

9.【注】冷然，輕妙之貌。

【釋文】「未樹」司馬云：樹，立也。未立至德也。

【疏】姓列，名禦寇，鄭人也。與鄭繻公同時，師於壺丘子林，著書八卷。得風仙之道，乘風遊行，冷然輕舉，所以稱善也。「列子」李云：鄭人，名禦寇，得風仙，乘風而行，與鄭穆公同時。「冷」音零。◎慶藩案《初學記》、《太平御覽·九》引司馬云：列子，鄭人列禦寇也。冷然，涼貌也。《文選》江文通《雜體詩》注引同。《釋文》闕。

10.【注】苟有待焉，則雖御風而行，不能以一時而周也。

【疏】致，得也。彼列禦寇得於風仙之福者，蓋由炎涼無心，虛懷任運，非關役情取捨，汲汲求之。欲明為道之要，要在忘心，若運役智慮，去之遠矣。◎家世父曰：未數數然也，猶戴記之云天下一人而已。致福，謂備致自然之休。御風而行，猶待天機之動焉。郭象云，自然御風行，非數數然求之，誤。

11.【注】自然御風行耳，非數數然求之也。

【疏】旬，十日也。既得風仙，遊行天下，每經一十五日回反歸家，則雖御風而行，故不可。時周也。

12.【注】非風則不得行，斯必有待耳。

【疏】乘風輕舉，雖免步行，猶有須待。自宰官已下及宋榮禦寇，歷舉智德優劣不同，既未洞忘，咸歸有待。唯當順萬物之性，遊變化之塗，而能無所不成者，方盡逍遙之妙致者也。

13.【注】天地者，萬物之總名也。天地以萬物為體，而萬物必以自然為正，自然者，不為而自然者也。故大鵬之能高，斥鴳之能下，椿木之能長，朝菌之能短，凡此皆自然之所能，非為之所能。不為而自能，所以為正也。

【疏】天地者，萬物之總名。萬物者，自然之別稱。又杜預云：六氣者，陰陽風雨晦明也。又支道林云：六氣，天地四時也。辯者，變也。惡乎，猶於何也。言無待聖人，虛懷體道，故能乘兩儀

六氣者，李頤云：平旦朝霞，日午正陽，日人飛泉，夜半沉瀣，並天地二氣為六氣也。

之正理，順萬物之自然，御六氣以逍遙，混群靈以變化。苟無物而不順，亦何往而不通哉！明徹於無窮，將於何而有待者也！

【釋文】「六氣」司馬云：平旦為朝霞，日中為正陽，日入為飛泉，夜半為沆瀣，天玄地黃為六氣。王逸注《楚辭》云：陵陽子《明經》言，春食朝霞，朝霞者，日欲出時黃氣也。秋食淪陰，淪陰者，日沒已後赤黃氣也。冬食沆瀣，沆瀣者，北方夜半氣也。夏食正陽，正陽者，南方日中氣也。並天玄地黃之氣，是為六氣。沆，音戶黨反。瀣，音下界反。支云：天地四時之氣。◎慶藩案《釋文》引諸家訓六氣，各有不同。司馬以陰陽風晦明為六氣，其說最古。李氏以平旦日中日入夜半並天玄地黃為六氣，頗近牽強。王應麟遁以天地四時為六氣。夫天地四時之氣以為氣，似不得以四時與天地並列為六。王冰《素問》云：六氣，少陰君火，太陰溼土，少陽相火，陽明燥金，太陽寒水，厥陰風木，而火獨有二。天以六為節，故氣以六期為一備。《左傳》述醫和之言，天有六氣（注云：陰陽風雨晦明也），降生五味。即《素問》五六之數（全祖望云：天五地六，見於大易，天六地五，見於《國語》。故《漢志》云，五六天地之中合。然左氏之說，又與《素問》不同）。沈括《筆談》：六氣，方家以配六神，所謂青龍者，東方厥陰之氣也；其他取象皆如是。唯北方有二：曰玄武，太陽寒水之氣也；曰螣蛇，少陽相火之氣也。其在人為腎，腎有二：左太陽寒水，右少陽相火，此坎離之交也。中央太陰溼土，配脾也。六氣之說，聚訟棼如，莫衷一是。愚謂有二說焉：一，《洪範》雨暘燠寒風時為六氣也。雨，木也；暘，金也；燠，火也；寒，水也；風，土也；是為五氣。五氣得時，是為五行之和氣，合之則為六氣。氣有和有乖，乖則變也，變則宜有以御之，故曰御六氣之變也。一，六氣即六情也。《漢書·翼奉傳》奉又引師說六情云：北方之情，好也，好行貪狼，申子主之；東方之情，怒也，怒行陰賊，亥卯主之；南方之情，惡也，惡行廉貞，寅午主之；西方之情，喜也，喜行寬大，巳酉主之；上方之情，樂也，樂行姦邪，辰未主之；下方之情，哀也，哀行公正，戌丑主之。此二說似亦可備參證。「之辯」如字。變也。崔本作和。◎慶藩案辯與正對文，辯讀為變。《廣雅》：辯，變也。《易·坤文言》由辯之不早辯也，荀本作變。辯變古通用。崔訓和，失之。「惡乎」音烏。

14. 【注】無己，故順物，順物而至矣。　【釋文】「无己」音紀。注同。◎盧文弨曰：今本无作無，下並同。

「而王」于況反。本亦作至。

15. 【注】夫物未嘗有謝生於自然者，而必欣賴於針石，故理至則迹滅矣。今順而不助，與至理為一，故無功。

【釋文】「於針」之鳩反，或之林反。

16.【注】聖人者，物得性之名耳，未足以名其所以得也。【疏】至言其體，神言其用，聖言其名。故就體語至，就用語神，就名語聖，其實一也。詣於靈極，故謂之至。一人之上，其有此三，欲顯功用名殊，故有三人之別。此三人者，則是前文乘天地之正，御六氣之辯人也。欲結此人無待之德，彰其體用，乃言故曰耳。◎慶藩案《文選》任彥昇《到大司馬記室牋》注引司馬云：神人無功，言修自然，不立功也。聖人無名，不立名也。◎慶藩案《文選》闕。

堯讓天下於許由[1]，曰：「日月出矣而爝火不息，其於光也，不亦難乎！時雨降矣而猶浸灌，其於澤也，不亦勞乎！夫子立而天下治，而我猶尸之，吾自視缺然。請致天下[3]。」

1.【疏】堯者，帝嚳之子，姓伊祁，字放勳，母慶都，（嚳）感赤龍而生，身長一丈，兌上而豐下，眉有八彩，足履翼星，有聖德。年十五，封唐侯，二十一，代兄登帝位，都平陽，號曰陶唐。年百二十八歲崩，葬於陽城，諡曰堯。依諡法，翼善傳聖曰堯，言其有傳舜之功也。許由，隱者也，姓許，名由，字仲武，潁川陽城人也。隱於箕山，師於齧缺，依山而食，就河而飲。堯知其賢，讓以帝位。許由聞之，乃臨河洗耳。巢父飲犢，牽而避之，曰：「惡吾水也。」死後，堯封其墓，諡曰箕山公，即堯之師也。【釋文】「許由」隱人也，隱於箕山。司馬云：潁川陽城人。簡文云：陽城槐里人。李云：字仲武。「堯」唐帝

2.【疏】爝火，猶炬火也，亦小火也。神農時十五日一雨，謂之時雨也。且以日月照爝，距假炬火之光；時雨滂沱，無勞浸灌之澤。堯既為謙克讓，退〔進〕人，所以致此之辭，盛推仲武也。【釋文】「爝」本亦作燋，音爵。郭祖緻反。司馬云：然也。向云：人所然火也。一云：爝火，謂小火也。《字林》云：爝，炬火也，子召反。燋，所以然持火者，子約反。◎慶藩案《說文》：燋，苣火祓也。呂不韋曰：湯得伊尹，燋以犧豭（案苣，束葦燒之也。段玉裁注：持火者，人所持之火也。《禮·少儀》執燭抱燋，凡執之曰燭，未爇曰燋，燋即燭也。細繹許說，則燋本為未爇之燭，未爇則不得云不息。《釋文》引司馬氏

李氏本亦作燋，非（《廣韻》：燋，傷火也，與焦通。別一義）。「浸」子鴆反。「灌」古亂反。◎慶藩案《正韻》：浸，漬也，又漸也。《博雅》：灌，聚也，又溉也。《陰符經》云：天地之道浸，故陰陽勝。《易》之〈臨〉曰：剛浸而長。浸者，漸也。

3.【疏】治，正也，又漸也。尸，主也。致，與也。堯既師於許由，故謂之為夫子。若仲武立為天子，宇內必致太平，而我猶為物主，自視缺然不足，請將帝位讓與賢人。【釋文】「天下治」直吏反。下已治、注天下治、而治者也，既治、而治實、而治者、得以治者皆同。

許由曰：「子治天下，天下既已治也[1]。而我猶代子，吾將為名乎？名者，實之賓也[2]。吾將為賓乎？鷦鷯巢於深林，不過一枝；偃鼠飲河，不過滿腹[3]。歸休乎君，予无所用天下為[4]！庖人雖不治庖，尸祝不越樽俎而代之矣[5]。」

1.【注】夫能令天下治，不治天下者也。故堯以不治治之，非治之而治者也。今許由方明既治，則無所代之。而治實由堯，故有子治之言，宜忘言以尋其所況。而或者遂云：治之而治者，堯也；不治而堯得以治者，許由也。斯失之遠矣。夫治之由乎不治，為之出乎無為也，取於堯而足，豈借之許由哉！若謂拱默乎山林之中而後得稱無為者，此莊老之談所以見棄於當塗。當塗者自必於有為之域而不反者，斯之由也。

2.【注】夫自任者對物，而順物者與物無對，故堯無對於天下，而許由與稷契為匹矣。何以言其然邪？夫與物冥者，故群物之所不能離也。是以無心玄應，唯感之從，汎乎若不繫之舟，東西之非己也，故無行而不與百姓共者，亦無往而不為天下之君矣。以此為君，若天之自高，實君之德也。若獨亢然立乎高山之頂，非夫人有情於自

言堯治天下，久以昇平，四海八荒，盡皆清謐，何勞讓我，過為辭費。然覘莊文則貶堯而推許，尋郭注乃劣許而優堯者，何邪？欲明放勳大聖，仲武大賢，賢聖二塗，相去遠矣。故堯負扆汾陽而喪天下，許由不夷其俗而獨立高山，圓照偏溺，斷可知矣。是以莊子援禪讓之迹，故有爛火之談；郭生察無待之心，更致不治之說。可謂探微索隱，了文合義，宜尋其旨況，無所稍嫌也。【釋文】「能令」力呈反，下同。

2.【注】夫自任者對物，而順物者與物無對，故堯無對於天下，而許由與稷契為匹矣。何以言其然邪？夫與物冥者，故群物之所不能離也。是以無心玄應，唯感之從，汎乎若不繫之舟，東西之非己也，故無行而不與百姓共者，亦無往而不為天下之君矣。以此為君，若天之自高，實君之德也。若獨亢然立乎高山之頂，非夫人有情於自

宇，宇一家之偏尚，何得專此！此故俗中之一物，而為堯之外臣耳。若以外臣代乎內主，斯有為君之名而無任君之實也。【疏】許由偃蹇箕山，逍遙潁水，膻臊榮利，厭穢聲名。而堯殷勤致請，猶希代己，許由高九五，將為萬乘之名。然實以生名，名從實起，實則是內是主，名便是外是賓。捨主取賓，喪內求外，既非隱者所尚，故云吾將為賓也。【釋文】息列反，皆唐虞臣也。稷，周之始祖，名棄。契，殷之始祖名。「能離」力智反。「玄應」應對之應。「汎乎」芳劍反。「非夫」音扶。下明夫同。

3. 【注】性各有極，苟足其極，則餘天下之財也！【疏】鷦鷯，巧婦鳥也，一名工雀，一名女匠，亦名桃蟲，好深處而巧為巢也。偃鼠，形大小如牛，赤黑色，獐腳，腳有三甲，耳似象耳，尾端白，好入河飲水。而鳥集一枝之外，不假茂林；獸飲滿腹之餘，無勞浩汗。況許由安茲蓬華，不顧金闕，樂彼疏食，豈勞玉食也！【釋文】「鷦」子遙反。「鷯」音遼。李云：鷦鷯，小鳥也。郭璞云：鷦鷯，桃雀。「偃鼠」如字。李云：鼴鼠也。《說文》：鼢鼠，一曰偃鼠。鼢，音扶問反。◎盧文弨曰：舊無音字。今案凡不見正文及注之字而加音者，例有音字。今依前後例增。◎慶藩案李楨曰：偃鼠，俗作鼴。案《說文》鼴下云：地行鼠，伯勞所化也，一曰偃鼠。偃，或作鼴。《玉篇》：鼴，大鼠也。《廣雅》：鼴鼠，鼢鼠。本艸一名隱鼠，一名鼢鼠，常穿耕地中行，討掘即得。《說文》鼹下云：鼹，鼠在土中行。陶注：俗一名隱鼠。《公羊·成七年傳》注云：鼹鼠，鼠中之微者。《博物志》：鼹鼠，鼠之類最小者，食物，當時不覺痛，或名甘鼠。據此，知偃鼠、鼹鼠，判然為二，李說誤。

4. 【注】均之無用，而堯獨有之。明大懷豁者無方，故天下樂推而不厭。【疏】予，我也。許由寡欲清廉，不受堯讓，故謂堯云：君宜速還黃屋，歸反紫微，禪讓之辭，宜其休息。四海之尊，於我無用，九五之貴，予何用為！【釋文】「歸休乎君」絕句。一讀至乎字絕句，君別讀。「懷豁」呼活反。「樂推」音洛。「不厭」於豔反。

5. 【注】庖人尸祝，各安其所司；鳥獸萬物，各足於所受。帝堯許由，各靜其所遇；此乃天下之至實也。各得其實，又何所為乎哉？自得而已矣。故堯許之行雖異，其於逍遙一也。【疏】庖人，謂掌庖廚之人，則今之太官供膳是也。尸者，太廟中神主也；祝者，則今太常太祝是也；執祭版對尸而祝之，故謂之尸祝也。樽，酒器也。俎，肉器也。而庖人尸祝者，各有司存。假令膳夫懈怠，不肯治庖，尸祝之人，終不越局濫職，棄於樽俎而代之宰

烹；亦猶帝堯禪讓，不治天下，許由亦不去彼山林，就茲帝位；故注云帝堯許由各靜於所遇也已。【釋文】「庖

人」鮑交反，徐扶交反，掌廚人也。《周禮》有庖人職。◎慶藩案《說文》：庖，廚也。《禮·王制·三》為充君

之庖，注：庖，今之廚也。《周禮·庖人》注：庖之為言苞也，苞裹肉曰苞苴（裹之曰苞，藉之曰苴）。《釋文》

一本庖下無人字，非是。「尸祝」之六反。傳鬼神辭曰祝。「樽」子存反，本亦作尊。◎盧文弨曰：案尊乃正體。

「俎」徐側呂反。

肩吾問於連叔曰：「吾聞言於接輿[1]，大而无當，往而不返。吾驚怖其

言，猶河漢而无極也[2]；大有逕庭，不近人情焉[3]。」

1.【疏】肩吾連叔，並古之懷道人也。接輿者，姓陸，名通，字接輿，楚之賢人隱者也，與孔子同時。而佯狂

不仕，常以躬耕為務，楚王知其賢，聘以黃金百鎰，車駟二乘，並不受。於是夫負妻戴，以遊山海，莫知所終。而佯狂

吾聞接輿之言過無準的，故問連叔，詢其義旨。而言吾聞言於接輿者，聞接輿之言也。莊生寄三賢以明堯之一聖，

所聞之狀具列於下文也。【釋文】「肩吾」李云：賢人也。司馬云：神名。「連叔」李云：懷道人也。「接輿」

本又作與，同，音餘，接輿，楚人也，姓陸，名通。皇甫謐曰：接輿躬耕，楚王遣使以黃金百鎰車二駟聘之，不

應。

2.【疏】所聞接輿之言，恢弘而無的當，一往而陳梗概，曾無反覆可尋。吾竊聞之，驚疑怖恐，猶如上天河

漢，迢遞清高，尋其源流，略無窮極也。【釋文】「无當」丁浪反。司馬云：言語弘大，無隱當也。「驚怖」普

布反，《廣雅》云：懼也。

3.【疏】逕庭，猶過差，亦是直往不顧之貌也。謂接輿之言，不偶於俗，多有過差，不附世情，故大言不合於

里耳也。【釋文】「大有」音泰，徐敕佐反。「逕」徐古定反。司馬本作莖。李云：逕庭，謂激

過也。◎慶藩案《文選》劉孝標〈辯命論〉注引司馬云：極，崖也，言廣若河漢無有崖也。逕庭，激過之辭也。

《釋文》闕。「不近」附近之近。

連叔曰：「其言謂何哉[1]？」

1.【疏】陸通之說其若何？此則反質肩吾所聞意謂。

曰：「『藐姑射之山，有神人居焉，肌膚若冰雪，淖約若處子[1]。不食五穀，吸風飲露[2]。乘雲氣，御飛龍，而遊乎四海之外[3]。其神凝，使物不疵癘而年穀熟。』吾以是狂而不信也[4]。」

1.【注】此皆寄言耳。夫神人即今所謂聖人也。夫聖人雖在廟堂之上，然其心無異於山林之中，世豈識之哉！徒見其戴黃屋，佩玉璽，便謂足以纓紱其心矣；見其歷山川，同民事，便謂足以憔悴其神矣；豈知至至者之不虧哉！今言王德之人而寄之此山，將明世所無由識，故乃託之於絕垠之外而推之於視聽之表耳。處子者，不以外傷內。

【疏】藐，遠也。《山海經》云：姑射山在寰海之外，有神聖之人，戢機應物。時須揖讓，即為堯舜；時須干戈，即為湯武。綽約，柔弱也。處子，未嫁女也。言聖人動寂相應，則空有並照，雖居廊廟，無異山林，和光同塵，在染不染。冰雪取其潔淨，綽約譬以柔和，處子不為物傷，姑射語其絕遠。此明堯之盛德，窈冥玄妙，故託之絕垠之外，推之視聽之表。斯蓋寓言耳，亦何必有姑射之實乎，宜忘言以尋其況。此即肩吾述己昔聞以答連叔之辭者也。

【釋文】「藐」音邈，又妙紹反。簡文云：遠也。「姑射」徐音夜，李實夜反。山名，在北海中。◎李楨曰：姑射山，《列子·黃帝篇》，《釋文》云在北海中。下文姑射在汾水之陽。考《山海經》本有兩姑射。〈東山經〉：盧其之山，又南三百八十里，曰姑射之山，無草木，多水。又南三百里，曰南姑射之山，無草木，多水。〈海內北經〉：列姑射在海河洲中。與〈海內北經〉同（下文山上有神人云云，大致與《莊子》同。足證音義云姑射在北海中不誤）。唐殷敬順《列子釋文》引《山海經》曰：姑射國在海中，西南山環之。從國南水行百里，曰姑射之山。又西南行三百八十里，曰姑射山。郭云河水所經海上也。言遙望諸姑射山行列在海河之閒也。與今本《山海經》不同。《隋書·地理志》，臨汾有姑射山，此即《東山經》之姑射。《莊子》所

謂姑射之山，汾水之陽是也。據秦氏恩復《列子補注》云：臨汾姑射，即今平陽府西之九孔山。前後左右並無所謂南北姑射者。證之殷氏釋文，則〈東山經〉北姑射南姑射兩條，當在〈海內北經〉西南山環之之下。蓋必有諸姑射環列，而後可以列姑射名之也。且殷所據《山海經》為唐時本，度古本元如此，不知何時脫寫，屬入〈東山經〉姑射山一條之後，遂成今本。賴有《列子釋文》，可以正《山海經》之誤。而《莊子》兩言姑射，一在北海，一在臨汾，亦兔混合為一（畢氏沅注《山海經》引莊子，誤混為一）。雖其文並屬寓言，而山名所在，既皆確有可據，要無妨辨證及之耳。「肌」居其反。

2.【注】俱食五穀而獨為神人，明神人者非五穀所為，而特稟自然之妙氣。【疏】五穀者，黍稷麻菽麥也。冰雪以潔白言，冰脂以滑白言，即詩所謂膚如凝脂也（《風俗通義》引詩云，既白且滑）。《說文》，冰正字，凝俗字。《爾雅》冰脂也，孫炎本作凝。蘇林《漢書》音：火也。李云：淖約，柔弱貌。司馬云：好貌。「處子」在室女也。「黃屋」車蓋以黃為裏。一云，冕裏黃也。「玉璽」音徒。「纓」字或作嬰。「約」如字。「淖」郭昌略反，又徒學反。《字林》丈卓反。「絕垠」方物反。字或作緋。◎盧文弨曰：今注本作纓緋。案《說文》：緋，亂系也。此纓緋當作嬰拂解，不當以為冠緌。緌亦俗字，《說文》本作纕，重文作載。「憔悴」在遙反。下在醉反。「至至者」本亦作至足者。「王德」云：好貌。「處子」在室女也。于況反。本亦作至。「絕垠」音銀，又五根反。本又作限。

3.【疏】智照靈通，無心順物，故曰乘雲氣。不疾而速，變現無常，故曰御飛龍。寄生萬物之上而神超六合之表，故曰遊乎四海之外也。

4.【注】夫體神居靈而窮理極妙者，雖靜默閒堂之裏，而玄同四海之表，故乘兩儀而御六氣，同人群而驅萬物。苟無物而不順，則浮雲斯乘矣；無形而不載，則飛龍斯御矣。遺身而自得，雖淡然而不待，坐忘行忘，忘而為之，故行若曳枯木，止若聚死灰，是以云其神凝也。其神凝，則不凝者自得矣。世皆齊其所見而斷之，豈嘗信此哉！【疏】凝，靜也。疵癘，疾病也。五穀熟，謂有年也。聖人形同枯木，心若死灰，本迹一時，動寂俱妙，凝照潛通，虛懷利物。遂使四時順序，五穀豐登，人無災害，物無夭枉。聖人之處世，有此功能，肩吾未悟至言，謂為狂而不信。【釋文】「神凝」魚升反。「疵」在斯反，病也。司馬云：毀也。一音子爾反。「癘」音厲，李音

言神聖之人，降生應物，挺淳粹之精靈，稟陰陽之秀氣。雖順物以資待，非五穀之所為，託風露以清虛，豈四時之能變也！【釋文】「吸」許及反。

表，故曰遊乎四海之外也。

賴，惡病也。本或作屬。「狂」求匡反。李云：癡也。李又九況反。「閒」音閑。「澹然」徒暫反，恬靜也。「皆齊」才細反。又如字。「而斷」丁亂反。

連叔曰：「然。瞽者无以與乎文章之觀，聾者无以與乎鐘鼓之聲。豈唯形骸有聾盲哉？夫知亦有之[1]。是其言也，猶時女也[2]。之人也，之德也，將旁礴萬物以為一世蘄乎亂，孰弊弊焉以天下為事[3]！之人也，物莫之傷[4]，大浸稽天而不溺，大旱金石流土山焦而不熱[5]。是其塵垢粃穅，將猶陶鑄堯舜者也，孰肯以物為事[6]！宋人資章甫而適諸越，越人斷髮文身，无所用之[7]。堯治天下之民，平海內之政，往見四子藐姑射之山，汾水之陽，窅然喪其天下焉[8]。」

1.【注】不知至言之極妙，而以為狂而不信，此知之聾盲也。【疏】瞽者，謂眼無联縫，冥冥如鼓皮也。聾者，耳病也。盲者，眼根敗也。夫目視耳聽，蓋有物之常情也，既聾既盲，不可示之以聲色也。亦猶至言妙道，唯懸解者能知。愚惑之徒，終身未悟，良由智障盲闇，不能照察，豈唯形質獨有之耶！是以聞接輿之言，謂為狂而不信。自此以下，是連叔答肩吾之辭也。【釋文】「瞽」音古。盲者無目，如鼓皮也。「與乎」徐音豫。下同。「之觀」古亂反。「聾」鹿工反，不聞也。「之聲」崔、向、司馬本此下更有眇者无以與乎眉目之好，夫盲者不自

2.【注】謂此接輿之所言者，自然為物所求，但知之聾盲者謂無此理。【疏】是者，指斥之言也。時女，少年處室之女也。指此接輿之言，猶如窈窕之女，綽約凝潔，為君子所求，但知之聾盲者謂無此理。【釋文】「時女」司馬云：猶處女也。向云：時女虛靜柔順，和而不喧，未嘗求人而為人所求也。◎慶藩案時，是也。猶時女，謂猶是女也。《易》女子貞不字，女即處女也。司馬訓時女猶處女，疑誤。《詩·大雅·綿篇》曰止曰時，《箋》曰：時，是也。是其證。

3.【注】夫聖人之心，極兩儀之至會，窮萬物之妙數。故能體化合變，無往不可，旁礴萬物，無物不然。世以亂故求我，我無心也。我苟無心，亦何為不應世哉！然則體玄而極妙者，其所以會通萬物之性，而陶鑄天下之化，

【疏】之是語助，亦歟美也。旁礴萬物，承上之德也，神人無功，豈肯有勞天下之迹！《老子》云，我無為而民自化，此之謂也。礴，猶混同也。蘄，求也。孰，誰也。之人者，歟堯是聖人之德者，歟堯之盛德也。旁品，混同萬物，制馭百靈，蒼生離亂，故求大聖君臨安撫。而虛舟懸鏡，應感無心，誰肯勞形弊智，經營區宇，以事為事，然後能事。故《老子》云為無為，事無事，又云取天下常以無事，及其有事不足以取天下也。

【釋文】「旁」薄剛反，李鋪剛反。「礴」薄博反，李普各反。司馬云：旁礴，猶混同也。◎李楨曰：漢〈司馬相如傳〉旁魄四塞，注：旁魄，廣被也。「礴」薄博反。〈揚雄傳〉旁薄群生，注：旁薄，猶言蕩薄也。蕩薄即廣被之意。旁礴萬物，承上之德也三字，言其德將廣被萬物。以為一世蘄乎亂，亂，治也，此之謂也。【世蘄】徐音祈。李云：求也。◎盧文弨曰：舊蘄作蘄，訛，今從宋本正。《老子》云，我無為而民自化，云：弊弊，經營貌。司馬本作蔽蔽。「不應」應對之應。「苦思」息嗣反。

4.【注】無往而不安，則所在皆適，死生無變於己，況溺熱之間哉！夫達於生死，則無死無生；宜於水火，則不溺不熱。假令陽九流金之災，百六滔天之禍，紛紜自彼，於我何為！故郭注云，死生無變於己，何況溺熱之間也哉！

【釋文】「大浸」子鴆反。

5.【注】夫安於所傷，則傷不能傷；傷不能傷，而物亦不傷之也。

【疏】稽，至也。夫達於生死，死生無變於己，況溺熱之間哉！故至人之不嬰乎禍難，非避之也，推理直前而自然與吉會。

【釋文】「稽天」音雞，徐、李音啟。司馬云：至也。「不溺」奴歷反，或奴學反。「禍難」乃旦反，「非避」音辟。

6.【注】堯舜者，世事之名耳；為名者，非名也。故夫堯舜者，豈直堯舜而已哉？必有神人之實焉。今所稱堯舜者，徒名其塵垢粃糠耳。

【疏】散為塵，膩為垢，穀不熟為粃，穀皮曰糠，皆猥物也。鎔金曰鑄，範土曰陶。諡法，翼善傳聖曰堯，仁聖盛明曰舜。夫堯至聖，妙絕形名，混迹同塵，物甘其德，故立名諡以彰聖體。然名者粗法，不矯不偽；諡者世事，何殊塵垢！既而矯詭佞妄，將彼塵垢鍛鑄為堯，用此粃糠埏埴作舜。豈知妙體胡可言邪！是以誰肯以物為事者也。

【釋文】「塵垢」古口反。塵垢，猶染污。「粃」本又作秕。徐甫姊反，又悲矣反。◎盧文弨曰：案《說文》作秕。「糠」字亦作穅，音康。粃糠，猶煩碎。◎盧文弨曰：舊本糠作康，今依注本

改。糠亦俗字。似當云音康，字亦作康為是，疑後人亂之，而又妄改也。康已從米，何必又贅米旁。「陶」徒刀反，李移昭反。本亦作鈎，音同。「鑄」之樹反。

7.【疏】此起譬也。資，貨也。越國逼近江湖，斷髮文身，以避蛟龍之難也。章甫，冠名也。故孔子生於魯，衣縫掖；長於宋，冠章甫。而宋實微子之裔，越乃太伯之苗，二國貿遷往來，乃以章甫為貨。且章甫本充首飾，必須雲鬟承冠，越人斷髮文身，資貨便成無用。亦如榮華本猶滯著，富貴起自驕矜。堯既體道洞忘，故能無用天下。故郭注云，夫堯之無所用天下為，亦猶越人無所用章甫耳。

【釋文】「宋人」宋，今梁國睢陽縣，殷後，微子所封。「資章甫」李云：章甫，殷冠也。以冠為貨。【越】今會稽山陰縣。◎慶藩案《文選》張景陽〈雜詩〉注引司馬云：資，取也。《春秋》定五年經於越入吳，杜注：於，發聲也。◎李楨曰：注引司馬云：資，貨也。章甫，冠名也（嵇叔夜《與山巨源絕交書》注引同）。諸，於也。《釋文》闕。諸越，猶云於越。《廣雅·釋言》：諸，於也。《公羊傳》何休注：越人自名於越。此作諸者，《禮記·射義》注：諸，猶於也。是疊韻假借。「斷」丁管反。司馬本作敦，云：敦，斷也。李徒短反。

8.【注】夫堯之無用天下為，亦猶越人之無所用章甫耳。然遺天下者，固天下之所宗。天下雖宗堯，而堯未嘗有天下也，故窅然喪之，而嘗遊心於絕冥之境，雖寄坐萬物之上而未始不逍遙也。四子者蓋寄言，以明堯之不一於堯耳。夫堯實冥矣，其迹則堯也。自迹觀冥，內外異域，未足怪也。世徒見堯之為堯，豈識其冥哉！故將求四子於海外而據堯於所見，因謂與物同波者，失其所以冥也。然未知至遠之所順者更近，而至高之所會者反下也。若乃厲然以獨高為至而不夷乎俗累，斯山谷之士，非無待者也，奚足以語至極而遊無窮哉！

【疏】治，言緝理；政，言風教。此合喻也。汾水出自太原，西入於河。水北曰陽，則今之晉州平陽縣，在汾水北，昔堯都也。窅然者，寂寥，是深遠之名。喪之言忘，是遣蕩之義。而四子者，四德也：一本，二迹，三非本非迹，四非非本迹也。言堯反照心源，洞見道境，超茲四句，故言往見四子也。夫聖人無心，有感斯應，故能緝理萬邦，和平九土。雖復凝神四子，端拱而坐汾陽，統御萬機，窅然而喪天下。斯蓋本即迹，即體即用，空有雙照，動寂一時。是以姑射不異汾陽，山林豈殊黃屋！世人齊其所見，曷嘗信此邪！而馬彪將四子為齧缺，便未達於遠理；劉璋推汾水於射山，更迷惑於近事。今所解釋，稍異於斯。

【釋文】「四子」司馬、李云：王倪、齧缺、被衣、許由。「汾水」徐扶云反，郭方聞反。案汾水出太原，今莊生

寓言也。司馬、崔本作盆水。◎李楨曰：〈東山經〉之姑射，是否為冀州域內之山，經文究無可考。《隋志》以屬之臨汾，或後世據此篇汾水之陽一語以名其地之山，亦未可知。上文所稱姑射，遠在北海中，故曰藐，藐者遠也。汾陽，若有姑射，何為亦云藐哉！蓋堯之心未嘗有天下，其身亦如姑射神人之身，雖垂衣廟堂，如逍遙海外，是以彼山藐遠，無殊近在帝都（四子本無其人，徵名以實之則鑿矣）。注疏推闡，並極精妙。余前辨證一條，謂山名不可混合為一，然恐有失莊生玄旨，故復論及之。汾水，司馬、崔本並作盆水，古讀汾如盆，非別一水，說見錢氏大昕《養新錄》。「窅然」徐烏了反。郭武骿反。李云：窅然，猶悵然。◎盧文弨曰：郭必以為實，故如此音。「喪其」息浪反，注同。「窅然」亡丁反。「絕冥」音竟。「之竟」音境。本亦作境。今注作境。

惠子謂莊子曰：「魏王貽我大瓠之種[1]，我樹之成而實五石，以盛水漿，其堅不能自舉也[2]。剖之以為瓢，則瓢落無所容。非不呺然大也，吾為其无用而掊之[3]。」

1.【疏】姓惠，名施，宋人也，為梁國相。謂，語也。貽，遺也。瓠，匏之類也。魏王即梁惠王也。昔居安邑，國號為魏，後為強秦所逼，徙於大梁，復改為梁，僭號稱王也。惠子所以起此大匏之譬，以譏莊子之書，雖復詞旨恢弘，而不切機務，故致此詞而更相激發者也。【釋文】「惠子」司馬云：姓惠，名施，為梁相。「魏王」徐音司馬云：梁惠王也。案魏自河東遷大梁，故謂之魏，或謂之梁也。「貽」徐音怡，郭與志反。「遺」也。「大瓠」徐音護。「之種」章勇反。

2.【疏】樹者，藝植之謂也。實者，子也。惠施既得瓠種，藝之成就，生子甚大，容受五石，仍持此瓠以盛水漿，虛脆不堅，故不能自勝舉也。【釋文】「而實五石」司馬云：實中容五石。「以盛」音成。

3.【疏】剖，分割之也。瓢，勺也。瓠落，平淺也。呺然，虛大也。掊，打破也。用而盛水，虛脆不能自勝；分剖為瓢，平淺不容多物。眾謂無用，打破棄之。刺莊子之言，不救時要，有同此瓠，應須屏削也。　【釋文】「剖之」普口反。「為瓢」毗遙反。徐扶堯反。「則瓢」戶郭反，司馬音護。下同。「落」簡文云：瓠落，猶廓落

也。司馬云：瓠，布護也；落，零落也。言其形平而淺，受水則零落而不容也。「呺然」本亦作号。徐許憍反。李

云：号然，虛大貌。崔作諤，簡文同。「吾為」于偽反。「掊之」徐方垢反。司馬云：擊破也。◎慶藩案《文選》

謝靈運之《郡初發都詩》注引司馬云：瓠，布護也；落，零落也。枵然，大貌。掊，謂擊破之也。喻莊子之言大也，

若巨瓠之無施也。較《釋文》引為詳。◎俞樾曰：《說文》：号，痛聲也。呺謌，《說文》所無，蓋皆号之俗體。

施之於此，義不可通。《文選》謝靈運《郡初發都詩》李善注引此文作枵，當從之。《爾雅·釋天》：玄枵，虛

也。虛則有大義，故曰枵然大也。《釋文》引李云号然虛大貌，是固以枵字之義說之。

莊子曰：「夫子固拙於用大矣。宋人有善為不龜手之藥者，世世以洴澼絖為事[1]。客聞之，請買其方百金[2]。聚族而謀曰：『我世世為洴澼絖，不過數金；今一朝而鬻技百金，請與之[3]。』客得之，以說吳王。越有難，吳王使之將，冬與越人水戰，大敗越人，裂地而封之[4]。能不龜手，一也；或以封，或不免於洴澼絖，則所用之異也[5]。今子有五石之瓠，何不慮以為大樽而浮乎江湖，而憂其瓠落無所容？則夫子猶有蓬之心也夫[6]！」

1.【注】其藥能令手不拘坼，故常漂絮於水中也。

【疏】洴，浮；澼，漂也。絖，絮也。世世，年也。宋人隆冬涉水，漂絮以作牽離，手指生瘡，拘坼有同龜背。故世世相承，家傳此藥，令其手不拘坼，常得漂絮水中，保斯事業，永無虧替。又云：游，擗也；絖，纊也，謂擗纊於水中之故也。

【釋文】「龜手」愧悲反。徐舉倫反。李居危反。向云：拘坼也。司馬云：文坼如龜文也。又云：如龜攣縮也。◎俞樾曰：《釋文》引司馬云文坼如龜文也，又云如龜攣縮也。向云文坼如龜文也，郭注亦云能令手不拘坼，然則龜字宜即讀如拘。蓋龜有丘音，後漢西域傳龜茲讀曰丘慈，是也。古丘音與區同，故亦得讀如拘矣。拘，拘攣也，不龜者，不拘攣也。蓋龜之說雖非，攣縮之說則是，但不必以如龜為說耳。◎李楨曰：龜手，《釋文》云徐舉倫反，蓋以龜為皸之假借。按龜皸雙聲。《眾經音義》卷十一：皸，居雲、去雲二反。《通俗文》：手足坼裂曰皸，經文或作龜坼。下引莊此文及郭注

為證。是元應以龜軼音義互通。《集韻‧十八‧諄》：軼，區倫切，皴也。《漢書‧趙充國傳》，將軍士寒，手足

皸瘃，文穎曰：皸，坼裂也；瘃，寒創也。《唐書‧李甘傳》，凍膚皸瘃，不龜手，猶言不軼手耳。軼，《說文》作踤。鈕氏樹玉、鄭氏珍以踤下或體軼為軼字，疑洴澼是擊絮之聲。

反，游，聲。◎盧文弨曰：案今本書作洴澼聲，疑洴澼是擊絮之聲。洴澼二字本雙聲，蓋亦象其聲也。「絖」音曠。

《小爾雅》云：絮細者謂之絖。李云：絮，絮也。《周書》云天寒足跗是也。絖，絮也。「坼」敕白反。「能令」力呈反。「不拘」紀于反。依

字宜作跗，紀于、求于二反。韋昭云：以水擊絮為漂。作潎，豐市反，又匹例反。◎盧文弨曰：潎舊訛作敝，今改正。「絮」胥

「漂」匹妙反，紀于、求于二反。《周書》洴澼絖者，漂絮於水上。絖，絮也。「洴」徐扶經反。「澼」普歷反，猶言不軼手耳。軼，《說文》作踤。徐敷歷反。郭、李恪歷反。◎盧文弨曰：坼，俗本多從手，非。

慮反。

2.【疏】金方一寸重一斤為一金也。他國遊客，偶爾聞之，請買手瘡一術，遂費百金之價者也。　【釋文】

「百金」李云：金方寸重一斤為一金。百斤也。

3.【疏】鬻，賣也。估價既高，聚族謀議。世世洴澼，為利蓋寡，一朝賣術，資貨極多。異口同音，僉曰請

與。　【釋文】「數金」色主反。「鬻」音育。司馬云：賣也。「技」本或作伎，竭彼反。

4.【疏】吳越比鄰，地帶江海，兵戈相接，必用艫舡，戰士隆冬，手多拘坼。而客素稟雄才，天生睿智，既得

方術，遂說吳王。越國兵難侵吳，吳王使為將帥，賴此名藥，而兵手不拘坼。旌旗才舉，越人亂轍。獲此大捷，獻

凱而旋，勳庸克著，胙之茆土。　【釋文】「以說」始銳反，又如字。「有難」乃旦反。「之將」子匠反。「大

敗」必邁反。

5.【疏】或，不定也。方藥無工拙而用者有殊，故行客得之以封侯，宋人用之以洴澼，此則所用工拙之異

也。　【注】蓬，非直達者也。此章言物各有宜，苟得其宜，安往而不逍遙也。　【疏】慮者，繩絡之也。樽者，

6.【注】蓬，非直達者也。

漆之如酒罇，以繩結縛，用渡江湖，南人所謂腰舟者也。夫，歎也。言大瓠浮汎江湖，可

以舟舩淪溺；至教興行世境，可以濟渡群迷。而惠生既有蓬心，未能直達玄理，故妄起培擊之譬，譏刺莊子之書。

為用失宜，深可歎之。　【釋文】「不慮以為大樽」本亦作尊。司馬云：樽如酒器，縛之於身，浮於江湖，可以自

渡。「慮」，猶結綴也。案所謂腰舟。◎盧文弨曰：縛舊作縛，今從宋本正。

云：蓬者短不暢，曲士之謂。◎盧文弨曰：士，舊譌為土，今改正。

惠子謂莊子曰：「吾有大樹，人謂之樗1。其大本擁腫而不中繩墨，其小枝卷曲而不中規矩，立之塗，匠者不顧2。今子之言，大而无用，眾所同去也3。」

1.【疏】樗，栲漆之類，嗅之甚臭，惡木者也。世間名字，例皆虛假，相與嗅之，未知的當，故言人謂之樗也。【釋文】「樗」勅魚反，木名。

2.【疏】擁腫，槃瘦也。卷曲，不端直也。規圓而矩方。塗，道也。樗栲之樹，不材之木，根本擁腫，枝榦卷攣，繩墨不加，方圓無取，立之行路之旁，匠人曾不顧盼也。【釋文】「擁腫」章勇反。李云：擁腫，猶盤癭。「不中」丁仲反。下同。「卷曲」本又作拳，同。音權，徐紀阮反。李丘圓反。

3.【疏】樹既擁腫不材，匠人不顧；言迹迂誕無用，眾所不歸。此合喻者也。【釋文】「同去」如字。李羌廣反，大也。是大與迂同義。老子《道德經》云，天下皆謂道大似不肖，亦此大字之義。呂反。◎慶藩案大而無用，猶言迂遠無當於事情也。《禮》文王世子況于其身以善其君乎，鄭注曰：于讀為迂，猶

莊子曰：「子獨不見狸狌乎？卑身而伏，以候敖者；東西跳梁，不辟高下；中於機辟，死於罔罟1。今夫斄牛，其大若垂天之雲。此能為大矣，而不能執鼠2。今子有大樹，患其无用，何不樹之於无何有之鄉，廣莫之野3，彷徨乎无為其側，逍遙乎寢臥其下4。不夭斤斧，物无害者，无所可用，安所困苦哉5！」

1.【疏】狌，野貓也。跳梁，猶走躑也。辟，法也；謂機關之類也。罔罟，罝罘也。子獨不見狸狌捕鼠之狀乎？卑伏其身，伺候傲慢之鼠；東西跳躑，不避高下之地；而中於機關之法，身死罔罟之中，皆以利惑其小，不謀大故也。亦猶擎跪曲拳，執持聖迹，偽情矯性，以要時利，前雖遂意，後必危亡，而商鞅、蘇、張，即是其事。此

何異乎捕鼠狸狌死於罔罟也。

【釋文】「狸」力之反。「狌」徐音姓。郭音生。又音星。司馬云：狌也。狌，音由救反。「敖者」徐、李五到反。支云：伺彼怠敖，謂承夫閒殆也。本又作傲，同。司馬音遨，謂伺遨翔之物而食之，雞鼠之屬也。「跳」音條。「不辟」音避。今本多作避。下放此。「機辟」毗赤反。司馬云：罔也。◎盧文弨曰：案當作毗亦反。◎慶藩案辟疑為繴之借字。《爾雅》：繴謂之罿，罿，罬也；罬謂之罦，罦，覆車也。郭璞曰：今之翻車也，有兩轅，中施罥以捕鳥。司馬曰辟罔也，誤。辟若訓罔，則下文死於罔罟為贅矣。《楚辭·九章》設張辟以娛君兮，王逸注：辟，法也，言讒人設張峻法以娛樂君（王念孫曰：《楚辭》以張辟連讀，非以設張辟連讀。張讀弧張之張。《周官》冥氏掌弧張，鄭注：弧張，罿罦之屬，所以扃絹禽獸），頗費解義。《墨子·非儒篇》：盜賊將作，若機辟將發也，（《楚辭·哀時命》外迫脅於機臂兮，機臂與機辟同。《鹽鐵論·刑法篇》曰：辟陷設而當其蹊）《玉篇》王注以為弩牙，亦失之）。「罟」徐音古。

2.【疏】犛牛，猶旄牛也。出西南夷。其形甚大，山中遠望，如天際之雲。藪澤之中，逍遙養性，跳梁投鼠，不及野狸。亦猶莊子之言，不狥流俗，可以理國治身，且長且久者也。 【釋文】「犛牛」郭呂之反。徐、李音來。又音貍。司馬云：旄牛。

3.【疏】無何有，猶無有也。莫，無也。謂寬曠無人之處，不問何物，悉皆無有，故曰無何有之鄉也。 【釋文】「无何有之鄉廣莫之野」謂寂絕無為之地也。簡文云：莫，大也。

4.【疏】彷徨，縱任之名；逍遙，自得之稱；亦是異言一致，互其文耳。不材之木，枝葉茂盛，婆娑陰映，蔽日來風，故行李經過，徘徊憩息，徙倚顧步，寢臥其下。亦猶莊子之言，無為虛淡，可以逍遙適性，蔭庇蒼生也。 【釋文】「彷」薄剛反，又音房。「徨」音皇。彷徨，猶翱翔也。崔本作方羊，簡文同。《廣雅》云：彷徉，徙倚也。

5.【注】夫小大之物，苟失其極，則利害之理均；用得其所，則物皆逍遙也。 【疏】擁腫不材，拳曲無取，匠人不顧，斤斧無加，夭折之災，何從而至，故得終其天年，盡其生理。無用之用，何所困哉！亦猶莊子之言，乖俗會道，可以攝衛，可以全真，既不夭枉於世途，詎肯困苦於生分也！

莊子集釋　卷一下

內篇齊物論第二[1]

1.【注】夫自是而非彼，美己而惡人，物莫不皆然。然，故是非雖異而彼我均也。【釋文】「齊物論」力頓反。李如字。「而惡」烏路反。

南郭子綦隱机而坐，仰天而噓，荅焉似喪其耦[1]。顏成子游立侍乎前，曰：「何居乎？形固可使如槁木，而心固可使如死灰乎？[2]今之隱机者，非昔之隱机者也[3]。」

1.【注】同天人，均彼我，故外無與為歡，居然解體，若失其配匹。【疏】楚昭王之庶弟，楚莊王之司馬，字子綦。古人淳質，多以居處為號，居於南郭，故號南郭，亦猶市南宜僚、東郭順子之類。其人懷道抱德，虛心忘淡，故莊子羨其清高而託為論首。隱，憑也。噓，嘆也。荅焉，解釋貌。耦，匹也，謂與神為匹，物與我為耦也。子綦憑几坐忘，凝神遐想，仰天而歎，妙悟自然，離形去智，荅焉墜體，身心俱遣，物我兼忘，故若喪其匹耦也。【釋文】「南郭子綦」音其。司馬云：居南郭，因為號。◎盧文弨曰：案今本作几。「而噓」音虛。向云：息也。「荅焉」本又作嗒，同。吐荅反，又都納反。注同。解體。◎盧文弨曰：今本作嗒。案解體，即趙岐《孟子》注所云解罷校也。◎慶藩案慧琳《一切經音義·八十八·終南山龍田寺釋法琳本傳卷四》引司馬云：荅焉，云失其所。故有似喪耦也。《釋文》闕。「其耦」本亦作偶，五口反。匹也，對也。司馬云：耦，身也，身與神為耦。◎俞樾曰：喪其耦，即下文所謂吾喪我也。郭注曰若失其配匹，未合喪我之義。司馬云耦身也，此說得之。然云身與神為耦則非也。耦當讀為寓。寓，寄也，神寄於身，故謂身為寓。

2．【注】死灰槁木，取其家莫無情耳。夫任自然而忘是非者，其體中獨任天真而已，又何所有哉！故止若立枯木，動若運槁枝，坐若死灰，行若遊塵。動止之容，吾所不能一也；其於無心而自得，吾所不能二也。【疏】姓顏，名偃，字子游。居，安處也。方欲請益，故起而立侍。如何安處，神識凝寂，頓異從來，遂使形將槁木而不殊，心與死灰而無別。必有妙術，請示所由。【釋文】【顏成子游】李云：子綦弟子也，姓顏，名偃，諡成，字子游。「何居」如字，又音姬。司馬云：猶故也。【槁木】古老反。注同。家音寂。◎盧文弨曰：家，安靜也。漢人碑版多作此字。《老子銘》，《張公神碑》，官朝家靜，《巴郡太守張納碑》，四竟家謐。《博陵太守任伯嗣碑》，家兮冥冥，皆如此作。今注作寂寞。「莫」本亦作漠。

3．【注】子游嘗見隱机者，而未有若子綦也。【疏】子游昔見坐忘，未盡玄妙；今逢隱机，實異囊時。怪其寂泊無情，故發驚疑之旨。

子綦曰：「偃，不亦善乎，而問之也！今者吾喪我，汝知之乎[1]？女聞人籟而未聞地籟，女聞地籟而未聞天籟夫[2]！」

1．【注】吾喪我，我自忘矣；天下有何物足識哉！故都忘外內，然後超然俱得。【疏】而，猶汝也。喪，猶忘也。許其所問，故言不亦善乎。而子綦境智兩忘，物我雙絕，子游不悟，而以驚疑，故示隱几之能，汝頗知不。

2．【注】籟，簫也。夫簫管參差，宮商異律，故有短長高下萬殊之聲。聲雖萬殊，而所稟之度一也，然則優劣無所錯其間矣。況之風物，異音同是，而咸自取焉，則天地之籟見矣。【疏】籟，簫也，長一尺二寸，十六管，象鳳翅，舜作也。夫簫管參差，所受各足，況之風物，咸稟自然，故寄此二賢以明三籟之義。釋在下文。【釋文】【女聞】音汝。下皆同。本亦作汝。◎盧文弨曰：上汝知何以不一律作女？「人籟」力帶反，簫也。【籟夫】音扶。「參」初林反。「差」初宜反。「所錯」七故反。「見矣」賢遍反。

子游曰：「敢問其方[1]。」

1.【疏】方，道術也。雖聞其名，未解其義，故請三籟，其術如何。

子綦曰：「夫大塊噫氣，其名為風[1]。是唯无作，作則萬竅怒呺[2]。而獨不聞之翏翏乎[3]？山林之畏佳[4]，大木百圍之竅穴，似鼻，似口，似耳，似枅，似圈，似臼，似洼者，似污者[5]；激者，謞者，叱者，吸者，叫者，譹者，宎者，咬者[6]，前者唱于而隨者唱喁。泠風則小和，飄風則大和[7]，厲風濟則眾竅為虛[8]。而獨不見之調調，之刁刁乎[9]？」

1.【注】大塊者，無物也。夫噫氣者，豈有物哉？氣塊然而自噫耳。物之生也，莫不塊然而自生，則塊然之體。【釋文】「太塊」苦怪反。李苦對反。《說文》同。《淮南子》作大昧。解者或以為無，或以為元氣，或以為混成，或以為天，司馬云：大朴之貌，眾家或作大槐，班固同。《說文》同，云：俗塊字也。徐口回反，徐、李又胡罪反。郭又苦猥反。◎慶藩案慧琳《一切經音義》九十五·正誣經卷五引司馬云：大塊，謂天也。與《釋文》所引異。◎俞樾曰：大塊者，地也。塊乃出之或體。《說文》土部：出，墣也。蓋即《中庸》所謂一撮土之多者，積而至於廣大，則成地矣，故以地為大塊也。司馬云大朴之貌，郭注曰大塊者無物也，並失其義。

2.【注】言風唯無作，作則萬竅皆怒動而為聲也。【疏】是者，指此風也。作，起也。言此大風唯當不起，若其動作，則萬殊之穴皆鼓怒呺叫也。【釋文】「萬竅」苦弔反。「怒呺」胡刀反，徐又許口反，又胡到反。

3.【注】長風之聲。【釋文】「翏翏」良救反，又六收反。長風之貌。李本作飂，音同。又力竹反。

4.【注】大風之所扇動也。【疏】翏翏，長風之聲也。而翏翏清吹，擊蕩山林，遂使樹木枝條，畏佳扇動。世皆共覩，汝獨不聞之邪？下文云。【釋文】畏佳，扇動之貌。「畏」於鬼反。郭烏罪反。崔本作喂。「佳」醉癸

反。徐子唯反。郭祖罪反。李諸鬼反。李頤云：畏佳，山皇貌。◎盧文弨曰：佳，舊本作佳，今《莊子》眾家本皆

作佳。《韻》會支韻內引此，似亦可讀迫。此所音雖皆仄聲，然實與佳本音皆相近，故從眾家本改正。

5.【注】此略舉眾竅之所似。【疏】竅穴，樹孔也。枅，柱頭木也，今之斗楷是也。木既百

圍，穴亦奇眾，故或似人之口鼻，或似獸之闌圈，或似人之耳孔，或似舍之枅楷，或洼曲而擁腫，或污下而不平。

形勢無窮，略陳此八事。亦猶世間萬物，種類不同，或醜或妍，蓋稟之造化。【釋文】「之竅」崔本作竅。「似

鼻似口」司馬云：言風吹竅穴動作，或似人鼻，或似人口。「似枅」音雞，又音肩。《字林》云：柱上方木也。簡

文云：構櫨也。「似圈」起權反。郭音權，杯圈也。徐其阮反，言如羊豕之闌圈也。「似臼」其九反。「似洼者」

烏攜反，又烏乖反，郭烏蛙反。司馬云：若注曲。「污者」音烏。司馬云：若污下。

6.【注】此略舉眾竅之聲殊。【疏】激者，如水湍激聲也。謞者，如箭鏃頭孔聲也。叱者，咄聲也。吸者，

如呼吸聲也。叫者，如叫呼聲也。譹者，哭聲也。宎者，深也，若深谷然。咬者，哀切聲也。略舉樹穴，即有八

種；風吹木竅，還作八聲。亦猶人稟分不同，種種差異，率性而動，莫不均齊。假令小大夭壽，未足以相傾。

【釋文】「激者」經歷反，如水激也。司馬云：聲若激喚也。李又驅弔反。◎慶藩案慧琳《一切經音

義·六十八·阿毗達摩大婆沙論卷四》引司馬云：聲若激也。《七十八音·經律異相卷十四、九十》，《高僧

傳·十三》引並同。又《文選·盧子諒時興詩》注、玄應《眾經音義·十四》引亦同。與《釋文》所引異。「謞

者」音孝。李虛交反。簡文云：若箭去之聲。司馬云：若譹謞聲。◎盧文弨曰：舊音考，訛。今注本音孝，從之。「謞

「叱者」昌實反。徐音七。司馬云：若叱咄聲。「吸者」許及反。司馬云：若噓吸聲也。「叫者」古弔反。郭古幼

反。李居曜反。司馬云：若叫呼聲。「譹者」音豪。郭又戶報反。司馬云：若譹哭聲。◎盧文弨曰：舊脫者字，

今增，與眾句一例。一音杳。又於弔反。司馬云：深者也，若深宎然。「咬者」於交反。或

音狡。司馬云：聲哀切咬咬然。又許拜反。

7.【注】夫聲之宮商雖千變萬化，唱和大小，莫不稱其所受而各當其分。【疏】泠，小風也。飄，大風也。

于唱，皆是風吹樹動前後相隨之聲也。故泠泠清風，和聲即小；暴疾飄風，和聲即大；各稱所受，曾無勝劣，以況

萬物稟氣自然。【釋文】「唱于」如字。徐又音愚。李云：于唱，聲之相和也。

「泠風」音零。李云：泠泠，小風也。「小和」胡臥反。下及注皆同。「飄風」鼻遙反，又符遙反。李敷遙反。司

馬云：疾風也。《爾雅》云：回風為飄。「不稱」尺證反。「其分」符問反。下不出者同。

8.【注】濟，止也。言大風作則眾竅實，及其止則眾竅虛。虛實雖異，各得則同耳。況四序盈虛，二儀生殺，既無心於亭毒，豈有意於虔劉！

【釋文】「厲風」大風。司馬云：烈風。「濟」子細反。向云：止也。◎慶藩案厲風濟，濟者止也。《詩·邶風·載馳篇》旋濟，《毛傳》曰：濟，止也。風止則萬竅寂然，故曰眾竅為虛。

9.【注】調調刁刁，動搖貌也。言物聲既異，而形之動搖亦又不同也。動雖不同，其得齊一耳，豈調調獨是而刁刁獨非乎！

【疏】而，汝也。調調刁刁，動搖之貌也。言物形既異，動亦不同，雖有調刁之殊，而終無是非之異。惟天籟深玄，卒難頓悟，敢陳庸昧，請決所疑。

【釋文】「調調」音條。「刁刁」向云：調調刀刀，皆動搖貌。◎盧文弨曰：濟，止也。舊俱作刁，俗……今改依正體。「動搖」如字，又羊照反。

子游曰：「地籟則眾竅是已，人籟則比竹是已。敢問天籟。」[1]

1.【疏】地籟則竅穴之徒，人籟則簫管之類，並皆眼見，此則可知。惟天籟深玄……

【釋文】「比竹」毗志反。又必履反。李扶必反。注同。

子綦曰：「夫吹萬不同，而使其自己也[1]，咸其自取，怒者其誰邪[2]！」

1.【注】此天籟也。夫天籟者，豈復別有一物哉？即眾竅比竹之屬，接乎有生之類，會而共成一天耳。無既無矣，則不能生有；有之未生，又不能為生。然則生生者誰哉？塊然而自生耳。自生耳，非我生也。我既不能生物，物亦不能生我，則我自然矣。自己而然，則謂之天然。天然耳，非為也，故以天言之。以天言之，所以明其自然也，豈蒼蒼之謂哉！而或者謂天籟役物使從己也。夫天且不能自有，況能有物哉！故天者，萬物之總名也，莫適為天，誰主役物乎？故物各自生而無所出焉，此天道也。

【疏】夫天者，萬物之總名也，自然之別稱，豈蒼蒼之謂哉！故尋夫生生者誰乎，蓋無物也。故外不待乎物，內不資乎我，塊然而生，獨化者也。是以郭注云，自己而然，則謂之天然。尋夫生生之類者，所以明其自然也。而言吹萬不……

同。且風唯一體，竅則萬殊，雖復大小不同，而各稱所受，咸率自知，豈賴他哉！此天籟也。故知春生夏長，目視耳聽，近取諸身，遠託諸物，皆不知其所以。使其自己，當分各足，率性而動，不由心智，所謂亭之毒之，此天籟之大意者也。

【釋文】「豈復」扶又反。「莫適」丁歷反。◎慶藩案《文選》謝靈運〈九日從宋公戲馬臺集送孔令詩〉注引司馬云：吹萬，言天氣吹煦，生養萬物，形氣不同。已，止也，使各得其性而止。謝靈運〈道路憶山中詩〉注、江文通〈雜體詩〉注引同。《釋文》闕。

2.【注】物皆自得之耳，誰主怒之使然哉！此重明天籟也。【疏】自取，猶自得也。言風竅不同，形聲乃異，至於各自取足，未始不齊，而怒動為聲，誰使之然也！欲明群生紛紜，萬象參差，分內自取，未嘗不足，或飛或走，誰使其然，故知鼓之怒之，莫知其宰。此則重明天籟之義者也。【釋文】「此重」直用反。

大知閑閑，小知閒閒[1]；大言炎炎，小言詹詹[2]。其寐也魂交，其覺也形開[3]，與接為搆，日以心鬥。縵者，窖者，密者[4]。小恐惴惴，大恐縵縵[5]。其發若機栝，其司是非之謂也[6]；其留如詛盟，其守勝之謂也[7]；其殺若秋冬，以言其日消也[8]；其溺之所為之，不可使復之也[9]；其厭也如緘，以言其老洫也[10]；近死之心，莫使復陽也[11]。喜怒哀樂，慮嘆變熱，姚佚啟態[12]；樂出虛，蒸成菌[13]。日夜相代乎前，而莫知其所萌[14]。已乎，已乎！旦暮得此，其所由以生乎[15]！

1.【注】此蓋知之不同。【疏】閑閑，寬裕也。閒閒，分別也。夫智惠寬大之人，率性虛淡，無是無非；小知狹劣之人，性靈褊促，有取有捨。有取有捨，故閒隔而分別；無是無非，故閑暇而寬裕也。【釋文】「閑閑」古閑反。「閒閒」有所閒別也。◎俞樾曰：《廣雅·釋詁》：閒，覘也。小知閒閒，謂好覷察人也。《釋文》曰有所閒別，非是。

2.【注】此蓋言語之異。【疏】炎炎，猛烈也。詹詹，詞費也。夫詮理大言，猶猛火炎燎原野，清蕩無遺。

儒墨小言，滯於競辯，徒有詞費，無益教方。 【釋文】「炎炎」于廉于凡二反，又音談。李作淡，徒濫反。李頤云：同是非也。簡文云：美盛貌。「詹詹」音占。李頤云：小辯之貌。崔本作閻。

3.【注】此蓋寤寐之異。
【疏】凡鄙之人，心靈馳躁，耽滯前境，無得暫停。故其夢寐也，魂神妄緣而交接：其覺悟也，則形質開朗而取染也。
【釋文】「魂交」司馬云：精神交錯也。「其覺」古孝反。「形開」司馬云：目開意悟也。

4.【注】此蓋交接之異。
【疏】構，合也。窖，深也，今穴地藏穀是也。密，隱也。交接世事，構合根塵，妄心既重，惄日不足，故惜彼寸陰，心與日鬥也。其運心逐境，情性萬殊，略而言之，有此三別也。
【釋文】「與接為構」司馬云：人道交接，構結驅愛也。「縵者」末旦反。簡文云：寬心也。「窖者」古孝反。司馬云：深也。李云：穴也。案穴地藏穀曰窖。簡文云：深心也。

5.【注】此蓋恐悸之異。
【疏】惴惴，怵惕也。縵縵，沮喪也。夫境有違從，而心恆憂度，慮其不遂，恐懼交懷。是以小恐惴慄而怵惕，大恐寬暇而沮喪也。
【釋文】「小恐」曲勇反。下及注同。「惴惴」之瑞反。李云：小心貌。《爾雅》云：懼也。「縵縵」李云：齊死生貌。「悸」其季反。

6.【注】機，弩牙也。栝，箭栝也。司，主也。言發心逐境，速如箭栝，役情拒害，猛若弩牙。唯主意是非，更無他謂也。
【釋文】「機栝」古活反。機，弩牙。栝，箭栝。◎慶藩案《文選》鮑明遠〈苦熱行〉注引司馬云：臧否交校，則禍敗之來，若機栝之發。《釋文》闕。◎又案機謂弩牙之巧也（機栝與樞機義各不同。《釋文》曰：鉤弦者曰牙，牙外曰郭，下曰縣刀，合名之曰機。《釋名》：朱也。朱與梱同。《廣雅》：梱，門橛也。《說文》：梱，門橛也。王引之曰：樞為戶樞，所以利轉。機為門梱，所以止扉。故以樞機並言，謂開闔有節也。《書傳》機與栝並言弩牙也）

7.【注】此蓋動止之異。
【疏】詛，祝也。盟，誓也。言役意是非，猶如祝詛，固心取境，不異誓盟。堅守樞為戶樞，機為門橛。

8.【注】其衰殺日消有如此者。
【疏】夫素秋搖落，玄冬肅殺，物景貿遷，驟如交臂，愚惑之類，豈能覺邪！唯爭虛妄是非，詎知日新消毀，人之衰老，其狀例然。
【釋文】「其殺」色界反，徐色例反。注同。

9.【注】其溺而遂往有如此者。
【疏】滯溺於境，其來已久，所為之事，背道乖真。欲使復命還源，無由可

致。

【釋文】「其溺」奴狄反，郭奴徹反。

10.【注】其厭沒於欲，老而愈溺，有如此者。　【疏】厭，沒溺也。顛倒之流，厭沒於欲，惑情堅固，有類緘繩。豈唯壯年縱恣，抑乃老而愈溺。　【釋文】「其厭」於葉反，徐於冉反，又於感反。「如緘」徐古咸反。「老洫」本亦作溢，同。音逸，郭許鵑反，又已質反。

11.【注】其利患輕禍，陰結遂志，有如此者。　【疏】莫，無也。耽滯之心，鄰乎死地，欲使生人之生道，無由得之。　【釋文】「近死」附近之近。「復陽」陽，謂生也。◎家世父曰：日以心鬭，百變不窮。司是非者有萬應之機，守勝者有一成之見。或久倦思反而殺如秋令，或沉迷不悟而溺為之，亦有深緘其機，無復生人之氣者。人心之相搆，各視所藏之機，以探而取之。

12.【注】此蓋性情之異者。　【疏】凡品愚迷，耽執違順，順則喜樂，違則哀怒。然哀樂則重，喜怒則輕。故喜則心生懽悅，樂則形於舞忭。怒則當時嗔恨，哀則舉體悲號，慮則抑度未來，嘆則咨嗟已往，變則改易舊事，慹則屈服不伸，姚則輕浮躁動，佚則奢華縱放，啟則開張情慾，態則嬌淫妖冶。眾生心識，變轉無窮，略而言之，有此十二。審而察之，物情斯見矣。　【釋文】「哀樂」音洛。「慹」之涉反。司馬云：不動貌。「姚」郭音遙，徐李勑弔反。「佚」音逸。「態」勑代反，李又奴載反。

13.【注】此蓋事變之異也。自此以上，略舉天籟之無方；自此以下，明無方之自然也。物各自然，不知所以然而然，則形雖彌異，其然彌同也。　【疏】夫簫管內虛，故能出於雅樂；濕暑氣蒸，故能生成朝菌。亦猶二儀萬物，虛假不真，從無生有，例如菌藥。浮幻若是，喜怒何施！　【釋文】「蒸」之膺反。「成菌」其隕反。「萌」武耕反。結也。「以上」時掌反。

14.【注】日夜相代，代故以新也。夫天地萬物，變化日新，與時俱往，何物萌之哉？自然而然耳。　【疏】日晝月夜，輪轉循環，更相遞代，互為前後。推求根緒，莫知其狀者也。

15.【注】言其自生。　【疏】已，止也。推求日夜，前後難知，起心慮度，不如止息。又重推旦暮，覆察昏明，亦莫測其所由，固不知其端緒。欲明世間萬法，虛妄不真，推求生死，即體皆寂。故《老經》云，迎之不見其首，隨之而不見其後，理由若此。　【釋文】「旦暮」本又作莫，音同。

非彼无我，非我无所取。是亦近矣[1]，而不知其所為使[2]。若有真宰，而特不得其眹[3]。可行己信[4]，而不見其形[5]，有情而无形[6]。百骸，九竅，六藏，賅而存焉[7]，吾誰與為親[8]？汝皆說之乎？其有私焉[9]？如是皆有為臣妾乎[10]？其臣妾不足以相治乎[11]？其遞相為君臣乎[12]？其有真君存焉[13]？如求得其情與不得，无益損乎其真[14]。一受其成形，不忘以待盡[15]。與物相刃相靡，其行盡如馳，而莫之能止，不亦悲乎[16]！終身役役而不見其成功[17]，苶然疲役而不知其所歸，可不哀邪[18]！人謂之不死，奚益[19]！其形化，其心與之然，可不謂大哀乎[20]？人之生也，固若是芒乎[21]？其我獨芒，而人亦有不芒者乎[21]？夫隨其成心而師之，誰獨且无師乎[22]？奚必知代而心自取者有之？愚者與有焉[23]。未成乎心而有是非，是今日適越而昔至也[24]。是以无有為有，雖有神禹，且不能知，吾獨且奈何哉[25]！

1.【注】彼，自然也。自然生我，我自然生。故自然者，即我之自然，豈遠之哉！【疏】彼，自然也。取，稟受也。若非自然，誰能生我？若無有我，誰稟自然乎？然我則自然，自然則我，其理非遠，故曰是亦近矣。

2.【注】凡物云云，皆自爾耳，非相為使也，故任之而理自至矣。【疏】言我稟受自然，其理已具。足行手捉，耳聽目視，功能御用，各有司存。亭之毒之，非相為使，無勞措意，直置任之。【釋文】「相為」于偽反。下未為同。

3.【注】萬物萬情，趣舍不同，而御用各異，似有真性，竟無宰主。起索真宰之眹迹，而亦終不得，則明物皆自然，無使物然也。【疏】夫肢體不同，趣舍不同，而御用各異，似有真性，竟無宰主。眹迹攸肇，從何而有？【釋文】「而特」崔云：特，辭也。「其眹」李除忍反。兆也。「趣舍」七喻反。字或作取。下皆倣此。「起索」所百反。

哉！

4.【注】今夫行者，信己可得行也。【疏】信己而用，可意而行，天機自張，率性而動，自濟自足，豈假物哉！

5.【注】不見所以得行之形。【疏】物皆信己而行，不見信可行之貌者也。

6.【注】情當其物，故形不別見也。【疏】有可行之情智，無信己之形質。【釋文】「情當」丁浪反，下皆同。「別見」賢遍反。

7.【注】付之自然，而莫不皆存也。【疏】百骸，百骨節也。九竅，謂眼耳鼻舌口及下二漏也。六藏，六腑，謂大腸小腸膀胱三焦也。藏，謂五藏，肝心脾肺腎也。言體骨在外，藏腑在內，竅通內外。備此三事以成一身，故言存。【釋文】「百骸」戶皆反。「六藏」才浪反。案心肺肝脾腎，謂之五藏。大小腸膀胱三焦，謂之六府。身別有九藏氣，天地人。天以候頭角之氣，人候耳目之氣，地候口齒之氣。三部各有天地人，三三而九，神藏五，形藏四，故九。今此云六藏，未見所出。◎李楨曰：《釋文》云，此云六藏，未見所出。成疏遂穿鑿以六為六腑，藏為五藏，致與上百官九竅，訓不一例。按《難經》三十九難，五藏亦有六藏者，謂腎有兩藏也。其左為腎，右為命門。命門者，謂精神之所舍也。其氣與腎通，故言藏有六也。「眩」徐古來反。司馬云備也。《小爾雅》同簡文云：兼也。

8.【注】直自存耳。

9.【注】皆說之，則是有所私也。有私則不能眩而存矣，故不說而自存，不為而自生也。【疏】言夫六根九竅，俱是一身，豈有親疏，私存愛悅！若有心愛悅，便是有私。身而私之，理在不可。莫不任置，自有司存。於身既然，在物亦爾。【釋文】「皆說」音悅，注同。今本多即作悅字。後皆倣此。

10.【注】若皆私之，則志過其分，上下相冒，而莫為臣妾矣。臣妾之才，而不安臣妾之任，則失矣。故知君臣上下，手足外內，乃天理自然，豈真人之所為哉！【疏】臣妾者，士女之賤職也。且人之一身，亦有君臣之別，斯乃出自天理，豈人之所為乎！非關係意親疏，故為君臣也。郭注云，時之所賢者為君，才不應世者為臣。治國治身，內外無異。

11.【注】夫臣妾但各當其分耳，未為不足以相治也。相治者，若手足耳目，四肢百體，各有所司而更相御用也。【疏】夫臣妾御用，各有職司，如手執腳行，當分自足，豈為手之不足而腳為行乎？蓋天機自張，無心相為也。

而治理之也。【釋文】「而更」音庚。

12.【注】夫時之所賢者為君，才不應世者為臣。若天之自高，地之自卑，首自在上，足自居下，豈有遞哉！雖無錯於當而必自當也。【疏】夫首自在上，足自居下；目能視色，耳能聽聲。而用捨有時，故有貴賤。豈措情於上下，而遞代為君臣乎？但任置無心而必自當也。【釋文】「其遞」音弟。徐又音第。「不應」應對之應。「無錯」七素反。下同。

13.【注】任之而自爾，則非偽也。【疏】直置忘懷，無勞措意，此即真君妙道，存乎其中矣。若乃開希幸之前之真宰也。言取捨之心，青黃等色，本無自性，緣合而成，不自不他，非無非有，故假設疑問，以明無有真君也。

14.【注】凡得真性，用其自為者，雖復卓隸，猶不顧毀譽而自安其業。故知與不知，皆自若也。路，以下冒上，物喪其真，人忘其本，則毀譽之間，俯仰失錯也。【疏】夫心境相感，欲染斯興。是以求得稱情，即謂之為益；如其不得，即謂之為損。斯言凡情迷執，有得喪以攖心；道智觀之，無損益於其真性者也。◎家世父曰：彼我相形而有是非，而是非之成於心者，先入而為之主。是之非之，隨人以為役，皆臣妾也，而百骸九竅六藏悉攝而從之。夫此攝而從之以聽役於人，與其心之主宰，果有辨乎，果無辨乎？心之主宰有是非，於人何與！求得人之情而是之非之，無能為益，不得無能為損。而既搆一是非之形，役心以從之，終其身守而不化，夫是之謂成心。成心者，臣妾之所以聽役也。【釋文】「雖復」扶又反。下同。「毀譽」音餘。「物喪」息浪反。

15.【注】言性各有分，故知者守知以待終，而愚者抱愚以至死，豈有能中易其性者也！【疏】夫稟受形性，各有涯量，不可改愚以為智，安得易醜以為妍！是故形性一成，終不中途亡失，適可守其分內，待盡天年矣。

16.【注】群品云云，逆順相交，各信其偏見而恣其所行，莫能自反。此比眾人之所悲者，亦可悲矣。而眾人未嘗以此為悲者，性然故也。物各性然，又何物足悲哉！【疏】刃，逆也。靡，順也。群品云云，銳情逐境。境既有逆有順，心便執是執非。行有終年，速如馳驟，曾無止息。格量物理，深可悲傷。

17.【注】夫物情無極，知足者鮮。故得此不止，復逐於彼。皆疲役終身，未厭其志，死而後已。故其成功者無時可見也。【疏】夫物浮競，知足者稀，故得此不休，復逐於彼。所以終身疲役，沒命貪殘，持影繫風，功成何日。【釋文】「者鮮」息淺反。

18.【注】凡物各以所好役其形骸，至於疲困荼然。不知所以好此之歸趣云何也！【疏】荼然，疲頓貌也。而所好情篤，勞役心靈，形魂既弊，荼然困苦。直以信心，好此貪競，責其意謂，亦不知所歸。愚癡之甚，深可哀歟。【釋文】「荼然」乃結反，徐李乃協反。崔音捺，云：忘貌。簡文云：疲病困之狀。◎盧文弨曰：荼，今注本乃作薾。《說文》引《詩》彼薾維何，音義與此異。◎慶藩案荼，司馬作薾。《文選》謝靈運〈過始寧墅詩〉注引司馬云：薾，極貌也。《釋文》闕。「所好」呼報反。下同。

19.【注】言其實與死同。

20.【注】言其心形並馳，困而不反，比於凡人所哀，則此真哀之大也。然凡人未嘗以此為哀者，不足哀也。【疏】然，猶如此也。念念遷移，新新流謝，其化而為老，心識隨而昏昧，形神俱變，故謂與之然。世之悲哀，莫此甚也。

21.【注】凡此上事，皆不知其所以然而然，故曰芒也。今未知者皆不知所以知而自知矣，生者皆不知所以生而自生矣。萬物雖異，至於生不由知，則未有不同者也。而莊子體道真人，智用明達，俯同塵俗，故云而我獨芒。郭注稍乖，今不依用。【釋文】「芒乎」莫剛反，又音亡。芒，芒昧也。簡文云：芒，同也。

22.【注】夫心之足以制一身之用者，謂之成心。人自師其成心，則人各自有師矣。人各自有師，故付之而自當。【疏】夫域情滯著，執一家之偏見者，謂之成心。夫隨順封執之心，師之以為準的，世皆如此，故誰獨無師乎。

23.【注】夫以成代不成，非知也，心自得耳。故愚者亦師其成心，未肯用其所謂短而舍其所謂長者也。【疏】愚惑之類，堅執是非，何必知他理長，代己之短，唯欲斥他為短，自取為長。如此之人，處處皆有，愚癡之輩，先豫其中。【釋文】「與有」音豫。◎家世父曰：《說文》代，更也。今日以為是，明日以為非，而一成乎心，是非迭出而不窮，故曰知代。心以為是，則取所謂是者而是之，心以為非，則取所謂非者而非之，故曰心自取。「而舍」音捨，字亦作捨。下同。

24.【注】今日適越，昨日何由至哉？未成乎心，是非何由生哉？明夫是非者，群品之所不能無，故至人兩順乎。

之。【疏】吳越路遙，必須積旬方達，今朝發途，昨日何由而至哉？欲明是非彼我，生自妄心。言心也也未生，是非從何而有？故先分別而後是非，先造途而後至越。

也。◎家世父曰：是非者，人我相接而成者也。而必其心先有一是非之準，而後以為是而是之，以為非而非之。人之心萬應焉而無窮，則是非亦與為無窮。是非因人心而生，物論之所以不齊也。

25.【注】理無是非，而惑者以為有也。此以無有為有也。惑心已成，雖聖人不能解，故付之自若而不強知也。

【疏】夏禹，字文命，鯀子，啟父也。《諡法》：泉源流通曰禹，又云：受禪成功曰禹。理無是非而惑者為有，此用無有為有也。迷執日久，惑心已成，雖有大禹神人，亦不能令其解悟。莊生深懷慈救，獨奈之何，故付之自若，不強知之者也。

【釋文】其丈反。

【釋文】「昔至」崔云：昔，夕也。向云：昔者，昨日之謂也。◎「不強」其丈反。

夫言非吹也，言者有言[1]，其所言者特未定也[2]。果有言邪[3]？其未嘗有言邪[4]？其以為異於鷇音，亦有辯乎，其無辯乎[5]？道惡乎隱而有真偽[6]？言惡乎隱而有是非[7]？道惡乎往而不存[8]？言惡乎存而不可[9]？道隱於小成[10]，言隱於榮華[11]。故有儒墨之是非[12]，以是其所非而非其所是[13]。欲是其所非而非其所是，則莫若以明[14]。

1.【注】各有所說，故異於吹。【疏】夫名言之興風吹，皆是聲法，而言者必有詮辯，故曰有言。【釋文】「吹也」如字，又叱瑞反。崔云：吹，猶籟也。

2.【注】我以為是而彼以為非，彼之所是，我又非之。既彼我情偏，故未定也。未定也者，由彼我之情偏。【疏】雖有此言，異於風吹，而咸言我是，僉曰彼非。既彼我情偏，故獨未定者也。

3.【注】以為有言邪？然未足以有定。【疏】果，決定也。此以為是，彼以為非，此以為非，而彼以為是。

4.【注】以為無言邪？則據己已有言。【疏】據己所言，故不可以為無言也。

5.【注】夫言與鷇音，其致一也。然彼此偏見，各執是非，據己所言，故不足稱定有言也。天下之情不必同而所言不能異，故是非紛紜，莫知既而是非不定，言何所詮！故不足稱定有言也。有辯無辯，誠未可定也。

所定。【疏】辯，別也。鳥子欲出卵中而鳴，謂之鷇音也。言亦帶殼曰鷇。夫彼此偏執，不定是非，亦何異鷇鳥之音，有聲無辯！故將言說異於鷇音者，恐未足以為別者也。【釋文】「鷇」苦豆反，李音鷇。司馬云：鳥子欲出者也。

6.【疏】惡乎，謂於何也。虛通至道，非真非偽，於何逃匿而真偽生焉？【釋文】「惡乎」音烏。下皆同。「真偽」一本作真詭。崔本作真然。

7.【注】道焉不在！言何隱蔽而有真偽，是非之名紛然而起？【釋文】「道焉」於虔反。

8.【注】皆存。【疏】存，在也。陶鑄生靈，周行不殆，道無不遍，于何不在乎！所以在偽在真而非真非偽也。

9.【注】皆可。【疏】玄道真言，隨物生殺，何往不可而言隱邪？故可是可非，而非非是是者也。

10.【疏】小成者，謂仁義五德，小道而有所成得者，謂之小成也。世薄時澆，唯行仁義，不能行於大道，故言道隱於小成，而道不可隱也。

11.【注】夫小成榮華，自隱於道，而道不可隱。則真偽是非者，行於榮華而止於實當，見於小成而滅於大全也。【疏】榮華者，謂浮辯之辭，華美之言也。只為滯於華辯，所以蔽隱至言。所以《老君經》云，信言不美，美言不信。【釋文】「實當」丁浪反。後可以意求，不復重出。「見於」賢遍反。

12.【疏】昔有鄭人名緩，學於裘氏之地，三年藝成而化為儒。儒者祖述堯舜，憲章文武，行仁義之道，辯尊卑之位，故謂之儒也。緩弟名翟，緩化其弟，遂成於墨。墨者，禹道也。尚賢崇禮，儉以兼愛，摩頂放踵以救蒼生，此謂之墨也。而緩翟二人，親則兄弟，各執一教，更相是非。緩恨其弟，感激而死。然彼我是非，其來久矣。爭競之甚，起自二賢，故指此二賢為亂群之師。是知道喪言隱，方督是非。

13.【注】儒墨更相是非，而天下皆儒墨也。故百家並起，各私所見，而未始出其方也。【釋文】「更相」音庚。【疏】天下莫不自以為是，以彼為非，自以為是。故各用己是是彼非，各用己非非彼是。

14.【注】夫有是有非者，儒墨之所是也；無是無非者，儒墨之所非也。今欲是儒墨之所非而非儒墨之所是者，乃欲明無是無非也。欲明無是無非，則莫若還以儒墨反覆相明。反覆相明，則所是者非是而所非者非非矣。非非則

無非，非是則無是。

【疏】世皆以他為非，用己為是。今欲翻非作是，翻是作非者，無過還用彼我，反覆相明。反覆相明，則所非者非非則無非，所是者非是則無是。無是則無非，故知是非皆虛妄耳。◎家世父曰：郭象云，有是有非者儒墨之所是也，無是無非者儒墨之所非也。今欲是儒墨之所非而非儒墨之所是，莫若還以儒墨反覆相明，則所是者非是而所非者非非矣。今觀墨子之書及孟子之闢楊墨，儒墨互相是非，各據所見以求勝，墨者是之，儒者非焉。是非所由成，彼是之所由分也。彼是有對待之形，而是非兩立，則所持之是非非是也，彼是之見存也。莫若以明者，還以彼是之所明，互取以相證也。郭注誤。

【釋文】「反覆」芳服反。下同。

物无非彼，物无非是[1]。自彼則不見，自知則知之[2]。故曰彼出於是，是亦因彼[3]。彼是方生之說也，雖然，方生方死，方死方生；方可方不可，方不可方可；因是因非，因非因是[4]。是以聖人不由，而照之於天，亦因是也[5]。是亦彼也，彼亦是也[6]。彼亦一是非，此亦一是非[7]。果且有彼是乎哉？果且无彼是乎哉[8][9]？彼是莫得其偶，謂之道樞[10]。樞始得其環中，以應无窮[11]。是亦一无窮，非亦一无窮也[12]。故曰莫若以明。以指喻指之非指，不若以非指喻指之非指也；以馬喻馬之非馬，不若以非馬喻馬之非馬也[13]。天地一指也，萬物一馬也[14]。

1.【注】物皆自是，故無非是；物皆相彼，故無非彼。無非彼，則天下無是矣；無非是，則天下無彼矣。無彼無是，所以玄同也。【疏】注曰，物皆自是，故無非是；物皆相彼，故無非彼。無非彼，則天下無是矣；無非是，則天下無彼矣。無彼無是，所以玄同。此注理盡，無勞別釋。

2.【疏】自為彼所彼，此則不自見，自知己為是，便則知之；物之有偏也，例皆如是。

3.【注】夫物之偏也，皆不見彼之所見，而獨自知其所知。自知其所知，則自以為是。自以為是，則以彼為非

矣。故曰彼出於是，是亦因彼，彼是相因而生者也。　【疏】夫彼對於此，是待於非，文家之大體也。今言彼出於是者，言約理微，舉彼角勢也；欲示舉彼明此，相因而有，推求分析，即體皆空也。

4.【注】夫死生之變，猶春秋冬夏四時行耳。故死生之狀雖異，其於各安所遇，一也。今生者方自謂生為生，而死者方自謂死為死，則無死矣。生者方自謂死為生，而死者方自謂死為死，則無死矣。故儒墨之辯，吾所不能同也；至於各冥其分，吾所不能異也。　【疏】方，方將也。言彼此是非，無異生死之說也。夫生死交謝，猶寒暑之遞遷。而生者以生為生，而死者以生為死，亦如生者以生為生，而死者以生為非。故知因是而非，因非而是。因是而非，則無是矣；因非而是，則無非矣。是以無是無非，無生無死，無可無不可，何彼此之論乎！

5.【注】夫懷豁者，因天下之是非而自無是非也。故不由是非之塗而是非無患不當者，直明其天然而無所奪故也。　【疏】天，自然也。聖人達悟，不由是得非，直置虛凝，照以自然之智。只因此是非而得無非無是，終不奪有而別證無。

6.【注】我亦為彼所彼。

7.【注】彼亦自以為是。

8.【注】此亦自是而非彼，彼亦自是而非此，此與彼各有一是一非於體中也。　【疏】此既自是，彼亦自是；此既非彼，彼復非此，而彼各有一是一非也。

9.【注】今欲謂彼為彼，而彼復自是；欲謂是為是，而是復為彼所彼；故彼是有無，未果定也。　【疏】夫彼此是非，相待而立，反覆推討，舉體浮虛。自以為是，此則不無；為彼所彼，此則不有。有無彼此，未可決定。

【釋文】「彼復」扶又反。下同。

10.【注】偶，對也。彼是相對，而聖人兩順之。故無心者與物冥，而未嘗有對於天下也。樞，要也。此居其樞要而會其玄極，以應夫無方也。　【疏】偶，對也。樞，要也。體夫彼此俱空，是非兩幻，凝神獨見而無對於天下者，可謂會其玄極，得道樞要也。前則假問有無，待奪不定；此則重明彼此，當體自空。前淺後深，所以為次也。

【釋文】「道樞」尺朱反。樞，要也。「以應」應對之應。前注同。後可以意求，不復重音。

11.【注】夫是非反覆，相尋無窮，故謂之環。環中，空矣；今以是非為環而得其中者，無是無非也。無是無

非，故能應夫是非。是非無窮，故應亦無窮。

【疏】夫絕待獨化，道之本始，為學之要，故謂之樞。環者，假有二竅；中者，真空一道。環中空矣，以明無是無非。是非無窮，故應亦無窮也。◎家世父曰：是非兩化而道存焉，故曰道樞。握道之樞以游乎環中，中，空矣。是非反復，相尋無窮，若循環然。游乎空中，不為是非所役，而後可以應無窮。

12.【注】天下莫不自是而莫不相非，故一是一非，兩行無窮。

【疏】夫物莫不自是，故是亦一無窮；莫不相非，故非亦一無窮。唯彼我兩忘，是非雙遣，而得環中之道者，故能大順蒼生，乘之以游也。

13.【疏】指，手指也。馬，戲籌也。喻，比也。言人是非各執，彼我異情，故用己指比他指，即用他指為非指矣。此以指喻指之非指也。將明無是無非，莫若反覆相喻。反覆相喻，則彼指於我指復為非指也。此以指喻指之非指也。要無過於指，遠託諸物，勝負莫先於馬，故舉二事以況是非。

14.【注】夫自是而非彼，彼我之常情也。故以我指喻彼指，則彼指於我指獨為非指矣。此以指喻指之非指也。若復以彼指還喻我指，則我指於彼指復為非指矣。既同於自是，又均於相非，則天下無是；同於相非，則天下無非。何以明其然邪？是非無主，紛然淆亂，明此區區者各信其偏見而同於一致耳。仰觀俯察，莫不皆然。是以至人知天地一指也，萬物一馬也，故浩然大寧，而天地萬物各當其分，同於自得，而無是無非也。

【疏】天下雖大，一指可以蔽之；萬物雖多，一馬可以理盡。何以知其然邪？今以彼我相喻，則所是者非是，所非者非非。故知二儀萬物，無是無非者也。

【釋文】「天地一指也萬物一馬也」崔云：指，百體之一體；馬，萬物之一物。「浩然」戶老反。

可乎可1，不可乎不可2。道行之而成3，物謂之而然4。惡乎然？然於然5。惡乎不然？不然於不然6。物固有所然，物固有所可7。无物不然，无物不可7。故為是舉莛與楹，厲與西施，恢恑憰怪，道通為一8。其分也，成也9；其成也，毀也10。凡物无成與毀，復通為一11。唯達者知通為一，

為是不用而寓諸庸[12]。庸也者，用也；用也者，通也；通也者，得也[13]；適得而幾矣[14]。因是已[15]。已而不知其然，謂之道[16]。勞神明為一而不知其同也[17]，謂之朝三[18]。何謂朝三？狙公賦芧，曰：「朝三而暮四，」眾狙皆怒。曰：「然則朝四而暮三，」眾狙皆悅。名實未虧而喜怒為用，亦因是也[19]。是以聖人和之以是非而休乎天鈞[20]，是之謂兩行[21]。

1.【注】可於己者，即謂之可。

2.【注】不可於己者，即謂之不可。
【疏】夫理無是非，而物有違順，故順其意者則謂之可，乖其情者則謂之不可。違順既空，故知可不可皆妄也。

3.【注】無不成也。
【疏】大道曠蕩，亭毒含靈，周行萬物，無不成就。故在可成於可，而不當於可；在不可成不可，亦不當於不可也。

4.【注】無不然也。
【疏】物情顛倒，不達違從，虛計是非，妄為然不。

5.【疏】心境兩空，物我雙幻，於何而有然法，遂執為然？於何不然而不然也？

6.【注】各然其所然，各可其所可。
【疏】物情執滯，觸境皆迷，必固謂有然，必固謂有可，豈知可則不可，然則不然邪！

7.【疏】群品云云，各私所見，皆然其所然，可其所可。
【釋文】「无物不然无物不可」崔本此下更有可於可，而不可於不可，不可於不然，而可於可也。

8.【注】夫莛橫而楹縱，厲醜而西施好。所謂齊者，豈必齊形狀，同規矩哉！故舉縱橫好醜，恢恑憰怪，各然其所然，各可其所可，則理雖萬殊而性同得，故曰道通為一也。
【疏】為是義故，略舉八事以破之。莛，屋梁也。楹，舍柱也。厲，病醜人也。西施，吳王美姬也。恢者，寬大之名。恑者，奇變之稱。憰者，矯詐之心。怪者，妖異之物。夫縱橫美惡，物見所以萬殊；恢恑奇異，世情用為顛倒。故有是非可不可，迷執其分。今以玄道觀之，本來無二，是以妍醜之狀萬殊，自得之情惟一，故曰道通為一也。
【釋文】「故為」于偽反。下「為是皆同」。

「莚」徐音庭，李音挺。司馬云：屋梁也。「楹」音盈。司馬云：屋柱也。◎俞樾曰：司馬以莚為屋梁，楹為屋柱，故郭云莚橫而楹縱。案《說文》：莚，莖也。屋梁之說，初非本義。《文選・答客難篇》莚作筳。李注引《說苑》曰：建天下之鳴鐘，撞之以筳，豈能發其音聲哉！筳與莚通，是古書言莚者，謂其小也。莚楹以大小言，厲西施以好醜言。舊說非是。「西施」司馬云：夏姬也。一云所獻吳王美女也。案句踐所獻吳王美女也。「厲」如字，惡也。李音賴。司馬云：病癩。「恢」徐苦回反，大也。郭苦回反。簡文本作弔。◎盧文弨曰：案弔音的。下恑字與詭同。弔詭見下文。「恑」九委反，徐九彼反。李云：戾也。「憰怪」音決。李云：憰，乖也。怪，異也。◎家世父曰：可不可，然不然，達者委而不用，而即寓用於不用之中，故通為一。「楹縱」本亦作從，同。將容反。

9.【注】夫物或此以為散而彼以為成。
【疏】夫物或於此為散，於彼為成，欲明聚散無恆，不可定執。此則於不二之理更舉論端者也。【釋文】「其分」如字。

10.【注】我之所謂成而彼或謂之毀。
【疏】或於此為成，於彼為毀。物之涉用，有此不同，則散毛成氈，伐木為舍等也。

11.【注】夫成毀者，生於自見而不見彼也。故無成與毀，猶無是非也。
【疏】夫成毀是非，生於偏滯者也。既成毀不定，是非無主，故無成毀，通而一之。【釋文】「復通」扶又反。

12.【疏】寓，寄也。庸，用也。唯當達道之夫，凝神玄鑒，故能去彼二偏，通而為一。為是義故，成功不處，用而忘用，寄用群材。

13.【注】夫達者無滯於一方，故忽然自忘，而寄當於自用。自用者，莫不條暢而自得也。【疏】夫有夫至功而推功於物，馳騖億兆而寄用群材者，其惟聖人乎！是以應感無心，靈通不滯，可謂冥真體道，得玄珠於赤水者也。

14.【注】幾，盡也。至理盡於自得也。【疏】幾，盡也。夫得者，內不資於我，外不資於物，無思無為，絕學絕待，適爾而得，蓋無所由，與理相應，故能盡妙也。【釋文】「幾矣」音機，盡也。下同。徐具衣反。

15.【注】達者因而不作。【疏】夫達道之士，無作無心，故能因是非而無是非，循彼我而無彼我。我因循而已，豈措情哉！

16.【注】夫達者之因是，豈知因為善而因之哉？不知所以因而自因耳。不知所以然，故謂之道也。　【疏】已而者，仍前生後之辭也。夫至人無心，有感斯應，譬彼明鏡，方茲虛谷，因循萬物，影響蒼生，不知所以然，不知所以應，豈有情於臧否而係於利害者乎！以法因人，可謂自然之道也。　【釋文】「謂之道」向郭絕句。崔讀謂之道勞，云：因自然是道之功也。

17.【疏】夫玄道妙一，常湛凝然，非由心智謀度而後不二。而愚者勞役神明邂逅言辯而求一者，與彼不一無以異矣，不足賴也。不知至理，理自混同，豈俟措心，方稱不二耶！

18.【疏】此起譬也。◎家世父曰：謂之朝三，明以朝三為義也。疏謂「混同萬物以為其一因以為一者，無異眾狙之惑解因是也」一語，大謬。蓋賦芧在朝，故以得四而喜，得三而怒，皆所見惟目前之一隅也，是以謂之因也。

19.【注】夫達者之於一，豈勞神哉？若勞神明於為一，不足賴也，與彼不一者無以異矣。亦同眾狙之惑，因所好而自是也。　【疏】此解譬也。狙，獼猴也。賦，付與也。芧，橡子也，似栗而小也。《列子》曰：宋有養狙老翁，善解其意，戲狙曰：「吾與汝朝三，朝四而暮三，足乎？」眾狙皆伏而喜焉。朝三暮四，其於七數，並皆是一。名既不虧，實亦無損，而一喜一怒，為用愚迷。此亦同其所好，自以為是。亦猶勞役心慮，辯飾言詞，混同萬物以為其一因以為一者，亦何異眾狙之惑耶！　【釋文】「狙公」七徐反。狙，獼猴也。「賦芧」音序，又緇慮反，徐食汝反，李音予。司馬云：狙公也，典狙官也。崔云：養猨狙者也。「朝三暮四」司馬云：朝三升，暮四升也。「所好」呼報反。下文皆同。

20.【注】莫之偏任，故付之自均而止也。　【疏】天均者，自然均平之理也。夫達道聖人，虛懷不執，故能和是於無非，同非於無是，所以息智乎均平之鄉，休心乎自然之境也。　【釋文】「天鈞」本又作均。崔云：鈞，陶鈞也。

21.【注】任天下之是非。　【疏】不離是非而得無是非，故謂之兩行。

古之人，其知有所至矣[1]。惡乎至[2]？有以為未始有物者，至矣，盡矣，不可以加矣[3]。其次以為有物矣，而未始有封也[4]。其次以為有封焉，

而未始有是非也[5]。是非之彰也，道之所以虧也[6]。道之所以虧，愛之所之成[7]。果且有成與虧乎哉？果且无成與虧乎哉[8]？有成與虧，故昭氏之鼓琴也；无成與虧，故昭氏之不鼓琴也[9]。昭文之鼓琴也，師曠之枝策也，惠子之據梧也，三子之知幾乎[10]，皆其盛者也，故載之末年。[11]唯其好之也，以異於彼[12]，其好之也，欲以明之[13]。彼非所明而明之，故以堅白之昧終[14]。而其子又以文之綸終，終身无成[15]。若是而可謂成乎？雖我亦成也[16]。若是而不可謂成乎？物與我無成也[17]。是故滑疑之耀，聖人之所圖也。為是不用而寓諸庸，此之謂以明[18]。

1.【疏】至，造極之名也。淳古聖人，運智虛妙，雖復和光混俗，而智則無知，動不乖寂，常真妙本。所至之義，列在下文也。

2.【疏】假設疑問，於何而造極耶？

3.【注】此忘天地，遺萬物，外不察乎宇宙，內不覺其一身，故能曠然無累，與物俱往，而無所不應也。
【疏】未始，猶未曾。世所有法，悉皆非有，唯物與我，內外咸空，四句皆非，蕩然虛靜，理盡於此，不復可加。答於前問，意以明至極者也。

4.【注】雖未都忘，猶能忘其彼此。

5.【注】雖未能忘彼此，猶能忘彼此之是非也。
【疏】初學大賢，鄰乎聖境，雖復見空有之異，而未曾封執。
【疏】通欲難除，滯物之情已有；別惑易遣，是非之見猶忘也。

6.【注】無是非乃全也。
【疏】夫有非有是，流俗之鄙情；無是無非，達人之通鑒。故知彼我彰而至道隱，是非之見猶忘。是非息而妙理全矣。

7.【注】道虧則情有所偏而愛有所成，未能忘愛釋私，玄同彼我也。
【疏】虛玄之道，既以虧損，愛染之情，於是乎成著矣。

8.【注】有之與無，斯不能知，乃至。　　【疏】果，決定也。夫道無增減，物有虧成，是以物愛既成，謂道為損，而道實無虧也。　　【疏】果，決定也。夫道無增減，物有虧成，是以物愛既成，謂道為

9.【注】夫聲不可勝舉也。故假設論端以明其義。有無既不決定，虧成理非實錄。

【注】夫聲不可勝舉也。故吹管操弦，雖有繁手，遺聲多矣。而執籥鳴弦者，欲以彰聲也，彰聲而聲遺，不成聲全。故欲成而虧之者，昭文之鼓琴也；不成而無虧者，昭文之不鼓琴也。　　【疏】姓昭，名文，古之善鼓琴者也。夫昭氏鼓琴，雖云巧妙，而鼓商則喪角，揮宮則失徵，未若置而不鼓，則五音自全。亦猶有成有虧，存情所以乖道；無成無虧，忘智所以合真者也。　　【釋文】「可勝」音升。「操弦」七刀反，「執籥」羊灼反。「昭文」司馬云：古善琴者。

10.【注】幾，盡也。夫三子者，皆欲辯非己所明以明之，故知盡慮窮，形勞神倦，或枝策假寐，或據梧而瞑。　　【疏】師曠，字子野，晉平公樂師，甚知音律。支，柱也。策，打鼓杖也，亦言擊節杖也。梧，琴也；今謂不爾。昭文已能鼓琴，何容二人共同一伎？況檢典籍，無惠子善琴之文。而言據梧者，只是以梧几而據之談說，猶隱几者也。昭文善能鼓琴，師曠妙知音律，惠施好談名理。而三子之性，稟自天然，各以己能明示於世。世既不悟，己又疲怠，遂使柱策假寐，或復憑几而瞑。三子之能，咸盡於此。　　【釋文】「枝策」司馬云：枝，柱也。策，杖也。崔云：舉杖以擊節。「據梧」音吾。司馬云：梧，琴也。崔云：琴瑟也。「之知」音智。「而瞑」亡千反。

11.【注】賴其盛，不爾早困也。　　【疏】惠施之徒，皆少年盛壯，故能運載形智。至於衰末之年，是非少盛，久當困苦也。　　【釋文】「故載之末年」崔云：書之於今也。

12.【注】言此三子，唯獨好其所明，自以殊於眾人。　　【疏】三子各以己之所好，耽而翫之，方欲矜其所能，獨異於物。

13.【注】明示眾人，欲使同乎我之所好。　　【疏】所以疲倦形神好之不已者，欲將己之道術明示眾人也。

14.【注】是猶對牛鼓簧耳。彼竟不明，故己之道術終於昧然也。　　【疏】彼，眾人也。所明，道術也。白，即公孫龍守白馬論也。姓公孫，名龍，趙人。當六國時，弟子孔穿之徒，堅執此論，橫行天下，服眾人之口，不服眾人之心。言物稟性不同，所好各異，故知三子道異，非眾人所明。非明而強示之，彼此終成暗昧。亦何異乎堅執守白之論眩惑世間，雖宏辯如流，終有言而無理也！　　【釋文】「堅白」司馬云：謂堅石白馬之辯也。又云：公孫龍人之心。言物稟性不同，所好各異，故知三子道異，非眾人所明。非明而強示之，彼此終成暗昧。亦何異乎堅執守

有淬劍之法，謂之堅白。崔同。又云：或曰，設矛伐之說為堅，辯白馬之名為白。◎盧文弨曰：伐即盾也，亦作，又作戩，音皆同。「鼓籩」音黃。

15.【注】昭文之子又乃終文之緒，亦卒不成。【疏】綸，緒也。言昭文之子亦乃荷其父業，終其綸緒，卒其年命，竟無所成。況在它人，如何放哉？【釋文】綸音倫。崔云：琴瑟絃也。◎俞樾曰：《釋文》綸音倫，崔云琴瑟絃也。然以文之絃終，其義未安。郭注曰，昭文之子又乃終文之緒，則是訓綸為緒。今以文義求之。上文曰彼非所明而明之，故以堅白之昧終，之昧與之綸，必相對為文。《周易·繫辭傳》，故能彌綸天地之道，京房注曰：綸，知也。《淮南子·說山篇》，以小明大，以近論遠，高誘注曰：論，知也。古字綸與論通。《淮南》與明對言，則綸亦明也。以文之綸終，謂以文之所知者終，即是以文之明終。蓋彼非所明而明之，故以堅白之昧終；而昭文之子又以文之明終。郭注尚未達其恉。

16.【注】此三子雖求明於彼，彼竟不明，所以終身無成。若三子而可謂成，則雖我之不成亦可謂成也。【疏】若三子之與眾物相與而不謂之成乎？故知眾人之與三子，彼此共無成矣。

17.【注】物皆自明而不明彼，若彼不明，即謂不成，則萬物皆相與無成矣。故聖人不顯此以耀彼，不捨己而逐物，從而任之，各宜其所能，故曲成而不遺也。今三子欲以己之所好明示於彼，不亦妄乎！【疏】夫聖人者，與天地合其德，與日月齊其明。故能晦迹同凡，韜光接物，終不眩耀群品，亂惑蒼生。亦不矜己以率人，而各域限於分內，忘懷大順於萬物，為是寄用於群才。而此運心，斯可謂聖明真知也。

18.【注】夫聖人無我者也。故滑疑之耀，則圖而域之；恢恑憰怪，則通而一之；使群異各安其所安，眾人不失其所是，則已不用於物，而萬物之用用矣。物皆自用，則孰是孰非哉！故雖放蕩之變，屈奇之異，曲而從之，寄之自用，則用雖萬殊，歷然自明。【釋文】「滑疑」古沒反。司馬云：亂也。「屈奇」求物反。

今且有言於此，不知其與是類乎？其與是不類乎？類與不類，相與為類，則與彼无以異矣[1]。雖然，請嘗言之[2]。有始也者[3]，有未始有始也者[4]，有未始有夫未始有始也者[5]。有有也者[6]，有无也者[7]，有未始有无也者[8]，有未始有夫未始有无也者，

有未始有夫未始有无也者[9]。俄而有无矣，而未知有无之果孰有孰无也[10]。今我則已有謂矣[11]，而未知吾所謂之其果有謂乎，其果无謂乎[12]？天下莫大於秋豪之末，而大山為小；莫壽於殤子，而彭祖為夭。天地與我並生，而萬物與我為一[13]。既已為一矣，且得有言乎[14]？既已謂之一矣，且得无言乎[15]？一與言為二，二與一為三。自此以往，巧曆不能得，而況其凡乎[16]！故自无適有以至於三，而況自有適有乎[17]！无適焉，因是已[18]。

1.【注】今以言无是非，則不知其與言有者類乎不類乎？欲謂之類，則我以无為是，而彼以无為非，斯不類矣。然此雖是非不同，亦固未免於有是非也，則與彼類矣。故曰類與不類又相與為類，則與彼无以異也。然則无遺無不遺無不類，然後无遺無不遺而是非自去矣。【疏】類者，輩徒相似之類也。但群生愚迷，滯是滯非。今論乃欲反彼世情，破茲迷執，故假且說无是无非，則用為真道。是故復言相與為類，此則遣於无是无非也。既而遣之又遣，方至重玄也。

2.【注】至理無言，言則與類，故試寄言之。【疏】嘗，試也。言，彷象其義。

3.【注】有始則有終。【疏】此假設疑問，以明至道無始無終，此遣於始終也。

4.【注】謂无終始而一死生。【疏】未始，猶未曾也。此又假問，有未曾有始終不。此遣於无始終也。

5.【注】夫一之者，未若不一而自齊，斯又忘其一也。【疏】此又假問，有未曾有始也者。斯則遣於无始无終也。

6.【注】有有則美惡是非具也。【疏】夫萬象森羅，悉皆虛幻，故標此有，明即以有體空。此句遣有也。

7.【注】有无而未知无也，則是非好惡猶未離懷。【釋文】「好惡」並如字。「未離」力智反。【疏】假問有此无不。今明非但有即不有，亦乃无即不无。此句遣於无也。

8.【注】知无无矣，而猶未能无知。【疏】假問有未曾有无不。此句遣非。

9.【疏】假問有未曾未曾有無不。此句遣非非無也。而白淺之深，從竈入妙，始乎有有，終乎非無。是知離百

非，超四句，明矣。前言始終，此則辯法；今言有無，此則辯法，唯時與法，皆虛靜者也。

10.【注】此都忘其知也，爾乃俄然始乎無耳。了無，則天地萬物，彼我是非，豁然確斯也。　【疏】前從有無

之迹入非非有無之本，今從非非有無之體出有無之用。而言俄者，明即體即用，俄爾之間，蓋非　遠也。夫玄道窈

冥，真宗微妙。故俄而用，則非有而有，用而體，則有無非有無。是以有無不定，體用無恆，誰能決定無

耶？誰能決定有耶？此又就有無之用明非有非無之體者也。　【釋文】「俄而」徐音峨。「確斯」苦角反。斯，又

作漸，音賜，李思利反。◎盧文弨曰：斯訓盡，與漸賜義同。

11.【注】謂無是非，即復有謂。　【釋文】「即復」扶又反。

12.【注】又不知謂之有無，爾乃蕩然無纖芥於胸中也。　【疏】謂，言也。莊生復無言也。理出有言之教，即

前請嘗言之類是也。既寄此言以詮於理，未知斯言定有言耶，定無言耶？欲明理家非默非言，教亦非無非有。恐學

者滯於文字，故致此辭。　【釋文】「纖介」古邁反，又音界。◎盧文弨曰：今本介作芥。

13.【注】夫以形相對，則大山大於秋豪也。若各據其性分，物冥其極，則形大未有過於秋豪也，形小不為不足。苟各

足於其性，則秋豪不獨小其小而大山不獨大其大矣。若性足者非大，則天下之足未有過於秋豪也；若性足者非大，

則雖大山亦可稱小矣。故曰天下莫大於秋豪之末而大山為小。大山為小，則天下莫大焉；秋豪為大，則天下莫小

也。無小無大，無壽無夭，是以蟪蛄不羨大椿而欣然自得，斥鴳不貴天池而榮願以足。苟足於天然而安其性命，故

雖天地未足為異而與我並生，萬物未足為異而與我同得。則天地之生又何不並，萬物之得又何不一哉！　【疏】秋

時獸生豪毛，其末至微，故謂秋豪之末也。人生在於襁褓而亡，謂之殤子。太，大也。夫物之生也，形氣不同，有

小有大，有天有壽。若以性分言之，無餘為小，無不足為大也。是故據其性足，謂之大矣，天下莫小於大山。

大山為小，則天下無大；豪末為大，則天下無小。小大既爾，夭壽亦然。是以兩儀雖大，各足之性乃均；萬物雖

多，自得之義唯一。前明不終不始，非有非無；此明非小非大，無夭無壽耳。　【釋文】「秋豪」如字。依字應作

毫。司馬云：兔豪在秋而成。王逸注《楚辭》云：銳毛也。案毫至秋而彤細，故以喻小也。「大山」音泰。「殤

子」短命者也。或云：年十九以下為殤。

14.【注】萬物萬形，同於自得，其得一也。已自一矣，理無所言。

15.【注】夫名謂生於不明者也。物或不能自明其一而以此逐彼，故謂一以正之。既謂之一，即是有言矣。

【疏】夫玄道冥寂，理絕形聲，誘引迷途，稱謂斯起。故一雖玄統，而猶是名教。既謂之一，豈曰無言乎！夫以

16.【注】夫以言言一，而一非言也，則一與言為二矣。一既一矣，言又二之；有一有二，得不謂之三乎！夫以

一言言一，猶乃成三，況尋其支流，凡物殊稱，雖有善數，莫之能紀也。故一之者與彼未殊，而忘一者無言而自
一。【疏】夫妙一之理，理非所言，是知以言言一而一非言也。且一既一矣，言又言焉；有一有言，二名斯起。

覆將後時之二名，對前時之妙一，有一有二，得不謂之三乎！從三以往，假有善巧算曆之人，亦不能紀得其數，而
況凡夫之類乎！

17.【注】夫一，無言也，而有言則至三。況尋其末數，其可窮乎！【疏】自，從也。適，往也。夫至理無

言，言則名起。故從無言以往有言，纔言則至乎三。況從有言往有言，枝流分派，其可窮乎！此明一切萬法，本無

名字，從無生有，遂至於斯矣。

18.【注】各止於其所能，乃最是也。【疏】夫諸法空幻，何獨名言！是知無即非無，有即非有，有無名數，

當體皆寂。既不從無以適有，豈復自有以適有耶！故無所措意於往來，因循物性而已矣。

【釋文】「殊稱」尺證反。「善數」色主反。

夫道未始有封[1]，言未始有常[2]，為是而有畛也[3]，請言其畛[4]：有左[5]，有右，有倫[6]，有義，有分[7]，有辯，有競[8]，有爭，此之謂八德[9]。六合之外，聖人存而不論[10]；六合之內，聖人論而不議[11]。春秋經世先王之志，聖人議而不辯[12]。故分也者，有不分也；辯也者，有不辯也[13]。曰：何也[14]？聖人懷之[15]，眾人辯之以相示也。故曰辯也者有不見也[16]。夫大道不稱[17]，大辯不言[18]，大仁不仁[19]，大廉不嗛[20]，大勇不忮[21]。道昭而不道[22]，言辯而不及[23]，仁常而不成[24]，廉清而不信[25]，勇忮而不成[26]。五者园而幾向方矣[27]，故知止其所不知，至矣[28]。孰知不言之辯，不道之道？若有能

知，此之謂天府[29]。注焉而不滿，酌焉而不竭[30]，而不知其所由來[31]，此之謂葆光[32]。

1.【注】冥然無不在也。　【疏】夫道無不在，所在皆無，蕩然無際，有何封域也。　【釋文】「夫道未始有

封」崔云，〈齊物〉七章，此連上章，而班固說在〈外篇〉。

2.【注】彼此言之，故是非無定。　【疏】道理虛通，既無限域，故言教隨物，亦無常定也。

3.【注】道無封，故萬物得恣其分域。　【疏】畛，界畔也。理無崖域，教隨物變，為是義故，畛分不同。

【釋文】「為是」于偽反。「有畛」徐之忍反，郭李音真。謂封域畛陌也。

4.【疏】假設問旨，發起後文也。

5.【注】各異便也。　【疏】左，陽也。右，陰也。理雖凝寂，教必隨機。畛域不同，昇沉各異，故有東西左

右，春秋生殺。　【釋文】「有左有右」崔本作宥，在宥也。◎盧文弨曰：舊作崔本作有，訛。案下文云在宥也，則

當作宥明甚。今改正。「異便」婢面反。

6.【注】物物有理，事事有宜。　【疏】倫，理也。義，宜也。群物糾紛，有理存焉，萬事參差，各隨宜便者

也。　【釋文】「有倫有義」崔本作有論有議。◎俞樾曰：《釋文》云，崔本作有論有議，當從之。下文云，六合

之外，聖人存而不論；六合之內，聖人論而不議。又曰，故分也者，有不分也；辯也者，有不辯也。彼所謂分辯，

即此有分有辯；然則彼所謂論議，即此有論有議矣。

7.【疏】群分而類別也。　【疏】辯，別也。　【釋文】「有

分」如字。注同。「類別」彼列反。下皆同。

8.【注】並逐曰競，對辯曰爭。　【疏】夫物性昏愚，彼我封執，既而並逐勝負，對辯是非也。　【釋文】「有

爭」爭鬭之爭。注同。

9.【注】略而判之，有此八德。　【疏】德者，功用之名也。群生功用，轉變無窮，略而陳之，有此八種。斯

則釋前有畛之義也。

10.【注】夫六合之外，謂萬物性分之表耳。夫物之性表，雖有理存焉，而非性分之內，則未嘗以感聖人也，故

聖人未嘗論之。若論之，則是引萬物使學其所不能也。故不論其外，而八畛同於自得也。 【疏】六合者，謂天地四方也。六合之外，謂眾生性分之表，重玄至道之鄉也。夫玄宗罔象，出四句之端；妙理希夷，超六合之外。既非神口所辯，所以存而不論也。

11.【注】陳其性而安之。 【疏】六合之內，謂蒼生所稟之性分。夫云云取捨，皆起妄情，尋責根源，並同虛有。聖人隨其機感，陳而應之。既曰馮虛，亦無可詳議，故下文云，我亦妄說之。

12.【注】順其成迹而凝乎至當之極，不執其所是以非眾人也。 【疏】春秋者，時代也。經者，典誥也。先王者，三皇五帝也。誌，記也。夫祖述軒頊，憲章堯舜，記錄時代，以為典謨，軌轍蒼生，流傳人世。而聖人議論，利益當時，終不執是辯非，滯於陳迹。

13.【注】夫物物自分，事事自別。而欲由己以分別之者，不見彼之自別也。 【疏】夫理無分別，而物有是非。故於無封無域之中，而起有分有辯之見者，此乃一曲之士，偏滯之人，亦何能剖析於精微，分辯於事物者也！ 【釋文】「故分」如字。下及注同。

14.【注】假問質疑，發生義旨。 【疏】夫達理聖人，冥心會道，故能懷藏物我，包括是非，枯木死灰，曾無分別矣。

15.【注】以不辯為懷耳，聖人無懷。

16.【注】不見彼之自辯，故辯己所知以示之。 【疏】眾多之人，即眾生之別稱也。凡庸迷執，未解虛妄，故辯所知，示見於物，豈唯不見彼之自別亦乃不鑒己之妙道，故云有不見也。

17.【注】付之自稱，無所稱謂。 【疏】大道虛廓，妙絕形名，既非色聲，故不可稱。謂體道之人，消聲亦爾也。 【釋文】「不稱」尺證反，注同。

18.【注】已自別也。 【疏】妙悟真宗，無可稱說，故辯彫萬物，而言無所言。

19.【注】無愛而自存也。 【疏】亭毒群品，汎愛無心，譬彼青春，非為仁也。

20.【注】夫至足者，物之去來非我也，故無所容其嗛盈。 【疏】夫玄悟之人，鑒達空有，知萬境虛幻，無一可貪，物我俱空，何所遜讓。 【釋文】「不嗛」郭欺簟反。徐音謙。

21.【注】無往而不順，故能無險而不往。 【疏】忮，逆也。內蘊慈悲，外弘接物，故能俯順塵俗，惠救蒼

生，虛己逗機，終無迕逆。

22.【注】以此明彼，彼此俱失矣。【釋文】「不忮」徐之豉反，又音跂，李之移反。害也。李云：健也。【疏】明己功名，炫燿於物，此乃淫偽，不是真道。【釋文】「道昭」音照。

23.【注】不能及其自分。【疏】不能玄默，唯滯名言，華詞浮辯，不達深理。

24.【注】物無常愛，而常愛必不周。【疏】不能忘愛釋知，玄同彼我，而恆懷恩惠，每挾親情，欲效成功，無時可見。

25.【注】皦然廉清，貪名者耳，非真廉也。【疏】皎然異俗，卓爾不群，意在聲名，非實廉也。

26.【注】忮逆之勇，天下共疾之，無敢舉足之地也。【疏】捨慈而勇，忮逆物情，眾共疾之，必無成遂也。

27.【注】此五者，皆以有為傷當者也，不能忘乎本性，而求外無已。夫外不可求而求之，譬猶以圓學方，以魚慕鳥耳。雖希翼鸞鳳，擬規日月，此愈近彼，愈遠實，學彌得而性彌失。故齊物而偏尚之累去矣。【疏】園，圓也。幾，近也。五者，即已前道昭等也。夫學道之人，直須韜晦；而乃矜炫己之能，顯燿於物其於道也，不亦遠乎！猶如慕方而學園圓，愛飛而好游泳，雖希翼鸞鳳，終無鶱翥之能，擬規日月，詎有幾方之效故也。【釋文】「園」崔音刓。徐五丸反。司馬云：圓也。郭音團。「而幾」徐其衣反。「向方」本亦作嚮，音同。下皆放此。「近彼」附近之近。「遠實」于萬反。

28.【注】所不知者，皆性分之外也。故止於所知之內而至也。【疏】夫境有大小，智有明闇，智不逮者，不須強知。故知止其分，學之造極也。

29.【注】浩然都任之也。【疏】孰，誰也。天，自然也。誰知言不言之言，道不道之道？以此積辯，用茲通

30.【注】至人之心若鏡，應而不藏，故曠然無盈虛之變也。【釋文】「注焉」徐之喻反。

31.【注】至理之來，自然無迹。【疏】夫巨海深弘，莫測涯際，百川注之而不滿，尾閭泄之而不竭。體道大聖，其義亦然。萬機頓起而不撓其神，千難殊對而不忤其慮，故能囊括群有，府藏含靈。又譬懸鏡高堂，物來斯照。能照之智，不知其所由來，可謂即照而忘，忘而能照者也。

32.【注】任其自明，故其光不弊也。【疏】葆，蔽也。至忘而照，即照而忘，故能韜蔽其光，其光彌朗。此

結以前天府之義。

【釋文】「葆光」音保。崔云：若有若無，謂之葆光。

故昔者堯問於舜曰：「我欲伐宗、膾、胥敖，南面而不釋然。其故何也[1]？」舜曰：「夫三子者，猶存乎蓬艾之間[2]。若不釋然，何哉[3]？昔者十日並出，萬物皆照[4]，而況德之進乎日者乎[5]！」

1.【注】於安任之道未弘，故聽朝而不怡也。將寄明齊一之理於大聖，故發自怪之問以起對也。【疏】釋然，怡悅貌也。宗、膾、胥敖，是堯時小蕃三國號也。南面，君位也。舜者，顓頊六世孫也。父曰瞽瞍，母曰握登，感大虹而生舜。舜生於姚墟，因即姓姚，亦曰媯氏，目有重瞳子，因字重華。以仁孝著於鄉黨，堯聞其賢，妻以二女，封邑於虞。年三十，總百揆，三十三，受堯禪。即位之後，都於蒲阪。在位四十年，讓禹。後崩，葬於蒼梧之野。而三國貢賦既愆，謀事未定，故聽朝不怡。欲明齊物之一理，故寄問答於二聖。也。崔云：宗一也，膾一也，胥敖三也。【宗膾】徐古外反。【胥】息徐反。華胥國。「敖」徐五高反。司馬云：宗、膾、胥敖，三國名也。

2.【注】夫物之所安無陋也，則蓬艾乃三子之妙處也。【釋文】「妙處」昌慮反。

3.【疏】三子，即三國之君也。言蓬艾賤草，斥鷃足以逍遙，況蕃國雖卑，三子足以存養，乃不釋然，有何意謂也。

4.【注】夫重明登天，六合俱照，無有蓬艾而不光被也。【釋文】「重明」直龍反。「光被」皮寄反。

5.【注】夫日月雖無私於照，猶有所不及，德則無不得也。而今欲奪蓬艾之願而伐使從己，於至道豈弘哉！故不釋然神解耳。若乃物暢其性，各安其所安，無遠邇幽深，付之自若，皆得其極，則彼無不當而我無不怡也。【疏】進，過也。《淮南子》云，昔堯時十日並出，焦禾稼，殺草木，封狶長蛇，皆為民害。於是堯使羿上射十日，遂落其九；下殺長蛇，以除民害。夫十日登天，六合俱照，覆盆隱處，猶有不明。而聖德所臨，無幽不燭，運茲二智，過彼三光，乃欲興動干戈，伐令從己，於安任之道，豈曰弘通者耶！◎家世父曰：伐國者，是非之見之積而成者也。而於此有不釋然，左右倫義分辯競爭八德，交戰於中而不知。夫三子者，蓬艾之間，無為辯而分之。萬

物受日之照而不能逯其形，而於此累十日焉，皆求得萬物而照之，則萬物之神必敝。日之照，無心者也。德之求辯乎是非，方且以有心出之，又進乎日之照矣。人何所措手足乎！◎慶藩案《文選》謝靈運〈出遊京口北固應詔詩〉注引司馬云：言陽光麗天，則無不鑒。《釋文》闕。

【釋文】「神解」音蟹。

齧缺問乎王倪曰：「子知物之所同是乎¹？」

1.【疏】齧缺，許由之師，王倪弟子，並堯時賢人也。託此二人，明其齊一。言物情顛倒，執見不同，悉皆自是非他，頗知此情是否。 【釋文】「齧」五結反。「缺」丘悅反。「王倪」徐五稽反，李音詣。《高士傳》云：王倪，堯時賢人也。《天地篇》云，齧缺之師。

曰：「吾惡乎知之¹！」

1.【注】所同未必是，所異不獨非，故彼我莫能相正，故無所用其知。 【疏】王倪答齧缺云：「彼此各有是非，遂成無主。我若用知知彼，我知還是是非，故我於何知之！」言無所用其知也。 【釋文】「惡乎」音烏。下皆同。

「子知子之所不知邪¹？」

1.【疏】「子既不知物之同是，頗自知己之不知乎？」此從麄入妙，次第窮質，假託師資，以顯深趣。

曰：「吾惡乎知之¹！」

1.【注】若自知其所不知，即為有知。有知則不能任群才之自當。故重言於何知之，還以不知答也。 【疏】若以知知不知，不知還是知。

「然則物无知邪¹？」

1.【疏】重責云：「汝既自無知，物豈無知者邪？」

也。

1.【注】都不知，乃曠然無不任矣。　【疏】豈獨不知我，亦乃不知物。唯物與我，內外都忘，故無所措其知

曰：「吾惡乎知之¹！」

1.【注】以其不知，故未敢正言，試言之耳。　【疏】然乎，猶雖然也。既其無知，理無所說，不可的當，故嘗試之也。

雖然，嘗試言之¹。庸詎知吾所謂知之非不知邪²？庸詎知吾所謂不知之非知邪³？

1.【注】以其不知，故未敢正言，試言之耳。　【疏】然乎，猶雖然也。既其無知，理無所說，不可的當，故嘗試之也。

2.【注】魚游於水，水物所同，咸謂之知。然自鳥觀之，則向所謂知而彼不知，復為不知矣。夫物或此知而彼不知，魚鳥水陸，即而笑蛄蟁者乃以蘇合為貴。故所同之知，未可正據。　【疏】夫物或此知而彼不知，彼知而此不知。夫蛄蟁之知在於轉丸，其義也。故知即不知，不知即知。凡庸之人，詎知此理耶！　【釋文】「庸詎」徐本作巨，其庶反。郭音鉅。李云：庸，用也；詎，何也；猶言何用也。服虔云：詎，猶未也。「復為」扶又反。「蛄」丘一反。「蟁」丘良反。

《爾雅》云：蛄蟁，蟁蜋也。

3.【注】所謂不知者，直是不同耳，亦自一家之知。　【疏】所謂不知者，彼此不相通耳，非謂不知也。○慶藩案《文選》潘安仁〈秋興賦〉注引司馬云：庸，猶用也。《釋文》闕。○又案庸詎，猶言何遽也。詎遽距鉅巨通用，或作渠。《史記·甘茂傳》何遽叱乎？《淮南·人間篇》此何遽不能為福乎？《韓子·難篇》衕奚距然哉？《荀子·正論篇》是定鉅知見侮之為不辱哉？〈王制篇〉豈渠得免夫累乎？皆其證。

且吾嘗試問乎女¹：民溼寢則腰疾偏死，鰌然乎哉？木處則惴慄恂懼，猿猴然乎哉？三者孰知正處²？民食芻豢，麋鹿食薦，蝍且甘帶，鴟鴉耆鼠，四者孰知正味³？猨猵狙以為雌，麋與鹿交，鰌與魚游。毛嬙麗姬，人之所美也；魚見之深入，鳥見之高飛，麋鹿見之決驟。四者孰知天下之正色哉⁴？自我觀之，仁義之端，是非之塗，樊然殽亂，吾惡能知其辯⁵！

1.【注】己不知其正，故試問女。【疏】理既無言，不敢正據，聊復反質，試問乎女。【釋文】「乎女」音汝。注及下同。「己不知」同。

2.【注】此略舉三者，以明萬物之異便。【疏】惴慄恂懼，是恐迫之別名。然乎哉，謂不如此也。言人溼地臥寢，則病腰跨偏枯而死，泥鰌豈如此乎？人於樹上居處，則迫怖不安，猿猴跳躑，曾無所畏。物性不同，便宜各異。故舉此三者，以明萬物誰知正定處所乎？是知蓬戶金閨，榮辱安在。【釋文】「偏死」司馬云：偏枯死也。「鰌」徐音秋。司馬云：魚名。「惴」之瑞反。「慄」音栗。「恂」郭音荀，徐音峻。恐貌。崔云：戰也。班固作胊也。「猿」音猨。「猴」音侯。「異便」婢面反。

3.【注】此略舉四者，以明美惡之無主。【疏】芻，草也，是牛羊之類；豢，養也，是犬豕之徒；皆以所食為名也。麋與鹿而食長薦茂草，鴟鳶鴉鳥便嗜腐鼠，蝍蛆食蛇。略舉四者，定與誰為滋味乎？故知盛饌疏食，其致一者也。【釋文】「芻」初俱反，《小爾雅》云：秆謂之芻。秆，音古但反。「豢」徐音患，又胡滿反。司馬云：牛羊曰芻，犬豕曰豢，以所食得名也。「麋」音眉。《三蒼》云：麋，鹿之大者。司馬云：美草也。崔云：甘草也。郭璞云：牛羊曰芻。《三蒼》云：六畜所食曰薦。古者神人以薦遺黃帝，帝曰：何食？曰：食薦。《漢書·趙充國傳》◎慶藩案《說文》：薦，獸之所食艸，從廌從艸。今虜亡其美地薦艸。篇，薦艸多衍，則六畜易繁也。「蝍」音即。「且」字或作蛆，子徐反。李云：蝍且，蟲名也。《廣雅》云：蝍蛆，大腹，長角，能食蛇腦。蔽，音疾，藜，音梨。《爾雅》云：蒺藜蝍蛆，郭璞注云：似蝗，大腹，長角，能食蛇腦。「帶」如字。崔云：蛇也。司馬云：小蛇也，蝍蛆好食其眼。「鴟」尺夷反。「鴉」本亦作鵶，於加反。崔云：烏也。「耆」市志

反。字或作嗜。崔本作甘。「美惡」烏路反。

4.【注】此略舉四者，以明天下所好之不同也。不同者而非之，則無以知所同之必是。【疏】雄，麋鹿更相接，泥鰌與魚游戲。毛嬙，越王嬖妾；麗姬，晉國之寵嬪。此二人者，姝妍冠世，人謂之美也。然魚見怖而深入，鳥見驚而高飛，麋鹿走而不顧。舉此四者，誰知宇內定是美色耶？故知凡夫愚迷，妄生憎愛，以理觀察，孰是非哉？【釋文】「猵」篇面反。崔云：猵狙，一名獨豻，又敷畏反，郭李音偏，「狙」七餘反。司馬云：狙，一名獼猴，似猨而狗頭，熹與雌猨交也。向云：猵狙以猨為雌也。獼，音葛。一音如字。「為雌」音妻，一音如字。◎慶藩案《釋文》所引異。「毛嬙」徐在良反。◎慶藩案《御覽》（九百十）引司馬云：猵狙似猨而狗頭，食獼猴，好與雄狙接。《易·說卦傳》，士救反，又在遘反。◎慶藩案決驪即決趹也。李云：疾貌。崔云：疾足不顧為決。徐古惠反，郭音古穴反。「驪」士救反，又在遘反。◎慶藩案決驪即決趹也。（《說文》、《廣雅》並云：趹，疾也）。《易·說卦傳》，為決躁（躁與趮同），《正義》作決驪，云取其剛動也。其正字當作趹趹。《說文》：趹，馬行貌。又云：趹，踶也。《淮南·脩務篇》敕蹏趹，高注云：趹，趣。亦與駃同。《廣雅》云：駃，奔也。《說文》：《史記·張儀傳》，探前趹後，蹄間三尋，《索隱》曰：言馬之走勢疾也。與崔氏訓疾走不顧義同。「所好」呼報反。

5.【注】夫利於彼者或害於此，而天下之彼我無窮，則是非之竟無常。故唯莫之辯而任其自是，然後蕩然俱得。【疏】夫物乃眾而未嘗非我，故行仁履義，損益不同，或於我為害，或於彼為是，或於我為非。是以從彼我而互觀之，是非之路，仁義之緒，樊亂糾紛，若殽饌之雜亂，既無定法，吾何能知其分別耶！【釋文】「樊然」音煩。【殽亂】徐戶交反。郭作殽，悉旦反。◎慶藩案殽，郭本作殽，非也。《說文》：殽，雜錯也。【散，雜肉也（雜乃離之誤，辯見《說文》考正），義不相通。隸書殽或作殽（見漢〈殽阮君神祠碑〉），與散相似；散或作殽（見李翕〈析橋郙閣頌〉《說文》），與殽亦相似，殽散以形相似而誤。《太玄·元瑩》，晝夜殽者其禍福雜，今本殽誤散。案諸書散字，無雜亂之訓，故散皆當作殽。《淮南·原道篇》，不與物殽，粹之至也；〈精神篇〉，不與物殽而天下自服，今本皆誤作散（高注曰：散，雜貌。案殽，雜貌。）。「之竟」音境。今本多作境。下放此。

疑。請云：「子是至人，應知利害。必其不辯，迷暗若夜遊。」重為此難，冀圖後荅之矣。　【釋文】「未解」音蟹。

齧缺曰：「子不知利害，則至人固不知利害乎1?」

1.【注】未能妙其不知，故猶嫌至人當知之。斯懸之未解也。　【疏】齧缺曰，未悟彼此之不知，更起利害之

王倪曰：「至人神矣1！大澤焚而不能熱，河漢沍而不能寒，疾雷破山、風振海而不能驚2。若然者，乘雲氣，3騎日月，4而遊乎四海之外5。死生无變於己6，而況利害之端乎7！」

1.【注】無心而無不順。　【疏】至者，妙極之體；神者，不測之用。夫聖人虛己，應物無方，知而不知，辯而不辯，豈得以名言心慮億度至人耶！

2.【注】夫神全形具而體與物冥者，雖涉至變而未始非我，故蕩然無蠆介於胸中也。　【疏】大澤焚燎，河漢冰凝，雷霆奮發而破山，飄風濤蕩而振海。而全人神凝未兆，體與物冥，水火既不為災，風雷詎能驚駭。　【釋文】「沍」戶故反。徐又戶各反。李戶格反。向云：凍也。崔云：沍，猶涸也。◎家世父曰：大浸稽天而不溺，大旱金石流土山焦而不熱。能不以物為事，而天地造化自存於吾心，則外境不足以相累。莊子之自期許如此，故厲及之。「蠆」敕邁反，又音豸。「介」古邁反，又音界。

3.【注】寄物而行，非我動也。　【疏】若然，猶如此也。虛淡無心，方之雲氣，蔭芘群品，順物而行。

4.【注】有晝夜而無死生也。　【疏】昏明代序，有晝夜之可分；處順安時，無死生之能異。而控馭群物，運載含靈，故有乘騎之名也耳。

5.【注】夫唯無其知而任天下之白為，故馳萬物而不窮也。　【疏】動寂相即，冥應一時，端坐寰宇之中，而心遊四海之外矣。

6.【注】與變為體，故死生若一。

7.【注】況利害於死生，愈不足以介意矣！【疏】夫利害者，生涯之損益耳。既死生為晝夜，乘變化以遨遊，況利害於死生，曾何足以介意。

瞿鵲子問乎長梧子曰：「吾聞諸夫子，聖人不從事於務¹，不就利，不違害²，不喜求³，不緣道⁴；无謂有謂，有謂无謂⁵，而遊乎塵垢之外⁶。夫子以為孟浪之言，而我以為妙道之行也。吾子以為奚若？」⁷

1.【注】務自來而理自應耳，非從而事之也。【疏】務，猶事也。諸，於也。瞿鵲是長梧弟子，故謂師為夫子。夫體道聖人，忘懷冥物，雖涉事有而不以為務。混迹塵俗，泊爾無心，豈措意存情，從於事物！瞿鵲既欲請益，是以述昔之所聞者也。【夫子】向云：瞿鵲之師。◎俞樾曰：瞿鵲子必七十子之後人，所稱聞之夫子，謂聞之孔子也。下文長梧子曰，是黃帝之所聽熒也，而丘也何足以知之也。丘即是孔子名，因瞿鵲子述孔子之言，故曰丘也何足以知之？而讀者不達其意，誤以丘也為長梧子自稱其名，故《釋文》云，長梧子，崔云名丘。此大不然。下文云，丘也與女皆夢也，予謂女夢亦夢也。夫予者，長梧子自謂也。既云丘也與女皆夢，又云予謂女夢亦夢，則安得即以丘為長梧子之名乎？【夫子】其俱反。【長梧子】李云：居長梧下，因以為名。崔云：名丘。簡文云，長梧封人也。

2.【注】任而直前，無所避就。【疏】違，避也。體窮通之關命，達利害之有時，故推理直前，而無所避就也。

3.【注】求之不喜，直取不怒。【疏】妙悟從違也。故物求之而不忻喜矣。

4.【注】獨至者也。【疏】夫聖智凝湛，照物無情，不將不迎，無生無滅，固不以攀緣之心行乎虛通至道者也。

5.【注】凡有稱謂者，皆非吾所謂也，彼各自謂耳，故無彼有謂而有此無謂也。【疏】謂，言教也。夫體道至人，虛夷寂絕，從本降迹，感而遂通。故能理而教，無謂而有謂，教而理，有謂而無謂者也。【釋文】〔稱謂〕尺證反。下放此。

【6】【注】凡非真性，皆塵垢也。

【疏】和光同塵，處染不染，故雖在囂俗之中，而心自遊於塵垢之外者矣。

【釋文】「而遊」崔本作而施。

【7】【疏】孟浪，猶率略也。奚，何也；若，如也；如何。所謂不緣道等，乃窮理盡性。瞿鵲將為妙道之行，長梧用作率略之談。未知其理如何，以何為是。◎慶藩案《文選》左太沖〈吳都賦〉注引司馬云：孟浪，鄙野之語。《釋文》闕。又案：孟浪，猶莫絡，不委細之意（見劉逵注《文選》左思〈吳都賦〉）。莫絡一作摹略。《墨子·小取篇》，摹略萬物之然。摹略者，總括之詞。莫絡摹略孟浪，皆一聲之轉也。「之行」如字，又下孟反。「孟」如字。徐武黨反，又或武葬反。「浪」如字，徐力蕩反。向云：孟浪，音漫瀾，無所趨舍之謂。李云：猶較略也。崔云：不精要之貌。◎慶藩案《文選》左太沖〈吳都賦〉注引司馬云：孟浪，音漫瀾，無所趨舍之謂。李云：猶較略也。崔云：不精要之貌。○慶藩案《文選》左思〈吳都賦〉注引司馬云：孟浪，鄙野之語。《釋文》闕。又案：孟浪，猶莫絡，不委細之貌。◎慶藩案《文選》

長梧子曰：「是黃帝之所聽熒也，而丘也何足以知之[1]！且女亦大早計，見卵而求時夜，見彈而求鴞炙[2]。

【1】【疏】聽熒，疑惑不明之貌也。夫至道深玄，非名言而可究。雖復三皇五帝，乃是聖人，而詮辯至理，不盡其妙，聽熒至竟，疑惑不明。我是何人，猶能曉了。本亦有作黃字者，則是軒轅。◎盧文弨曰：皇黃通用。今本作黃帝。「聽」勑定反。「熒」音瑩磨之瑩。本亦作瑩，於迥反。向司馬云：聽熒，疑惑也。李云：不光明貌。崔云：小明不大了也。向崔本作熒熒。◎盧文弨曰：《字彙補》云：䎽字見《釋典》中。疑䎽與輝同。

【2】【注】夫物有自然，理有至極。循而直往，則冥然自合，非所言也。故言之者孟浪，而聞之者聽熒。雖復黃帝，猶不能使萬物無懷，而聽熒至竟。故聖人付當於塵垢之外，而玄合乎視聽之表，照之以天而不逆計，放之自爾，斯亦無異見卵而責司晨之功，見彈而求鴞炙之實也。夫不能安時處順而探變求化，當生而慮死，執是以辯非，皆逆計之徒也。【疏】鴞即鵬鳥，賈誼之所賦者也。大小如雌雞，而似斑鳩，青綠色，其肉甚美，堪作羹炙，出江南。然卵有生雞之用，而卵時未能司晨，彈有得鴞之功，而彈時未堪為炙；亦猶教能詮於妙理，而教時非理，今瞿鵲纔聞言說，將為妙道，此計用之太早。【釋文】「且

女〕音汝。下同。「亦大」音泰，徐李勑佐反。注同。「時夜」崔云：時夜，司夜，謂雞也。「見彈」徒旦反。下皆同。下章注亦準此。「鴞」于驕反。司馬云：小鳩，可炙。《毛詩草木疏》云：大如斑鳩，綠色，其肉甚美。「雖復」扶又反。下皆

予嘗為女妄言之[1]，女以妄聽之，奚[2]？旁日月，挾宇宙[3]，為其脗合，置其滑涽，以隸相尊[4]。眾人役役[5]，聖人愚芚[6]，參萬歲而一成純[7]。萬物盡然[8]，而以是相蘊[9]。

1.〔注〕言之則孟浪也，故試妄言之。〔釋文〕「嘗為」于偽反。

2.〔注〕若正聽妄言，復為太早計也。故亦妄聽之，何？〔釋文〕「嘗為」于偽反。〔疏〕予，我也。奚，何也。夫至理無言，言則孟浪。我試為汝妄說，汝亦妄聽何如？亦言，奚者即何之聲也。

3.〔注〕以死生為晝夜，旁日月之喻也；以萬物為一體，挾宇宙之喻也。〔釋文〕「旁日月」薄荡反，徐扶荡反。司馬云：依也。崔本作謗。〔疏〕旁，依附也。挾，懷藏也。天地四方曰宇，往來古今曰宙。契理聖人，忘物忘我，既而囊括萬有，冥一死生。故郭注云，以死生為晝夜，旁日月之喻也；以萬物為一體，挾宇宙之喻也。◎盧文弨曰：官校本改謗為傍，未必是。◎家世父曰：郭象以女以妄聽之奚斷句，熟玩文義，奚旁日月挾宇宙自為句，言操何術以超出天地之表。放，依也。《論語‧里仁篇》放於利而行，鄭孔注並曰：放，依也。《墨子‧法儀篇》放依以從事，放亦依也。（見王氏《經義述聞》）。又通作傍。旁日月，謂依日月也。應從司馬訓依之義為正。崔本作謗者非也。「挾」戶牒反。崔本作挾。〔尸子〕云：天地四方曰宇，往古來今曰宙。《詩》云：舟輿所極覆曰宙。

4.〔注〕以有所賤，故尊卑生焉，而滑涽紛亂，莫之能正，各自是於一方矣。故為脗然自合之道，莫若置之勿言，委之自爾也。脗然，無波際之謂也。〔疏〕脗，無分別之貌也。置，任也。滑，亂也。涽，闇也。隸，卑僕之類也。蓋賤稱也。夫物情顛倒，妄執尊卑。今聖人欲祛此惑，為脗然合同之道者，莫若滑亂昏雜，隨而任之，以隸相尊，一於貴賤也。〔釋文〕脗本或作脣。郭音泯，徐武斳反，李武粉反。無波際之貌。司馬云：合也。向音

臀，云：若兩臀之相合也。◎盧文弨曰：今注本波作被，似誤。「滑」徐古沒反，亂也。向本作汩，音同。崔戶八反，云：栝口木也。「涽」徐音昏，向云：汩涽，未定之謂。崔本作緡，武巾反，云：繩也。◎盧文弨曰：舊作涽。宋本從氏，並注中昏涽並從氏，今從之。

5.【注】馳騖於是非之境也。

6.【注】芒然無知而直往之貌。【疏】役役，馳動之容也。愚芒，無知之貌。凡俗之人，馳逐前境，勞役而不息；體道之士，忘知廢照，芒然而若愚也。【釋文】「芒」徐徒奔反。郭治本反。司馬云：渾沌不分察也。崔云：文厚貌也。或云：束也。李丑倫反。

7.【注】純者，不雜者也。夫舉萬歲而參其變，而眾人謂之雜矣，故役役然勞形怵心而去彼就此。唯大聖無執，故芒然直往而與變化為一，一變化而常遊於獨者也。故雖參糅億載，千殊萬異，道行之而成，則古今一成也；物謂之而然，則萬物一然也。無物不然，無時不成；斯可謂純也。◎家世父曰：眾人役役，較量今日，又較量明日。今日見為是，明日又見為非，明日又見為是，渾然無彼此之別；成者，怡然無是非之辯。聖人以此應萬物之變而相蘊於無窮，斯為參萬歲而一成純。【疏】夫聖人者，與二儀合其德，萬物同其體，故能隨變任化，與世相宜。雖復代歷古今，時經夷險，參雜塵俗，千殊萬異，淡然自若，不以介懷，抱一精純，而常居妙極也。【釋文】「怵心」勑律反。「純者」如救反。【參糅】如救反。

8.【注】無物不然。

9.【注】蘊，積也。積是於萬歲，則萬歲一是也；積然於萬物，則萬物盡然也。故不知死生先後之所在，彼我勝負之所如也。【疏】蘊，積也。夫物情封執，為日已久。是以橫論萬物，莫不我然彼不然；豎說古今，悉皆自是他不是。雖復萬物之多，古今之遠，是非蘊積，未有休時。聖人順世汙隆，動而常寂，參糅億載而純一凝然也。【釋文】「相蘊」本亦作縕。徐於憒反，郭於本反，李於問反。積也。

予惡乎知說生之非惑邪[1]！予惡乎知惡死之非弱喪而不知歸者邪[2]！麗之姬，艾封人之子也。晉國之始得之也，涕泣沾襟；及其至於王所，與王同

筐床，食芻豢，而後悔其泣也[3]。予惡乎知夫死者不悔其始之蘄生乎[4]！

1.【注】死生一也，而獨說生，欲與變化相背，故未知其非惑也。

生，其理唯一。而獨悅生惡死，非惑如何！

音佩。

2.【注】少而失其故居，名為弱喪。夫弱喪者，遂安於所在而不知歸於故鄉也。焉知生之非夫弱喪，焉知死之

非夫還歸而惡之哉！

【疏】弱者弱齡，喪之言失。謂少年遭亂，喪失桑梓，遂安他土而不知歸，謂之弱失。從無

出有，謂之為生；自有還無，謂之為死。遂其戀生惡死，豈非弱喪不知歸邪！

「弱喪」悉浪反。注同。「少而」詩照反。「焉知」於虔反。下同。

3.【注】一生之內，情變若此。當此之日，則不知彼，況夫死生之變，惡能相知哉！

【疏】昔秦穆公與晉獻

公共伐麗戎之國，得美女一，玉環二。秦取環而晉取女，即麗戎國艾地守封疆人之女也。筐，正也。初去麗戎，離

別親戚，懷土之戀，故涕泣沾襟。後至晉邦，寵愛隆重，與獻公同方床而燕處，進牢饌以盈廚，情好既移，所以悔

其先泣。一生之內，情變若此。況死生之異，何能知哉！莊子寓言，故稱獻公為王耳。

云：六國時諸侯僭稱王，因此謂獻公為王也。「筐」本亦作匡。徐起狂反。「床」徐音床。司馬云：筐床，安床

也。崔云：筐，方也。一云：正床也。

4.【注】蘄，求也。

【疏】蘄。求也。麗姬至晉。悔其先泣，為知死者之不卻悔初始在生之日求生之意也！

【釋文】「蘄」音祈，求也。

夢飲酒者，旦而哭泣；夢哭泣者，旦而田獵[1]。方其夢也，不知其夢也[2]。

夢之中又占其夢焉[3]，覺而後知其夢也[4]。且有大覺而後知此其大夢也[5]，

而愚者自以為覺，竊竊然知之。君乎，牧乎，固哉[6]！丘也與女，皆夢也[7]；

予謂女夢，亦夢也[8]。是其言也，其名為弔詭[9]。萬世之後而一遇大聖，知

其解者，是旦暮遇之也10。

1.【注】此寤寐之事變也。事苟變，情亦異，則死生之願不得同矣。故生時樂生，則死時樂死，死生雖異，其於各得所願一也，則何係哉！【疏】夫死生之變，猶覺夢之異耳。夫覺夢之事既殊，故死生之情亦別，而世有覺凶而夢吉，亦何妨死樂而生憂邪！是知寤寐之間，未足可係也。【釋文】「樂生」音洛。下同。

2.【注】由此觀之，當死之時，亦不知其死而自適其志也。【疏】方將為夢之時，不知夢之是夢，亦猶方將處死之日，不知死之為死。各適其志，何所戀哉！【釋文】「覺而」音教。下及注皆同。

3.【注】夫夢者乃復夢中占其夢，則無以異於寤者也。【疏】夫人在睡夢之中，謂是真實，亦復占候夢想，思度吉凶，既覺以後，方知是夢。是故生時樂生，死時樂死，何為當生而憂死哉！

4.【注】當所遇，無不足也，何為方生而憂死哉！【疏】夫擾擾生民，芸芸群品，馳騖有為之境，昏迷大夢之中，唯有體道聖人，朗然獨覺，知夫患慮仕懷者皆未寤也。

5.【注】夫大覺者，聖人也。大覺者乃知夫患慮在懷者未寤也。【疏】夫照達真原，猶稱為夢，況愚徒竊竊，豈有覺哉！

6.【注】夫愚者大夢而自以為覺，故竊竊然以所好為君上而所惡為牧圉，欣然信一家之偏見，可謂固陋矣。【疏】夫物情愚惑，暗若夜遊，自以為覺，竊竊然議專所知。情之好者為君上，情之惡者同牧圉，以此為情懷，可謂固陋。「所好」呼報反。注同。「所惡」烏路反。【釋文】「竊竊」司馬云：猶察察也。「牧乎」崔本作跂，云：跂跂，強羊貌。

7.【注】未能忘言而神解，故非大覺也。【疏】丘是長梧名也。夫迷情無覺，論夢還在夢中；聲說非真，妙辯猶居言內。是故夢中占夢，夢所以皆空；言內試言，言所以虛假。此託夢中之占夢，亦結孟浪之譚耳。

8.【注】即復夢中之占夢也。夫自以為夢，猶未寤也。【釋文】「神解」音蟹。徐戶解反。

9.【注】夫非常之談，故非常人之所知，故謂之弔當卓詭，而不識其懸解。【疏】夫舉世皆夢，此乃玄談。

非常之言，不顧於俗，弔當卓詭，駭異物情，自非清通，豈識深遠哉！　【釋文】「弔」如字，又音的，至也。◎

盧文弨曰：舊脫又字，今補。「詭」九委反，異也。

10.【注】言能蛻然無係而玄同死生者至希也。　【疏】且世歷萬年而一逢大聖，知三界悉空，四生非有，彼我言說，皆在夢中。如此解人，其為希遇，論其賒促，是且暮逢之。三十年為一世。　【釋文】「其解」音蟹，徐戶解反。「蛻然」音帨，又始銳反。

既使我與若辯矣，若勝我，我不若勝，若果是也，我果非也邪1？我勝若，若不吾勝，我果是也，而果非也邪2？其或是也，其或非也邪3？其俱是也，其俱非也邪4？我與若不能相知也，則人固受其黮闇。吾誰使正之5？使同乎若者正之？既與若同矣，惡能正之6！使同乎我者正之？既同乎我矣，惡能正之7！使異乎我與若者正之？既異乎我與若矣，惡能正之8！使同乎我與若者正之？既同乎我與若矣，惡能正之9！然則我與若與人俱不能相知也，而待彼也邪10？

1.【疏】若，而，皆汝也。若勝汝也耶，假問之詞也。夫是非彼我，舉體不真，倒置之徒，妄為臧否。假使我與汝對爭，汝勝我不勝，汝勝定是，我不勝定非耶？固不可也。

2.【注】若，而，皆汝也。　【疏】假令我勝於汝，汝不及我，我決是也，汝定非也？各據偏執，未足可依也。

3.【疏】或，不定也。我之與汝，或是或非，彼此言之，勝負不定，故或是則非是，或非則非非也。

4.【疏】俱是則無非，俱非則無是。故是非彼我，出自妄情也。

5.【注】不知而後推，不見而後辯，辯之而不足以自信，以其與物對也。辯對終日黮闇，至竟莫能正之，故當付之自正耳。　【疏】彼我二人，各執偏見，咸謂自是，故不能相知。必也相知，己之所非者，他家之是也。假令

別有一人，遣定臧否，此人還有彼此，亦不離是非，各據妄情，總成闇惑，心必懷愛，此見所以黮闇不明。三人各執，使誰正之？黮闇，不明之謂也。

【釋文】「惡能」音烏。下皆同。

6.【疏】既將汝同見，則與汝不殊，與汝不殊，何能正定！此覆釋第一句。
【釋文】「黮闇」貪闇反。李云：黮闇，不明貌。
同。

7.【注】同故是之，未足信也。
【疏】注云，同故是之耳，未足信也。此覆釋第二句也。

8.【注】異故相非耳，亦不足據。
【疏】既異我汝，故別起是非。別起是非，亦何足可據？此覆解第三句。

9.【注】是若果是，則天下不得復有非之者也；非若信非，則亦無緣復有是之者也；今是其所同而非其所異，異同既具而是非無主。故夫是非者，生於好辯而休乎天均，付之兩行而息乎自正也。
【疏】我與汝及人，固受黮闇，是非兩順，不異我汝，亦何能正之？此解第四句。

10.【注】各自正耳。待彼不足以正此，則天下莫能相正也，故付之自正而至矣。
【疏】彼此曲從，是非兩順……闇之人。總有三人，各執一見，咸言我是，故俱不相知。三人既不能定，豈復更須一人，亦與前何異！待彼也耶，言其不待之也。

何謂和之以天倪[1]？曰：是不是，然不然。是若果是也，則是之異乎不是也亦无辯；然若果然也，則然之異乎不然也亦无辯[2]。化聲之相待，若其不相待[3]。和之以天倪，因之以曼衍，所以窮年也[4]。忘年忘義，振於无竟，故寓諸无竟[5]。

1.【注】天倪者，自然之分也。
【疏】天，自然也。倪，分也。夫彼我妄執，是非無主，所以三人四句，不能正之。故假設論端，託為問答，和以自然之分，令歸無是無非。天倪之義，次列於下文。
【釋文】「和之」如字，崔胡臥反。「天倪」李音崖，徐音詣，郭音五底反。李云：分也。崔云：或作霓，音同，際也。班固曰：天研。◎盧文弨曰：舊本崔譌崔，今據〈大宗師〉篇改正。倪音近研。故計倪亦作計研。

2.【注】是非然否，彼我更對，故無辯。無辯，故和之以天倪，安其自然之分而已，不待彼以正之。
【疏】

辯，別也。夫是非然否，出自妄情，以理推求，舉體虛幻，所是則不是，然則不然。何以知其然耶？是若定是，是則異非；然若定然，然則異否。而今此謂之是，彼謂之非；彼之所然，理在不殊，彼我更對，妄為分別，故無辯也矣。

3. 【注】是非之辯為化聲。夫化聲之相待，俱不足以相正，則是非之境自泯，而性命之致自窮也。

以理推尋，待亦非實。故變化聲說，有此待名；名既不真，待便虛待。待即非待，故知不相待者也。【疏】曼衍，言隨物而變，謂之化聲。是與不是，然與不然，在人者也。待人之為是為然而是之然之，與其無待於人而自是自然，一皆無與於其心，是謂和之以天倪。

4. 【注】和之以自然之分，任其無極之化，尋斯以往，則是非之境自泯，而性命之致自窮也。

然，一皆無與於其心，是謂和之以天倪。

5. 【注】夫忘年故玄同死生，忘義故彌貫是非。是死生蕩而為一，斯至理也。至理暢於無極，故寄之者不得有窮也。【疏】振，暢也。竟，窮也。夫年者，生之所稟也，既同於生死，所以忘年也；義者，裁於是非也，既一於是非，任其無極之化，故能不滯不著。既而處順安時，洞照無窮。寄言無窮，亦無無窮之可暢，斯又遣於無極者也。

猶變化也。因，任也。窮，盡也。和以自然之分，所以無是無非；任其無極之化，故能不滯不著。既而處順安時，洞照無窮。寄言無窮，亦無無窮之可暢，斯又遣於無極者也。

盡天年之性命也。【釋文】「曼」徐音萬，郭武半反。「衍」徐以戰反。司馬云：曼衍，無極也。【釋文】「振」如字。崔云：止也。又之忍反。「无竟」如字，極也。崔作境。

罔兩問景曰：「曩子行，今子止；曩子坐，今子起；何其无特操與？」[1]

1. 【注】罔兩，景外之微陰也。

【疏】罔兩，景外之微陰也。曩，昔也，向也。特，獨也。莊子寓言以暢玄理，故寄景與罔兩，明於獨化之義也。而罔兩問景云：「汝向行今止，昔坐今起。然則子行止坐起，制在於形，唯欲隨逐於他，都無獨立志操者，何耶？」【釋文】「罔兩」郭云：景外之微陰也。向云：景之景也。崔云：有無之狀。◎慶藩案罔兩，司馬作罔浪。《文選》班孟堅〈幽通賦〉注引司馬云：罔浪，景外重陰也。崔本作罔浪，云有無之狀，與司馬訓異義。「景」暎永反，又如字。本或作影，俗也。「曩」徐乃蕩反。李《釋文》引崔本作罔浪，云有無之狀。與司馬訓異義。「无特」本或作持。崔云：特，辭也。向云：无特者，行止無常也。「操與」音餘。云：曩者也。「无特」本或作持。崔云：特，辭也。向云：无特者，行止無常也。「操與」音餘。

景曰：「吾有待而然者邪[1]？吾所待又有待而然者邪[2]？吾待蛇蚹蜩翼
邪[3]？惡識所以然！惡識所以不然！[4]」

1.【注】言天機自爾，坐起無待。無待而獨得者，孰知其故，而責其所以哉？

【疏】夫物之形質，咸稟自
然，事似有因，理在無待。而形影非遠，尚至有天機，故曰萬類參差無非獨化者也。

2.【注】若責其所待而尋其所由，則尋責無極，卒至於無待，而獨化之理明矣。

【疏】影之所待，即是形
也。若使影待於形，形待造物，請問造物復何待乎？斯則待待無窮，卒乎無待也。

3.【注】若待蛇蚹蜩翼，則無特操之所由，未為難識也。今所以不識，正由不待斯類而獨化故耳。

【疏】昔
諸講人及郭生注，意皆云蛇蚹是腹下齟齬。蜩翼者是蜩翅也。言蛇待蚹而行，影待形而有也，蓋不然
乎。若使待翼而飛，待足而走，飛禽走獸，其類無窮，何勞獨舉蛇蚹，頗引為譬？即今解蚹者，蛇蛻皮也，蜩翼
者，蜩甲也。言蛇蛻舊皮，蜩新出甲，不知所以，莫辯其然，獨化而生，蓋無待也。而蛇蜩二蟲，猶蛻皮甲，稱異
諸物，所以引之。故《外篇》云，吾待蛇蚹蜩甲耶，是知形影之義，與蚹甲無異者也。

【釋文】「蛇蚹」音附。
徐又音斂。司馬云：謂蛇腹下齟齬可以行者也。齟，音士女反，齬，音魚女反。「蜩」徐音條。

4.【注】世或謂罔兩待景，景待形，形待造物者。請問：夫造物者，有耶無耶？無也？則胡能造物哉？有也？
則不足以物眾形。故明眾形之自物而後始可與言造物耳。是以涉有物之域，雖復罔兩，未有不獨化於玄冥者也。故
造物者無主，而物各自造，物各自造而無所待焉，此天地之正也。故彼我相因，形景俱生，雖復玄合，而非待也。
明斯理也，將使萬物各反所宗於體中而不待乎外，外無所謝而內無所矜，是以誘然皆生而不知所以生，同焉皆得而
不知所以得也。今罔兩之因景，猶云俱生而非待也，則萬物雖聚而共成乎天，而皆歷然莫不獨見矣。故罔兩非景之
所制，而景非形之所使，形非無之所化也，則化與不化，然與不然，從人之與由己，莫不自爾，吾安識其所以哉！
故任而不助，則本末內外，暢然俱得，泯然無迹。若乃責此近因而忘其自爾，宗物於外，喪主於內，而愛尚生矣。
雖欲推而齊之，然其所尚已存乎胸中，何夷之得有哉！

【疏】夫待與不待，然與不然，天機自張，莫知其宰，豈
措情於尋責而思慮於心識者乎！

【釋文】「喪」息浪反。

昔者莊周夢為胡蝶，栩栩然胡蝶也，自喻適志與¹！不知周也²。俄然覺，則蘧蘧然周也³。不知周之夢為胡蝶與，胡蝶之夢為周與⁴？周與胡蝶，則必有分矣⁵。此之謂物化⁶。

1.【注】自快得意，悅豫而行。【疏】栩栩，忻暢貌也。喻，曉也。夫生滅交謝，寒暑遞遷，蓋天地之常，萬物之理也。而莊生暉明鏡以照燭，汎上善以遨遊，故能託夢覺於死生，寄自他於物化。是以夢為胡蝶，栩栩而適其心；覺乃莊周，蘧蘧而暢其志者也。「自喻」李云：喻，快也。「志與」音餘。下同。崔云：與，哉。【釋文】「胡蝶」徐徒協反。司馬崔云：蛺蝶也。「栩」徐況羽反，喜貌。崔本作翮。

2.【注】方其夢為胡蝶而不知周，則與殊死不異也。然所在無不適，則當生而係生者，必當死而戀死矣。由此觀之，知夫在生而哀死者誤也。【疏】方為胡蝶，曉了分明，快意適情，悅豫之甚，只言是蝶，不識莊周。死不知生，其義亦爾。

3.【注】自周而言，故稱覺耳，未必非夢也。【疏】蘧蘧，驚動之貌也。俄頃之間，夢罷而覺，驚怪思省，方是莊周。故注云，自周而言，故稱覺耳，未必非夢也。崔作據據，引《大宗師》云據然覺。【釋文】「然覺」古孝反。「蘧蘧」徐音渠，又其慮反。李云：有形貌。

4.【注】今之不知胡蝶，無異於夢之不知周也。而各適一時之志，則無以明胡蝶之不夢為周矣。世有假寐而夢經百年者，則無以明今之百年非假寐之夢者也。【疏】昔夢為蝶，甚有暢情；今作莊周，亦言適志。是以覺夢既無的當，莊蝶豈辯真虛者哉！

5.【注】今所以自喻適志，由其分定，非由無分也。【疏】既覺既夢，有蝶有莊，乃曰浮虛，亦不無崖分也。

6.【注】夫時不暫停，而今不遂存，故昨日之夢，於今化矣。死生之變，豈異於此，而愚者竊竊自以為知生之可樂，死之可苦，未聞物化之謂也。【疏】夫新新變化，物物遷流，譬彼窮指，方茲交臂。是以周蝶覺夢，俄頃之間，後不知前，此不知彼。而何為當生慮死，妄起憂悲！故知生死往來，物理之變化也。【釋文】「可樂」音洛。

莊子集釋　卷二　上

內篇養生主第三[1]

1.【注】夫生以養存，則養生者理之極也。若乃養過其極，以養傷生，非養生之主也。【釋文】養生以此為主也。

吾生也有涯[1]，而知也无涯[2]。以有涯隨无涯，殆已[3]；已而為知者，殆而已矣[4]。為善无近名，為惡无近刑[5]。緣督以為經[6]，可以保身，可以全生，可以養親[7]，可以盡年[8]。

1.【注】所稟之分各有極也。【疏】涯，分也。夫生也受形之載，稟之自然，愚智脩短，各有涯分。而知止守分，不蕩於外者，養生之妙也。然黔首之類，莫不稱吾，則凡稱吾者，皆有極者也。【釋文】「有涯」本亦作崖，魚佳反。

2.【注】夫舉重攜輕而神氣自若，此力之所限也。而尚名好勝者，雖復絕脣，猶未足以慊其願，此知之無涯也。故知之為名，生於失當而滅於冥極。冥極者，任其至分而無毫銖之加。是故雖負萬鈞，苟當其所能，則忽然不知重之在身；雖應萬機，泯然不覺事之在己。此養生之主也。【疏】所稟形性，各有限極，而分別之智，徇物無涯。遂使心困形勞，未慊其願，不能止分，非養生之主也。【釋文】「而知」音智。注、下同。「好勝」呼報反。下升證反。「雖復」扶又反。下皆同。「絕脣」音旅。「以慊」苦簟反，足也。◎盧文弨曰：古與慊恨之慊同一聲，並不以音愜者為足之正話。

3.【注】以有限之性尋無極之知，安得而不困哉！【疏】夫生也有限，知也無涯，是以用有限之生逐無涯之知，故形勞神弊而危殆者也。【釋文】「殆已」向云：疲困之謂。

已矣。

4.【注】已困於知而不知止，又為知以救之，斯養而傷之者，真大殆也。　【疏】無涯之知，已用於前；有為之學，救之於後；欲不危殆，其可得乎！◎家世父曰：營營以求知，而極乎無涯，終乎殆矣。而此營營之知存於心，足以累性而害心。冥然而物化，寂然而神凝，使其知不生於心，成性存存，泯知以全生。故曰已而為知者殆而已矣。

5.【注】忘善惡而居中，任萬物之自為，悶然與至當為一，故刑名遠己而全理在身也。　【疏】夫有為俗學，抑乃多徒，要切而言，莫先善惡。故為善也無不近乎名譽，為惡也無不鄰乎刑戮。是知俗智俗學，未足以救前知，適有疲役心靈，更增危殆。【釋文】「无近」附近之近。下同。◎慶藩案《文選》嵇叔夜〈幽憤詩〉注引司馬云：勿修名也。被褐懷玉，穢惡其身，以無陋於形也。《釋文》闕。◎家世父曰：船山云，聲色之類不可名之為善者，即惡也。「悶然」亡本反，又音門。

6.【注】順中以為常也。　【疏】緣，順也，督，中也。經，常也。夫善惡兩忘，刑名雙遣，故能順一中之道，處真常之德，虛夷任物，與世推遷。養生之妙，在乎茲矣。【釋文】「緣督以為經」李云：緣，順也。督，中也。經，常也。郭崔同。◎李楨曰：《素問·骨空論》，督脈者，起於少腹以下骨中央。〈靈樞·本輸篇〉，七次脈，頸中央之脈，督脈也。人身惟脊居中，督脈並脊裏而上，故訓中督為奇經之一脈。《莊子》正是假脈為喻，故下為保身全生等語。家世父曰：奇經八脈，以任督主呼吸之息。身前之中脈曰任，身後之中脈曰督。督者，居靜而不倚於左右，有脈之位而無形質。緣督者，以清微纖妙之氣，循虛而行，止於所不可行，而行自順，以適得其中。

7.【注】養親以適。　【釋文】「以養」羊尚反。注同。

8.【注】苟得中而冥度，則事事無不可也。夫養生非求過分，蓋全理盡年而已矣。　【疏】夫惟妙捨二偏而處於中一者，故能保守身形，全其生道。外可以孝養父母，大順人倫，內可以攝衛生靈，盡其天命。

庖丁為文惠君解牛，手之所觸，肩之所倚，足之所履，膝之所踦，砉然嚮然，奏刀騞然1，莫不中音。合於桑林之舞，乃中經首之會2。

1.【疏】庖丁，謂掌廚丁役之人，今之供膳是也。亦言：丁，名也。文惠君，即梁惠王也。解，宰割之也。踦，下角刺也。言庖丁善能宰牛，見其閒理，故以其手搏觸，以肩倚著，用腳躡履，遂使皮肉離析，砉然嚮應，進奏鸞刀，騞然大解。此蓋寄庖丁以明養生之術者也。【釋文】「庖丁」崔本作胞，同。白交反。庖人，丁其名也。《管子》有屠牛坦一朝解九牛，刀可剃毛。◎盧文弨曰：《禮記·祭統》煇胞，亦與庖同。「為」于偽反。「文惠君」崔司馬云：梁惠王也。「所倚」徐於綺反，向偃彼反，徐又於佇反，李音妖。「所踦」徐居彼反，向魚彼反。李云：剒也。「砉然」向呼鵙反，徐許鵙反，崔音畫。◎盧文弨曰：舊鵙皆從貝，非。今正從臭。「嚮然」許丈反，郭許亮反，李又呼歷反。司馬云：皮骨相離聲。本或無然字。「奏」如字。「踦」於綺反。「騞」呼獲反，徐許變反，向他亦反，又音麥。崔云：音近獲，聲大於砉也。「中音」丁仲反，下皆同。「桑林」司馬云：湯樂名。崔云：宋舞樂名。案即《左傳》舞師題以旌夏是也。「經首」向司馬云：〈咸池〉樂章也。崔云：樂章名也。或云：奏樂名。「會」如字。

2.【注】言其因便施巧，無不閑解，盡理之甚，既適牛理，又合音節。【疏】桑林，殷湯樂名也。經首，〈咸池〉樂章名也。庖丁神彩從容，妙盡牛理；既而宰割聲嚮，雅合宮商，所以音中桑林，韻符經首也。案即《左傳》舞師題以旌夏是也。【釋文】〈咸池〉樂章名，則堯樂也。「中音」丁仲反。「因便」婢面反。「閑解」音蟹。

文惠君曰：「譆，善哉！技蓋至此乎1？」

1.【疏】譆，歎聲也。惠君既見庖丁因便施巧，妙盡牛理，奏刀音節，遠合樂章，故美其技術一至於此者也。【釋文】「譆」徐音熙。李云：歎聲也。「技」具綺反。下同。

庖丁釋刀對曰：「臣之所好者道也，進乎技矣1。始臣之解牛之時，所見无非全牛者2。三年之後，未嘗見全牛也3。方今之時，臣以神遇而不以目視4，官知止而神欲行5。依乎天理6，批大郤7，導大窾8，因其固然9。技經肯綮之未嘗10，而況大軱乎11！良庖歲更刀，割也12；族庖月更刀，折也13。今臣之刀十九年矣，所解數千牛矣，而刀刃若新發於硎14。彼節者有

閒，而刀刃者无厚；以无厚入有閒，恢恢乎其於遊刃必有餘地矣[15]，是以十九年而刀刃若新發於硎[16]。雖然，每至於族，吾見其難為[17]，怵然為戒，視為止[18]，行為遲[19]。動刀甚微，謋然已解[20]，如土委地[21]。提刀而立，為之四顧，為之躊躇滿志[22]，善刀而藏之[23]。」

1.【注】直寄道理於技耳，所好者非技也。
　【疏】捨釋鸞刀，對荅養生之道，故倚技術，進獻於君。又解：進，過也。所好者養生之道，過於解牛之技耳。
　【釋文】[所好]呼報反。注同。

2.【注】未能見其理閒。
　【疏】始學屠宰，未見閒理，所覩惟牛。亦猶初學養生，未照真境，是以觸途皆礙。

3.【注】但見其理閒也。
　【疏】操刀既久，頓見理閒，所以纔覩有牛，已知空卻。亦猶服道日久，智照漸明，所見塵境，無非虛幻。

4.【注】闇與理會。
　【疏】遇，會也。經乎十九年，合陰陽之妙數，率精神以會理，豈假目以看之！亦猶學道之人，妙契至極，推心靈以虛照，豈用眼以取塵也！
　【釋文】[神遇]向云：暗與理會，謂之神遇。

5.【注】司察之官廢，縱心而理順。
　【疏】官者，主司之謂也；謂目主於色耳司於聲之類是也。既而神遇，不用目視，故眼等主司，悉皆停廢，從心所欲，順理而行。善養生者，其義亦然。
　【釋文】[官知止]如字。崔云：官知，謂有所掌在也。向音智。[而神欲行]如字。向云：從手放意，無心而得，謂之神欲。

6.【注】不橫截也。
　【疏】依天然之腠理，終不橫截以傷牛。亦猶養生之妙道，依自然之涯分，必不貪生以夭折也。

7.【注】有際之處，因而批之令離。
　【疏】閒卻交際之處，用刀而批戾之，令其筋骨各相離異。亦猶學道之人，生死窮通之際，用心觀照，令其解脫。
　【釋文】[批]備結反，一音鋪迷反。《字林》云：擊也，父迷父節二反。[大卻]徐去逆反，郭音卻。崔李云：閒也。◎盧文弨曰：從谷從卩。舊從谷從卪，非。今改正。[令離]力呈反。下同。下力智反。

8.【注】節解窾空，就導令殊。【疏】窾，空也。骨節空處，就導令殊。亦猶學人以有資空，將空導有。【釋文】「道」音導。注同。「大窾」，徐苦管反，又苦禾反。崔郭司馬云：空也。向音空。◎盧文弨曰：今本道作導。窾與科通，故亦同音。◎慶藩案《說文》無窾字，當作款。《史記·太史公自序》服虔注：款，空也。《爾雅·釋器》鼎款足者謂之鬲，實不中其身者謂之窾，《漢書·司馬遷》傳，窾正作款。《淮南·說山》，見款木浮而知為舟，高注：款，空也。《管子·國蓄》，大國內款，楊注：內款，內空也。是其證。「節解」戶賣反。

9.【注】刀不妄加。【疏】因其空卻之處，然後運刀，亦因其眼見耳聞，必不妄加分別也。

10.【注】技之妙也，常遊刃於空，未嘗經礙於微礙也。【疏】技經肯綮於微礙也。【釋文】「技經」本或作猗，其綺反。徐音技。◎俞樾曰：郭注以技經為技之所經，殊不成義。技經肯綮四字，必當平列。《說文》作肎，《字林》同，著骨肉也。一曰：骨無肉也。綮，司馬云：猶結處也。是肯綮並就牛身言，技經亦當同之。技疑枝字之誤。枝，謂枝脈；經，謂經脈。枝經，猶言經絡也。〈素問·三部九候論〉：治其經絡，王注引《靈樞經》曰：經脈為裏，支而橫者為絡。古字支與枝通。枝，謂枝脈。◎李楨曰：俞氏改技為枝，訓為經絡，說信塙矣。經絡相連之處，亦必有礙於游刃。庖丁惟因其固然，故未嘗礙也。經絡肯綮之微礙，未肯以刀刃嘗試之，所謂因其固然者。「肯」徐苦等反。《說文》作肎，口乃反。言於云：著骨肉也。一曰：骨無肉也。崔云：許叔重曰，骨間肉。肯，肯著也。「綮」苦挺反，崔向徐並音啟，李烏係反，又一音罄。司馬云：猶結處也。「經綮」古代反。「微礙」五代反。

11.【注】軱，戾大骨，衄刀刃也。【疏】肯綮，內著骨處也。軱，大骨也。夫伎術之妙，遊刃於空，微礙尚未曾經，大骨理當不犯。況養生運智，妙體真空，細惑尚不染心，龐塵豈能累德！【釋文】「大軱」音孤。向郭云：軱，戾大骨也。崔云：槃結骨。「衄刀」女六反。

12.【注】不中其理閒也。【疏】良善之庖，猶未中理，經乎一歲，更易其刀。況小學之人，未體真道，證空捨有，易奪之心者矣。【釋文】「良庖」司馬云：良，善也。「割也」司馬云：以刀割肉，故歲歲更作。崔云：歲一易刀，猶堪割也。

13.【注】中骨而折刀也。【疏】況凡鄙之夫，心靈闇塞，觸境皆礙，必損智傷神。【釋文】「族庖」司馬

云：族，雜也。崔云：族，眾也。◎俞樾曰：郭注曰，中骨而折刀也，此於文義未合。上文云良庖歲更刀割也。割

以用刀言，則折亦以用刀言。折，謂折骨，非謂刀折也。哀元年《左傳》曰：無折骨。

14.【注】硎，砥石也。【疏】硎，砥礪石也。十，陰數也；九，陽數也；故十九年極陰陽之妙也。是以年經十九，牛解數千，遊空涉虛，不損鋒刃，故其刀銳利，猶若新磨者也。況善養生人，智窮空有，和光處世，妙盡陰陽。雖復千變萬化，而自新其德，參涉萬境，而常湛凝然矣。【釋文】「硎」音刑，磨石也。崔本作形，云：新所受形也。「砥石」音脂，又之履反。《尚書》傳云，砥細於礪，皆磨石也。

15.【疏】彼牛骨節，素有閒郤，而刀刃鋒銳，薄而不厚。用無厚之刃，入有閒之牛，故遊刃恢恢，必寬大有餘矣。況養生之士，體道之人，運至忘之妙智，遊虛空之物境，是以安排造適，閒暇有餘，境智相冥，不一不異。

16.【疏】重疊前文，結成其義。

17.【注】交錯聚結為族。

18.【注】不復屬目於他物也。【疏】節骨交聚磐結之處，名為族也。雖復遊刃於空，善見其郤，每至交錯之處，未嘗不留意覷難，為其怵惕戒慎，專視徐手。況體道之人，雖復達彼虛幻，至於境智交涉，必須戒慎覷難，不得輕染根塵，動傷於寂者也。

19.【注】徐其手也。【釋文】「為戒」于偽反。下皆同。「屬目」章欲反。

20.【注】得其宜則用力少。【釋文】「謋然」化百反，徐又許百反。「已解」音蟹。

21.【注】理解而無刀迹，若聚土也。【疏】謋然，化百反。謋然，骨肉離之聲也。運動鸞刀，甚自微妙，依於天理，所以不難，如土委地，有何蹤迹！況運用神智，明照精微，涉於塵境，境智冥合，能所泯然。

22.【注】逸足容豫自得之謂。【疏】解牛事訖，閒放從容，提挈鸞刀，彷徨徙倚。既而風韻清遠，所以高視四方，志氣盈滿，為之躊躇自得。養生會理，其義亦然。【釋文】「提刀」徐徒嵇反。「躊」直留反。「躇」直於反。

23.【注】拭刀而弢之也。【疏】善能保愛，故拭而弢之。況善攝生人，光而不耀。【釋文】「善刀」善，猶拭也。「拭」音式。「弢之」他刀反。◎盧文弨曰：弢從攴得聲。舊本山下又，譌。今改正。

文惠君曰：「善哉！吾聞庖丁之言，得養生焉1。」

1.【注】以刀可養，故知生亦可養。【疏】魏侯聞庖丁之言，遂悟養生之道也。美其神妙，故歎以善哉。

公文軒見右師而驚曰：「是何人也1？惡乎介也2？天與，其人與2？」曰：「天也，非人也。天之生是使獨也3，人之貌有與也4。以是知其天也，非人也5。澤雉十步一啄，百步一飲，不蘄畜乎樊中6。神雖王，不善也7。」

1.【注】介，偏刖之名。【疏】姓公文，名軒，宋人也。右師，官名也。介，刖也。公文見右師刖足，故驚問所由，於何犯忤而致此殘刖足者也？【釋文】「公文軒」司馬云：姓公文氏，名軒，宋人也。「右師」司馬云：宋官名。又作跀，云：斷足也。◎家世父曰：善養生者養以神，神全則生全，形雖介可也。樊中之雉，神固王矣，而固不得其養。則神者，淡然泊然，怡然渙然，無為為之，優遊自得之神也。可以外形骸，齊生死，而何有於介哉！「偏刖」音月，又五刮反。

2.【注】知之所無奈何，天也。犯其所知，人也。【疏】為稟自天然，少茲一足？為犯於人事，故被虧殘？

3.【注】偏刖曰獨。【疏】夫師一家之智而不能兩存其足。若以右師之知而必求兩全，則心神內困而形骸外弊矣，豈直偏刖而已哉！

4.【注】夫智之明闇，形之虧全，並稟自天然，非關人事。假使犯於王憲，致此形殘，亦是天生頑愚，謀身不足，直知由人以虧其形，不知由天以暗其智，是知有與獨，無非命也。【釋文】「使獨」司馬云：一足曰獨。「之知」音智。下之知同。

5.【注】以有與者命也，故知獨者亦非我也。是以達生之情者不務生之所無以為，達命之情者不務命之所無奈

何也，全其自然而已。

【疏】與，共也。凡人之貌，皆有兩足共行，稟之造物。故知我之一腳遭此形殘，亦無非命也。欲明窮通否泰，愚智虧全，定乎冥兆，非由巧拙。達斯理趣者，方可全生。

6.【注】蘄，求也。樊，所以籠雉也。

【疏】蘄，求也。樊，雉籠也。夫俯仰乎天地之間，逍遙乎自得之場，固養生之妙處也。又何求於入籠而服養哉！

【疏】蘄，求也。樊中，雉籠也。夫澤中之雉，任於野性，飲啄自在，放曠逍遙，豈欲入樊籠而求服養！譬養生之人，蕭然嘉遁，唯適情於林籟，豈企羨於榮華！又解：澤似雉而非，澤尾長而雉尾短，豈欲入樊籠之類是也。

【釋文】「一啄」涉角反。「不蘄」音祈，求也。「樊中」音煩。李云：藩也，所以籠雉也。向郭同。崔以為園中也。「妙處」昌慮反。

7.【注】夫始乎適而未嘗不適者，忘適也。雉心神長王，志氣盈豫，而自放於清曠之地，忽然不覺善之為善也。

【疏】雉居山澤，飲啄自在，心神長王，志氣盈豫。當此時也，忽然不覺善之為善。既遭樊籠，性情不適，方思昔日，甚為清暢。鳥既如此，人亦宜然。欲明至適忘適，至善忘善。

【釋文】「雉王」于況反，注同。「長」王丁亮反，又直良反。

老聃死，秦失弔之，三號而出[1]。

1.【注】人弔亦弔，人號亦號。

【疏】老君即老子也。姓李，名耳，字伯陽，外字老聃，大聖人也，降生陳國苦縣。當周平王時，去周，西度流沙，適之闡賓。而內外經書，竟無其迹，而此獨云死者，欲明死生之理泯一，凡聖之道均齊。此蓋莊生寓言耳，為天地萬物之宗，豈有生死哉！故託此言聖人亦有死生，以明死生之理也。秦失者，姓秦，名失，懷道之士，不知何許人也。既明死生行教昇天，備載諸經，不具言也。故老君降生行教昇天，備載諸經，不具言也。秦失老君，俱遊方外，既號且弔，事終而出也。

【釋文】「老聃」吐藍反。司馬云：老子也。「秦失」本又作佚，各依字讀，亦皆音逸。「三號」戶羔反。注同。

弟子曰：「非夫子之友邪[1]？」

1.【注】怪其不倚戶觀化，乃至三號也。

【疏】秦失老君，俱遊方外，既號且弔，豈曰清高！故門人驚疑，

起非友之問。　【釋文】「倚戶」於綺反。

曰：「然[1]。」

1.【疏】然，猶是也。秦失答弟子云，是我方外之友。

「然則弔焉若此，可乎[1]？」

1.【疏】方外之人，行方內之禮，號弔如此，於理可乎？未解和光，更致斯問者也。

曰：「然[1]。始也吾以為其人也，而今非也[2]。向吾入而弔焉，有老者哭之，如哭其子；少者哭之，如哭其母。彼其所以會之，必有不蘄言而言，不蘄哭而哭者[3]。是遁天倍情，忘其所受[4]，古者謂之遁天之刑[5]。適來，夫子時也[6]；適去，夫子順也[7]。安時而處順，哀樂不能入也[8]，古者謂是帝之縣解[9]。」

1.【注】至人無情，與眾號耳，故若斯可也。　【疏】然，猶可也。動寂相即，內外冥符，故若斯可也。

2.【疏】蘄，求也。彼，眾人也。夫聖人虛懷，物感斯應，哀憐兆庶，愍念蒼生，不待勤求，為其演說。故其死也，眾來聚會，號哭悲痛，如於母子。斯乃凡情執滯，妄見死生，感於聖恩，致此哀悼。以此而測，故知非老君門人也。　【釋文】「少者」詩照反。「先物」悉薦反，又

3.【注】嫌其先物施惠，不在理上往，故致此甚愛也。　【疏】秦失初始入弔，謂哭者是方外門人，及見哀痛過，知非老君弟子也。

4.【注】天性所受，各有本分，不可逃，亦不可加。　【疏】是，指斥哭人也。倍，加也。言逃遯天然之性，

如字。「理上往」一本往作住。

加添流俗之情，妄見死之可哀，故忘失所受之分也。【釋文】「遁天」徒遜反。又作遜，加也。又布對反。本又作背。

5.【注】感物太深，不止於當，遁天者也。將馳騖於憂樂之境，雖楚戮未加而性情已困，庸非刑哉！【疏】夫逃遁天理，倍加俗情，哀樂經懷，心靈困苦，有同捶楚，寧非刑戮！古之達人，有如此議。【釋文】「大深」音泰。「憂樂」音洛。下文、注同。「倍情」音裴。「大深」

6.【注】時自生也。

7.【注】理當死也。【疏】夫子者，是老君也。秦失歎老君大聖，妙達本源，故適爾生來，皆應時而降誕；蕭然死去，亦順理而返真耳。

8.【注】夫哀樂生於失得者也。今玄通合變之士，無時而不安，無順而不處，冥然與造化為一，則無往而非我矣，將何得何失，孰死孰生哉！故任其所受，而哀樂無所錯其閒矣。【疏】安於生時，則不厭於生；處於死順，則不惡於死。千變萬化，未始非吾，所適斯適，故憂樂無錯其懷矣。【釋文】「所錯」七路反。

9.【注】以有係者為縣，則無係者縣解也。夫死生不能係，憂樂不能入者，而遠古聖人謂是天然之解脫也。且老君大聖，冥一死生，豈復逃遁天刑，馳騖憂樂？子玄此注，失之遠矣。若然者，何謂安時處順，帝之縣解乎？文勢前後，自相鉾楯。是知遁天之刑，屬在哀慟之徒，非關老君也。【釋文】「縣」音玄。「解」音蟹。注同。崔云，以生為縣，以死為解。

【疏】帝者，天也。為生死所係者為縣，則無死無生者縣解也。縣解而性命之情得矣。此養生之要也。

指窮於為薪，火傳也[1]，不知其盡也[2]。

1.【注】窮，盡也；為薪，猶前薪也。前薪以指，指盡前薪之理，故火傳而不滅；心得納養之中，故命續而不絕；明夫養生乃生之所以生也。【疏】窮，盡也。薪，柴樵也。為，前也。言人然火，用手前之，能盡然火之理者，前薪雖盡，後薪以續，故火不滅也。亦猶善養生者，隨變任化，與物俱遷，故吾新吾，曾無係戀，未始非我，故續而不絕者也。崔云：薪火，爝火也。傳，延也。◎俞樾曰：郭注曰，為薪猶前薪也，前薪以指，指盡前薪之理，故火傳而不滅。心得納養之中，故命續而不絕者也。崔云：薪火，爝火也。傳，延也。◎俞樾曰：郭注曰，為薪猶前薪也，前薪以指，指盡前薪之理，故火傳而不滅。心得納養之中，故命續而不絕者，相傳繼續也。崔云：薪火，爝火也。傳，延也。

2.【注】夫養生乃生之所以生也。【疏】窮，盡也；為薪，猶前薪也。前薪以指，指盡前薪之理，故火傳而不滅；心得納養之中，故命續而不絕者，以生為縣，以死為解。

【釋文】「指窮於為薪」如字。絕句。為，猶前也。「火傳也」直專反。注同。傳，延也。

理，故火傳不滅。此說殊未明了。且為之訓前，亦未知何義。郭注非也。《廣雅·釋詁》：取，為也。然則為薪亦猶取也。指窮於為薪者，指窮於取薪也。以指取薪而然之，則有所不給矣，若聽火之自傳，則忽然而不知其薪之盡也。郭得其讀，未得其義。《釋文》引崔云，薪火，爛火也，則並失其讀矣。◎家世父曰：薪盡而火傳，有不盡者存也。太虛來往之氣，人得之以生，猶薪之傳火也，其來也無與拒，其去也無與留，極乎薪而止矣。而薪自火也，火自傳也，取以為無盡也。執薪以求火，執火以求傳，奚當哉！「之中」丁仲反。

2.【注】夫時不再來，今不一停，故人之生也，一息一得耳。向息非今息，故納養而命續；前火非後火，故為薪而火傳，火傳而命續，由夫養得其極也，世豈知其盡而更生哉！【疏】夫迷忘之徒，役情執固。豈知新新不住，念念遷流，昨日之我，於今已盡，今日之我，更生於後耶！舊來分此一篇為七章明義，觀其文勢，過為繁冗。今將為善合於第一，指窮合於老君，總成五章，無所猜嫌也。

莊子集釋卷二中

內篇人間世第四¹

【注】與人群者，不得離人。然人間之變故，世世異宜，唯無心而不自用者，為能隨變所適而不荷其累也。

【釋文】「人間世」此人間見事，世所常行者也。◎慶藩案《文選》潘安仁〈秋興賦〉注引司馬云：言處人間之宜，居亂世之理，與人群者不得離人。然人間之事故，與世異宜，唯無心而不自用者，為能唯變所適而何足累。《釋文》闕。「離人」力智反。「不荷」胡我反，又音河。「其累」力偽反。

顏回見仲尼，請行¹。
曰：「奚之²？」
曰：「將之衞³。」
曰：「奚為焉⁴？」

1.【疏】姓顏，名回，字子淵，魯人也；孔子三千門人之中，總四科入室弟子也。仲尼者，姓孔，名丘，字仲尼，亦魯人，殷湯之後，生衰周之世，有聖德，即顏回之師也。其根由事迹，偏在儒史，今既解釋《莊子》，意在玄虛，故不復委碎載之耳。然人間事緒，糾紛實難，接物利他，理在不易，故寄顏孔以顯化導之方，託此聖賢以明心齋之術也。孔聖顏賢耳。

2.【疏】奚，何也。之，適也。質問顏回欲往何處耳。
【釋文】「顏回」孔子弟子，姓顏，名回，字子淵，魯人也。

3.【疏】衞，即殷紂之都，又是康叔之封，今汲郡衞州是也。此則顏答孔問欲行之所也。

4.【疏】欲往衞國，何所云為？重責顏生行李意謂矣。

曰：「回聞衞君，其年壯，其行獨[1]；輕用其國[2]，而不見其過[3]；輕用民死[4]，死者以國量乎澤若蕉[5]，民其无如矣[6]。回嘗聞之夫子曰：『治國去之，亂國就之，醫門多疾。』願以所聞思其則，庶幾其國有瘳乎！[7]」

1.【注】不與民同欲也。
【疏】衞君，即靈公之子蒯瞶也，荒淫昏亂，縱情無道。其年少壯而威猛可畏，獨行凶暴而不順物心。顏子述己所聞以答尼父。
【釋文】「衞君」司馬云：衞莊公蒯瞶也。案《左傳》，衞莊公以魯哀十五年冬始入國，時顏回已死，不得為莊公，蓋是出公輒也。「其行」下孟反。「獨」崔云：自專也。向云：與人異也。郭云：不與人同欲。

2.【注】夫君人者，動必乘人，一怒則伏尸流血，一喜則軒冕塞路。故君人者之用國，不可輕之也。
【疏】

3.【注】莫敢諫也。
【疏】強足以距諫，辨足以飾非，故百姓惶懼而吞聲，有過而無敢諫者也。

4.【注】輕用之於死地。
【疏】不凝動靜，泰然自安，乃輕用國民，投諸死地也。

5.【注】舉國而輸之死地，不可稱數，視之若草芥也。
【疏】蕉，草芥也。或征戰屢興，或賦稅煩重，而死者其數極多。語其多少，以國為量，若舉為數，造次難悉。縱恣一身，不恤百姓，視於國民，如藪澤之中草芥者也。
【釋文】「國量」音亮。李力章反。「若蕉」似遙反。徐在堯反。向云：草芥也。崔云：艾刈也，其澤如見芟夷，言野無青草。◎盧文弨曰：蕉亦同樵，故可訓艾夷，◎家世父曰：蕉與焦通，《風俗通》，水草交厝，名之為澤。若焦者，水竭草枯，如火熱然，即《詩》如惔如焚之意。◎慶藩案：《左傳·成九年》，雖有姬姜，無棄蕉萃，班固賓戲，朝而榮華，夕而焦瘁。蕉焦字通。博雅：蕉，黑也，亦通焦。陸氏《音義》引向云艸芥也，崔云艾刈也，並誤。「稱數」所主反。

6.【注】無所依歸。
【疏】君上無道，臣子飢荒，非但無可奈何，亦乃無所歸往也。

7.【疏】庶，冀也。幾，近也。瘳，愈也。治邦寧謐，不假匡扶；亂國孤危，應須規諫。顏生今將化衞，譬彼醫門，多能救疾，方茲賢士，必能拯難，荒淫之疾，庶其瘳愈者，是以述昔所聞，思其稟受法言，冀其近於善道也。
【釋文】「治國」直吏反。「醫門」於其反。「思其則」絕句。崔李云：則，法也。「有瘳」丑由反。李

云：愈也。

仲尼曰：「譆！若殆往而刑耳1！夫道不欲雜2，雜則多，多則擾，擾則憂，憂而不救3。古之至人，先存諸己而後存諸人4。所存於己者未定，何暇至於暴人之所行5！

1.【注】其道不足以救彼患。【疏】譆，怪笑聲也。若，汝也。殆，近也。孔子哂其術淺，未足化他，汝若往於衞，必遭刑戮者也。【釋文】「譆」音熙，又於其反。

2.【注】宜正得其人。

3.【注】若夫不得其人。則雖百醫守病，適足致疑而不能一愈也。【疏】夫靈通之道，唯在純粹。必其喧雜則事緒繁多，事多則中心擾亂，心中擾亂則憂患斯起。藥病既乖，彼此俱困，己尚不立，焉能救物哉！

4.【注】有其具，然後可以接物也。【疏】諸，於也。存，立也。古昔至德之人，虛懷而遊世間，必先安立己道，然後拯救他人，未有己身不存而能接物者也。援引古人，以為鑒誡。

5.【注】不虛心以應物，而役思以犯難，故知其所存於己者未定也。夫唯外其知以養真，寄妙當於群才，功名歸物而患慮遠身，然後可以至於暴人之所行也。【疏】夫唯虛心以應務，忘智以養真，寄當於群才，歸功於萬物者，方可處涉人間，逗機行化也。今顏回存立己身，猶未安定，是非喜怒，勃戰胸中，有何容暇，輒至於衞，欲諫暴君！此行未可也。【釋文】「役思」息嗣反。「遠身」于萬反。

且若亦知夫德之所蕩，而知之所為出乎哉？德蕩乎名，知出乎爭。1名也者，相札也；知也者，爭之器也。二者凶器，非所以盡行也2。

1.【注】德之所以流蕩者，矜名故也；知之所以橫出者，爭善故也。雖復桀跖，其所矜惜，無非名善也。

2.【注】夫唯善惡

【疏】汝頗知德蕩智出所由乎哉？夫德之所以流蕩喪真，為矜名故也；智之所以橫出逾分者，爭善故也。夫唯善惡

兩忘，名實雙遣者，故能至德不蕩，至智不出者也。

【釋文】「而知」音智。下及注同。「所為」于偽反。「爭善」此及下爭名二字依字讀。「雖復」扶又反。「桀跖」之石反。下皆同。桀，夏王也。跖，盜跖也。

【疏】札，傷也。

2.【注】夫矜名則更相毀損，顯智則爭競路興。故二者並凶禍之器，不可盡行於世。

【釋文】「相札」徐於八反，又側列反。李云：折也。崔云：夭也。亦作軋。《廣雅》：札，甲也。;崔又云：或作禮，相賓禮也。◎盧文弨曰：今本作軋。◎慶藩案相札，猶言相甲也。《廣雅》：札，甲也。;《太平御覽》引作鵻禮，鈔本引作鵻禮。古禮字作礼，與札相似，札譌為礼，後人又改為禮耳。又：車搞，焦竑也;（今本《廣雅》作鵻札，亦札之譌）崔譔札或作禮，亦沿札礼形似而誤（《淮南·說林篇》烏力勝日而服於鵻禮，禮亦為札之譌）。

且德厚信矼，未達人氣，名聞不爭，未達人心[1]。而強以仁義繩墨之言術暴人之前者，是以人惡有其美也[2]，命之曰菑人。菑人者，人必反菑之[3]，若殆為人菑夫！且苟為悅賢而惡不肖，惡用而求有以異[4]？若唯无詔，王公必將乘人而鬥其捷[5]。而目將熒之[6]，而色將平之[7]，口將營之[8]，容將形之[9]，心且成之[10]。是以火救火，以水救水，名之曰益多[11]。順始无窮[12]，若殆以不信厚言，必死於暴人之前矣[13]！

1.【疏】矼，確實也。假且道德純厚，信行確實，芳名令聞，不與物爭，而衛君素性頑愚，凶悖少鑒，既未達顏回之意氣，豈識匡扶之心乎！

【釋文】「信矼」徐古江反。崔音控。簡文云：慤實貌。

2.【注】夫投人夜光，鮮不按劍者，未達故也。今回之德信與其不爭之名，彼所未達也，而強以仁義準繩於彼，彼將謂回欲毀人以自成也。是故至人不役志以經世，而虛心以應物，誠信著於天地，不爭暢於萬物，然後萬物歸懷，天地不逆，故德音發而天下響會，景行彰而六合俱應，而後始可以經寒暑，涉治亂，而不與逆鱗迕也。

【疏】繩墨之言，即五德聖智也。回之德性，衛君未達，而強用仁義之術行於暴人之前，所述先王美言，必遭衛君

憎惡，故不可也。

【釋文】「而強」其兩反。注同。◎盧文弨曰：今本作彊。書內並同，不重出。◎家世父曰：祭義結諸心形諸色而術省之，鄭注：術當作述。術暴人之前，猶言述諸暴人之前。「人惡有」烏路反。下惡不肖及注同。崔本有作育，云：賣也。◎俞樾曰：《釋文》惡音烏路反，非也。美惡相對為文，當讀如本字。有者，育字之誤。《釋文》云，崔本作育，云賣也。《說文·貝部》：賣，衒也，讀若育。此育字即賣之假字，經傳每以鬻為之，鬻亦音育也。以人惡育其美，謂以人之惡鬻己之美也。「鮮不」息淺反。「涉治」直吏反。「迕」音悟。

3.【注】適不信受，則謂與己爭名而反害之。

【疏】命，名也。衛侯不達汝心，謂汝菑害於己，既遭疑貳，必被反菑故也。

【釋文】「菑」音災。下皆同。

4.【注】苟能悅賢惡愚，聞義而服，便為明君也。苟為明君，則不苦無賢臣。汝往亦不足復奇；如其不爾，往必受害。故以有心而往，無往而可；無心而應，其應自來，則無往而不可也。

【疏】殆，近也。夫，歎也。汝若往衛，必近危亡，為暴人所災害，深可歎也。且衛侯苟能悅愛賢人，憎惡不肖，故當朝多君子，屏黜小人，已有忠臣，何求於汝！汝至於彼，亦何異彼人！既與無異，去便無益。

【釋文】「菑夫」音扶。「不肖」音笑，徐蘇叫反。似也。「惡用」音烏。

5.【注】汝唯有寂然不言耳，言則王公必乘人以君人之勢而角其捷辯，以距諫飾非也。

【疏】詔，言也。王公，衛侯也。汝若行衛，唯當默爾不言，若有箴規，必遭戮辱。且衛侯恃千乘之勢，用五等之威，飾非距諫，鬭其捷辯，汝既恐怖，何暇匡扶！

【釋文】「若唯」郭如字，一音唯癸反。「无詔」絕句，告也，言也。崔本作詻，云：逆擊曰詻。「王公必將乘人」絕句。「而鬭其捷」在接反。崔讀若唯無詻王公絕句，必將乘人而鬭絕句。捷作接，其接，引續也。

6.【注】其言辯捷，使人眩眩也。

【疏】熒，眩也。衛侯雖荒淫暴虐，而甚俊辯聰明，加持人君之威，陵藉忠諫之士，故顏回心生惶怖，眼目眩惑者也。

【釋文】「熒之」戶扃反。向崔本作營，音熒。◎慶藩案營熒字，古通用，皆營之借字也。《說文》：熒，惑也，從目，熒省聲。《玉篇》：熒，唯並胡亭二切。字或作熒，通作營，又通作榮。《史記·孔子世家》匹夫而熒惑諸侯，熒，司馬貞本作營。《漢書·吳王濞傳》、《淮南王安傳》營惑，又通作榮。《史記》並作熒惑否。《象傳》不可榮以祿，虞翻本熒作營，謂不可惑以祿也。《漢書·禮樂志》營亂富貴之耳目，《漢紀》營作榮。皆其證。「眼眩」玄遍反。

暇。

7.【注】不能復自異於彼也。　【疏】縱有諫心，不敢顯異，顏色靡順，與彼和平。

8.【注】自救解不暇。　【疏】衛侯位望既高，威嚴可畏，顏生恐禍及己，憂懼百端，所以口舌自營，略無容暇。

9.【疏】形，見也。既懼災害，故委順面從，擎跽曲拳，形迹斯見也。　【釋文】「容將形之」謂擎跽也。

10.【注】乃且釋己以從彼也。　【疏】豈直外形從順，亦乃內心和同，不能進善而更成彼惡故也。

11.【注】適不能救，乃更足以成彼之威。　【疏】以，用也。夫用火救火，猛燎更增；用水救水，波浪彌甚。

12.【注】尋常守故，未肯變也。

13.【注】未信而諫，雖厚言為害。　【疏】汝之忠厚之言，近不信用，則雖誠心獻替，而必遭刑戮於暴虐君人之前矣。

　　故顏子之行，適足成衛侯之暴，不能匡勸，可謂益多也。

且昔者桀殺關龍逢，紂殺王子比干，是皆修其身以下傴拊人之民，以下拂其上者也１，故其君因其修以擠之。是好名者也２。昔者堯攻叢枝、胥敖，禹攻有扈，國為虛厲，身為刑戮，其用兵不止，其求實无已。是皆求名實者也，而獨不聞之乎３？名實者，聖人之所不能勝也，而況若乎４！雖然，若必有以也，嘗以語我來５！」

1.【注】龍逢比干，居下而任上之憂，非其事者也。　【疏】謚法，賊民多殺曰桀，殘義損善曰紂。姓關，字龍逢，夏桀之賢臣，盡誠而遭斬首。比干，殷紂之庶叔，忠諫而被割心。傴拊，猶愛養也。拂，逆戾也。此二子者，並古昔良佐，修飾其身，仗行忠節，以臣下之位，憂君上之民，臣有德而君無道，拂戾其君，咸遭戮辱。援古證今，足為龜鏡。是知顏回化衛，理未可行也。　【釋文】「關龍逢」夏桀之賢臣。「王子比干」殷紂之叔父。「以下」退嫁反。「傴」紆甫反。「拊」徐向音撫。李云：傴拊，謂憐愛之也。崔云：猶嘔呴，謂養也。「拂其」符弗反。崔云：違也。又芳弗反。

2.【注】不欲令臣有勝君之名也。 【疏】擠，墜也，陷也，夏桀殷紂，無道之君，自不揣量，猶貪令譽，故因賢臣之修飾，肆其鳩毒而陷之。意在爭名逐利，遂至於此故也。司馬云：毒也。一云：陷也。《方言》云：滅也。簡文云：排也。「是好」呼報反。「欲令」力呈反。

3.【注】夫暴君非徒求恣其欲，復乃規覓虛名。 【疏】堯禹二君，已具前解。叢枝、胥敖、有厲，並是國名。有厲者，今雍州鄠縣是也。宅無人曰虛，鬼無後曰厲。言此三國之君，悉皆無道，好起兵戈，征伐他國，豈唯貪求實利，亦乃規覓虛名，遂使境土丘虛，人民絕滅，身遭刑戮，宗廟顛殞。貪名求實，一至如斯，今古共知，汝獨不聞也。 【釋文】「叢支」才公反。◎盧文弨曰：今本作枝。「有厲」音戶。司馬云：國名，在始平郡。案即今京兆鄠縣也。「虛厲」如字，又音墟。李云：居宅無人曰虛，死而無後為厲。◎慶藩案虛厲即盧戾也。《墨子·魯問篇》是以國為虛戾，《趙策》齊為虛戾，均作戾。《詩·小雅·節南山篇》降此大戾，《大雅·瞻卬篇》戾作厲。《小宛》翰飛戾天，《文選·西都賦》注引《韓詩》作厲。《孟子·滕文公篇》樂歲粒米狼戾，《鹽鐵論·未通篇》作梁厲。皆其證。

4.【注】惜名貪欲之君，雖復堯禹，不能勝化也，故與眾攻之，而汝乃欲空手而往，化之以道哉？ 【疏】夫庸人暴主，貪利求名，雖堯禹聖君，不能懷之以德，猶興兵眾，問罪夷凶。況顏子匹夫，空手行化，不然之理，亦在無疑故也。

5.【疏】嘗，試也。汝之化道，雖復未弘，既欲請行，必有所以，試陳汝意，告語我來。 【釋文】「語我」魚據反。下同。◎盧文弨曰：舊作魚豫反，譌。今改正。

顏回曰：「端而虛[1]，勉而一[2]，則可乎[3]？」

1.【注】正其形而虛其心也。 【疏】端正其形，盡人臣之敬；虛豁心慮，竭匡諫之誠。既承高命，敢述所以耳。

2.【注】言遜而不二也。 【疏】勉厲身心，盡誠奉國，言行忠謹，纔無差二。

3.【疏】如前二術，可以行不？

曰：「惡！惡可[1]！大以陽為充孔揚[2]，采色不定[3]，常人之所不違[4]，因案人之所感，以求容與其心[5]。名之曰日漸之德不成，而況大德乎[6]！將執而不化[7]，外合而內不訾，其庸詎可乎[8]！」

1.【注】言未可也。【疏】惡惡，猶於何也，於何而可，言未可也。

2.【注】言衞君九陽之性充張於內而甚揚於外，強禦之至也。【疏】陽，剛猛也。充，滿也。孔，甚也。言衞君以剛猛之性滿實內心，強暴之甚，彰揚外迹。【釋文】「惡惡」皆音烏，下同。

3.【注】喜怒無常。【疏】順心則喜，違意則嗔，神采氣色，曾無定準。

4.【注】莫之敢逆。【疏】為性暴虐，威猛尋常，諫士賢人，詎能逆迕！

5.【注】夫頑強之甚，人以快事感己，己陵藉而乃抑挫之，以求從容自放而遂其佚心也。【疏】案，抑也。容與，猶放縱也。人以快善之事箴規感動，君乃因其忠諫而抑挫之，以求快樂縱容，遂其荒淫之意也。【釋文】「挫之」子臥反。「從容」七容反。

6.【注】言乃少多，無回降之勝也。【疏】衞侯無道，其來已久。日將漸漬之德，尚不能成，況乎鴻範聖明，如何可望也！

7.【注】故守其本意也。【疏】飾非闇主，不能從諫如流，固執本心，誰肯變惡為善者也。

8.【注】外合而內不訾，即向之端虛而勉一耳，言此未足以化之。【疏】外形擎跽，以盡足恭，內心順從，不敢訾毀。以此請行，行何利益，化衞之道，庸詎可乎！斯則斥前端虛之術未宜行用之矣。【釋文】「不訾」向徐音紫。崔云：毀也。

「然則我內直而外曲，成而上比[1]。內直者，與天為徒。與天為徒者，知天子之與己皆天之所子，而獨以己言蘄乎而人善之，蘄乎而人不善之邪[2]？若然者，人謂之童子，是之謂與天為徒[3]。外曲者，與人之為徒也。擎跽曲

拳，人臣之禮也，人皆為之，吾敢不為邪！為人之所為者，人亦无疵焉[4]，是之謂與人為徒[5]。成而上比者，與古為徒[6]。其言雖教，讁之實也[7]。古之有也，非吾有也[8]。若然者，雖直而不病[9]，是之謂與古為徒[10]。若是則可乎[11]？」

1. 【注】顏回更說此三條也。　【疏】前陳二事，已被詆訶，今設三條，庶其允合。此標題目，下釋其義，顏生述己以簡宣尼是也。

2. 【注】物無貴賤，得生一也。故善與不善，付之公當耳，一無所求於人也。　【疏】此下釋義。蘄，求也。言我內心質素誠直，共自然之理而為徒類。是知帝王與我，皆稟天然，故能忘貴賤於君臣，遺善惡於榮辱，復矜名以避惡，求善於他人乎？具此虛懷，庶其合理。　【釋文】「蘄乎」音祈。

3. 【注】依乎天理，推己信命，若嬰兒之直往也。　【疏】然，如此也。童子，嬰兒也。若如向說，推理直前，行比嬰兒，故人謂之童子。結成前義，故是之謂與天為徒也。　【釋文】「蘄」音祈。

4. 【疏】夫外形委曲，隨順世間者，將人倫為徒類也。擎手蹺足，磬折曲躬，俯仰拜伏者，人臣之禮也。而和同塵垢，污隆任物，人皆行此，我獨不為邪！是以為人所為，故人無怨疾也。　【釋文】「擎」徐其驚反。「蹺」徐其里反。《說文》云：長跪也。「曲拳」音權。「无疵」才斯反。

5. 【注】外形委曲，隨人事之所當為者也。　【疏】此結前也。

6. 【注】成於今而比於古也。　【疏】忠諫之事，乃成於今，君臣之義，上比於古，故與古之忠臣比干等類，是其義也。

7. 【注】雖是常教，實有諷責之旨。　【疏】讁，責也。所陳之言，雖是教迹，論其意旨，實有諷責之心也。【釋文】「讁之」直革反。「諷責」非鳳反。

8. 【疏】夐古以來，有此忠諫，非我今日獨起箴規者也。

9. 【注】寄直於古，故無以病我也。　【疏】若忠諫之道，自古有之，我今誠直，亦幸無憂累。

10. 【疏】此結前也。

11.【疏】呈此三條，未知可不？

仲尼曰：「惡！惡可！大多政1，法而不諜1，雖固亦无罪2。雖然，止是耳矣，夫胡可以及化3！猶師心者也4。」

1.【注】當理無二，而張三條以政之，與事不冥也。【疏】諜，條理也，當也。法苟當理，不俟多端，政設三條，大傷繁冗。於理不當，亦不安恬，故於何而可也。【釋文】「大多」音泰。「大多政者」，徐勑佐反。崔本作太。「不諜」徐徒協反，向吐頰反。李云：安也。崔云：間諜也。◎俞樾曰：政字絕句。大多政者，郭注所謂當理無二而張三條以政之也。法而不諜，四字為句。〈列禦寇篇〉形諜成光，《釋文》曰：諜，便僻也。此諜字義與彼同，謂有法度而不便僻也。李訓安，崔訓間諜，並失其義。

2.【注】雖未弘大，亦且不見咎責。【疏】設此三條，雖復固陋，既未行李，亦幸無咎責者也。

3.【注】罪則無矣，化則未也。【疏】胡，何也。顏回化衛，止有是法，纔可獨善，未及濟時，故何可以及化也。

4.【注】挾三術以適彼，非無心而付之天下也。【疏】夫聖人虛己，應時無心，譬彼明鏡，方茲虛谷。今顏回預作言教，方思慮可不，既非忘淡薄，故知師其有心也。【釋文】「挾三」戶牒反。

顏回曰：「吾无以進矣，敢問其方1。」

1.【疏】顏生三術，一朝頓盡，化衛之道，進趣無方，更請聖師，庶聞妙法。

仲尼曰：「齋，吾將語若！有而為之，其易邪1？易之者，暭天不宜2。」

1.【注】夫有其心而為之者，誠未易也。

2.【疏】顏回殷勤致請，尼父為說心齋。但能虛忘，吾當告汝，必有

其心為作，便乖心齋之妙。故有心而索玄道，誠未易者也。【釋文】「曰齊」本亦作齋，同，側皆反。下同。◎盧文弨曰：今本作齋。「其易」以豉反。後皆同。向崔云：輕易也。

2.【注】以有為為易，未見其宜。【疏】《爾雅》云，夏曰暭天。言其氣暭汗也。以有為之心而行道為易者，暭天之下，不見其宜。言不宜以有為之心為心齋也。【釋文】「暭天」徐胡老反。向云：暭天，自然也。◎盧文弨曰：舊本暭從白，今從注本從日。

顏回曰：「回之家貧，唯不飲酒不茹葷者數月矣。如此，則可以為齋乎[1]？」

曰：「是祭祀之齋，非心齋也[2]。」

1.【疏】茹，食也。葷，辛菜也。齋，齊也，謂心迹俱不染塵境也。顏子家貧，儒史具悉，無酒可飲，無葷可茹，簞瓢蔬素，已經數月，請若此得為齋不。【釋文】「不茹」徐音汝，食也。「葷」徐許云反。「數月」色主反。

2.【疏】尼父答言，此是祭祀神君獻宗廟，俗中致齋之法，非所謂心齋者也。

回曰：「敢問心齋[1]。」

仲尼曰：「若一志[2]，无聽之以耳而聽之以心[3]，无聽之以心而聽之以氣[4]！聽止於耳[5]，心止於符[6]。氣也者，虛而待物者也[7]。唯道集虛。虛者，心齋也[8]。」

1.【疏】向說家貧，事當祭祀。心齋之術，請示其方。

2.【注】去異端而任獨者也乎。【疏】志一汝心，無復異端，凝寂虛忘，冥符獨化。此下答於顏子，廣示心齋之術者也。【釋文】「去異」起呂反。下同。

3.【疏】耳根虛寂，不凝宮商，反聽無聲，凝神心符。

4.【疏】心有知覺，猶起攀緣；氣無情慮，虛柔任物。故去彼知覺，取此虛柔，遣之又遣，漸階玄妙也乎！

5.【疏】不著聲塵，止於聽也。

6.【疏】符，合也。心起緣慮，必與境合，庶令凝寂，不復與境相符。此釋無聽之以心者也。

7.【注】遺耳目，去心意，而符氣性之自得，此虛以待物者也。

【疏】如氣柔弱虛空，其心寂泊忘懷，方能應物。此解而聽之以氣也。◎俞樾曰：上文云，無聽之以耳而聽之以心，無聽之以心而聽之以氣。此文聽止於耳，乃申說無聽之以耳之義，傳寫誤倒也，當作耳止於聽，傳寫誤倒也。乃申說無聽之以心之義。言耳之為用止於聽而已，故無聽之以心也。符之言合也，言與物合，與物合，則非虛而待物之謂矣。氣也者虛而待物者也，乃申說氣字，明當聽之以氣也。郭注曰遺耳目去心意等語，誤以符氣二字連讀，不特失其義，且不成句矣。

8.【注】虛其心則至道集於懷也。

【疏】唯此真道，集在虛心。故如虛心者，心齋妙道也。

顏回曰：「回之未始得使，實自回也[1]；得使之也，未始有回也[2]；可謂虛乎？」

1.【注】未始使心齋，故有其身。

【疏】未稟心齋之教，猶懷封滯之心，既不能隳體以忘身，尚謂顏回之實有也。

2.【注】既得心齋之使，則無其身。

【釋文】「未始得使」絕句。崔讀至實字絕句。

【疏】既得夫子之教，使其人以虛齋，遂能物我洞忘，未嘗回之可有也。

夫子曰：「盡矣[1]。吾語若！若能入遊其樊而無感其名[2]，入則鳴，不入則止[3]。無門無毒[4]，一宅而寓於不得已[5]，則幾矣[6]。

1.【疏】夫子向說心齋之妙，妙盡於斯。

2.【注】放心自得之場，當於實而止。【疏】夫子語顏生化衛之要，慎莫據其樞要，且復遊入蕃傍，亦宜晦迹消聲，不可以名智感物。樊，蕃也。

3.【注】譬之宮商，應之無心，故曰鳴也。夫無心而應者，任彼耳，不強應也。【疏】若已道狎衛侯，則可鳴聲匡救；如其諫不入耳，則宜緘口忘言。強顯忠貞，必遭禍害。

4.【注】使物自若，無門者也；付天下之自安，無毒者也。毒，治也。【釋文】「無毒」如字，治也。崔本作毒，云：貪也。【疏】毒，治也。如水如鏡，應感虛懷，已不預作也。《老子》：亭之毒之。無門者，入焉不測其方；無毒者，游焉不泥其迹。應乎自然之符，斯能入遊其藩而無感其名。◎李楨曰：門毒對文，毒與門不同類。《說文》：毒，厚也。害人之艸，往往而生。毒乃壔之假借。許壔下云：保也，亦曰高土也，讀若毒。與此注自安義合。張行孚《說文》發疑曰：壔者，累土為臺以傳信，即《呂氏春秋》所謂為高保壔於王路，實鼓其上，遠近相聞是也。毒當為壔之譌。壔是保衛之所，故借其義為保衛。《易經》、《莊》、《老》三毒字，正是此義（《老子》亭之毒之，《周易》以此毒天下而民從之，毒字並是假借），《廣雅》所以有毒安也一訓。按壔為壔本字，正與門同類，所以門毒對文。讀都皓切，音之轉也。

5.【注】不得已者，理之必然者也。體至一之宅而會乎必然之符者也。【疏】宅，居處也。處心至一之道，不得止而應之，機感冥會，非預謀也。

6.【注】理盡於斯。【疏】幾，盡也。應物理盡於斯也。

絕迹易，无行地難[1]。為人使易以偽，為天使難以偽[2]。聞以有翼飛者矣，未聞以无翼飛者也；聞以有知知者矣，未聞以无知知者也[3]。瞻彼闋者，虛室生白[4]，吉祥止止[5]。夫且不止，是之謂坐馳[6]。夫徇耳目內通而外於心知，鬼神將來舍，而況人乎[7]！是萬物之化也，禹舜之所紐也，伏戲几蘧之所行終，而況散焉者乎[8]！」

1.【注】不行則易，欲行而不踐地，不可能也；無為則易，欲為而不傷性，不可得也。【疏】夫端居絕迹，理在不難；行不踐地，故當不易。亦猶無為虛寂，應感則易；有為思慮，涉物則難。其理必然，故舉斯譬矣。

2.【釋文】「絕迹易无」絕句。向崔皆以无字屬下句。◎盧文弨曰：此讀謬甚，何不依注？

【注】視聽之所得者粗，故易欺也；至於自然之報細，故難偽也。則失真少者，不全亦少；失真多者，不全亦多；失得之報，未有不當其分者也。而欲違天為偽，不亦難乎！【疏】夫人情驅使，其法粗淺，所以易欺；天然馭用，斯理微細，是故難矯。故知人間涉物，必須率性任真也。

3.【注】言必有其具，乃能其事，今無至虛之宅，無由有化物之實也。【釋文】「者粗」音麄。

4.【注】夫視有若無，虛室者也。故能虛其心室，乃照真源，而智惠明白，隨用而生。【疏】瞻，觀照也。彼，前境也。闋，空也。觀察萬有，悉皆空寂，故能虛其心室，乃能致吉祥之善應也。◎俞樾曰：止止連文，於義無取。《淮南子·俶真篇》作虛室生白，吉祥止耳，亦可證止止連文之誤。

5.【注】夫吉祥之所集者，至虛至靜也。【疏】吉者，福善之事。祥者，嘉慶之徵。止者，凝靜之智。言吉祥善福，止在凝靜之心，亦能致吉祥之善應也。【釋文】「有知知者」上音智，下如字。下句同。

6.【注】若夫不止於當，不會於極，此為以應坐之口而馳騖不息也。故外敵未至而內已困矣，豈能化物哉！

7.【注】夫使耳目閉而自然得者，心知之用外矣。故將任性直通，無往不冥，尚無幽昧之責，而況人間之累乎！【疏】徇，使也。夫能令根竅內通，不緣於物境，精神安靜，忘外於心知者，斯則外遣於形，內忘於智，則鬼神冥附而舍止，不亦當乎！人倫鑽仰而歸依，固其宜矣。故〈外篇〉云無鬼責無人非也。【釋文】「夫徇」辭俊反。徐辭倫反。李云：使也。「心知」音智，注同。

8.【注】言物無貴賤，未有不中心知耳目以自通者也。故世之所謂知者，豈欲知而知哉？所謂見者，豈為見而見哉？若夫知見可以欲為而得者，則欲賢可以得賢，為聖可以得聖乎？固不可矣。而世不知知之自知，因欲為知以

【釋文】「馬云：空也。「虛室生白」崔云：白者，日光所照也。司馬云：室比喻心，心能空虛，則純白獨生也。

【釋文】「有知知者」上音智，下如字。下句同。

然馭用，斯理微細，是故難矯。故知人間涉物，必須率性任真也。

白，吉祥止也，疑此文下止字亦也字之誤。唐盧重元注《列子·天瑞篇》曰，虛室生白，吉祥止耳，亦可證止止連文之誤。

苟不能形同槁木，心若死灰，則雖容儀端拱，而精神馳騖，可謂形坐而心馳者也。

知之；不見見之自見，因欲為見以見之；不知生之自生，又將為生以生之。故見目而責離朱之明，見耳而責師曠之聰，故心神奔馳於內，耳目竭喪於外，處身不適而與物不冥矣。不冥矣，而能合乎人間之變，應乎世世之節者，未之有也。　【疏】是，指斥之名也，此近指以前心齋等法，能造化萬物，孕育蒼生也。不冥矣，而能合乎人間之變，應乎世世之節者，未之有也。伏牛乘馬，號曰伏戲，姓風，即太昊。几蘧者，三皇已前無文字之君也。言此心齋之道，夏禹虞舜以為應物綱紐，伏戲几蘧行之以終其身，而況世間凡鄙疏散之人，軌轍此道而欲化物。　【釋文】徐女預反。向云：系而行之曰紐。簡文云：紐，本也。　「伏戲」本又作羲，亦作犧，同。許宜反。即大暤，三皇之始也。　「几蘧」其居反。崔云：古之帝王也。李云：上古帝王。　「散焉」悉旦反。李云：放也。崔云：德不及聖王為散。　「之聰」一本作聽。　「竭喪」息浪反。

葉公子高將使於齊，問於仲尼曰：「王使諸梁也甚重[1]，齊之待使者，蓋將甚敬而不急[2]。匹夫猶未可動，而況諸侯乎！吾甚慄之[3]。子常語諸梁也曰：『凡事若小若大，寡不道以懽成[4]。事若不成，則必有人道之患[5]；事若成，則必有陰陽之患[6]。若成若不成而後无患者，唯有德者能之[7]。』吾食也執粗而不臧，爨无欲清之人[8]。今吾朝受命而夕飲冰，我其內熱與[9]！吾未至乎事之情，而既有陰陽之患矣；事若不成，必有人道之患。是兩也[10]，為人臣者不足以任之，子其有以語我來[11]！」

1.【注】重其使，欲有所求也。　【疏】楚莊王之玄孫尹成子，名諸梁，字子高，食采於葉，僭號稱公。王者，春秋實為楚子，而僭稱王。齊，即姜姓太公之裔。其先禹之四岳，或封於呂，故謂太公為呂望。周武王封太公於營丘，是為齊國。齊楚二國，結好往來，玉帛使乎，相繼不絕，或急難而求救，或問罪而請兵，情事不輕，委寄甚重，是故諸梁憂慮，詢道仲尼也。　【釋文】「葉公」音攝。「子高」楚大夫，為葉縣尹，僭稱公，姓沈，名諸梁，字子高。「將使」所吏反。注及下待使同。

2.【注】恐直空報其敬，而不肯急應其求也。　【疏】齊侯迹爾往來，心無真實，至於迎待楚使，甚自殷勤，

所請事情，未達依允。奉命既重，預有此憂。

李云：懼也。

3.【疏】匹夫鄙志，尚不可動，況夫五等，如何可動！以此而量，甚為憂慄之也。【釋文】「慄之」音栗。

4.【注】夫事無大小，少有不言以成為懼者耳。此仲尼之所嘗告諸梁者也。【疏】子者，仲尼。寡之言少。夫經營事緒，抑乃多端。雖復大小不同，而莫不以成遂為懼適也。故諸梁引前所稟，用發后機也。【釋文】「常語」魚據反。下同。◎盧文弨曰：今本書常作嘗。

5.【注】夫以成為懼者，不成則怒矣。此楚王之所不能免也。【疏】情若乖阻，事不成遂，則有人倫之道，刑罰之憂。

6.【注】人患雖去，然喜懼戰於胸中，固已結冰炭於五藏矣。【疏】喜則陽舒，憂則陰慘。事既成遂，中情允愜，變昔日之憂為今時之喜。喜懼交集於一心，陰陽勃戰於五藏，冰炭聚結，非患如何？故下文云。【釋文】「藏矣」才浪反。

7.【注】成敗若任之於彼而莫足以患心者，唯有德者乎！【疏】安得喪於靈府，任成敗於前塗，不以憂喜累心者，其唯盛德焉！

8.【注】對火而不思涼，明其所饌儉薄也。【疏】臧，善也。清，涼也。承命嚴重，心懷怖懼，執用粗澆，不暇精膳。所饌既其儉薄，爨人不欲思涼，燃火不多，無熱可避之也。【釋文】「執」眾家本並然。簡文作熱。「粗」音麤，又才古反。「而不臧」作郎反，善也。絕句。一音才郎反，句至爨字。「爨」七亂反。「无欲清」七性反，字宜從冫。從氵者，假借也。清，涼也。「之人」言爨火為食而不思清涼，明火微而食宜儉薄。「所饌」士戀反。

9.【注】所饌儉薄而內熱飲冰者，誠憂事之難，非美食之為也。【疏】諸梁晨朝受詔，暮夕飲冰，足明怖懼憂愁，內心燋灼。詢道情切，達照此懷也。【釋文】「內熱與」音餘。下慎與同。向云：食美食者必內熱。

10.【注】事未成則唯恐不成耳。若果不成，則恐懼結於內而刑網羅於外也。【疏】夫情事未決，成敗不知，而憂喜存懷，是陰陽之患也。事若乖舛，必不成遂，則有人臣之道，刑網斯及。有此二患，何處逃愆？【釋文】「則恐懼」丘勇反。

11.【疏】忝為人臣，濫充末使，位高德薄，不足任之。子既聖人，情兼利物，必有所以，幸來告示！

【釋文】「以任」而林反，一音而鳩反。

仲尼曰：「天下有大戒二：其一，命也；其一，義也[1]。子之愛親，命也，不可解於心[2]；臣之事君，義也，无適而非君也，无所逃於天地之間[3]。是之謂大戒[4]。是以夫事其親者，不擇地而安之，孝之至也[5]；夫事其君者，不擇事而安之，忠之盛也[6]。自事其心者，哀樂不易施乎前，知其不可奈何而安之若命，德之至也[7]。為人臣子者，固有所不得已。行事之情而忘其身[8]，何暇至於悅生而惡死！夫子其行可矣[9]！

1.【疏】戒，法也。寰宇之內，教法極多，要切而論，莫過二事。二事義旨，具列下文。

2.【注】自然結固，不可解也。　【疏】夫孝子事親，盡於愛敬。此之性命，出自天然，中心率由，故不可解。

3.【注】千人聚，不以一人為主，不亂則散。故多賢不可以多君，無賢不可以無君，此天人之道，必至之宜。　【疏】結成以前君親大戒義矣。

4.【注】若有罪責，亦何處逃逸！是以奉命即行，無勞進退。　若君可逃而親可解，則不足戒也。

5.【疏】夫孝子養親，務在順適，登仕求祿，不擇高卑，所遇而安，方名至孝也。　【疏】夫君臣上下，理固必然。故忠臣事君，死成其節，此乃分義相投，非關天性。然六合雖寬，未有無君之國，

6.【疏】夫禮親事主，志盡忠貞，事無夷險，安之若命，豈得揀擇利害，然後奉行！能如此者，是忠臣之盛美

7.【注】知不可奈何者命也而安之，則無哀無樂，何易施之有哉！故冥然以所遇為命而不施心於其間，泯然與至當為一而無休戚於其中，雖事凡人，猶無往而不適，而況於君親哉！　【疏】夫為道之士而自安其心智者，體違

也。

順之不殊，達得喪之為一，故能涉哀樂之前境，不輕易施，豈人情之能制！是以安心順命，不乖天理。自非至人玄德，孰能如茲也！◎慶藩案施讀為移，不易施，猶言不移易也。《漢書·衛綰傳》人之所施易，施並讀為移。《晏子春秋·外篇》注：君臣易施，《荀子·儒效篇》哀慮之相施易之，正言之則為易施，倒言之則為施易也（本王氏《讀書雜志》）。

【釋文】「哀樂」音洛。下同。「施乎」如字。崔以豉反。移也。

【釋文】「而惡」烏路反，下皆同。

8.【注】事有必至，理固常通，故任之則事濟，事濟而身不存者，未之有也，又何用心於其身哉！　【疏】夫忘身整務，固是其宜。苟不得止，應須任命也。

9.【注】理無不通，故當任所遇而直前耳。若乃信道不篤而悅惡存懷，不能與至當俱往而謀生慮死，吾未見能成其事者也。　【疏】既曰行人，無容悅惡，奉事君命，但當適齊，有何閒暇謀生慮死也！

丘請復以所聞：凡交近則必相靡以信[1]，遠則必忠之以言[2]，言必或傳之。夫傳兩喜兩怒之言[3]，天下之難者也。夫兩喜必多溢美之言，兩怒必多溢惡之言[4]。凡溢之類妄[5]，妄則其信之也莫[6]，莫則傳言者殃[7]。故法言曰：『傳其常情，无傳其溢言，則幾乎全[8]。』

1.【注】近者得接，故以其信驗親相靡服也。　【釋文】「復以」扶又反。下注同。

2.【注】遙以言傳意也。　【釋文】「傳意」丈專反。　【疏】凡交遊鄰近，則以信情靡順；相去遙遠，則以言表忠誠。此仲尼引己所聞勸戒諸梁也。

3.【注】夫喜怒之言，若過其實，傳之者宜使兩不失中，故未易也。　【釋文】「兩怒」如字。注同。本又作怨。下同。「未易」以豉反。下文、注皆同。

4.【注】溢，過也。喜怒之言常過其當也。　【疏】溢，過也，彼此兩人，互相喜怒，若其順情，則美惡之言必當過者也。

5.【注】嫌非彼言，似傳者妄作。【疏】類，似也。夫溢當之言，體非真實，聽者既疑，似使人妄構也。

6.【注】莫然疑之也。【疏】莫，致疑貌也。既似傳者妄作，遂生不信之心，莫然疑之也。

7.【注】就傳過言，似於誕妄。受者有疑，則傳言者橫以輕重為罪也。【疏】受者生疑，心懷不信，傳語使乎，殃過斯及。

8.【注】雖聞臨時之過言而勿傳也。必稱其常情而要其誠致，不得傳一時喜怒，致兩言難閒。能如是者，近獲全身。夫子引先聖之格言，為當來之軌轍也。【疏】夫處涉人閒，為使實難，必須探察常情，必使賓主折中，不得傳一時喜怒，致兩言難閒。能如是者，近獲全身。【釋文】「而要」一遙反。「則近」附近之近。

且以巧鬪力者，始乎陽[1]，常卒乎陰[2]，大至則多奇巧[3]；以禮飲酒者，始乎治[4]，常卒乎亂[5]，大至則多奇樂[6]。凡事亦然。始乎諒，常卒乎鄙；其作始也簡，其將畢也必巨[7]。

1.【注】本共好戲。【釋文】「共好」呼報反。

2.【注】欲勝情至，潛興害彼者也。【疏】陽，喜也。陰，怒也。夫較力相戲，非無機巧。初始戲謔，則情在喜歡；逮乎終卒，則心生忿怒，好勝之情，潛似相害。世閒喜怒，情變例然。此舉鬪力以譬之也。◎家世父曰：凡顯見謂之陽，隱伏謂之陰。鬪巧者必多陰謀，極其心思之用以求相勝也。

3.【注】不復循理。【疏】忿怒之至，欲勝之甚，則情多奇譎，巧詐百端也。【釋文】「大至」音泰，本亦作泰。徐敕佐反。下同。◎盧文弨曰：今本書作泰。

4.【注】尊卑有別，旅酬有次。【疏】治，理也。夫賓主獻酬，自有倫理，側弁之後，無復尊卑，物皆如此。【釋文】「乎治」直吏反。「奇巧」如字，又苦孝反。「有別」彼列反。

5.【注】湛湎淫液也。【疏】湛湎淫液也。【釋文】「湛」直林反，又答南反。「湎」面善反。「淫液」以隻反。

6.【注】淫荒縱橫，無所不至。【疏】宴賞既酬，荒淫斯甚，當歌屢舞，無復節文，多方奇異，歡樂何極也。

7.【注】夫煩生於簡，事起於微，此必至之勢也。

【疏】凡情常事，亦復如然。莫不始則誠信，終則鄙惡；初起簡少，後必巨大。是以煩生於簡，事起於微。此合喻也。◎俞樾曰：諒與鄙，文不相對。上文云，始乎陽常卒乎陰，始乎治常卒乎亂，陰陽治亂皆相對，而諒鄙不相對。諒疑諸字之誤。諸讀為都。《爾雅》釋地，宋有孟諸《史記·夏本紀》作明都，是其例也。始乎都常卒乎鄙，都鄙正相對。因字通作諸，又誤作諒，遂失其恉矣。《淮南子·詮言篇》曰，故始於都者常大於鄙，即本《莊子》，可據以訂正。彼文大字乃卒字之誤，說見王氏念孫《讀書雜志》。

言者，風波也；行者，實喪也[1]。夫風波易以動，實喪易以危[2]。故忿設无由，巧言偏辭[3]。獸死不擇音，氣息茀然，於是並生心厲[4]。尅核大至，則必有不肖之心應之，而不知其然也[5]。苟為不知其然也，孰知其所終[6]！故法言曰：『无遷令[7]，无勸成[8]，過度益也[9]。』遷令勸成殆事[10]，美成在久[11]，惡成不及改[12]，可不慎與[13]！且夫乘物以遊心[14]，託不得已以養中，至矣[15]。何作為報也[16]！莫若為致命。此其難者[17]。」

1.【注】夫言者，風波也，故行之則喪矣。

【疏】夫水因風而起波，譬心因言而喜怒也。故因此風波之言而行喜怒者，則喪於實理者也。◎慶藩案波當讀為播。鄭注《禹貢》云：播，散也。波與播，古字通，言風播則易動也。風播與實喪對文，則不可作波浪訓矣（〈外物篇〉司馬彪臣注云：波蕩之臣，波蕩即播蕩也）。僖二十三年《左傳》波及晉國，波亦當為播，謂播散及晉國也（本王引之《經義述聞》）。〈禹貢〉榮波既豬，馬鄭王本並作榮播，《索隱》云是播溢之義。皆其證。【釋文】「實喪」息浪反。注，下同。◎家世父曰：實喪，猶言得失。實喪矣，遺風波而弗行，則實不喪矣，恐誤。

2.【注】故遺風波而弗行，則實不喪矣。夫事得其實，則危可安而蕩可定也。

【疏】風鼓水波，易為動蕩，

譬言喪實理，危殆不難也。

3.【注】夫忿怒之作，無他由也，常由巧言過實，偏辭失當耳。

【疏】夫施設忿怒，更無所由，每為浮偽巧言偏辭諂佞之故也。

【釋文】「偏辭」音篇。崔本作論，音辯。

4.【注】譬之野獸，斃之窮地，性命將死，音急情盡，則和聲不至而氣息不理，莆然暴怒，俱生疢疾以相對之。

【疏】夫野獸困窘，迫之窮地，性命將死，鳴不擇音，氣息莆鬱，心生疢疾，忽然暴怒，搏噬於人，俱生疢疾也。此是起譬也。

【釋文】「氣息」並如字。向本作憩器，云：憩，馬氏作息。器，氣也。崔本作憩籥，云：喘息籥不調也。此是起譬也。又作蹇字。◎慶藩案《釋文》氣一本作器。氣器古通用，氣正字，器借字也。《大戴記·文王官人篇》其氣寬以柔，《周書》氣作器，是其證。「莆然」徐符弗反。郭敷末反。李音怫。崔音勃。「心厲」如字，李音賴。「蹙之」子六反。疢疑賣反，又音詣。本又作疣，音尤。「疣」士賣反，又齊計反。上若作疣，此則才知反。◎盧文弨曰：蓋讀與睉皆同。

5.【注】夫寬以容物，物必歸焉。剋核太精，則鄙吝心生而不自覺也。故大人蕩然放物於自得之場，不苦人之能，不竭人之歡，故四海之交可全矣。

【疏】夫剋切責核，逼迫太甚，則不善之心歘然自應，情事相感，物理自然。是知躁則失君，寬則得眾也。

【釋文】「剋核」幸格反。

6.【注】苟不自覺，安能知禍福之所齊詣也！

【疏】夫急躁忤物，必拒之理，數自相召，不知所以。且當以不肖應之，則誰知終後之禍者邪？

【釋文】「所齊」如字，又才計反。◎慶藩案《文選》鮑明遠〈擬古詩〉注引司馬云：誰知禍之所終者也。

7.【注】傳彼實也。

【疏】承君令命，以實傳之，不得以臨時喜怒輒為遷改者也。

8.【注】任其自成。

【疏】直陳君令，任彼事情，無勞勸獎，強令成就也。

9.【注】益則非任實者。

【疏】安於天命，率性任情，無勞添益語言，過於本度也。

10.【注】此事之危殆者。

【疏】故改其君命，強勸彼成，其於情事，大成危殆。

11.【注】美成者任其時化，譬之種植，不可一朝成。

【疏】心之所美，率意而成，不由勸獎，故能長久。◎家世父曰：美者久於其道而後化成，一日之成，不足恃也，惡者一成而遂不及改。美惡幾微之辨，而難易形焉。是以就美而去惡者，人之常情也，而勢常不相及，有反施之而習而安焉者矣。注意似隔。

12.〔注〕彼之所惡而勸強成之，則悔敗尋至。　〔疏〕心之所惡，強勸而成，不及多時，尋當改悔。　〔釋

文〕「所惡」烏路反。「勸強」下欲強。

難者，言不難。

也。

17.〔注〕直為致命最易，而以喜怒施心，故難也。　〔疏〕直致率情，任於天命，甚自簡易，豈有難邪！此其

16.〔注〕當任齊所報之實，何為為齊作意於其間哉！　〔疏〕率己運命，推理而行，何須預生抑度，為齊作報

〔釋文〕「為為」上如字，下于偽反。

15.〔注〕任理之必然者，中庸之符全矣，斯接物之至者也。　〔疏〕不得已者，理之必然也。寄必然之事，養

中和之心，斯真理之造極，應物之至妙者乎！

14.〔注〕寄物以為意也。　〔疏〕夫獨化之士，混迹人間，乘有物以遨遊，運虛心以順世，則何殆之有哉！

13.〔疏〕處涉人世，卿命使乎，先聖法言，深宜戒慎。

顏闔將傅衛靈公太子[1]，而問於蘧伯玉曰：「有人於此，其德天殺[2]。與之為无方，則危吾國；與之為有方，則危吾身[3]。其知適足以知人之過，而不知其所以過[4]。若然者，吾奈之何[5]？」

1.〔疏〕姓顏，名闔，魯之賢人也。大子，蒯聵也。顏闔自魯適衛，將欲為太子之師傅也。「衛靈公」《左傳》云名元。〔釋文〕「顏闔」胡臘反。向崔本作盧。魯之賢人隱者。◎盧文弨曰：今本盧作盍。「太子」音泰。司馬云：蒯聵也。

2.〔疏〕姓蒯，名瑗，字伯玉，衛之賢大夫。蒯瞆稟天然之凶德，持殺戮以快心。既是衛國之人，故言有人於此。將為儲君之傅，故詢道於哲人。〔釋文〕「蘧」其居反。「伯玉」名瑗，衛大夫。「天殺」如字，謂如天殺物也。徐所列反。

3.〔注〕夫小人之性，引之軌制則憎己，縱之無度則亂邦。

〔疏〕方，猶法。稟性凶頑，不履仁義。與之方

法，而軌制憎己，所以危身；縱之無度，而荒淫顛躓，所以亡國。〔釋文〕「无方」李云：方，道也。

4.【注】不知民過之由己，故罪責於民而不自改。　【疏】己之無道，曾不悛革，百姓有罪，誅戮極深。唯見黔首之愆，不知過之由己。既知如風靡草，是知責在於君。　【釋文】「其知」音智。

5.【疏】然，猶如是。將奈之何，詢道蓬瑗，故陳其所以。

蓬伯玉曰：「善哉問乎！戒之，慎之，正女身也哉[1]！形莫若就，心莫若和[2]。雖然，之二者有患[3]。就不欲入[4]，和不欲出[5]。形就而入，且為顛為滅，為崩為蹶[6]。心和而出，且為聲為名，為妖為孽[7]。彼且為嬰兒，亦與之為嬰兒；彼且為无町畦，亦與之為无町畦；彼且為无崖，亦與之為无崖。達之，入於无疵[8]。

1.【注】反覆與會，俱所以為正身。　【疏】戒，勗也。已身不可率耳。防慎儲君，勿輕犯觸，身履正道，隨順機宜。前歎其能問，後則示其方法也。　【釋文】「正女」音汝。下同。「反覆」芳服反。

2.【注】形不乖迕，和而不同。　【疏】身形從就，不乖君臣之禮。心智和順，迹混而事濟之也。

3.【疏】前之二條，略標方術。既未盡善，

4.【注】就者形順，入者遂與同。　【疏】郭注云，就者形順，入者遂與同也。

5.【注】和者義濟，出者自顯伐。　【疏】心智和順，方便接引，推功儲君，不顯己能，斯不出也。

6.【注】若遂與同，則是顛危而不扶持，與彼俱亡矣。　【疏】顛，覆也。滅，絕也。崩，壞也。蹶，敗也。形容從就，同入彼惡，則是顛危而不扶持，故致顛覆滅絕，崩蹶敗壞，與彼俱亡也矣。故當摸格天地，但不立小異耳。　【釋文】「為蹶」徐其月反。郭音厥。李舉衛反。「摸格」莫胡反。◎盧文弨曰：今本摸從木作模。

7.【注】自顯和之，且有含垢之聲；濟彼之名，彼將惡其勝己。　【疏】變物為妖，妖生妖孽。故當悶然若晦，玄同光塵，然後不可得而親，不可得而利，不可得而害。謂其妄生妖孽，故以事而害之。◎家世父曰：和，始五味之相濟，甘辛並用，混合無形。若表而出之，則非和矣。時其喜怒，因其緩急，以調伏其機，而不與為迎拒。有迎拒斯

有出入，和不欲出，為無拒也。

8.【注】不小立圭角以逆其鱗也。

【釋文】「孽」彥列反。「將惡」烏路反。「悶然」音門。

【疏】町，畔也。畦，浮也。與，共也。入，會也。夫處世接物，其道實難。不可遂與和同，亦無容頓生乖忤。或同嬰兒之愚鄙，且復无知；達斯趣者，方會無累之道也。或類田野之无畦，略無界畔；縱奢侈之貪求，任凶猛之殺戮。然後道之以德，齊之以禮，達斯趣者，方會無累之道也。「无町」徒頂反。「畦」戶圭反。李云：町畦，畔埒也。無畔埒，無威儀也。崔云：喻無意也。「嬰兒」李云：喻無心也。崔云：喻守節也。崔云：喻驕遊也。「无崖」司馬云：不顧法也。「无疵」似移反。病也。

汝不知夫螳蜋乎？怒其臂以當車轍，不知其不勝任也，是其才之美者也[1]。戒之，慎之！積伐而美者以犯之，幾矣[2]。

1.【注】夫螳蜋之怒臂，非不美也；以當車轍，顧非敵耳。今知之所無奈何而欲強當其任，即螳蜋之怒臂也。

【疏】螳蜋，有斧蟲也。夫螳蜋鼓怒其臂以當軒車之轍，雖復自恃才能之美善，而必不勝舉其職任。喻顏闔欲以己之才能以當儲君之勢，何異乎螳蜋怒臂之當車轍也！

司馬云：非不有美才，顧不勝任耳。《釋文》闕。

【釋文】「不勝」音升。◎慶藩案《御覽·九百四十六》引

2.【注】積汝之才，伐汝之美，以犯此人，危殆之道。

【疏】積，蘊蓄也。而，汝也。幾，危也。既傅儲君，應須戒慎，今乃蘊蓄才能，自矜汝美，犯觸威勢，必致危亡。

汝不知夫養虎者乎？不敢以生物與之，為其殺之之怒也[1]；不敢以全物與之，為其決之之怒也[2]；時其飢飽，達其怒心[3]。虎之與人異類而媚養己者，順也；故其殺者，逆也[4]。

1.【注】恐其因有殺心而遂怒也。◎家世父曰：幾矣，言其怒視螳蜋，幾近之也。此不自量其才者也。虎之怒也，而可使馴，馬之良也，而嗔怒也。

1.【疏】汝頗知世有養虎之法乎？豬羊之類，不可生供猛獸，恐其因殺而生

使缺銜毀首碎胸以怒，無他，勿與攖之而已。螳螂之攖車轍，奚所利而為之哉！

【釋文】「為其」于偽反。下同。

【疏】汝頗知假令以死物投獸，猶須先為分決，若使虎自齧分，恐因用力而怒之也。

【注】方使虎自齧分之，則因用力而怒矣。

【疏】知其所以怒而順之。

【釋文】「分之」如字。

4.【注】知飢飽之時，達喜怒之節，通於物理，豈復危亡！

【疏】順理則異類生愛，逆節則至親交兵。

【注】順理則異類生愛，逆節則至親交兵。

【疏】夫順馬之節，自有悅媚，虎狼可以馴狎；逆則殺害，至親所以交兵。媚己之道既同，涉物之方無別也。◎家世父曰：達其怒心，自有作用。所謂順者，非務徇其欲也，無使殺焉而不導之以為怒也，無使決焉而不縱之以為怒也。苟無攖其怒而已，其心常有所自達焉，則順矣。

夫愛馬者，以筐盛矢，以蜄盛溺[1]。適有蚊虻僕緣[2]，而拊之不時[3]，則缺銜毀首碎胸[4]。意有所至而愛有所亡，可不慎邪[5]！

1.【注】矢溺至賤，而以寶器盛之，愛馬之至者也。

【釋文】「盛矢」音成。下及注同。矢或作屎，同。「以蜄」徐市軫反，蛤類。「溺」奴弔反。

2.【注】僕僕然群著馬。

【釋文】「蚊」音文。「虻」音氓。「僕緣」普木反，徐敷木反。「著」直略反。◎向云：僕僕然，蚊虻緣馬稠概之貌。崔音如字，云：僕御。◎王念孫曰：案向崔二說皆非也。僕之言附也，言蚊虻附緣於馬體也。僕與附，聲近而義同。《大雅·既醉篇》景命有僕，《毛傳》曰：僕，附也。鄭《箋》曰：天之大命又附著於女。《文選·子虛賦》注引《廣雅》曰：僕，謂附著於人（案今《廣雅》無此語。《廣雅》疑《廣倉》之譌）。

3.【注】雖救其患，而掩馬之不意。

【釋文】「而拊」李音撫，又音付，一音附。崔本作府，音附。

4.【注】掩其不備，故驚而至此。

【疏】僕，聚也。拊，拍也。銜，勒也。適有蚊虻，群聚緣馬，主既愛惜，卒然拊之，意在除害。不定時節，掩馬不意，忽然驚駭，於是馬缺銜勒，挽破轡頭，人遭蹄躪，毀首碎胸者

也。

5.【注】意至除患，率然拊之，以至毀碎，失其所以愛矣。故當世接物，逆順之際，不可不慎也。【疏】亡，猶失也。意之所至，在乎愛馬，既以毀損，即失其所愛。人間涉物，其義亦然，機感參差，即遭禍害。拊馬之喻，深宜慎之也。◎家世父曰：人與人相接而成世，而美惡生焉，從違判焉，順逆形焉。如是而大患因之以生，謂人之不足與處也，而烏知己之不足與處人也！處己以無用，斯得之矣，知出乎爭，為此一篇之主腦。篇尾五段，去名與爭，乃可出入於人間世。【釋文】「率然」疏律反。本或作卒，七忽反。

匠石之齊，至於曲轅，見櫟社樹[1]。其大蔽數千牛，絜之百圍[2]，其高臨山十仞而後有枝，其可以為舟者旁十數[3]。觀者如市，匠伯不顧，遂行不輟[4]。

1.【疏】之，適也。曲轅，地名也。其道屈曲，猶如嵩山之西有轘轅之道，即斯類也。櫟，木名也。社，土神也。祀封土曰社。社，吐也，言能吐生萬物，故謂之社也。匠是工人之通稱，石乃巧者之私名。其人自魯適齊，塗經曲道，覩茲異木，擁腫不材。欲明處涉人間，必須以無用為用也。【釋文】「曲轅」音袁。司馬云：曲轅，曲道也。崔云：道名。「櫟」力狄反。李云：木名，一云：梂也。◎盧文弨曰：梂，眾本作采，譌。今從宋本正。

2.【疏】絜，約束也。櫟社之樹，特高常木，枝葉覆蔭，蔽數千牛，以繩束之，圍麤百尺。江南莊本多言其大蔽牛，無數千字，此本應錯。且商斤之木，既結駟千乘，曲轅之樹，豈蔽一牛？以此格量，數千之本是也。【釋文】「蔽牛」必世反。李云：牛住其旁而不見。「絜」向徐戶結反，徐又虎結反。約束也。◎慶藩案《文選》賈長沙〈過秦論〉注引司馬云：絜，匝也。「百圍」李云：徑尺為圍，蓋十丈也。

3.【疏】七尺曰仞。此樹直竦霄岑七十餘尺，然後挺生枝幹，蔽日捎雲。堪為舟者，旁有數十木之大。蓋其狀如是也。【釋文】「十仞」《小爾雅》云：四尺曰仞。崔本作千仞。或云：八尺曰仞。「旁十數」所具反。崔云：旁，旁枝也。◎俞樾曰：旁讀為方，古字通用。《尚書·皋陶謨篇》方施象刑惟明，《新序·節士篇》方作旁，〈甫刑篇〉方告無辜於上，《論衡·變動篇》方作旁，並其證也。〈在宥篇〉出入無旁，即出入無

者且十數也。

方，此本書假旁為方之證。《詩·正月篇》民今方殆，鄭《箋》云：方，且也。其可以為舟者方十數也。

《釋文》闕。「不綴」丁劣反。

4.【疏】綴，止也。《釋文》引崔曰，旁，旁枝也，蓋不知旁為方假字，故語詞而誤以為實義矣。

【釋文】「觀」者。古亂反，又音官。「匠伯」伯，匠石字也。崔本亦作石。◎慶藩案《文選》何平叔〈景福殿賦〉注、王子淵〈洞簫賦〉注、嵇叔夜〈琴賦〉注、司馬紹統〈贈山濤詩〉注、張景陽〈七命〉注，並引司馬云：匠，石，字伯。

弟子厭觀之，走及匠石，曰：「自吾執斧斤以隨夫子，未嘗見材如此其美也。先生不肯視，行不輟，何邪[1]？」曰：「已矣[2]，勿言之矣！散木也[3]，以為舟則沈，以為棺槨則速腐[3]，以為器則速毀[4]，以為門戶則液樠[5]，以為柱則蠹[5]。是不材之木也，无所可用，故能若是之壽[6]。」

1.【疏】門人驚櫟社之盛美，乃住立以視看。自負笈以從師，未見材有若此大也。怪匠之不顧，走及，遂以諮詢。

【釋文】「厭」於豔反，又於贍反。

2.【疏】已，止也。匠石知大木之不材，非世俗之所用，嫌弟子之辭費，訶令止而勿言也。

3.【疏】櫟木體重，為船即沈；近土多敗，為棺槨速折。疏散之樹，終於天年，亦是不材之木，故致閒散也。

【釋文】「散木」悉但反，徐悉旦反。下同。「則速」如字。向崔本作數。

4.【疏】人間器物，貴在牢固。櫟既疏脆，早毀何疑！

5.【疏】樠，脂汗出也。蠹，木內蟲也。為門戶則液樠而脂出，為梁柱則蠹樠然而不牢。崔云：樠，黑液出也。

【釋文】「液」音亦。「腐」扶甫反。

「樠」亡言反。向李莫干反。郭武半反。司馬云：液，津液也。樠，謂脂出如樠樠然也。《廣韻·二十二》元：樠，松心，又木名也。《說文》：樠，松心木也。段注云：疑有奪誤，當作松心也，一曰木名也。陸所據是《說文》古本。按松心有脂，液樠正取此義。謂脂出如松心也。此《莊子》字法之妙。疏與《釋

文》義俱不明。又《廣韻》釋欂曰松脂，段云即欂為松脂之誤。余疑欂為欐之或體。「蠹」丁故反。

6.【注】不在可用之數，故曰散木。　【疏】閑散疏脆，故不材之木，涉用無堪，所以免早夭。

匠石歸，櫟社見夢曰：「女將惡乎比予哉？若將比予於文木邪¹？夫柤梨橘柚，果蓏之屬²，實熟則剝，剝則辱；大枝折，小枝泄。此以其能苦其生者也，故不終其天年而中道夭，自掊擊於世俗者也。物莫不若是³。且予求无所可用久矣，幾死，乃今得之⁴，為予大用⁵。使予也而有用，且得有此大也邪⁶？且也若與予也皆物也，奈何哉其相物也⁷？而幾死之散人，又惡知散木⁸！」

1.【注】凡可用之木為文木。　【疏】惡乎，猶於何也。若，汝也。予，我也。可用之木為文章之木邪？匠石歸

寢，櫟社感夢，問於匠石：「汝將何物比並我哉？為當將我作不材散木邪？為當比予於有用文章之木邪？」【釋

文】胡薦反。「見夢」音汝。「女將」音汝。「惡乎」音烏。下同。

2.【疏】夫在樹曰果，粗梨之類。在地曰蓏，瓜瓠之徒。汝豈比我於此之輩者耶？　【釋文】「粗」側加反。

「橘」均必反。「柚」由救反。徐以救反。「果蓏」音力果反。

3.【注】物皆以自用傷。　【疏】夫果蓏之類，其味堪食，子實既熟，即遭剝落，於是大枝折損，小枝發泄。而有識

此豈不為滋味能美，所以用苦其生！毀辱之言，即斯之謂。且春生秋落，乃盡天年；中塗打擊，名為橫夭。而有識

無情，世俗人物，皆以有用傷夭其生，故此結言莫不如是。培，打也。　《荀子·非相篇》接人則用抶，楊注：抶，牽引也。《釋文》「泄」徐思列反。崔云：泄，洩

同。◎俞樾曰：洩字之義，於此無取，殆非也。泄當讀為抶。

小枝抶，謂見牽引也。《詩·七月篇》，取彼斧斨，以伐遠揚，即此所云大枝折也。又曰，猗彼女桑，即此所云小

枝抶也。鄭《箋》云：女桑，少枝。少枝即小枝矣。猗乃掎之假字。《說文·手部》：掎，偏引也，是與抶同義。

「苦其」如字。崔本作枯。「掊」普口反。徐方垢反。

4.【注】數有瞚睍己者，唯今匠石明之耳。

　　【釋文】「幾死」音祈，又音機。下同。「數有」音朔。「瞚」

普係反。「睍」五係反。

5.【注】積無用乃為濟生之大用。

　　【疏】不材無用，必獲全生，櫟社求之，其來久矣。而庸拙之匠，疑是文

木，頻去顧盼，欲見誅翦，懼夭斧斤，鄰乎死地。今逢匠伯，鑒我不材，方得全生，為我大用。幾，近也。

6.【注】若有用，久見伐。

7.【注】汝之與我，皆造化之一物也，與物豈能相知！奈何哉，假問之辭。

　　【疏】向使我是文木而有材用，必遭翦截，夭折斧斤，豈得此長大而壽年乎！

8.【注】以戲匠石。

　　【疏】匠石以不材為散，櫟社以材能為無用，故謂石為散人也。炫材能於世俗，故鄰於

夭折；我以疏散而無用，故得全生。汝是近死之散人，安知我是散木耶？託於夢中，以戲匠石也。

　　【釋文】「而

幾死之」絕句，向同。一讀連下散人為句，崔同。

匠石覺而診其夢[1]。弟子曰：「趣取無用，則為社何邪[2]？」

1.【疏】診，占也。匠石既覺，思量睡中，占候其夢，說向弟子也。

　　【釋文】「覺」古孝反。「而診」徐直

信反。司馬向云：診，占夢也。◎王念孫曰：診，占夢也。《爾雅》云：畛，告也。郭注引《曲禮》曰，畛於鬼神。畛與診，古字通。此謂匠石覺而

占夢之事。診當讀為畛。《爾雅》云：畛，告也。郭注引《曲禮》曰，畛於鬼神。畛與診，古字通。此謂匠石覺而

告其夢於弟子，非謂占夢也。

2.【注】猶嫌其以為社自榮，不趣取於無用而已。

　　【疏】櫟木意趣，取於無用為用全其生者，則何為為社以

自榮乎？門人未解，故起斯問也。

曰：「密！若无言！彼亦直寄焉[1]，以為不知己者詬厲也[2]。不為社

者，且幾有翦乎[3]！且也彼其所保與眾異[4]，而以義譽之，不亦遠乎[5]！」

1.【注】社自來寄耳，非此木求之為社也。

　　【疏】若，汝也。彼，謂社也。汝但慎密，莫輕出言。彼社之

神，自來寄託，非關此木樂為社也。

2.【注】言此木乃以社為不知己而見辱病者也，豈榮之哉！

【疏】詬，辱也。思此社神為不知我以無用為用，貴在全生，乃橫來寄託，深見詬病，翻為羞恥，豈榮之哉！

【釋文】「詬」李云：呼豆反。徐音垢。「屬」如字。司馬云：詬，辱也。屬，病也。

3.【注】本自以無用為用，則雖不為社，亦終不近於翦伐之害！

【疏】本以疏散不材，故得全其生道，假令不為社樹，豈近於翦伐之害乎！

【釋文】「且幾」音機，或音祈。「翦乎」子淺反。崔本作前。◎慶藩案乎，崔本作于，于即乎也。《論語·為政篇》書云孝乎惟孝，《皇侃》本及漢石經並作于。《呂覽·審應篇》然則先王聖于，高注：于，乎也。皆其例。「不近」附近之近。下同。

4.【注】彼以無保為保，而眾以有保為保。

【疏】疏散之樹，以無用保生，文木之徒，以才能折夭，所以其異之者也。

5.【注】利人長物，禁民為非，社之義也。夫無用者，泊然不為而群才自用，用者各得其敘而不與焉，此無用之所以全生也。汝以社譽之，無緣近也乎！

【疏】夫散木不材，稟之造物，賴其無用，所以全生，以成詬屬，更以社義讚譽，失之彌遠。

【釋文】「義譽」音餘。注同。◎盧文弨曰：今本書譽作喻。「長物」丁兩反。「泊然」步各反。「不與」音餘。

南伯子綦遊乎商之丘，見大木焉有異，結駟千乘，隱將芘其所藾[1]。子綦曰：「此何木也哉？此必有異材夫[2]！」仰而視其細枝，則拳曲而不可以為棟梁；俯而視其大根，則軸解而不可以為棺槨[3]；咶其葉，則口爛而為傷；嗅之，則使人狂酲，三日而不已[4]。

1.【注】其枝所陰，可以隱芘千乘。

【疏】伯，長也。其道甚尊，堪為物長，故謂之伯，即南郭子綦也。商丘，地名，在梁宋之域。駟馬曰乘。藾，陰也。子綦於末國之中，徑於商丘之地，遇見大木，異於尋常，樹木粗長，枝葉茂盛，垂陰布影，蔭覆極多，連結車乘，可芘四千四馬也。

【釋文】「南伯」李云，即南郭也。伯，長也。「商之丘」司馬云：今梁國睢陽縣是也。「千乘」繩證反。「隱」崔云：傷於熱也。「將芘」本亦作庇。徐甫

至反，又悲位反。崔本作比，云：芘也。「所藾」音賴。崔本作賴。向云：陰也，可以蔭芘千乘也。李同。「所陰」於鳩反。

2.【疏】子綦既覩此木，不識其名，疑有異能，故致斯大。

3.【疏】軸解者，如車軸之轉，謂轉心木也。周身為棺，棺，完也。周棺為槨。夫梁棟須直，拳曲所以不堪；棺槨藉牢，解散所以不固也。【釋文】「異材夫」音符。「仰而」向崔本從而。「則拳」本亦作卷，音權。「軸」直竹反。「解」李云：如衣軸之直解也。

4.【疏】以舌舓葉，則脣口爛傷；用鼻嗅之，則醉悶不止。醒，酒病也。【釋文】「咶」食紙反。「嗅」崔作齅，許救反。◎盧文弨曰：舊作崔云齅，云字誤，今改正。「狂醒」音呈。李云，狂如醒也。病酒曰醒。

子綦曰：「此果不材之木也，以至於此其大也[1]。嗟乎神人，以此不材[2]！」

1.【疏】通體不材，可謂全生之大才；眾謂無用，乃是濟物之妙用；故能不夭斤斧而蔭庇千乘也矣。

2.【注】夫王不材於百官，故百官御其事，而明者為之視，聰者為之聽，知者為之謀，勇者為之扞。夫何為哉？玄默而已。而群材不失其當，則不材乃材之所至賴也。故天下樂推而不厭，乘萬物而無害也。【疏】夫至人神矣，陰陽所不測；混迹人間，和光所以不耀。故能深根固蒂，長生久視，舟船庶物，蔭覆黔黎。譬彼櫟社，方茲異木，是以嗟歎神人之用，不材者，大材也。【釋文】「為之」于偽反。下為之皆同。

宋有荊氏者，宜楸柏桑[1]。其拱把而上者，求狙猴之杙者斬之[2]；三圍四圍，求高名之麗者斬之[3]；七圍八圍，貴人富商之家求樿傍者斬之[4]。故未終其天年，而中道之夭於斧斤，此材之患也[5]。故解之以牛之白顙者與豚之亢鼻者，與人有痔病者不可以適河[6]。此皆巫祝以知之矣，所以為不祥也[7]。此乃神人之所以為大祥也[8]。

1.【疏】荆氏，地名也。宋國有荆氏之地，宜此楸柏桑之三木，悉皆端直，堪為材用。此略舉文木有材所以夭折，對前散木無用所以全生也。李云：三木，文木也。◎盧文弨曰：今本書秋作楸。

【釋文】「荆氏」司馬云：地名也。一曰里名，「宜秋柏桑」崔云：荆氏之地，宜此三木。

2.【疏】兩手曰拱，一手曰把。狙猴，獼猴也。杙，橛也，亦杆也，其材非大，適可斬為杆橛，以擊扞獼猴也。

【釋文】「拱」恭勇反。「把」百雅反。徐甫雅反。司馬云：兩手曰拱，一手曰把。「而上」時掌反。「猴」音侯。「之杙」以職反，又羊植反。郭且羊反。司馬作杙，音八。李云：欲以栖戲狙猴也。崔本作枚，音跋，云：枷也。

3.【疏】麗，屋棟也，亦曰小舩也。高名，榮顯也。三尺四尺之圍，其木稍大，求榮華高屋顯好名舩者，輒取之也。

【釋文】「三圍」崔云：圍環八尺為一圍。「之麗」如字，又音禮。司馬云：小船也，又屋檼也。◎慶藩案名，大也。謂求高大之麗者，用三圍四圍之木也（謂大為名，說見〈天下〉名山三百下）。

4.【疏】檈旁，棺材也。亦言：棺之全一邊而不兩合者謂之檈旁。七尺八圍，其木極大，富貴之屋，商賈之家，求大板為棺材者，當斬取之也。

【釋文】「求檈」本亦作擅，音膳。◎盧文弨曰：舊本檈從示，誤。注同。

5.【注】有材者未能無惜也。

【疏】為有用，故不盡造化之年，而中途夭於工人之手，斯皆以其才能為之患害也。

6.【注】巫祝解除，棄此三者，必妙選騂具，然後敢用。

【疏】顙，額也。亢，高也。痔，下漏病也。巫祝選牛豕以解除，必須精簡純色，擇其好者，展如在之誠敬，庶冥感於鬼神。今乃有高鼻折額之豚，白額不辭之犢，痔漏穢病之人，三者既不清潔，故不可衎於靈河而設祭奠奠也。古者將人沈河以祭河伯，西門豹為鄴令，方斷之，即其類是也。

【釋文】「故解」徐古賣反，又佳買反。注同。向古避反。「顙」息黨反。司馬云：額也。額折故鼻高。崔云：仰也。「痔」徐直里反。司馬云：隱創也。◎

7.【注】舊脫云字，今增。「適河」司馬云：謂沈人於河祭也。「騂具」恤營反。

8.【注】夫全生者，天下之所謂祥也，巫祝以不材為不祥而弗用也，彼乃以不祥全生，乃大祥也。神人者，無

心而順物者也。故天下所謂大祥，神人不逆。【疏】女曰巫，男曰覡。祝者，執板讀祭文者也。祥，善也。巫師祝史解除之時，知此三者不堪享祭，故棄而不用，以為不善之物也。然神聖之人，知侔造化，知不材無用，故得全生。是知白顙亢鼻之言，痔病不祥之說，適是小巫之鄙情，豈曰大人之適智！故才不全者，神人所以為吉祥大善之事也。

支離疏者，頤隱於臍，肩高於頂[1]，會撮指天，五管在上，兩髀為脅[2]。挫鍼治繲，足以餬口[3]；鼓筴播精，足以食十人[4]。上徵武士，則支離攘臂而遊於其間[5]；上有大役，則支離以有常疾不受功[6]；上與病者粟，則受三鍾與十束薪[7]。夫支離其形者，猶足以養其身，終其天年，又況支離其德者乎[8]！

1.【疏】四支離拆，百體寬疏，遂使頤頦隱在臍間，肩膊高於頂上。形容如此，故以支離名之。【釋文】「支離疏」司馬云，形體支離不全貌。疏，其名也。「頤」以之反。「於頂」如字。本作項，亦如字。司馬云：言脊曲頸縮也。《淮南》曰脊管高於頂也。

2.【疏】會撮，高豎貌。五管，五臟腧也。五臟之腧，並在人背，古人頭髻，皆近頂後。今支離殘病，傴僂低頭，一使臟腧頭髻，悉皆向上，兩腳髀股攣縮而迫於脅肋也。【釋文】「會」古外反，徐古活反，向音活。「撮」子外反。向徐子活反。崔云：會撮，項椎也。「指天」司馬云：會撮，髻也。古者髻在項中，脊曲頭低，故髻指天也。李云：兩肩竦而上，會撮然也。向云：句贅，項椎也。其形如贅。證知崔說是。◎李楨曰：崔云：會撮，項椎也，說是《大宗師篇》「句贅指天，李云：句贅，項椎也。其形如贅。」《素問‧刺熱篇》，項上三椎陷者中也，王注，此舉數脊椎大法也。沈氏彤《釋骨》曰：項大椎以下二十一椎，通曰脊骨。崔知會撮是此者，《難經‧四十五難》：骨會大杼，張注：大杼，穴名，在項後第一椎，兩旁諸骨，自此縶架往下支生。據此，知會撮正從骨會取義，又在大椎之間，故曰項椎也。撮，唐徐堅《初學記‧卷十九》引作樕。《玉篇》：樕，木樕節也，與脊節正相似，從木作樕，於義為長。按頤肩屬外說，會撮五管屬內說。頤隱，故肩高，項椎指天，故藏腧在上，各相因而

致者也（《靈樞·背腧篇》：肺腧在三椎之間，心腧在五椎之間，肝腧在九椎之間，脾腧在十一椎之間，腎腧在十四椎之間）。司馬訓腧，是別一義。《詩·小雅》：臺笠緇撮，《傳》云：緇撮，緇布冠也。《正義》曰：言撮，是小撮持其髻而已。據此，則以會撮為腧，當亦是小撮持其髮，故名之。會與體通。《說文》：膾，骨擿之可以會髮者。衞風會弁如星，許氏引作膾。又〈士喪禮〉膾弁用桑，疏云：以髻為腧，取以髮會聚之意。會與醫亦通。《周禮》會五采玉琪，注：故書會作膾。《集韻》有鬂字，音撮，髻也。當是俗因會撮造為頭醫專字。◎慶藩案《釋文》引崔云：會撮，項椎也，字當作樶。《玉篇》：樶，木椎也，祖活切。撮樶聲近。《尸子》行險以撮，乘載器，音與鑽同。《周禮·喪大記》君殯用樶欑，注：欑，乘柩之車，欑，猶菆也。《尸子》所謂樶，即禮之欑。撮，乘載器，音與鑽同。「管」崔本作筦也。「在上」李云：管也。五藏之腧皆在上也。「兩髀」本又作牌，同。音陛。徐又甫婢反。崔云：僂人腹在髀裏也。「為脅」許劫反。司馬云：脊曲髀豎，故與脅並也。

3.【疏】挫鍼，縫衣也。治繲，浣浣也。
【釋文】「挫」徐子臥反，郭租禾反。崔云：案金反。「鍼」執金反。司馬云：挫鍼，縫衣也。「治繲」佳賣反。司馬云：浣衣也。向同。崔作繲，音綫。「餬口」徐音胡。李云：食也。崔云：字或作互，或作𩚫。

4.【疏】筴，小箕也。精，米也。言其掃市場，鼓箕簸，播揚土，簡精麤也。又解：鼓筴，謂布著數卦兆也。播精，謂精判吉凶辨精靈也。或掃市以供家口，或賣卜以活身命，所得之物可以養十人也。
【釋文】「鼓筴」初革反，徐又音頰。司馬云：鼓，篓簸也，小箕曰筴。崔云：播精，卜卦占兆也。鼓筴播精，言賣卜。◎慶藩案精當為粝之誤。郭璞注〈南山經〉曰：粝，米也，先呂反，今江東音取（《釋文》音取，字當作粝。精字古無取音，與粝字形相似而誤）。《說文》：粝，糧也。「以食」音嗣。

5.【注】恃其無用，故不自竄匿。
【疏】邊蕃有事，徵求勇夫，殘病之人，不堪征討，自得無懼，攘臂遊，恃其無用，故不竄匿。
【釋文】「攘」如羊反。「臂於其間」如字。司馬云：間，裏也。崔本作攘臂於其開，云：開，門中也。「竄匿」女力反。

6.【注】不任徭役故也。
【疏】國家有重大徭役，為有痼疾，故不受其功程者也。

7.【注】役則不與，賜則受之。
【疏】六石四斗曰鍾。君上憂憐鰥寡，矜恤貧病，形殘既重，受物還多。故

郭注云，役則不預，賜則受之者也。

正。「不與」音豫。

8.【注】神人無用於物，而物各得自用，歸功名於群才，與物冥而無迹，處常美之實，此支離其德者也。　【疏】夫支離其形，猶忘形也；支離其德，猶忘德也。而況支離殘病，適是忘形，推功名於群才，與物冥忘德。夫忘德者，智周萬物而反智於愚，明並三光而歸明於昧，故能成功不居，為而不恃，推功名於群才，與物冥而無迹，斯忘德者也。夫忘形者猶足以養身終年，免乎人間之害，何況忘德者邪！其勝劣淺深，故不可同年而語矣。是知支離其德者，其唯聖人乎！

【釋文】「三鍾」司馬云：六斛四斗曰鍾。◎盧文弨曰：舊本六譌斛，今改

孔子適楚，楚狂接輿遊其門曰：「鳳兮鳳兮，何如德之衰也[1]！來世不可待，往世不可追也[2]。天下有道，聖人成焉；天下无道，聖人生焉[3]。方今之時，僅免刑焉[4]。福輕乎羽，莫之知載[5]；禍重乎地，莫之知避[6]。已乎已乎，臨人以德！殆乎殆乎，畫地而趨[7]！迷陽迷陽，无傷吾行[8]！吾行卻曲，无傷吾足[9]！」

1.【注】當順時直前，盡乎會通之宜耳。世之盛衰，蔑然不足覺，故曰何如。　【疏】何如，猶如何也。適，之也。時孔子自魯之楚，舍於賓館。楚有賢人，姓陸，名通，字接輿，知孔子歷聘，行歌譏刺。鳳兮鳳兮，故哀歎之也。無道當隱，如何懷此聖德，往適衰亂之邦者耶！聖人，比於來儀應瑞之鳥也，有道即見，無道當隱，如何懷此聖德，往適衰亂之邦者耶！

2.【注】趣當盡臨時之宜耳。　【疏】當來之世，有懷道之君可應聘者，時命如馳，故不可待。適往之時，堯舜之主，變化已久，亦不可尋。趣合當時之宜，無勞瞻前顧後也。

3.【注】付之自爾，而理自生成。生成非我也，豈為治亂施教哉！治者自求成，故遺成而不敗；亂者自求生，故忘生而不死。　【疏】有道之君，休明之世，聖人弘道施教，成就天下。時逢暗主，命屬荒季，適可全生遠害，韜光晦迹。　【釋文】「豈為」于偽反。「治亂」直吏反。下同。

4.【注】不瞻前顧後，而盡當今之會，冥然與時世為一，而後妙當可全，刑名可免。　【疏】方，猶當。今喪

亂之時，正屬衰周之世，危行言遜，僅可免於刑戮，方欲執迹應聘，不亦妄乎！此接輿之詞，譏誚孔子也。【釋文】「僅」音覲。

5.【注】足能行而放之，手能執而任之，聽耳之所聞，視目之所見，知止其所不能，用其自用，為其自為，恣其性內而無纖芥於分外，此無為之至易也。無為而性命全而非福者，理未聞也。故夫福者，即向之所謂全耳，非假物也，豈有寄鴻毛之重哉！率性而動，動不過分，天下之至易者也；舉其自舉，載其自載，天下之至易者也。然知以無涯傷性，心以欲惡蕩真，故乃釋此無為之至易而行彼之至難，棄夫自舉之至輕而取夫載彼之至重，此世之常患也。【釋文】「至易」以豉反。下同。「知以」音智。「欲惡」烏路反。

6.【注】舉其性內，則雖負萬鈞而不覺其重也；外物寄之，雖重不盈錙銖，有不勝任者矣。為內，福也，故福至輕；為外，禍也，故禍至重。禍至重而莫之知避，此世之大迷也。【疏】夫視聽知能，若有涯分。止於分內，可以全生；求其分外，必遭夭折。全生所以為福，夭折所以為禍。而分內之福，輕於鴻毛，貪競之徒，不知載之在己；分外之禍，重於厚地，執迷之徒，不知避之去身。此蓋流俗之常患者也，故寄孔陸以彰其累也。【釋文】「知避」舊本作寘，云：置也。「不勝」音升。

7.【注】夫畫地而使人循之，其迹不可掩矣；有其己而臨物，與物不冥矣。故大人不明我以耀彼而任彼之自明，不德我以臨人而付人之自德，故能彌貫萬物而玄同彼我，泯然與天下為一而內外福矣。【疏】已，止也。殆，危也。仲尼生衰周之末，當澆季之時，執持聖迹，歷國應聘，頻遭斥逐，屢被詆訶。故重言已乎，不如止而勿行也。若用五德臨於百姓，捨己效物，必致危己，猶如畫地作迹，使人走逐，徒費巧勞，無由得掩，以己率物，其義亦然也。【釋文】「畫地」音獲。

8.【注】迷陽，猶亡陽也。亡陽任獨，不蕩於外，則吾行全矣。天下皆全其吾，則凡稱吾者莫不皆全也。【疏】迷，亡也。陽，明也，動也。陸通勸尼父，令其晦迹韜光，宜放獨任之無為，忘遺應物之明智，既而止於分內，無傷吾全生之行也。【釋文】「迷陽」司馬云：迷陽，伏陽也，言詐狂。

9.【注】曲成其行，自足矣。【疏】郤，空也。曲，從順也。虛空其心，隨順物性，則凡稱吾者自足也。【釋文】「郤曲」去逆反。字書作𨚯。《廣雅》云，𨚯，空也，曲也。◎盧文弨曰：案今《說文》、《廣雅》俱作迟。◎

慶藩案邠，《釋文》引字書作為迟，是也。《說文》：迟，曲行也，從辵，只聲。《廣雅》：迟，曲也。《集韻》作迟，云：物曲也。一曰曲受也。《玉篇》音丘戟反。《說文》又云：乚（讀若隱），匿也，象迟曲隱蔽形。字本從乚作迟，今作迟。

山木自寇也，膏火自煎也¹。桂可食，故伐之；漆可用，故割之²。人皆知有用之用，而莫知无用之用也³。

1.【疏】寇，伐也。山中之木，楸梓之徒，為有材用，橫遭寇伐。膏能明照，以充鐙炬，為其有用，故被煎燒。豈獨膏木，在人亦然。【釋文】「山木自寇也膏火自煎也」子然反。司馬云：木生斧柄，還自伐；膏起火，還自消。崔云：山有木，故火焚也。

2.【疏】桂心辛香，故遭研伐；漆供器用，所以割之；俱為才能，夭於斤斧。

3.【注】有用則與彼為功，無用則自全其生。夫割肌膚以為天下者，天下之所知也。使百姓不失其自全而彼我俱適者，怳然不覺妙之在身也。【疏】楸柏橘柚，膏火桂漆，斯有用也。曲轅之樹，商丘之木，白顙之牛，亢鼻之豕，斯無用也。而世人皆炫己才能為有用之用，而不知支離其德為無用之用也。故郭注云，有用則與彼為功，無用則自全乎其生也。【釋文】「怳然」亡本反。

莊子集釋　卷二下

內篇德充符第五[1]

魯有兀者王駘[1]，從之遊者與仲尼相若[2]。常季問於仲尼曰：「王駘，兀者也，從之遊者與夫子中分魯[3]。立不教，坐不議，虛而往，實而歸[4]。固有不言之教，无形而心成者邪[5]？是何人也[6]？」

[1]【注】德充於內，物應於外，外內玄合，信若符命而遺其形骸也。【釋文】崔云：此遺形棄知，以德實之驗也。

1.【疏】姓王，名駘，魯人也。削一足曰兀。形雖殘兀，而心實虛忘，故冠德充符而為篇首也。【釋文】「兀者」五忽反，又音界。李云：削足曰兀。案篆書兀介字相似。「王駘」音臺，徐又音殆。人姓名也。

2.【注】弟子多少敵孔子。【疏】若，如也。陪從王駘遊行稟學，門人多少似於仲尼者也。【釋文】「從」之，李才用反。下同。「相若」若，如也。弟子如夫子多少也。

3.【疏】姓常，名季，魯之賢人也。王駘遊行，外忘形骸，內德充實，所以從遊學者，數滿三千，與孔子之徒中分魯國。常季未達其趣，是以生疑。【釋文】「常季」或云：孔子弟子。

4.【注】各自得而足也。【疏】弟子雖多，曾無講說，立不教授，坐無議論，請益則虛心而往，得理則實腹而歸。又解：未學無德，亦為虛往也。【釋文】「立不教坐不議」司馬云：立不教授，坐不議論。

5.【注】怪其殘兀如是，無復形容。而玄道至德，內心成滿。必固有此，眾乃從之也。【疏】殘兀如是而心乃充足也。夫心之全也，遺身形，忘五藏，忽然獨往，而天下莫能離人，曾不言議。殘兀如是，無復形容，而玄道至德，內心成滿，必固有此，眾乃從之也。【釋文】「五藏」才浪反。後同。

6.【疏】常季怪其殘兀而聚眾極多。欲顯德充之美，故發斯問也。

仲尼曰：「夫子，聖人也，丘也直後而未往耳。丘將以為師，而況不若丘者乎[1]！奚假魯國！丘將引天下而與從之[2]。」

1.【疏】宣尼呼王駘為夫子，答常季云：「王駘是體道聖人也，汝自不識人，所以致疑。丘直為參差在後，未得往事。丘將尊為師傅，諮詢問道，何況晚學之類，不如丘者乎！請益服膺，固其宜矣。」【釋文】「丘也直後而未往耳」李云：「自在眾人後，未得往師之耳」。◎慶藩案直之為言特也。《呂氏春秋·忠廉篇》特作直。而不殺耳。高注：特，猶直也。《鄘風·柏舟》實維我特，《韓詩》特作直。《史記·叔孫通傳》吾直戲耳。《漢書》直作特。

2.【注】夫神全心具，則體與物冥。與物冥者，天下之所不能遠，奚但一國而已哉！【疏】奚，何也。「何但假藉魯之一邦耶！丘將誘引宇內，裹承盛德，猶恐未盡其道也。」【釋文】奚，何也。「能遠」于萬反。

常季曰：「彼兀者也[1]，而王先生，其與庸亦遠矣[1]。若然者，其用心也獨若之何[2]？」

1.【疏】王，盛也。庸，常也。先生，孔子也。彼王駘者，是殘兀之人，門徒侍從，盛於尼父。以斯疑怪，應異常流，與凡常之人固當遠矣。【釋文】「而王」于況反。李云：勝也。崔云：君長也。「其與庸亦遠矣」與凡庸異也。崔云：庸，常人也。

2.【疏】然，猶如是也。王駘盛德如是，為物所歸，未審運智用心，獨若何術？常季不妄，發此疑也。

仲尼曰：「死生亦大矣[1]，而不得與之變[2]，雖天地覆墜，亦將不與之遺[3]。審乎无假[4]而不與物遷[5]，命物之化[6]而守其宗也[7]。」

1.【注】人雖日變，然死生之變，變之大者也。

2.【注】彼與變化俱，故死生不變於彼。　【疏】夫山舟潛遁，薪指遷流，雖復萬境皆然，而死生最大。但王駘心冥造物，與變化而遷移，迹混人間，將死生而俱往，故變所不能變者也。

3.【注】斯順之也。　【疏】順之也。

【疏】遺，失也。雖復圓天顛覆，方地墜陷，既冥於安危，故未嘗喪我也。　【釋文】「雖天地覆」芳服反。「墜」本又作隊，直類反。李云：天地猶不能變己，況生死也！

4.【注】明性命之固當。◎慶藩案无假當是无瑕之誤，謂審乎己之無可瑕疵，斯任物自遷而無役於物也。《淮南‧精神篇》正作審乎無瑕。瑕假皆從假聲，致易互誤。《史記‧鄭世家》使人誘劫鄭大夫甫假，《左傳》作傅瑕。《禮‧檀弓》肩假，《漢書‧古今人表》作公肩瑕，即其證也。

5.【注】任物之自遷。　【疏】靈心安審，妙體真元，既與道相應，故不為物所遷變者也。

6.【注】以化為命，而無乖忤。　【釋文】「怪迕」五故反。本亦作遻。下同。

7.【注】不離至當之極。　【疏】達於分命，冥於外物，唯命唯物，與化俱行，動不乖寂，故恆住其宗本者也。　【釋文】「不離」力智反。

常季曰：「何謂也[1]？」
仲尼曰：「自其異者視之，肝膽楚越也[2]；自其同者視之，萬物皆一也[3]。夫若然者，且不知耳目之所宜[4]，而遊心乎德之和[5]；物視其所一而不見其所喪，視喪其足猶遺土也[6]。」

1.【疏】方深難悟，更請決疑。

2.【注】恬苦之性殊，則美惡之情背。　【疏】萬物云云，悉歸空寂。倒置之類，妄執是非，於重玄道中，橫起分別。何異乎肝膽附生，本同一體也，楚越迢遞，相去數千，而於一體之中，起數千之遠，異見之徒，例皆如是也。　【釋文】「肝膽」丁覽反。「美惡」烏路反。下皆同。「情背」音佩。

3.【注】雖所美不同，而同有所美。各美其所美，則萬物一美也；各是其所是，則天下一是也。夫因其所異而

異之，則天下莫不異。而浩然大觀者，官天地，府萬物，知異之不足異，故因其所同而同之，則天下莫不同；又知同之不足有，故因其所無而無之，則是非美惡，莫不皆無矣。夫是我而非彼，美己而惡人，自中知以下，至於昆蟲，莫不皆然。然此明乎我而不明乎彼者爾。天下無曰我非也，即明天下之無非；無曰彼是也，即明天下之無是。無是無非，混而為一，故能乘變任化，迕物而不憺。

【疏】若夫玄通之士，浩然大觀，二儀萬物，一指一馬；故能忘懷任物，大順群生。然同者見其同，異者見其異，至論眾妙之境，非異亦非同也。

4.【注】宜生於不宜者也。無美無惡，則無不宜。無不宜，故忘其宜也。

【釋文】「中知」音智。「不憺」之涉反。

5.【注】都忘宜，故無不任也。都任之而不得者，未之有也；無不得而不和者，豈於根塵之間而懷美惡之見耶！

【疏】耳目之宜，宜於聲色者也。

6.【注】體夫極數之妙心，故能無物而不同，無物而不任也。

【疏】既而混同萬物，不知耳目之宜，故能遊道德之鄉，放任乎至道之境者也。

且凡情分別，耽滯聲色，故有宜與不宜，可與不可。而王駘混同萬物，冥一死生，未始有得，亦未聞也。故放心於道德之間，蕩然無不當，而曠然無不適也。

常季曰：「彼為己以其知[1]，得其心以其心[2]。得其常心，物何為最之哉[3]？」

1.【注】嫌王駘未能忘知而自存。

【疏】彼，王駘也。謂王駘修善修己，猶用心知。嫌其未能忘知而任獨者也。

【釋文】「為己」於偽反。

2.【注】嫌未能忘知而自存。

【疏】彼，王駘也。謂王駘修善修己，猶用心知。嫌其未能忘知而任獨者也。

【釋文】「所喪」息浪反。下及注同。「說然」始銳反，又音悅。「脫屣」九具反。本亦作屜，所買反。◎盧文弨曰：今本書作屜。「斷足」丁管反。

物視，猶視物也。王駘一於死生，均於彼我。生為我時，不見其得；死為我順，不見其喪；觀視萬物，混而一之。故雖兀足，視之如遺土者也。

死為我時，死為我順，不見其喪；觀視萬物，混而一之。故雖兀足，視之如遺土者也。

既視其一，則蛻然無係，玄同彼我，以死生為寤寐，以形骸為逆旅，去生如脫屣，斷足如遺土，吾未見足以纓茀其心也。

猶以為一，既覩其一，則蛻然無係，玄同彼我，以死生為寤寐，以形骸為逆旅，去生如脫屣，斷足如遺土，吾未見足以纓茀其心也。

順；時為我聚，順為我散。聚散雖異，而我皆我之，則生故我耳，死亦我也。夫死生之變，未始有喪。

2.【注】嫌未能遺心而自得。

【疏】嫌王駘不能忘懷任致，猶用心以得心也。夫得心者，無思無慮，忘知忘覺，死灰槁木，泊爾無情，措之於方寸之間，起之於視聽之表，同二儀之覆載，順三光以照燭，混塵穢而不撓其神，履窮塞而不忤其慮，不得為得，斯得之矣。若以心知之術而得之者，非真得也。

3.【注】夫得其常心，平往者也。

【疏】最，聚也。若能虛忘平淡，得真常之心者，固當和光匿耀，不殊於俗。豈可獨異於物，使眾歸之者也！心者，不息之真機，常心者，無妄之本體；以其心得其常心，即體以證道也。《說文》：最，犯而取也，循外以葆中也。斷句誤。◎慶藩案《說文》：冣，積也，從門（莫狄切）取，取亦聲。徐鍇曰：古以聚物之冣為冣。世人多見最，少見取，故書傳取字皆作最。

仲尼曰：「人莫鑑於流水而鑑於止水[1]，唯止能止眾止[2]。受命於地，唯松柏獨也在冬夏青青[3]；受命於天，唯舜獨也正[4]，幸能正生，以正眾生[5]。夫保始之徵，不懼之實。勇士一人，雄入於九軍。將求名而能自要者，而猶若是[6]，而況官天地，府萬物[7]，直寓六骸[8]，象耳目[9]，一知之所知，而心未嘗死者乎[10]！彼且擇日而登假，人則從是也[11]。彼且何肯以物為事乎[12]！」

1.【注】夫止水之致鑑者，非為止以求鑑也。故王駘之聚眾，豈引物使從己耶！

【疏】鑑，照也。夫止水所以留鑑者，為其澄清故也；王駘所以聚眾者，為其凝寂故也。止水本無情於鑑物，物自照之；王駘豈有意於招攜，而眾自來歸湊者也。

【釋文】「鑑」古暫反。「流水」崔本作沬水，云：沬或作流。◎慶藩案流水與止水相對為文。崔本作沬，非也。隸書流或作㳂（見《魯相史晨饗孔廟後碑》）與沬形相似，故崔氏誤以為沬。《淮南·說山篇》人莫鑑於沬雨，高注：沬雨，或作流潦。則沬為流字之譌益碻。

2.【注】動而為之，則不能居眾物之止。

【疏】唯，獨也。唯止是水本凝湛，能止是留停鑑人，眾止是物來臨照。亦猶王駘忘懷虛寂，故能容止群生，由是功能，所以為眾歸聚也。

3.【注】夫松柏特稟自然之鍾氣，故能為眾木之傑耳，非能為而得之也。【疏】凡厥草木，皆資厚地。至於稟質堅勁，隆冬不凋者，在松柏通年四序，常保青全，受氣自爾，其義亦然也。

4.【注】言特受自然之正氣者至希也，下首則唯有松柏，上首則唯有聖人，故凡不正者皆來求正耳。若物皆有青全，則無貴於松柏；人各自正，則無羨於大聖而趣之。【疏】人稟三才，受命蒼昊，圓首方足，其類極多。至如挺氣正真，獨有虞舜。豈由役意，直置自然。王駘合道，其義亦爾。郭注曰下首唯有松柏上首唯有聖人者，但人頭在上，去上則死，木頭在下，去下則死，是以呼人為上首，呼木為下首。故上首食傍首，傍首食下首，草木也，傍首，蟲獸也。

5.【注】幸自能正耳，非能正以正之。【疏】受氣上玄，能正生道也，非由用意，幸率自然。既能正己，復能正物。【注】正己正物，自利利他，內外行圓，名為大聖。【疏】虞舜既爾，王駘亦然。而舜受讓人，故為標的也。

6.【注】非能遺名而無不任。【疏】徵，成也，信也。天子六軍，諸侯三軍，故九軍也。或有一人，稟氣勇武，保守善始之心，信成令終之節，內懷不懼之志，外顯勇猛之姿。既而直入九軍，以求名位，尚能伏心要譽，忘死忘生。何況王駘！體道之狀，列在下文也。【釋文】「保始之徵」李云：徵，成也。「自要」一遙反。「九軍」崔李云：天子六軍，諸侯三軍，通為九軍也。簡文云：兵書以攻九天，收九地，故謂之九軍。

7.【注】冥然無不體也。【疏】綱維二儀曰官天地，苞藏宇宙曰府萬物。夫勇士入軍，直要名位，猶能不顧身命，忘於生死。而況官府兩儀，視死如生，不亦宜乎！

8.【注】所謂逆旅。【疏】寓，寄也。六骸，謂身首四肢也。王駘體一身非實，達萬有皆真，故能混塵穢於俗中，寄精神於形內，直置暫遇而已，豈係之耶！【釋文】「六骸」崔云：手足首身也。

9.【注】人用耳目，亦用耳目。【疏】象，似也。和光同塵，似用耳目，非須也。

10.【注】知與變化俱，則無往而不冥，此知之一者也。【疏】一知，智也。所知，境也。能知之智照所知之境，境智冥會，能所無差，故知與不知，通而為一。雖復迹理物化，而心未嘗見死者也，豈容有全兀於其間哉！

11.【注】以不失會為擇耳，任其天行而時動者也。【疏】彼王駘者，豈復簡擇良日而登昇玄道？蓋不然乎，直置虛淡忘懷而會之也。至人無心，止水留鑑，而世間虛假之人，由是

而從之也。

【釋文】「彼且」如字。下同。徐子余反。「假人」古雅反，借也。詩奏格或作奏假，是其證。《爾雅》：…格，陟，登，升也。既言登又曰格

◎慶藩案登假即登格也。假格古通用。…者，古人自有複語耳。《楚辭·離騷》陟陞皇之赫戲兮，陟亦陞也。

12.【注】其恬漠故全也。

【疏】唯彼王駘，冥真合道，虛假之物自來歸之，彼且何曾以為己務！

申徒嘉，兀者也，而與鄭子產同師於伯昏无人[1]。子產謂申徒嘉曰：「我先出則子止，子先出則我止[2]。」其明日，又與合堂同席而坐。子產謂申徒嘉曰：「我先出則子止，子先出則我止。今我將出，子可以止乎，其未邪[3]？且子見執政而不違，子齊執政乎[4]？」

篇〉作贅人。

1.【疏】姓申徒，名嘉，鄭之賢人，兀者也。姓公孫，名僑，字子產，鄭之賢大夫也。伯昏无人，師者之嘉號也。伯，長也。昏，闇也。德居物長，韜光若闇，洞忘物我，故曰伯昏无人。子產申徒，俱學玄道，雖復出處殊隔，而同師伯昏，故寄此三人以彰德充之義也。〈雜

【釋文】「申徒嘉」李云：申徒，氏；嘉，名。「无人」〈雜

2.【注】羞與刖者並行。【疏】子產執政當塗，榮華富貴；申徒稟形殘兀，無復容儀。子產雖學伯昏，未能忘遣，猶存寵辱，恥見形殘，故預相檢約，令其必不並己也。【釋文】「刖者」音月，又五刮反。

3.【注】質而問之，欲使必不並己。【疏】子產存榮辱之意，申徒忘貴賤之心，前雖有言，都不采領，所以居則共堂，坐還同席。公孫見其如此，故質而問之。

4.【注】常以執政自多，故直云子齊執政，便謂足以明其不遜。【疏】違，避也。夫出處異塗，貴賤殊致。我秉執朝政，便為貴大；汝乃卑賤形殘，應殊敬我。不能遜讓，翻欲齊己也。

申徒嘉曰：「先生之門，固有執政焉如此哉[1]？子而說子之執政而後人者也[2]？聞之曰：『鑑明則塵垢不止，止則不明也。久與賢人處則無過。』

今子之所取大者，先生也，而猶出言若是，不亦過乎[3]！

1.【注】此論德之處，非計位也。【疏】先生，伯昏也，先生道門，深明眾妙，混同榮辱，齊一死生。定以執政自多，必如此耶？【釋文】「之處」昌慮反。

2.【注】笑其矜說在位，欲處物先。【疏】汝猶悅愛榮華，矜誇政事，推人於後，欲處物先。意見如斯，何名學道？【釋文】「而說」音悅。

3.【注】事明師而鄙吝之心猶未去，乃真過也。【疏】鑑，鏡也。夫鏡明則塵垢不止，止則非明照也，亦猶久與賢人居則無過，若有過則非賢哲。今子之所取，可重可大者，先生之道也。而先生之道，退己虛忘，子乃自矜，深乖妙旨，而出言如是，豈非過乎！

子產曰：「子既若是矣[1]，猶與堯爭善，計子之德不足以自反邪[2]？」

1.【注】若是形殘。

2.【注】言不自顧省，而欲輕蔑在位，與有德者並。計子之德，故不足以補形殘之過。【疏】申徒形殘如是而不自知，乃欲將我並驅，可謂與堯爭善，子雖有德，何足在言！以德補殘，猶未平復也。【釋文】「爭善」如字。

申徒嘉曰：「自狀其過以不當亡者眾[1]，不狀其過以不當存者寡[2]。知不可奈何而安之若命，唯有德者能之[3]。遊於羿之彀中。中央者，中地也；然而不中者，命也[4]。人以其全足笑吾不全足者多矣[5]，我怫然而怒[6]；而適先生之所，則廢然而反[7]。不知先生之洗我以善邪[8]？吾與夫子遊十九年矣，而未嘗知吾兀者也[9]。今子與我遊於形骸之內，而子索我於形骸之外，

不亦過乎[10]！

1.【注】多自陳其過狀，以己為不當亡者眾也。

2.【注】默然知過，自以為應死者少也。　【疏】夫白顯其狀，推罪於他，謂己無愆，不合當亡，如此之人，世間甚多。不顯過狀，將罪歸己，謂己之過，不合存生，雖知存生，如此之人，世間寡少。鄭子產奢侈矜伐，於義亦然者也。

3.【疏】若，順也。夫素質形殘，稟之天命，雖有知計，無如之何，唯當安而順之，則所造皆適。自非盛德，其孰能然！　【釋文】「知不可」如字，又音智。

4.【注】羿，古之善射者。弓矢所及為彀中。夫利害相攻，則天下皆羿也。自不遺身忘知與物同波者，皆遊於羿之彀中耳。雖張毅之出，單豹之處，猶未免於中地，則中與不中，唯在命耳。而區區者各有所遇，而不知命之自爾。故免乎弓矢之害者，自以為巧，欣然多己，及至不免，則自恨其謬而志傷神辱，斯未能達命之情者也。夫我之生也，非我之所生，則一生之內，百年之中，其坐起行止，動靜趣舍，情性知能，凡所有者，凡所無者，凡所為者，凡所遇者，皆非我也，理自爾耳。而橫生休戚乎其中，斯又逆自然而失者也。　【疏】羿，堯時善射者也。其矢所及，謂之彀中。言羿善射，矢不虛發，彀中之地，必被殘傷，無問鳥獸，罕獲免者。偶然得免，乃關天命，免與不免，非由工拙，自不遺形忘智，皆遊於羿之彀中。是知申徒兀足，子產形全，中地偶然獲免；既非人事，故不足自多矣。　【釋文】「羿」音詣，徐胡係反。善射人，唐夏有之。一云：有窮之君篡夏者也。「觳」音遘，張弓也。◎家世父曰：《玉篇》：觳，張弓弮。《漢書·周亞夫傳》，觳弓弩待滿。遊於羿之彀中，中與不中，均之遊也，中地與不中地，亦均之遊也。觸處皆危機也。而恢恢乎有中地，以自處不中，則上弦下弰，中承箭筈，反有激而傷者矣。均之遊也，中與不中，偶值之數也，不可奈何而安之則命也。言亡足之非其罪。「中」如字。「央」於良反，舊於倉反。郭云：弓矢所及為彀中。「中地」丁仲反。下不中、汙中央、中與不中同。「單豹」音善。

5.【注】皆不知命而有斯笑矣。

6.【注】見其不知命而怒，斯又不知命也。　【疏】怫然，暴戾之心也。人不知天命，妄計虧全，況己形好，嗤彼殘兀。如此之人，其流甚眾。忿其無知，怫然暴怒，嗔忿他人，斯又未知命也。　【釋文】「怫然」扶弗反。

7.【注】見至人之知命遺形，故廢向者之怒而復常。　【疏】往伯昏之所，稟不言之教，見至人之知命遺形，故廢向者之怒而復於

常性也。

8.【注】不知先生洗我以善道故耶？我為能自反耶？斯自忘形而遺累矣。【疏】既適師門，入於虛室，廢棄忿怒，反覆尋常。不知師以善水洗滌我心？為是我之性情能自反覆？進退尋責，莫測所由。斯又忘於學心，遺其係累。

9.【注】忘形故也。【疏】我與伯昏遊於道德，故能窮陰陽之妙要，極至理之精微。既其遺智忘形，豈覺我之殘兀！【釋文】「知吾介」本又作兀，兩通。

10.【注】形骸外矣，其德內也。今子與我德遊耳，非與我形交也，而索我外好，豈不過哉！【疏】郭注云：形骸外矣，其德內也。今子與我德遊耳，非與我形交也，而索我外好，豈不過哉！此注意更不勞別釋也。【釋文】「子索」色百反。注同。

子產蹵然改容更貌曰：「子无乃稱[1]！」

1.【注】已悟則厭其多言也。【疏】蹵然，驚慚貌也。子產未能忘懷遺欲，多在物先。既被譏嫌，方懷驚悚，改矜誇之貌，更醜惡之容，悟知已至，不用稱說者也。【釋文】「蹵」子六反。「乃稱」如字，舉也。又尺證反。

魯有兀者叔山无趾，踵見仲尼[1]。仲尼曰：「子不謹前，既犯患若是矣。雖今來，何及矣[2]！」

1.【注】踵，頻也。【疏】叔山，字也。踵，頻也。殘兀之人，居於魯國，雖遭刖足，猶有學心，所以接踵頻來，尋師訪道，既無足趾，因以為其名也。【釋文】「叔山无趾」音止。李云，叔山，字，无足趾。◎盧文弨曰：字疑氏。「踵」朱勇反。向郭云：頻也。崔云：無趾，故踵行。「見」賢遍反。

2.【疏】子之修身，不能謹慎，犯於憲網，前已遭官，患難艱辛，形殘若此。今來請益，何所逮耶！【釋文】「子不謹前」絕句。一讀以謹字絕句。

无趾曰：「吾唯不知務而輕用吾身，吾是以亡足[1]。今吾來也，猶有尊足者存[2]，吾是以務全之也[3]。夫天無不覆，地無不載[4]，吾以夫子為天地，安知夫子之猶若是也[5]！」

1.【注】人之生也，理自生矣，直莫之為而任其自生，斯重其身而知務者也。若乃忘其自生，謹而矜之，斯輕用其身而不知務也，故五藏相攻於內而手足殘傷於外也。

2.【注】刖一足未足以虧其德，明夫形骸者逆旅也。

3.【注】去其矜謹，任其自生，斯務全也。

4.【注】去其矜謹，遭斯殘兀。形雖虧損，其德猶存，是故頻煩追討，務全道德。以德比形，故言尊足者存。存者，在也。【釋文】「去其」羌呂反。

5.【注】天不為覆，故能常覆；地不為載，故能常載。使天地而為覆載，則有時而息矣；使舟能沉而為人浮，則物為焉則未足以終其生也。【釋文】「不為」於偽反。下不為、而為皆同。

5.【注】責其不謹，不及天地也。【疏】夫天地亨毒，覆載無偏，而聖人德合二儀，固當弘普不棄，寧知夫子尚不捨形殘？善救之心，豈其如是也？

孔子曰：「丘則陋矣！夫子胡不入乎，請講以所聞！」

1.【疏】仲尼所陳，不過聖迹；无趾請學，務其全牛。答淺問深，足成鄙陋也。

无趾出[1]。孔子曰：「弟子勉之！夫无趾，兀者也，猶務學以復補前行之惡，而況全德之人乎[2]！」

1.【注】聞所聞而出，全其無為也。

2.【疏】夫子，无趾也。胡，何也。仲尼自覺鄙陋，情實多慚，故屈无

趾，令其入室，語說所聞方內之道。既而蓬廬久處，豺狗再陳，无趾惡聞，故默然而出也。

2.【注】全德者生便忘生。【疏】勉，勖勵也。夫无趾殘兀，尚實全生，補其虧殘，悔其前行。況賢人君子，形德兩全，生便忘生，德充於內者也。門人之類，宜勖之焉。【釋文】「前行」下孟反。

无趾語老聃曰：「孔丘之於至人，其未邪？彼何賓賓以學子為[1]？彼且蘄以諔詭幻怪之名聞，不知至人之以是為己桎梏邪[2]？」

1.【注】怪其方復學於老聃。【疏】賓賓，恭勤貌也。夫玄德之人，窮理極妙，忘言絕學，率性生知。而仲尼執滯文字，專行聖迹，賓賓勤敬，問禮老君。以汝格量，故知其未如至人也，學子何為者也？【釋文】「語老」魚據反。司馬云：恭貌。張云：猶賢賢也。崔云：有所親疏也。簡文云：好名貌。◎俞樾曰：賓賓之義，《釋文》所引，皆望文生義，未達古訓。賓賓，猶頻頻也。《漢書·司馬相如傳》仁頻并閭，顏注曰：頻字或作賓，是其例也。《詩·桑柔篇》國步斯頻，《說文·目部》作國步斯矉。《書·禹貢篇》海濱廣斥，《漢書·地理志》作海瀕廣潟。是皆賓聲頻聲相通之證。《廣雅·釋訓》：頻頻，比也。《楊子·法言學行篇》，頻頻之黨，甚於鸜斯。皆可說此賓賓之義。

2.【注】夫无心者，人學亦學。然古之學者為己，今之學者為人，其弊也遂至乎為人矣。夫師人以自得者，率其常然者也；舍己效人而逐物於外者，求乎非常之名者也。夫非常之名，乃常之所生。故學者非為幻怪也，幻怪之生必由於學；禮者非為華藻也，而華藻之興必由於禮。斯必然之理，至人之所奈何，故以為己之桎梏也。【疏】蘄，求也。諔詭，猶奇譎也。在手曰桎，在足曰梏，即今之杻械也。彼之仲尼，行於聖迹，所學奇譎怪異之事，唯求虛妄幻化之名。不知方外體道至人，用此聲教為己枷鎖也。【釋文】「且蘄」音祈。「諔」尺叔反。「詭」九委反。李云：諔詭，奇異也。◎俞樾曰：諔與詭語意不倫，諔詭當讀為弔詭。《齊物論》篇其名為弔詭，正與此同。弔作俶者，古字通用，哀十六年《左傳》昊天不弔，《周官·大祝》職先鄭注引作閔天不淑，是其證矣。◎慶藩案諔詭亦作俶詭（見《呂覽·傷樂篇》），諔，猶俶也。薛綜注《西京賦》曰：諔，異也。高誘注《淮南·本經篇》曰：諔文，奇異之文也。「幻」滑辯反。亦作𢆫。◎盧文弨曰：舊本𢆫作𠃠。案《說文》作𢆶從反

予。「桎」之實反，郭真一反。木在足也。「梏」古毒反，木在手也。「為己」于偽反。下者為人同。「舍己」音捨。

老聃曰：「胡不直使彼以死生為一條，以可不可為一貫者，解其桎梏，其可乎1？」

1. 【注】欲以直理冥之，冀其無迹。　【疏】无趾前見仲尼談講之日，何不使孔丘忘於仁義，混同生死，齊一是非？條貫既融，則是帝之縣解，豈非釋其枷鎖，解其杻械也！　【釋文】「一貫」古亂反。

无趾曰：「天刑之，安可解1！」

1. 【注】今仲尼非不冥也。顧自然之理，行則影從，言則響隨。夫順物則名迹斯立，而順物者非為名也，影響者形聲之桎梏也。明斯理也，則名迹可遺；尚彼可絕，則性命可全矣。　【疏】仲尼憲章文武，祖述堯舜，刪《詩》、《書》，定《禮》、《樂》，窮陳蔡，圍商周，執於仁義，遭斯戮恥。亦猶行則影從，言則響隨，自然之勢，必至之宜也。是以陳迹既興，疵釁斯起，欲不困弊，其可得乎！故天然刑戮，不可解也。　【釋文】「響隨」許丈反。本又作向。下同。

魯哀公問於仲尼曰：「衛有惡人焉，曰哀駘它1。丈夫與之處者，思而不能去也。婦人見之，請於父母曰『與為人妻寧為夫子妾』者，十數而未止也2。未嘗有聞其唱者也，常和人而已矣3。无君人之位以濟乎人之死4，无聚祿以望人之腹5。又以惡駭天下6，和而不唱7，知不出乎四域8，且而雌雄合乎前9。是必有異乎人者也10。寡人召而觀之，果以惡駭天下。與

寡人處，不至以月數，而寡人有意乎其為人也[11]；不至乎期年，而寡人信之。國无宰，寡人傳國焉[12]。悶然而後應[13]，氾而若辭[14]。寡人醜乎，卒授之國。無幾何也，去寡人而行，寡人卹焉若有亡也，若無與樂是國也。是何人者也？[15]」

1.【注】惡，醜也。　【疏】惡，醜也。言衛國有人，形容醜陋，內德充滿，為物所歸。而哀駘是醜貌，因以為名。
【釋文】「惡人」惡，貌醜也。「哀駘」音臺，徐又音殆。「它」徒何反。李云：哀駘，醜貌；它，其名。

2.【疏】妻者，齊也，言其位齊於夫。妾者，接也，適可接事君子。哀駘才全德滿，為物歸依，大順群生，物忘其醜。遂使丈夫與之同處，戀仰不能捨去；婦人美其才德，競請為其媵妾。十數未止，明其慕義者多；不為人妻，彰其道能感物也。

3.【疏】滅迹匿端，謙居物後，直置應和而已，未嘗誘引先唱。
【釋文】「常和」戶臥反。下同。

4.【注】明物不由權勢而往。　【疏】夫人君者，必能赦過宥罪，恤死護生，駘它窮為匹夫，位非南面，無權無勢，可以濟人。明其懷人不由威力。

5.【注】明非求食而往。　【疏】夫儲積倉廩，招迎士眾歸湊，本希飽腹。而駘它既無聚祿，何以致人！明其慕義非由食往也。◎李楨曰：望人之望，當讀如易月幾望之望。《說文》：望，月滿也。與望各字。腹猶果然同一字法。假望為望，不見其妙。

6.【注】明不以形美故往。　【疏】駘它形容，異常鄙陋，論其醜惡，驚駭天下，明其聚眾，非由色往。
【釋文】「惡駭」胡楷反。崔本作駴。

7.【注】非招而致之。　【疏】譬幽谷之響，直而無心，既不以言說招攜，非由先物而唱者也。

8.【注】不役思於分外。　【疏】域，分也。忘心遣智，率性任真，未曾役思運懷，緣於四方分外也。

9.【注】夫才全者與物無害，故入獸不亂群，入鳥不亂行，而為萬物之林藪。　【疏】雌雄，禽獸之類也。夫

才全之士，與物同波，人無害物之心，物無畏人之慮，故鳥與獸且群聚於前也。【釋文】「雌雄合乎前」李云：禽獸屬也。「亂行」戶剛反。

10.【疏】一無權勢，二無利祿，三無色貌，四無言說，五無知慮。夫聚集人物，必不徒然，今駘它為眾歸依，不由前之五事，以此而驗，固異於常人者也。

11.【注】未經月已覺其有遠處。

12.【注】委之以國政。【疏】既聞有異，故命召看之。形容醜陋，果驚駭於天下。共其同處，不過二旬，觀其為人，察其意趣，心神凝淡，似覺深遠也。

13.【注】寵辱不足以驚其神。【釋文】「期年」音基。「傳國」丈專反。【疏】目月既久，漬鍊彌深，是以共處一年，情相委信。而國無良宰，治道未弘，庶屈賢人，傳於國政者也。

14.【注】人辭亦辭。【疏】悶然而後應，不覺之容，亦是虛淡之貌。既無情於利祿，豈有意於榮華，故同彼世人，悶然而應之也。【釋文】「悶然」音門。李云：不覺貌。崔云：有頃之閒也。「後應」應對之應。氾若者，是無的當不係之貌也。雖無驚於寵辱，亦乃同塵以遜讓，故氾然常人辭亦辭也。【釋文】「氾」浮劍反，不保也。亦辭也。

15.【疏】愧，慚也。卒，終也。幾何，俄頃也。卹，憂也。寡人是五等之謙稱也。既見良人，汎然虛淡，中心愧醜，戀慕殷勤，終欲與之國政，屈為卿輔。俄頃之間，逃遁而去，喪失賢宰，實懷憂卹，情之恍惚，若有遺亡。雖君魯邦，曾無歡樂。來喜去憂，感動如此，何人何術，一至於斯？【釋文】「醜乎」李云：醜，慚也。崔云：愧也。「氾」浮劍反。「與樂」音洛。「無幾」居豈反。

仲尼曰：「丘也嘗使於楚矣，適見㹠子食於其死母者[1]，少焉眴若皆棄之而走。不見己焉爾，不得類焉爾[2]。所愛其母者，非愛其形也，愛使其形者也[3]。戰而死者，其人之葬也不以翣資[4]；刖者之屨，無為愛之[5]；皆无其本矣[6]。為天子之諸御，不爪翦，不穿耳[7]；取妻者止於外，不得復使[8]。

形全猶足以為爾9，而況全德之人乎10！今哀駘它未言而信，无功而親，使人授己國，唯恐其不受也，是必才全而德不形者也11。

豚，徒門反。

1.【注】食乳也。【釋文】「食於」音飲，邑錦反。注同。舊如字，簡文同。

2.【注】夫生者以才德為類，死而才德去矣，故生者以失類而走也。以況哀公素無才德，非是己類，所以為然。晌恂亦從旬聲，故得通用。《徐无鬼篇》引司馬曰：驚貌，得之矣。晌恂並智之假字。《說文·旬部》：旬，驚辭也。從夕，旬聲。此云晌若，彼云恂然，文異義同。《釋文》引崔云：目動也。謂死母目動。◎俞樾曰：晌若，猶晌然也。〈徐无鬼篇〉「眾狙見之，恂然棄而走。」此云晌若，彼云恂然，文異義同。然則其母不死，與下意不合矣。下文不見己為物之親愛，固是其宜矣。【釋文】「晌若」本亦作瞬，音舜。司馬云：驚貌。崔云：目動也。就之而食；少焉覺其死，故皆驚走也。若從崔說，死母之目尚動，飲其死母之乳，晌目之頃，少時之間，棄其死母，皆散而走。不見己類，故皆驚走也。【疏】哀公陳己心迹以問孔子，孔子以豚子為譬，以答哀公：「丘曾領門徒，遊行楚地，適見豚子以固其志矣。子也，則天下莫之害，斯得類而明己故也。情苟類焉，故雖形不與同而物無害心；情類苟亡，則雖形同母子而不足夫生者以才德為類，死而才德去矣，故生者以失類而走也。以況哀公素無才德，非是己類，所以為然。晌若皆棄之而走，言狙子皆驚而走。其子言，言狙子皆棄之而走，夫生者以才德為類，死而才德去矣，故生者以失類而走也。爾，不得類焉爾，是其才德未去，何為以失類而走乎？

3.【注】使形者，才德也。【疏】郭注曰，使形者才德也。而才德者，精神也。豚子愛母，愛其精神；人慕駘它，慕其才德者也。

4.【注】翣者，武所資也。戰而死者無武也，翣將安施！【釋文】「翣資」所甲反，扇也，武王所造。宋均云：武飾也。李云：資，送也。崔本作翣枕，音坎，謂先人墳墓也。◎盧文弨曰：李下舊無云字，案當有，今增。

5.【注】所愛履者，為足故耳。【釋文】「為足」于偽反。

6.【注】翣履者以足武為本。【疏】翣者，武飾之具，武王為之，或云周公作也。其形似方扇，飾車兩邊。

軍將行師，陷陣而死，及其葬日，不用翣資。是知翣者武之所資，履者足之所用，無武則翣無所資，無神則形無所受。然翣履以足武為本，形貌以才德為原，二者無本，故並無用也。

7.【注】全其形也。

8.【注】恐傷其色。【疏】夫帝王宮闈，揀擇御女，穿耳翦爪，恐傷其色。匹夫取妻，停於外務，使役驅馳，慮虧其色。【疏】此重舉譬以況全才也。

【釋文】「不得復使」扶又反。章末注同。崔本作不得復使入，云：不復入直也。◎家世父曰：不爪翦，不穿耳，謂不加修飾而後本質見。止於外不復使，謂不交涉他事而後精神專一。郭象以為恐傷其形，誤也。

9.【注】採擇嬪御及燕爾新昏，本以形好為意者也。故形之全也。猶以降至尊之情，回貞女之操也。【釋文】「形好」呼報反。

10.【注】德全而物愛之，宜矣。【疏】爾，然也。大形之全具，尚能降真人，感貞女，而況德全乎！此合譬也。

11.【疏】夫親由績彰，信藉言顯。今駘它未至言說而已遭委信，本無功績而付託實親，遂使魯侯虛襟授其朝政，卑己遜讓，唯恐不受。如是之人，必當才智全具而推功於物，故德不形見之也。

哀公曰：「何謂才全[1]？」

仲尼曰：「死生存亡，窮達貧富，賢與不肖毀譽，飢渴寒暑，是事之變，命之行也[2]；日夜相代乎前[3]，而知不能規乎其始者也[4]。故不足以滑和[5]，不可入於靈府[6]。使之和豫，通而不失於兌[7]；使日夜无郤[8]而與物為春[9]，是接而生時於心者也[10]。是之謂才全[11]。」

1.【疏】前雖標舉，於義未彰，故發此疑，庶希後答。

2.【注】其理固當，不可逃也。故人之生也，非妄生也；生之所有，非妄有也。天地雖大，萬物雖多，然吾之所遇適在於是，則雖天地神明，國家聖賢，絕力至知而弗能違也。故凡所不遇，弗能遇也；其所遇，弗能不遇也；

凡所不為，弗能為也，其所為，弗能不為也；故付之而自當矣。

【疏】夫二儀雖大，萬物雖多，人生所遇，適在於是。故前之八對，並是事物之變化，天命之流行，而留之不停，推之不去，安排任化。所遇斯適。自非德充之士，其孰能然！此則仲尼答哀公才全之義。

3.【注】夫命行事變，不舍晝夜，推之不去，留之不停。故才全者，隨所遇而任之。

【釋文】「毀譽」音餘。「不舍」音捨。

4.【注】夫始非知之所規，而故非情之所留。是以知命之必行，事之必變者，豈於終規始，在新戀故哉！雖有至知而弗能規也。逝者之往，吾奈之何哉！

【疏】夫命行事變，其速如馳；代謝遷流，不舍晝夜。一前一後，反覆循環，雖有至知，不能測度，豈復在新戀故，在終規始哉？蓋不然也。

5.【注】苟知性命之固當，則雖死生窮達，千變萬化，淡然自若而和理在身矣。

【疏】命遷，而隨形任化，淡然自若，不亂於中和之道也。

【釋文】「以滑」音骨。「淡然」徒暫反。

6.【注】靈府者，精神之宅也。夫至足者，不以憂患經神，若皮外而過去。

【疏】靈府者，精神之宅，所謂心也。經寒暑，涉治亂，千變萬化，與物俱往，未嘗概意，豈復關心耶！

7.【注】苟使和性不滑，靈府閒豫，則雖涉乎至變，不失其兌然也。

【疏】兌，遍悅也。體窮通，達生死，遂使所遇和樂，中心逸豫，經涉夷險，兌然自得，不失其適悅也。

【釋文】「於兌」徒外反。李云：悅也。「閒豫」音閑。

8.【注】泯然常任之。

【疏】郤，閒也。駘它流轉，日夜不停，心心相係，亦無閒斷也。

【釋文】「无郤」去逆反。李云：郤，閒也。

9.【注】群生之所賴也。

【疏】慈照有生，恩霑動植，與物仁惠，事等青春。

【釋文】「无」

10.【注】順四時而俱化。

【疏】是者，指斥以前事也。才全之人，接濟群品，生長萬物，應赴順時，無心之心，逗機而照者也。

【釋文】「是接而生時乎心者也」司馬云：接至道而和氣在心也。李云：接萬物而施生，順四時而俱作。◎盧文弨曰：今本書乎作於。

11.【疏】總結以前，是才全之義也。

「何謂德不形₁?」

曰:「平者,水停之盛也₂。其可以為法也₃,內保之而外不蕩也₄。

德者,成和之脩也₅。德不形者,物不能離也₆。」

1.【疏】已領才全,未悟德不形義。更相發問,庶聞後旨也。

2.【注】天下之平,莫盛於停水也。
【疏】停,止也。而天下均平,莫盛於止水。故上文云人莫鑒於流水而必鑒於止水。此舉為譬,以彰德不形義故也。

3.【注】無情至平,故天下取正焉。

4.【注】內保其明,外無情偽,玄鑒洞照,與物無私,故能全其平而行其法也。
【疏】夫水性澄清,鑒照於物,大匠雖巧,非水不平。故能保守其明而不波蕩者,可以軌轍工人,洞鑒妍醜也。故下文云水平中準,大匠取則焉。況至人冥真合道,和光利物,模楷蒼生,動而常寂,故云內保之而外不蕩者也。
【釋文】「情為」于偽反。
◎慶藩案情偽為即情偽也。古為偽二字通用。《史記》小司馬本《五帝紀》平秩南為,《漢書·王莽傳》作南偽。《禮·月令》作為淫巧,鄭注曰:今月令作為作詐偽。偽即為也。皆其證。《左定公十二年傳》子偽不知,《釋文》::偽,一作為。
《荀子·性惡篇》,可學而能,可事而成之在人者謂之偽。

5.【注】事得以成,物得以和,謂之德也。
【疏】夫成於庶事,和於萬物者,非盛德孰能之哉!必也先須修身立行,後始可成物。物得以和,此德之不形也。是以天下樂推而不厭。

6.【注】無事不成,無物不和,此德之不形也。是以含德之厚,比於赤子,天下樂推而不厭,斯物不離之者也。
【疏】夫明齊日月而歸明於昧,功侔造化而歸功於物者,此德之不形也。足以含德之厚,天下樂推而不厭。【釋文】「能離」力智反。

哀公異日以告閔子曰:「始也吾以南面而君天下,執民之紀而憂其死,吾自以為至通矣。今吾聞至人之言,恐吾無其實,輕用吾身而亡其國。吾與

孔丘，非君臣也，德友而已矣[1]。」

1.【注】聞德充之風者，雖復哀公，猶欲遺形骸，忘貴賤也。

【疏】姓閔，名損，字子騫，宣尼門人，在四科之數，甚有孝德，魯人也。異日，猶它日也。南面，君位也。初始未悟，矜於魯君，執持綱紀，憂於兆庶，養育教誨，恐其夭死。用斯治術，為至美至通。今聞尼父言談，且陳才德之義，魯侯悟解，方覺前非。至通憂死之言，更成虛幻；執紀南面之大，都無實錄；於是墮肢體，黜聰明，遺尊卑，忘爵位，觀魯邦若蝸角，視己形如隙影，友仲尼以全道德，禮司寇以異君臣。故知莊老之談，其風清遠，德充之美，一至於斯。

【釋文】「閔子」孔子弟子閔子騫也。

閔跂支離无脤說衞靈公，靈公說之；而視全人，其脰肩肩。甕盎大癭說齊桓公，桓公說之；而視全人，其脰肩肩[1]。故德有所長而形有所忘[2]，人不忘其所忘而忘其所不忘，此謂誠忘[3]。故聖人有所遊[4]，而知為孽，約為膠，德為接，工為商[5]。聖人不謀，惡用知？不斲，惡用膠？无喪，惡用德[6]？不貨，惡用商？四者，天鬻也。天鬻者，天食也[7]。既受食於天，又惡用人[8]！有人之形[9]，无人之情[10]。有人之形，故群於人[11]，无人之情，故是非不得於身[12]。眇乎小哉，所以屬於人也[13]！謷乎大哉，獨成其天[14]！

1.【注】偏情一往，則醜者更好而好者更醜也。

【疏】閔，曲也，謂攣曲企踵而行。脤，脣也，謂支體坼裂，傴僂殘病，復無脣也。甕，盆也。盎，頸也。肩肩，細小貌也。而支離殘病，企踵而行；瘤癭之病，大如盆甕。此二人者，窮天地之陋，而俱能忘形建德，體道談玄。遂使齊衞兩君，欽風愛悅，美其盛德，不覺病醜，顧視全人之頸，翻小而自嫌肩者。

【釋文】「閔」音因，郭烏年反。「跂」音企，郭其逆反。「支離无脤」徐市軫反，又音脣。司馬云：閔，曲；跂，企也。閔跂支離，言腳常曲，行體不正卷縮也。无脤，名也。崔云：閔跂，傴

者也。支離，傴者也。脤，脣同。簡文云：脤，行也。脤，臀也。◎慶藩案慧琳《一切經音義・一百・肇論卷上》

引司馬云：跂，望也。《釋文》闕。「說甗」始銳反，又如字。下說齊桓同。「說之」音悅。下說之同。「脛」音

豆，頸也。「肩肩」胡咽反，又胡恩反。李云：贏小貌。崔云：猶玄玄也。簡文云：直貌。◎李楨曰：《考工梓人

文》數目顧脰，注云：顧，長脛貌，與肩肩義合。知肩是省借，本字當作顧。並可据鄭注補《釋文》一義。「甕」

烏送反，郭於籠反。甕瓨，郭於兩反。李云：甕瓨，大癭貌。崔同。「大癭」一領反。《說文》云：瘤也。

2.【注】其德長於順物，則物忘其醜；長於逆物，則物忘其好。　【疏】大癭支離，道德長遠，遂使齊侯衛主，忘其形惡。

3.【注】生則愛之，死則棄之。故德者，世之所不忘也；形者，理之所不存也。故夫忘形者，非忘也；不忘形而忘德者，乃誠忘也。　【疏】誠，實也。所忘，形也；不忘，德也；忘形易而忘德難也，故謂形為所忘，德為不忘也。不忘形而忘德者，此乃真實忘。斯德不形之義也。

4.【注】遊於自得之場，放之而無不至者，才德全也。　【疏】物我雙遣，形德兩忘，故放任乎變化之場，遨遊於至虛之域也。

5.【注】此四者自然相生，其理已具。　【疏】夫至人道邁三清而神遊六合，故蘊智以救殃孽，約束以檢散心，樹德以接蒼生，工巧以利群品。此之四事，凡類有之，大聖慈救，同塵順物也。「為孽」司馬云：智慧生妖孽。「約為膠」司馬云：約束而後有如膠漆。崔云：約誓所以為膠固。「德為接」司馬云：散德以接物也。「工為商」司馬云：工巧而商賈起。

6.【注】自然已具，故聖人無所用其己也。　【疏】惡，何也。至人不殃孽謀謨，何用智惠？不散亂彫斲，何用膠固？本不喪道，用德何為？不貴難得之貨，無勞商賈。祇為和光利物，是故有之者也。　【釋文】「惡用」音烏，下同。「不斲」陟角反。

7.【注】言自然而稟之。　【釋文】「天鬻」音育，養也。「天食」音嗣，亦如字。

8.【注】既稟之自然，其理已足。則雖沉思以免難，或明戒以避禍，物無妄然，皆天地之會，至理所趣。必自其性，聖人順之，故無所用己也。　【疏】鬻，食也。食，稟也。天，自然也。以前四事，蒼生有之，稟自天然，各率思之，非我思也；必自不思，非我不思也。或思而免之，或思而不免，或不思而免之，或不思而不免。凡此皆非我

也，又奚為哉？任之而自至也。

【釋文】「受食」如字，又音嗣。「沉思」息嗣反，亦如字。「免難」乃旦反。

【疏】稟之自然，各有定分。何須分外添足人情！違天任人，故至悔者也。

【疏】聖人同塵在世，有生處之形容；體道虛忘，無是非之情慮。

【釋文】「掘若」其勿反。

9.【注】視其形貌若人。

【釋文】「槁木」苦老反。

10.【注】掘若槁木之枝。

11.【注】類聚群分，自然之道。

【疏】和光混迹，群聚世間。此解有人之形。

【釋文】「群分」如字。

12.【注】無情，故付之於物也。

【疏】譬彼靈真，絕無性識；既忘物我，何有是非！此解無人之情故也。

13.【注】形貌若人。

【疏】迹閡鄙俗，形係人群，與物不殊，故稱眇小也。此結有人之形耳。

眇，高視也。

【釋文】「眇」亡小反。簡文云：陋也。◎慶藩案慧琳《一切經音義·九十八·廣弘明集音卷十五》引司馬云：謷，高大貌也。謷

14.【注】無情，故浩然無不任。無不任者，有情之所未能也，故無情而獨成天也。

【疏】謷，高大貌也。謷然大教，萬境都忘，智德高深，凝照弘遠。故歎美大人，獨成自然之至。此結無人之情也。

【釋文】「謷乎」五羔反，徐五報反。簡文云：放也。今取遨遊義也。「獨成其天」如字。崔本天字作大，云：類同於人，所以為小；情合於天，所以為大。

惠子謂莊子曰：「人故无情乎[1]？」

莊子曰：「然[2]。」

惠子曰：「人而无情，何以謂之人[3]？」

莊子曰：「道與之貌，天與之形，惡得不謂之人[4]？」

惠子曰：「既謂之人，惡得无情[5]？」

莊子曰：「是非吾所謂情也[6]。吾所謂无情者，言人之不以好惡內傷其身[7]，常因自然而不益生也[8]。」

1.【疏】前文云，有人之形，無人之情。惠施引此語來質疑。莊子所言人者，必固無情慮乎？然莊惠二賢，並遊心方外，故常稟而為論端。

2.【疏】然，如是也。許其所問，故答云然。

3.【疏】若無情智，何名為人？此是惠施進責之辭，問於莊子。

4.【注】人之生也，非情之所生也；生之所知，豈情之所知哉？故有情於為賢聖而弗能也，然賢聖以無情而賢矣；有情於為離曠而弗能也，然離曠以無情而聰明矣。不問遠之與近，雖去己一分，顏孔之際，終莫之得也。是以關之萬物，反取諸身，耳目不能以易任成功，手足不能以代司致業。故嬰兒之始生也，不以目求乳，不以耳向明，不以手求行。豈百骸無定司，形貌無素主，而專由情以制之哉！
【疏】惡，何也。虛通之道，為之相貌；自然之理，遺其形質。形貌具有，何得不謂之人？且形之與貌，蓋亦不殊。道與自然，互為其本，欲顯明斯義，故重言之也。
【釋文】「惡得」音烏。下惡得同。「吷」抉廢反。「一分」如字。「足操」七刀反。

5.【注】未解形貌之非情也。
【疏】既名為人，理懷情慮。若無情識，何得謂之人？此是惠施未解形貌之非情。
【釋文】「未解」音蟹。

6.【注】以是非為情，則無是無非無好無惡者，雖有形貌，直是人耳，情將安寄！
【疏】莊子所謂無情者，非木石其懷也，止言不以好惡緣慮分外，遂成性而內理其身者也。何則？蘊虛照之智，無情之情也。

7.【注】任當而直前者，非情也。
【疏】吾所言情者，是非彼我好惡憎嫌等也。若無是無非，雖有形貌，直是人耳，情將安寄！

8.【注】止於當也。
【疏】因任自然之理，以此為常；止於所稟之涯，不知生分。

惠子曰：「不益生，何以有其身[1]？」
莊子曰：「道與之貌，天與之形[2]，无以好惡內傷其身[3]。今子外乎子之神，勞乎子之精，倚樹而吟，據槁梧而瞑[4]。天選子之形，子以堅白鳴[5]！」

1.【注】未明生之自生，理之自足。　【疏】若不資益生道，何得有此身乎？未解生之自生，理之自足者也。

2.【注】生理已自足於形貌之中，但任之則身存。　【疏】道與形貌，生理已足，但當任之，無勞措意也。

3.【注】夫好惡之情，非所以益生，祇足以傷身，以其生之有分也。　【疏】還將益以醻後問也。　【釋文】

「无以好惡」呼報反。下烏路反。注同。「祇足」音支。

4.【注】夫神不休於性分之內，則外矣；精不止於自生之極，則勞矣。故行則倚樹而吟，坐則據梧而睡，言有

情者之自困也。　【疏】槁梧，夾膝几也。惠子未遺筌蹄，耽內名理，疏外神識，勞苦精靈，故行則倚樹而吟詠，

坐則隱几而談說，是以形勞心倦，疲怠而瞑者也。　【釋文】「倚樹」於綺反。「據槁」苦老反。「梧」音吾。

「而瞑」音眠。崔云：據琴而睡也。「而睡」垂臂反。

5.【注】言凡子所為，外神勞精，倚樹據梧，且吟且睡，此世之所謂情也。而云天選，明夫情者非情之所生，

而況他哉！故雖萬物萬形，云為趣舍，皆在無情中來，又何用情於其間哉！　【疏】選，授也。嗚，言說也。自然

之道，授與汝形，夭壽妍醜，其理已定，無勞措意，分外益生。而子稟性聰明，辨析名理，執持己德，炫燿眾人。

亦何異乎公孫龍作〈白馬論〉，云白馬非馬，堅守斯論，以此自多！信有其言而無其實，能伏眾人之口，不能伏眾

人之心。今子分外誇談，即是斯之類也。　【釋文】「天選」宣轉反，舊思緩反。

莊子集釋　卷三上

內篇大宗師第六¹

1.【注】雖天地之大，萬物之富，其所宗而師者無心也。【釋文】「大宗師」崔云：遺形忘生，當大宗此法也。

知天之所為，知人之所為者，至矣。¹知天之所為者，天而生也²；知人之所為者，以其知之所知以養其知之所不知，終其天年而不中道夭者，是知之盛也。³

1.【注】知天人之所為者，皆自然也；則內放其身而外冥於物，與眾玄同，故稱為至也。【疏】天之所為者，謂三景晦明，四時生殺，風雲舒卷，雷雨寒溫也。人之所為者，謂手捉腳行，目視耳聽，心知工拙，凡所施為也。知天之所為，悉皆自爾，非關修造，豈由知力！是以內放其身，外冥於物，浩然大觀，與眾玄同，窮理盡性，故稱為至也。

2.【注】天者，自然之謂也。夫為為者不能為，而為自為耳；為知者不能知，而知自知耳。自知耳，不知也；自為耳，不為也。不為也則為出於不為矣，為出於不為，故以不為為主；知出於不知，故以不知為宗。是故真人遺知而知，不知而知，自然而生，坐忘而得，故知稱絕而為名去也。【釋文】「天而生」向崔本作失而生也。【疏】雲行雨施，川源岳瀆，非關人力，此乃天生，能知所知，並自然也。此解前知天之所為。「知稱」尺證反。

3.【注】人之生也，形雖七尺而五常必具，故雖區區之身，乃舉天地以奉之。故天地萬物，凡所有者，不可一日而相無也。一物不具，則生者無由得生；一理不至，則天年無緣得終。然身之所有者，知或不知也；理之所存

者，為或不為也。故知之所知者寡而身之所有者眾，為之所為者少而理之所存者博，在上者莫能器之而求其備焉。人之所知不必同而所為不敢異，異則偽成矣，偽成而真不喪者，未之有也。或好知而不倦以困其百體，所好不過一枝而舉根俱弊，斯以其所知而害所不知也。若夫知之盛也，闇與不知，闇相與會而全矣，斯以其所知養所不知者也。

【疏】人之所為，謂四肢百體各有御用也。知之所知者，謂目知於色，即以色為所知也。知之所不知者，謂目能知色，不能知聲，即以聲為所不知也。既而目為手足而視，腳為耳鼻而行，雖復無心相為，而濟彼之功成矣。故眼知耳鼻舌，四肢百體，更相役用，各有司存。心之明闇，亦有限極，用其分內，終不強知。斯以其知之所知以養其知之所不知也，故得盡其天年，不橫夭折。能如是者，可謂知之盛美者也。

【釋文】「不喪」息浪反，下皆同。「或好」呼報反。下同。「不強」其兩反。◎盧文弨曰：今本書作彊。

雖然，有患1。夫知有所待而後當2，其所待者特未定也3。庸詎知吾所謂天之非人乎？所謂人之非天乎4？

1.【注】雖知盛，未若遺知任天之無患也。
2.【注】夫知者未能無可無不可，故必有待也。
3.【注】有待則無定也。
4.【注】我生有涯，天也；心欲益之，人也。然此人之所謂耳，物無非天也。天也者，自然者也；人皆自然，則治亂成敗，遇與不遇，非人為也，皆自然耳。

【疏】知雖盛美，猶有患累，不若忘知而任獨也。

【疏】夫知必對境，非境不當。境既生滅不定，知亦待奪無常。唯當境知兩忘，能所雙絕者，方能無可無不可，然後無患也已。

【疏】近取諸身，遠託諸物，知能運用，無非自然。是知天之與人，理歸無二。故謂天則人，謂人則天。凡庸之流，詎曉斯旨！所言吾者，莊生自稱。此則泯合人天，混同物我者也。

【釋文】「庸詎」徐其庶反。「則治」直吏反。

且有真人而後有真知1。何謂真人2？古之真人，不逆寡3，不雄成4，

不暬士5。若然者，過而弗悔，當而不自得也6。若然者，登高不慄，入水不濡，入火不熱。是知之能登假於道者也若此7。

1.【注】有真人，而後天下之知皆得其真而不可亂也。【疏】夫聖人者，誠能冥真合道，忘我遺物。懷茲聖德，然後有此真知，是以混一真人而無患累。真人之狀，列在下文耳。

2.【疏】假設疑問，庶顯其旨。

3.【注】凡寡皆不逆，則所願者眾矣。【疏】寡，少也。引古御今，崇本抑末，虛懷任物，大順群生，假令微少，曾不逆忤者也。

4.【注】不恃其成而處物先。【疏】為而不恃，長而不宰，豈雄據成績，欲處物先耶！

5.【注】縱心直前而群士自合，非謀謨以致之者也。【疏】虛夷忘淡，士眾自歸，非關運心謀謨招致故也。

【釋文】「不謨」沒乎反。

6.【注】直自全當而無過耳，非以得失經心者也。【疏】天時已過，曾無悔吝之心；分命偶當，不以自得為美也。◎俞樾曰：過者，謂於事有所過失也。當者，謂行之而當也。在眾人之情，於事有所過失則悔矣，行之而當則自以為得矣。真人不然。故曰過而弗悔，當而不自得也。正文明言過，郭注謂全當而無過，失之。

7.【注】言夫知之登至於道者，若此之遠也。【疏】理固白全，非畏死也。故雖不以熱為熱而未嘗赴火，不以濡為濡而未嘗蹈水，不以死為死而未嘗喪生。故真人陸行而非避濡也，遠火而非逃熱也，無過而非措當也。故任之而無不至者，真人也，豈有概意於所遇哉！【疏】慄，懼也。濡，溼也。登，昇也。假，至也。真人達生死之不二，體安危之為一，故能入水入火，曾不介懷，登高履危，豈復驚懼。真知之士，有此功能，昇至玄道，故得如是者也。

【釋文】「不慄」音栗。「不濡」而朱反。「登假」更百反，至也。「遠火」于萬反。「有概」古愛反。

古之真人，其寢不夢1，其覺无憂2，其食不甘3，其息深深。真人之息以踵4，眾人之息以喉，屈服者，其嗌言若哇5。其耆欲深者，其天機淺6。

1. 【注】無意想也。

2. 【注】當所遇而安也。
【疏】夢者，情意妄想也。而真人無情慮，絕思想，故雖寢寐，寂泊而不夢，以至覺悟，常適而無憂也。

3. 【注】理當食耳。
【疏】混迹人間，同塵而食，不耽滋味，故不知其美。

4. 【注】乃在根本中來者也。
【疏】踵，足根也。◎家世父曰：存息於無息之地，至於氣息，泊然寂然，無出無入，無往無來，鬱怒之所不能結，嗜欲之所不能加，百骸九竅六藏，一不與為灌輸，而後納之深，乃以養息於深微博厚而寓諸無窮。「以踵」章勇夜云：起息於踵，遍體而深。
【釋文】「深深」李云：內息之貌。真人心性和緩，智照凝寂，一不與為灌輸，而退而寄之於踵，乃以來，明其深深也。

5. 【注】氣不平暢。
【疏】嗌，喉也。哇，碍也。凡俗之人，心靈馳競，言語喘息，唯出咽喉。情躁氣促，不能深靜，屈折起伏，氣不調和，咽喉之中恆如哇碍也。
【釋文】「以喉」向云：喘悸之息，以喉為節，言情欲奔競所致。「其嗌」音益。郭音厄，厄咽喉也。「若哇」獲媧反，徐胡卦反，又音絓。崔一音於佳反，結也，言咽喉之氣結礙不通也。簡文云：哇，嘔也。

6. 【注】深根寧極，然後反一無欲也。
【疏】夫耽著諸塵而情欲深重者，其天然機神淺鈍故也。若使智照深遠，豈其然乎！
【釋文】「其耆」市志反。

古之真人，不知說生，不知惡死[1]；其出不訢，其入不距[2]；翛然而往，翛然而來而已矣[3]。不忘其所始，不求其所終[4]；受而喜之[5]，忘而復之[6]，是之謂不以心捐道，不以人助天。是之謂真人[7]。

1. 【注】與化為體者也。
【疏】氣聚而生，生為我時；氣散而死，死為我順。既冥變化，故不以悅惡存懷。
【釋文】「說生」音悅。「惡死」烏路反。

2. 【注】泰然而任之也。
【疏】時應出生，本無情於忻樂；時應入死，豈有意於距諱耶！
【釋文】「不訢」音欣，又音祈。「不距」本又作拒，音巨。李云：欣出則營生，距入則惡死。

3. 【注】寄之至理，故往來而不難也。

【釋文】「脩然」音蕭。本又作憀。

◎家世父曰：郭象注，所居而安為志，應作其心志。《說文》：志，心之所之也。《商書》，若射之有志，孔疏云：如射之有志，志之所主，欲得中也。佛書性相如如，常住不遷，即此所謂其心志也。◎慶藩案《說文》無志篆，所引當出《字林》字書。

意戀之者也。

【注】寄之至理，故往來而不難也。

【釋文】「脩然」音蕭。本又作憀。徐音叔，郭與久反，李音悠。向云：脩然，自然無心而自爾之謂。郭崔云：往來不難之貌。司馬云：憀，疾貌。李同。◎盧文弨曰：舊久譌冬，今從宋本正。

4. 【注】終始變化，皆忘之矣，豈直逆忘其生，而猶復探求死意也！

【疏】始，生也。終，死也。生死都遣，曾無滯著。豈直獨忘其生而偏求於死邪？終始均平，所遇斯適也。

【釋文】「猶復」扶又反。下非復同。

5. 【注】不問所受者何物，遇之而無不適也。

【疏】反未生也。

6. 【注】復之不由於識，乃至也。

【疏】喜所遇也。

7. 【注】人生而靜，天之性也；感物而動，性之欲也。物之感人無窮，人之逐欲無節，則天理滅矣。真人知用心則背道，助天則傷生，故不為也。

【疏】是謂者，指斥前文，總結其旨也。捐，棄也。言上來智惠忘生，可謂不用取捨之心，捐棄虛通之道；亦不用人情分別，添助自然之分。能如是者，名曰真人也。

【釋文】「捐」徐以全反。郭作揖，崔云：或作楫，所以行舟也。◎盧文弨曰：揖舊譌楫。案下方云揖即背字，則此當作揖。◎俞樾曰：捐字誤。《釋文》云：郭作揖，崔云：或作楫，所以行舟也，其義彌不可通。疑皆俏字或作楫之誤。俏即背字，故郭注曰，揖字誤，真人知用心則背道，助天則傷生。是郭所據本正作俏也。「則背」音佩。

若然者，其心志[1]，其容寂[2]，其顙頯[3]；淒然似秋[4]，煖然似春[5]，喜怒通四時[6]，與物有宜而莫知其極[7]。

1. 【注】所居而安為志。

【疏】若如以前不捐道等心，是心懷志力而能致然也。故《老經》云，強行者有志。

【釋文】「其心志」當為「其心忘」，「志」為「忘」字的形誤。

2. 【注】雖行而無傷於靜。

【釋文】「容寂」本亦作寂。崔本作宗。盧文弨曰：舊本譌家，今改正，說見前。本書作寂。

3.【注】顙，大朴之貌。　【疏】顙，額也。額，大朴貌。夫真人降世，挺氣異凡，非直智照虛明，志力弘普，亦乃威容閑雅，相貌端嚴。日角月弦，即斯類也。【釋文】「其顙」息黨反。崔云：顙也。「頯」徐去軌反，郭苦對反，李音仇，一音達，權也。王云：質朴無飾也。向本作顗，云：顗然，大朴貌。《廣雅》云：顗，大也。五罪反。

4.【注】殺物非為威也。　【釋文】「淒然」七西反。

5.【注】生物非為仁也。　【釋文】「煖然」音暄，徐況晚反。

6.【注】夫體道合變者，與寒暑同其溫嚴，而未嘗有心也。然有溫嚴之貌，生殺之節，故寄名於喜怒也。　【疏】聖人無心，有感斯應，威恩適務，寬猛逗機。同素秋之降霜，本無心於肅殺；似青春之生育，寧有意於仁惠！是以真人如雷行風動，木茂華敷，覆載合乎二儀，喜怒通乎四序。

7.【注】無心於物，故不奪物宜；無物不宜，故莫知其極。　【疏】真人應世，赴感隨時，與物交涉，必有宜便。而虛心慈愛，常善救人，量等太虛，故莫知其極。

故聖人之用兵也，亡國而不失人心1；利澤施乎萬世，不為愛人2。故樂通物，非聖人也3；有親，非仁也4；天時，非賢也5；利害不通，非君子也6；行名失己，非士也7；亡身不真，非役人也8。若狐不偕、務光、伯夷、叔齊、箕子、胥餘、紀他、申徒狄，是役人之役，適人之適，而不自適其適者也9。

1.【疏】堯攻叢支，禹攻有扈，成湯滅夏，周武伐殷，並上合天時，下符人事。所以興動干戈，弔民問罪，雖復殄亡邦國，而不失百姓歡心故也。【釋文】「亡國而不失人心」崔云：亡敵國而得其人心。

2.【注】因人心之所欲亡而亡之，故不失人心也。夫白日登天，六合俱照，非愛人而照之也。故聖人之在天下，煥焉若春陽之自和，故蒙澤者不謝；淒乎若秋霜之自降，故凋落者不怨也。　【疏】利物滋澤，事等陽春，豈直一時，乃施乎萬世。而芻狗百姓，故無偏愛之情。

機，其義亦爾。和而不唱，非謂樂通。故知授意於物，非聖人者也，

3.【注】夫聖人無樂也，直莫之塞而物自通。　【疏】夫懸鏡高臺，物來斯照，不迎不送，豈有情哉！大聖應

也！

4.【注】至仁無親，任理而自存。　【疏】至仁無親，親則非至仁也。

5.【注】時天者，未若忘時而自合之賢也。　【疏】占玄象之虧盈，候天時之去就，此乃小智，豈是大賢者

6.【注】不能一是非之塗而就利違害，則傷德而累當矣。　【疏】未能一窮通，均利害，而擇情榮辱，封執是

非者，身且不能自達，焉能君子人物乎！

7.【注】善為士者，遺名而自得，故名當其實而福應其身。　【疏】矯行求名，失其己性，此乃流俗之人，非

為道之士。
【釋文】「行名」下孟反。「福應」應對之應。

8.【注】自失其性而矯以從物，受役多矣，安能役人乎！　【疏】夫矯行喪真，求名亡己，斯乃受人驅役，焉

能役人哉！

9.【注】斯皆舍己效人，徇彼傷我者也。　【疏】姓狐，字不偕，古之賢人，又云，堯時賢人，不受堯讓，投

河而死。務光，黃帝時人，身長七尺。又云：夏時人，餌藥養性，好鼓琴，湯讓天下不受，自負石沈於盧水。伯夷

叔齊，遼西孤竹君之二子，神農之裔，姓姜氏。父死，兄弟相讓，不肯嗣位，聞西伯有道，逢文王崩，

武王伐紂，夷齊扣馬而諫，武王不從，遂隱於河東首陽山，不食其粟，卒餓而死。箕子，殷紂賢臣，諫紂不從，遂

遭奴戮。胥餘者，箕子名也。又解：是楚大夫伍奢之子，名員，字子胥，吳王夫差之臣，忠諫不從，抉眼而死，屍

沈於江。紀他者，姓紀，名他，湯時逸人也；聞湯讓務光，恐及乎己，遂將弟子陷於窾水而死。申徒狄聞之，因以

踣河。此數子者，皆矯情偽行，亢志立名，分外波蕩，遂至於此。自餓自沈，促齡夭命，而芳名令譽，傳諸史籍。

斯乃被他驅使，何能役人！悅樂眾人之耳目，焉能自適其情性耶！
【釋文】「狐不偕」司馬云：古賢人也。「務

光」皇甫謐云：黃帝時人，耳長七寸。「伯夷叔齊」孤竹君之二子。「箕子胥餘」司馬云：胥餘，箕子名也，見

《尸子》。崔同。又云：《尸子》曰：箕子胥餘，漆身為厲，被髮佯狂。或云：《尸子》曰：比干也，胥餘其名。

◎慶藩案《書·微子正義》、僖十五年《左傳正義》、《論語十八正義》，並引司馬云：箕子，名胥餘。與《釋

文》異。「紀他」徒何反。「申徒狄，殷時人，負石自沈於河。崔本作司徒狄。「皆舍」音捨。下同。

古之真人，其狀義而不朋[1]，若不足而不承[2]；與乎其觚而不堅也[3]，張乎其虛而不華也[4]；邴邴乎其似喜乎[5]！崔乎其不得已乎[6]！滀乎進我色也[7]，與乎止我德也[8]；厲乎其似世乎[9]！警乎其未可制也[10]；連乎其似好閉也[11]，悗乎忘其言也[12]，以刑為體[13]，以禮為翼[14]，以知為時[15]，以德為循[16]。以刑為體者，綽乎其殺也[17]；以禮為翼者，所以行於世也[18]；以知為時者，不得已於事也[19]；以德為循者，言其與有足者至於丘也[20]，而人真以為勤行者也[21]。故其好之也一[22]，其弗好之也一[23]。其一與天為徒[24]，其不一與人為徒[25]。天與人不相勝也，是之謂真人[26]。

1.【注】與物同宜而非朋黨。【疏】狀，迹也。義，宜也。降迹同世，隨物所宜，而虛己均平，曾無偏黨也。◎俞樾曰：郭注訓義為宜，朋為黨，望文生訓，殊為失之。此言其狀，豈言其德乎？義當讀為峨，峨與義並從我聲，故得通用。《天道篇》而狀義然，義然即峨然也。朋讀為崩。《易·復·象辭》朋來無咎，《漢書·五行志》引作崩來無咎，是也。其狀峨然而不崩者，言其狀峨然高大而不崩壞也。《廣雅·釋詁》：峨，高也；〈釋訓〉：峨峨，高也。高與大，義相近，故《文選·西京賦》神山峨峨，薛綜注曰：峨峨，高大也。〈天道篇〉義然，即可以此說之。

2.【注】沖虛無餘，如不足也；下之而不上，若不足而不承也。【疏】韜晦沖虛，獨如神智不足；率性而動，汎然自得，故無所稟承者也。【釋文】「不承」如字。李云：迎也。又音拯。「不上」時掌反。

3.【注】常遊於獨而非固守。【疏】彷徨放任，容與自得，遨遊獨化之場而不固執之。【釋文】「與乎」如字，又音豫，同云：疑貌。◎盧文弨曰：同當是向字之誤。「其觚」音孤。王云：觚，特立群也。崔云：觚，棱也。◎俞樾曰：郭注曰，常遊於獨而非固守，是讀觚為孤，然與不堅之義殊不相應。《養生主篇》技經肯綮之未嘗，而況大觚乎，〈釋文〉引崔云：觚，棱也，亦與不堅之義不應。殆皆非也。《養生主篇》引崔云：不槃結骨。疑此觚字即彼軱字。骨之槃結，是至堅者也；軱而不堅，是謂真人。崔不知觚軱之同字，故前後

異訓耳。◎李楨曰：與乎其觚與張乎其虛對文，觚字太不倫。據注疏，觚訓獨。《釋文》引王云：觚，特立不倚也。並是孤字之義。知所據本必皆作孤，觚是假借。《爾雅·釋地》觚竹北戶，《釋文》云：本又作孤。此觚孤互通之證。孤特者率方而有棱，故其字亦可借觚為之。與乎一字，與下與乎止我德也複，疑此誤。注云常遊於獨，就遊字義求之，或原是趣字，抑或是懸字。《說文》：趣，安行也。懸，趣步懸懸也。並與遊義合。

4.【注】曠然無懷，乃至於實。　【疏】張，廣大貌也。靈府寬閒，與虛空等量，而智德真實，故不浮華。

5.【注】至人無喜，暢然和適，故似喜也。　【疏】邴邴，喜貌也。隨變任化，所遇斯適，實忘喜怒，故云似喜者也。　【釋文】「邴邴」徐音丙，郭甫杏反。向云：喜貌。簡文云：明貌。

6.【注】動靜行止，常居必然之極。　【疏】崔，動也。已，止也。真人凝寂，應物無方，迫而後動，非關先唱故，不得已而應之者也。　【釋文】「崔乎」千罪反，徐息罪反。郭且雷反。向云：動貌。簡文云：速貌。

7.【注】不以物傷己也。　【疏】滀，聚也。進益也。心同止水，故能滀聚群生。是以應而無情，惠而不費，適我益我，神色終無減損者也。　【釋文】「滀乎」本又作俉，勑六反。司馬云：色憤起貌。王云：富有德充也。簡文云：聚也。

8.【注】無所趨也。　【疏】雖復應動隨世，接物逗機，而恆容與無為，作於真德，所謂動而常寂者也。

9.【注】至人無厲，與世同行，故若厲也。　【疏】厲，危也。真人一於安危，冥於禍福，而和光同世，亦似屬乎。如孔子之困匡人，文王之拘羑里，雖遭危厄，不廢無為之事也。　【釋文】「厲乎」如字。崔本作廣，云：苟羅者廣乎。◎俞樾曰：郭注殊不可通。且如注意，當云世乎其似屬，不當反言其似世也。今案世乃泰之假字。《荀子·榮辱篇》橋泄者人之殃也，劉氏台拱補注曰：橋泄即驕泰之異文。《荀子·他篇》或作汏，或作忕，或作泰，皆同。漏泄之泄，古多與外大害敗為韻，亦讀如泰也。又引《賈子》簡泄不可以得士為證。然則以世為泰，猶以泄為泰也。猛屬與驕泰，其義相應。《釋文》曰：屬，崔本作廣，廣大亦與泰義相應，泰亦大也。若以本字讀之，而曰似世也。則皆不可通矣。◎慶藩案屬當從崔本作廣者是。郭注訓與世同行，則有廣大之義也。然既曰無屬，又曰若屬，殊失解義。經傳中屬廣二字，往往而混。如《禮·月令》天子乃厲飾。《淮南·時則篇》作廣飾。又記·平津侯傳》屬賢予祿，徐廣曰：屬亦作廣。《儒林傳》以廣賢材，《漢書》廣作屬。《漢書·地理志》齊郡廣，《說文·水部》注廣讀為屬。皆其證。◎又案俞氏云世為泰之假字，是也。古無泰字，其字作大。大世二字，

古音義同，得通用也。《禮·曲禮》不敢與世子同名，注：世，或為大。《春秋·文三十年》大室屋壞，《公羊》作世室。衛太叔儀，《公羊》作世叔儀。宋樂大心，《論語》作世叔。皆其證。

反，徐五到反。司馬云：志遠貌。王云：高邁於俗也。

10.【注】高放而自得。

11.【注】綿邈深遠，莫見其門。【疏】聖德廣大，謷然高遠，超於世表，故不可禁制也。【釋文】「謷乎」五羔

似如關閉，不聞見人也。【釋文】「連乎」如字。李云：連，綿長貌。崔云：蹇連也，音蹇。「似好」呼報反，下皆同。

12.【注】不識不知而天機自發，故悗然也。【疏】悗，無心貌也。放任安排，無為虛淡，得玄珠於赤水，所以忘言。自此以前，歷顯真人自利利他內外德行。從此以下，明真人利物為政之方也。【釋文】「悗乎」亡本反。字或作免。李云：無匹貌。王云：廢忘也。崔云：婉順也。

13.【注】刑者，治之體，非我為。【釋文】「治之」直吏反。

用刑法為治，政之體本；以體樂為御，物之羽儀。

14.【注】禮者，世之所以自行耳，非我制。

15.【注】知者，時之動，非我唱。

16.【注】德者，自彼所循，非我作。【疏】循，順也。用智照機，不失時候；以德接物，俯順物情。以前略標，此以下解釋也。【釋文】「為循」本亦作脩，兩得。◎俞樾曰：陸氏以為兩得，非。下文與有足者至于丘也，自以作循為是。《說文》：循，順行也。若作脩則無義矣。◎慶藩案作循是也。《廣雅》：循，述也。《詩·邶風傳》；述，循也。隸書循脩字易混。《易·繫辭》損德之脩也，《釋文》：馬作循。〈晉語〉矇瞍脩聲，〈王制正義〉作循聲。《史記·商君傳》湯武不循古而王，《索隱》：商君書作脩古。《管子·九守篇》循名而督實，今本為作脩。皆其例。

17.【注】任治之自殺，故雖殺而寬。【疏】綽，寬也。所以用刑法為治體者，以殺止殺，殺一懲萬，故雖殺而寬簡。是以惠者民之讎，法者民之父。【釋文】「綽乎」昌略反。崔本作淖。

18.【注】順世之所行，故無不行。【疏】禮雖忠信之薄，而為御世之首，故不學禮無以立，非禮勿動，非禮勿言，人而無禮，胡不遄死。是故禮之於治，要哉！羽翼人倫，所以大行於世者也。

19.【注】夫高下相受，不可逆之流也；小大相群，不得已之勢也；曠然無情，群知之府也。承百流之會，居師人之極者，奚為哉？任時世之知，委必然之事，付之群智，乘之以游者也。

【疏】隨機感以接物，運至知以應時，理無可視聽之色聲，事有不得已之形勢。故為宗師者，曠然無懷，付之天下而已。

20.【注】丘者，所以本也；以性言之，則性之本也。夫物各有足，足於本也。付群德之自循，斯與有足者至於本也，本至而理盡矣。

【疏】丘，本也。以德接物，順物之性，性各有分，止分而足。順其本性，故至於丘也。

◎家世父曰：孔安國云，九州之志，謂之九丘。《莊子·則陽篇》亦云丘里之言，是凡所居曰丘，顯頊遺墟，謂之帝丘。有足而能行，終必反其所居。循禮者，若所居之安，有足而必至也。

21.【注】凡此皆自彼而成，成之不在己，則雖處萬機之極，而常閒暇自適，忽然不覺事之經身，怳然不識言之在口。而人之大迷，真謂至人之為勤行者也。

【疏】夫至人者，動若行雲，止若谷神，境智洞忘，虛心玄應，豈有懷於為物，情係於拯救者乎！而凡俗之人，觸塗封執，見舟航庶品，亭毒群生，實謂聖人勤行不怠。詎知汾水之上，凝淡窅然？故前文云執官以物為事也。

【釋文】「常閒」音閑。

22.【注】常無心而順彼，故好與不好，所善所惡，與彼無二也。

【疏】既忘懷於美惡，亦遣蕩於愛憎。故好與弗好，出自凡情，而聖智虛融，未嘗不一。

23.【注】其一也，天徒也；其不一也，人徒也。

【疏】夫真人同天人，均彼我，不以其一異乎不一。

24.【注】無有而不一者。

【疏】其一也，人徒也。既而凡聖不二，故不一皆一之也。

25.【注】彼彼而我我者，人也。

【疏】同天人，齊萬致。萬致不相非，天人不相勝，故曠然無不一。彼彼而我我者，冥然無不在，而玄同彼我也。

26.【注】夫真人同天人，齊萬致。

【疏】雖復天無彼我，人有是非，確然論之，咸歸空寂。若使天勝人劣，豈謂齊乎！此又混一天人，冥同勝負。體此趣者，可謂真人者也。

死生，命也，其有夜旦之常，天也[1]。人之有所不得與，皆物之情也[2]。彼特以天為父，而身猶愛之，而況其卓乎[3]！人特以有君為愈乎己，而身猶

死之，而況其真乎⁴！

1.【注】其有晝夜之常，天之道也。故知死生者命之極，非妄然也，若夜旦耳，奚所係哉！【疏】夫旦明夜闇，天之常道；死生來去，人之分命。天不能無晝夜，人焉能無死生。故任變隨流，我將於何係哉！【釋文】「夜旦」如字。崔本作軋，音怛。

2.【注】夫死人在晝得晝，在夜得夜。以死生為晝夜，豈有所不得！人之有所不得而憂娛在懷，皆物情耳，非理也。【疏】夫死生晝夜，人天常道，未始非我，何所係哉！而流俗之徒，逆於造化，不能安時處順，與變俱往，而欣生惡死，哀樂存懷。斯乃凡物之滯情，豈是真人之通智也！

3.【注】卓者，獨化之謂也。夫相因之功，莫若獨化之至也。故人之所因者，天也；天之所生者，獨化也。人皆以天為父，故晝夜之變，寒暑之節，猶不敢惡，隨天安之。況乎卓爾獨化，至於玄冥之境，又安得而不任之哉！既任之，則死生變化，惟命之從也。【疏】卓者，獨化之謂也。彼之眾人，稟氣蒼昊，而獨以天為父，身猶愛而重之，至於晝夜寒溫，不能返逆。況乎至道窈冥之鄉，獨化自然之竟，適可安而任之，何得拒而不順也！【釋文】「其卓」中學反。絕也，獨也。◎慶藩案卓之言超卓也。一作逴，《玉篇》：勅角切，蹇也。蹇者獨任一足，故謂之逴。李善〈西都賦注〉：逴躒，猶超絕也。匡謬正俗：逴，謂超踰不依次第。又作踔。《漢書·河間獻王傳》踔爾不群，《說苑·君道篇》踔然獨立。依《說文》當作𨇅。禾部：𨇅，特止也。徐鍇曰：特止，卓止也。卓趠逴踔𨇅，古同聲通用。「敢惡」烏路反。「之竟」音境。

4.【注】夫自然之不可避，豈直君命而已哉！【疏】愈，猶勝也。其真則向之獨化者也。人不假於物而自然也。夫自然之理，欲不從順，其可得乎！安排委化，固其宜矣。

泉涸，魚相與處於陸，相呴以濕，相濡以沫，不如相忘於江湖¹。與其譽堯而非桀也，不如兩忘而化其道²。夫大塊載我以形，勞我以生，佚我以老，息我以死³。故善吾生者，乃所以善吾死也⁴。

1.【注】與其不足而相愛，豈若有餘而相忘！　【疏】此起譬也。江湖浩瀚，游泳自在，各足深水，無復往還，彼此相忘，恩情斷絕。泊乎泉源旱涸，鱣鮪困苦，頳尾曝腮。於是吐沫相濡，呴氣相濕，恩愛往來，更相親附，比之江湖，去之遠矣。亦猶大道之世，物各逍遙，雞犬聲聞，不相來往。淳風既散，澆浪漸興，從理生教，聖迹斯起；矜蹩躠以為仁，踶跂以為義，父子兄弟，懷情相欺。聖人羞之，良有以也。故知魚失水所以呴濡，人喪道所以親愛之者也。　【釋文】「泉涸」戶各反，郭戶格反。《爾雅》云：竭也。「相呴」況于況付二反。「相濡」本又作濡，音儒，或一音如戍反。「以沫」音末。「相忘」音亡。下同

2.【注】夫非譽皆生於不足。故至足者，忘善惡，遺死生，與變化為一，曠然無不適矣，又安知堯桀之所在耶！　【疏】此合喻。夫唐堯聖君，夏桀庸主，故舉堯善而非桀惡，祖述堯舜以毀將來，自茲為本也。豈若無善無惡，善惡兩忘；不是不非，是非雙遣！然後出生入死，隨變化而遨遊；莫往莫來，履玄道而自得；豈與夫呴濡聖迹，同年而語哉！　【釋文】「譽堯」音餘。

3.【注】夫形生老死，皆我也。故形為我載，生為我勞，老為我佚，死為我息，四者雖變，未始非我，我奚惜哉！　【疏】大塊者，自然也。夫形是構造之物，生是誕育之始，老是耆艾之年，死是氣散之日。但運載有形，生必勞苦；老既無能，暫時閒逸；死滅湮無，理歸停憩；四者雖變而未始非我，而我坦然何所惜耶！　【釋文】「大塊」苦怪反，又苦對反，徐胡罪反。○慶藩案《文選》郭景純〈江賦〉注引司馬云：大塊，自然也。《釋文》闕。

4.【注】死與生，皆命也。無善則死，有善則生，不獨善也。故若以吾生為善乎？則吾死亦善也。　【疏】夫形生老死，皆我也。故以善吾生為善者，吾死亦可以為善矣。

夫藏舟於壑，藏山於澤，謂之固矣1。然而夜半有力者負之而走，昧者不知也2。藏小大有宜，猶有所遯3。若夫藏天下於天下而不得所遯，是恆物之大情也4。特犯人之形而猶喜之。若人之形者，萬化而未始有極也5，其為樂可勝計邪6！故聖人將遊於物之所不得遯而皆存7。善妖善老，善始

善終，人猶效之[8]，又況萬物之所係，而一化之所待乎[9]！

1.【注】方言死生變化之不可逃，故先舉無逃之極，然後明之以必變之符，將任化而無係也。【釋文】「於壑」火各反。

2.【注】夫無力之力，莫大於變化者也；故乃揭天地以趨新，負山岳以舍故。故不暫停，忽已涉新，則天地萬物無時而不移也。世皆新矣，而自以為故；舟日易矣，而視之若舊；山日更矣，而視之若前；皆在冥中去矣。故向者之我，非復今我也。我與今俱往，豈常守故哉！而世莫之覺，橫謂今之所遇可係而在，豈不昧哉！【疏】夜半闇冥，以譬真理玄邃也。有力者，造化也。夫藏舟舩於海壑，正合其宜；隱山岳於澤中，謂之得所。壑之大可以藏舟，澤之大可以藏山。然而大化之運行無窮，舉天地萬物，日夜推移，以舍故而即新。水負舟而立，水移即舟移矣；氣負山而行，氣運即山運矣。夜半者，惟行於無象無兆之中，而人莫之見也。然而造化之力，擔負而趨；變故日新，驟如逝水。凡惑之徒，心靈愚昧，真謂山舟牢固，不動歸然。豈知冥中貿遷，無時暫息。昨我今我，其義亦然也。◎俞樾曰：山非可藏於壑，且亦非有力者所能負之而走，其義難通。山，疑當讀為汕。《爾雅·釋器》：翼謂之汕。《詩·南有嘉魚篇》、《毛傳》曰：汕，汕樔也，箋云：今之撩罟也。藏舟藏汕，疑皆以漁者言，恐為人所竊，故藏之，乃世俗常有之事，故莊子以為喻耳。◎慶藩案《文選》江文通《雜體詩》注引司馬云：舟，水物；山，陸居者。藏之壑澤，非人意所求，謂之固；有力者或能取之。【釋文】「乃揭」其列其謁二反。

3.【注】不知與化為體，而思藏之使不化，則雖至深至固，各得其所宜，而無以禁其日變也。故夫藏而有之者，不能止其遯也；無藏而任化者，變不能變也。【疏】遯，變化也。藏舟於壑，藏山於澤，此藏大也；藏人於室，藏物於器，此藏小也。然小大雖異而藏皆得宜，猶念念遷流，新新移改。是知變化之道，無處可逃也。《釋文》闕。

4.【注】無所藏而都任之，則與物無不冥，與化無不一。故無外無內，無死無生，體天地而合變化，索所遯而不得矣。此乃常存之大情，非一曲之小意。【疏】恆，常也。夫藏天下於天下者，豈藏之哉？蓋無所藏也。故能一死一生，冥變化，乘造物以遨遊者，斯藏天下於天下也。既變所不能變，何所遯之有哉！此乃體凝寂之人物，達大道之真情，放縱寰宇之中，運人間之小智耶！【釋文】「索所」所百反。

5.【注】人形乃是萬化之一遇耳，未足獨喜也。無極之中，所遇者皆若人耳，豈特人形可喜而餘物無樂耶！◎

慶藩案《文選》賈長沙〈鵩鳥賦〉注引司馬云：當復化而為無。《釋文》闕。 【釋文】「無樂」音洛。下及注同。

6.【注】本非人而化為人，失於故矣。失故而喜，喜所遇也。變化無窮，何所不遇！所遇而樂，樂豈有極乎！ 【疏】特，獨也。犯，遇也。夫大冶洪鑪，陶鑄群品，獨遇人形，其貌類無窮，所遇即喜，喜亦何極！是以唯形與喜，不可勝計。

7.【注】夫聖人遊於變化之塗，放於日新之流。萬物萬化，亦與之萬化，化者無極，亦與之無極，誰得遯之哉！夫於生為亡而於死為存，則何時而非我，何往不存耶！ 【疏】大物不得遯者，自然也，孰能逃於自然之道乎！是故聖人遊心變化之塗，放任日新之境，未始非我，何往不存！ 【釋文】「可勝」音升。

8.【注】此自均於百年之中，不善少而否老，未能體變化，齊死生也。然其平粹，猶足以師人也。 【疏】係，屬也。夫人之識性，明暗不同。自有百年之中，一生之內，從容平淡，鮮有欣慼，至於壽夭老少，都不介懷。雖未能忘生死，但復無嫌惡，猶足以為物師傅，人放效之。而況混同萬物，冥一變化。屬在至人，必資聖知，為物宗匠，不亦宜乎！ 【釋文】「善妖」崔本作狡，同。古卯反。本又作夭，於表反。簡文於橋反，云：異也。◎盧文弨曰：今本作夭。◎慶藩案妖字，正作夭。夭妖古通用。《史記·周本紀》後宮童妾所棄妖子，徐廣曰：妖，一作夭。崔氏作狡，非也。「善妖少」詩照反。「否老」音鄙。本亦作鄙。「平粹」雖遂反。

9.【注】此玄同萬物而與化為體，故其為天下之所宗也。不亦宜乎！

夫道，有情有信，无為无形[1]；可傳而不可受[2]，可得而不可見[3]；自本自根，未有天地，自古以固存[4]；神鬼神帝，生天生地[5]；在太極之先而不為高，在六極之下而不為深，先天地生而不為久，長於上古而不為老[6]。狶韋氏得之，以挈天地[7]；伏戲氏得之，以襲氣母[8]；維斗得之，終古不忒[9]；日月得之，終古不息[10]；堪坏得之，以襲崑崙[11]；馮夷得之，以遊大川[12]；肩吾得之，以處大山[13]；黃帝得之，以登雲天[14]；顓頊得之，以處玄宮[15]；

禺強得之，立乎北極[16]；西王母得之，坐乎少廣，莫知其始，莫知其終[17]；彭祖得之，上及有虞，下及五伯[18]；傅說得之，以相武丁，奄有天下，乘東維，騎箕尾，而比於列星[19]。

1.【注】有無情之情，故無為也；有無常之信，故無形也。
　【疏】明鑑洞照，有情也。趣機若響，有信也。恬淡寂寞，無為也。視之不見，無形也。

2.【注】古今傳而宅之，莫能受而有之。
　【釋文】「可傳」直專反。注同。

3.【注】咸得自容，而莫見其狀。
　【疏】寄言詮理，可傳也。體非量數，不可受也。離於形色，不可見也。

4.【注】明無不待有而無也。
　【疏】自，從也。存，有也。虛通至道，無始無終。從古以來，未有天地，五氣未兆，大道存焉。故《老經》云有物混成，先天地生；又云迎之不見其首，隨之不見其後者也。

5.【注】無也，豈能生神哉？不神鬼帝而鬼帝自神，斯乃不神之神也；不生天地而天地自生，斯乃不生之生也。故夫神之果不足以神，而不神則神矣，功何足有，事何足恃哉！
　【疏】言大道能神於鬼靈，神於天帝，開明三景，生立二儀，至無之力，有茲功用。斯乃不神而神，不生而生，非神之而神，生之而生者也。故《老經》云天得一以清，神得一以靈。

6.【注】言道之無所不在也，故在高為無高，在深為無深，在久為無久，在老為無老，無所不在，而所在皆無也。且上下無不格者，不得以高卑稱也；外內無不至者，不得以表裏名也；與化俱移者，不得言久也；終始常無者，不可謂老也。
　【疏】太極，五氣也。六極，六合也。且道在五氣之上，不為高遠；在六合之下，不為深邃；先天地生，不為長久；長於上古，不為耆艾。言非高非深，非久非老，故道無不在而所在皆無也。
　【釋文】「在大極」音泰。「之先」一本作先未，崔本同。◎盧文弨曰：今本作一本作先之，無未字。「先天」悉薦反。「長於」丁丈反。「稱也」尺證反。

7.【疏】狶韋氏，文字已前遠古帝王號也。得靈通之道，故能驅馭群品，提挈二儀。又作契字者，契，合也，言能混同萬物，符合二儀者也。
　【釋文】「狶韋氏」許豈反，郭褚伊反。李音豕。司馬云：上古帝王名也。「以

挈】徐苦結反，郭苦係反。司馬云：要也，得天地要也。崔云：成也。

8.【疏】伏戲，三皇也，能伏牛乘馬，養伏犧牲，故謂之伏犧也。襲，合也。氣母者，元氣之母，應道也。為得至道，故能畫八卦，演六爻，調陰陽，合元氣也。

【釋文】「伏戲」音義。崔本作伏戲氏。「以襲氣母」司馬云：襲，入也。氣母，元氣之母也。

9.【疏】維斗，北斗也，為眾星綱維，故謂之維斗。忒，差也。古，始也。得於至道，故歷於終始，維持天地，心無差忒。

【釋文】「維斗」李云：北斗也，所以為天下綱維。◎盧文弨曰：今本天下作天之。「終古」崔云：終古，久也。

10.【疏】日月光證於一道，故得終始照臨，竟無休息者也。

【釋文】「不忒」它得反，差也。崔本作代。

11.【疏】崑崙，山名也，在北海之北。堪坏，崑崙山神名也。襲，入也。堪坏人面獸身，得道入崑崙山為神也。

【釋文】「堪坏」徐扶眉反，郭孚杯反。崔作邳。司馬云：堪坏，神名，人面獸形。《淮南》作欽負。「崑崙」崑，或作岷，同。音昆。崙音倫，山名。

「大山」音泰，又如字。

12.【疏】姓馮，名夷，弘農華陰潼鄉堤首里人也，服八石，得水仙。大川，黃河也。天帝錫馮夷為河伯，故游處盟津大川之中也。

【釋文】「馮夷」司馬云：清泠傳曰：馮夷，華陰潼鄉堤首人也。服八石，得水仙，是為河伯。一云以八月庚子浴於河而溺死，一云渡河溺死。「大川」河也。崔本作泰川。

13.【疏】肩吾，神名也。得道，故處東岳為太山之神。

【釋文】「肩吾」司馬云：山神，不死，至孔子時。

14.【疏】黃帝，軒轅也。採首山之銅，鑄鼎於荊山之下，鼎成，有龍垂於鼎以迎帝，帝遂將群臣及後宮七十二人，白日乘雲駕龍，以登上天，仙化而去。

【釋文】「黃帝」崔云：得道而上天也。

15.【疏】顓頊，黃帝之孫，即帝高陽也，亦曰玄帝。年十二而冠，十五佐少昊，二十即位。採羽山之銅為鼎，為處於玄宮也。

【釋文】「顓頊」李云：顓頊，帝高陽氏。玄宮，北方宮也。月令曰：其帝顓頊，其神玄冥。能召四海之神，有靈異。年九十七崩，得道，為北方之帝。玄者，北方之色，故處於玄宮也。音專。下許玉反。「玄宮」李云：顓頊，帝高陽也。玄宮，北方宮也。

16.【疏】禺強，水神名也，亦曰禺京。人面鳥身，乘龍而行，與顓頊並軒轅之胤也。雖復得道，不居帝位而為水神。水位北方，故位號北極也。

【釋文】「禺強」音虞，郭語龍反。司馬云：《山海經》曰：北海之渚有神，

人面鳥身，珥兩青蛇，踐兩赤蛇，名禺強。崔云：〈大荒經〉曰：北海之神，名曰禺強，靈龜為之使。〈歸藏〉曰：昔穆王子筮卦於禺強。案〈海外經〉云：北方禺強，黑身手足，乘兩龍。郭璞以為水神，人面鳥身。簡文云：北海神也，一名禺京，是黃帝之孫也。

17.【疏】少廣，西極山名也。王母，太陰之精也，豹尾，虎齒，善笑。舜時，王母遣使獻玉環，漢武帝時，獻青桃。顏容若十六七女子，甚端正，常坐西方少廣之山，不復生死，故莫知始終也。《山海經》云：狀如人，狗尾，蓬頭，戴勝，善嘯，居海水之涯。《漢武內傳》云：西王母與上元夫人降帝，美容貌，神仙人也。【少廣】司馬云：穴名。崔云：山名。或云，西方空界之名。【釋文】【西王母】《山海經》解見《逍遙遊篇》。崔云：壽七百歲。或以為仙，不死。【五伯】如字。又音霸。崔李云：夏伯昆吾，殷大彭豕韋，周齊桓晉文。

18.【疏】彭祖，帝顓頊之玄孫也。封於彭城，其道可祖，善養性，得道者也。五伯者，昆吾為夏伯，大彭豕韋為殷伯，齊桓晉文為周伯，合為五伯。而彭祖得道，所以長年，上至有虞，下及殷周，凡八百年也。【疏】武丁，殷王名也，號曰高宗。高宗夢得傅說，於陝州河北縣傅巖板築之所而得之，相於武丁，奄然清泰。傅說，星精也。而傅說一星在箕尾上，然箕尾則是二十八宿之數，維持東方，故言乘東維、騎箕尾；而與角亢等星比並行列，故言比於列星也。【釋文】【傅說】音悅。【得之以相】息亮反。【武丁奄有天下乘東維騎箕尾而比於列星】司馬云：傅說，殷相也。武丁，殷王高宗也。東維，箕斗之間，天漢津之東維也。《星經》曰：傅說一星在尾上，言其乘東維，騎箕尾之間也。崔云：傅說死，其精神乘東維，託龍尾，乃列宿。今尾上有傅說星。崔

19.【注】道，無能也。此言得之於道，乃所以明其自得耳。自得耳，道不能使之得也；我之未得，又不能為得也。然則凡得之者，外不資於道，內不由於己，掘然自得而獨化也。夫生之難也，猶獨化而自得之矣，既得其生，又何患於生之不得而為之哉！故夫為生果不足以全生，以其生之不由於己為也，而為之則傷其真生也。【疏】

南伯子葵問乎女偊曰：「子之年長矣，而色若孺子，何也[1]？」
曰：「吾聞道矣[2]。」

本此下更有其生無父母，死登假三年而形遯，此言神之無能名者也，凡二十二字。「掘然」其勿反。

1.【疏】葵當為綦字之誤,猶《人間世篇》中南郭子綦也。女偶,古之懷道人也。孺子,猶稚子也。女偊久聞至道,故能攝衛養生,年雖老,猶有童顏之色,駐彩之狀。既異凡人,是故子葵問其何以致此也。【釋文】「南伯子葵」李云:葵當為綦,聲之誤也。「女偊」徐音禹,李音矩。一云,是婦人也。◎盧文弨曰:今本作丁丈反,與前後同。「孺子」本亦作孺,如喻反。李云:弱子也。◎盧文弨曰:今本作孺,是正體。

2.【注】聞道則任其自生,故氣色全也。

【疏】答云:聞道故得全生,是以反少還童,色如稚子。

南伯子葵曰:「道可得學邪[1]?」

曰:「惡!惡可!子非其人也[2]。夫卜梁倚有聖人之才而无聖人之道,我有聖人之道而无聖人之才[3],吾欲以教之,庶幾其果為聖人乎!不然,以聖人之道告聖人之才,亦易矣。吾猶守而告之[4],參日而後能外天下[5];已外天下矣,吾又守之,七日而後能外物[6];已外物矣,吾又守之,九日而後能外生[7];已外生矣,而後能朝徹[8];朝徹,而後能見獨[9];見獨,而後能无古今[10];无古今,而後能入於不死不生。殺生者不死,生生者不生[11][12]。其為物,无不將也[13],无不迎也[14];无不毀也[15],无不成也[16]。其名為攖寧[17]。攖寧也者,攖而後成者也[18]。」

1.【疏】覩其容色,既異常人,心懷景慕,故詢其方術也。

2.【疏】惡惡可,言不可也。女偊心神內靜,形色外彰。子葵見其容貌,欣然請學。嫌其所問,故抑之謂非其人也。

【釋文】「惡惡可」並音烏。下惡乎同。

3.【疏】卜梁,姬姓也,倚,名也。虛心凝淡為道,智用明敏為才。言梁有外用之才而無內凝之道,女偊有虛淡之道而無明敏之才,各滯一邊,未為通美。然以才方道,才劣道勝也。

【釋文】「卜梁倚」魚綺反,又其綺反。李云:卜梁,姓;倚,名。

4.【疏】庶，慕也。幾，近也。果，決也。夫上士聞道，猶藉勤行，道無由致。是故雖蒙教誨，必須修學，慕近玄道，決成聖人。若其不然，告示甚易，為須修守，所以成難。然女偊久聞至道，內心凝寂，今欲傳告，猶自守之。況在初學，無容懈怠，假令口說耳聞，蓋亦何益。是以非知之難，行之難也。【釋文】「亦易」以歧反。

5.【注】外，猶遺也。【疏】外，遺忘也。夫為師不易，傳道極難。方欲教人，故凝神靜慮，修而守之，凡經三日。心既虛寂，萬境皆空，是以天下地上，悉皆非有也。【釋文】「參日」音三。

6.【注】物者，朝夕所須，切己難忘。【疏】天下萬境疏遠，所以易忘；資身之物親近，所以難遺。守經七日，然後遺之。故郭注云，物者朝夕所須，切己難忘者也。

7.【注】都遺也。【疏】隳體離形，坐忘我喪，運心既久，遺遺漸深也。

8.【注】死生一觀，物我兼忘，惠照豁然，如朝陽初啟，故謂之朝徹也。【疏】遺生則不惡死，不惡死故所遇即安，豁然無滯，見機而作，斯朝徹也。【釋文】「能朝」如字。李除遙反。下同。「徹」，明也。「不惡」烏路反。下同。「豁然」喚活反。

9.【注】當所遇而安之，忘先後之所接，斯見獨者也。【疏】夫至道凝然，妙絕言象，非無非有，不古不今，獨往獨來，絕待絕對。覩斯勝境，謂之見獨。故《老經》云寂寞而不改。

10.【注】與獨俱往。【疏】古今，會也。夫時有古今之異，法有生死之殊者，此蓋迷徒倒置之見也。時既運運新新，無今無古，故法亦不去不來，無死無生者也。會斯理者，其唯女偊之子耶！

11.【注】夫係生故有死，惡死故有生。是以無係無惡，然後能無死無生。【疏】任造物之日新，隨變化而俱往，不為物境所遷，故無古今之異。

12.【疏】殺，滅也；死，亦滅也。謂此死者未曾滅，謂此生者未曾生。既死既生，能入於無死無生，故體於法，無生滅也。法既不生不滅，而情亦何欣何惡耶！任之而無不適也。【釋文】「殺生者不死」李云：殺，猶亡也。亡生者不死也。崔云：除其營生為殺生。「生生者不生」李云：矜生者不生也。崔云：常營其生為生生。

13.【注】任其自將，故無不將。

14.【注】任其自迎，故無不迎。

【疏】將，送也。夫道之為物，拯濟無方，雖復不滅不生，是以迎無窮之生，送無量之死也。

15.【注】任其自毀，故無不毀。

16.【注】任其自成，故無不成。

17.【注】夫與物冥者，物繁亦繁，而未始不寧也。

【疏】不送而送，無不毀滅；不迎而迎，無不生成也。夫聖人慈惠，道濟蒼生，妙本無名，隨物立稱，動而常寂，雖擾而寧者也。

18.【注】物繁而獨不繁，則敗矣。故繁而任之，則莫不曲成也。

【疏】既能和光同塵，動而常寂，然後隨物攖攖，善貸生成也。

【釋文】「攖」郭音縈。徐於盈反，李於盈反。崔云：有所繫著也。◎家世父曰：趙岐《孟子》注：擾，迫也。物我生死之見迫於中，將迎成毀之機迫於外，而一無所動其心，乃謂之攖寧。置身紛紜蕃變交爭互觸之地，而心固寧焉，故曰攖而後成。

南伯子葵曰：「子獨惡乎聞之1？」

曰：「聞諸副墨之子2，副墨之子聞諸洛誦之孫3，洛誦之孫聞之瞻明4，瞻明聞之聶許5，聶許聞之需役6，需役聞之於謳7，於謳聞之玄冥8，玄冥聞之參寥9，參寥聞之疑始10。」

1.【疏】子葵怪女偊之談，其道高妙，故問「子於何處獨得聞之」？自斯已下，凡有九重，前六約教，後三據理，並是女偊告示子葵之辭也。

2.【疏】諸，之也。副，副貳也。墨，翰墨，文字也。理能生教，故謂文字為副貳也。夫魚必因筌而得，理亦因教而明，故聞之翰墨，以明先因文字得解故也。

【釋文】「副墨」李云：可以副貳玄墨也。崔云：此已下皆古人姓名，或寓之耳，無其人。

3.【疏】臨本謂之副墨，背文謂之洛誦。初既依文生解，所以執持披讀；次則漸悟其理，是故羅洛誦之。且教從理生，故稱為子；而誦因教起，名之曰孫也。

【釋文】「洛誦」李云：誦，通也。苞洛無所不通也。

神明洞徹也。

4.【疏】瞻，視也，亦至也。讀誦精熟，功勞積久，漸見至理，靈府分明。
【釋文】「瞻明」音占。李云：神明洞徹也。

5.【疏】聶，登也，亦是附耳私語也。既誦之稍深，因教悟理，心生歡悅，私自許當，附耳竊私語也。既聞於道，未敢公行，亦是漸登勝妙玄情者也。
【釋文】「聶許」徐乃攝反。李云：許，與也。攝而保之，無所施與也。「於」音烏，又如字。下同。

6.【疏】需，須也，用也，行也。雖復私心自許，智照漸明，必須依教遵循，勤行勿怠。懈而不行，道無由致。
【釋文】「需役」徐音須，李音儒，云：儒弱為役也。王云：需，待也。役，亨毒也。

7.【疏】謳，歌謠也。既因教悟理，依解而行，遂使盛惠顯彰，謳歌滿路也。
【釋文】「謳」徐烏侯反。李香于反，云：謳，胞也。王云：謳，歌謠也。

8.【注】玄冥者，所以名無而非無也。
【疏】玄者，深遠之名也。冥者，幽寂之稱。既德行內融，芳聲外顯，故漸階虛極，以至於玄冥故也。
【釋文】「玄冥」李云：強名曰玄，視之冥然。向郭云：所以名無而非無也。

9.【注】夫階名以至無者，必得無於名表。故雖玄冥猶未極，而又推寄於參寥，亦是玄之又玄也。
【疏】參，三也。寥，絕也。一者絕有，二者絕無，三者非有非無，故謂之三絕也。夫玄冥之境，雖妙未極，故至乎三絕，方造重玄也。
【釋文】「參」七南反。「寥」徐力彫反。李云：參，高也。高邈寥曠，不可名也。

10.【注】夫自然之理，有積習而成者。蓋階近以至遠，研粗以至精，故乃七重而後及無之名，九重而後疑無是始也。
【疏】始，本也。夫道，超此四句，離彼百非，名言道斷，心知處滅，雖復三絕，未窮其妙。而三絕之外，道之根本，所謂重玄之域，眾妙之門，意亦難得而差言之矣。是以不本而本，本無所本，疑名為本，亦無的可本，故謂之疑始也。
【釋文】「研粗」七胡反。「七重」直龍反。「疑始」李云：又疑無是始，則始非無名也。

子祀子輿子犂子來四人相與語曰：「孰能以无為首，以生為脊，以死為尻，孰知死生存亡之一體者，吾與之友矣。」[1]四人相視而笑，莫逆於心，

遂相與為友²。

1.【疏】子祀四人，未詳所據。觀其心迹，並方外之士，情同淡水，共結素交，敘莫逆於虛玄，述忘言於至道。夫人起自虛無，無則在先，故以無為首；從無生有，生則居次，既生而死，死最居後，故以死為尻；亦故然也。尻首雖別，本是一身；而死生乃異，源乎一體。能達斯趣，所遇皆適，豈有存亡欣惡於其間哉！誰能知是，我與為友也。

【釋文】「子祀」崔云：《淮南》作子永，行年五十四而病傴僂。◎慶藩案崔本作子永，是也。今本《淮南·精神篇》作子求，與崔所見本異。顧千里曰：求當作永。《抱朴子·博喻篇》曰子永歎天倫之偉，字正作永。永求形近，經傳中互誤者，不可枚舉。「子輿」本又作與，音餘。「子犁」禮兮反。「為尻」苦羔反。

2.【疏】目擊道存，故相見而笑：同順玄理，故莫逆於心也。

俄而子輿有病，子祀往問之¹。曰：「偉哉夫造物者，將以予為此拘拘也²！曲僂發背，上有五管，頤隱於齊，肩高於頂，句贅指天。」陰陽之氣有沴³，其心閒而无事⁴，跰𨇤而鑑於井，曰：「嗟乎！夫造物者又將以予為此拘拘也⁵！」

1.【疏】友人既病，須往問之，任理而行，不乖於方外也。

2.【疏】偉，大也。造物，猶造化也。拘拘，攣縮不申之貌也。夫洪鑪大冶，造物無偏，豈獨將我一身故為拘攣之疾！以此而言，無非命也。子輿達理，自歎此辭也。
【釋文】「偉哉」韋鬼反。向云：美也。崔云：自此至鑑於井，皆子祀自說病狀也。「拘拘」郭音駒。司馬云：體拘攣也。王云：不申也。

3.【注】沴，陵亂也。
【疏】傴僂曲腰，背骨發露。既其俯而不仰，故藏腑並在上，頭低則頤隱於臍，膊聳則肩高於頂，而咽項句曲，大挺如瞀。陰陽二氣，陵亂不調，遂使一身，遭斯疾篤。
【釋文】「曲僂」徐力主反。「於頂」本亦作項。崔本作釭，音項。◎盧文弨曰：舊作釭，音項。今本作缸，音項。據宋本釭音項，疑釭為反。

釭之譌，參酌改正。「句」俱樹反，徐古候反。「贅」徐之稅反，項椎也。其形似贅，言其上向也。「有沴」音麗，徐又徒顯反，云：陵亂也。李同。崔本作沴，云：滿也。

【釋文】「其心閒」音閑。崔以其心屬上句。

4. 【注】不以為患。 【疏】死生猶為一體，疾患豈復櫻懷！故雖曲僂拘拘，而心神閒逸，都不以為事。

5. 【注】夫任自然之變者，無嗟也，與物嗟耳。 【疏】跰𨇴，曳疾貌。言曳疾力行，照臨于井，既見己貌，遂使發傷嗟。尋夫大道自然，造物均等，豈偏於我，獨此拘攣？欲顯明物理，故寄茲嗟嘆也。「而鑑」古暫反。「曰嗟乎」崔云：此子輿辭。步田反，下悉田反。崔本作邊鮮。司馬云：病不能行，故跰𨇴也。 【釋文】「跰𨇴」

子祀曰：「女惡之乎1？」

曰：「亡2，予何惡！浸假而化予之左臂以為雞，予因以求時夜；浸假而化予之右臂以為彈，予因以求鴞炙；浸假而化予之尻以為輪，以神為馬，予因以乘之，豈更駕哉！3且夫得者，時也4，失者，順也5；安時而處順，哀樂不能入也6。此古之所謂縣解也，而不能自解者，物有結之7。且夫物不勝天久矣，吾又何惡焉8！」

1. 【疏】淡水素交，契心方外，見其嗟嘆，故有驚疑。 【釋文】「女惡」音汝。下同。下烏路反。

2. 【疏】亡，無也。存亡死生，本自無心。不嗟之嗟，何嫌惡之也！ 【釋文】「曰亡」如字。絕句，「予何惡」烏路反。

3. 【注】浸，漸也。夫體化合變，則無往而不因，無因而不可也。 【疏】假令陰陽二氣，漸而化我左右兩臂為雞為彈，彈則求於鴞鳥，鷄則夜候天時，因漸漬而變化，乘輪馬以遨遊，苟隨任以安排，亦於何而不適者也。 【釋文】「浸」子鴆反。向云：漸也。「予因以求時夜」一本無求。「為彈」徒且反。「鴞」戶驕反。「炙」章夜反。

4.【注】當所遇之時，世謂之得。

5.【注】時不暫停，順往而去。

6.【疏】得者，生也，失者，死也。夫忽然而得，時應生也；倏然而失，順理死也。是以安於時則不欣於生，處於順則不惡於死。既其無欣無惡，何憂樂之入乎！【釋文】「哀樂」音洛。

7.【注】一不能自解，則眾物共結之矣。故能解則無所不解，不解則無所而解也。【疏】處順忘時，蕭然無係，古昔至人，謂為縣解。若夫當生慮死，而以憎惡存懷者，既內心不能自解，故為外物結縛之也。【釋文】「縣」音玄。「解」音蟹，下及注同。向云：縣解，無所係也。

8.【注】天不能無晝夜，我安能無死生而惡之哉！【疏】玄天在上，猶有晝夜之殊，況人居世間，焉能無死生之變！且物不勝天，非唯今日，我復何人，獨生憎惡！

俄而子來有病，喘喘然將死，其妻子環而泣之[1]。子犁往問之，曰：「叱！避！无怛化[2]！」倚其戶與之語曰：「偉哉造化！又將奚以汝為，將奚以汝適？以汝為鼠肝乎？以汝為蟲臂乎？」[3]

1.【疏】環，繞也。喘喘，氣息急也。子輿語訖，俄頃之間，子來又病，氣奔欲死。既將屬纊，故妻子繞而哭之也。【釋文】「環而」如字。徐音患。李云：繞也。「喘喘」川轉反，又尺軟反。崔本作惴惴。「環」如字。

2.【注】夫死生猶寤寐耳，於理當寐，不願人驚之，將化而死亦宜，無為怛之也。【疏】叱，訶聲也。夫方外之士，冥一死生，而朋友臨終，和光往問。故叱彼親族，令避傍近，正欲變化，不欲驚怛也。【釋文】「叱」昌失反。「无怛」丁達反。崔本作袒，音怛，驚也。鄭眾注《周禮·考工記》不能驚怛，是也。【釋文】「叱」

3.【疏】又，復也。奚，何也。適，往也。倚戶觀化，與之而語。歎彼大造，弘普無私，偶爾為人，忽然返化。不知方外適往何道，變作何物。將汝五藏為鼠之肝，或化四支為蟲之臂。任化而往，所遇皆適也。【釋文】「倚其」於綺反。「鼠肝」向云：委棄土壤而已。王云：以微蔑至賤。「蟲臂」臂，亦作腸。崔本同。

子來曰：「父母於子，東西南北，唯命之從。陰陽於人，不翅於父母[1]；彼近吾死而我不聽，我則悍矣，彼何罪焉[2]！夫大塊載我以形，勞我以生，佚我以老，息我以死。故善吾生者，乃所以善吾死也[3]。今大冶鑄金，金踊躍曰『我且必為鏌鋣』，大冶必以為不祥之金。今一犯人之形，而曰『人耳人耳』，夫造化者必以為不祥之人[4]。今一以天地為大鑪，以造化為大冶，惡乎往而不可哉[5]！」成然寐，蘧然覺[6]。

[1.]【注】自古或有能違父母之命者矣，未有能違陰陽之變而距晝夜之節者也。　【疏】自此已下，是子來臨終答子犁之詞也。夫孝子侍親，尚驅馳唯命。況陰陽造化，何啻二親乎！故知違親之教，世或有焉；拒於陰陽，未之有也。　【釋文】「不翅」徐詩知反。

[2.]【注】死生猶晝夜耳，未足為遠也。時當死，亦非所禁，而橫有不聽之心，適足悍逆於理以速其死。其死之速，由於我悍，非死之罪也。　【疏】彼，謂死耳；在生，故以死為彼。　【疏】彼，造化也。而造化之中，今死近死。我惡其死而不聽從，則是我拒陰陽，逆於變化。斯乃忤在於我，彼何罪焉！郭注以死為彼也。　【釋文】「彼近」如字。　【則悍】本亦作捍，胡旦反。《說文》云：捍，抵也。

[3.]【注】理常俱也。

[4.]【注】人耳人耳，唯願為人也。　【疏】此重引前文，證成彼義。斯言切當，所以再出。其解釋文意，不異前旨。遇，今一遇人形，豈故為物哉？生非故為，時自生耳。務而有之，不亦妄乎！　【疏】亦猶金之踊躍，世皆知金之不祥，而不能任其自化。夫變化之道，靡所不古之良劍名也。昔吳人干將為吳王造劍，妻名鏌鋣，因名雄劍曰干將，雌劍曰鏌鋣。　【疏】祥，善也。犯，遇也。夫洪鑪大冶，鎔鑄金鐵，隨器大小，悉皆為之。而鑪中之金，忽然跳躍，殷勤致請，願為良劍。匠者驚嗟，用為不善。亦猶自然大冶，彫刻眾形，鳥獸魚蟲，種種皆作。偶爾為人，遂即欣愛，鄭重啟請，願更為人，而造化之中，用為妖孽也。　【釋文】「我且」如字。　【鏌】音莫。「鋣」似嗟反。鏌鋣，劍名。

[5.]【注】人皆知金之有係為不祥，故明己之無異於金，則所係之情可解，可解則無不可也。　【疏】夫用二儀

造化，一為鑪冶，陶鑄群物，錘鍛蒼生，磅礴無心，亭毒均等，所遇斯適，何惡何欣！安排變化，無往不可也。

【釋文】「大鑪」劣奴反。「惡乎」音烏，下同。「可解」如字，下同。

6.【注】窹寐自若，不以死生累心。【疏】成然是閒放之貌，蘧然是驚喜之貌。窹，寐也，以譬於死也。覺是窹也，以況於生。然窹寐雖殊，何嘗不從容逸樂；死生乃異，亦未始不任命逍遙。此總結子來以死生為窹寐者也。【釋文】「成然」如字。崔同。李云：成然，縣解之貌。本或作戌。簡文云：當作滅。本又作賊，呼括反，視高貌。本亦作俄然。「蘧然」李音渠。崔本作據，又其據反。蘧然，有形之貌。「覺」古孝反。向崔本此下更有發然汗出一句，云：無係則津液通也。崔云：榮衛和通，不以化為懼也。

子桑戶孟子反子琴張三人相與友，曰：「孰能相與於无相與，相為於无相為[1]？孰能登天遊霧，撓挑无極[2]；相忘以生，无所終窮[3]？」三人相視而笑，莫逆於心，遂相與為友[4]。

1.【注】夫體天地，冥變化者，雖手足異任，五藏殊官，未嘗相與而百節同和，斯相與於無相與也。若乃役其心志以卹手足，運其股肱以營五藏，則相營愈篤而外內愈困矣。故以天下為一體者，無愛為於其間也。【疏】此之三人，並方外之士，冥於變化，一於死生，志行既同，故相與交友。仍各率乃誠，述其情致云：誰能於虛無自然而相與，無為而與，無為之而為，與之而與者也。猶如五藏六根，四肢百體，各有司存，更相御用，豈有心於相與，情係於親疏哉！雖無意於相為，而相濟之功成矣。故於無為而相與周旋，於無為而為交友者，其義亦然乎耳。【釋文】「相與」如字。崔云：猶親也。或一音豫。「相為」如字，或一音于偽反。「愛為」于偽反。

2.【注】無所不任。【疏】撓挑，猶宛轉也。夫登昇上天，示清高輕舉；遨遊雲霧，表不滯其中；故能隨變化而無窮，將造物而宛轉者也。【釋文】「撓」徐而少反，郭許堯反。「挑」徐徒了反，郭李徒堯反。又作兆。李云：撓挑，猶宛轉也，將造物而宛轉玄曠之中。簡文云：循環之名。

3.【注】忘其生，則無不忘矣，故能隨變任化，俱無所窮竟。【疏】終窮，死也。相與忘生復忘死，死生混

一，故順化而無窮也。

4.【注】若然者豈友哉？蓋寄明至親而無愛念之近情也。

【疏】得意忘言，故相視而笑；智冥於境，故莫逆於心。方外道同，遂相與為友也。

莫然有閒而子桑戶死，未葬。孔子聞之，使子貢往侍事焉1。或編曲，或鼓琴，相和而歌2曰：「嗟來桑戶乎！嗟來桑戶乎！而已反其真，而我猶為人猗3！」子貢趨而進曰：「敢問臨尸而歌，禮乎4？」

1.【疏】莫，無也。三人相視，寂爾無言。俄頃之閒，子桑戶死。仲尼聞之，使子貢往而弔，仍令供給喪事，將迎賓客。欲顯方外方內，故寄尼父琴張。◎慶藩案有，《釋文》作為。為閒即有閒矣。古為有義通。《孟子·滕文公篇》，將為君子焉，將為野人焉，趙岐注：為，有也。雖小國亦有君子野人也。又弟子憮然為閒，注：為閒，有頃之閒也。又〈盡心篇〉為閒不用，注：為閒，有閒也。《說苑·貴德篇》引《孟子》為作有。〈燕策〉故不敢為辭說，《新序·雜事篇》為作有。皆其證。【釋文】「莫然」如字。崔云：定也。「有閒」如字。崔李云：頃也。

2.【疏】曲，薄也。或編薄織簾，或鼓琴歌詠，相和歡樂，曾無感容。所謂相忘以生，方外之至也。【釋文】「編曲」必連反，《字林》布千反，郭父玹反，《史記》甫連反。李云：曲，蠶薄。「相和」胡臥反。

3.【注】人哭亦哭。猗，相和聲也。夫從無出有，名之曰生；自有還無，名之曰死。汝今既還空寂，便是歸本反真，而我猶寄人閒，羈旅未還桑梓。欲齊一死生，而發斯猗歎者也。◎李楨曰：嗟來是歌聲，卻是歎辭。《釋名·釋言語》：嗟，佐也；言之不足以盡意，故發此聲以自佐也。來，哀也；使來入已哀之，故其言之低頭以招之也。《孟子》反子琴張歜桑戶之得已反真，故為此歌也。【釋文】「嗟來」歌聲也。桑戶乎以下，相和之辭也。「我猶」崔本作獨。「人猗」於宜反。崔云，辭也。

4.【疏】方內之禮，貴在節文，鄰里有喪，舂猶不相。況臨朋友之屍，曾無哀哭，琴歌自若，豈是禮乎？子貢【釋文】「哀樂」音洛。

怪其如此，故趨走進問也。

二人相視而笑曰：「是惡知禮意¹！」

1.【注】夫知禮意者，必遊外以經內，守母以存子，稱情而直往也。若乃矜乎名聲，牽乎形制，則孝不任誠，慈不任實，父子兄弟，懷情相欺，豈禮之大意哉！　【疏】夫大禮與天地同節，不拘制乎形名，直致任真，率情而往，況冥同生死，豈存哀樂於胸中！而子貢方內儒生，性猶褊執，未契妙本。如是之人，於何知禮之深乎！為方外所嗤，固其宜矣。　【釋文】「惡知」音烏，下皆同。「稱情」尺證反。

子貢反，以告孔子，曰：「彼何人者邪？修行无有，而外其形骸，臨尸而歌，顏色不變，无以命之。彼何人者邪？」¹

1.【疏】命，名也。子貢使返，且告尼父云：彼二人情事難識，修己德行，無有禮儀，而忘外形骸，混同生死，臨喪歌樂，神形不變。既莫測其道，故難以名之。　【釋文】「无以命之」崔李云：命，名也。

孔子曰：「彼，遊方之外者也；而丘，遊方之內者也¹。外內不相及，而丘使女往弔之，丘則陋矣²。彼方且與造物者為人，而遊乎天地之一氣³。彼以生為附贅縣疣⁴，以死為決疣潰癰⁵，夫若然者，又惡知死生先後之所在⁶！假於異物，託於同體⁷；忘其肝膽，遺其耳目⁸；反覆終始，不知端倪⁹；芒然彷徨乎塵垢之外，逍遙乎无為之業¹⁰。彼又惡能憒憒然為世俗之禮，以觀眾人之耳目哉¹¹！」

1.【注】夫理有至極，外內相冥，未有極遊外之致而不冥於內者也，未有能冥於內而不遊於外者也。故聖人常

遊外以冥內，無心以順有，故雖終日見形而神氣無變，俯仰萬機而淡然自若。夫見形而不及神者，天下之常累也。是故覩其與群物並行，則莫能謂之遺物而離人矣；覩其體化而應務，則莫能謂之坐忘而自得矣。豈直謂聖人不然哉？乃必謂至理之無此。是故莊子將明流統之所宗以釋天下之可悟，若直就稱仲尼之如此，或者將據所見以排之，故超聖人之內迹，而寄方外於數子。宜忘其所寄以尋述作之大意，則夫遊外冥內之道坦然自明，而仲尼之書，故是涉俗蓋世之談矣。

【疏】方，區域也。彼之二人，齊一死生，不為教迹所拘，故遊心寰宇之外。而仲尼子貢，命世大儒，行裁非之義，服節文之禮，銳意哀樂之中，遊心區域之內，所以為異也。◎慶藩案《文選》而淡，徒暫反。

〈之郡初發都詩〉注夏侯孝若東方朔贊注，並引司馬云：方，常也，齊一死生，言彼遊心于常教之外也。《釋文》闕。

2.【注】夫弔者，方內之近事也，施之於方外則陋矣。

【疏】玄儒理隔，內外道殊，勝劣而論，不相及逮。

【釋文】「使女」音汝。下同。

3.【注】皆冥之，故無二也。

【釋文】「坦然」吐但反。◎慶藩案《文選》謝靈運

引之曰：〈應帝王篇〉，予方將與造物者為人，郭曰：任人之自為。〈天運篇〉，丘不與化為人，郭曰：夫與化為人者，任其自化者也。案郭未曉人字之義。人，偶也；為人，猶為偶。中庸仁者人也，鄭注：讀如相人偶之人，以人意相存偶之言。《詩・匪風》箋：人偶能輔周道治民者。《聘禮》注：每門輒揖者，以相人偶為敬也。《公食大夫禮》注：每曲揖及當碑揖相人偶。是人與偶同義，故漢世有相人偶之語。《淮南・原道篇》，與造化者為人，義與此同（高注：為治也，非是。互見《淮南》）。〈齊俗〉篇曰：上與神明為友，下與造化為人。任彥昇〈到大司馬記室

4.【注】若疣之自縣，贅之自附，此氣之時聚，非所樂也。

【釋文】「縣」音玄。注同。「疣」音尤。

【疏】彼三子體道之人，達於死生，冥於變化

5.【注】若疣之自決，癰之自潰，此氣之自散，非所惜也。

【疏】疣癰決潰，若疣癰決潰，非所惜也。

【釋文】「決」徐古穴反。

是以氣聚而生，譬疣贅附縣，非所樂也；氣散而死，若疣癰決潰，非所惜也。

箋〉注、陸佐公〈石闕銘〉注、沈休文〈齊故安陸昭王碑〉文注並引司馬云：造物，謂道也。

《釋文》闕。

「疣」，胡亂反。◎盧文弨曰：今本正文亦作疣，音義作疣，胡虯反，恐臆改。「潰」胡對反。◎慶藩案慧琳《一

切經音義卷十六・大方廣三戒經下》引司馬云：浮熱為疸，不通為癃。卷三十《持人菩薩經・二》、卷三十七《準提陀羅尼經》、九十五《正誣經》注引並同。《釋文》闕。

6.【注】死生代謝，未始有極，與之俱往，則無往不可，故不知勝負之所在也。夫疣贅疾癰，四者皆是疾，而氣有聚散，病無勝負。若以此方於生死，亦安知優劣之所在乎！【疏】先，勝也。後，劣也。

7.【注】假，因也。今死生聚散，變化無方，皆異物也。無異而不假，故所假雖異而共成一體也。【疏】水火金木，異物相假，眾諸寄託，共成一身。是知形體，由來虛偽。【疏】既知形質虛假，無可欣愛，故能內則忘於臟腑，外則忘其根竅故也。

8.【注】任之於理而冥往也。化又無極，故莫知端倪。【疏】端，緒也。倪，畔也。反覆，猶往來也。終始，猶生死也。既忘其形質，隳體黜聰，故能去來生死，與化俱往。【釋文】「反覆」芳服反。「端倪」本或作況，同。音崖。徐音詣。

9.【注】五藏猶忘，何物足識哉！未始有識，故能放任於變化之塗，玄同於反覆之波，而不知終始之所極也。【疏】芒然，無知之貌也。彷徨逍遙，皆自得逸豫之名也。塵垢，色聲等有為之物也。前既遺於形骸，此又忘於心智，是以放任於塵累之表，逸豫於清曠之鄉，以此無為而為事業也。【釋文】「芒然」莫剛反。李云：無係之貌。「彷」薄剛反。「徨」音皇。「塵垢」如字。崔本作塚均，云：塚，音逢；垢同。齊人以風塵為塚塈。◎盧文弨曰：舊塈作逢，今本作逢，乃逢字之譌，今改正。

10.【注】所謂無為之業，非拱默而已；所謂塵垢之外，非伏於山林也。【疏】

11.【注】其所以觀示於眾人者，皆其塵垢耳，非方外之冥物也。【疏】憒憒，猶煩亂也。彼數子者，清高虛淡，安排去化，率性任真。何能強事節文，拘世俗之禮；威儀顯示，悅眾人之視聽哉！【釋文】「憒憒」工內反，《說文·蒼頡篇》並云：亂也。「以觀」古亂反，示也。注同。

子貢曰：「然則夫子何方之依[1]？」
孔子曰：「丘，天之戮民也[2]。雖然，吾與汝共之[3]。」

1.【注】子貢不聞性與天道，故見其所依而不見其所以依也。夫所以依者，不依也，世豈覺之哉！【疏】方

內方外，淺深不同，未知夫子依從何道。師資起發，故設此疑。

2.【注】以方內為桎梏，明所貴在方外也。夫遊外者依內，離人者合俗，故有天下者無以天下為也。是以遺物而後能入群，坐忘而後能應務，愈遺之，愈得之。苟居斯極，則雖欲釋之而理固自來，斯乃天人之所不赦者也。【疏】夫聖迹禮儀，乃桎梏形性。仲尼既依方內，則是自然之理，刑戮之人也。故〈德充符篇〉云，天刑之安可解乎。

【疏】夫孔子聖人，和光接物，揚波同世，貴斯俗禮；雖復降迹方內，與汝共之，而遊心方外，蕭然無著也。

3.【注】雖為世所桎梏，但為與汝共之耳。明己恆自在外也。【疏】方，猶道也。問：「迹混域中，心遊方外，外內玄合，其道若何？」

子貢曰：「敢問其方[1]。」

孔子曰：「魚相造乎水，人相造乎道[2]。相造乎水者，穿池而養給；相造乎道者，无事而生定[3]。故曰，魚相忘乎江湖，人相忘乎道術[4]。」

1.【注】問所以遊外而共內之意。【疏】此略標義端，次下解釋也。

2.【疏】造，詣也。魚之所詣者，適性莫過深水；人之所至者，得意莫過道術。雖復情智不一，而相與皆然。【釋文】「相造」七報反，詣也。下同。

3.【注】所造雖異，其於由無事以得事，自方外以共內，然後養給而生定，則莫不皆然也。俱不自知耳，故成無為也。【疏】此解釋前義也。夫江湖淮海，皆名天池。魚在大水之中，窟穴泥沙，以自資養供給也；亦猶人處大道之中，清虛養性，無事逍遙，故得性分靜定而安樂也。【釋文】「穿池」本亦作地，崔同。◎俞樾曰：定疑足字之誤。穿池而養給，無事而生足，兩句一律。給，亦足也。足與定，字形相似而誤。《管子·中匡篇》：功定

4.【注】各自足而相忘者，天下莫不然也。至人常足，故常忘也。【疏】此結釋前義也。夫深水游泳，各足相忘；道術內充，偏愛斯絕；豈與夫呴濡仁義同年而語哉！臨尸而歌，其義亦爾故也。【釋文】「相忘」音亡。

下同。

子貢曰：「敢問畸人1。」

曰：「畸人者，畸於人而侔於天2。故曰，天之小人，人之君子；人之君子，天之小人也3。」

1.【注】問向之所謂方外而不耦於俗者，又安在也。【疏】畸者，不耦之名也。修行無有，而疏外形體，乖異人倫，不耦於俗。敢問此人，其道如何？【釋文】「畸人」居宜反。司馬云：不耦也。不耦於人，謂闕於禮教也。李其宜反，云：奇異也。

2.【注】夫與內冥者，遊於外也。獨能遊外以冥內，任萬物之自然，使天性各足而帝王道成，斯乃畸於人而侔於天也。【疏】自此已下，孔子答子貢也。侔者，等也。同也。夫不修仁義，不偶於物，而率其本性者，與自然之理同也。【釋文】「而侔」音謀。司馬云：等也，亦俗也。

3.【注】以自然言之，則人無小大；以人理言之，則侔於天者可謂君子矣。【疏】夫懷仁履義為君子，乖道背德為小人也。是以行蹩躠之仁，用踶跂之義者，人倫謂之君子，而天道謂之小人也。故知子反琴張，不偶於俗，乃曰畸人，實天之君子。重言之者，復結其義也。

顏回問仲尼曰：「孟孫才，其母死，哭泣无涕，中心不戚，居喪不哀。无是三者，以善處喪1蓋魯國。固有无其實而得其名者乎？回壹怪之2。」

1.【疏】姓孟孫，名才，魯之賢人。體無為之一道，知生死之不二，故能迹同方內，心遊物表。居母氏之喪，禮數不闕，威儀詳雅，甚有孝容；而淚不滂沱，心不悲戚，聲不哀痛。三者既無，不名孝子，而鄉邦之內，悉皆善之，云其處喪深得禮法也。【釋文】「孟孫才」李云：三桓後，才其名也。崔云：才，或作牛。◎李楨曰：以善處喪絕句，文義未完，且嫌於不辭。下蓋魯國三字當屬上為句，不當連下固有云云為句。蓋與〈應帝王篇〉功蓋天

下義同，言孟孫才以善處喪名蓋魯國。《爾雅・釋言》：弇，蓋也。《小爾雅・廣詁》：蓋，覆也。《釋名・釋言語》：蓋，加也。

2.【注】魯國觀其禮，而顏回察其心。

【疏】蓋者，發語之辭也。哭泣縗絰，同域中之俗禮；心無哀戚，契方外之忘懷。魯人觀其外迹，故有善喪之名；顏子察其內心，知無至孝之實。所以一見孟孫才，遂生疑怪也。

仲尼曰：「夫孟孫氏盡之矣，進於知矣[1]。唯簡之而不得[2]，夫已有所簡矣。孟孫氏不知所以生，不知所以死[3]；不知就先，不知就後[4]；若化為物[5]，以待其所不知之化已乎[6]！且方將化，惡知不化哉？方將不化，惡知已化哉[7]？吾特與汝，其夢未始覺者邪[8]！且彼有駴形而无損心，有旦宅而无情死[10]。孟孫氏特覺，人哭亦哭，是自其所以乃[11]。且也相與吾之耳矣[12]，庸詎知吾所謂吾之乎[13]？且汝夢為鳥而厲乎天，夢為魚而沒於淵[14]。不識今之言者，其覺者乎，其夢者乎[15]？造適不及笑，獻笑不及排[16]，安排而去化，乃入於寥天一[17]。」

1.【注】盡死生之理，應內外之宜者，動而以天行，非知之匹也。

【疏】進，過也。夫孟孫氏窮哀樂之本，所以無樂無哀；盡生死之源，所以忘生忘死。既而本迹難測，故能合內外之宜；應物無心，豈是運知之匹者耶！

2.【注】簡擇死生而不得其異。

【疏】夫生來死去，譬彼四時，故孟孫簡擇，不得其異。

3.【注】已簡而不得，故無不安，無不安，故不以生死櫱意而付之自化也。

【疏】雖復有所簡擇，竟不知生死之異，故能安於變化而不以哀樂櫱懷也。

4.【注】所遇而安。

【釋文】「應內」應對之應。

【釋文】「應內」應對之應。

5.【注】不違化也。
【疏】先，生也。後，死也。若，順也。既一於死生，故無去無就；冥於變化，故順化為物也。

6.【注】死生宛轉，與化為一，猶乃忘其所知於當今，豈待所未知而豫憂者哉！
【疏】不知之化，謂當來未化之事也。已，止也。見在之生，猶自忘所遺；況未來之化，豈復逆憂！若用心預待，不如止而勿為也。

7.【注】已化而生，焉知未生之時哉！未化而死，焉知已死之後哉！故無所避就，而與化俱往也。
【疏】方今正化為人，安知過去未化之事乎！正住生日未化而死，又安知死後之事乎！俱當推理直前，與化俱往，無勞在生憂死，妄為欣惡也。
【釋文】「惡知」音烏，下同。「焉知」於虔反。下皆同。

8.【注】夫死生猶覺夢耳，今夢自以為覺，則無以明覺之非夢也；苟無以明覺之非死，則亦無以明生之非死矣。
【疏】死生覺夢，未知所在，當其所遇，無不自得，何為在此而憂彼哉！
【疏】夢是昏睡之時，覺是了知之日。仲尼顏子，猶拘名教，為昏於大夢之中，不達死生，未嘗暫覺者也。
【釋文】「覺者」古孝反。注、下皆同。

9.【注】以變化為形之駭動耳，故不以死生損累其心。
【疏】彼之孟孫，冥於變化，假見生死為形之驚動，終無哀樂損累心神也。
【釋文】「駭形」如字。崔作咳，云：…有嬰兒之形。

10.【注】以形骸之變為旦宅之日新耳，其情不以為死。
【疏】旦，日新也。宅，舍也。以形之改變為宅舍之日新耳，其性靈凝淡，終無死生之累者也。
【釋文】「旦宅」並如字。王云，旦暮改易，宅是神居也。李本作怛怛，上丹末反，下陟嫁反，云：驚惋之貌。崔本作羝宅。羝，怛也。

11.【注】夫常覺者，無往而有逆也，故人哭亦哭，正自是其所宜也。
【疏】孟孫冥同生死，獨居覺悟，應於內外，不乖人理。人哭亦哭，自是順物之宜者也。
【釋文】「所以乃」崔乃作惡。

12.【注】夫死生變化，吾皆吾之。既皆是吾，吾何失哉！未始失吾，吾何憂哉！無逆，故人哭亦哭；無憂，故哭而不哀。
【疏】吾生吾死，相與皆吾，未始非吾，吾何所失！若以係吾為意，何適非吾！

13.【注】靡所不吾也，故玄同外內，彌貫古今，與化日新，豈知吾之所在也！假令千變萬化，而吾常在，新吾故吾，何欣何惡也！
【疏】庸，常也。凡常之人，識見淺狹，詎知吾之所謂無處非吾！
【釋文】「庸詎」其庶反。下章同。

14.【注】言無往而不自得也。

15.【注】夢之時自以為覺，則焉知今者之非夢耶？亦焉知其非覺耶？覺夢之化，無往而不可，則死生之變，無
時而足惜也。　【疏】厲，至也。且為魚為鳥，任性逍遙，處死處生，居然自得。而魚鳥既無優劣，死生亦何勝負
而係之哉！孟孫妙達斯源，所以未嘗介意。又不知今之所論魚鳥者，為是覺而辯，為是夢中而說乎？夫人夢中，
自以為覺，何妨夢中！是知覺夢生死，未可定也。

16.【注】所造皆適，則忘適矣。排者，推移之過也。夫禮哭必哀，獻笑必樂，則不能
與適推移矣。今孟孫常適，故哭而不哀，與化俱往也。　【疏】造，至也。獻，善也。排，推移也。夫所至皆適，
斯亦適也，其常適何及歡笑然後適哉！若從善事感己而後適者，此則不能隨變任化，與物推移也。今孟孫常適，故
哭而不哀也。　【釋文】「造適」七報反。注同。「獻笑」向云：獻，善也。王云：章也，意有適，章於笑，故曰
獻笑。◎家世父曰：造適者，以心取適而已。言笑皆忘也。獻笑者，以笑為歡而已。推排皆化也。極推排之力而冥
然安之，窮變化之用而超然去之，乃以游蕩於萬物之表而與天

17.【注】安於推移而與化俱去，故乃入於寂寥而與天為一。自此以上，至於子祀，其致一也。所執之喪異，
故歌哭不同。　【疏】所在皆適，故安任推移，未始非吾，而與化俱去。如此之人，乃能入於寥廓之妙門，自然之
一道也。　【釋文】「寥」本亦作廖，力彫反。李良救反。「天一」崔本作敵不及笑。
不及眇，眇不及雄漂淰，雄漂淰不及簟笫，簟笫乃入於漻天一。「以上」時掌反。

意而子見許由。許由曰：「堯何以資汝[1]？」
意而子曰：「堯謂我：『汝必躬服仁義而明言是非[2]。』」

1.【注】資者，給濟之謂也。　【疏】意而，古之賢人。資，給濟之謂也。意而先謁帝堯，後見仲武。問云：
「帝堯大聖，道德甚高，汝既謁見，有何敬授資濟之術，幸請陳說耳。」　【釋文】「意而子」李云：賢士也。
「資汝」資，給也。

2.【疏】躬，身也。仁則恩慈育物，義則斷割裁非，是則明賞其善，非則明懲其惡。此之四者，人倫所貴，汝
必須己身服行，亦須明言示物。此是意而述堯教語之辭也。

許由曰：「而奚來為軹¹？夫堯既已黥汝以仁義，而劓汝以是非矣，汝將何以遊夫遙蕩恣睢轉徙之塗乎²？」

1. 【疏】而，汝也。奚，何也。軹，語助也。堯將教迹刑害於汝，瘡痕已大，何為更來矣？　【釋文】「為軹」之是反，郭之忍反。崔云：軹，辭也。李云：是也。

2. 【注】言其將以刑教自虧殘，而不能復遊夫自得之場，無係之塗也。　【疏】黥，鑿額也。劓，割鼻也。恣睢，縱散也。汝既被堯黥劓，拘束性情，如何復能遨遊自得，逍遙放蕩，從容自適於變化之道乎？言其不復能如是。　【釋文】「黥」其京反。「劓」魚器反，又如字。李云：毀道德以為仁義，不似黥乎！破玄同以為是非，不似劓乎！「遙蕩」王云：縱散也。「恣」七咨反，又如字。「睢」郭李云：恣睢，自得貌。「復遊」扶又反。下同。

意而子曰：「雖然，吾願遊於其藩¹。」

1. 【注】不敢復求涉中道也，且願遊其藩傍而已。　【疏】我雖遭此虧殘，而庶幾之心靡替，不復敢當中路，願涉道之藩傍也。　【釋文】「其藩」甫煩反，李音煩。司馬向皆云：崖也。崔云：域也。

許由曰：「不然。夫盲者无以與乎眉目顏色之好，聾者无以與乎青黃黼黻之觀¹。」

1. 【疏】盲者，有眼睛而不見物，聾者，眼無朕縫如鼓皮也。作斧形謂之黼，兩己相背謂之黻。而盲聾之人，既不能觀文彩青黃，亦不受好眉目顏色。譬意而遭堯黥劓，情智已傷，豈能愛慕深玄，觀覽眾妙邪！　【釋文】「盲者」本又作眇。崔本作目，云：目，或作刑。刑，黥劓也。「以與」音豫。下同。「之好」如字，又呼報反。「黼黻」上音甫，下音弗。「觀」古亂反。

意而子曰：「夫无莊之失其美，據梁之失其力，黃帝之亡其知，皆在鑪捶之間耳¹。庸詎知夫造物者之不息我黥而補我劓，使我乘成以隨先生邪²？」

1.【注】言天下之物，未必皆自成也，自然之理，亦有須治鍛而為器者耳。故此三人，亦皆聞道而後忘其所務也。此皆寄言，以遣云為之累耳。

【疏】无莊，古之美人，為聞道故，不復莊飾，而自忘其美色也。據梁，古之多力人，為聞道守雌，故不勇其力也。黃帝，軒轅也，有聖知，亦為聞道，故能忘其知也。鑪，灶也。錘，鍛也。以上三人，皆因聞道，然後忘其所務以契其真，猶如世間器物，假於鑪冶打鍛以成其用者耳。今何妨自然之理，令夫子教示於我，以成其道耶？故知自然造物，在鑪冶之間，則是有修學治鍛之義也。

【釋文】「无莊據梁」司馬云：皆人名。李云：无莊，无莊飾也。據梁，強梁也。「鑪」音盧。崔云：盧謂之瓮。捶當作甄。「捶」本又作錘。徐之睡反，又之蘂反，一音時藥反。李云：錘，鴟頭頗口，句鐵以吹火也。崔云：盧甄之間，言小處也。甄音丈偽反。「鍛」丁亂反。

2.【注】夫率性直往者，自然也；往而傷性，性傷而能改者，亦自然也。庸詎知我之自然當不息黥補劓，而乘可成之道以隨夫子耶？而欲棄而勿告，恐非造化之至也。我雖遭仁義是非殘傷情性，焉知造化之內，不補劓息黥，令我改過自新，乘可成之道，隨夫子以請益耶？乃欲棄而不教，恐乖造物者也。◎慶藩案乘，猶偏也。成，猶偏也。與《詩》「儀既成兮」義同。黥劓則形體不備，息之補之，復完成矣。言造物者使我得遇先生，安知不使我載一成體以相隨耶？此兼采宣氏說，較郭訓為長。

許由曰：「噫！未可知也。我為汝言其大略¹。吾師乎！吾師乎！齏萬物而不為義，澤及萬世而不為仁²，長於上古而不為老³，覆載天地刻彫眾形而不為巧⁴。此所遊已⁵。」

1.【疏】噫，嘆聲也。至道深玄，絕於言象，不可以心慮測，故嘆云未可知也。既請益慇懃，亦無容杜默，雖復不可言盡，為汝梗概陳之。

【釋文】「曰噫」徐音醫。李云：歎聲也。崔云：亂也。本亦作意，音同。又如

字，謂呼意而名也。「我為」于偽反。注同。

2.【注】皆自爾耳，亦無愛為於其間也，安所寄其仁義！　【疏】吾師乎者，至道也。然至道不可心知，為汝略言其要，即吾師是也。豎，碎也。至如素秋霜降，碎落萬物，豈有情斷割而為義哉？青春和氣，生育萬物，豈有情恩愛而為仁哉？蓋不然而然也。而許由師於至道，至道既其如是，汝何得躬服仁義耶？此略為意而說息黥補劓之方也。　【釋文】「豎」子兮反。司馬云：碎也。◎盧文弨曰：《說文》作鏨，亦作充。陸每從敕，譌。今從隸省作豎。下並同。

3.【注】日新也。

4.【注】自然，故非巧也。　【疏】萬象之前，先有此道，智德具足，故義說為長而實無長也。長既無矣，老豈有耶！欲明不長而長，老而不老，故長於上古而不為老也。雖復天覆地載，而以道為源，眾形彫刻，咸資造化，同稟自然，故巧名斯滅。既其無老無巧，無是無非，汝何所明言耶？　【釋文】「長於」丁丈反。

5.【注】游於不為而師於無師也。　【疏】吾師之所遊心，止如此說而已。此則總結以前吾師之義是也。

顏回曰：「回益矣₁。」

仲尼曰：「何謂也₂？」

曰：「回忘仁義矣₃。」

曰：「可矣，猶未也₄。」

他日，復見，曰：「回益矣₅。」

1.【注】以損之為益也。

2.【疏】既言益矣，有何意謂？

3.【疏】忘兼愛之仁，遣裁非之義，所言益者，此之謂乎！

4.【注】仁者，兼愛之迹；義者，成物之功。愛之非仁，仁迹行焉；成之非義，義功見焉。存夫仁義，不足以

也。

知愛利之由無心，故忘之可也。但忘功迹，故猶未玄達也。　【疏】仁義已忘，於理漸可；解心尚淺，所以猶未。

【釋文】「功見」賢遍反。下文同。

【疏】他日，猶異日也。空解日新，時更復見。所言進益，列在下文。　【釋文】「他日」崔本作異日。下

亦然。「復見」扶又反。下同。

曰：「回坐忘矣⁵。」

曰：「何謂也⁴？」

他日，復見，曰：「回益矣。」

曰：「可矣，猶未也³。」

曰：「回忘禮樂矣²。」

曰：「何謂也¹？」

【釋文】「樂生」音洛，又音嶽。

1.【疏】所言益者，是何意謂也？

2.【疏】禮者，荒亂之首；樂者，淫蕩之具，為累更重，次忘之也。

3.【注】禮者，形體之用，樂者，樂生之具。忘其具，未若忘其所以具也。

4.【疏】並不異前解也。

5.【疏】虛心無著，故能端坐而忘。坐忘之義，具列在下文。◎慶藩案《文選》賈長沙〈鵩鳥賦〉注引司馬

云：坐而自忘其身。《釋文》闕。

顏回曰：「墮肢體，黜聰明²，離形去知，同於大通，此謂坐忘³。」

仲尼蹵然曰：「何謂坐忘¹？」

1.【疏】蹙然，驚悚貌也，忘遺既深，故悚然驚歎。坐忘之謂，厥義云何也？　【釋文】「蹙然」子六反。崔云：變色貌。

2.【疏】墮，毀廢也。黜，退除也。雖聰屬於耳，明關於目，而聰明之用，本乎心靈。既悟一身非有，萬境皆空，故能毀廢四肢百體，屏黜聰明心智者也。

3.【注】夫坐忘者，奚所不忘哉！既忘其迹，又忘其所以迹者，內不覺其一身，外不識有天地，然後曠然與變化為體而無不通也。　【疏】大通，猶大道也。道能通生萬物，故謂道為大通也。既而枯木死灰，冥同大道，如此之益，謂之坐忘也。內則除去心識，恍然無知，此解墮聰明也。外則離析於形體，一一虛假，此解墮肢體也。

【釋文】「去」起呂反。「知」音智。「坐忘」崔云：端坐而忘。◎盧文弨曰：依次當在蹙然之前。

仲尼曰：「同則无好也[1]，化則无常也[2]。而果其賢乎！丘也請從而後也[3]。」

1.【注】無物不同，則未嘗不適，未嘗不適，何好何惡哉！　【釋文】「无好」呼報反。注同。「何惡」烏路反。

2.【注】同於化者，唯化所適，故無常也。　【疏】既同於大道，則無是非好惡；冥於變化，故不執滯守常也。

3.【疏】果，決也。而，汝也。「忘遺如此，定是大賢。丘雖汝師，遂落汝後。從而學之，是丘所願。」為謙退己，以進顏回者也。

子輿與子桑友，而霖雨十日。子輿曰：「子桑殆病矣！」裹飯而往食之[1]。至子桑之門，則若歌若哭，鼓琴曰：「父邪！母邪！天乎！人乎！」有不任其聲而趨舉其詩焉[2]。

1.【注】此二人相為於無相為者也。今裹飯而相食者，乃任之天理而自爾耳，非相為而後往者也。【疏】雨經三日已上為霖。殆，近也。子桑家貧，屬斯霖雨，近於餓病。此事不疑於方外之交，任理而往，雖復裹飯，非有相為之情者也。【釋文】「霖雨」本又作淋，音林。《左傳》云：雨三日以往為霖。「裹」音果。「食」音嗣。

注同。

2.【疏】任，堪也。趨，卒疾也。子桑既遭飢餒，故發琴聲，問此飢貧從誰而得，為關父母？為是人天？此則歌哭之辭也。不堪此舉，又卒爾詩詠也。【釋文】「有不任」音壬。「其聲而趨」七住反。「舉其詩焉」崔云：不任其聲，慮也；趨舉其詩，無音曲也。

子輿入，曰：「子之歌詩，何故若是1？」

曰：「吾思夫使我至此極者而弗得也。父母豈欲吾貧哉？天無私覆，地無私載，天地豈私貧我哉？求其為之者而不得也。然而至此極者，命也夫2！」

1.【注】嫌其有情，所以趨出遠理也。
【疏】一於死生，忘於哀樂，相與於無相與，方外之交。今子歌詩，似有怨望，故入門驚怪，問其所由。

2.【注】言物皆自然，無為之者也。
【疏】夫父母慈造，不欲飢凍；天地無私，豈獨貧我！思量主宰，皆是自然，尋求來由，竟無兆朕。而使我至此窮極者，皆我之賦命也，亦何惜之有哉！

莊子集釋　卷三下

內篇應帝王第七[1]

[1]【注】夫無心而任乎自化者，應為帝王也。　【釋文】崔云：行不言之教，使天下自以為牛馬，應為帝王者也。

齧缺問於王倪，四問而四不知[1]。齧缺因躍而大喜，行以告蒲衣子。

[1]【疏】四問而四不知，則〈齊物篇〉中四問也。夫帝王之道，莫若忘知，故以此義而為篇首。《老子》云不以智治國國之德者也。　【釋文】「齧缺」五結反。下丘悅反。「王倪」五兮反。「四問而四不知」向云：事在〈齊物論〉中。

蒲衣子曰：「而乃今知之乎[1]？有虞氏不及泰氏[2]。有虞氏，其猶藏仁以要人；亦得人矣，而未始出於非人[3]。泰氏，其臥徐徐，其覺于于[4]；一以己為馬，一以己為牛[5]；其知情信[6]，其德甚真[7]，而未始入於非人[8]。」

[1]【疏】蒲衣子，堯時賢人，年八歲，舜師之，讓位不受，即被衣子也。齧缺得不知之妙旨，仍踴躍而喜歡，走以告於蒲衣子，述王倪之深義。蒲衣是方外之大賢，達忘言之至道，理無知而固久，汝今日乃知也？　【釋文】「蒲衣子」《尸子》云：即被衣，王倪之師也。《淮南子》曰：齧缺問道於被衣。

[2]【注】夫有虞氏之與泰氏，皆世事之迹耳，非所以迹也。所以迹者，無迹也，世孰名之哉！未之嘗名，何勝負之有耶！然無迹者，乘群變，履萬世，世有夷險，故迹有不及也。　【疏】有虞氏，舜也。泰氏，即太昊伏羲也。三皇之世，其俗淳和；五帝之時，其風澆競。澆競則運知而養物，淳和則任真而馭宇，不及之義，驗此可知也。

也。

【釋文】「泰氏」司馬云:上古之帝王也。崔云:帝王也。李云:大庭氏;又云:無名之君也。◎慶藩案《路史·前紀七》引司馬云:上古之帝王,無名之稱。與《釋文》所引小異。

3.【注】夫以所好為是人,所惡為非人者,唯以是非為域者也。夫能出於非人之域者,必入於無非人矣,故無得無失,無可無不可,豈直藏仁而要人也!【疏】夫舜,包藏仁義,要求士庶,以得百姓之心,未是忘懷,故未出於是非之域。亦有作臧字者。臧,善也。【以要】遙反。注同。◎家世父曰:有人之見存,而要人之仁行焉。無人之見存,出入鳥獸之群而不亂;其與人也汎乎相遇泯泯之中,而奚以要人為!出於非人,忘非我之分矣。入於非人,人我之分之兩忘者,不以心應焉。為馬為牛,非獨忘人也,亦忘己也。「所好」呼報反。「所惡」烏路反。「之竟」音境。

4.【釋文】「其覺」古孝反。司馬云:徐徐,安穩貌。于于,無所知貌。簡文云:徐徐于于,寐之狀也。崔本作祹祹。「于于」如字。《說文》:盱,張目也。于與盱,聲近義同。《淮南·俶真篇》,萬民睢睢盱盱然。《魯靈光殿賦》鴻荒朴略,厥狀睢盱,張載曰:睢盱,質朴之形。正與司馬注無所知意相合。《淮南·覽冥篇》臥倨倨,興盱盱,高注曰:盱盱,無智巧貌也。又《淮南》盱盱作旴旴。王氏《讀書雜志》據諸書證為盱盱之偽,亦正與質朴無知同義。

5.【疏】徐徐,寬緩之貌。于于,自得之貌。伏犧之時,淳風尚在,故臥則安閑而徐緩,覺則歡娛而自得也。

【注】夫如是,又奚是人非人之有哉!斯可謂出於非人之域。【疏】忘物我,遺是非,或馬或牛,隨人呼召。人獸尚且無主,何是非之有哉!

6.【注】任其自知,故情信。【疏】率其真知,情無虛矯,故實信也。

7.【注】任其自得,故無偽。【疏】以不德為德,德無所德,故不偽者也。

8.【注】不入乎是非之域,所以絕於有虞之世。【疏】既率其情,其德不偽,故能超出心知之境,不入是非之域者也。

肩吾見狂接輿。狂接輿曰:「日中始何以語女?」1

1.

【疏】肩吾接輿，已具前解。日中始，賢人姓名，即肩吾之師也。既是女師，有何告示？此是接輿發語以問故也。

【釋文】肩吾接輿。「曰」人實反。「中」音仲，亦如字。「始」李云，日中始，人姓名，賢者也。崔本無日字云：中始，賢人也。◎俞樾曰：《釋文》引李云，日中始，人姓名，賢者也。此恐不然。中始，人名，日，猶云曰者也。謂日者曰中始何以語女也，文七年《左傳》，日衞不睦，襄二十六年《傳》，日起請夫環，並與此日字同義。李以日中始三字為人姓名，失之矣。崔云：本無日字。「以語」魚據反。「女」音汝。後皆同。

肩吾曰：「告我君人者以己出經式義度，人孰敢不聽而化諸[1]！」

1.【疏】式，用也。教我為君之道，化物之方，必須己出智以經綸，用仁義以導俗，則四方氓庶，誰不聽從，遐邇黎元，敢不歸化耶！

【釋文】「出經」絕句。司馬云：出，行也。經，常也。崔云：式，用也。用仁義以法度人也。◎王念孫曰：《釋文》曰：出經絕句，式義度人絕句，引諸說皆未協。案此當以以己出經式義度為句，人孰敢不聽而化諸為句。義與儀，古字通。《說文》：義，己之威儀也。《文侯之命》父義和，鄭注：義讀為儀。《周官》肆師治其禮儀，鄭注：故書儀為義，鄭司農云：義讀為儀。古者書儀但為義，今時所為義為誼。《小雅·楚茨篇》禮儀卒度，《韓詩》作義。《周官》大行人大客之儀，《大戴禮·朝事篇》作義。《樂記》制之禮義，《漢書·禮樂志》作儀。《周語》示民軌儀，〈大射儀〉注引作義。儀，法也（見《周語》注、《淮南·精神篇》注、《楚辭·九歎》注）。經式儀度，皆謂法度也，解者失之。

狂接輿曰：「是欺德也[1]；其於治天下也，猶涉海鑿河而使蚉負山也[2]。

夫聖人之治也，治外乎[3]？正而後行[4]，確乎能其事者而已矣[5]。且鳥高飛以避矰弋之害，鼷鼠深穴乎神丘之下以避熏鑿之患[6]，而曾二蟲之无知[7]！」

1.【注】以己制物，則物失其真。

【疏】夫以己制物，物喪其真，欺誑之德非實道。

【釋文】「欺德」簡文云：欺，妄也。

2.【注】夫寄當於萬物，則無事而自成；以一身制天下，則功莫就而任不勝也。

【疏】夫溟海宏博，深廣難窮，而穿之為河，必無成理。猶大道遐曠，玄絕難知，而鑿之為義，其功難克。又蚉蟲至小，山岳極高，令其負荷，無由勝任。以智經綸，用仁理物，能小謀大，其義亦然。

【釋文】「河」李云：涉海必陷波，鑿河無成也。「蚉」音文。本亦作蟲，同。「不勝」音升。「涉海鑿」待洛反。下同。郭粗鶴反。

3.【注】全其性分之內而已。

【疏】隨其分內而治之，必不分外治物。治乎外者，言不治之者也。

4.【注】各正性命之分也。

【疏】順其正性而後行化。

5.【注】不為其所不能。

【疏】確，實也。順其實性，於事有能者，因而任之，止於分內，不論於外者也。

【釋文】「確乎」苦學反。李云：堅貌。崔本作橐，音託。◎慶藩案《文選》劉孝標〈辯命論〉注引司馬云：確乎，不移易。《釋文》闕。

6.【注】禽獸猶各有以自存，故帝王任之而不為，則自成也。

【疏】神丘，社壇也。鳥則高飛而逃網，鼠則深穴而避熏，斯皆率性自然，豈待教而遠害者也！鳥鼠既爾，在人亦然。故知式義出經，誣罔之甚矣。

【釋文】「矰」則能反。李云：罔也。「之害」崔本作蒩。「鼹」音鼠，小鼠也。

7.【注】言汝曾不知此二蟲之各存而不待教乎！

【疏】而，汝也。汝不曾知此二蟲，不待教令，而解避害全身者乎？既深穴高飛，豈無知耶！況在人倫，而欲出經式義，欺矯治物，不亦妄哉！

天根遊於殷陽，至蓼水之上，適遭无名人而問焉，曰：「請問為天下。」[1]

1.【疏】天根無名，並為姓字，寓言問答也。殷陽，殷山之陽。蓼水，在趙國界內。遭，遇也。天根遨遊於山水之側，適遇无名人而問之，請問之意，在乎天下。

【釋文】「天根」崔云：人姓名也。「遊於殷陽」李云：

殷，山名。陽，山之陽。崔云：殷陽，地名。司馬云：殷，眾也，言向南遊也。或作殷湯。「蓼水」音了。李云：水名也。

无名人曰：「去！汝鄙人也，何問之不豫也¹！予方將與造物者為人²，厭，則又乘夫莽眇之鳥，以出六極之外，而遊无何有之鄉，以處壙垠之野³。汝又何帠以治天下感予之心為⁴？」

1.【注】問為天下，則非起於大初，止於玄冥也。
【釋文】「不豫」司馬云：嫌不漸豫，太倉卒也。簡文云：豫，悅也。◎盧文弨曰：今本作不預。
曰：《爾雅·釋詁》：豫，厭也。《楚辭·惜誦篇》行婟直而不豫兮，王逸注亦曰：豫，厭也。是豫之訓厭，乃是古義。无名人深怪天根之多問，故曰何問之不豫，猶云何許子之不憚煩也。簡文云，豫，悅也，殊失其義。「大初」音泰。

2.【注】任人之自為。
【疏】去，造物為人，素分各足，何勞作法，措意治之！既同於大通，故任而不助也。

3.【注】莽眇，群碎之謂耳。乘群碎，馳萬物，故能出處常通，而無滯之地。
【疏】莽眇，深遠之謂。壙垠，宏博之名。鳥則取其無迹輕昇。六極，猶六合也。夫聖人馭世，恬淡無為，大順物情，有同造化。若其息用歸本，厭離世間，則乘深遠之大道，凌虛空而滅迹，超六合以放任，遊無有以逍遙，凝神智於射山，處清虛於曠野。如是，則何天下之可為哉！蓋無為者也。
【釋文】「乘夫」音符。「莽」莫蕩反。崔本作猛。「眇」妙小反。「壙」徐苦廣反。「垠」徐力黨反。李音浪。壙垠，無滯。崔云：猛眇之鳥首也，取其行而無迹。「無狹」戶夾反。

4.【注】言皆放之自得之場，則不治而自治也。
【疏】夫放而任之，則物皆自化。有何帠術，輒欲治之？感動我心，何為如此？
【釋文】「帠」徐音藝，又魚例反。司馬云：法也。一本作為。◎俞樾曰：帠，未詳何字，以諸說參考之，疑帠乃臬字之誤，故有魚例反之音；而司馬訓法，亦即臬之義也。然字雖是臬，而義則非臬，當讀為臲。臲，本從臬聲，古文以聲為主，故或止作臬也。一本作臲者，破假字而為正字耳。

《一切經音義》引《通俗文》曰：夢語謂之讓。无名人蓋謂天根所問皆夢語也，故曰汝又何讓以治天下感予之心為？◎慶藩案《一切經音義·四分律卷三十二》引《三蒼》云：讓，牛羮反，譀言也。譀言即與夢語無異。「而自治」直庚反。下文同。

又復問1。

无名人曰：「汝遊心於淡2，合氣於漠3，順物自然而无容私焉，而天下治矣4。」

1.【疏】天根未達，更請決疑。【釋文】「又復」扶又反。

2.【注】其任性而無所飾焉則淡矣。【疏】可遊汝心神於恬淡之域，合汝形氣於寂寞之鄉，唯形與神，二皆虛靜。如是，則天下不待治而自化者耳。【釋文】「於淡」徒暫反，徐大敢反。

3.【注】漠然靜於性而止。【釋文】「於漠」音莫。

4.【注】任性自生，公也；心欲益之，私也。容私果不足以生生，而順公乃全也。【疏】隨造化之物情，順自然之本性，無容私作法術，措意治之。放而任之，則物我全之矣。

陽子居見老聃，曰：「有人於此，嚮疾強梁，物徹疏明，學道不勌。如是者，可比明王乎1？」

1.【疏】姓陽，名朱，字子居。問老子明王之道：假且有人，素性聰達，神智捷疾，猶如響應，涉事理務，強幹果決，鑒物洞徹，疏通明敏，學道精勤，曾無懈倦。如是之人，可得將明王聖帝比德否乎？【釋文】「陽子居」李云：居，名也。子，男子通稱。「嚮」許亮反。李許兩反。「疾強梁」崔云：所在疾強梁之人也。李云：敏疾如嚮也。簡文云：如嚮，應聲之疾，故是強梁之貌。「物徹疏明」司馬云：物，事也；徹，通也；事能通而開明也。崔云：無物不達，無物不明。「不勌」其眷反。

老聃曰：「是於聖人也，胥易技係，勞形怵心者也[1]。且也虎豹之文來田，猨狙之便執斄之狗來藉。如是者，可比明王乎[2]？」

1.【注】言此功夫，容身不得，不足以比聖王。

【疏】若將彼人比聖王，無異胥徒勞苦，改易形容。技術工巧，神慮勌勞，故形容變改；係累，故心靈怵惕也。

【釋文】「胥」如字。司馬云：相也。簡文云：相也。「易」音亦。崔以豉反，云：相輕易也。簡文同。「技」徐其綺反。簡文云：藝也。「係」如字。崔本作觳，或作觳。簡文云：音繫。◎盧文弨曰：音繫，與上複。今定作觳，民給徭役者。易，舊作繫。易其甽疇之易。胥易，謂胥徒供役治事。鄭注〈檀弓〉云：易墓，謂治草木。易，猶治也。技係，若〈王制〉凡執技以事上者，不貳事，不移官，謂為技所繫也。《釋文》云：司馬，胥，疏也。簡文云，胥，相也。「怵心」勑律反。

2.【注】此皆以其文章技能係累其身，非涉虛以御平無方也。

【疏】藉，繩也。猨狙，獼猴也。虎豹之皮有文章，故來田獵；獼猴以跳躍便捷，恆被繩拘，狗以執捉狐狸，每遭係頸。若以響疾之人類於聖帝，則此之三物，可比明王乎？

【釋文】「來田」李云：虎豹以皮有文章見獵也。田，獵也。「猨」音袁。「狙」七餘反。「之便」毗肩反，舊扶面反。「斄」音來。李音狸。「來藉」司馬云：藉，繩也，由捷見結縛也。崔云：藉，繫也。

陽子居蹵然曰：「敢問明王之治[1]。」

老聃曰：「明王之治：功蓋天下而似不自己[2]，化貸萬物而民弗恃[3]；有莫舉名，使物自喜[4]；立乎不測[5]，而遊於无有者也[6]。」

1.【疏】既其失問，故驚悚變容，重請明王為政，其義安在。

【釋文】「蹵然」子六反，改容之貌。「之治」直吏反。下同。

2.【注】天下若無明王，則莫能自得。令之自得，實明王之功也。然功在無為而還任天下。天下皆得自任，故

似非明王之功。

【疏】夫聖人為政，功侔造化，覆等玄天，載周厚地，而功成不處，故非己為之也。

3.【注】夫明王皆就定物性，故人人皆云我自爾，而莫知恃賴於明王。【疏】誘化蒼生，令其去惡；貸借萬物，與其福善。而玄功潛被，日用不知，百姓謂我自然，不賴君之能。【釋文】「貸」吐代反。

4.【注】雖有蓋天下之功，而不舉以為己名，故物皆自以為得而喜。【釋文】物，不顯其名，使物各自得而懽喜適悅者也。【疏】莫，無也。舉，顯也。推功於

5.【注】居變化之塗，日新而無故也。【疏】

6.【注】與萬物為體，則所遊者虛也。不能冥物，則迕物不暇，何暇遊虛哉！【疏】无有，妙本也。樹德立功，神妙不測，而即迹即本，故常遊心於至極也。

鄭有神巫曰季咸[1]，知人之死生存亡，禍福壽夭，期以歲月旬日，若神。鄭人見之，皆棄而走[2]。列子見之而心醉，歸，以告壺子[3]，曰：「始吾以夫子之道為至矣，則又有至焉者矣[4]。」

1.【疏】鄭國有神異之巫，甚有靈驗，從齊而至，姓季名咸也。【釋文】「神巫曰季咸」李云：女曰巫，男曰覡。季咸，名。

2.【注】不憙自聞死日也。【釋文】「不憙」許忌反。避也。【疏】占候吉凶，必無差失，剋定時日，驗若鬼神。不喜預聞凶禍，是以棄而走

3.【疏】列子事迹，具〈逍遙篇〉，今不重解。壺子，鄭之得道人也。號壺子，名林，即列子之師也。列子見季咸小術，驗若鬼神，中心羨仰，恍然如醉，既而歸反，具告其師。「壺子」司馬云：名林，鄭人，列子師。

4.【注】謂季咸之至又過於夫子。【疏】夫子，壺子也。至，極也。初始稟學，先生之道為至，今見季咸，其道又極於夫子。此是禦寇心醉之言也。

壺子曰：「吾與汝既其文，未既其實，而固得道與[1]？眾雌而无雄，而又奚卵焉[2]！而以道與世亢，必信，夫故使人得而相汝[3]。嘗試與來，以予示之[4]。」

1.【疏】與，授也。既，盡也。吾比授汝，始盡文言，於其妙理，全未造實。汝固執文字，謂言得道，豈知筌蹄異於魚兔耶？

【釋文】「既其文」李云：既，盡也。「得道與」音餘。

2.【注】言列子之未懷道也。

【疏】夫眾雌无雄，無由得卵。既文無實，亦何道之有哉！

【釋文】「眾雌而无雄而又奚卵焉」司馬云：言汝受訓未熟，若眾雌无雄則无卵也。

3.【注】未懷道則有心，有心而亢其一方，以必信於世，故可得而相之。

【疏】女用文言之道而與世間亢對，既無大智，必信彼小巫，是故季咸得而相女者也。

【釋文】「世亢」苦浪反。「必信」崔云：絕句。「相女」息亮反，注、下同。◎盧文弨曰：今本作汝。

4.【注】夫至人凝遠，神妙難知，本迹寂動，非凡能測，故召令至，以我示之也。

【釋文】「示之」本亦作視。崔云：視，示之也。

明日，列子與之見壺子。出而謂列子曰：「嘻！子之先生死矣！弗活矣！不以旬數矣！吾見怪焉，見濕灰焉[1]。」

1.【疏】嘻，歎聲也。子林示其叔泊之容，季咸謂其將死，先怪已彰，不過十日，弗活之兆，類彼濕灰也。

【釋文】「嘻」徐音熙，郭許意反。「旬數」所主反。

列子入，泣涕沾襟以告壺子。壺子曰：「鄉吾示之以地文，萌乎不震不正[1]。是殆見吾杜德機也[2]。嘗又與來[3]。」

1.【注】萌然不動，亦不自正，與枯木同其不華，濕灰均於寂魄，此乃至人無感之時也。夫至人，其動也天，其靜也地，其行也水流，其止也淵默。淵默之與水流，天行之與地止，其於不為而自爾，一也。今季咸見其尸居而坐忘，即謂之將死；覩其神動而天隨，因謂之有生。誠能應不以心而理自玄符，與變化升降而以世為量，然後足為物主而順時無極，故非相者所測耳。此應帝王之大意也。

【疏】文，象也。震，動也。地以無心而寧靜，故以不動為地文也。萌然寂泊，曾不震動，無心自正，又類傾頹，此是大聖無感之時，小巫謂之弗活也。有四重：第一，示妙本虛凝，寂而不動；第二，示垂迹應感，動而不寂；第三，本迹相即，動寂一時；第四，本迹兩忘，動寂雙遣。此則第一妙本虛凝，寂而不動也。

【釋文】［鄉吾］許亮反。本作曏，亦作向。崔本作康，云：向也。［與土同也］猶理也。［不震不正］並如字。崔本作不誫不止，云：如動不動也。◎俞樾曰：《列子·黃帝篇》作罪乎不誫不止，當從之。罪讀為崒。《說文·山部》作崒，云：山貌，是也。誫即震之異文。不誫不止者，不動不止也。故以崒乎形容之，言與山同也。今罪誤作萌，止誤作正，失其義矣。據《釋文》，則崔本作不誫不止，與《列子》同，可據以訂正。［誠應］應對之應。後同。

2.【注】德機不發曰杜。
【疏】殆，近也。杜，塞也。機，動也。至德之機，開而不發，示其凝淡，便為濕灰。小巫庸瑣，近見於此矣。
【釋文】［杜德機］崔云：塞吾德之機。

3.【疏】前者伊妄言我死，今時重命，今遣更來也。

明日，又與之見壺子。出而謂列子曰：「幸矣子之先生遇我也！有瘳矣，全然有生矣[1]！吾見其杜權矣[2]。」

1.【疏】此即第二，垂迹應感，動而不寂，示以應容，神氣微動，既殊槁木，全似生平。而濫以聖功，用為己力，謬言遇我，幸矣有瘳也。【釋文】［有瘳］丑留反。

2.【注】權，機也。今乃自覺昨日之所見，見其杜權，故謂之將死也。【疏】權，機也。前時一覩，有類濕灰，杜塞機權，全無應動。今日遇我，方得全生。小巫寡識，有茲叨濫者也。

列子入，以告壺子。壺子曰：「鄉吾示之以天壤[1]，名實不入[2]，而機發於踵[3]。是殆見吾善者機也[4]。嘗又與來。」

1.【注】天壤之中，覆載之功見矣。比之地文，不猶外乎！此應感之容也。【疏】壤，地也。示之以天壤，謂示以應動之容也。譬彼兩儀，覆載萬物，至人應感，其義亦然。【釋文】「功見」賢遍反。◎慶藩案《文選》陸士衡〈演連珠〉注引司馬云：壤，地也。《釋文》闕。

2.【注】任自然而覆載，則天機玄應，而名利之飾皆為棄物也。【疏】雖復降迹同塵，和光利物，而名譽真實，曾不入於靈府也。

3.【注】常在極上起。【疏】踵，本也。雖復物感而動，不失時宜，而此之神機，發乎妙本，動而常寂。

4.【注】機發而善於彼，彼乃見之。【疏】示其善機，應此兩儀。季咸見此形容，所以謂之為善。全然有生，則是見善之謂也。

明日，又與之見壺子。出而謂列子曰：「子之先生不齊，吾无得而相焉。試齊，且復相之。」[1]

1.【疏】此是第三，示本迹相即，動寂一時。夫至人德滿智圓，虛心凝照，本迹無別，動靜不殊。其道深玄，豈小巫能測耶！謂齊其心迹，試相之焉。不敢的定吉凶，故言且復相者耳。【釋文】「不齊」側皆反，本又作齋。下同。「且復」扶又反。

列子入，以告壺子。壺子曰：「吾鄉示之以太沖莫勝[1]。是殆見吾衡氣機也[2]。鯢桓之審為淵，止水之審為淵，流水之審為淵。淵有九名，此處三焉[3]。嘗又與來[4]。」

1.【注】居太沖之極，浩然泊心而玄同萬方，故勝負莫得厝其間也。【疏】沖，虛也。莫，無也。夫聖照玄凝，與太虛等量，本迹相即，動寂一時，初無優劣，有何勝負哉！【釋文】「泊心」白博反，又音魄。「得厝」七故反。字又作措，同。◎盧文弨曰：今本作措。

2.【注】無往不平，混然一之。以管闚天者，莫見其涯，故似不齊。【疏】衡，平也。即迹即本，無優無劣，神氣平等，以此應機。

3.【注】淵者，靜默之謂耳。夫水常無心，委順外物，故雖流之與止，鯢桓之與龍躍，常淵然自若，未始失其靜默也。夫至人用之則行，捨之則止，行止雖異而玄默一焉，故略舉三異以明之。雖波流九變，治亂紛如，居其極者，常淡然自得，泊乎忘為也。【疏】此舉譬也。鯢，大魚也。桓，盤也。審，聚也。夫水體無心，動止隨物，或鯨鯢盤桓，或螭龍騰躍，或波流湍激。雖復漣漪清淡，多種不同，而玄默無心，其致一也。故鯢桓以方衡氣，止水以譬地文，流水以喻天壤，雖復三異，而虛照一焉，謂鯢桓、止水、流水、汎水、濫水、沃水、雍水、汧水、肥水，故謂之九也。並出《列子》，彼文具載，此略敘有此三焉也。【釋文】「鯢」五兮反。「桓」司馬云：鯢桓，二魚名也。簡文云：鯢，鯨魚也。桓，盤桓也。崔本作鯢拒，云：魚所處之方穴也。又云：拒，或作桓。「之審」郭如字。簡文云：處也。司馬云：審當為蟠，蟠，聚也。崔本作潘，云：回流所鍾之域也。◎俞樾曰：審當為蟠，云回流所鍾之域也。今以字義求之，則實當為潘。《說文·水部》：潘，大波也，從水，釆聲。作潘者，字之省。司馬彪讀為蟠，誤也。郭本作審，則失其字矣。又案《列子·黃帝篇》云：鯢旋之潘為淵，止水之潘為淵，流水之潘為淵，汧水之潘為淵，濫水之潘為淵，沃水之潘為淵，氿水之潘為淵，雍水之潘為淵，汧水之潘為淵，肥水之潘為淵，是為九淵焉。九淵全列，然於上下文殊不相屬，疑為它處之錯簡。雖不敢徑去，而實非本篇文義所繫，故聊舉其三耳。◎家世父曰：《釋文》引崔本審作潘，云回流所鍾之域也。《列子·黃帝篇》鯢旋之潘為淵。字當作潘。《說文》：淵，回水也。《管子·度地篇》水出地而不流，命曰淵。謂水回旋而潘為淵，有物伏孕其中而成淵者，有止而不流者，有流而中渟為淵者，水之渟潘，因其自然之勢而或流或止，皆積之以成淵焉，故曰太沖莫朕。侵尋汎溢，非人力之所施也。「淵有九名」《淮南子》云，有九旋之淵。許慎注云：……至深也。「治亂」直吏反。

4.【疏】欲示極玄，應須更召。

明日，又與之見壺子。立未定，自失而走[1]。壺子曰：「追之[2]！」

1.【疏】季咸前後虞度來相，未早玄遠，猶有近見。今者第四，其道極深，本迹兩忘，動寂雙遣。聖心行虛，非凡所測，遂使立未安定，奔逸而走也。【釋文】「失而走」如字，徐音逸。

2.【疏】既見奔逃，命令捉取。

列子追之不及。反，以報壺子曰：「已滅矣，已失矣，吾弗及已[1]。」

1.【疏】驚迫已甚，奔馳亦速，滅矣失矣，莫知所之也。【釋文】「已滅」崔云：滅，不見也。

壺子曰：「鄉吾示之以未始出吾宗[1]。吾與之虛而委蛇[2]，不知其誰何[3]，因以為弟靡，因以為波流，故逃也[4]。」

1.【疏】夫妙本玄源，窈冥恍惚，超茲四句，離彼百非，不可以心慮知，安得以形名取！既絕言象，無的宗塗，不測所由，故失而走。

2.【注】無心而隨物化。【釋文】「委」於危反。委蛇，至順之貌。「蛇」以支反。【疏】委蛇，隨順之貌也。至人應物，虛己忘懷，隨順逗機，不執宗本；既不可名目，故不知的是何誰也。

3.【注】汎然無所係也。

4.【注】變化頹靡，世事波流，無往而不因也。夫至人一耳，然應世變而時動，故相者無所措其目，自失而走。此明應帝王者無方也。【疏】頹者，放任。靡者，順從。夫上德無心，有感斯應，放任不務，順從於物，而揚波塵俗，因任前機，曾無執滯。千變萬化，非相者所知，是故季咸宜其逃逸也。【釋文】「為弟」徐音頹，丈回反。「靡」弟靡，不窮之貌。崔云：猶遜伏也。◎盧文弨曰：《正字通》弟作弟。後來字書亦因之，而於古無有也。《類篇》弟字下有徒回反一音，云：弟靡，不窮貌。正本此。《列子‧黃帝篇》作茅靡。《釋文》曰：波流如字。崔本作波隨，云：常隨從之。◎王念孫曰：郭象曰：變化頹靡，世事波流，無往而不因。《釋文》曰，波

流，崔本作波隨，云常隨從之。案作波隨者是也。蛇，古音徒禾反（委蛇之委，古音於禾反。委蛇，疊韻字也。《召南・羔羊篇》委蛇委蛇，與皮紽為韻。皮，古音婆。《莊子・庚桑楚篇》與物委蛇，與為波為韻。為，古音譌。委蛇，或作委佗。《鄘風・君子偕老篇》委委佗佗，與珈河宜何為韻。宜，古音摩（《中孚》九二，吾與爾靡之，與和為韻。《莊子・知北遊篇》安與之相靡，與化多為韻。成二年《左傳》師至於靡笄之下，靡一音摩。《史記・蘇秦傳》期年以出揣摩，鄒誕本作揣摩）隨，古亦音徒禾反（波隨疊韻。《詩序》男行而女不隨，《老子》前後相隨，《管子・白心篇》天不始不隨，《呂氏春秋・審應篇》人先我隨，《韓子・解老篇》大姦作則小盜隨，《淮南・泰族篇》上動而下隨，《史記・太史公自序》主先而臣隨，並與和為韻。又《呂氏春秋・任數篇》無先有隨，與和多為韻。《賈子・道術篇》有端隨之，與和宜為韻。《淮南・原道篇》禍乃相隨，與多為韻。《說文》：隨，從辵，隋聲。隋音佗果反。《史記・天官書》，前列直斗口，三星隨北端兌，《索隱》曰：隨音他果反）。

然後列子自以為未始學而歸[1]，三年不出。為其妻爨，食豕如食人[2]。於事无與親[3]，彫琢復朴[4]，塊然獨以其形立[5]。紛而封哉[6]，一以是終[7]。

1.【疏】季咸逃逸之後，列子方悟己迷，始覺壺丘道深，神巫術淺。自知未學，請乞其退歸，習尚無為，伏膺玄業也。

2.【注】忘貴賤也。【疏】不出三年，屏於俗務。為妻爨火，忘於榮辱。食豕如人，淨穢均等。【釋文】「妻爨」七判反。「食豕」音嗣。下同。

3.【注】唯所遇耳。【疏】悟於至理，故均彼我，涉於世事，無親疏也。

4.【注】去華取實。【疏】彫琢華飾之務，悉皆棄除，直置任真，復於朴素之道者也。【釋文】「去華」羌呂反。「彫琢」竹角反。

5.【注】外飾去也。【疏】塊然，無情之貌也。外除彫飾，內遣心智，槁木之形，塊然無偶也。【釋文】「塊然」徐苦怪反，又苦對反。

6.【注】雖動而真不散也。

【疏】封，守也。雖復涉世紛擾，和光接物，而守於真本，確爾不移。

【釋文】「紛而」芳云反。「封哉」崔云：亂貌。「封哉」崔本作戎，云：封，散亂也。◎李楨曰：紛而封哉，《列子·黃帝篇》作忿然而封戎。按封戎是也。六句並韻語。食豕二句，人親為韻。彫琢二句，朴立為韻。紛而二句，戎終為韻。哉字，傳寫之譌。下四亦韻語。惟崔本不誤，與《列子》同。《尚書》公無困哉，《漢書》兩引作公無困我。此以我為韻哉。亦是一證。

7.【注】使物各自終。

【疏】動不乖寂，雖紛擾而封哉；應不離真，常抱一以終始。

无為名尸[1]，无為謀府[2]；无為事任[3]，无為知主[4]。體盡无窮[5]，而遊无朕[6]；盡其所受乎天[7]，而无見得[8]，亦虛而已[9]。至人之用心若鏡[10]，不將不迎，應而不藏[11]，故能勝物而不傷[12]。

1.【注】因物則物各自當其名也。【疏】尸，主也。身尚忘遺，名將安寄，故無復為名譽之主也。

2.【注】使物各自謀也。【疏】虛淡無心，忘懷任物，故無復運為謀慮於靈府耳。

3.【注】付物使各自任。【疏】各率素分，恣物自為，不復於事，任用於己。

4.【注】無心則物各自主其知也。【疏】忘心絕慮，大順群生，終不運知，以主於物。【釋文】「知主」音智。注同。

5.【注】因天下之自為，故馳萬物而無窮也。【疏】體悟真源，故能以智境冥會，故曰皆無窮也。

6.【注】任物，故無迹。【疏】朕，迹也。雖遨遊天下，接濟蒼生，而晦迹韜光，故無朕也。【釋文】「无朕」直忍反。崔云：兆也。

7.【注】足則止也。【疏】所稟天性，物物不同，各盡其能，未為不足者也。

8.【注】見得則不知止。【疏】夫目視之所見，雖見不見；得於分內之得，雖得不得。既不造意於見得，故……

9.【注】不虛則不能任群實。【疏】所以盡於分內而無見得者，直自虛心淡忘而已。

南海之帝為儵，北海之帝為忽，中央之帝為渾沌[1]。儵與忽時相與遇於渾沌之地，渾沌待之甚善[2]。儵與忽謀報渾沌之德，曰：「人皆有七竅以視聽食息，此獨无有，嘗試鑿之[3]。」日鑿一竅，七日而渾沌死[4]。

1.【疏】南海是顯明之方，故以儵為有。北是幽闇之域，故以忽為無。中央既非北非南，故以渾沌為非無非有者也。【釋文】「儵」音叔。李云：喻有象也。「忽」李云：喻無形也。「渾」胡本反。「沌」徒本反。崔云：渾沌，无孔竅也。李云：清濁未分也。此喻自然。簡文云：儵忽取神速為名，渾沌以合和為貌。神速譬有為，合和譬无為。

2.【疏】有無二心，會於非無非有之境，和二偏之心執為一中之志，故云待之甚善也。

3.【疏】儵忽二人，猶懷偏滯，未能和會，尚起學心，妄嫌渾沌之無心，而謂穿鑿之有益也。

4.【注】為者敗之。【疏】夫運四肢以滯境，鑿七竅以染塵，乖渾沌之至淳，順有無之取舍；是以不終天年，中塗夭折。嗚哉學者，幸勉之焉！故郭注云為者敗之也。【釋文】「七竅」苦叫反。《說文》云：孔也。「七日而渾沌死」崔云：言不順自然，強開耳目也。

10.【注】鑑物而無情。【疏】夫懸鏡高堂，物來斯照，至人虛應，其義亦然。

11.【注】來即應，去即止。【疏】將，送也。夫物有去來而鏡無迎送，來者即照，必不隱藏。亦猶聖智虛凝，無幽不燭，物感斯應，應不以心，既無將迎，豈有情於隱匿哉！【釋文】「應而不藏」如字。本又作臧，亦依字讀。

12.【注】物來乃鑑，鑑不以心，故雖天下之廣，而無勞神之累。【疏】夫物有生滅，而鏡無隱顯，故常能照物而物不能傷。亦猶聖人德合二儀，明齊三景，鑑照遐廣，覆載無偏。用心不勞，故無損害，為其勝物，是以不傷。

莊子集釋　卷四上

外篇駢拇第八[1]

1.【釋文】舉事以名篇。

駢拇枝指，出乎性哉！而侈於德[1]。附贅縣疣，出乎形哉！而侈於性[2]。多方乎仁義而用之者，列於五藏哉！而非道德之正也[3]。是故駢於足者，連无用之肉也；枝於手者，樹无用之指也[4]；多方駢枝於五藏之情者，淫僻於仁義之行[5]，而多方於聰明之用也[6]。

1.【疏】駢，合也；拇，足大指也；謂足大拇指與第二指相連，合為一指也。枝指者，謂手大拇指傍枝生一指，成六指也。出乎性者，謂此駢枝二指，並稟自然，性命生分中有之。侈，多也。德，謂仁義禮智信五德也。言曾史稟性有五德，蘊之五藏，於性中非剩也。【釋文】「駢」步田反。《廣雅》云：並也。李云：併也。「拇」音母，足大指也。司馬云：駢拇，謂足拇指連第二指也。崔云：諸指連大指也。「枝指」如字。《三蒼》云：枝指，手有六指也。崔云：謂指有歧也。◎盧文弨曰：歧當作岐，後人強分之。「而侈」昌是反，徐處豉反。郭云：多貌。司馬云：溢也。崔云：過也。「於德」崔云：德，猶容也。

2.【注】夫長者不為有餘，短者不為不足，此則駢贅皆出於形性，非假物也。然駢與不駢，其性各足，而此獨駢枝，則於眾以為多，故曰侈耳。而惑者或云非性，因欲割而棄之，是道有所不存，德有所不載，而人有棄才，物有棄用也，豈是至治之意哉！夫物有小大，能有少多，所大即駢，所多即贅。駢贅之分，物皆有之，若莫之任，是都棄萬物之性也。【疏】附生之贅肉，縣係之小疣，並稟形以後方有，故出乎形哉而侈性者，譬離曠稟性聰明，列之藏府，非關假學，故無侈性也。【釋文】「附贅」章銳反。《廣雅》云：疣也。《釋名》云：橫生一肉，屬

著體也。一云：瘤結也。「縣」音玄。「疣」音尤。「而侈於性」司馬云：性，人之本體也。駢拇，枝指，附贅，縣疣，此四者各出於形性，而非形性之正，於眾人為侈。於形為侈，於性為多，故在手為莫用之肉，於足為無施之指也。王云：性者，受生之質；德者，全生之本。駢拇枝指受生而有，不可多於德；贅疣形象而生，不可多於性。此四者以況才智德行。◎俞樾曰：性之言生也。德者，所以生者也。〈天地篇〉曰，物得以生謂之德，是也。故曰出乎性。駢拇枝指出乎性，成形之後而始有者也，故曰出乎形。德者，所以生者也。故曰出於形。崔云：德，猶容也，司馬云：性，人之本體也。混性與德與形而一之，殊失其旨。◎家世父曰：《釋文》引王云：性者，受生之質；德者，全生之本。崔云：德，猶容也，司馬云：性者，受生之質；德者，全生之本。駢拇枝指，與生俱來，而以德言之則侈矣；附贅縣疣出乎形，而以性言之則侈矣，殊失其旨。駢拇枝指，生而已然者也，不可多於德，故曰出乎性；贅疣縣疣，形既具而後附焉，故曰出於形。「夫」音符。發句之端放此。「至治」直吏反。「之分」符問反。後可以意求。「物皆有之」之，或作定。

3.【注】夫與物冥者，無多也。故多方於仁義者，雖列於五藏，然自一家之正耳，未能與物無方而各正性命，故曰非道德之正。夫方之少多，天下未之有限。然少多之差，各有定分，毫芒之際，即不可以相跂，故各守其方，則少多無不自得。而惑者聞多之不足以正少，是舉天下而棄之，不亦妄乎！【疏】方，道術也。言曾史之德，性多仁義，羅列藏府而施用之，此直一家之知，未能大冥萬物。天能與物冥者，故當非仁義而應夫仁義，不多不少而應夫多少，千變萬化，與物無窮，無所偏執，故是道德之正也。【釋文】「五藏」才浪反，後皆同。《黃帝·素問》云：肝心脾肺腎為五藏。

4.【注】直自性命不得不然，非以有用故然也。【疏】夫駢合之拇，無益於行步，故雖有此連，終成無用之肉；枝生於手指者，既不益操捉，終是無用之指也。欲明稟自然天性有之，非關助用而生也。【釋文】「淫僻」本又作辟，匹亦反，徐敷赤反。注及篇末同。

5.【注】五藏之情，直自多方耳，而少者橫復尚之，以至淫僻。【疏】夫曾史之徒，性多仁義，以此情性，駢於藏府。性少方耳，求於天理，既非率性，遂成淫僻。淫者，耽滯；僻者，不正之貌。【釋文】「淫僻」本又作辟，匹亦反，徐敷赤反。注及篇末同。「於仁義之行」下孟反。崔云：駢枝贅疣，雖非性之正，亦出於性，不可去也。五藏之情，雖非道德之正，亦列於性，不可治也。今設仁義之教以治五藏之情，猶削駢枝贅疣也，既傷自然之理，更益其疾也。「橫復」扶又反。除篇末注皆同。「至當」丁浪反。後皆倣此。

6.【注】聰明之用，各有本分，故多方不為有餘，少方不為不足。然情欲之所蕩，未嘗不賤少而貴多也，見夫可貴而矯以尚之，則自多於本用而困其自然之性。若乃忘其所貴而保其素分，則與性無多而異方俱全矣。【疏】言離曠素分，足於聰明，性少之徒，矯情為尚，以此為用，不亦謬乎！

是故駢於明者，亂五色，淫文章，青黃黼黻之煌煌非乎？而離朱是已[1]。多於聰者，亂五聲，淫六律，金石絲竹黃鐘大呂之聲非乎？而師曠是已[2]。多於仁者，擢德塞性以收名聲，使天下簧鼓以奉不及之法非乎？而曾史是已[3]。駢於辯者，纍瓦結繩竄句，遊心於堅白同異之間，而敝跬譽無用之言非乎？而楊墨是已[4]。故此皆多駢旁枝之道，非天下之至正也[5]。

1.【疏】斧形謂之黼。兩己相背謂之黻。五色，青黃赤白黑也。青與赤為文，赤與白為章。煌煌，眩目貌也。離朱，一名離婁，黃帝時明目人，百步察毫毛也。豈非離朱乎？是也。已，助聲也。【釋文】「黼黻」音甫，下音弗。《周禮》云：白與黑謂之黼，黑與青謂之黻。「煌煌」音皇。《廣雅》云：光也。《毛詩傳》云：皇皇，猶煌煌也。煌，又音晃。◎盧文弨曰：舊作光光也，今據本書刪一光字。「離朱」司馬云：黃帝時人，百步見秋毫之末，一云：見千里針鋒。《孟子》作離婁。「非乎」向云：猶是也。

2.【注】夫有耳目者，未嘗以慕聾盲自困也，所困常在於希離慕曠，則離曠雖性聰明，乃是亂耳目之主也。【疏】五聲，謂宮商角徵羽也。六律：黃鐘大呂姑洗蕤賓無射夾鐘之徒是也。六律陽，六呂陰，總十二也。金石絲竹匏土革木，此八音也。非乎，言滯著此聲音，豈非是師曠乎？師曠，字子野，晉平公樂師，極知音律，言亂耳目之主也。子素分聰明，庸昧之徒橫生希慕，既失本性，寧不困乎！然則離曠聰明，乃是亂耳目之主也。本亦作五聰明。「師曠」司馬云：晉賢大夫也，善音律，能致鬼神。《史記》云：冀州南和人，生而無目。【釋文】「五聲」

3.【注】夫曾史性長於仁耳，而性不長者橫復慕之，慕之而仁，仁已偽矣。天下未嘗慕桀跖而必慕曾史，則曾史之簧鼓天下，使失其真性，甚於桀跖也。【疏】枝於仁者，謂素分枝多仁義，猶如生分中枝生一指也。擢用五

德，既偏滯邪淫，仍閉塞正性。用斯接物，以收聚名聲，遂使蒼生馳動奔競，猶如笙簧鼓吹，能感動於物欣企也。然曾史性長於仁義，而不長者橫復慕之，捨短效長，故言奉不及之法也。擢，拔；謂拔擢偽德，塞其真性也。曾者，姓曾，名參，字子輿，仲尼之弟子。史者，姓史，名鰌，衛靈公臣。此二人並稟性仁孝，故舉之。

【釋文】「擢德」音濯。司馬云，拔也。◎王念孫曰：塞與擢義不相類。塞當為搴，擢，皆謂拔取之也。《廣雅》云：搴，取也，（《楚辭·離騷》注及《史記·叔孫通傳》《索隱》引許慎，並與《廣雅》《方言》作攓，云：取也，南楚曰攓。）《說文》作撢，云：拔取也）拔也（樊光注《爾雅》及李奇注《漢書·季布欒布田叔傳》、《贊》，並與《廣雅》同）。此言世之人皆擢其德，搴其性，務為仁義以收名聲，非謂塞其性也。《淮南·俶真篇》曰：俗世之學，擢德攓性，內愁五藏，外勞耳目，乃始招蟯振繢物之毫芒，搖消掉捎仁義禮樂，暴行越智於天下，以招號名聲於世。又曰：今萬物之來，擢拔吾性，攓取吾情。皆其證也。隸書手字或作十（若舉字作舉，奉字作奉之類），故搴字或作攓，形與塞相似，因誤而為塞矣。「搴鼓」音黃，謂笙簧也。鼓，動也。「曾史」曾參史鰌也。曾參行仁，史鰌行義。「跖」之石反。

4.【注】夫騁其奇辯，致其危辭者，未曾容思於樗杌之口，而必競辯於楊墨之閒，則楊墨乃亂群言之主也。

【疏】楊者，姓楊，名朱，字子居，宋人也。墨者，姓墨，名翟，亦宋人也；為宋大夫；以其行墨之道，故稱為墨。此二人並墨之徒，稟性多辯，咸能致高談危險之辭，鼓動物性，固執是非；猶如緘結藏匿文句，使人難解，其游心學處，惟在堅執守白之論，是非同異之間，未始出非人之域也。纍瓦，猶自持也，亦用力之貌。譽，光贊也。楊墨之徒，並矜其小學，炫燿眾人，誇無用之言，惑於群物。然則楊墨豈非亂群之師乎？言即此楊墨而已也。

【釋文】「纍」劣彼反，向同，崔如字。「瓦」危委反。《爾雅》云：微也。一云藏也。「句」紀具反。一云：纍瓦也。崔云：聚無用之語，如瓦之纍，繩之結也。一音鉤。「竄」七亂反。《爾雅》云：微也。一云小辯危詞，若結繩之緒也。司馬云：竄句，謂邪說微隱，穿鑿文句也。一音鉤。「敝」本亦作蔽。徐音婢，郭父結反，李步計反。司馬云：敝跬，分外用力之貌。「罷」音疲。「跬」徐丘婢反，郭音屑。向崔本作趌。向丘氏反，云：近也。司馬同。李卻垂反。一云：敝跬，分外用力之貌。◎家世父曰：《釋文》，敝跬，分外用力之貌。今案跬譽猶云跱言。《方言》，半步為跖。司馬法，一舉足曰跖。敝精罷神於近名而無實用之言，故謂之駢於辯。「楊墨」崔李云：楊朱墨翟也。「容思」息嗣反。「樗杌」上徒刀

反。下音兀。

5.【注】此數子皆師其天性，直自多駢旁枝，各自是一家之正耳。然以一正萬，則萬不正矣。故至正者不以己正天下，使天下各得其正而已。【疏】言此數子皆自天然聰明仁辯，猶如合駢之拇，傍生枝指，稟之素分，豈由人為！故知率性多仁，乃是多駢傍枝之道也。而愚惑之徒，捨己效物，求之分外，由而不已。然搖動物性，由此數人，以一正萬，故非天下至道正理也。【釋文】「此數」色主反。下文此數音同。

彼至正者，不失其性命之情1。故合者不為駢2，而枝者不為跂3；長者不為有餘4，短者不為不足5。是故鳧脛雖短，續之則憂；鶴脛雖長，斷之則悲6。故性長非所斷，性短非所續，無所去憂也7。意仁義其非人情乎8！彼仁人何其多憂也9？

1.【注】物各任性，乃正正也。自此已下觀之，至正可見矣。【疏】以自然之正理，正蒼生之性命，故言正正者，以不正而正，正而不正言之也。自此以上，明矯性之失；自此以下，顯率性之得也。◎俞樾曰：上正字乃至正字之誤。上文云故此皆多駢旁枝之道，非天下之至正也，此云彼至正者不失其性命之情，兩文相承。今誤作正正，義不可通。郭曲

2.【注】以枝正合為駢。

3.【注】以合正枝為跂。【疏】以枝望合，乃謂合為駢，而合實非駢；以合望枝，乃謂枝為跂，而枝實非跂也。【釋文】「不為跂」其知反。崔本作枝，音同。或渠支反。

4.【注】以長正短，乃謂長有餘。

5.【注】以短正長，乃謂短不足。【疏】長者，謂曾史離曠楊墨，並稟之天性，蘊蓄仁義，聰明俊辯，比之群小，故謂之長，率性而動，故非有餘。短者，眾人比曾史等不及，故謂之短，然亦天機自張，故非為不足。

6.【注】各自有正，不可以此正彼而損益之。【疏】鳧，小鴨也。鶴，鸛之類也。脛，腳也。自然之理，亭

毒眾形，雖復脩短不同，而形體各足稱事，咸得逍遙。而惑者方欲截鶴之長續鳧之短以為齊，深乖造化，違失本性，所以憂悲。

【釋文】「鳧」音符。「脛」形定反。《釋名》云：莖也，直而長，如物莖也。本又作脛。

「鶴」戶各反。「斷之」丁管反。下及注同。

7.【注】知其性分非所斷續而任之，則無所去憂而憂自去也。

【疏】夫稟性受形，僉有崖量，脩短明暗，素分不同。此如鳧鶴，非所斷續。如此，即各守分內，雖為無勞去憂，憂自去也。

【釋文】「去憂」起呂反。注去憂自去也。

8.【注】夫仁義自是人之情性，但當任之耳。

【釋文】「意」如字。下同。亦作醫。

9.【注】恐仁義非人情而憂之者，真可謂多憂也。

【疏】噫，嗟歎之聲也。夫仁義之情，出自天理，率性有之，非由放效。彼仁人者，則是曾史之徒，不體真趣，橫生勸獎，謂仁義之道可學而成。莊生深嗟此迷，故發噫歎。分外引物，故謂多憂也。其非人情性者，是人之情性者也。

且夫駢於拇者，決之則泣；枝於手者，齕之則啼。二者，或有餘於數，或不足於數，其於憂一也[1]。今世之仁人，蒿目而憂世之患[2]；不仁之人，決性命之情而饕貴富[3]。故意仁義其非人情乎[4]！自三代以下者，天下何其囂囂也[5]？

1.【注】謂之不足，故泣而決之；以為有餘，故啼而齕之。夫如此，雖群品萬殊，無釋憂之地矣。唯各安其天性，不決駢而齕枝，則曲成而無傷，又何憂哉！

【疏】齕者，齧斷也。決者，離析也。有餘於數，謂枝生六指也。不足於數，謂駢為四指也。夫駢枝二物，自出天然，但當任置，未為多少。而惑者不能忘淡，固執是非，謂枝為有餘，駢為不足，橫欲決駢齕枝，成於五數。既傷造化，所以泣啼，故決齕雖殊，其憂一也。

【釋文】「齕」李音紇，恨發反，齒斷也。徐胡勿反。郭又胡突反。「啼」音提。崔本作諦。

2.【注】兼愛之迹可尚，則天下之目亂矣。以可尚之迹，蒿令有患而遂憂之，此為陷人於難而後拯之也。然今世，猶末代。言曾史之徒，行此兼愛，遂令惑者捨己世正謂此為仁也。

【疏】蒿，目亂也。仁，兼愛之迹也。

效人，希幸之路既開，耳目之用亂矣。耳目亂則患難生，於是憂其紛擾，還救以仁義。不知患難之所興，興乎聖迹也。【釋文】「蒿目」好羊反。司馬云：亂也。李云：蒿目，快性之貌。◎盧文弨曰：司馬與郭注共以蒿目二字為句，解為亂下之目，義殊未安。蒿乃睅之假字。《玉篇・目部》：睅，庚鞠切，目明又望也。是睅為望視之貌。仁人之憂天下，必為之睅然遠望，故曰睅目而憂世之患。睅與蒿，古音相近，故得通用。《詩・靈臺篇》，《孟子・梁惠王篇》作鶴鶴，《文選・景福殿賦》作確確。然則蒿之通作睅，猶蒿之通作鶴與確矣。《周易・文言傳》：確乎其不可拔。《說文・土部》曰：塙，堅不可拔也。即本易義。是確與塙通，亦其例也。「蒿令」力呈反，下同。「於難」乃旦反。《說文》「後拯」拯救之拯。

3.【注】夫貴富所以可饕，由有蒿之者也。若乃無可尚之迹，則人安其分，將量力受任，豈有決己效彼以饕竊非望哉？【疏】饕，貪財也。素分不懷仁義者，謂之不仁之人也。意在貪求利祿，偷竊貴富，故絕己之天性，亡失分命真情，而矯性偽情，舍我逐物，良由聖迹可尚，故有斯弊者也。是知抱樸還淳，必須絕仁棄義。【釋文】「饕」吐刀反。杜預注《左傳》云：貪財曰饕。

4.【疏】此重結前旨也。◎慶藩案意讀為抑。抑或作意，語詞也。《論語・學而篇》抑與之與，《漢石經》作意。《墨子・非命篇》意將以為利天下乎，《晏子春秋・雜篇》意者非臣之罪乎，《漢書・敘傳》曰，其抑者從橫之事復起於今乎？抑者與意者同，並與此句法一例。或言意者，或單言意，義亦同也。

5.【注】夫仁義自是人情也。而三代以下，橫共囂囂，棄情逐迹，如將不及，不亦多憂乎！【疏】自，從也。三代，夏殷周也。囂囂，猶讙聒也。夫仁義者，出自性情。而三代以下，棄情徇迹，囂囂競逐，何愚之甚！是以夏行仁，殷行義，周行禮，即此囂囂之狀也。【釋文】「囂囂」許橋反，又五羔反。《字林》云：聲也。崔云：憂世之貌。

且夫待鉤繩規矩而正者，是削其性者也1；待繩約膠漆而固者，是侵其德者也2；屈折禮樂，呴俞仁義，以慰天下之心者，此失其常然也3。天下有常然。常然者，曲者不以鉤，直者不以繩，圓者不以規，方者不以矩，附離不以膠漆，約束不以纆索4。故天下誘然皆生而不知其所以生，同焉皆得

而不知其所以得5。故古今不二，不可虧也6。則仁義又奚連連如膠漆纆索而遊乎道德之間為哉7，使天下惑也8！

1.【疏】鉤，曲也；繩，直也；規，圓也；矩，方也。夫物賴鉤繩規矩而後曲直方圓者，此非天性也；；喻人待教迹而後仁義者，非真性也。夫真率而動，非假學也。故矯性偽情，舍己效物而行仁義者，是減削毀損於天性也。

2.【疏】約，束縛也。固，牢也。侵，傷也。德，真智也。夫待繩索約束，膠漆堅固者，斯假外物，非真牢者也；喻學曾史而行仁者，非實性也。

3.【疏】屈，曲也。折，截也。响俞，猶嫗撫也。揉直為曲，施節文之禮；折長就短，行漫澶之樂；嫗撫偏愛之仁，响俞執迹之義。以此偽真，以慰物心，遂使物喪其真，人亡其本。既而棄本逐末，故失其真常自然之性者也。此則總結前文之失，以生後文之得也。

【釋文】「屈」崔本作詘。「折」之熱反，謂屈折支體為禮樂也。又解：「响」况於反，李況付反。「俞」音喻。本又作响，音詡，謂响喻顏色為仁義之貌。

4.【疏】夫天下萬物，各有常分。至如蓬曲麻直，首圓足方，水則冬凝而夏釋，魚則春聚而秋散，斯出自天然，非假諸物，豈有鉤繩規矩膠漆纆索之可加乎！在形既然，於性亦爾。故知禮樂仁義者，亂天之經者也。又解：附離，離，依也。故《漢書》云，哀帝時附離董氏者，皆起家至二千石，注云：離，依之也。

【釋文】「纆」音墨。《廣雅》云：索也。「索」悉各反。下同。

5.【注】夫物有常然，任而不助，則泯然自得而不自覺也。

【疏】誘然生物，稟氣受形，或方或圓，乍曲乍直，亭之毒之，各足於性，悉莫辨其然，皆不知所以生，豈措意於緣慮，情係於得失者乎！是知屈折响俞，失其常也。

6.【注】同物，故與物無二而常全。

【疏】夫見始終以不一者，凡情之闇惑也；覩古今之不二者，聖智之明照也。是以不生而生，不知所以生，不得而得，不知所以得也。

7.【注】任道而得，則抱朴獨往，安得以形名取！而曾史之類，滯於名教，束縛既似繩，執固又如膠漆，心心相續，連連不斷。懷挾此行，遨遊道德之鄉者，譬猶以圓學方，以魚慕鳥，徒希企尚之

名，終無功用之實，筌蹄不忘魚兔，又喪已陳芻狗，貴此何為也！【釋文】「連連」司馬云：謂連續仁義，遊道德間也。

8.【注】仁義連連，祇足以惑物，使喪其真。

【釋文】「祇足」音支。「使喪」息浪反。下已喪同。

【疏】仁義之教，聰明之迹，乖自然之道，亂天下之心。

夫小惑易方，大惑易性[1]。何以知其然邪[2]？自虞氏招仁義以撓天下也，天下莫不奔命於仁義，是非以仁義易其性與[3]？故嘗試論之，自三代以下者，天下莫不以物易其性矣[4]。小人則以身殉利，士則以身殉名，大夫則以身殉家，聖人則以身殉天下[5]。故此數子者，事業不同，名聲異號，其於傷性以身為殉，一也[6]。臧與穀，二人相與牧羊而俱亡其羊[7]。問臧奚事，則挾筴讀書；問穀奚事，則博塞以遊。二人者，事業不同，其於亡羊均也[8]。伯夷死名於首陽之下[9]，盜跖死利於東陵之上[10]，二人者，所死不同，其於殘生傷性均也[11]，奚必伯夷之是而盜跖之非乎！天下盡殉也。彼其所殉仁義也，則俗謂之君子；其所殉貨財也，則俗謂之小人[12]。其殉一也，則有君子焉，有小人焉；若其殘生損性，則盜跖亦伯夷已[13]，又惡取君子小人於其間哉！[14]

1.【注】夫東西易方，於體未虧；矜仁尚義，失其常然，以之死地，乃大惑也。

【疏】夫指南為北，其迷尚小；滯迹喪真，為惑更大。

2.【疏】然，如是也。此即假設疑問以出後文。

3.【注】夫與物無傷者，非為仁也，而仁迹行焉；今萬理皆當者，非為義也，而義功見焉；故當而無傷者，非

仁義之招也。然而天下奔馳，棄我徇彼以失其常然。故亂心不由於醜而恆在美色，撓世不由於惡而恆由仁義，則仁義者，撓天下之具也。【疏】虞氏，舜也。撓，亂也。自唐堯以前，猶懷質朴；虞舜以後，淳風漸散，故以仁義聖迹，招慰蒼生，遂使宇宙黎元，荒迷奔走，喪於性命，逐於聖迹。【釋文】「以撓」而小反，郭呼堯反，又許羔反。「招」音翹。《廣雅》云：亂也。又奴爪反。《漢書·陳勝傳·贊》招八州而朝同列，鄧展曰：招，舉也。舊音曰，招音翹。《國語·周語》好盡言以招人過，韋注曰：招，舉。蘇林曰：招音翹。此文招字，亦當訓舉而讀為翹，言舉仁義以撓天下也。郭注曰，招，舉也，然而天下奔馳，棄我殉彼，以失其常然，是讀如本字。然以仁義招人，不得反云招仁義，可知其非矣。「功見」賢遍反。

4.【注】雖虞氏無易之之情，而天下之性固以易矣。【疏】由是觀之，豈非用仁義聖迹撓亂天下，使天下蒼生，棄本逐末而改其天性耶？【釋文】「性與」音餘。此可以意消息，後皆倣此。

5.【注】自三代以上，實有無為之迹。無為之迹，亦有為者之所尚也。尚之則失其自然之素。故雖聖人有不得已，或以樊夷之事易垂拱之性，而況悠悠者哉！【疏】五帝以上，猶扇無為之風；三代以下，漸興有為之教。澆淳異世，步驟殊時，遂使捨己效人，易奪真性，殉物不及，不亦悲乎！注云或以樊夷之事易垂拱之性者，樊夷，猶創傷也。言夏禹以風櫛雨沐，手足胼胝，以此辛苦之事，易於無為之業，居上既爾，下民亦然也。【釋文】「三代」夏殷周也。「以上」時掌反。「樊夷」並如字，謂創傷也。依字應作瘢痍。

6.【注】夫鶉居而鷇食，鳥行而無章者，何惜而不殉哉！故雖揮斥八極而神氣無變，手足樊夷而居形者不擾，則奚殉哉？無殉也，故乃不殉其所殉，而迹與世同殉也。【疏】殉，從也，營也，求也，逐也，謂身所以從之也。夫小人貪利，廉士重名，大夫殉為一家，帝王營於四海，所殉雖異，易性則同。然聖人與世常冥，其迹則殉，故有瘢痍禿脛之變，而未始累其神也。【釋文】「殉」辭俊反。「揮斥」徐辭倫反。司馬云：營也。崔云：殺身從之曰殉。「鶉」音純，又音敦。「鷇」口豆反。「禿」吐木反。「揮」上音揮，下音赤。

7.【疏】數子者，則前之三世以下四人也。事業者，謂利名家天下不同也。名聲者，謂小人士大夫聖人異號也。言此四人，事業雖復不同，名聲異號也，其於殘生以身逐物，未始不均也。

8.【疏】此仍前舉譬以生後文也。《孟子》云：臧，善學人也；穀，孺子也。揚雄云：男婿婢曰臧；穀，良家子

也。牧，養也。亡，失也。言此二人各耽事業，俱失其羊也。【釋文】「臧」作郎反。崔云：好書曰臧。《方言》云：齊之北鄙，燕之北郊，凡民男而婿婢謂之獲，女而婦奴之子謂之臧。張揖云：婿婢之子謂之臧，婦奴之子謂之獲。「與穀」如字。《爾雅》云：善也。崔本作穀，云：孺子曰穀。「牧羊」牧養之牧。

9.【疏】奚，何也。冊，簡也。古人無紙，皆以簡冊寫書。行五道而投瓊曰博，不投瓊曰塞。問臧問穀，乃有書塞之殊，牧羊亡羊，實無復異也。【釋文】「挾」音協。「筴」字又作策，初革反。李云：竹簡也。古以寫書，長二尺四寸。「博塞」悉代反。「博塞」之類也。《漢書》云：吾丘壽王以善格五待詔，謂博塞也。

10.【疏】此下合譬也。伯夷叔齊，並孤竹君之子也。孤竹，神農氏之後也，姜姓。伯夷，名允，字公信；叔齊，名致，字公遠。夷長而庶，齊幼而嫡，父常愛齊。及其父薨，兄弟相讓，不襲先封。聞文王有德，乃往於周。遇武王伐紂，扣馬而諫，諫不從，走入首陽山，採薇為糧，不食周粟，遂餓死首陽山。山在蒲州河東縣。蒲州城南三十里，見有夷齊廟墓，林木森疎。盜跖者，柳下惠之從弟，名跖，徒卒九千，常為巨盜，故以盜為名。東陵，山名，又云即太山也，在齊州界，去東平十五里，跖死其上也。【釋文】「首陽」山名，在河東蒲阪縣。死，謂餓而死。「東陵」李云：謂泰山也。一云：陵名，今名東平陵，屬濟南郡。◎慶藩案《文選》任彥昇《王文憲集序》注引司馬云：東陵，陵名，今屬濟南也。《釋文》闕。

11.【疏】伯夷殉名，死於首陽之下；盜跖貪利，殞於東陵之上。乃名利所殉不同，其於殘傷，未能相異也。

12.【注】天下之所惜者生也，今殉之太甚，俱殘其生，則所殉是非，不足復論。【疏】據俗而言，有美有惡；以道觀者，何是何非。故盜跖不必非，伯夷豈獨是。◎慶藩案慧琳《一切經音義卷八十九·梁高僧傳四》引司馬云：盜跖，兇惡人也。《釋文》闕。

13.【疏】此總結前文以成後義。但道喪日久，並非適當。今俗中盡殉，豈獨夷跖！從於仁義，未始離名；逐於貨財，固當走利。唯名與利，殘生之本，即非天理，近出俗情，君子小人，未可正據也。

14.【注】天下皆以不殘為善，今均於殘生，則雖所殉不同，不足復計也。夫生奚為殘，性奚為易哉？皆由乎尚無為之迹也。若知迹之由乎無為而成，則絕尚去甚而反冥我極矣。堯桀將均於自得，君子小人奚辨哉！【疏】惡，何也。其所殉名利，則有君子小人之殊；若殘生損性，曾無盜跖伯夷之異。此蓋俗中倒置，非關真極。於何而取君子，於何而辨小人哉？言無別也。【釋文】「又惡」音烏。「取君子小人於其間哉」崔本無小人於三字。

且夫屬其性乎仁義者，雖通如曾史，非吾所謂臧也[1]；屬其性於五味，雖通如俞兒，非吾所謂臧也[2]；屬其性乎五聲，雖通如師曠，非吾所謂聰也；屬其性乎五色，雖通如離朱，非吾所謂明也[3]。吾所謂臧者，非仁義之謂也，臧於其德而已矣[4]；吾所謂臧者，非所謂仁義之謂也，任其性命之情而已矣[5]；吾所謂聰者，非謂其聞彼也，自聞而已矣；吾所謂明者，非謂其見彼也，自見而已矣[6]。夫不自見而見彼，不自得而得彼者，是得人之得而不自得其得者也，適人之適而不自適其適者也[7]。夫適人之適而不自適其適，雖盜跖與伯夷，是同為淫僻也[8]。余愧乎道德，是以上不敢為仁義之操，而下不敢為淫僻之行也[9]。

1. 【注】以此係彼為屬。屬性於仁，殉仁者耳，故不善也。
【疏】屬，係也。臧，善也。吾，莊生自稱也。夫捨己效人，得物喪我者，流俗之偽情也。故係我者天性，學彼仁義，雖通達聖迹，如曾參史魚，乖於本性，故非論生之所善也。
【釋文】「屬其」郭時欲反。徐音燭，屬，著也。下皆同。

2. 【注】率性通味乃善。
【疏】《孟子》云：俞兒，齊之識味人也。《尸子》云：俞兒和之以薑桂，為人主上食。夫自無天素，效物得知，假令通似俞兒，非其善故也。
【釋文】「雖通如楊墨」一本無此句。「俞兒」音榆，李式榆反。司馬云：古之善識味人也。崔云：《尸子》曰：膳俞兒和之以薑桂，為人主上食。《淮南》云：俞兒狄牙，嘗淄澠之水而別之。一云：俞兒，黃帝時人。狄牙則易牙，齊桓公時識味人也。一云：俞兒亦齊人。《淮南子》一本作申兒，疑申當為臾。

3. 【注】不付之於我而屬之於彼，則雖通之如彼，而我已喪矣。
【疏】夫離朱師曠，稟分聰明，率性而能，非關學致。今乃矯性偽情，捨己效物，雖然通達，未足稱善也。

4. 【注】善於自得，忘仁而仁。
【疏】德，得也。夫達於玄道者，不易性以殉者也，豈復執已陳之芻狗，滯也。

先王之蘧廬者哉！故當知其自知，得其自得，以斯為善，不亦宜乎！

5.【注】謂仁義為善，則損身以殉之，此於性命還自不善。身且不仁，其如人何！故任其性命，乃能及人，及人而不累於己，彼我同於自得，斯可謂善也。

【疏】夫曾參史魚楊朱墨翟，此四子行仁義者，蓋率性任情，稟之天命，譬彼駢枝，非由學得。而惑者覬曾史之仁義，言放效之可成；聞離曠之聰明，謂庶幾之必致；豈知造物而亭毒之乎！故王弼注《易》云，不性其情，焉能久行其情，斯之謂也。

【釋文】「不累」劣偽反。後皆倣此。

6.【注】夫絕離棄曠，自任聞見，則萬方之聰明莫不皆全也。

【疏】夫希離慕曠，見彼聞他，心神馳奔，耳目竭喪，此乃愚闇，豈曰聰明！若聽耳之所聞，視目之所見，保分任真，不蕩於外者，即物皆聰明也。

7.【注】此舍己效人者也，雖效之若人，而已已亡矣。

【疏】夫不能視見之所見而見目以求離朱之明，不能知知之所知而役知以慕史魚之義者，斯乃偽情學人之得，非謂率性自得己得也。既而偽學外顯，效彼悅人，作偽心勞，故不自適其適也。

【釋文】「舍己」音捨。

8.【注】苟以失性為淫僻，則雖所失之塗異，其於失之一也。

【疏】淫，滯也。僻，邪也。夫保分率性，正道也；尚名好勝，邪淫也。是以捨己逐物，開希幸之路者，雖伯夷之善，盜跖之惡，亦同為邪僻也。重舉適人之適者，此疊前生後以起文勢故也。

9.【注】愧道德之不為，謝冥復之無迹，故絕操行，忘名利，從容吹累，遺我忘彼，若斯而已矣。

【疏】夫虛通之道，至忘之德，絕仁絕義，無利無名。而莊生妙體環中，遊心物表，志操絕乎仁義，心行忘乎是非；體自然之無有，愧道德之不為。而言上下者，顯仁義淫僻之優劣也。而云余愧不敢者，示謙也。郭注云從容吹累者，從容，猶閑放；而吹累，動而無心也。吹，風也；累，塵；猶清風之動，微塵輕舉也。

【釋文】「愧乎」崔本作媿，云：媿，愧同。「之行」下孟反。注同。「冥復」音服。「從容」七容反。「吹」如字，又昌偽反。字亦作炊。

外篇馬蹄第九[1]

1.【釋文】舉事以名篇。

馬，蹄可以踐霜雪，毛可以禦風寒，齕草飲水，翹足而陸，此馬之真性也[1]。雖有義臺路寢，無所用之[2]。及至伯樂，曰：「我善治馬。」燒之，剔之，刻之，雒之，連之以羈馽，編之以皁棧，馬之死者十二三矣[3]；飢之，渴之，馳之，驟之，整之，齊之，前有橛飾之患，而後有鞭筴之威，而馬之死者已過半矣[4]。陶者曰：「我善治埴，圓者中規，方者中矩[5]。」匠人曰：「我善治木，曲者中鉤，直者應繩[6]。」夫埴木之性，豈欲中規矩鉤繩哉[7]？然且世世稱之曰「伯樂善治馬而陶匠善治埴木」，此亦治天下者之過也[8]。

1.【注】駑驥各適於身而足。　【疏】齕，齧也；踐，履；禦，捍；翹，舉也。夫蹄踐霜雪，毛禦風寒，飢即齕草，渴即飲水，逸豫適性，即舉足而跳躑，求菓乎造物，故真性豈願羈馽皁棧而為服養之乎！況萬有參差，咸資素分，安排任性，各得逍遙，不矜不企，即生涯可保。　【釋文】【齕】恨發反。◎慶藩案《文選》郭景純〈江賦〉《釋文》崔本作翹尾，引司馬云，陸，跳也。《字書》作驍，馬健也。今案足作尾是也。　【蹄】音提。司馬云：馬足甲也。「翹」祁饒反，又胡切反。「翹」崔本作尾。「足」崔本作尾。《字書》作驍，馬健也。「而陸」司馬云：陸，跳也。《廣雅》云：敵也。崔本作辟。「齕」恨發反，又《釋名》云：武也。王弼注《易》云：在下而行者也。「禦」魚呂反。《釋文》【馬】《釋名》云：武也。

注引《莊子》正作跇，陸作踲，云：踲，音六。《廣韻》：踲，力竹切，翹踲也。踲依字當作跇。《說文》：跇，曲脛也，讀若達。是跇即踲之異體。達從辵走，古足足之字多互用，形相似也。據《選注》所引，知陸乃跇之譌。「駃」音奴，惡馬也。「驥」音冀，千里善馬也。

2.【注】馬之真性，非辭鞍而惡乘，但無羨於榮華。
【疏】義，養也，謂是貴人養衛之臺觀也。亦言：義臺，猶靈臺也。路，大也，正也，即正寢之大殿也。言馬之為性，欣於原野，雖有高臺大殿，無所用之。況清虛之士，淳樸之民，樂彼茅茨，安茲甕牖，假使丹楹刻桷，於我何為！本同。一本作義。「臺」崔云：義臺，猶靈臺也。「路寢」路，正也，大也。崔云：路寢。【釋文】「義」許宜反，又如字。◎慶藩案《史記魏世家索隱》引司馬云：義臺，臺名。《釋文》闕。◎俞樾曰：義，徐音儀，當從之。《周官》肆師職鄭注曰：故書儀為義。是義即古儀字也。儀臺，猶言容臺也。《淮南子覽冥篇》容臺振而掩覆，高注曰：容臺，行禮容之臺。儀與容，異名同實，蓋是行禮儀之臺，故曰儀臺也。

3.【注】有意治之，則不治矣。治之為善，斯不善也。「而惡」烏路反。
【疏】《列子》云：姓孫，名陽，字伯樂，秦穆公時善治馬人。燒，鐵炙之也。剔，謂翦其毛；刻，謂削其蹄；雒，謂著籠頭也。羈，謂連枝絆也；馽，謂約前兩腳也。皁，謂槽櫪也。棧，編木為棧，安馬腳下，以去其濕，所謂馬床也。夫不能任馬真性，而橫見燒剔，既乖天理，而死者已多。況無心徇物，性命所以安全；有意治之，天年於焉夭折。【釋文】「伯樂」音洛，下同。伯樂，姓孫，名陽，善馭馬。石氏《星經》云：伯樂，天星名。孫陽善馭，故以為名。「剔之」敕歷反。《字林》云：剃也。徐詩赤反。向崔本作鬄。向音郝。「雒之」音洛。司馬云：燒，謂燒鐵以㸐之；剔，謂翦其毛；刻，謂削其甲；雒，謂絡其頭也。◎王念孫曰：司馬彪曰：雒，謂絡其頭也。案雒讀為絡（音落），字或作剞，通作雒，又通作落。鉻之言落也，剔去毛鬣爪甲謂之鉻。《說文》曰：鉻，鬎也。《廣雅》曰：雒，剔也。司馬以鉻為羈絡，語意略相似。此云燒之剔之刻之雒之，語意正與《吳子·治兵篇》說畜馬之法云：刻剔毛鬣，謹落四下。此云燒之剔之刻之雒之，語意略相似。司馬以鉻為羈絡，非也。下文連之以羈馽，乃始言羈絡耳。◎家世父曰：司馬云，刻，謂削其甲；雒，謂絡其頭也。是通雒為絡。下文連之以羈馽卑棧，所謂羈馽阜棧，始及銜勒之事。雒當為烙，所謂火鍼曰烙也。杜甫詩，細看六印帶官字，六印，亦作火印。刻，謂鑿蹄；雒，謂印烙，所謂火鍼曰烙也。刻之雒之以理其毛色，刻之雒之以存其表識。作絡者非也。疑上四者專就馬身言之，下文羈馽羈絡，始言羈絡之事，此恐非也。◎俞樾曰：司馬彪解雒之曰：刻，謂鑿蹄；雒，謂印烙，亦作火印。刻，謂鑿蹄；雒，謂印烙，是以雒為絡之假字。然下文連之以羈馽，乃始言羈絡之事，此恐非也。◎雒疑

當為烙。《說文・火部》新附有烙字，曰：灼也。今官馬以火烙其皮毛為識，即其事矣。「羈」居宜反。《廣雅》云：勒也。「羃」丁邑反，徐丁立反。李音述。本或作羃，非也。羃音之樹也。司馬向崔：馬氏音竦。崔云：絆前兩足也。◎盧文弨曰：舊本無音字，案例當有，今增。「編之」必然反。「皁」才老反，崔云：木棚也。一云：槽也。崔云：馬閑也。「棚」士板反，又士諫反。編木作似靈床曰棧，以禦濕也。崔云：木也。◎盧文弨曰：濕當作溼，後人多混用。棚，疑當作柵。◎慶藩案《文選》顏延年〈赭白馬賦〉注、潘安仁〈馬汧督誄〉靈即櫺字。棧，若櫺床，施之溼地也。《釋文》闕。「不治」直吏反。

4.【注】夫善御者，將以盡其能也。盡能在於自任，而乃走作馳步，求其過能之用，故有不堪而多死焉。若乃任其駑驥之分，適遲疾之分，雖則足迹接乎八荒之表，而眾馬之性全矣。而惑者聞任馬之性，乃謂放而不乘；聞無為之風，遂云行不如臥。何其往而不返哉！斯失乎莊生之旨遠矣。

　　【疏】櫪，衘也，謂以寶物飾於鑣也。帶皮曰鞭，無皮曰筴。夫馳驟過分，飢渴失常，整之以鑣鑾，威之以鞭筴，而求其以分外之能，故駑駘不堪，而凡已過半。夫馳驟治物，其損亦然。

　　【釋文】「櫪」力救反。「驟」士救反。崔云：鑣也。司馬云：衘也。崔云：鑣也。「飾」徐音式。司馬云：排衘也，謂加飾於馬鑣也。◎慶藩案《文選》潘安仁〈西征賦〉注引司馬云：鑣也。與《釋文》異，一作櫪。《說文》䚡下曰：䚡，馬口中橛也。《史記索隱》引《周輿服志》云：鉤逆上者為橛，橛在衘中，以鐵為之，大如雞子。《韓子・姦劫弒臣篇》無垂策之威，衘橛之備，雖造父不能以服馬，《鹽鐵論・刑德篇》猶無衘橛而禦捍馬也，是衘與橛皆所以制馬者。「鞭」必然反。「筴」初革反。杜注《左傳》云：馬檛也。馬勒衘也。橛，騑馬口長衘也。《漢書・司馬相如傳》張揖注曰：衘，馬勒衘也。橛，騑馬口長衘也。《說文》䚡，馬口中橛也。崔云：木也。司馬云：堲土可以為陶器。《尚書》傳云：土黏曰堲。《釋名》云：堲，膩也。膩音之食反。「中規」丁仲反。下皆同。

5.【疏】範土曰陶。陶，化也，亦窰也。埴，黏也，亦土也。謂陶者善能調和水土而為瓦器，運用方圓，必中規矩也。

　　【釋文】「陶」道刀反，謂窰也。窰，音弋消反。「埴」徐時力反。崔云：土也。司馬云：埴土可以為陶器。《尚書》傳云：土黏曰埴。《釋名》云：埴，膩也。膩音之食反。「中規」丁仲反。下皆同。

6.【疏】鉤，曲也。繩，直也。謂匠人機巧，善能治木，木之曲直，必中鉤繩。

　　【釋文】「應繩」應對之應。

7.【疏】土木之性，稟之造物，不求曲直，豈慕方圓；陶者匠人，浪為臧否。

應。後不音者傚此。

8.【注】世以任自然而不加巧者為不善於治也，揉曲為直，厲駕習驥，能為規矩以矯拂其性，使死而後已，乃謂之善治也，不亦過乎！【疏】此總舉前文以合其譬。然世情愚惑，以治為善，不治之為偽，偽莫大焉。【釋文】「揉曲」汝久反。「矯」居兆反。「拂」房弗反。

吾意善治天下者不然¹。彼民有常性，織而衣，耕而食，是謂同德²；一而不黨，命曰天放³。故至德之世，其行填填，其視顛顛⁴。當是時也，山无蹊隧，澤无舟梁⁵；萬物群生，連屬其鄉⁶；禽獸成群，草木遂長⁷。是故禽獸可係羈而遊，鳥鵲之巢可攀援而闚⁸。

1.【注】以不治治之，乃善治也。【疏】然，猶如此也。《莊子》云：我意謂善治天下，不如向來陶匠等也。善治之術，列在下文。

2.【注】夫民之德，小異而大同。故性之不可去者，衣食也；事之不可廢者，耕織也。言蒼生皆有真常之性而不假於物也。德者，得也。率其真常之性，物各自足，故同德。郭象云，性之不可去者衣食，事之不可廢者耕織，此天下之所同而為本也，守斯道也，無為至矣。【釋文】「去者」羌呂反。

3.【注】放之而自一耳，非黨也，故謂之天放。【疏】黨，偏也。命，名也。天，自然也。夫虛通一道，亭毒群生，長之育之，無偏無黨。若有心治物，則乖彼天然，直置放任，則物皆自足，故名曰天放也。【釋文】「天放」如字。崔本作牧，云：養也。

4.【注】此自足於內，無所求及之貌。【疏】填填，滿足之心。顛顛，高直之貌。夫太上淳和之世，遂初至德之時，心既遺於是非，行亦忘乎物我。所以守真內足，填填而處無為；自不外求，顛顛而游於虛淡。《淮南》作莫莫。「顛顛」丁田反。崔云：專一也。

5.【注】不求非望之利，故止於一家而足。【疏】蹊，徑；隧，道也。舟，舡也。當是時，即至德之世也。

人知守分，物皆淳樸，不伐不奪，徑道所以可遺；莫往莫來，舳艫於是乎廢。

【釋文】「蹊」徐音兮。李云：徑也。「隧」徐音遂。崔云：道也。

6.【注】混茫而同得也，則與一世而淡漠焉，豈國異而家殊哉！

【疏】夫混茫之世，淳和淡漠。故無情萬物，連接而共里閭；有識群生，係屬而同鄉縣；豈國異政而家殊俗哉！

【釋文】「連屬其鄉」王云：既無國異家殊，故其鄉連屬。「混」胡本反。「茫」莫剛反。「淡」徒暫反。「漠」音莫。

7.【注】足性而止，無吞夷之欲，故物全。

【疏】飛禽走獸不害，所以成群；蔬草果木不伐，遂其盛茂。

【釋文】「遂長」丁丈反，又直良反。「無吞」敦恩反，又音天。

8.【注】與物無害，故物馴也。

【疏】人無害物之心，物無畏人之慮。故山禽野獸，可羈係而遨遊；鳥鵲巢窠，可攀援而窺望也。

【釋文】「攀」本又作扳，普班反。「援」音袁。《廣雅》云：牽也，引也。「闚」去規反。「物馴」似遵反，或音純。

夫至德之世，同與禽獸居，族與萬物並，惡乎知君子小人哉！[1]同乎无知，其德不離[2]；同乎无欲，是謂素樸[3]；素樸而民性得矣[4]。及至聖人[5]，蹩躠為仁，踶跂為義，而天下始疑矣[6]；澶漫為樂，摘僻為禮，而天下始分矣。故純樸不殘，孰為犧尊！白玉不毀，孰為珪璋[7]！道德不廢，安取仁義[8]！性情不離，安用禮樂[9]！五色不亂，孰為文采！五聲不亂，孰應六律[10]！夫殘樸以為器，工匠之罪也；毀道德以為仁義，聖人之過也。[11]

1.【疏】夫殉物邪僻為小人，履道方正為君子。既而巢居穴處，將鳥獸而不分；含哺鼓腹，混群物而無異；於何而知君子，於何而辨小人哉！

2.【注】知則離道以善也！

【釋文】「惡乎」音烏。

【疏】既無分別之心，故同乎无知之理。又不險德以求行，故抱一而不離也。

【釋文】「不離」力智反。注皆同。

3.【注】欲則離性以飾也。【疏】同遂初之無欲，物各清廉；異末代之浮華，人皆淳樸。【釋文】「素樸」普剝反。

4.【注】無煩乎知欲也。【疏】夫蒼生所以失性者，皆由滯欲故也。既而無欲素樸，真性不喪，故稱得也。

此一句總結已前至德之美者也。

5.【注】聖人者，民得性之迹耳，非所以迹也。此云及至聖人，猶云及至其迹也。

6.【注】夫聖迹既彰，則仁義不真而禮樂離性，徒得形表而已矣。有聖人即有斯弊。【疏】自

此以上，明淳素之德；自此以下，斥聖迹之失。及至聖人，即五帝已下行聖迹之人也。蹩躠，矜

恃之容。澶漫是縱逸之心，摘僻是曲拳之行。夫淳素道消，澆偽斯起。蹩躠恃裁非之義，澶漫貴

奢淫之樂，摘僻尚浮華之禮，於是宇內分離，蒼生疑惑，亂天之經，自斯而始矣。

本作弊，音同。【蹩】本又作薜，悉結反。向崔本作殺，音同。一音素葛反。【躠】直氏反，向崔音緹。

「跂」丘氏反，一音呂氏反，崔音技。李云：蹩躠跂蹺，皆用心為仁義之貌。◎慶藩案踶跂，各本無訓。《說文》：

踶也。躠，踶也。（段注舊本為作徛，今據踶字注及牛部字注改正。）【澶】本又作僮，徒旦反。又吐旦反。一云：澶

漫，牽引也，音輝。【漫】武半反。向崔本作曼，音同。李云：澶漫，猶縱逸也。一云：澶

漫，牽引也。【摘】敕歷反，又涉革反。崔云：摘辟，匹壁反，向音檗，徐敷歷反，李父歷反。李云：摘

糾擿邪辟而為禮也。一音婦赤反，法也。崔云：擿辟，多節。【辟】匹壁反，向音檗，音僻。◎家世父曰：《釋文》引李

曰，糾擿邪辟而為禮也，崔云：擿辟，多節。擿辟，當作摘擗。王逸注《楚辭》：擗，析也。摘者，摘取之；擗

者，分之：謂其煩碎也。「始分」如字。下分皆同。

7.【疏】純樸，全木也。不殘，未彫也。孰，誰也；犧尊，刻為牛首，以祭宗廟也。止銳下方曰珪，半

珪曰璋。此略舉譬喻，以明澆競之治也。【釋文】「犧尊」音義。尊，或作樽。司馬云：畫犧牛象以飾樽也。王

肅云：刻為牛頭。鄭玄云：畫鳳皇羽飾尊，婆娑然也。音先河反。◎盧文弨曰：今本作樽，俗。「珪璋」音章。李

云：皆器名也。銳上方下曰珪，半珪曰璋。

8.【疏】此合譬也。夫大道之世，不辨是非；至德之時，未論憎愛。無愛則人心自息，無非則本迹斯忘，故

《老經》云大道廢，有仁義矣。

9.【疏】禮以檢迹，樂以和心。情苟不散，安用和心！性苟不離，何勞檢迹！是知和心檢迹，由乎道喪也。

【釋文】「情性不離」如字。別離也。◎盧文弨曰：今本情性作性情。

10.【注】凡此皆變樸為華，棄本崇末，於其天素，有殘廢矣，世雖貴之，非其貴也。【疏】夫文采本由相間，音樂貴在相和。若各色各聲，不相顯發，則宮商離散，無由成用。此重起譬，卻證前旨。

11.【注】工匠則有規矩之制，聖人則有可尚之迹。【疏】此總結前義。夫工匠以犧尊之器殘淳樸之本，聖人以仁義之迹毀無為之道，為弊既一，獲罪宜均。

夫馬，陸居則食草飲水，喜則交頸相靡，怒則分背相踶。馬知已此矣[1]。夫加之以衡扼，齊之以月題，而馬知介倪闉扼鷙曼詭銜竊轡[2]。故馬之知而態至盜者，伯樂之罪也[3]。

1.【注】御其真知，乘其自然，則萬里之路可致，而群馬之性不失。【疏】靡，摩也。踶，蹋也。已，止也。夫物之喜怒，稟自天然，率性而動，非由矯偽。故喜則交頸而摩順，怒則分背而踶蹋，而馬之知解適盡於此，樂在其中矣。【釋文】「交頸」頸，領也。居郢反，又祁盈反。「相靡」如字。李云：摩也。一云：愛也。◎慶藩案靡，古讀若摩，故與摩通（見《唐韻正》）。《荀子·性惡篇》身日進於仁義而不自知也者，靡使然也。《漢書·淮南衡山王傳》亦其俗薄臣，下漸靡使然也。靡即摩也（《禮·學記》相觀而善之謂摩，鄭注：摩，相切磋也）。成二年《左傳》師至於靡笄之下，靡一音摩。《史記·蘇秦傳》以出揣摩，鄒誕本作揣靡。靡讀為摩。元戴侗《六書故》：靡與摩通。本書凡交近則相靡以信，亦讀靡為摩。「相踶」大計反，又徒兮反。《廣雅》、《字韻》、《聲類》並同。《通俗文》云：小蹋謂之踶。「馬知」李音智。下同。

2.【疏】衡，轅前橫木也。扼，叉馬頸木也。月題，額上當顱，形似月者也。介，獨也。倪，睥睨也。闉，曲也。鷙，抵也。曼，突也。詭，詐也。竊，盜也。夫馬之真知，唯欣放逸；不求服飾，豈慕榮華！既而加以月題，齊以衡扼，乖乎天性，不任困苦，是以譎詐萌出，睥睨曲頭緩扼，抵突御人。竊轡即盜脫籠頭，詭銜乃吐出其勒。

良由乖損真性，所以矯偽百端者矣。

【釋文】「衡扼」於革反。衡，轅前橫木，縛軛者也。扼，又馬頸者也。「月題」徒兮反。司馬崔云：馬額上當顯如月形者也。「介」徐古八反。「倪」徐五圭反，郭五第反。李云：介倪，猶睥睨也。崔云：介出俾倪也。「闉」音因。「驚」徐救二反，郭音躓。「曼」徐武半反，郭武諫反。李云：闉扼驚曼，距扼頓遲也。司馬云：言曲頸於扼以抵突也。一云：驚曼，旁出也。◎家世父曰：《釋文》引李云：介倪，猶睥睨也。闉，曲也。驚，抵也。曼，突出也。崔云：闉扼驚曼，距扼頓遲也。司馬云，言曲頸於扼以抵突也。一云：驚曼，言馬知甲之加其身。《史記·晉世家》馬驚不能行。《說文》：驚，馬甲也。《說文》：俾，益也。倪，俾也。言馬知甲之加其身，有決衡絕轡行滯，有力竭而態作者。今案成二年《左傳》不介馬而馳之，杜預注：介，馬甲也。言馬被介而氣奮行滯，有決衡絕轡之憂，李云睥睨者，失之。◎盧文弨曰：舊䪑譌齸，今改正。《說文》：車前革曰䪑。「衡」口中勒也。或云：詭銜，吐出銜也。「竊轡」齧轡也。崔云：詭銜竊轡，戾銜橜，盜䪑轡也。◎盧文弨曰：舊䪑譌齸，今改正。《說文》：車前革曰䪑。

3.【注】馬性不同而齊求其用，故有力竭而態作者。
【釋文】「態作」吐代反。
【疏】態，姦詐也。夫馬之真知，適於原野，馳驟過分，即矯詐心生，詭竊之態，罪歸伯樂也。

夫赫胥氏之時，民居不知所為，行不知所之，含哺而熙，鼓腹而遊，民能以此矣[1]。及至聖人，屈折禮樂以匡天下之形，縣跂仁義以慰天下之心，而民乃始踶跂好知，爭歸於利，不可止也。此亦聖人之過也[2]。

1.【注】此民之真能也。
【疏】之，適也。赫胥，上古帝王也；亦言有赫然之德，使民胥附，故曰赫胥，蓋炎帝也。夫行道之時，無為之世，心絕緣慮，安居而無所為；率性而動，遊行而無所往。既而含哺而熙戲，與嬰兒而不殊；鼓腹而遨遊，將童子而無別。此至淳之世，民能如此也。
【釋文】【赫】本或作荅，呼白反。「胥氏」司馬云：赫胥氏，上古帝王也。一云：有赫然之德，使民胥附，故曰赫胥，蓋炎帝也。◎俞樾曰：《釋文》引司馬云，赫胥氏上古帝王也，此為允當。又曰，一云有赫然之德，使民胥附，故曰赫胥，蓋炎帝也。此望文生訓，殊不足據。炎帝，即神農也。〈胠篋篇〉既云赫胥氏，又云神農氏，其非一人明矣。赫胥，疑即《列子》書所稱華胥

氏。華與赫，一聲之轉耳。《廣雅·釋器》：：赫，赤也。而古人名赤者多字華，羊舌赤字伯華，公西赤字子華，是也。是華亦赤也。赤謂之赫，亦謂之華，可證赫胥之即華胥矣。「含哺」音步。

2.【注】其過皆由乎迹之可尚也。　【疏】夫屈曲折旋，行禮樂以正形體；高縣仁義，令企慕以慰心靈；於是始踶跂自矜，好知而興矯詐；經營利祿，爭歸而不知止。噫！聖迹之過者也。◎慶藩案《文選》傅長虞〈贈何劭王濟詩〉注引司馬云：企，望也。《釋文》闕。

【釋文】「縣企」音玄。◎盧文弨曰：今本作跂。◎慶藩案《文選》傅長虞〈贈何劭王濟詩〉注引司馬云：企，望也。《釋文》闕。「踶」直氏反。「跂」丘氏反。「好知」呼報反。下音智。

外篇胠篋第十[1]

1.【釋文】舉事以名篇。

將為胠篋探囊發匱之盜而為守備，則必攝緘縢，固扃鐍，此世俗之所謂知也[1]。然而巨盜至，則負匱揭篋擔囊而趨，唯恐緘縢扃鐍之不固也。然則鄉之所謂知者，不乃為大盜積者也[2]？

1.【疏】胠，開；篋，箱；囊，袋；攝，收；緘，結；縢，繩也。扃，關鈕也；鐍，鎖鑰也。夫將為開箱探囊之竊，發匱取財之盜，此蓋小賊，非巨盜者也。欲為守備，其法如何？必須收攝箱囊，緘結繩約，堅固扃鐍，使不慢藏。此世俗之淺知也。　【釋文】「胠」李起居反。《史記》作撐。徐起法反，一音盧乏反。司馬云：從旁開為胠。一云：發也。「篋」苦協反。「探」吐南反。「囊」乃剛反。「匱」其位反，檻也。一音盧乏反。李云：結也。崔云：收也。「緘」古減反。「縢」徒登反。崔云：約也。案《廣雅》云：緘縢，皆繩也。「扃」古熒反。崔李云：關也。「鐍」古穴反。李云：環舌也。「知也」如字，又音智。下同。

2.【注】知之不足恃也如此。

【疏】夫攝緘縢固扃鐍者，以備小賊。然大盜既至，負揭而趨，更恐繩約關鈕

之不牢，向之守備，翻為盜資，是故俗知不足可恃。【釋文】「揭」徐其謁反，又音桀。《三蒼》云：舉也，擔也，負也。「擔」丁甘反。「而趨」七須反。「唯恐」丘用反。「鄉之」本又作向，同。許亮反。「為大盜」于偽反。下及下注而為同。「積者」如字，李子賜反。

故嘗試論之，世俗之所謂知者，有不為大盜積者乎？所謂聖者，有不為大盜守者乎？[1]何以知其然邪[2]？昔者齊國鄰邑相望，雞狗之音相聞，罔罟之所布，耒耨之所刺，方二千餘里[3]。闔四竟之內，所以立宗廟社稷，治邑屋州閭鄉曲者，曷嘗不法聖人哉[4]！然而田成子一旦殺齊君而盜其國[5]。所盜者豈獨其國邪？並與其聖知之法而盜之[6]。故田成子有乎盜賊之名，而身處堯舜之安[7]；小國不敢非，大國不敢誅，十二世有齊國[8]。則是不乃竊齊國，並與其聖知之法以守其盜賊之身乎[9]？

1.【疏】夫體道大賢，言無的當，將欲顯忘言之理，故曰試論之。曰：夫世俗之人，知謏淺近，顯迹之聖，於理未深。既而意在防閑，更為賊之聚積；雖欲官世，翻為盜之守備。而言有不為者，欲明豈有不為大盜積乎，言其必為盜積也。

2.【疏】假設疑問，發明義旨。

3.【疏】齊，即太公之後，封於營丘之地。逮桓公九合諸侯，一匡天下，百姓殷實，無出三齊。是以雞犬鳴吠相聞，鄰邑棟宇相望，罔罟布以事畋漁，耒耨刺以修農業。境土寬大，二千餘里，論其盛美，實冠諸侯。耒，犁也。耨，鋤也。【釋文】「罔罟」音古，罟之通名。「耒」力對反，徐力猥反，郭呂賄反。李云：犁也。一云：耜柄也。「耨」乃豆反。李云：鋤也。或云：以木為鋤柄。「所刺」徐七智反。

4.【疏】夫人非土不立，非穀不食，故邑封土祠曰社，封稷祠曰稷。稷，五穀之長也。社，吐也，言能吐生萬物也。《司馬法》：…六尺為步，步百為畝，畝百為夫，夫三為屋，屋三為井，井四為邑。又云：五家為比，五比為

閭，五閭為族，五族為黨，五黨為州，五州為鄉。鄭玄云：二十五家為閭，二千五百家為閭，萬二千五百家為州也。閭，合也。曷，何也。閫四境之內，三齊之中，置此宗廟等事者，皆放效堯舜以下聖人，立邦國之法則也。

【釋文】「閭」戶臘反。「閭」音閭。「四竟」音境。下之竟同。「治邑」直吏反。「屋」《周禮》：夫三為屋。「州」五黨為州，二千五百家也。「閭」音閭，二十五家也。「鄉」五州為鄉，萬二千五百家也。

5.【注】法聖人者，法其迹耳。夫迹者，已去之物，非應變之具也，奚足尚而執之哉！執成迹以御乎無方，無方至而迹滯矣，所以守國而為人守之也。

【疏】田成子，齊大夫陳恆也，是敬仲七世孫。初，敬仲適齊，食采於田，故改為田氏。魯哀公十四年，陳恆弒其君，君即簡公也。割安平至于郎邪，自為封邑。至恆曾孫太公和，遷齊康公於海上，乃自立為齊侯。凡九世知齊政；自太公至威王，三世為齊侯；通計為十二世。莊子，宣王時人，今不數宣王，故言十二世也。

【殺】音試。「齊君」簡公也。《春秋》哀公十四年，陳恆殺之于舒州。「而盜其國」司馬云：謂割安邑以東至郎邪自為封邑也。

【釋文】「田成子」齊大夫陳恆也。「一旦」宋元嘉中本作一日。

6.【注】不盜其聖法，乃無以取其國也。

【疏】田恆所盜，豈唯齊國？先盜聖智，故得諸侯。是知仁義陳迹，適為盜本也。

【釋文】「聖知」音智。下同。

7.【疏】田恆篡竊齊國，故有巨盜之聲名；而位忝諸侯，身處唐虞之安樂。

8.【疏】子男之邦，不敢非毀；伯侯之國，詎能征伐！遂亂胄相繫，宗廟遐延。世歷十二，俱如前解。

【釋文】「十二世有齊國」自敬仲至莊子，九世知齊政；自太公和至威王，三世為齊侯，故云十二世也。◎俞樾曰：《釋文》曰，自敬仲至莊子九世知齊政；自太公和至威王，三世為齊侯，故云十二世。此說非也。本文是說田成子，不當追從敬仲數起。疑《莊子》原文本作世世有齊國，言自田成子之後，世有齊國也。古書遇重字，止於字下作二字以識之，應作世二有齊國。傳寫者誤倒之，則為二世有齊國。於是其文不可通，而從田成子追數至敬仲適得十二世，遂臆加十字於其上耳。

9.【注】言聖法唯人所用，未足以為全當之具。

【疏】揭仁義以竊國，資聖智以保身。此則重舉前文，以結其義也。

【釋文】「以守」如字，舊音狩。

嘗試論之，世俗之所謂至知者，有不為大盜積者乎？所謂至聖者，有不

為大盜守者乎[1]？何以知其然邪[2]？昔者龍逢斬，比干剖，萇弘胣，子胥

靡，故四子之賢而身不免乎戮[3]。故跖之徒問於跖曰：「盜亦有道乎[4]？」

跖曰：「何適而無有道邪[5]！夫妄意室中之藏，聖也；入先，勇也；出後，

義也；知可否，知也；分均，仁也。五者不備而能成大盜者，天下未之有

也。」[6]由是觀之，善人不得聖人之道不立，跖不得聖人之道不行[7]；天下

之善人少而不善人多，則聖人之利天下也少而害天下也多[8]。故曰：「脣竭

則齒寒，魯酒薄而邯鄲圍，聖人生而大盜起[9]。」掊擊聖人，縱舍盜賊，而

天下始治矣[10]。夫川竭而谷虛，丘夷而淵實。聖人已死，則大盜不起[11]，天

下平而無故矣[12]。

1.【疏】重結前義，以發後文也。

2.【疏】假設疑問，以暢其旨也。

3.【注】言暴亂之君，亦得據君人之威以戮賢人而莫之敢亢者，皆聖法之由也。向無聖法，則桀紂焉得守斯位

而放其毒，使天下側目哉！【疏】龍逢，姓關，夏桀之賢臣。比干，王子也，諫紂，紂剖其心而視

之。萇弘，周靈王賢臣。《說苑》云：晉叔向之殺萇弘也，萇弘數見於周，因佯遺書，萇弘謂叔向曰：「子起晉國

之兵以攻周，以廢劉氏而立單氏。」乃殺之。胣，亦言：胣，剔腸也。亦言：胣，爛

也。言子胥遭戮，浮屍於江，令靡爛也。言此四子共有忠貞之行，而不免于戮刑者，為無道之人，恃君人之

勢，賴聖迹之威，故得蹢躅顛頓忠良，肆其毒害。【釋文】「比干剖」普口反，謂割心也。崔本作節，云：支解也。

「萇」直良反。「弘胣」本又作胣。徐勑紙反。郭詩氏反。崔云：胣，裂也。或作施字。胣，裂也。《淮南子》曰：

萇弘鈹裂而死。司馬云：胣，剔也。萇弘，周靈王賢臣也。案《左傳》，是周景王敬王之大夫，魯哀公三年六月，

周人殺萇弘。一云：刳腸曰脆。「子胥靡」密池反，司馬如字，云：麋也。崔云：爛之於江中也。案子胥，伍員也，諫夫差不從，賜之屬鏤以死，投之江也。「焉得」於虔反。

4.【疏】假設跖之徒類以發問之端。【釋文】「故跖」之石反。

5.【疏】此即答前問意。道無不在，何往非道！道之所在，具列下文。◎慶藩案何適而無有道邪，當作何適而無有道也。後人不知，誤以為適齊適楚適秦之適，故改而無二字。《呂氏春秋·當務篇》正作奚適其有道也（《淮南·道應篇》奚適其有道也，今本作無道，亦後人所妄改）。

6.【注】五者所以禁盜，而反為盜資也。【疏】室中庫藏，以貯財寶，賊起妄心，斟量商度，有無必中，其驗若神，故言聖也。戮力同心，不避強禦，並爭先入，豈非勇也！矢石相交，不顧性命，出竸居後，豈非義也！知可則為，不可則止，識其安危，審其吉凶，往必克捷，是其智也。輕財重義，取少讓多，分物均平，是其仁也。五者則向之聖勇義智仁也。夫為一盜，必資五德，五德不備，盜則不成。是知無聖智而成巨盜者，天下未之有也。【釋文】「之藏」才浪反，又如字。◎慶藩案意，度也，與億同。《禮運》聖人耐以天下為一家，以中國為一人者，非意之也。《管子·小問篇》君子善謀而小人善意，臣意之也。皆訓度之義。《韓子·解老篇》前識者，無緣而忘意度也（案忘即妄字之隸變）。王褒《四子講德論》君子執分寸而罔意度（案罔即妄字之義）。《少儀》鄭注曰：測，意度也，意，本又作億，《論語·先進篇》億則屢中，《漢書·貨殖傳》作意。「知可」如字，本或作知可否。◎盧文弨曰：今本有否字。「分均」符問反，又如字。

7.【疏】聖人之道，謂五德也。以向如是之理觀之，為善之徒不履五德，則無由立身行道，盜跖之類不資聖智，豈得行其盜竊乎！

8.【注】信哉斯言！斯言雖信，而猶不可亡聖者，猶天下之知未能都亡，故須聖道以鎮之也。群知不亡而獨亡於聖知，則天下之害又多於有聖矣。然則有聖之害雖多，猶愈於亡聖之無治也。雖愈於亡聖，故未若都亡之無害也。甚矣，天下莫不求利而不能一亡其知，何其迷而失致哉！【疏】夫善惡二途，皆由聖智者也。伯夷守廉絜著名，盜跖恣貪殘取利。然盜跖之徒甚眾，伯夷之類蓋寡，故知聖迹利益天下也少而損害天下也多。【釋文】「無治」直吏反。下文始治同。

9.【注】夫竭脣非以寒齒而齒寒，魯酒薄非以圍邯鄲而邯鄲圍，聖人生非以起大盜而大盜起。此自然相生，必至之勢也。夫聖人雖不立尚於物，而亦不能使物不尚也。故人無貴賤，事無真偽，苟效聖法，則天下吞聲而闇服之，斯乃盜跖之所至賴而以成其大盜者也。　【疏】《春秋左傳》云，脣亡齒寒，虞虢之謂也。邯鄲，趙城也。昔楚宣王朝會諸侯，魯恭公後至而酒薄。宣王怒，將辱之。恭公曰：「我周公之胤，行天子禮樂，勳在周室。今送酒已失禮，方責其薄，無乃太甚乎！」遂不辭而還。宣王怒，興兵伐魯。梁惠王恆欲伐趙，畏魯救之。今楚魯有事，梁遂伐趙而邯鄲圍，趙不與。亦猶聖人生，非欲起大盜而大盜起，勢使之然也。　【釋文】「邯」音寒。「鄲」音丹。邯鄲，趙國都也。「圍」楚宣王朝諸侯，魯恭公後至而酒薄，宣王怒，欲辱之。恭公不受命，乃曰：「我周公之胤，長於諸侯，行天子禮樂，勳在周室。我送酒已失禮，方責圍邯鄲，無乃太甚！」遂不辭而還。宣王怒，乃發兵與齊攻魯。梁惠王常欲擊趙，而畏楚救。楚以魯為事，故梁得圍邯鄲。言事相由也。宣王，名熊良夫，悼王之子。恭公，名奮，穆公之子。許慎注《淮南》云：楚會諸侯，魯趙俱獻酒於楚王。魯酒薄而趙酒厚，楚之主酒吏求酒於趙，趙不與。吏怒，乃以趙厚酒易魯薄酒，奏之。楚王以趙酒薄，故圍邯鄲也。◎俞樾曰：此竭字當讀為竭其尾之竭。《說文》豕篆說解曰：竭其尾，故謂之豕，是也。蓋竭之本義為負舉，竭其尾即舉其尾也。此云脣竭者，謂反舉其脣以向上。

10.【注】夫聖人者，天下之所尚也。若乃絕其所尚而守其素朴，棄其禮令而代以寡素，此所以培擊聖人而我素朴自全，縱舍盜賊而彼姦自息也。故古人有言曰，閑邪存誠，不在善察；息淫去華，不在嚴刑；此之謂也。　【疏】培，打也。聖人，猶聖迹也。夫聖人者，智周萬物，道濟天下。今言培擊者，亦示貶斥仁義絕聖棄智之意也。不貴難得之貨，故縱舍盜賊，不假嚴刑，而天下太平也。　【釋文】「培」普口反。「擊」徐古歷反。「縱舍」音捨，注同。「去華」起呂反。「下注去欲、去其皆同。

11.【注】竭川非以虛谷而谷虛，夷丘非以實淵而淵實，絕聖非以止盜而盜止。故止盜在去欲，不在彰聖知。　【疏】夫智惠出則姦偽生，聖迹亡則大盜息。猶如川竭谷虛，丘夷淵實，豈得措意，必至之宜。死，息也。　【釋文】「聖人已死則大盜不起」向云：事業日新，新者為生，故者為死，故曰聖人已死也。乘天地之正，御日新之變，得實而損其名，歸真而忘其塗，則大盜息矣。

12.【注】非唯息盜，爭尚之迹故都去矣。　【疏】故，事也。絕聖棄智，天下太平，人歌擊壤，故無有為之

事。【釋文】「爭尚」爭鬪之爭。後皆同。

聖人不死，大盜不止。雖重聖人而治天下，則是重利盜跖也。1為之斗斛以量之，則並與斗斛而竊之；為之權衡以稱之，則並與權衡而竊之；為之符璽以信之，則並與符璽而竊之；為之仁義以矯之，則並與仁義而竊之。2何以知其然邪？彼竊鉤者誅，竊國者為諸侯，諸侯之門而仁義存焉，則是非竊仁義聖知邪3？故逐於大盜，揭諸侯，竊仁義並斗斛權衡符璽之利者，雖有軒冕之賞弗能勸，斧鉞之威弗能禁4。此重利盜跖而使不可禁者，是乃聖人之過也5。

1.【注】將重聖人以治天下，而桀跖之徒亦資其法。所資者重，故所利不得輕也。【疏】若夫淳樸之世，恬淡無為，物各歸根，人皆復命，豈待教迹而後冥乎！及至聖智不忘，大盜斯起，雖復貴聖法，治天下，無異重利盜跖。何者？所以夏桀肆其貪殘者，由資乎聖迹故也。向無聖迹，夏桀豈得居其九五，毒流黎庶！盜跖何能擁卒數千，橫行天下！所資既重，所利不輕，以此而推，過由聖智也。【釋文】「聖人不死大盜不止」向云：聖人不死，言守故而不日新，牽名而不造實也。大盜不止，不亦宜乎！

2.【注】小盜之所困，乃大盜之所資而利也。【疏】斛者，今之函，所以量物之多少。權，稱鎚也，衡，稱梁也，所以平物之輕重也。符者，分為兩片，合而成一，即今之銅魚木契也。璽者，是王者之玉印，握之所以攝召天下也。仁，恩也；義，宜也；王者恩被蒼生，循宜作則，所以育養黔黎也。此八者，天下之利器也，不可相無也。夫聖人立教以正邦家，田成用之以竊齊國，豈非害於小賊而利大盜者乎！【釋文】「為之斗斛以量之」向云：自此以下，皆所以明苟非其人，雖法無益。「權衡」李云：權，稱鎚；衡，稱衡也。鎚，音直偽反。「符璽」音徒。「矯之」居表反。

3.【疏】鉤者，腰帶鉤也。夫聖迹之興，本懲惡勸善。今私竊鉤帶，必遭刑戮；公劫齊國，飜獲諸侯；仁義不

存，無由率眾。以此而言，豈非竊聖迹而盜國邪？何以知其然者，假問也；彼竊以下，假答也。【釋文】「竊鉤」鉤，謂帶也。◎王引之曰：存焉當為焉存。言仁義於是乎存也。《呂氏春秋·季春篇》注曰：焉，猶於此也。〈聘禮〉記曰，及享發氣焉盈容，言發氣於是盈容也。〈月令〉曰，天子焉始乘舟（今本焉字在上句乃告舟偕具於天子之下，此後人不曉文義而妄改之。今據《呂氏春秋·季春篇》、《淮南·時則篇》訂正），言天子於是始乘舟也。〈晉語〉曰，焉始為令，言於是始為令也。三年問曰，焉使之也，故先王焉為之立中制節，言先王於是為之立中制節也（《荀子·禮論篇》焉作安，楊倞曰：安，語助。或作安，或作案。《荀子》多用此字。三字同義，詳見釋詞）。《大荒南經》曰，雲雨之山有木名曰欒，群帝焉取藥，言群帝於是取藥也。《管子·揆度篇》曰，民財足，則君賦斂焉不窮，言賦斂於是不窮也。《墨子·非攻篇》曰，天乃命湯於鑣宮，用受夏之大命，湯焉敢奉率其眾以鄉有夏之境，言湯於是敢伐夏也。《楚辭·九章》曰，焉洋洋而為客，又曰，焉舒情而抽信兮，言於是洋洋而為客，於是舒情而抽信也。又僖十五年《左傳》，晉於是乎作爰田，〈晉語〉作為作轅田，焉作焉為。《史記·周本紀》作君何患焉，是焉與於是同義。莊八年《公羊傳》，吾將以甲午之日然後祠兵於是，《管子·小問篇》，且臣觀小國諸侯之不服者唯莒於是，是於是與焉同義。此四句以誅侯為韻，門存為韻，其韻皆在句末。《史記·游俠傳》作竊鉤者誅，竊國者侯，侯之門，仁義存，是其明證也。

4.【注】夫軒冕斧鉞，賞罰之重者也。重賞罰以禁盜，然大盜者又逐而竊之，則反為盜用矣。所用者重，乃所以成其大盜也。大盜也者，必行以仁義，平以權衡，信以符璽，勸以軒冕，威以斧鉞，盜此公器，然後諸侯可得而揭也。是故仁義賞罰，適足以誅竊鉤者也。【疏】逐，隨也。勸，勉也。禁，止也。軒，車也。冕，冠也。夫聖迹之設，本息姦邪，而田恆遂用其道而竊齊國，權衡符璽，悉共有之，誓揭諸侯，安然南面，胡可勸之以軒冕威之以斧鉞者哉！小曰斧，大曰鉞。又曰黃金飾斧鉞。【釋文】「揭」其謁其列二反。「斧鉞」音越。◎慶藩案慧琳《一切經音義·卷九十五·正誣論·三》引司馬云：夏執黃戉，殷執白戚，周左仗黃戉，右秉白旄。《釋文》闕。「能禁」音今，又居鴆反。下不可禁同。

5.【注】夫跖之不可禁，由所盜之利重也。利之所以重，由聖人之不輕也。故絕盜在賤貨，不在重聖也。【疏】盜跖所以擁卒九千橫行天下者，亦賴於五德故也。向無聖智，豈得爾乎！是知驅馬掠人，不可禁制者，原乎

聖人作法之過也。

故曰：「魚不可脫於淵，國之利器不可以示人[1]。」彼聖人者，天下之利器也[2]，非所以明天下也[3]。故絕聖棄知，大盜乃止[4]；摘玉毀珠，小盜不起[5]；焚符破璽，而民朴鄙[6]；掊斗折衡，而民不爭[7]；殫殘天下之聖法，而民始可與論議[8]。擢亂六律，鑠絕竽瑟，塞瞽曠之耳，而天下始人含其聰矣；滅文章，散五采，膠離朱之目，而天下始人含其明矣[9]；毀絕鉤繩而棄規矩，攦工倕之指，而天下始人有其巧矣。故曰「大巧若拙。」[10]削曾史之行，鉗楊墨之口，攘棄仁義，而天下之德始玄同矣[11]。彼人含其明，則天下不鑠矣；人含其聰，則天下不累矣；[12]人含其知，則天下不惑矣；人含其德，則天下不僻矣。[13]彼曾、史、楊、墨、師曠、工倕、離朱，皆外立其德而以爘亂天下者也[14]，法之所无用也[15]。

1.【注】魚失淵則為人禽，利器明則為盜資，故不可示人。　【疏】脫，失也。利器，聖迹也。示，明也。魚失水則為物所禽，利器明則為人所執，故不可也。

2.【注】夫聖人者，誠能絕聖棄知而反冥物極，物極各冥，則其迹利物之迹也。器猶迹耳，可執而用曰器也。【疏】聖人則堯舜文武等是也。◎家世父曰：假聖人之知而收其利，天下皆假而用之，則固天下之利器矣。天下假聖人以為利器，而惟懼人之發其覆也，則無有能明之者也。

3.【注】示利器於天下，所以資其盜賊。【疏】夫聖人馭世，應物隨時，揖讓干戈，行藏匪一，不可執固，明示天下。若執而行者，必致其弊，即燕噲白公之類是也。

4.【注】去其所資，則未施禁而自止也。【疏】棄絕聖知，天下之物各守其分，則盜自息。

5.【注】賤其所寶，則不加刑而自息也。 【疏】藏玉於山，藏珠於川，不貴珠寶，豈有盜濫！ 【釋文】「擿玉」持赤反，義與擲字同。崔云：猶投棄之也。郭都革反。李云：刻也。

6.【注】除詐詐之所賴者，則無以行其姦巧。 【疏】符璽者，表誠信也。矯詐之徒，賴而用之，故焚燒毀破，可以反樸還淳而歸鄙野矣。

7.【注】夫小平乃大不平之所用也。 【疏】斗衡者，所以量多少，稱輕重也。既遭盜竊，翻為盜資。掊擊破壞，合於古人之智守，故無忿爭。

8.【注】外無所矯，則內全我朴，而無自失之言也。 【疏】王，又毀五帝，蓬盧咸盡，鈎狗不陳，忘筌忘蹄，物我冥極，然後始可與論重妙之境，議道德之遐也。 【釋文】「殫」音丹，盡也。

9.【注】夫聲色離曠，有耳目者之所貴也。受生有分，而以所貴引之，則性命喪矣。若乃毀其所貴，棄彼任我，則聰明各全，人含其真也。 【疏】擢，拔也。鑠，消也。竽形與笙相似，並布管於匏內，施簧於管端。瑟長八尺一寸，闊一尺八寸，二十七絃，伏犧造也。夫耳淫宮徵，慕師曠之聰；目滯玄黃，希離朱之視；所以心神奔馳，耳目竭喪。既而拔管絕絃，銷經絕緯；毀黃華之曲，棄白雪之歌；滅離黼黻之文，散紅紫之采。故膠離朱之目，恣目之能視而內視無色，天機自張，無為之至也，豈有明暗優劣於其間哉！是以天下和平，萬物同德。率己聞見，故人含其聰明。含，懷養也。 【釋文】「鑠絕」郭李詩灼反，向徐音藥。崔云：燒斷之也。「膠」音交，徐古孝反。「喪矣」息浪反。「瑟」本亦作笙。「塞瞽曠」崔本塞作杜，云：塞也。◎盧文弨曰：今本無瞽字。「竽」徐音于。

10.【注】夫以蜘蛛蛣蜣之陋，而布網轉丸，不求之於工匠，則萬物各有能也。所能雖不同，而所習不敢異，則若巧而拙矣。故善用人者，使能方者為方，能圓者為圓，各任其所能，人安其性，不責萬民以工倕之巧。故眾技以不相能似拙，而天下皆自能則大巧矣。夫用其自能，則規矩可棄而妙匠之指可擢也。 【疏】鈎，曲；繩，直；規，圓；矩，方。工倕是堯工人，作規矩之法，亦云舜臣也。工倕稟性機巧，運用鈎繩，割刻刓異端，述作規矩，遂令天下黔黎，誘然放效，舍己逐物，實此之由。若使棄規矩，絕鈎繩，攦割倕指，則人師分內，咸有其巧。譬猶蜘蛛網蛣蜣丸，豈關工匠人事，若天機巧也！語出《老經》。 【釋文】「攦」郭呂係反，又力結反。

徐所綺反。李云：折也。崔云：撕之也。「工倕」音垂，堯時巧者也。一音睡。◎盧文弨曰：舊本音誤名，據〈達生篇〉改正。「蜘」音知。「蛛」音誅。「蛣」起一反。「蜣」音羌。

11.【注】去其亂群之率，則天下各復其所而同於玄德也。【疏】曾參至孝，史魚忠直，楊朱墨翟，稟性弘辯。彼四子者，素分天然，遂使天下學人，捨己效物，由此亂群，失其本性。則削除忠信之行，鉗閉浮辯之口，攘去蹩躠之仁，棄擲踶跂之義。於是物不喪真，人皆自得，率性全理，故與玄道混同也。【釋文】「之行」下孟反。「鉗」李巨炎反，又其嚴反。「攘」如羊反。「之帥」本又作率，同。所類反。◎盧文弨曰：今本作率。

12.【疏】鑠，消散也。累，憂患也。只為自衒聰明，故憂患斯集，彼蒼生顛仆而銷散也。若能含抱聰明於內府而不衒於外者，則物皆適樂而無憂患也。【釋文】「不鑠」失灼反。崔云：不消壞也。向音爚。

13.【疏】若能知於分內，養德而不蕩者，固當履環中之正道，游宇內而不惑，豈有倒置邪僻於其間哉！【釋文】「不僻」匹亦反。

14.【注】此數人者，所稟多方，故使天下躍而效之。效之則失我，我失由彼，則彼為亂主矣。夫天下之大患者，失我也。【疏】以前數子，皆稟分過人，不能韜光匿燿，而揚波激俗，標名於外，引物從己，炫燿群生。天下亡德而不反本，失我之原，斯之由也。【釋文】「此數」所主反。「爐」徐音藥。《三蒼》云：火光銷也。司馬崔云：散也。

15.【注】若夫法之所用者，視不過於所見，故眾目無不明；聽不過於所聞，故眾耳無不聰；事不過於所能，故眾技無不巧；知不過於所知，故群性無不適；德不過於所得，故群德無不當。安用立所不逮於性分之表，使天下奔馳而不能自反哉！【疏】夫率性而動，動必由性，此法之妙也。而曾史之徒，以己引物，既無益於當世，翻有損於將來，雖設此法，終無所用也。

子獨不知至德之世乎？昔者容成氏、大庭氏、伯皇氏、中央氏、栗陸氏、驪畜氏、軒轅氏、赫胥氏、尊盧氏、祝融氏、伏犧氏、神農氏，當是時也，民結繩而用之[1]，甘其食，美其服[2]，樂其俗，安其居[3]，鄰國相望，

雞狗之音相聞，民至老死而不相往來[4]。若此之時，則至治已[5]。今遂至使民延頸舉踵曰，「某所有賢者」，贏糧而趣之，則內棄其親而外去其主之事，足迹接乎諸侯之境，車軌結乎千里之外[6]。則是上好知之過也[7]。

1.【注】足以紀要而已。　【疏】已上十二氏，並上古帝王也。當時既未有史籍，亦不知其次第前後。刻木為契，結繩表信，上下和平，人心淳樸。故《易》云，上古結繩而治，後世聖人易之以書契。司馬云：此十二氏皆古帝王。　【釋文】「容成氏」「驪」徐力池反，李音犁。「畜」徐敕六反。「伏戲」音義。

2.【注】適故常甘，當故常美。若思夫侈靡，則無時慊矣。　【釋文】「慊」口簟反。「樂其」音洛。

3.【疏】止分，故甘；去華，故美；混同，故樂，恬淡，故安居也。

4.【注】無求之至。　【疏】境昌相比，相去不遠，雞犬吠聲，相聞相接。而性各自足，無求於世，卒於天命，不相往來，無為之至。　【釋文】「而不相往來」一本作不相與往來。檢元嘉中郭注本及崔向永和中本，並無與字。

5.【疏】無欲無求，懷道抱德，如此時也，豈非至哉！　【釋文】「至治」直吏反。注同。

6.【注】至治之迹，猶致斯弊。　【疏】贏，裹也。小是至理之風，播而為教，貴此文迹，使物學之。尚賢路開，尋師訪道，引頸舉足，遠適他方，軌轍交行，足跡所按，裹糧負戴，不憚千里，內則棄親而不孝，外則去主而不忠。至治之迹，遂致斯弊也。　【釋文】「頸」如字。李巨盈反。「贏」音盈。《廣雅》云：負也。「糧」音良。「而趣」七于反，徐七喻反。者通也。中空而通也。經傳多訓軌為車頭，蓋軌字之譌。◎慶藩案軌，徹迹也。《說文》：軌，車轍前也，從車，凡聲。《廣雅》云：軌，車徹也，從車，九聲（案軌與足迹對文，則軌之為車迹明矣。《考工記》匠人皆容力九軌，鄭注：軌，徹廣也。高注：結，交也）。車跡可並列，亦可邪交。邪交則相接，結軌即結徹也。《管子·小匡篇》車不結徹，徹，迹也。高注：結，交也。車輪之迹，往來縱橫，彼此交錯，故曰結交也。《史記·司馬相如傳》結軌還轅，東鄉將報，《索隱》引張揖注：結，屈也，軌，車跡也。本西行，折而東之，則跡亦曲而東也。

7.【注】上，謂好知之君。知而好之，則有斯過矣。　【疏】尚至治之迹，好治物之智，故致斯也。　【釋

文】「上好」呼報反。注下皆同。

上誠好知而无道，則天下大亂矣¹。何以知其然邪²？夫弓弩畢弋機變之知多，則鳥亂於上矣；鉤餌罔罟罾笱之知多，則魚亂於水矣；削格羅落罝罘之知多，則獸亂於澤矣；知詐漸毒頡滑堅白解垢同異之變多，則俗惑於辯矣⁴。故天下每每大亂，罪在於好知⁵。故天下皆知求其所不知而莫知求其所已知者⁶，皆知非其所不善而莫知非其所已善者⁷，是以大亂。故上悖日月之明，下爍山川之精，中墮四時之施；惴耎之蟲，肖翹之物，莫不失其性。甚矣夫好知之亂天下也！⁸自三代以下者是已，舍夫種種之民而悅夫役役之佞，釋夫恬淡无為而悅夫啍啍之意，啍啍已亂天下矣⁹！

1.【疏】在上君王不能无為恬淡，清虛合道，而以知能治物，物必弊之，故大亂也。老君云以知治國，國之賊也。

2.【疏】假設疑問，出其所由。

3.【注】攻之愈密，避之愈巧，則雖禽獸猶不可圖之以知，而況人哉！故治天下者唯不任知，任知無妙也。

【疏】網小而柄，形似畢星，故名為畢。以繩繫箭射，謂之弋。罝罘，皆網也。笱，曲梁也，削格為之，即今之鹿角馬槍，以繩木羅落而取獸也。罝罘，兔網也。既以智治於物，寧無沸騰之患，故治國者必不可用智也。

【釋文】「弩」音怒。「之知」音智，下及注並下知詐皆同。「鉤餌」如志反。「罔罟」魚網也。「罾笱」音曾，魚網也。「畢弋機變」李云：兔網曰畢，繳射曰弋，弩牙曰機。◎盧文弨曰：今本罔作網。「笱」音苟，曲梁也。「罝罘」音曾。《爾雅》云：罦謂之罔。罦，魚網也。「罝罘」。《爾雅》云：蔘婦之笱謂之罦。◎王念孫曰：鉤，本作釣，釣即鉤也，今本作鉤者，後人但知釣為釣魚之異名，故以意改之耳。今案《廣雅》曰：釣，鉤也。〈田子方篇〉曰：文王，觀於臧，見一丈夫釣，而其釣莫釣，非持其釣，有釣者也，常釣也（以上六釣字，惟其釣與持其釣兩釣字指

鉤而言，餘四釣字皆讀為釣魚之釣）。《鬼谷子・摩篇》口，如操釣而臨深淵；《淮南・說山篇》揭斧入淵；〈說林篇〉曰，一目之羅不可以得鳥，無餌之釣不可以得魚；東方朔〈七諫〉曰，以直鍼而為釣兮，又何魚之能得。是古人謂鉤為釣也。又案《釋文》云，餌，如志反，罾，音會；笱，音苟，此是釋餌罾笱三字之音。下又云，釣，鉤也；餌，魚餌也。《廣雅》云，罟謂之网也。《爾雅》云，薂婦之笱謂之罶。此是釋釣餌網罟會笱六字之義。後人既改正文釣字為鉤，又改《釋文》笱音苟釣鉤也六字為笱音鉤釣鉤也，其失甚矣。又《外物篇》任公子為大鈎巨緇，《釋文》：鈎，本亦作釣，亦當以作釣者為是。《文選・七啟》注、傅咸〈贈何劭王濟詩〉注、謝靈運〈七里瀨詩〉注及《太平御覽・資產部十四》引此，並作釣也。又《列子・湯問篇》詹何以芒鍼為釣，後人改釣為鈎，不知《御覽》引此正作釣也。又下文投綸沈釣，今本釣作鈎，亦是後人所改。《韻府群玉・釣字》下引《列子》投綸沈釣，則所見本尚作釣也。又〈齊策〉，君不聞海大魚乎？網不能止，釣不能牽，後人改釣為鈎，不知《御覽・鱗介部七》引此正作釣，《淮南・人間篇》亦作釣也。又《淮南・說山篇》，人不愛江漢之珠而愛己之釣，高注云：釣，鉤也。後人既改正文釣字為鈎，又改注文釣為鈎釣也，蓋後人不知釣為鉤之異名，故以其所知改其所不知，古義寖亡矣。「削」七妙反。「格」古百反。李云：削格，所以施羅網也。「羅落置」子斜反。「罘」本又作䍙，音浮。《爾雅》云：鳥罟謂之羅，兔罟謂之罝，麋罟之罦，覆車也。郭璞云：今翻車也。◎家世父曰：《釋文》引李云：削格，所以施羅網也。《說文》：格，木長貌。郭格。削格，謂刮削之。鄭注《周禮》雍氏所謂柞鄂也。《書・費誓》杜乃擭。《正義》擭，捕獸機檻。左思〈吳都賦〉峭格周施，峭削義通。謂之格者，格拒之意。削格羅落，皆所以遮要禽獸。《漢書・晁錯傳》為中周虎落，師古注：峭格遮之。削格即阱擭之擭。羅落與上畢弋同文。《玉篇》云：弋，橛也。一作杙。《爾雅・釋宮》：撽謂之杙，郭璞注：橜也。畢弋，謂施弋以張畢也。《人間世》狙猴之杙，則用以繫狙猴者。《說文》：杙，率捕鳥畢也。《詩・小雅》畢之羅之。鳥罟亦謂之畢。李云，兔網口畢，繳射曰弋，均失之。

4.【注】上之所多者，下不能安其少也，性少而以涿多則迷也。

【疏】智數詐偽，漸漬毒害於物也。頡滑，滑稽也，亦姦黠也。解垢，詐偽也。夫滑稽堅白之智，譎詭同異之談，諒有虧於真理，無益於世教，故遠觀譬於若訥，愚俗惑於小辯。【釋文】「漸毒」李云：漸漬之毒。崔云：漸毒，猶深害。◎慶藩案知與智同，謂智故也。《淮南・主術》注曰：故，巧。《管子・心術》去知與故，《荀子・非十二子》知而險，《淮南・原

道》偶睉智故，並此知字之義。漸，詐也。《荀子·議兵》是漸之也，《正論》上凶險則下漸詐矣，皆欺詐之義（李頤謂為漸漬之毒，失之遠矣）。《尚書》民興胥漸，王念孫曰：漸，詐也，言小民方興為詐欺，故下文曰罔中于信，以覆詛盟也。彼傳訓為漸化，則與下文不屬。「頡」戶結反。「滑」干八反。「頡滑」謂難料理也。崔云：纏屈也。李音骨，滑稽也。一云：頡滑，不正之語也。「解」苦懈反。「垢」苦豆反。司馬崔云：解垢，隔角也。或云：詭曲之辭。

5.【疏】每每，昏昏貌也。夫忘懷任物，則宇內清夷；執迹用智，則天下大亂。故知上下昏昏，由乎好智。

【釋文】「每每」李云：猶昏昏也。◎慶藩案每每即夢夢。《爾雅·釋訓》夢夢訰訰，亂也。夢之為每，猶甍之為甋（《方言》甋謂之甍，郭注：今字作甍）。

6.【注】不求所知而求所不知，此乃舍己效人而不止其分也。

【疏】所知者，分內也；所不知者，分外也。

【釋文】「舍己」音捨，下文同。

7.【注】善其所善，爭尚之所由生也。

【疏】所不善者，桀跖也；所以善者，聖迹也。盜跖行不善以據東陵，田恆行聖迹以竊齊國。故臧穀業異，亡羊趣同，或夷跖行殊，損性均也。愚俗之徒，妄生臧否，善與不善，誠未足定也。

8.【注】夫吉凶悔吝，生於動者也。而知之所動，誠能搖蕩天地，運御群生，故君人者，胡可以不忘其知哉！

【疏】是以，仍上辭也。只為上來用智執迹，故天下大亂，悖，亂也。爍，銷也。墮，壞也。附地之徒曰喘耎，飛空之類曰肖翹，皆輕小物也。夫執迹用智，為害必甚，故能鼓動陰陽，搖蕩天地，日月為之薄蝕，山川為之崩竭，炎涼為之愆敘，風雨所以不時，飛走水陸，失其本性，好知傷物，一至於此也。

【釋文】「上悖」李郭云：必內反，又音佩。司馬云：薄食也。「之施」始豉反。「下爍」失約反。崔云：消也。司馬云：崩竭也。崔向本作櫟，同。徐音藥。「中墮」許規反，毀也。「喘耎」本亦作喘，又作喘，川兗反。向音揣。「耎」耳轉反。崔云：蠕蠕動蟲也。一云：惴耎，謂無足蟲。「肖翹」音消，下音祁饒反。崔云：肖翹，植物也。李云：翾飛之屬也。

9.【注】釋，廢也。啍啍，以己誨人也。

【疏】自，從也。三代，謂夏殷周也。種種，淳樸之人，役役，輕黠之貌。夫上古至淳之世，素朴之時，像圜天而清虛，法方地而安靜，並萬物而為族，同禽獸之無知。逮乎散澆去淳，離道背德，而五帝聖迹已彰，三代用知更甚；舍淳樸之素士，愛輕黠之佞夫，廢無欲之

自安，悅有心之誨物，已亂天下，可不悲乎！　【釋文】「種種」向章勇反。李云：謹愨貌。一云：淳厚也。「而說」音悅。下同。◎盧文弨曰：今本作悅。「役役」李云：鬼黠貌。一云：有為人也。「恬」徒謙反。「淡」徒暫反。徐大敢反。「啍啍」李之閏反，又之純反。郭音惇，以己誨人之貌。下同。司馬云：少智貌。徐許彭反，又許剛反。向本作啍，音亨。崔本上句作啍啍，少知而芒也。一云：啍啍，壯健之貌。◎盧文弨曰：今本此與下俱作啍啍。案從享亦可得亨音。

莊子集釋　卷四下

外篇在宥第十一[1]

1.【釋文】以義名篇。◎慶藩案《文選》謝靈運〈九日從宋公戲馬臺集送孔令詩〉注引司馬云：在，察也。宥，寬也。《釋文》闕。

聞在宥天下，不聞治天下也[1]。在之也者，恐天下之淫其性也；宥之也者，恐天下之遷其德也[2]。天下不淫其性，不遷其德，有治天下者哉[3]！昔堯之治天下也，使天下欣欣焉人樂其性，是不恬也[4]；桀之治天下也，使天下瘁瘁焉人苦其性，是不愉也。夫不恬不愉，非德也。非德也而可長久者，天下无之[5]。

1.【注】宥使自在則治，治之則亂也。人之生也直，莫之蕩，則性命不過，欲惡不爽。在上者不能無為，上之所為而民皆赴之，故有誘慕好欲而民性淫矣。故所貴聖王者，非貴其能治也，貴其無為而任物之自為也。【疏】宥，寬也。在，自在也。治，統馭也。寬言云，聞諸賢聖任物，自在寬宥，即天下清謐；若立教以馭蒼生，物失其性，如伯樂治馬也。【釋文】「聞在宥」「聞在宥」音又，寬也。「則治」直吏反。下治亂同。「欲惡」烏路反。「好欲」呼報反。

2.【疏】性者，稟生之理；德者，功行之名：故致在宥之言，以防遷淫之過。若不任性自在，恐物淫僻喪性也。

3.【注】無治乃不遷淫。【疏】性正德定，何勞布政治之哉！有政不及無政，有為不及無為。【釋文】「有治天下者哉」崔本作有治天下者材失，云：強治之，是材之失也。

4.【注】夫堯雖在宥天下，其迹則治也。治亂雖殊，其於失後世之恬愉，使物爭尚畏鄙而不自得則同耳。故譽堯而非桀，不如兩忘也。

5.【注】恬愉自得，乃可長久。

【疏】堯以不恬淈人，桀以不愉取物，不合淳和之性；欲得長久，天下未之有也。

【疏】恬，靜也。愉，樂也。堯以德臨人，人歌擊壤，乖其靜性也；桀以殘害於物，物遭憂瘁，乖其愉樂也。堯桀政代斯異，使物失性均也。瘁，憂也。《廣雅》云：憂也。崔本作醉。「愉」音瑜，徐音喻。「故譽」音餘。「人樂」音洛。「恬」徒謙反。「瘁」在季反，病也。

人大喜邪？毗於陽；大怒邪？毗於陰。陰陽並毗，四時不至，寒暑之和不成，其反傷人之形乎！使人喜怒失位，居處无常，[1]思慮不自得，中道不成章，[2]於是乎天下始喬詰卓鷙，於是乎有盜跖曾史之行。故舉天下以賞其善者不足，[3]舉天下以罰其惡者不給，[4]故天下之大不足以賞罰[5]。自三代以下者，匈匈焉終以賞罰為事，彼何暇安其性命之情哉[6]！

1.【疏】毗，助也。喜出於魂，怒出於魄，人稟陰陽，與二儀同氣。堯令百姓喜，毗陽喧舒；桀使人怒，助陰慘肅。人喜怒過分，則天失常，盛夏不暑，隆冬無霜。既失和氣，加之天災，人多疾病，豈非反傷形乎！不可有為作法，必致殘傷也。

【釋文】「毗於」如字。司馬云：助也。一云，並也。◎俞樾曰：《釋文》：毗如字，司馬云：毗，助也，一云並也，然下文云，陰陽並毗，四時不至，寒暑之和不成，則訓助已不可通，若訓並更為失之矣。案此毗字當讀為毗劉暴樂之毗。《爾雅·釋詁》云，毗劉，暴樂也。合言之則曰毗劉，《詩·桑柔篇》將采其劉是也；或止曰毗，此言毗於陽毗於陰是也。暴樂，《毛公傳》作爆爍。鄭氏《箋》云：毗劉，將采之則爆爍而疏也。然則爆爍猶剝落也。若從司馬訓毗為助，則下三句不貫矣。《淮南子·原道篇》，人大怒破陰，大喜墜陽，正與此同義。

2.【注】此皆堯桀之流，使物喜怒大過，以致斯患也。人在天地之中，最能以靈知喜怒擾亂群生而振蕩陰陽

也。故得失之間，喜怒集乎百姓之懷，則寒暑之和敗，四時之節差，百度昏亡，萬事失落也。　【疏】為滯喜怒，遂使百姓謀慮失真，既乖憲章之法，斯敗也已。　【釋文】「思慮」息嗣反。「大過」音泰。

3.【注】慕賞乃善，故賞不能供。　【釋文】「喬」向欽消反，或去夭反，郭丁角反，向音箑。「詰」李去吉反，徐起列反。崔云：喬詰，意不平也。「卓」勑角反，郭音矯，李音驕。「鷙」勑二反，李豬栗反，向豬立反，又勑栗反。崔云：卓鷙，行不平也。「之行」下孟反。

4.【注】畏罰乃止，故罰不能勝。　【疏】喬，詐偽也。詰，責問也。卓，獨也。鷙，猛也。於是喬偽詰責，卓爾不群，獨懷鷙猛，輕陵於物，自堯為始，次後有盜跖之惡，曾史之善，善惡既著，賞罰係焉。慕賞行善，懼罰止惡，舉天下斧鉞不足以罰惡，傾宇宙之藏不足以賞善。給，猶足也。

5.【注】若忘賞罰，任真乃在足也。

6.【注】忘賞罰而自善，性命乃大足耳。夫賞罰者，聖王之所以當功過，非以著勸畏也。故理至則遺之，然後至一可反也。而三代以下，遂尋其事迹，故匈匈焉與迹競逐，終以所寄為事，性命之情何暇而安哉！　【疏】匈匈，競逐之謂也。人懼斧鉞之誅，又慕軒冕之賞，心懷百慮，事出萬端，匈匈競逐而不知止。夏殷已來，其風漸扇，賞罰擾擾，終日荒忙，有何容暇安其性命！　【釋文】「匈匈」音凶。「能勝」音升。

而且說明邪？是淫於色也；說聰邪？是淫於聲也；[1]說仁邪？是亂於德也；說義邪？是悖於理也；[2]說禮邪？是相於技也；說樂邪？是相於淫也；[3]說聖邪？是相於藝也；說知邪？是相於疵也。[4]天下將安其性命之情，之八者，存可也，亡可也；[5]天下將不安其性命之情，之八者，乃始臠卷獊囊而亂天下也。[6]而天下乃始尊之惜之，甚矣天下之惑也！[7]豈直過也而去之邪！乃齊戒以言之，跪坐以進之，鼓歌以儛之，吾若是何哉！[8]

1.【疏】說，愛染也。淫，耽滯也。希離慕曠，為滯聲色。　【釋文】「而且」如字，徐子餘反。「說明」音……

悅。下同。

2.【疏】德無憎愛，偏愛故亂德：理無是非，裁非故逆理。悖，逆也。【釋文】「是悖」必內反，徐蒲沒反。

3.【疏】禮者，擎跽曲拳，節文隆殺。樂者，咸池大夏，律呂八音。說禮乃助浮華技能，愛樂更助宮商淫聲。【釋文】「是相」息亮反，助也。下及江皆同。「於技」李音歧，云：不端也。

4.【注】當理無說，說之則致淫悖之患矣。【疏】說聖迹，助世間之藝術；愛智計，益是非之疵病也。【釋文】「說知」音智。「於疵」疾斯反。

5.【注】存亡無所在，任其所受之分，則性命安矣。

6.【注】必存此八者，則不能縱任自然，故為攖卷猖囊也。【疏】攖卷，聰明仁義禮樂聖智是也。言人稟分不同，性情各異。離曠曾史，素分有者，存之可也：眾人性分本無，企慕乖真，亡之可也。天下群生，唯知分外，不能安任，攖卷自拘，夸華人事，猖囊恩速，爭馳逐物，由八者不忘，致斯弊者也。【釋文】「攖」力轉反。崔本作戀。「卷」勉反，徐居阮反。司馬云：攖卷，不申舒之狀也。崔同。一云：相牽引也。「猖」音倉。崔本作戕。「囊」如字。崔云：戕囊，猶搶攘。◎盧文弨曰：今本猖囊作愴。

7.【注】不能遺之，已為誤矣。而乃復尊之以為貴，豈不甚惑哉！【疏】前八者，亂天下之經，不能忘遺，已是大惑。方復尊敬，用為楷模，痛惜甚也。【釋文】「乃復」扶又反。

8.【注】非直由寄而過去也，乃珍貴之如此。【疏】八條之義，事同芻狗，過去之後，不合更收。誠禁致齊，明言執禮，君臣跪坐，更相進獻，鼓九韶之歌，舞大章之曲。珍重蘧廬，一至於此，莊生目擊，無奈之何也。【釋文】「而去」起慮反。「之邪」崔本唯此一字作邪，餘皆作悷。「齊戒」本又作齋，同。側皆反。「跪」其詭反，郭音危。

故君子不得已而臨蒞天下，莫若无為。无為也而後安其性命之情。[1]故貴以身於為天下，則可以託天下；愛以身於為天下，則可以寄天下[2]。故君子苟能无解其五藏，无擢其聰明[3]；尸居而龍見，淵默而雷聲[4]，神動而天

隨5，從容无為而萬物炊累焉6。吾又何暇治天下哉7！

1.【注】無為者，非拱默之謂也，直各任其自為，則性命安矣。不得已者，非迫於威刑也，直抱道懷朴，任乎必然之極，而天下自賓也。

【疏】君子，聖人也。不得已臨莅天下，恆自無為，雖復無為，非關拱默，動寂無心，而性命之情未始不安也。

【釋文】「莅」音利，又音類。◎家世父曰：言貴其身重於所以為天下，愛其身甚於所以為天下。惟貴惟愛，故無為。

2.【注】若夫輕身以赴利，棄我而殉物，則身且不能安，其如天下何！

【疏】貴身賤利，內我外物，保愛精神，不蕩於世者，故可寄坐萬物之上，託化於天下也。

3.【注】解擢則傷也。

【疏】五藏，精靈之宅；聰明，耳目之用。若分辨五藏情識，顯擢聰明之用，則精神奔馳於內，耳目竭喪於外矣。

4.【注】出處默語，常無其心而付之自然。

【疏】聖人寂同死尸寂泊，動類飛龍在天，豈有寂動理教之異哉！故寂而動，尸居而龍見，淵默而雷聲。欲明寂動動寂，理教教理，不一異也。

【釋文】「无解」如字。一音蟹，散也。◎「龍見」賢遍反。向崔本作睍，向音見，崔音睍。

5.【注】神順物而動，天隨理而行。

【疏】神者，妙萬物而為言也，即動即寂，德同蒼昊，隨順生物也。◎家世父曰：尸居龍見，不見而章；淵默雷聲，不動而變；神動天隨，無為而成。

6.【注】若游塵之自動。

【疏】累，塵也。從容自在，無為虛淡，若風動細塵，類空中浮物，陽氣飄颻，任運去留而已。

【釋文】「從容」七容反。「炊」昌睡反，又昌規反。本或作吹，同。「累」劣偽反。司馬云：炊累，猶動升也。向郭云：如埃塵之自動也。

7.【注】任其自然而已。

【疏】物我齊混，俱合自然，何勞功暇，更為治法也！

崔瞿問於老聃曰：「不治天下，安藏人心？」老聃曰：「女慎无攖人心1。人心排下而進上2，上下囚殺3，淖約柔乎剛彊4。廉劌彫琢，其熱焦火，其寒凝冰5。其疾俛仰之間而再撫四海之

外6，其居也淵而靜，其動也縣而天7。償驕而不可係者，其唯人心乎8！

1.【注】攖之則傷其自善也。【疏】姓崔，名瞿，不知何許人也。既問：「在宥不治人心，何以履善？」答曰：「宥之放之，自合其理，作法理物，則攖撓人心。」人心列下文云。【釋文】「崔譔」向崔本作矔。向求朱反。崔譔，人姓名也。「老聃」吐藍反。「女慎」音汝。「攖」於營反，又於盈反。司馬云：羈落也。

2.【注】排之則下，進之則上，言其易搖蕩也。【疏】人心排他居下，進己在上，皆常情也。【釋文】「排」皮皆反。崔本作俳。「進上」時掌反。「其易」以豉反。

3.【注】無所排進，乃安全耳。【疏】溺心上下，為境所牽，如禁之囚，攖煩困苦。◎家世父曰：上下囚殺，言詭上詭下，使其心拘囚噍殺，不自適也。淖約者矯揉，則剛可使柔，廉劌者徑遂，寒熱百變，水火兼施，攖之而遂至於不可遏。郭象注恐誤。【釋文】「囚殺」如字，徐所例反。言囚殺萬物也。

4.【注】言能淖約，則剛彊者柔矣。【疏】淖約，柔弱也。矯情行於柔弱，欲制服於剛彊。【釋文】「淖」昌略反，又直角反。

5.【注】夫焦火之熱，凝冰之寒，皆喜怒並積之所生。若乃不彫不琢，各全其朴，則何冰炭之有哉！【疏】逐境之心，一念之頃，已遍十方，況俛仰之間，不再臨四海哉！寒甚凝冰；順心生喜，熱踰焦火。【釋文】「廉劌」居衛反。司馬云：傷也。《廣雅》云：利也。「琢」丁角反。

6.【注】風俗之所動也。【疏】有欲之心，去無定準。偶爾而靜，如流水之遇淵潭；觸境而動，類高天之縣；不息動之，則係天而踊躍。【釋文】「縣而天」音玄。向本無而字，云：希高慕遠，故曰縣天。

7.【注】靜之可使如淵，動之則係天而踊躍也。【疏】靜而自通；治而係之，則跂而償驕。償驕者，不可禁之勢也。【釋文】「償」向粉問反。《廣雅》云：僵也。郭音奔。「驕」如字，又居表反。郭云：償驕者，不可禁之勢。

8.【注】人心之變，靡所不為。順而放之，則靜而自通；治而係之，則跂而償驕。【疏】排下進上，美惡喜怒，償發驕矜，不可禁制者，其在人心乎！

昔者黃帝始以仁義攖人之心[1]，堯舜於是乎股無胈，脛無毛，以養天下之形，愁其五藏以為仁義，矜其血氣以規法度。然猶有不勝也，[2]堯於是放讙兜於崇山，投三苗於三峗，流共工於幽都，此不勝天下也。[3]夫施及三王而天下大駭矣。[4]下有桀跖，上有曾史，[5]而儒墨畢起。[6]於是乎喜怒相疑，[7]愚知相欺[8]，善否相非[9]，誕信相譏[10]，而天下衰矣；[11]大德不同，而性命爛漫矣[12]；天下好知，而百姓求竭矣[13]。於是乎釿鋸制焉，繩墨殺焉，椎鑿決焉[14]。天下脊脊大亂，罪在攖人心。故賢者伏處大山嵁巖之下，而萬乘之君憂慄乎廟堂之上[15]。

1.【注】夫黃帝非為仁義也，直與物冥，則仁義之迹自見。迹自見，則後世之心必自殉之，是亦黃帝之迹使物攖也。

【疏】黃帝因宜作則，慈愛養民，實異偏尚之仁，裁非之義。後代之王，執其軌轍，蒼生名之為聖，攖人之心自此始也。

【釋文】【自見】賢遍反。下同。

2.【疏】胈，白肉也。藏憂愁於內，血氣矜莊於外，行仁義以為規矩，立法度以為楷模，股瘦無白肉，脛禿無細毛，養天下形容，安萬物情性，五藏憂愁，故不勝也。

【釋文】【股】音古。「胈」蒲末反，向父末反。李扶蓋反，云：白肉也。或云：字當作紱。紱，蔽膝也。「脛」刑定反。◎慶藩案矜其血氣，猶《孟子》言苦其心志也。矜者，苦也，訓見《爾雅·釋言篇》。

3.【疏】昔帝鴻氏有不才子，天下謂之渾沌，即讙兜也，為黨共工，放南裔也。縉雲氏有不才子，天下謂之饕餮，即三苗也，為堯諸侯，封三苗之國。國在左洞庭，右彭蠡，居豫章，近南岳。三峗，山名，在西裔，即秦州西羌地。少昊氏有不才子，天下謂之窮奇，即共工也，為堯水官。幽都在北方，即幽州之地。《尚書》有殛鯀，此文不備也。四人皆包藏凶惡，不遵堯化，故投諸四裔，是堯不勝天下之事。放四凶由舜，今稱堯者，其時舜攝堯位故耳。

【釋文】【讙】音歡。「兜」丁侯反。「崇山」南裔也。堯六十年，放讙兜於崇山。「投三苗」崔本投作殺，《尚書》作竄。三苗者，縉雲氏之子，即饕餮也。「三峗」音危。本亦作危。三危，西裔之山也，今屬天水。

堯六十六年，竄三苗於三危。「共工」音恭。共工，官名，即窮奇也。「幽都」李云：即幽州也。《尚書》作幽州，北裔也。堯六十四年，流共工於幽州。

驚也。「愈粗」音麤。下同。

4.【注】夫堯舜帝王之名，皆其迹耳，我寄斯迹而迹非我也，故駭者自世。世彌駭，其迹愈粗，粗之與妙，自途之夷險耳，遊者豈常改其足哉！故聖人一也，而有堯舜湯武之異。明斯異者，時世之名耳，未足以名聖人之實也。故夫堯舜者，豈直一堯舜而已哉！是以雖有矜愁之貌，仁義之迹，而所以迹者故全也。【疏】黃帝逮乎堯舜，聖迹滯，物擾亂，延及三王，驚駭更甚。【釋文】「施及」以智反。「大駭」駭，崔云：延也。「施及」施，延也。自

5.【疏】桀跖行小人之行為下，曾史行君子之行為上。

6.【疏】謂儒墨守迹，是非因之而起也。

7.【疏】喜是怒非，更相疑貳。

8.【疏】飾智驚愚，互為欺侮。【釋文】「愚知」音智。下及注同。

9.【疏】善與不善，彼此相非。

10.【疏】誕虛信實，自相譏誚。

11.【注】莫能齊於自得。【疏】粗仍糾紛，宇宙衰也。

12.【注】立小異而不止於分。【疏】喜怒是非，熾然大盛，故天年夭枉，性命爛漫。爛漫，散亂也。

13.【注】知無涯而好之，故無以供其求。【疏】聖人窮無涯之知，百姓焉不竭哉！【釋文】「好知」呼報反。

14.【注】注同。

15.【注】彫琢性命，遂至於此。【疏】繩墨，正木之曲直；禮義，示人之隆殺；椎鑿，穿木之孔竅；刑法，決人之身首。工匠運斤鋸以殘木，聖人用禮法以傷道。【釋文】「釿」音斤，本亦作斤。「制焉」釿鋸制，謂如肉刑也。「繩墨殺焉」並如字。崔云：謂彈正殺之。「椎」直追反。「鑿」在洛反。「決焉」古穴反，又苦穴反。崔云：肉刑，故用椎鑿。

【注】若夫任自然而居當，則賢愚襲情而貴賤履位，君臣上下，莫匪爾極，而天下無患矣。斯迹也，遂攖天下之心，使奔馳而不可止。故中知以下，莫不外飾其性以眩惑眾人，惡直醜正，蕃徒相引。是以任真者失其據，而

崇偽者竊其柄，於是乎主憂於上，民困於下矣。

【疏】脊脊，相踐藉也。一云亂，宇宙大亂，罪由聖知。君子道消，晦迹林藪，人君雖在廟堂，心恆憂慄，既無良輔，恐國傾危也。

【釋文】「脊脊」音藉，在亦反，相踐藉也。「大山」音泰，亦苦咸反，又苦嚴反。本亦作脊脊。《廣雅》云：脊，亂也。「巖」音嚴，語銜反。一音岊，語咸反。「亂」也。◎盧文弨曰：今本作岩。◎俞樾曰：崟當為湛。此泛言山之大者，不必東嶽泰山也。崟當為湛。《文選·封禪文》湛恩汪濊，李注曰：湛，深也。《釋文》湛，深也。當以讀如字為是。湛巖，猶深巖，因其以山巖言，故變從水者而從山耳。巖言其深，義正相應。學者不達其義，而音大為泰，失之矣。《釋文》大音泰，失與此同。《文選·風賦》其神經乎大山而無介，入乎淵泉而不濡，夫風之所緣，竹之所生，非必泰山也。其原文應並作大山，泛言山之大者。後人誤讀為泰，並改作泰耳。「以眩」玄遍反。「惡直」烏路反。「蕃徒」音煩。

　　　《田子方篇》其神經乎大山而無介，入乎淵泉而不濡，夫風之所緣，竹之所生，非必泰山也。緣泰山之阿，古詩冄冄孤生竹，結根泰山阿。

今世殊死者相枕也，桁楊者相推也，刑戮者相望也[1]，而儒墨乃始離跂攘臂乎桎梏之間。意，甚矣哉！其无愧而不知恥也甚矣[2]！吾未知聖知之不為桁楊椄槢也[3]，仁義之不為桎梏鑿枘也，焉知曾史之不為桀跖嚆矢也[4]！故曰『絕聖棄知而天下大治[5]』。

1.【疏】殊者，決定當死也。桁楊者，械也，夾腳及頸，皆名桁楊。六國之時及衰周之世，良由聖迹，黥劓五刑，遂使桁楊盈衢，殊死者相枕，殘兀滿路。相推相望，明其多也。【釋文】「殊死」如字。《廣雅》云：殊，斷也。司馬云：決也。一云：誅也。《說文》同。又云：《漢令》曰，蠻夷長有罪，當殊之。崔本作殀死。「相枕」之鴆反。「桁」戶剛反。司馬云：腳長械也。「楊」向音陽。崔云：械夾頸及脛者，皆曰桁楊。

2.【注】由腐儒守迹，故致斯禍。不思捐迹反一，而方復攘臂分外，用力於桎梏之間，執迹封教，救當世之弊，何荒亂之能極哉！故發噫歎息，固陋不已，無愧而不知恥也。【疏】離跂，用力貌也。聖迹為害物之具，而儒墨方復攘臂分外，用力於桎梏之間，可謂無愧而不知恥之甚也。【釋文】「離」力氏反，又力智反。「跂」丘氏反，又

丘跂反。「攘」如羊反。「桎」古壽反。◎慶藩案離跂即《荀子・榮辱篇》離縱而跂訾之義，謂自異於眾也。「意」如字，又音醫。「無愧」崔本作腮。「腐」音輔。「方復」扶又反。

3.【注】桁楊以椄槢為管，而桎梏以鑿枘為用。聖知仁義者，遠於罪之迹也。迹遠罪則民斯尚之，尚之則矯詐生焉，矯詐生而禦姦之器不具者，未之有也。故棄所尚則矯詐不作，矯詐不作則桁楊椄槢之為無所尚則矯詐不作，矯詐不作則桁楊椄槢廢矣，何鑿枘椄槢之為哉！聖迹是攖擾之原，仁義是殘害之本。【疏】椄槢，械楔也。鑿，孔也。以物內孔中曰枘。械不楔不牢，桎梏無孔無用。亦猶憲章非聖迹不立，桀跖非聖智不行，聖迹是攖擾之原，仁義是殘害之本。司馬云：椄槢，音息節反。崔本作𣚺，或作諧字。椄槢，械楔也。《淮南》曰：大者為柱梁，小者為椄槢。◎慶藩案《文選》何平叔《景福殿賦》注引司馬云：椄槢，械楔也。與《釋文》異（《釋文》椄上有楔字，楔下無也字）。「椄」李如字，向徐音姜，郭慈接反。「槢」郭李音習，向徐徒叶反。「鑿」在報反，又在報反。「枘」人銳反。向本作內，音同。《三蒼》云：柱頭枘也。鑿頭㢏木，如柱頭枘。「遠於」于萬反。下同。「而禦」魚呂反，音同。

4.【注】嚆矢，矢之猛者，言曾史為桀跖之利用矣。【疏】嚆，箭鏃有吼猛聲也。聖智是竊國之具，仁義為凶暴之資，曾史為桀跖利用猛箭，故云然也。【釋文】「焉知」於虔反。「嚆矢」許交反。本亦作嗃。向云：嚆，矢，矢之鳴者。郭云：矢之猛者。《字林》云：嚆，大呼也。崔本作蒿，云：蕭蒿可以為箭。或作矯，矯，臬也。

5.【注】去其所以攖也。【疏】絕竊國之具，棄凶暴之資，即宇內清平，言大治也。【釋文】「大治」直吏反。「去其」起呂反。

黃帝立為天子十九年，令行天下[1]，聞廣成子在於空同之山，故往見之[2]，曰：「我聞吾子達於至道，敢問至道之精。吾欲取天地之精，以佐五穀，以養民人[3]，吾又欲官陰陽，以遂群生，為之奈何[4]？」

1.【疏】德化詔令，宇內大行。
2.【疏】空同山，涼州北界。廣成，即老子別號也。
【釋文】「廣成子」或云：即老子。「空同」司馬云…

當北斗下山也。《爾雅》云：北戴斗極為空同。一曰：在梁國虞城東三十里。

4.【疏】遂，順也。欲象陰陽設官分職，順群生之性，問其所以。

3.【疏】五穀，黍稷菽麻麥也。欲取窈冥之理，天地陰陽精氣，助成五穀，以養蒼生也。

廣成子曰：「而所欲問者，物之質也[1]；而所欲官者，物之殘也[2]。自而治天下，雲氣不待族而雨，草木不待黃而落，日月之光益以荒矣[3]。而佞人之心翦翦者，又奚足以語至道[4]！」

1.【注】問至道之精，可謂質也。【釋文】「質也」【廣雅】云：質，正也。【疏】而，汝也。欲播植五穀，官府二儀，所問粗淺，不過形質，乖深玄之致。是詆訶也。

2.【注】不任其自爾而欲官之，故殘也。【疏】族，聚也。分百官於陰陽，有心治萬物，必致凶災。雨風不調，炎涼失節，雲未聚而雨降，木尚青而葉落；欃槍薄蝕，三光昏晦，人心遭擾，玄象荒殆。苟欲設官分職，引物從己，既乖造化，必致傷殘。【疏】「雲氣不待族而雨」司馬云：族，聚也。未聚而雨，言澤少。「草木不待黃而落」司馬云：言殺氣多也。《爾雅》云：落，死也。「益以」崔本作蓋以【釋文】「佞人」如字。郭音寧。

4.【疏】翦翦，狹劣之貌也。汝是諂佞之人，心甚狹劣，何能語至道也！【釋文】「翦翦」如字。郭司馬云：善辯也。一曰：佞貌。李云：淺短貌。或云：狹小之貌。

黃帝退，捐天下，築特室，席白茅，閒居三月，復往邀之[1]。

1.【疏】黃帝退，清齊一心，舍九五尊位，築特室，避譁囂，藉白茅以絜淨，閒居經時，重往請道。邀，遇也。【釋文】「捐」悅全反。「閒居」音閑。下注同。「復往」扶又反。「邀之」古堯反，要也。

廣成子南首而臥，黃帝順下風膝行而進，再拜稽首而問曰：「聞吾子達於

至道，敢問，治身奈何而可以長久？」廣成子蹶然而起，曰：「善哉問乎¹！來！吾語女至道。至道之精，窈窈冥冥；至道之極，昏昏默默²。无視无聽，抱神以靜，形將自正³。必靜必清，无勞女形，无搖女精，乃可以長生⁴。目无所見，耳无所聞，心无所知，女神將守形，形乃長生⁵。慎女內⁶，閉女外⁷，多知為敗⁸。我為女遂於大明之上矣，至彼至陽之原也；為女入於窈冥之門矣，至彼至陰之原也⁹。天地有官，陰陽有藏¹⁰，慎守女身，物將自壯¹¹。我守其一以處其和，故我修身千二百歲矣，吾形未常衰¹²。」

1.【注】人皆自修而不治天下，則天下治矣，故善之。蹶然，疾起。【釋文】「南首」音狩。「蹶」其月反，又音厥，驚而起也。◎慶藩案《文選》張景陽〈七命〉注引司馬云：蹶，疾起貌。《釋文》闕。「天下治」直吏反。【疏】使人治物，物必擾煩，各各治身，天下清正，故善之。蹶然，疾起。

2.【注】窈冥昏默，皆了無也。大莊老之所以屢稱無者，何哉？明生物者無物而物自生耳。自生耳，非為生也，又何有為於已生乎！【疏】至道精微，心靈不測，故寄窈窈冥冥深遠，昏默玄絕。【釋文】「窈窈」烏了反。

3.【注】忘視而自見，忘聽而自聞，則神不擾而形不邪也。「女」音汝。後倣此。【疏】耳目無外視聽，抱守精神，境不能亂，心與形合，自冥正道。【釋文】「不邪」似嗟反。

4.【注】任其自動，故閒靜而不久也。【疏】清神靜慮，體無所勞，不緣外境，精神常寂，心閒形逸，長生久視。

5.【注】此皆率性而動，故長生也。【疏】任視聽而無所見聞，根塵既空，心亦安靜，照無知慮，應機常寂，神淡守形，可長生久視也。

6.【注】全其真也。【疏】忘心，全真也。

7.【注】守其分也。【疏】絕視聽，守分也。

8.【注】知無崖，故敗。　【疏】不慎智慮，心神既困，耳目竭於外，何不敗哉！

9.【注】夫極陰陽之原，乃遂於大明之上，入於窈冥之門也。至人應動之時，智照如日月，名大明也。至陽之原，表從本降迹，故言出也。無感之時，深根寂然凝湛也。至陰之原，示攝迹歸本，故曰入窈冥之門。廣成示黃帝動寂兩義，故託陰陽二門也。　【疏】陽，動也。陰，寂也。遂，出也。至人無為，慎守女身，一切萬物，自然昌盛，何勞措心，自貽伊慼哉！　【釋文】【我為】于偽反。下同。

10.【注】但當任之。

11.【疏】天官，謂日月星辰，能照臨四方，綱維萬物，故稱官也。地官，謂金木水火土，能維持動植，運載群品，亦稱官也。陰陽二氣，春夏秋冬，各有司存，如藏府也。咸得隨任，無不稱適，何違造化！女但無為，慎守女身，一切萬物，自然昌盛，何勞措心，自貽伊慼哉！　【釋文】【物將自壯】側亮反。謂不治天下，則眾物皆自任，自任而壯也。

12.【注】取於盡性命之極，極長生之致耳。身不夭乃能及物也。　【疏】保恬淡一心，處中和妙道，攝衛修身，雖有壽考之年，終無衰老之日。

黃帝再拜稽首曰：「廣成子之謂天矣[1]！」

1.【注】天，無為也。　【疏】歎聖道之清高，可與玄天合德也。

廣成子曰：「來！余語女。彼其物无窮，而人皆以為有終[1]；彼其物无測，而人皆以為有極[2]。得吾道者，上為皇而下為王[3]；失吾道者，上見光而下為土[4]。今夫百昌皆生於土而反於土，故余將去女[5]，入无窮之門，以遊无極之野[6]。吾與日月參光，吾與天地為常[7]。當我，緡乎！遠我，昏乎[8]！人其盡死，而我獨存乎[9]！」

1.【疏】死生變化，物理無窮，俗人愚惑，謂有終始。

死，故憂患之。

2.【注】徒見其一變也。　【疏】萬物不測，千變萬化，愚人迷執，謂有限極。◎慶藩案無測，言無盡也。《說文》：測，深所至也。深所至，謂深之盡極處。《呂氏春秋·論人篇》闊大淵深，不可測也，高注：測，盡極也。《淮南·原道篇》水大不可測，深不可測，高注：測，盡也。無測有極，正對文言之。

3.【注】皇王之稱。【疏】隨世之上下耳，其於得通變之道以應無窮，一也。【釋文】「之稱」尺證反。則作羲農：下遇澆季之時，應為湯武。皇王迹自夷險，道則一也。

4.【注】失無窮之道，則自信於一變而不能均同上下，故有兩名也。【疏】喪無為之道，滯有欲之心，生則覩於光明，死則便為土壤。迷執生死，不能均同上下，故有兩名也。

5.【注】土，無心者也。生於無心，故當反守無心而獨往也。【疏】夫百物昌盛，皆生於地，及其彫落，還歸於土。世間萬物，從無而生，死歸空寂。生死不二，不滯一方，今將去女任適也。【釋文】「百昌」司馬云：猶百物也。

6.【注】與化俱也。【疏】反歸冥寂之本，入無窮之門；應變天地之間，遊無極之野。

7.【注】都任之也。【疏】參，同也。與三景齊明，將二儀同久，豈千二百歲哉！

8.【注】物之去來，皆不覺也。【疏】聖人無心若鏡，機當感發，即應機冥符，若前機不感，即昏然晦迹也。【釋文】「當我」如字。「緡乎」武巾反。郭音泯，泯合也。◎家世父曰：《釋文》緡，泯合也。緡昏字通，緡亦昏也。當我，鄉我而來；遠我，背我而去；任人之鄉背，而一以無心應之。「遠我」于萬反。「昏乎」如字，暗也。司馬云：緡昏，並無心之謂也。

9.【注】以死生為一體，則無往而非存。【疏】一死生，明變化，未始非我，無去無來，我獨存也。人執生死，

雲將東遊，過扶搖之枝而適遭鴻蒙。鴻蒙方將拊脾雀躍而遊。雲將¹見之²，倘然止，贄然立，曰：「叟何人邪？叟何為此³？」

1.【疏】雲將，雲主將也。鴻蒙，元氣也。扶搖，神木，生東海也。亦云風。遭，遇也。拊，拍也。爵躍，跳

躍也。寓言也。夫氣是生物之元也，雲為雨澤之本也，木是春陽之鄉，東為仁惠之方。舉此四事，示君王御物，以德澤為先也。

【釋文】「雲將」子匠反。下同。李云：雲主帥也。「扶搖」扶，亦作夫，音符。《釋文》闕。◎慶藩案《初學記‧一》、《御覽‧八》引司馬云：扶搖，神木也，生東海。一云：風也。「鴻蒙」如字。司馬云：自然元氣也。一云：海上氣也。「拊」孚甫反。一音甫。「脾」本又作髀，音陛。徐甫婢反。又甫娣反。「雀」本又作爵，同。將略反。「躍」司馬云：雀躍，若雀浴也。一云：如雀之跳躍也。疏走反。司馬云：長者稱。

2.【疏】怪其容儀殊俗，動止異凡，故問行李之由，庶為理物之道也。

3.【疏】倘，驚疑貌。贄，不動也。叟，長老名也。【釋文】「倘」尺掌反，一音吐郎反，李吐黨反。司馬云：不動貌。「叟」本又作俊，素口反，郭云：欲止貌。李云：自失貌。「贄」之二反，又豬立反，又魚列反。李云：不動貌。

鴻蒙拊脾雀躍不輟，對雲將曰，「遊[1]！」

1.【疏】乘自然變化遨遊也。【釋文】「不輟」丁劣反。李云：止也。

雲將曰：「朕願有問也。」

鴻蒙仰而視雲將曰：「吁！」

雲將曰：「天氣不和，地氣鬱結[1]，六氣不調[2]，四時不節[3]。今我願合六氣之精以育群生，為之奈何[4]？」

1.【疏】二氣不降不升，鬱結也。【釋文】「曰吁」況于反。亦作呼。◎慶藩案《釋文》，吁亦作呼。呼吁，古通用字。《說文》：吁，驚語也。文元年《左傳》呼役夫，杜注：呼，發聲也。《釋文》呼作吁。吁，疑怪之辭。《說文》：吁，驚疑之聲，亦發聲也。《檀弓》瞿然曰呼，《釋文》呼作吁。《月令》大雩帝，鄭注：雩，吁嗟求雨之祭。《周官‧女巫》疏引董仲舒曰：雩，求雨之術，呼嗟之歌。皆其例。「鬱結」如字。崔本作縐，音

結。

2.【疏】陰陽風雨晦明，此六氣也。

3.【疏】春夏秋冬，節令愆滯其序。

4.【疏】我欲合六氣精華以養萬物，故問也。

鴻蒙拊脾雀躍掉頭曰：「吾弗知！吾弗知¹！」

1.【疏】萬物咸稟自然，若措意治之，必乖造化，故掉頭不答。【釋文】「掉」徒弔反。

雲將不得問。又三年，東遊，過有宋之野而適遭鴻蒙。雲將大喜，行趨而進曰：「天忘朕邪？天忘朕邪？」再拜稽首，願聞於鴻蒙¹。

1.【疏】敬如上天，再言忘朕，幸憶往事也。【釋文】「有宋」如字，國名也。本作宗者非。

鴻蒙曰：「浮遊，不知所求¹；猖狂，不知所往²；遊者鞅掌，以觀无妄³。朕又何知⁴！」

1.【注】而自得所求也。【疏】浮遊處世，無貪取也。

2.【注】而自得所往也。【疏】無心妄行，無的當也。

3.【注】夫內足者，舉目皆自正也。【疏】鴻蒙遊心之處寬大，涉見之物眾多，能觀之智，知所觀之境无妄也。【釋文】「鞅掌」於丈反。《毛詩傳》云：鞅掌，失容也。今此言自得而正也。

4.【注】以斯而已矣。【疏】浮遊猖狂，虛心任物，物各自正，我復何知！

【釋文】「鞅掌」眾多也。

雲將曰：「朕也自以為猖狂，而民隨予所往；朕也不得已於民，今則民

之放也₁。願聞一言₂。

1.【注】夫乘物非為迹而迹自彰，猖狂非招民而民自往，故為民所放效而不得已也。【釋文】「之放」方往反，效也。注同。【疏】我同鴻蒙，無心馭世，不得已臨人，人則隨我迹，便為物放效也。

2.【疏】願聞要旨，庶決深疑。

鴻蒙曰：「亂天之經，逆物之情，玄天弗成₁；解獸之群，而鳥皆夜鳴₂；災及草木，禍及止蟲₃。意，治人之過也₄！」

1.【注】若夫順物性而不治，則情不逆而經不亂，玄默成而自然得也。【疏】亂天然常道，逆物真性，即譎詐方起，自然之化不成也。

2.【注】離其所以靜也。【疏】放效迹彰，害物災起，獸則驚群散起，鳥則駭飛夜鳴。

3.【注】皆坐而受害也。【疏】草木未霜零落，災禍及昆蟲。昆，明也；向陽啟蟄。【釋文】「止蟲」如字。本亦作昆蟲。崔本作正蟲。「皆坐」才臥反。

4.【注】夫有治之迹，亂之所由生也。【疏】天治斯滅，治人過也。【釋文】「意」音醫。本又作噫。下皆同。

雲將曰：「然則吾奈何₁？」

鴻蒙曰：「意，毒哉₂！僊僊乎歸矣₃。」

1.【疏】欲請不治之術。

2.【注】言治人之過深。【疏】重傷禍敗屢嘆。噫，歎聲。

3.【注】僊僊，坐起之貌。嫌不能隤然通放，故遣使歸。【疏】僊僊，輕舉之貌。嫌雲將治物為禍，故示輕

舉，勸令息迹歸本。　【釋文】「偓偓」音仙。

雲將曰：「吾遇天難，願聞一言。」

鴻蒙曰：「意！心養[1]。汝徒處无為，而物自化[2]。墮爾形體，吐爾聰明，倫與物忘[3]；大同乎涬溟[4]，解心釋神，莫然无魂[5]。墮爾形體，吐爾聰明，倫與物忘[3]；大同乎涬溟[4]，解心釋神，莫然无魂[5]。萬物云云，各復其根，各復其根而不知[6]；渾渾沌沌，終身不離[7]；若彼知之，乃是離之[8]。萬物云云，各復其根[6]；渾渾沌沌，終身不離[7]；若彼知之，乃是離之[8]。无問其名，无闚其情，物固自生[9]。」

1. 【注】夫心以用傷，則養心者，其唯不用心乎！

2. 【疏】徒，但也。但處心無為而物自化。

3. 【注】理與物皆不以存懷，而闇付自然，則無為而自化矣。【疏】倫，理也。墮形體，忘身也。吐聰明，忘心也。身心兩忘，物我雙遣，是養心也。韋昭注《周語》曰：黜，廢也。黜與墮，義相近。《大宗師篇》墮枝體，黜聰明，即其證也。隸書出字或省作叺（若敊省作敖，款省作款之類），故叺字或作吐，形與吐相似，因譌為吐矣（叺之譌作吐，猶吐之譌作叺。《漢書・外戚傳》必畏惡吐棄我，《漢紀》吐譌作叺）。俞樾曰：吐當作杜，言杜塞其聰明也。【釋文】「墮」許規反。◎王引之曰：吐當為叺（〈徐无鬼篇〉黜耆欲，司馬本作叺）。叺與墮同（〈徐无鬼篇〉黜耆欲，司馬本作叺）。叺與墮同。

4. 【注】與物無際。【疏】涬溟，自然之氣也。茫蕩身心大同，自然合體也。【釋文】「涬」戶頂反，又音幸。「溟」亡頂反。司馬云：涬溟，自然氣也。

5. 【注】坐忘任獨。【疏】魂，好知為也。解釋，遣蕩也。莫然，無知；滌蕩心靈，同死灰枯木，無知魂也。

6. 【注】不知而復，乃真復也。【疏】云云，眾多也。眾多往來，生滅不離自然，歸根明矣，豈得用知然後復根矣哉！

7. 【注】渾沌無知而任其自復，乃能終身不離其本也。【疏】渾沌無知而任獨，千變萬化，不離自然。

【釋文】「渾渾」戶本反。「沌沌」徒本反。「不離」力智反。下及注皆同。

8.【注】知而復之，與復乖矣。
【疏】用知慕至本，乃離自然之性。

9.【注】闚問則失其自生也。
【疏】道離名言，理絕情慮。若以名問道，以情闚理，不亦遠哉！能遣情忘名，任于獨化，物得生理也。

雲將曰：「天降朕以德，示朕以默；躬身求之，乃今也得[1]。」再拜稽首，起辭而行。

1.【注】知而不默，常自失也。
【疏】降道德之言，示玄默之行，立身以來，方今始悟。

世俗之人，皆喜人之同乎己而惡人之異於己也[1]。同於己而欲之，異於己而不欲者，以出乎眾為心也[2]。夫以出乎眾為心者，曷常出乎眾哉[3]！因眾以寧所聞，不如眾技眾矣[4]。而欲為人之國者，此攬乎三王之利而不見其患者也[5]。此以人之國僥倖也，幾何僥倖而不喪人之國乎[6]！其存人之國也，無萬分之一；而喪人之國也，一不成而萬有餘喪矣[7]。悲夫，有土者之不知也[8]！

1.【疏】染習之人，迷執日久，同己喜懽，異己嫌惡也。
【釋文】「而惡」烏路反。

2.【注】心欲出群為眾雋也。
【疏】夫是我而非彼，喜同而惡異者，必欲顯己功名，超出群眾。◎家世父曰：出乎眾者，以才智加人而人皆順之。抑不知己之出乎眾乎，眾之出乎己乎？因眾之所同而同之，因眾之所異而異之，以出為眾也，則夫喜人之同而惡人之異，猶之異同乎眾也。喜與怒固不因己而因眾，而一據之以為己，此所以為惑也。

3.【注】眾皆以出眾為心，故所以為眾人也。若我亦欲出乎眾，則與眾無異而不能相出矣。夫眾皆以相出為心，而我獨無往而不同，乃大殊於眾而為眾主也。

【疏】人以競先出乎眾為心，此是恆物鄙情，何能獨超群外！同其光塵，方大殊於眾而為眾傑。

4.【注】吾一人之所聞，不如眾技多，故因眾則寧也。所謂明者為之視，智者為之謀也。

【疏】用眾人之所聞見，委能，因眾人聞見，即無忿競。

【釋文】「因眾以寧所聞」因眾人之所聞見，委而任之，則自寧安。「不如眾技」其綺反。「眾矣」若役我之知達眾人，眾人之技多於我矣，安得而不自困哉！

5.【注】夫欲為人之國者，不因眾之自為而以己為之者，此為徒求三王主物之利，不見己為之患也。然則三王之所以利，豈為之哉？因天下之自為而任耳。

【疏】用己偏執為國者，徒求三王主物之利，不知為喪身之大患也。

【釋文】「此攬」音覽。本亦作覽。

6.【疏】僥，要也。以皇王之國利要求非分，為一身之幸會者，未嘗不身遭殞敗。萬不存一，故云幾何也。

【釋文】「僥」古堯反。徐古了反，字或作徼。「倖」音幸。一云：僥倖，求利不止之貌。◎慶藩案僥，要也，求也。《釋文》或作徼，徼亦求也（見《呂覽·頌民篇》高注）。「幾何」居豈反。郭巨機反，「不喪」息浪反。下及注同。

7.【注】己與天下，相因而成者也。今以一己而專制天下，則天下塞矣，己豈通哉！故一身既不成，而萬方有餘喪矣。

【疏】以僥倖之心為帝王之主，論存則固無一成，語亡則有餘敗也。

【釋文】「萬分」如字，又扶問反。

8.【疏】此一句傷嘆君王不知僥倖為弊矣。

夫有土者，有大物也[1]。有大物者，不可以物；物[2]而不物，故能物物[3]。明乎物物者之非物也，豈獨治天下百姓而已哉！出入六合，遊乎九州[4]，獨往獨來，是謂獨有[5]。獨有之人，是謂至貴[6]。

1.【疏】九五尊高，四海弘巨，是稱大物也。

2.【注】不能用物而為物用，即是物耳，豈能物物哉！不能物物，則不足以有大物矣。 【疏】苟求三王之國，不能任物自為，翻為物用，己自是物，焉能物物！斷不可也。

3.【注】夫用物者，不為物用也。◎家世父曰：有物在焉，而見以為物而物之，終身不離乎物，所見之物愈大而身愈小，不見有物而物皆效命焉。夫且不見有物，又奚以物之大小為哉！◎俞樾曰：郭斷不可以物物五字為句，失其讀矣。此當讀不為物，故物天下之物，使各自得也。 【疏】不為物用而用於物者也。

4.【注】用天下之自為，故馳萬物而不窮。 【疏】聖人通自然，達造化，運百姓心知，用群生耳目，是知物物非物也。豈獨戴黃屋，坐汾陽，佩玉璽，治天下哉？固當排六合，陵太清，超九州，遊姑射矣。

5.【注】人皆自異而己獨群遊，斯乃獨往獨來者也。獨有斯獨，可謂獨有矣。 【疏】人皆自異，而己獨群遊，斯乃獨往獨來者也。

6.【注】夫與眾玄同，非求貴於眾，而眾人不能不貴，斯至貴也。若乃信其偏見而以獨異為心，則雖同於一致，故是俗中之一物耳，非獨有者也。未能獨有，而欲饕竊軒冕，冒取非分，眾豈歸之哉！人欲出眾而已獨遊，可謂獨有矣。 【疏】獨有之人，蒼生樂推，百姓荷戴。以斯為主，可謂至尊至貴也。 【釋文】「饕」吐刀反。「冒」亡北反。又亡報反。

大人之教，若形之於影，聲之於響[1]。有問而應之，盡其所懷[2]，為天下配[3]。處乎無響[4]，行乎無方[5]。挈汝適復之撓撓[6]，以遊無端[7]；出入無旁[8]，與日無始[9]；頌論形軀，合乎大同[10]，大同而無己[11]。無己，惡乎得有有[12]！覩有者，昔之君子[13]；覩無者，天地之友[14]。

1.【注】百姓之心，形聲也；大人之教，影響也。大人之於天下何心哉？猶影響之隨形聲耳。 【疏】大人，聖人也。無心感應，應不以心，故百姓之心，形聲也；大人之教，影響也。 【釋文】「於響」許丈反。本又作響。注及下同。

使物之所懷各得自盡也。【疏】聖人心隨物感，感又稱機，盡物懷抱。

2.【注】問者為主，應故為配。【疏】配，匹也，應者為匹也。

3.【注】寂以待物。【疏】處，寂也。無感之時，心如枯木，寂無影響也。

4.【注】隨物轉化。【疏】行，應機也。

5.【注】撓撓，自動也。提挈萬物，使復歸自動之性，即無為之至也。【疏】撓撓，自動也。逗機無方，還欲提挈汝等群品，令歸自本性，則無為至也。【釋文】「挈」苦結反。《廣雅》云：持也。◎俞樾曰：郭注未得其解。《爾雅·釋詁》：適，往也。然則適復，猶往復也。撓撓，亂也。《廣雅·釋詁》：撓，亂也。重言之則為撓撓矣。適復之撓撓，此世俗之人所以不能獨往獨來也。惟大人則提挈其適復之撓撓者而與之共遊於無端，故曰挈汝適復之撓撓以遊無端。二句本止一句，郭失其解，並失其讀矣。

6.【注】與化俱，故無端。【疏】遊，心與自然俱遊，故無朕迹之端崖。

7.【注】玄同無表。【疏】出入塵埃生死之中，玄同造物，無邊可見。

8.【注】與日新俱，故無始也。【疏】與日俱新，故無終始。

9.【注】其形容與天地無異。【疏】頌，贊；論，語。聖人盛德軀貌，與二儀大道合同，外不闚乎宇宙，內不有其己身也。

10.【注】有己則不能大同也。【疏】合二儀，同大道，則物我俱忘也。

11.【注】天下之難無者己也。【疏】己既無矣，則群有不足復有之。【疏】己既無矣，物焉有哉！【釋文】「惡」音烏。

13.【注】能美其名者耳。【疏】行仁義，禮君臣者，不離有為君子也。

14.【注】覩無則任其獨生也。【疏】覩無為之妙理，見自然之正性，二儀非有，萬物盡空，翻有入無，故稱為友矣。

賤而不可不任者，物也[1]；卑而不可不因者，民也；匿而不可不為者，事也[2]；麤而不可不陳者，法也[3]；遠而不可不居者，義也[4]；親而不可不

廣者，仁也[5]；節而不可不積者，禮也[6]；中而不可不高者，德也[7]；一而不可不易者，道也[8]；神而不可不為者，天也[9]。故聖人觀於天而不助[10]，成於德而不累[11]，出於道而不謀[12]，會於仁而不恃[13]，薄於義而不積[14]，應於禮而不諱[15]，接於事而不辭[16]，齊於法而不亂[17]，恃於民而不輕[18]，因於物而不去。物者莫足為也[19]，而不可不為[20]。不明於天者，不純於德[21]；不通於道者，无自而可[22]；不明於道者，悲夫[23]！

1.【注】因其性而任之則治，反其性而淩之則亂。夫民物之所以卑而賤者，不能因任故也。是以任賤者貴，因卑者尊，此必然之符也。　【疏】民雖居下，各有功能；物雖輕賤，咸負材用。物無棄材，人無棄用，庶咸亨也。　【釋文】【則治】直吏反。

2.【注】夫事藏於彼，故匿也。彼各自為，故不可不為，但當因任耳。　【疏】匿，藏也。事有隱顯，性有工拙，或顯於此，或隱於彼，但當任之，悉事濟也。　【釋文】【匿而】女力反。

3.【注】法者妙事之迹也，安可以迹齾而不陳妙事哉！　【疏】法，言教也。以教望理，理妙法粗，取論筌蹄，故順陳說故也。

4.【注】當乃居之，所以為遠。　【疏】義雖去道疏遠，苟其合理，應須取斷。

5.【注】親則苦偏，故廣乃仁耳。　【疏】親則偏愛狹劣，周普廣愛，乃大仁也。

6.【注】夫禮節者，患於係一，故物物體之，則積而周矣。　【疏】積，厚也。節，文也。夫禮貴尚往來，人情乖薄，故外示折旋，內敦積厚，此真禮也。

7.【注】事之下者，雖中非德。　【疏】中，順也。修道之人，和光處世，卑順於物，而志行清高，涅而不緇其德也。

8.【注】事之難者，雖一非道，況不一哉！　【疏】妙本一氣，通生萬物，甚自簡易，其唯道乎！　【釋文】【不易】以豉反。下注同。

9.【注】執意不為，雖神非天，況不神哉！【疏】神功不測，顯晦無方，逗機無滯，合天然也。

10.【注】順其自為而已。【疏】聖人觀自然妙理，大順群物而不助其性分。此下釋前文。

11.【注】自然與高會也。【疏】能使境智冥會，上德既成，自無瑕累也。

12.【注】不謀而一，所以為易。【疏】顯出妙一之道，豈得待謀而後說！

13.【注】恃則不廣。【疏】《老經》云，為而不恃。仁慈博愛，貴在合宜，故無恃賴。

14.【注】率性居遠，非積也。【疏】先王蘧廬，非可寶重，已陳芻狗，豈積而留！

15.【注】自然應禮，非由忌諱。【疏】妙本湛然，迹應於禮，豈拘忌諱！◎俞樾曰：諱讀為違。違諱並從韋聲，故《廣雅・釋詁》曰：諱，避也。韋昭注《周語》、〈晉語〉，並曰：違，避也。是二字聲近義通。應於禮而不諱，即不違也。郭注曰，自然應禮，非由忌諱，則失之迂曲矣。

16.【注】事以理接，能否自任，應動而動，無所辭讓。【疏】混俗揚波，因事接物，應機不取，亦無辭讓。【釋文】「應動」憶升反。

17.【注】御粗以妙，故不亂也。【疏】因於物性，以法齊之，故不亂也。

18.【注】恃其自為耳，不輕用也。【疏】民惟邦本，本固而邦寧，故恃藉不敢輕用也。

19.【注】因而就任之，不去其本也。【疏】順黔黎之心，因庶物之性，雖施於法教，不令離於性本。

20.【注】夫為者，豈以足為故為哉？自體此為，故不可得而止也。【疏】物之稟性，功用萬殊，如蜋蜋轉丸，蜘蛛結網，出自天然，非關假學。故素無之而不可強為，性中有者不可不為也。【釋文】「物者莫足為也」分外也。「而不可不為」分內也。

21.【注】不明自然則有為，有為而德不純也。【疏】闇自然之理，則澆薄之德不純也。

22.【注】不能虛己以待物，則事事失會。【疏】滯虛玄道性，故觸事面牆，諒無從而可也。

23.【疏】闇天人之理，惑君臣之義，所作顛躓，深可悲傷。

何謂道？有天道，有人道。无為而尊者，天道也[1]；有為而累者，人道也[2]。主者，天道也[3]；臣者，人道也[4]。天道之與人道也，相去遠矣[5]，

不可不察也[6]。

1. 【注】在上而任萬物之自為也。　【疏】無事無為，尊高在上者，合自然天道也。

2. 【注】以有為為累者，不能率其自得也。　【疏】司職有為，事累繁擾者，人倫之道。

3. 【注】同乎天之任物，則自然居物上。　【疏】君在上任物，合天道無為也。

4. 【注】各當所任。

5. 【注】君位無為而委百官，百官有所司而君不與焉。二者俱以不為而自得，則君道逸，臣道勞，勞逸之際，不可同日而論之也。　【疏】君位尊高，委之宰牧；臣道卑下，竭誠奉上；故君道逸，臣道勞，不可同日而語也。

【釋文】「不與」音豫。

6. 【注】不察則君臣之位亂矣。　【疏】天道君而無為，人道臣而有事。尊卑有隔，勞逸不同，各守其分，則君臣咸無為也。必不能鑒理，即勞逸失宜，君臣亂矣（夫二儀生育，變化無窮，形質之中，最為廣大，而新新變化，念念推遷，實為等均，所謂亭之毒之也）。

莊子集釋　卷五上

外篇天地第十二¹

1.【釋文】以事名篇。

天地雖大，其化均也¹；萬物雖多，其治一也²；人卒雖眾，其主君也³。君原於德而成於天⁴，故曰：「玄古之君天下，无為也，天德而已矣⁵。」

1.【注】均於不為而自化也。【疏】夫二儀生育，覆載無窮，形質之中，最為廣大；而新新變化，其狀不殊，念念遷謝，實惟均等，所謂亭之也。故云天地與我並生。【釋文】「天地」《釋名》云：天，顯也，高顯在上也；地，底也，其體底下，載萬物也。《禮統》云：天地者，元氣之所生，萬物之祖也。

2.【注】一以自得為治。【疏】夫四生萬物，其類最繁，至於率性自得，斯理唯一，所謂毒之也。故又云萬物與我為一。【釋文】「其治」直吏反。注同，下治治並注亦同。

3.【注】天下異心，無心者主也。【疏】黔首卒隸，其數雖多，主而君者，一人而已。無心因任，允當斯位。【釋文】「人卒」尊忽反。

4.【注】以德為原，無物不得。得者自得，故得而不謝，所以成天也。【疏】原，本也。夫君主人物，必須以德為宗；物各自得，故全成自然之性。【釋文】「君原」原，本也。

5.【注】任自然之運動。【疏】玄，遠也。古之君，謂三皇已前帝王也。言玄古聖君，無為而治天下也，蓋何為哉！此引古證今，成天德之義也。

以道觀言而天下之君正¹，以道觀分而君臣之義明²，以道觀能而天下

之官治³，以道汎觀而萬物之應備⁴。故通於天地者，德也⁵；；上治人者，事也⁷；能有所藝者，技也⁸。技兼於事，事兼於義，義兼於德，德兼於道，道兼於天⁹。故曰：「古之畜天下者，无欲而天下足，无為而萬物化¹⁰，淵靜而百姓定¹¹。」《記》曰：「通於一而萬事畢¹²。无心得而鬼神服¹³。」

1.【注】無為者，自然為君，非邪也。【疏】以虛通之理，觀應物之數，而無為因任之君，不用邪僻之言者，故理當於正道。◎家世父曰：言者，名也。正其君之名，天下自然聽命焉。故曰名之必可言也，一衷諸道而已矣。【釋文】「非邪也」似嗟反。本又作為。

2.【注】各當其分，則無為位上，有為位下也。【疏】夫君道無為，而臣道有事，尊卑勞逸，理固不同。譬如首自居上，足自居下，用道觀察，分義分明。

3.【注】官各當其所能則治矣。【疏】夫官有高卑，能有優劣，能受職則物無私得，是故天下之官治也。

4.【注】無為也，則天下各以其無為應之。【疏】夫大道生物，性情不同，率己所以，悉皆備足，或走或飛，咸應其用，不知所以，豈復措心！故以理徧觀，則庶物之應備。

5.【注】萬物莫不皆得，則天地通。【疏】通，同也。同兩儀之覆載，與天地而俱生者，德也。

6.【注】道不塞其所由，則萬物自得其行矣。【疏】至理無塞，恣物往來，同行萬物，故曰道也。

7.【注】史仁仁自得其事。【疏】雖則治人，因其本性，物各率能，咸自稱適，故事事有宜而天下治也。

8.【注】技者，萬物之末用也。【疏】率其本性，自有藝能，非假外為，故真技術也。【釋文】「技也」

9.【注】夫本末之相兼，猶手臂之相包，故一身和則百節皆適，天道順則本末俱暢。【疏】兼，帶也；濟也，歸也。夫藝能之技，必須帶事，技術何施也！事苟失宜，技便無用。雖行於義，不可乖德；雖有此德，理須法道虛通；雖曰虛通，終歸自然之術。斯乃理事相包，用不同耳。是故示本能攝末，自淺之深之義。其綺也。注、下同。

10.【疏】夫兼天所以無為，兼道所以無欲。故古之帝王養畜群庶者，何為哉？蓋無欲而蒼生各足，無為而萬物自化也。

11.【疏】一人垂拱而玄默，百姓則比屋而可封。故《老經》云我好靜而民自正。

12.【疏】一，道也。夫事從理生，理必包事，本能攝末，故知一，萬事畢。語在《西升經》，《莊子》引以為證。

13.【注】一無為而群理都舉。【疏】夫混迹人間之事，心證自然之理，而窮原徹際，妙極重玄者，故在於顯則為人物之所歸，處於幽則為神鬼之所服。

夫子曰：「夫道，覆載萬物者也，洋洋乎大哉！君子不可以不刳心焉[1]。无為為之之謂天[2]，无為言之之謂德[3]，愛人利物之謂仁[4]，不同同之之謂大[5]，行不崖異之謂寬[6]，有萬不同之謂富[7]，故執德之謂紀[8]，德成之謂立[9]，循於道之謂備[10]，不以物挫志之謂完[11]。君子明於此十者，則韜乎其事心之大也[12]，沛乎其為萬物逝也[13]。若然者，藏金於山，藏珠於淵[14]，不利貨財[15]，不近貴富[16]；不樂壽[17]，不哀夭，不榮通，不醜窮[18]；不拘一世之利以為己私分[19]，不以王天下為己處顯[20]。顯則明[21]，萬物一府，死生同狀[22]。」

1.【注】有心則累其自然，故當刳而去之。【疏】夫子者，老子也。莊子師老君，故曰夫子也。刳，去也。虛通之道，包羅無外，二儀待之以覆載，萬物得之以化生，何莫由斯，最為物本。歎洋洋之美大，以勗當世之君王，可不法道之無為，洗去有心之累者邪！【釋文】【夫子】司馬云：莊子也。一云：老子也。此兩夫子曰：元嘉本皆為別章，崔本亦爾。【覆載】芳富反。【不刳】口吳反，又口侯反。崔本作軒，云：寬悅之貌。「而去」起呂反。

2.【注】不為此為，而此為自為，乃天道也。　【疏】無為為之，率性而動也。天機自張，故謂之天。此不為為也。

3.【注】不為此言，而此言自言，乃真德。　【疏】寂然無說而應答無方，譬縣鏡高堂，物來斯照，語默不殊，故謂之德也。此不言而言者也。

4.【注】此任其性命之情也。　【疏】慈若雲行，愛如雨施，心無偏執，德澤弘普，故謂之仁也。

5.【注】萬物萬形，各止其分，不引彼以同我，乃成大耳。　【疏】夫刻彫眾形，而性情各異，率其素分，斂合自然，任而不割，故謂之大也。

6.【注】玄同彼我，則萬物自容，故有餘。　【疏】夫韜光晦迹，而混俗揚波，若樹德不異於人，立行豈殊於物！而心無崖際，若萬頃之波，林藪蒼生，可謂寬容矣。

7.【注】我無不同，故能獨有斯萬。　【疏】位居九五，威誇萬乘，任庶物之不同，順蒼生之為異，而群性咸得，故能富有天下也。

8.【注】德者，人之綱要。　【疏】能持已前之德行者，可謂群物之綱紀也。

9.【注】非德而成者，不可謂立。　【疏】德行既成，方可立功而濟物也。

10.【注】夫道非偏物也。　【疏】循，順也。能順於虛通，德行方足。　【釋文】「循」音旬，或作脩。

11.【注】內自得也。　【疏】挫，屈也。一毀譽，混榮辱，不以世物屈節，其德完全。　【釋文】「挫」作臥反。

12.【注】心大，故事無不容也。　【疏】韜，包容也。君子賢人，肆於已前十事，則能包容物務，心性寬大也。　【釋文】「韜」吐刀反。◎俞樾曰：郭注未得事字之義。事心，猶立心也，言其立心之大也。《禮記‧郊特牲篇》鄭注曰：事，猶立也。《釋名》曰：事，傳也；傳，立也。並其證也。如郭注，則是心足以容事而非事心矣。《呂氏春秋‧論人篇》事心乎自然之塗，亦以事心連文，義與此同，足證郭注之誤。

13.【注】德澤滂沛，任萬物之自往也。　【疏】逝，往也。心性寬閑，德澤滂沛，故為群生之所歸往也。　【釋文】「沛」普貝反。《字林》云：流也。「物逝」崔本逝作啟，云：開也。「滂沛」普旁反。

14.【注】不貴難得之物。　【疏】若如前行，便是無為，既不羨於榮華，故不貴於寶貨。是以珠生於水，不索故藏之於淵；金出於山，不求故韜之於岳也。

夫子曰：「夫道，淵乎其居也，漻乎其清也[1]。金石不得，无以鳴[2]。故金石有聲，不考不鳴[3]。萬物孰能定之[4]！夫王德之人，素逝而恥通於事[5]，立之本原而知通於神[6]。故其德廣[7]，其心之出，有物採之[8]。故形非道不生，生非德不明[9]。存形窮生，立德明道，非王德者邪[10]！蕩蕩乎！忽然出，勃然動，而萬物從之乎！此謂王德之人[11]。視乎冥冥，聽乎无聲[12]。冥冥之中，獨見曉焉；无聲之中，獨聞和焉[13]。故深之又深而能物焉[14]，神之又神而能精焉[15]；故其與萬物接也，至无而供其求[16]，時騁而要其宿，大

己，況通天壽之間乎！
　【釋文】「蛻然」始銳反，又音悅。

22.【注】蛻然无所在也[。]
　【疏】忘於物我，故萬物可以為一府；冥於變化，故死生同其形狀。死生無變於

21.【注】不顯則默而已。
　【疏】明，彰也。雖坐汾陽，喪其天下，必也顯智，豈曰韜光也！

20.【注】忽然不覺榮之在身。
　【疏】覆育黔黎，王領天下，而推功於物，忘其富貴，故不以己大而榮顯也。

19.【注】皆委之萬物也。
　【疏】光臨宇宙，統御天下，四海珍寶，總繫一人而行，不利貨財，委之萬國，豈容拘束入己，用為私分也！

18.【注】忘壽夭於胸中，況窮通之間哉！
　【疏】富貴榮達，不以為榮華；貧賤窮塞，不以為醜辱。壽夭尚不以措意，榮辱之情，豈容介懷！

「縣解」上音玄，下音蟹。
17.【注】所謂縣解。
　「不近」附近之近。

16.【注】自來寄耳，心常去之遠也。
　【疏】假令壽年延永，不以為樂，性命夭促，不以為哀。

【釋文】「不樂」音洛。
15.【注】乃能忘我，況貪財乎！
　【疏】雖得珠玉，尚不貪以資身；常用貨財，豈復將為利也！
　【疏】寄去寄來，不哀不樂，故外疏遠乎軒冕，內不近乎富貴也。

【釋文】「不近」附近之近。

小，長短，脩遠¹⁷。

1.【疏】至理深玄，譬猶淵海，瀏然清絜，明燭鬚眉。淵則歎其居寂以深澄，瀏則歎其雖動而恆絜也。本亦作君子者。【釋文】「瀏」李良由反，徐力蕭反，《廣雅》下巧反，云：清貌。

2.【注】聲由寂彰。【疏】鳴由寂彰，應由真起也。

3.【注】因以喻體道者物感而後應。【疏】考，擊也。夫金石之內，素蘊宮商，若不考擊，終無聲響。亦猶至人之心，實懷聖德，物若不感，無由顯應。前託淵水以明至道，此寄金石以顯聖心。

4.【注】應感無方。【疏】喻彼明鏡，方茲虛谷，物來斯應，應而無心。物既脩短無窮，應亦方圓無定。◎家世父曰：淵穆澄清之中，而天機自動也。夫機之動也，有所以動之者也，而動無常。金石無常矣，而韶夏濩武，由所動而樂生焉，所以動之者，物莫能定也。

5.【注】任素而往耳，非好通於事也。【疏】素，真也。逝，往也。王德不驕不矜，任真而往，既抱朴以清高，故羞通於物務。【釋文】「非好」呼報反。

6.【注】本立而知不逆。【疏】神者，不測之用也。常在理上，往而應物，此之妙用，必資於本。欲示本能起用，用不乖本義也。【釋文】「而知」音智。注同。

7.【注】任素通神，而後彌廣。【疏】夫清素無為，任真而往，神知通物，而恆立本原，用不乖體，動不傷寂。德行如是，豈非大中之道耶！

8.【注】物採之而後出耳，非先物而唱也。【疏】採，求也。夫至聖虛懷，而物我斯應，自非物求聖德，無由顯出聖心。聖心之出，良由物採，不為物先。

9.【疏】形者，七尺之身；生者，百齡之命；德者，能澄之智；道者，可通之境也。道能通生萬物，故非道不生；德能鑒照理原，故非德不明。老經云，道生之，德畜之也。

10.【疏】存，任也。窮，盡也。任形容之妍醜，盡生齡之夭壽，立盛德以匡時，用至道以通物。能如是者，其

11.【注】忽，勃，皆無心而應之貌。動出無心，故萬物從之，斯蕩蕩矣。故能存形窮生，立德明道而成王德唯王德乎！

也。

【疏】蕩蕩，寬平之名。忽，勃，無心之貌。物感而動，逗機而出，因循任物，物則從之。由具眾美，故為王德也。

12.【疏】至道深玄，聖心凝寂，非色不可以目視，絕聲不可以耳聽。

13.【注】若夫視聽而不寄之於寂，則有闇昧而不和也。【疏】雖復冥冥非色，而能陶甄萬象；乃云寂寂無響，故能諧韻八音。欲明從體起用，功能如是者也。

14.【注】窮其原而後能物物。【疏】即有即無，即寂即應，遣之又遣，故深之又深。既而窮理盡性，故能物眾物也。

15.【注】極至順而後能盡妙。【疏】神者，不測之名。應寂相即，有無洞遣，既而非測非不測，乃是神之精妙。

16.【注】我確斯而都任彼，則彼求自供。【疏】遣之又遣，乃曰至無。而接物無方，隨機稱適，千差萬品，求者即供，若縣鏡高堂，物來斯照也。【釋文】「而供」音恭，本亦作恭。「確」苦學反。「斯」音賜，又如字。

17.【注】皆恣而任之，會其所極而已。【疏】騁，縱也。宿，會也。若夫體故至無，所以隨彼求，故能順時因任，應物多方，要在會歸而不滯一。故或大或小，乍短乍長，乃至脩遠，恣其來者，隨彼機務，悉供其求，應病以藥，理無不當。

黃帝遊乎赤水之北，登乎崑崙之丘而南望，還歸，遺其玄珠[1]。使知索之而不得[2]，使離朱索之而不得[3]，使喫詬索之而不得[4]。乃使象罔，象罔得之[5]。黃帝曰：「異哉！象罔乃可以得之乎[6]？」

1.【注】此寄明得真之所由。【疏】赤是南方之色，心是南方之藏。水性流動，位在北方。崑丘，身也。南是顯明之方，望是觀見之義，玄則疏遠之目，珠乃珍貴之寶。欲明世間群品，莫不身心迷妄，馳騁耽著，無所覺知，闇似北方，動如流水，迷真喪道，實此之由。今欲返本還源，祈真訪

道，是以南望示其照察，還歸表其復命，故先明失真之處，後乃顯得道之方。所顯方法，列在下文。【釋文】「赤水」李云：水出崑崙山下。「還歸」音旋。「玄珠」司馬云：道真也。◎慶藩案《文選》劉孝標〈廣絕交論〉注引司馬云：赤水，水假名，玄珠，喻道也。與《釋文》異。

2.【注】言用知不足以得真。【疏】索，求也。故絕慮不可以心求也。【釋文】「使知」音智。注及下皆同。「索之」所白反。下同。

3.【疏】非色，不可以目取也。

4.【注】聰明喫詬，失真愈遠。【疏】喫詬，言辨也。離言不可以辨索。【釋文】「喫」口懈反。「詬」口豆反。司馬云：喫詬，多力也。◎家世父曰：《廣韻》：喫，同嚙。嚙，聲也。「詬」，怒也，怒亦聲也。《集韻》云喫詬力諍者是也。知者以神索之，離朱索之形影矣，喫詬索之聲聞矣，是以愈索而愈遠也。象罔者，若有形，若無形，故曰眸而得之。即形求之不得，去形求之亦不得也。《釋文》引司馬云，喫詬，多力也，誤。

5.【疏】罔象，無心之謂。離聲色，絕思慮，故知與離朱自涯而反，喫詬言辨，用力失真，唯罔象無心，獨得玄珠也。

6.【注】明得真者非用心也，象罔然即真也。【疏】離朱迷性，特明目而喪道，軒轅悟理，歡罔象而得珠。勸諸學生，故可以不離形去智，黜聰隳體也。

堯之師曰許由，許由之師曰齧缺，齧缺之師曰王倪，王倪之師曰被衣[1]。

1.【疏】已上四人，並是堯時隱士，厭穢風塵，懷道抱德，清廉潔己，不同人世，堯知其賢，欲讓天下。莊生示有承稟，故具列其師資也。【釋文】「王倪」徐五兮反。「被衣」音披。

堯問於許由曰：「齧缺可以配天乎[1]？吾藉王倪以要之[2]。」

1.【注】謂為天子。
2.【注】欲因其師以要而使之。
【疏】配，合也。藉，因也。堯云：「齧缺之賢者，有合天位之德，庶因王

倪，遙能屈致。」情事不決，故問許由。　【釋文】「要之」一遙反。注同。

許由曰：「殆哉圾乎天下[1]！齧缺之為人也，聰明叡知，給數以敏，其性過人[2]，而又乃以人受天[3]。彼審乎禁過，而不知過之所由生[4]。與之配天乎？彼且乘人而無天[5]，方且本身而異形[6]，方且尊知而火馳[7]，方且為緒使[8]，方且為物絯[9]，方且四顧而物應[10]，方且應眾宜[11]，方且與物化[12]而未始有恆[13]。夫何足以配天乎？雖然，有族，有祖[14]，可以為眾父，而不可以為眾父父[15]。治，亂之率也[16]，北面之禍也[17]，南面之賊也[18]。」

1.【注】圾，危也。　【疏】殆，近也。圾，危也。若要齧缺，讓萬乘，危亡之徵，其則不遠也。　【釋文】「圾」本又作岌，五急反，又五合反。郭李云：危也。

2.【注】聰敏過人，則使人踸之也。　【疏】叡，聖也。給，捷也。敏，速也。夫聖人治天下也，冕旒垂目，黈纊塞耳，所以杜聰明，不欲多聞多見。今齧缺乃內懷聖知，外眩聰明，詞鋒捷辯，計數弘遠，德行性識，所作過人；其迹既彰，必以為患。危亡之狀，列在已下。　【釋文】「給數」音朔。

3.【注】用知以求復其自然。　【疏】物之喪真，其日已久，乃以心智之術，令復其初，故自然之性失之遠矣。

4.【注】夫過生於聰知，而又役知以禁之，其過彌甚矣。故曰，無過在去知，不在於強禁。　【疏】過之所由生者，知也。言齧缺但知審禁蒼生之過患，而不知患生之由智也。　【釋文】「在去」起呂反。「於強」其丈反。

5.【注】若與之天下，彼且遂使後世任知而失真。　【疏】若與天位，令御群生，必運乎心智，伐乎天理，則彼且遂使後世由己以制物，則萬物乖矣。

6.【注】夫以萬物為本，則群變可一而異形可同。斯迹也，將遂使後世由己以制物，令天下異形，從我之化。物之失性，實此之方，將也。夫聖人無心，因循任物。令齧缺以己身為本，引物使歸，令天下異形，從我之化。物之失性，實此之方也。物皆喪己，無復自然之性也。

由，後世之患，自斯而始也。　【釋文】「方且」如字。凡言方且者，言方將有所為也。　【疏】夫不能忘智以任物，而尊知以御世，遂將徇迹，捨己效人，馳驟奔逐，其速如火矣。

7.【注】賢者當位於前，則知見尊於後，奔競而火馳也。　【疏】

8.【注】將遂使後世事役之端。

9.【注】將遂使後世拘牽而制物。　【疏】絯，端也。使，役也。不能無為，而任知御物，後世勞役，自此為端。　【釋文】「物絯」徐戶隔反，《廣雅》公才反，云：束也。與郭義同。今用《廣雅》音。◎家世父曰：《釋文》引《廣雅》云，絯，束也。疑絯當為該。《廣韻》：該，備也，兼也。《漢書·律曆志》該藏萬物，《太玄經》萬物該兼。絯使者，其緒餘足以役使群倫。物絯者，其機緘足以包羅萬物。

10.【注】將遂使後世指麾以動物，令應工務。　【疏】方將顧盼四方，撫安萬國，令彼之氓黎，應我之化法。　【釋文】「令應」力呈反。

11.【注】將遂使後世不能忘善，而利仁以應宜也。　【疏】用一己之知，應眾物之宜，既非無心，未免危殆矣。

12.【注】將遂使後世與物相逐，而不能自得於內。　【疏】將我己知，施與物眾，令庶物從化，物既失之，我亦未得也。

13.【注】此皆盡當時之宜也，然今日受其德，而明日承其弊矣，故曰未始有恆。　【疏】以智理物，政出多門，前荷其德，後遭其弊，既乖淳古，所以無恆。

14.【注】其事類可得而祖效。　【疏】族，藪也。◎家世父曰：夫齧缺隱居山藪，高尚其志，不能混迹，未足配天。而混俗之中，罕其輩類，故志尚清邈，良可效耳。祖者，生物之原也。從其比類而合之，則萬物統於一，而主宰夫物者群生之歸也；從其生物之原而求之，則萬物託始於無，而生物者枝流之衍也。未究乎生物之原，而竊竊焉比類以求合，而治亂絲以生，君臣之禍絲以起矣。

15.【注】眾父父者，所以迹也。　【疏】父，君也。言齧缺高尚無為，不夷乎俗，雖其道可述，適可為眾人之父，而未可為父父也。父父者，堯也。夫堯寄坐萬物之上，而心馳乎姑射之山，往見四子之時，即在汾陽之地。是以即寂而動，即動而寂，無為有為，有為無為，有無一時，動寂相即，故可為君中之君，父中之父。所為窮理盡

性，玄之又玄，而為眾父之父，故其宜矣。故郭注云，眾父父者所以迹也。

16.【注】言非但治主，乃為亂率。
【釋文】「治亂」直吏反。「之率」色類反。又色律反。
【疏】率，主也。若用智理物，當時雖治，於後必亂。二塗皆以智為率。

17.【注】夫桀紂非能殺賢臣，乃頓聖知之迹以禍之。
【疏】桀紂賴聖知以殺賢臣，乃資仁義以賊之。

18.【注】田桓非能殺君，乃資仁義以賊之。
【疏】田桓資仁義以殺主，故仁義南面之賊。注云，田桓非能殺君，乃資仁義以賊之。
【釋文】「殺君」音試。本又作弒，音同。

堯觀乎華。華封人曰：「嘻，聖人！請祝聖人。」1

1.【疏】華，地名也，今華州也。封人者，謂華地守封疆之人也。嘻，歡聲也。封人見堯有聖人之德，光臨天下，請祝願壽富，多其男子。【釋文】「華」胡化反，又胡花反。司馬云：地名也。「封人」司馬云：守封疆人也。「曰嘻」音熙。「請祝」之又反，又州六反。

「使聖人壽。」堯曰：「辭。」「使聖人富。」堯曰：「辭。」「使聖人多男子。」堯曰：「辭。」1

1.【疏】夫富壽多男子，實為繁撓，而能體之者，不廢無為。故寄彼二人，明茲三患。辭讓之旨，列在下文。

封人曰：「壽，富，多男子，人之所欲也。女獨不欲，何邪？」1

1.【疏】前之三事，人之大欲存焉。女獨致辭，有何意謂？【釋文】「女獨」音汝。後同。

堯曰：「多男子則多懼，富則多事，壽則多辱。是三者，非所以養德也，故辭。」1

1.【疏】夫子嗣扶疏，憂懼斯重；財貨殷盛，則事業實繁；命壽延長，則貽困辱。三者未足養無為之德，適可以益有為之累，所以並辭。

封人曰：「始也我以女為聖人邪，今然君子也1。天生萬民，必授之職。多男子而授之職，則何懼之有！2富而使人分之，則何事之有3！夫聖人，鶉居4而鷇食5，鳥行而无彰6；天下有道，則與物皆昌7；天下无道，則脩德就閒8；千歲厭世，去而上僊9；乘彼白雲，至於帝鄉10；三患莫至，身常无殃；則何辱之有11！」

1.【疏】我始言女有無雙照，便為體道聖人；今既舍有趣無，適是賢人君子也。

2.【注】物皆得所而志定也。　【疏】天地造化為萬物，各有才能，量才授官，有何憂懼！

3.【注】寄之天下，故無事也。　【疏】百姓豐饒，四海殷實，寄之群有而不以私焉，斯事無為也。

4.【注】無意而期安也。　【釋文】「鶉」音淳。「居」鶉居，謂無常處也。又云：如鶉之居，猶言野處。

5.【注】仰物而足。　【疏】鶉，鷯鶉也，野居而無常處。鷇者，鳥之子，食必仰母而足。聖人寢處儉薄，譬彼鷁鶉；供膳裁充，方茲鷇鳥。既無心於侈靡，豈有情於滋味乎！　【釋文】「鷇」口豆反。「食」《爾雅》云：生哺，鷇。鷇食者，言仰物而足也。◎盧文弨曰：舊生譌為主，今改正。

6.【注】率性而動，非常迹也。　【疏】彰，文迹也。夫聖人灰心滅智而與物俱冥，猶如鳥之飛行，無蹤迹而可見也。

7.【注】猖狂妄行而自蹈大方也。　【疏】運屬清夷，則撫臨億兆；物來感我，則應時昌盛。郭注云猖狂妄行，恐乖文旨。

8.【注】雖湯武之事，苟順天應人，未為不閒也。故無為而無不為者，非不閒也。　【疏】時逢擾亂，則混俗韜光，脩德隱迹，全我生道，嘉遁閒居，逍遙遁世。所謂隱顯自在，用捨隨時。　【釋文】「就閒」音閑。注同。

9.【注】夫至人極壽命之長，任窮通之變，其生也天行，其死也物化，故云厭世而上僊也。　【疏】夫聖人達

生死之不二，通變化之為一，故能盡天年之脩短，厭囂俗以消升。何必鼎湖之舉，獨為上僊，安期之壽，方稱千歲！

【釋文】「上僊」音仙。

10.【注】氣之散，無不之。【疏】精靈上升，與太一而冥合，乘雲御氣，屆於天地之鄉。

11.【疏】三患，前富壽多男子也。夫駕造物而來往，乘變化而遨遊，三患本自虛無，七尺來從非有，殀辱之事，曾何足云！

封人去之。堯隨之，曰：「請問。」1

封人曰：「退巳2！」1

1.【疏】請言既訖，封人於是去之。堯方悟其非，所以請問。

2.【疏】所疑已決，宜速退歸。

堯治天下，伯成子高1立為諸侯。堯授舜，舜授禹，伯成子高辭為諸侯而耕。禹往見之，則耕在野。禹趨就下風，立而問焉，曰：「昔堯治天下，吾子立為諸侯。堯授舜，舜授予，而吾子辭為諸侯而耕，敢問，其故何也？」2

1.【疏】伯成子高，不知何許人也，蓋有道之士。【釋文】「伯成子高」《通變經》云：老子從此天地開闢以來，吾身一千二百變，後世得道，伯成子高是也。

2.【疏】唐虞之世，南面稱孤，逮乎有夏，退耕於野。出處頓殊，有何意謂？

子高曰：「昔堯治天下，不賞而民勸，不罰而民畏1。今子賞罰而民且不仁，德自此衰，刑自此立，後世之亂自此始矣2。夫子闔行邪？无落吾

事!」偊偊乎耕而不顧[3]。

1.【疏】夫賞罰者，所以著勸畏也。而堯以無為為治，物物從其化，故百姓不待其襃賞而自勉行善，無勞刑罰而畏惡不為。此顯堯之聖明，其德如是。

2.【疏】盛行賞罰，百姓猶不仁，至德既衰，是以刑書滋起，故知將來之亂，從此始矣。

3.【注】夫禹時三聖相承，治成德備，功美漸去，故史籍無所載，仲尼不能間，是以雖有天下而不與焉，斯乃有有而無之也。故考其時而禹為最優，計其人則雖三聖，故一堯耳。時無聖人，倜然而往，倜然而來，是以受非毀於廉節之士而名列於三王，未足怪也。莊子因斯以明堯之弊，弊起於堯而釁成於禹，況後世之無聖乎！寄遠迹於子高，便棄而不治，將以絕聖而反一，遺知而寧極耳。其實則未聞也。夫莊子之言，不可以一途詰，或以黃帝之迹禿堯舜之脛，豈獨貴堯而賤禹哉！故當遺其所寄，而錄其絕聖棄智之意焉。

【疏】闉，何不也。落，廢也。夫三聖相承，蓋無優劣，但澆淳異世，故尚遠迹，以明絕聖棄智者耳。故其迹不同。「夫子何不行去耶！莫廢我農事。」於是用力而耕，不復顧盼也。

【釋文】「闉」本亦作盍，胡臘反。「無落」落，猶廢也。「治成」直吏反。「能間」間廁之間。「不與」音豫。一云：「侗」人行貌。又音秩，又於十反。《字林》云：勇壯貌。「倜倜」徐於執反，又直立反。李云：耕貌。一云：「侗」耕地之貌。音洞，又音同。

泰初有无，无有无名[1]；一之所起，有一而未形[2]。物得以生，謂之德[3]；未形者有分，且然無閒，謂之命[4]；留動而生物，物成生理，謂之形[5]；形體保神，各有儀則，謂之性[6]。性修反德，德至同於初[7]。同乃虛，虛乃大[8]。合喙鳴[9]；喙鳴合，與天地為合[10]。其合緡緡，若愚若昏[11]，是謂玄德，同乎大順[12]。

1.【注】無有，故無所名。【疏】泰，太；初，始也。元氣始萌，謂之太初，言其氣廣大，能為萬物之始本，故名太初。太初之時，惟有此無，未有於有。有既未有，名將安寄！故無有無名。【釋文】「泰初」易說云：氣之始也。

2.【注】一者，有之初，至妙者也，至妙，故未有物理之形耳。夫一之所起，起於至一，非起於無也。然莊子之所以屢稱無於初者，何哉？初者，未生而得生，得生之難，而猶上不資於無，下不待於知，突然而自得此生矣，又何營生於已生以失其自生哉！【疏】一者道也，有一之名而無萬物之狀。

3.【注】夫無不能生物，而云物得以生者，外不資乎物，内不由乎我，不自不他，不知所以生，故謂之德也。【疏】德者，得也，謂得此也。夫物得以生者，一之名道也，得此一者，任其自得，斯可謂德也。

4.【疏】雖未有形質，而受氣以有素分，然且此分脩短，懸乎更無聞隙，故謂之命也。【釋文】「有分」符問反。「无閒」如字。

5.【疏】留，靜也。陽動陰靜，氤氳升降，分布三才，化生萬物，物得成就，生理具足，謂之形也。◎家世父曰：一陰一陽之謂道，繼之者善也，成之者性也。物得其生，所謂繼之者善也，未有德之名也。至凝而為命，而性含焉，所謂成之者性也。命立而各肖乎形，踐形而乃反乎性，各有儀則，盡性之功也。莊生於此蓋亦得其恍惚也。【釋文】「留動」留，或作流。

6.【注】夫德形性命，因變立名，其於自爾一也。【疏】體，質；保，守也。稟受形質，保守精神，形則有醜有妍，神則有愚有智。既而宜循軌則，各自不同，素分一定，更無改易，故謂之性也。

7.【注】恆以不為而自得之。【疏】率此所稟之性，脩復生初之德，故至其德處，同於太初。

8.【注】不同於初，而中道有為，則其懷中故為有物也，有物而容養之德小矣。【疏】同於太初，心乃虛豁；心既虛空，故能包容廣大。

9.【注】無心於言而自言者，合於喙鳴。【疏】喙，鳥口也。心既虛空，迹復冥物，故其說合彼鳥鳴。鳥鳴既無心於是非，聖言豈有情於憎愛！【釋文】「喙」丁豆反，又充芮喜穢二反。

10.【注】天地亦無心而自動。【疏】言既合於鳥鳴，德亦合於天地。天地無心於覆載，聖人無心於言說，故與天地合也。

11.【注】坐忘而自合耳，非照察以合之。　【疏】緡，合也。聖人內符至理，外順群生，唯迹與本，磬無不合，故曰緡緡。是混俗揚波，同塵萬物，既若愚迷，又如昏暗。又解：既合喙鳴，又合天地，亦是緡緡。　【釋文】「緡緡」武巾反。

12.【注】德玄而所順者大矣。　【疏】總結已前，歎其美盛。如是之人，可謂深玄之德，故同乎太初，大順天下也。

夫子問於老聃曰：「有人治道若相放，可不可，然不然１。辯者有言曰，『離堅白若縣宇２。』若是則可謂聖人乎３？」

1.【注】若相放效，強以不可為可，不然為然，斯矯其性情也。　【疏】師於老聃，所以每事請答。汎論無的，故曰有人。布行政化，使人效放，以己制物，物失其性，故己之可者，物或不可，己之然者，物或不然，物之可然，於己亦爾也。　【釋文】「夫子」仲尼也。「相放」如字，又甫往反。本亦作放，甫往反。注同。「強以」其兩反。

2.【注】言其高顯易見。　【疏】堅白，公孫龍守白論也。孔穿之徒，堅執此論，當時獨步，天下無敵。今辯者云：我能離析堅白之論，不以為辯，雄辯分明，如縣日月於區宇。故郭注云言其高顯易見也。　【釋文】「縣」音玄。「宇」，司馬云：辯明白若縣室在人前也。「易見」以豉反。

3.【疏】結前問意。「如是之人，得為聖否？」

老聃曰：「是胥易技係勞形怵心者也１。執斄之狗成思，猿狙之便自山林來２。丘，予告若，而所不能聞與而所不能言。凡有首有趾无心无耳者眾３，有形者與无形无狀而皆存者盡无４。其動，止也；其死，生也；其廢，起也。此又非其所以也５。有治在人６，忘乎物，忘乎天，其名為忘己７。忘己之人，是之謂入於天８。」

1.【疏】胥，相也。言以是非更相易奪，用此技藝係縛其身，所以疲勞形體，怵惕心慮也。此答前問意。技，有本或作枝字者，言是非易奪，枝分葉派也。

2.【注】言此皆失其常然也。
【釋文】【技係】其綺反。
【疏】猿狙，獼猴也。執捉狐狸之狗，多遭係頸而獵，既不自在，故成愁思。猨猴本居山林，逶迤放曠，為跳擲便捷，故失其常處。○家世父曰：《釋文》，雷如字，一本作狸，司馬云，狸，竹鼠也。疑狸不當為鼠，鼠不如狸狖，非鼠可知。如司馬說，字當作鼺。《說文》：鼺，竹鼠也。《埤雅》：一名竹䶉。郭璞《山海經注》，其音如留牛，亦引此文執雷之狗為證，則此本作雷。然《山海經》自謂雷牛，此自謂竹鼠，之在山林，號為便捷，謂有能故被雷係。《說文》：雷，止也。謂繫而止之。熟玩文義，言狗雷繫思，脫然以去。一云，執雷之狗，謂有能故被係雷，而可執之以來，皆失其性者也。於執狸之說無取，當從司馬後說。
【釋文】【執留】如字。本又作猵，音同。一本作狸，亦如字。司馬云：猵，竹鼠也。狸，有本作猵狸者，竹鼠也。《秋水篇》騏驥驊騮一日而馳千里，捕鼠不如狸狖。【猨】音袁。【狙】七徐反。「之便」婢面反，徐扶面反。司馬云：言便捷見捕。

3.【注】首趾，猶始終也。無心無耳，言其自化。
【疏】若，而，皆汝也。首趾，終始也。理絕言辯，故不可以心知，汝何多設猨狙之能，高張懸寓之辯，令物效己，豈非過乎！耳根聽，故言無心無耳也。凡有識無情，皆曰終始，故言眾也。咸不能以言說，悉不能聞言也。又不可以心慮知，

4.【注】言有形者善變，不能與無形無狀者並存也。故善治道者，不以故自持也，將順日新之化而已。

5.【注】有形者，身也；無形者，心也。汝言心與身悉存，我以理觀照，盡見是空也。
【疏】此言動止死生，盛衰廢興，此六者，自然之理，不知所以然也。豈關人情思慮，傚效能致哉！但任而順之物之自當也。

6.【注】不在乎主自用。
【疏】人各有率性而動，天機自張，非由主教。

7.【注】天物皆忘，非獨忘己，復何所有哉？
【釋文】【復何】扶又反。
【疏】豈惟物務是空，抑亦天理非有。唯事與理，二種皆忘，

8.【注】人之所不能忘者，己也，己猶忘之，又奚識哉！斯乃不識不知而冥於自然。故能造乎非有非無之至也。
【疏】入，會也。凡天

下難忘者，己也，而己尚能忘，則天下有何物足存哉！是知物我兼忘者，故冥會自然之道也。◎家世父曰：有首有趾，人物之所同也；無心而不能慮事，若鳥獸是也；無耳而不能聞聲，若蟲魚是也。其動止，其死生，其廢起，一皆天地之化機也。化機之在天地，不窮於物，無形無狀，推移動盪天地之中者，皆化機也。而有治在人，人其多事矣乎！強物以從治，不如忘己而聽諸物之適然也。◎慶藩案此言唯忘己之人能與天合德也。《管子·白心篇》尹注：天地，忘形也。能效天地者，其唯忘己乎！與此同意。

將閭葂見季徹曰：「魯君謂葂也曰：『請受教。』辭不獲命，既已告矣，未知中否，請嘗薦之1。吾謂魯君曰：『必服恭儉，拔出公忠之屬而无阿私，民孰敢不輯2！』」

1.【疏】薦，獻也。蔣閭及季，姓也。葂，徹，名也。此二賢未知何許人也。魯君，魯侯也，伯禽之後，未知的是何公。魯公見葂，請受治國之術，雖復辭不得免君之命，遂告魯君為政之道。當時率爾，恐不折中，敢陳所告，試獻吾賢。必不宜，幸希鍼艾。【釋文】【將】一本作蔣。【閭】力於反。【葂】字亦作莬，音免，又音晚，郭音問。將閭葂，人姓名也。一云：姓將閭，名莬。或云：姓蔣，名閭葂也。「季徹」人姓名也，蓋季氏之族。「魯君」或云：定公。「知中」丁仲反。

2.【疏】阿，曲也。孰，誰也。輯，和也。夫為政之道，先須躬服恭敬，儉素清約，然後拔擢公平忠節之人，銓衡質直無私之士，獻可替否，共治百姓，則蕃境無虞，域中清謐，民歌擊壤，誰敢不和！【釋文】「不輯」音集。《爾雅》云：和也。又側立反。郭思魚反。

季徹局局然笑曰：「若夫子之言，於帝王之德，猶螳蜋之怒臂以當車軼，則必不勝任矣1。且若是，則其自為處危，其觀臺2多，物將往，投迹者眾4。」

1.【注】必服恭儉，非忘儉而儉也；拔出公忠，非忘忠而忠也。故雖無阿私，而不足以勝矯詐之任也。

【疏】局局，俛身而笑也。夫必能恭儉，拔出公忠，此皆偽情，非忘淡者也。故以此言為南面之德，何異乎螳螂怒臂以敵車軼！用小擬大，故不能任也。　【釋文】「局局」其玉反。一云：大笑之貌。「螳螂」音堂郎。「車軼」音轍。◎慶藩案《釋文》軼音轍，是也。軼，車轍也。古轍字通作軼。《戰國策》車軼之所至，注：軼，音轍（《說文》無軼篆，《釋文》軼即轍也）。《史記·文帝紀》結軼於道，注亦音轍。《漢書·文帝紀》作結軼，是其證。「不勝」音升。注同。

2.【注】此皆自處高顯，若臺觀之可覩也。　【疏】夫恭儉公忠，非能忘淡，適自顯耀以炫眾。人既高危，必遭壓敗，猶如臺觀峻聳，處置危縣，雖復行李觀見，而崩毀非久。　【釋文】「自為邊」其據反。本又作處。◎盧文弨曰：今本作處。

3.【注】將使物不止於本性之分，而矯跂自多以附之。　【疏】觀臺高迥，人競觀之，立行自多，物爭歸湊。◎家世父曰：觀臺多，言使民觀象受法，其事繁也。郭象以危其觀臺斷句，恐誤。

4.【注】亢足投迹，不安其本步也。　【疏】顯耀動物，物不安分，故舉足投迹，企踵者多也。

將閭葂覤覤然驚曰：「葂也汒若於夫子之所言矣1。雖然，願先生之言其風也2。」

1.【疏】覤覤，驚貌也。汒，無所見也。乍聞高議，率爾驚悚，思量不悟，所以汒然矣。　【釋文】「覤覤」許逆反，又生責反。或云：驚懼之貌。「汒若」本或作芒。武剛反，郭武蕩反。

2.【疏】風，教也。我前所陳，深為乖理，所願一言，庶為法教。◎俞樾曰：風當讀為凡，猶云言其大凡也。風本從凡聲，故得通用。

季徹曰：「大聖之治天下也，搖蕩民心，使之成教易俗，舉滅其賊心而皆進其獨志，若性之自為，而民不知其所由然1。若然者，豈兄堯舜之教

民，溟涬然弟之哉²？欲同乎德而心居矣³。」

1.【注】夫志各有趣，不可相效也。故因其自搖而搖之，則雖搖而非為也；因其自蕩而蕩之，則雖蕩而非動

也。故其賊心自滅，獨志自進，教成俗易，悶然無迹，履性自為而不知所由，皆云我自然矣。（舉，皆也）。

【疏】夫聖治天下，大順群生，乘其自搖而作法，因其自蕩而成教，是以教成而迹不顯，俗易而物不知，皆除滅其

賊害之心，而進脩獨化之志。不動於物，故率性而動，故不知其所由然也。舉，皆也。【釋文】

「舉滅」舉，皆也。「悶然」音門。

3.【注】居者，不逐於外也，心不居則德不同也。【疏】居，安定之謂也。夫心馳分外，則觸物參差；虛夷

靜定，則萬境唯一。故境之異同，在心之靜亂耳。是以欲將堯舜同德者，必須定居其心也。

2.【注】溟涬，甚貴之謂也。不肯多謝堯舜而推之為兄也。【疏】溟涬，甚貴之謂也。以物蒼

生，則治合淳古，物皆得性，詎須獨貴堯舜而推之為兄邪！此意揖讓之風，不謝唐虞矣。【釋文】「豈兄」元嘉

本作豈足。「溟」亡頂反。「涬」戶頂反。

子貢南遊於楚，反於晉，過漢陰，見一丈人方將為圃畦，鑿隧而入井，
抱甕而出灌，搰搰然用力甚多而見功寡。¹子貢曰：「有械於此，一日浸百
畦，用力甚寡而見功多，夫子不欲乎²？」

1.【疏】水南曰陰，種蔬曰圃，埒中曰畦，隧，地道也。搰搰，用力貌也。丈人，長者之稱也。子貢南遊荊楚

之地，塗經漢水之陰，遂與丈人更相汎答。其抑揚詞調，具在文中。莊子因託二賢以明稱混沌。【釋文】「圃」

布戶反，又音布，園也。李云：菜蔬曰圃。「畦」口圭反。李云：埒中曰畦。《說文》云：五十畝曰畦。「隧」音

遂。李云：道也。「甕」字亦作瓮。「甕」烏送反。「搰搰」苦骨反，徐李苦滑反，郭忽滑反。用力貌。一音胡沒反。

2.【疏】械，機器也。子貢既見丈人力多而功少，是以教其機器，庶力少功多。輒進愚誠，未知欲否？【釋

文】「有械」戶戒反。《字林》作檆。李云：器械也。「浸」子鴆反。司馬云：灌也。

為圃者卬而視之曰：「奈何¹？」曰：「鑿木為機，後重前輕，挈手若抽，數如泆湯，其名為槔²。」為圃者忿然作色而笑曰：「吾聞之吾師，有機械者必有機事，有機事者必有機心。機心存於胸中，則純白不備；純白不備，則神生不定；神生不定者，道之所不載也。吾非不知，羞而不為也³。」子貢瞞然慙，俯而不對⁴。

1.【疏】奈何，猶如何，謂其方法也。

2.【疏】機，關也。提挈其水，灌若抽引，欲論數疾，似泆湯之騰沸，前輕後重，即今之所用桔槔也。【釋文】「挈水」口節反。「若抽」敕留反。李云：引也。司馬崔本作流。「數如」所角反，徐所錄反。「泆湯」音逸。本或作溢。李云：疾速如湯沸溢也。司馬本作佚蕩，亦言其往來數疾如佚蕩。佚蕩，唐佚也。「槔」本又作橋，或作皋，同。音羔，徐居橋反。司馬李云：桔槔也。

3.【注】夫用時之所用者，乃純備也。斯人欲脩純備，而抱一守古，失其旨也。【疏】夫有機關之器者，必有機動之務者；有機動之務者，必有機變之心。機變存乎胸府，則純粹素白不圓備矣。純粹素白不圓備，則精神縣境，生滅不定。不定者，至道不載也，是以羞而不為。此木體真脩，故抱一守白者也。【釋文】「吾師」謂老子也。

4.【疏】瞞，羞怍之貌也。既失所言，故不知何答也。【釋文】「瞞」武版反，又亡安反。《字林》云：目皆平貌。李作愧天典反，慚貌。一音門，又亡干反。司馬本作愧，音武。崔本作撫。

有閒，為圃者曰：「子奚為者邪¹？」曰：「孔丘之徒也²。」

1.【疏】有閒，俄頃也。奚，何也。問子貢：「汝是誰門徒？作何學業？」

2.【疏】答，宣尼之弟子也。◎慶藩案《一切經音義·二十五》引司馬云：徒，弟子也。《釋文》闕。

為圃者曰：「子非夫博學以擬聖，於于以蓋眾，獨弦哀歌以賣名聲於天下者乎¹？汝方將忘汝神氣，墮汝形骸，而庶幾乎²！而身之不能治，而何暇治天下乎！子往矣，无乏吾事³！」

子貢卑陬失色，頊頊然不自得，行三十里而後愈⁴。

1.【疏】於于，佞媚之謂也。言汝博學贍聞，擬似聖人，謟曲佞媚，以蓋群物；獨坐弦歌，抑揚哀歎，執斯聖迹，賣彼名聲，歷聘諸國，遍行天下。【釋文】「於于」並如字。本或作唹吁，音同。司馬云：夸誕貌。一云：行仁恩之貌。「以蓋眾」司馬本蓋作善。◎家世父曰：〈應帝王〉，其臥徐徐，其覺于于。《說文》：于，於也，象氣之舒。是於于字同，於于，猶于于也。

2.【注】不忘不墮，則無庶幾之道。【疏】幾，近也。汝忘遺神氣，墮壞形骸，身心既忘，而後庶近於道。【釋文】「墮」許規反。

3.【疏】而，汝也。乏，闕也。夫物各自治，則天下理矣；以己理物，則大亂矣。如子貢之德，未足以治身，何容應聘天下！理宜速往，無廢吾業。【釋文】「无乏」乏，廢也。

4.【疏】卑陬，慙怍之貌。頊頊，自失之貌。既被詆訶，顏色自失，行三十里，方得復常。「項項」本文作旭旭，許玉反。李云：自失貌。走侯反，徐側留反。李云：卑陬，愧懼貌。一云：顏色不自得也。

其弟子曰：「向之人何為者邪？夫子何故見之變容失色，終日不自反邪？¹」

曰：「始吾以為天下一人耳²，不知復有夫人也³。吾聞之夫子，事求

可，功求成。用力少，見功多者，聖人之道。　今徒不然。執道者德全，德全者形全，形全者神全。神全者，聖人之道也。　託生與民並行而不知其所之，汒乎淳備哉！功利機巧必忘夫人之心。　若夫人者，非其志不之，非其心不為。雖以天下譽之，得其所謂，謷然不顧；以天下非之，失其所謂，儻然不受。天下之非譽，无益損焉，是謂全德之人哉！我之謂風波之民。」

1.【疏】反，復也。子貢之門人謂賜為夫子也。「向見之人，脩何藝業，遂使先生一覯，容色失常，竟日崇朝，神氣不復？」門人怪之，所以致問。　【釋文】「向之」許亮反。本又作鄉，音同。後倣此。

2.【注】謂孔丘也。

3.【疏】昔來稟學，宇內唯夫子一人；今逢丈人，道德又更深遠，所以卑慙不能自得也。既未體乎真假，實謂賢乎仲尼也。　【釋文】「復有」扶又反。「夫人」音符。下夫人同。

4.【注】聖人之道，即用百姓之心耳。　【疏】夫事以適時為可，功以能遂為成。故力少而見功多者，則是適時能遂之機。子貢述昔時所聞，以為聖人之道。

5.【注】此乃聖王之道，非夫人道也。子貢聞其假修之說而服之，未知純白者之同乎世也。　【疏】今丈人問余，則不如此。言執持道者則德行無虧，德全者則形不虧損，形全者則精神專一。神全者則寄迹人間，託生同世，雖與群物並行，而不知所往，芒昧深遠，不可測量。故其操行淳和，道德圓備，不可以此功利機巧語其心也。斯乃聖人之道，非假修之術，非子貢未悟，妄致斯談。　【釋文】「汒乎」莫剛反。「之心」心，或作道。

6.【注】此宋榮子之徒，未足以為全德。子貢之迷沒於此人，即若列子之心醉於季咸也。　【疏】謷是誕慢之容，儻是無心之貌。丈人志氣淳素，不任機巧，心懷寡欲，不務有為。縱令舉世贊譽，稱為斯德，知為無益，曾不顧盼；舉世非毀，聲名喪失，都不領受；既毀譽不動，可謂全德之人。夫水性雖澄，逢風波起，我心不定，類彼波瀾，故謂之風波之民也。郭注云，此宋榮子之徒，未足以為全德。子貢之迷沒於此人，即若列子之心醉於季咸。　【釋文】「譽之」音餘，下同。「謷然」五羔反。司馬本作警。「儻然」本亦作黨。司馬本作儻，同。

勑蕩反，郭吐更反。

反於魯，以告孔子。孔子曰：「彼假脩渾沌氏之術者也¹；識其一²，不知其二²；治其內³，而不治其外³。夫明白入素，无為復朴，體性抱神，以遊世俗之間者，汝將固驚邪⁴？且渾沌氏之術，予與汝何足以識之哉⁵！」

1.【注】以其背今向古，羞為世事，故知其非真渾沌也。【疏】子貢自魯適楚，反歸於魯，以其情事，咨告孔子。夫渾沌者，無分別之謂也。既背今向古，所以知其非真渾沌也。【釋文】「渾」胡本反。「沌」徒本反。「背今」音佩。

2.【注】徒識脩古抱灌之朴，而不知因時任物之易也。【疏】識其一，謂向古而不移也。不知其二，謂不能順今而適變。【釋文】「之易」以豉反。

3.【注】夫真渾沌，都不治也，豈以其外內為異而偏有所治哉！【疏】抱道守素，治內也；不能隨時應變，不治外也。

4.【注】此真渾沌也，故與世同波而不自失，則雖遊於世俗而泯然無迹，豈必使汝驚哉！【疏】夫心智明白，會於質素之本；無為虛淡，復於淳朴之原。悟真性而抱精淳，混囂塵而遊世俗者，固當江海蒼生，林藪萬物，鳥獸不駭，人豈驚哉！而言汝將固驚者，明其不必驚也。◎俞樾曰：固讀為胡。胡固皆從古聲，故得通用。汝將胡驚邪，故與真渾沌遇則不驚也。郭注曰，故與世同波而不自失，則雖遊於世俗而泯然無迹，豈必使汝驚哉！正得其意。古書胡字或以故字為之。《管子·侈靡篇》，公將有行，故不送公，《墨子·尚賢中篇》，故不察尚賢為政之本也，皆以故為胡，猶以故為胡之證。《禮記·哀公問篇》鄭注曰：固，猶故也。是以固為胡，猶以故為胡矣。

5.【注】在彼為彼，在此為此，渾沌玄同，孰識之哉？所識者常識其迹耳。【疏】夫渾沌無心，妙絕智慮，假令聖賢特達，亦何足識哉！明恍惚深玄，故推之於情意之表者也。

諄芒將東之大壑，適遇苑風於東海之濱¹。苑風曰：「子將奚之²？」

曰：「將之大壑[3]。」

1.【疏】諄，淳也。苑，小風也，亦言是扶搖大風也。濱，涯。大壑，海也。莊生寄此二人，明於大道，故假為賓主，相值海涯。諄之諄諄，察之芒芒，故曰諄芒。一云：望之諄諄，察之芒芒」，故曰諄芒。【釋文】「諄」郭之倫反，又述倫反。諄芒，苑風，皆寓言也。「芒」苑風，一云：霧氣也。「大壑」本或作汒，武剛反。李云：大壑，東海也。「之濱」音賓。「苑風」本亦作宛。李云・小貌，謂遊世俗也。一云：苑風，人姓名。「之濱」音之宛。◎慶藩案《釋文》苑亦作宛，苑宛字同也。《淮南・俶真篇》形苑而神壯，高誘注：苑，枯病也，苑讀南陽宛之宛。

2.【疏】奚，何也。之，往也。借問諄芒，有何游往。

3.【疏】欲往東海。

曰：「奚為焉[1]？」

曰：「夫大壑之為物也，注焉而不滿，酌焉而不竭；吾將遊焉[2]。」

1.【疏】又問何所求訪。

2.【疏】夫大海泓宏，深遠難測，百川注之而不溢，尾閭泄之而不乾。以譬至理，而其義亦然。故雖寄往滄溟，實乃游心大道也。【釋文】「酌焉」一本作取焉。

苑風曰：「夫子无意於橫目之民乎？願聞聖治[1]。」

諄芒曰：「聖治乎？官施而不失其宜，拔舉而不失其能[2]，畢見其情事而行其所為[3]，行言自為而天下化[4]，手撓顧指，四方之民莫不俱至，此之謂聖治[5]。」

1.【疏】五行之內，唯民橫目，故謂之橫目之民。且諄芒東游，臨於大壑，觀其深遠，而為治方。苑風既察此情，因發斯問。「夫子豈无意於黔首？願聞聖化之法也。」【釋文】「橫目之民」李云：倮蟲之屬，欲令其治之也。

2.【願聞】本或依司馬本作問，下同。【聖治】直吏反。下皆同。

2.【疏】施令設官，取得宜便，拔擢薦舉，不失才能。如此則天下太平，彝倫攸敍，聖治之術，在乎茲也。

3.【官施】始支反，又始智反。司馬云：施政布教，各得其宜。

3.【疏】夫所乖舛，事業多端，是以步驟殊時，澆淳異世。故治之者莫先任物，必須觀見其情事而察其所為，然後順物而行，則无不當也。

4.【注】皆因而任之。

4.【注】使物為之，則不化也。

5.【注】所有施行之事，教令之言，咸任物自為，而不使物從己。如此，則宇內蒼生自然從化。

5.【注】言其指麾顧眄而民各至其性也，任其自為故。

【疏】撓，動也。言動手指揮，舉目顧眄，則四方款附，萬國來朝，其義如是。有本頤字者，言用頤指揮，四方皆服。此中凡有三人：一聖，二德，三神。以上聖治，以下次列德神二人。

【釋文】「手撓」而小反，又而反。司馬云：動也。一云：謂指麾四方也。「顧指」如字。向云：顧指者，言指麾顧盼而治也。或音頤。本亦作頤，以之反，謂舉頤指揮也。◎慶藩案手撓顧指，二義對文。注指麾承手撓言，顧盼承顧指言，故疏以動手舉目分釋四字。如向云顧指者言指麾顧盼，失其義矣。顧指，目顧其人而指使之。左思吳都賦擧旗若顧指，劉逵注：謂顧指如意。此言顧指，與《漢書·貢禹傳》目指氣使同義（師古注曰：動目以指物，出氣以使人）。

「願聞德人[1]。」

曰：「德人者，居无思[2]，行无慮[2]，不藏是非美惡[3]。四海之內共利之之謂悅，共給之之為安[4]；怊乎若嬰兒之失其母也，儻乎若行而失其道也[5]。財用有餘而不知其所自來，飲食取足而不知其所從，此謂德人之容[6]。」

1.【疏】前之聖治，已蒙敷釋；德人之義，深所願聞。

銷亡4，萬物復情，此之謂混冥5。」

曰：「上神乘光，與形滅亡2，此謂照曠3。致命盡情，天地樂而萬事

「願聞神人1。」

1.【注】願聞所以迹也。　【疏】德者，神人之迹耳，願聞所以迹也。

2.【注】乘光者乃無光。　【疏】乘，用也。光，智也。上品神人，用智照物，雖復光如日月，即照而亡，隳

3.【注】無我而任物，空虛無所懷者，非闇塞也。　【疏】智周萬物，明逾三景，無幽不燭，豈非曠遠！

4.【注】無我而任物，天地樂矣。事不妨樂，斯無事矣。　【疏】窮性命之致，盡生化之情，故寄天地之間而未

5.【注】情盡而至，天地樂矣。事不妨樂，斯無事矣。　【疏】夫忘照而照，照與三景高明；忘生而生，生將二儀並樂。故能視萬物之

還原，覩四生之復命，是以混沌無分而冥同一道也。

體黜聰，心形俱遺，是故與形滅亡者也。

嘗不逍遙快樂。既達物我虛幻，是以萬事銷亡。　【釋文】「天地樂」音洛。注同。「銷亡」徐音消。

還原，覩四生之復命，是以混沌無分而冥同一道也。　【疏】夫忘照而照，照與三景高明；忘生而生，生將二儀並樂。故能視萬物之

【釋文】「混冥」胡本反。

2.【注】率自然耳。　【疏】妙契道境，得無所得，故曰德人。德人凝神端拱，寂爾無思，假令應物行化，曾

無謀慮。

3.【注】無是非於胸中而任之天下。　【疏】懷道抱德，物我俱忘，豈容蘊蓄是非，包藏善惡邪！　【釋文】

「美惡」烏路反。

4.【注】無自私之懷也。　【疏】夫德人惠澤弘博，遍覆群品，故貨財將四海共同，資給與萬民無別，是以普

天慶悅，率土安寧。◎慶藩案謂悅與為安對文。謂，猶為也。古謂為字同義互用。

5.【注】夫嬰兒失母，心怊悵而無所依；行李迷途，神儻莽而無所據。用斯二事，以況德人也。

「怊乎」音超。《字林》云：悵也。徐尺遙反，郭音條。「儻乎」敕黨反。司馬本作儻。

6.【注】德者，神人迹也，故曰容。　【疏】神人迹也，故曰容。　【疏】寡欲止分，故財用有餘，不貪滋味，故飲食取足；性命無求，故

不知所從來也。都結前義，故云德人之容。　【釋文】「德人之容」羊凶反。或云：依注當作客。

門无鬼與赤張滿稽觀於武王之師[1]。赤張滿稽曰：「不及有虞氏乎！故離此患也[2]。」

1. 【疏】門與赤張，姓也。无鬼，滿稽，名也。【釋文】「門无鬼」司馬本作无畏，云：門，姓；无畏，字也。「赤張滿」本或作蒲。李云：門，赤張，氏也。无鬼，滿稽，名也。

2. 【疏】離，遭也。虞舜以揖讓御時，武王以干戈濟世。而揖讓干戈，優劣懸隔。以斯商度，至有不及之言。而兵者不祥之器，故遭殘殺之禍也。

門无鬼曰：「天下均治而有虞氏治之邪？其亂而後治之與[1]？」

1. 【注】言二聖俱以亂故治之，則揖讓之與用師，直是時異耳，未有勝負於其間也。【疏】宇內清夷，志願各足，則何須計有虞氏之為君！此領悟无鬼之言，許其有理也。【釋文】「均治」音餘。本又作邪。「復何」扶又反。下章注同。

赤張滿稽曰：「天下均治之為願，而何計以有虞氏為[1]！有虞氏之藥瘍也[2]，禿而施髢，病而求醫[3]。孝子操藥以脩慈父，其色燋然，聖人羞之[4]。

1. 【注】均治則願各足矣，復何為計有虞氏之德而推以為君哉！許无鬼之言是也。

2. 【注】天下皆患創亂，故求虞氏之藥。【疏】瘍，頭瘡也。夫身上患創，故求醫療，亦猶世逢紛擾，須聖人治之。是以不病則無醫，不亂則無聖。【釋文】「瘍」音羊。李云：頭創也。言創以喻亂，求虞氏藥治之。司馬云：疕瘍也。◎王引之曰：藥，古讀曜（說見《唐韻正》），聲與療相近。《方言》：愮，療治也。江湘郊會謂

3. 【注】天下皆患創亂，故求虞氏之德而推之為君！此何須計有虞氏之德而推之為君！此領悟无鬼之言，許其有理也。

1. 【釋文】「均治」音餘。本又作邪。「復何」扶又反。下章注同。

醫治之曰恬，或曰療。與藥古字通。故《申鑒·俗嫌篇》云：藥者，療也。襄三十一年《左傳》不如吾聞而藥之也。《家語·正論篇》同，王肅注：藥，療也。《詩·大雅·板篇》，不可救藥，《韓詩外傳》藥作療。藥療字，古同義通用。「患創」初良反。

3.【疏】鬢髮如雲，不勞施髢；幸無疾恙，豈假醫人！是知天下清平，無煩大聖。此之二句，總結前旨也。
【釋文】「禿」吐木反。「髢」大細反。司馬云：髢也。又吐帝反。脩，理也。郭音毛。李云：髦，髮也。

4.【注】明治天下者，非以為榮。　【疏】操，執也，理也。燋然，憔悴貌。李云：髦，髮也。夫孝子之治慈父，既不伐其功績；聖人之救禍亂，豈務矜以榮顯！事不得已，是故羞之。　【釋文】「操藥」七刀反。「燋然」將遙反，又音樵。

至德之世，不尚賢1，不使能2；上如標枝3，民如野鹿4；端正而不知以為義，相愛而不知以為仁5，實而不知以為忠，當而不知以為信6，蠢動而相使，不以為賜7。是故行而無迹8，事而無傳9。」

1.【注】賢當其位，非尚之也。

2.【注】能者自為，非使之也。

3.【注】出物上而不自高也。　【疏】君居民上，恬淡虛忘，猶如高樹之枝，無心榮貴也。　【釋文】「如標」方小反，徐方遙反，又方妙反。言樹杪之枝無心在上也。「校」胡孝反，李音較。一本作枝。◎盧文弨曰：今本校作枝。

4.【注】放而自得也。　【疏】上既無為，下亦淳樸，譬彼野鹿，絕君王之禮也。

5.【注】夫不肖與賢，各當其分，非尚之以別賢。　【疏】端直其心，不為邪惡，豈識裁非之義！率乎天理，更相親附，寧知偏愛之仁者也！

6.【疏】巧拙習性，不相夸企，非尚而使之。

7.【注】率性自然，非由知也。　【疏】率性成實，不知此實為忠；任真當理，豈將此當為信！　【注】用其自動，故動而不謝。　【疏】賜，蒙賴也。蠢動之物，即是精爽之類，更相驅使，理固自然。譬彼股肱，方茲耳目，既無心於為造，豈有情於蒙賴！無為理物，其義亦然。　【釋文】「蠢」郭處允反，動也。

【釋文】「無傳」丈專反。

8.【注】王能任其自行，故無迹也。

【疏】君民淳樸，上下和平，率性而動，故無迹之可記。

9.【注】各止其分，故不傳教於彼也。

【疏】方之首足，各有職司，止其分內，不相傳習。迹既昧矣，事亦滅焉。

孝子不諛其親，忠臣不諂其君，臣子之盛也[1]。親之所言而然，所行而善，則世俗謂之不肖子；君之所言而然，所行而善，則世俗謂之不肖臣。而未知其必然邪[2]？世俗之所謂然而然之，所謂善而善之，則不謂之道諛之人也。然則俗故嚴於親而尊於君邪[3]？謂己道人，則勃然作色；謂己諛人，則怫然作色[4]。而終身道人也，終身諛人也[5]，合譬飾辭聚眾也，是終始本末不相坐[6]。垂衣裳，設采色，動容貌，以媚一世，而不自謂道諛，與夫人之為徒，通是非，而不自謂眾人，愚之至也[7]。知其愚者，非大愚也；知其惑者，非大惑也。大惑者，終身不解；大愚者，終身不靈[8]。三人行而一人惑，所適者猶可致也，惑者少也；二人惑則勞而不至，惑者勝也。而今也以天下惑，予雖有祈嚮，不可得也。不亦悲乎[9]！

1.【疏】善事父母為孝。諛，偽也。不以正求人謂之諛。為臣為子，事父事君，不諂不諛，盡忠盡孝，此乃臣子之盛德也。

【釋文】「不諛」羊朱反，郭貽附反。「不諂」敕檢反。

2.【注】此直違俗而從君親，故世俗謂不肖耳，未知至當正在何許也。

【疏】不肖，猶不似也。君父言行，不擇善惡，直致隨時，曾無諫爭之心，故世俗之中，實為不肖，未知正理的在何許也。

【釋文】「不肖」音笑。

3.【注】言俗不為尊嚴於君親而從俗，俗不謂之諂，明尊嚴不足以服物，則服物者更在於從俗也。是以聖人未嘗獨異於世，必與時消息，故在皇為皇，在王為王，豈有背俗而用我哉！

【疏】嚴，敬也。此明違從不定也。世

俗然善，則諫爭是也。夫違俗從親，謂之道諛，而違親從俗，豈謂尊嚴君父！且有逆有順，故見是非，而違順既空，未知正在何處，又違親從俗，豈非諂佞耶！故見是非，而違順既空，未知正在何處，又違親從俗，豈謂尊嚴君父！〈漁父篇〉曰，希意道言謂之諂，道與諂同義。《荀子・不苟篇》非諂諛也，《賈子・先醒篇》君好諂諛而惡至言，《韓詩外傳》並作道諛。諂與道，聲之轉。「豈有背」音佩。

4.【注】世俗遂以多同為正，故謂之道諛，則作色不受。【釋文】「之道」音導。下同。◎慶藩案道人即諂人也。〈漁人。下同。司馬云：眾人，凡人也。「則怫」符弗反，郭敷謂反。

5.【注】亦不問道理，期於相善耳。【疏】勃、怫，皆嗔貌也。道，達也，謂其諂佞以媚君親也。言世俗之人，謂己諂佞，即作色而怒，不受其名，而終身道諛，舉世皆爾。

6.【注】夫合譬飾辭，應受道諛之罪，而世復以此得人以為從俗者，恆不見罪坐也。【疏】夫合於譬喻，飾於浮詞，人皆競趨，故以聚眾，能保其終始，合其本末；眾既從之，故不相罪坐也。譬，本有作璧字者，言合珪璧也。

7.【注】世皆至愚，乃更不可不從。【疏】黃帝垂衣裳而天下治，上衣下裳，以象天地，紅紫之色，間而為彩，用此華飾，改動容貌，以媚一世，浮偽之人，不謂道諛，翻且從君諂佞。此乃與夫流俗之人而徒黨，更相彼此，通用是非，自謂殊於眾人，可謂愚凝之至。

8.【注】夫聖人道同而帝王殊迹者，誠世俗之惑不可解，故隨而任之。【疏】解，悟也。靈，知也。知其愚惑者，聖人也。大愚惑者，凡俗也，心識闇鄙，觸境生迷，所以竟世終身不覺悟也。

9.【注】天下都惑，雖我有求嚮至道之情而終不可得。故堯舜湯武，隨時而已。【疏】適，往也。致，至也。迷勝悟劣故也。今字內皆惑，莊子雖求向至道之情，無由能致，故可悲傷也。【釋文】「祈嚮」許亮反。司馬云：祈，求也。◎俞樾曰：祈字無義。司馬云，祈，求也。則但云予雖祈嚮足矣。郭注云，雖我有求嚮至道之情，則又增出情字，殆皆非也。祈疑所字之誤，言天下皆惑，予雖有所嚮往，不可得也。祈所字形相似，故誤耳。下同。

【釋文】「不解」音蟹，又佳買反。「不靈」才臥反。注同。

【釋文】「不解」音蟹，又佳買反。「不靈」才臥反。注同。

8.【注】夫聖人道同而帝王殊迹者，誠世俗之惑不可解，故隨而任之。

7.【注】世皆至愚，乃更不可不從。

也。惑，迷也。祈，求也。夫三人同行，一人迷路，所往之方，猶自可至，惑少解多故也；二人迷則神勞而不至，

大聲不入於里耳[1]，折楊皇荂，則嗑然而笑[2]。是故高言不止於眾人之心[3]，至言不出，俗言勝也[4]。以二缶鍾惑，而所適不得矣[5]。而今也以天下惑，予雖有祈嚮，其庸可得邪[6]！知其不可得也而強之，又一惑也，故莫若釋之而不推[7]。不推，誰其比憂[8]！厲之人夜半生其子，遽取火而視之，汲汲然唯恐其似己也[9]。

1.【注】非委巷之所尚也。 【釋文】「大聲」司馬云：謂咸池大韶六英之樂也。

2.【注】俗人得嘖曲，則同聲動笑也。 【疏】大聲，謂咸池大韶之樂也，非下里委巷之所聞。折楊皇華，蓋古之俗中小曲也，玩狎鄙野，故嗑然動容，同聲大笑也。昔魏文侯聽於古樂，惛焉而睡，聞鄭衞新聲，欣然而喜，即其事也。 【釋文】「折楊」之列反。「皇荂」況于反，又撫于反。本又作華，音花。司馬本作里華。「嗑然」許甲反。李云：折楊皇華，皆古歌曲也。嗑，笑聲也，烏邀反。司馬本作榼。「嘖曲」仕責反。本又作嗑。

3.【注】不以存懷。 【疏】至妙之談，超出俗表，故謂之高言。適可蘊群聖之靈府，豈容止於眾人之智乎！

4.【注】此天下所以未曾用聖而常自用也。 【疏】出，顯也。至道之言，淡而無味，不入於眾人之心！而流俗之言，飾詞浮偽，猶如折楊之曲，喜聽者多。俗說既其當塗，至言於乎隱蔽，言隱於榮華。

5.【注】各自信據，故不知所之。 【疏】踵，足也。夫迷方之士，指北為南，而二惑既生，垂腳不行，一人亦無由獨進，欲達前所，其可得乎！此復釋前惑者也。 【釋文】「以二缶鍾」司馬本作二垂鍾，云：鍾，注意也。「所適」司馬云：至也。◎家世父曰：《釋文》缶應作垂，鍾應作踵，言垂腳空中，必不得有所適也。司馬本作二垂鍾。今案《說文》：缶，瓦器也，所以盛酒漿。鍾，酒器也。《小爾雅》：釜二有半謂之藪，藪二有半謂之缶，缶二謂之鍾。缶鍾皆量器也，缶受四斛，鍾受八斛。以

二缶鍾惑，謂不辨缶鍾二者所受多寡也，持以為量，茫乎無所適從矣。上文一人惑，二人言之；此以二缶鍾惑，據事言之。盡人皆惑，而誰與明之！操量器而定數。舉天下之大而皆惑也，誰與舉而指之！自分兩義。◎俞樾曰：二缶鍾之文，未知何義。《釋文》云，缶應作垂，鍾應作踵，言垂腳空中，必不得有之適也。此於莊子之意不合。所適，謂所之也。郭注曰，各自信據，故不知所之，是也。如陸氏說，以適為適意之適，當云不得其適，不當云所適不得也。今案鍾當作踵，而二則一字之誤，缶則企字之誤。企下從止，其下亦從止，兩形相似，因致誤耳。《文選·歎逝》注引《字林》曰：企，舉踵也。《一切經音義·十五》引《通俗文》曰：舉踵曰企。然則企踵猶舉踵也。人一企踵，不過步武之間耳，然以一企踵惑，則已不得其所適矣。故下云，而今也以天下惑，予雖有所嚮，其庸可得邪？以天下之大，以一企踵惑，極言其地之小也。上文二人惑則勞而不至，或惑者勝也。而今也以天下惑，予雖有所嚮，不可得也。以天下對二人言，則以人之多寡言；此以天下對一企踵言，則以地之廣狹言。一企踵誤為二缶鍾，則不得其義矣。

6.【疏】夫二人垂踵，所適尚難，況天下皆迷，如何得正！故雖有求向之心，其用固不可得。此釋前不亦悲乎，傷歎既深，所以鄭重。

7.【注】即而同之。【疏】迷惑既深，造次難解，而強欲正者，又是一愚，莫若放而不推，則物我安矣。【釋文】「而強」其丈反。下注同。

8.【注】趣舍得當時之適，不強推之令解也，則相與無憂於一世矣。【疏】釋，放也。比，與也。若任物解惑，棄而不推，則彼此逍遙，憂患誰與也！【釋文】「令解」音蟹。「比憂」毗志反。司馬本作鼻，云：始也。「趣令」力呈反，下同。

9.【注】厲，惡人也。言天下皆不願為惡，及其為惡，或迫於苛役，或迷而失性耳。然迷者自思復，而厲者自思善，故我無為而天下自化。【疏】厲，醜病人。遽，速也。汲汲，匆迫貌。言醜人半夜生子，速取火而看之，情意匆忙，恐其似己。而厲醜惡之甚，尚希改醜以從妍，欲明愚惑之徒，豈不厭迷以思悟耶！釋之不推，自無憂患。【釋文】「厲」音賴，又如字。◎家世父曰：厲之人夜半生其子，別出一義以收足上意。以己同俗，亦喜俗之同乎己，不知其非也。厲者生子，而懼其似己，於此顧不求同焉，惟自知其屬也。然則其同於俗也，與其強己以同於屬無以異也，而懵然不辨其非，亦唯其不知焉而已。「遽」巨據反。本或作蘧，音同。「汲汲」音急。「苛

役]音河。

百年之木，破為犧尊，青黃而文之，其斷在溝中。比犧尊於溝中之斷，則美惡有間矣，其於失性一也[1]。跂與曾史，行義有間矣，然其失性均也[2]。且夫失性有五[3]：一曰五色亂目，使目不明[4]；二曰五聲亂耳，使耳不聰[5]；三曰五臭薰鼻，困惾中顙[6]；四曰五味濁口，使口厲爽[7]；五曰趣舍滑心，使性飛揚[8]。此五者，皆生之害也[9]。而楊墨乃始離跂自以為得，非吾所謂得也[10]。夫得者困，可以為得乎？則鳩鴞之在於籠也，亦可以為得矣[11]。且夫趣舍聲色以柴其內，皮弁鷸冠搢笏紳修以約其外[12]，內支盈於柴柵，外重纆繳，睆睆然在纆繳之中而自以為得，則是罪人交臂歷指而虎豹在於囊檻，亦可以為得矣[13]。

1.【疏】犧，刻作犧牛之形，以為祭器，名曰犧尊也。間，別。既削刻為牛，又加青黃文飾，其一斷棄之溝瀆，不被收用。若將此兩斷相比，則美惡有殊，其於失喪木性一也。此且起譬也。◎慶藩案《毛傳》曰：犧尊有沙飾也（見《詩·閟宮篇》）。鄭司農曰：犧尊飾以翡翠（見《周官》司尊彝注）。後鄭曰：犧讀如沙（見《禮·明堂位》正義），刻畫鳳凰之象於尊，其羽形婆娑然。王念孫引高注《淮南·俶真篇》曰：犧尊，猶疏鏤之尊。然則犧尊者，刻而畫之為眾物之形，在六尊之中，最為華美。故古人言文飾之盛者，猶舉犧尊。今案或曰有沙飾者，或曰飾以翡翠，或曰刻畫鳳凰之象於尊，或曰疏鏤之尊，說雖不同，其於雕鏤之義則一。至阮諶《禮圖》云：犧尊飾以牛，於尊腹之上畫為牛之形，則因犧從牛，望文生義矣。「其斷」徒亂反。下同。本或作故。

2.【疏】此合譬也。桀跖之縱凶殘，曾史之行仁義，雖復善惡之迹有別，而喪真之處實同。

3.【疏】迷情失性，抑乃多端，要且而言，其數有五。

4.【疏】五色者，青黃赤白黑也。流俗貪，以此亂目，不能見理，故曰不明也。

5.【疏】五聲，謂宮商角徵羽也。淫滯俗聲，不能聞道，故曰不聰。

6.【疏】五臭，謂膻薰香鯹腐。愯，塞也。謂刻賊不通也。言鼻愯五臭，故壅塞不通而中傷顙額也。外書呼香為臭也。故易云其臭如蘭。道經謂五香為臭也。
【釋文】「濁口」本又作嚃，音同。◎慶藩案〈大雅‧思齊〉箋曰：穢濁口根，遂使鹹苦成痾，舌失其味，故言屬爽也。◎爽，傷也（《廣雅》同）。使口屬爽，病傷滋味也（見《淮南‧精神篇》。高誘注作偽爽傷，《文子‧九守篇》作使口生創，皆後人妄改）。

7.【疏】五味，謂酸辛甘苦鹹也。李云：困愯，猶刻賊不通也。「中」丁仲反。「顙」桑蕩反。
【釋文】「困」如字。本或作悃，音同。屬，病也。「愯」子公反。郭音俊，又素奉反。

8.【疏】趣，取也。滑，亂也。順心則取，違情則舍，撓亂其心，使自然之性馳競不息，輕浮躁動，故曰飛揚也。
【釋文】「滑心」李音骨。本亦作嚃。

9.【疏】總結前之五事，皆是伐命之刀，害生之斧，是生民之巨害也。

10.【疏】離跂，用力貌也。言楊朱墨翟，各擅己能，失性害生，以此為得，既乖自然之理，故非莊生之所得也。
【釋文】「離」力智反。「跂」丘豉反。

11.【疏】夫仁義禮法約束其心者，非真性者也。既偽其性，則遭困苦。若以此困而為得者，則何異鳩鴞之鳥在樊籠之中，偶其自得者也！

12.【疏】皮弁者，以皮為冠也。鷸者，鳥名也，似鷖，紺色，出鬱林；取其翠羽飾冠，故謂之鷸冠。此鳥，知天文冠鷸。脩，長裙也。此皆以飾朝服也。夫浮偽之徒，以取舍為業，故聲色諸塵柴塞其內府，衣冠擔笏約束其外形，乖自然之性，以此為得，何異鳩鴞也！
【釋文】「鷸」尹必反。徐音述。本又作鸀，音同，鳥名也。一名翠，似燕，紺色，出鬱林，取其羽毛以飾冠。◎慶藩案《說文》：鷸，知天將雨鳥也。案鷸即翠鳥也。《禮記》：知天文冠鷸。《玉篇》、《爾雅》、《釋文》、《漢書‧五行志》，鷸並聿述二音。《匡謬正俗》曰：案鷸水鳥，天將雨即鳴，古人以其知天時，乃為象此鳥之形，使掌天文者冠之。鷸，音聿。亦有術音，故《禮》之〈衣服圖〉及蔡邕《獨斷》謂為術氏冠，亦因鷸音轉為術

耳。此《釋文》鵋又作鶵。案《漢書・輿服志》引記曰知天者冠述，《說苑・修文篇》作冠鈌，蓋因鵋有述音，故或作鶵，或作述，或作鈌耳。「笏」音忽。「紳」音申，帶也。

13.【疏】支，塞也。盈，滿也。柵，籠也。纆徽，繩也。睆睆，視貌也。夫以取舍塞滿於內府，故方柴柵；紳撏約束於外形，取譬纆繩。既外內困弊如斯，而自以為得者，則何異有罪之人，交臂歷指，以繩反縛也！又類乎虎豹遭陷，困於囊檻之中，憂危困苦，莫斯之甚，自以為得，何異此乎！【釋文】「柴柵」楚格反，郭音策。「外重」直龍反。「纆」音墨，「徽」音灼，郭古弔反。「睆睆」環版反，又戶鰥反。李云：窮視貌。一云：眠目貌。「交臂歷指」司馬云：交臂，反縛也。歷指，猶歷樓貌。「檻」戶覽反。

莊子集釋　卷五中

外篇天道第十三[1]

1.【釋文】以義名篇。

天道運而无所積，故萬物成[1]；帝道運而无所積，故天下歸[2]；聖道運而无所積，故海內服[3]。明於天，通於聖，六通四辟於帝王之德者，其自為也，昧然无不靜者矣[4]。聖人之靜也，非曰靜也善，故靜也[5]；萬物无足以鐃心者，故靜也[6]。水靜則明燭鬚眉，平中準，大匠取法焉[7]。水靜猶明，而況精神！聖人之心靜乎！天地之鑑也，萬物之鏡也[8]。夫虛靜恬淡寂漠无為者，天地之平而道德之至[9]，故帝王聖人休焉[10]。休則虛，虛則實，實者倫矣[11]。虛則靜，靜則動，動則得矣[12]。靜則无為，无為也則任事者責矣[13]。无為則俞俞，俞俞者憂患不能處，年壽長矣[14]。夫虛靜恬淡寂漠无為者，萬物之本也[15]。明此以南鄉，堯之為君也；明此以北面，舜之為臣也[16]。以此處上，帝王天子之德也；以此處下，玄聖素王之道也[17]。以此退居而閒游江海，山林之士服[18]；以此進為而撫世，則功大名顯而天下一也[19]。靜而聖，動而王[20]，无為也而尊[21]，樸素而天下莫能與之爭美[22]。夫明白於天地之德者，此之謂大本大宗，與天和者也[23]；所以均調天下，與人和者也[24]。與人

和者，謂之人樂；與天和者，謂之天樂。25

1.【疏】運，動也。轉也。積，滯也。蓄也。言天道運轉，覆育蒼生，照之以日月，潤之以雨露，鼓動陶鑄，曾無滯積，是以四序回轉，萬物生成也。

2.【疏】王者法天象地，運御群品，施化無方，散而不積，故無滯也。【釋文】「无所積」積，謂滯積不通。

3.【注】此三者，皆恣物之性而無所牽滯也。【疏】聖道者，玄聖素王之道也。隨應垂迹，制法立教，舟航有識，拯濟無窮，道合於天，德同於帝，出處不一，故有帝聖二道也。而運智救時，亦無滯蓄，慈造弘博，故海內服也。

4.【注】任其自為，故雖六通四辟而無傷於靜也。【疏】六通，謂四方上下也。夫唯照天道之無為，洞聖情之絕慮，通六合以生化，順四序以施為，以此而總萬乘，可謂帝王之德也。任物自動，故曰自為；晦迹韜光，其猶昧闇，動不傷寂，故無不靜也。【釋文】「六通」謂六氣，陰陽風雨晦明。「四辟」毗赤反，謂四方開也。「昧」音妹。◎盧文弨曰：今本作昧。

5.【注】善之乃靜，則有時而動也。【疏】夫聖人之所以虛靜者，直形同槁木，心若死灰，亦不知靜之故靜也。

6.【注】斯乃自得也。【疏】妙體二儀非有，萬境皆空，是以參變同塵而無喧撓，非由飭勵而得靜也。

7.【疏】夫水，動則波流，止便澄靜，懸鑒洞照，與物無私，故能明燭鬚眉，清而中正，治諸邪枉，可為準的，縱使工倕之巧，猶須倣水取平。故《老經》云，上善若水。此舉喻言之義。【釋文】「中準」丁仲反。◎盧文弨曰：今本作准。

8.【注】夫有其具而任其自為，故所照無不洞明。【疏】夫聖人德合二儀，智周萬物，豈與夫無情之水同日論邪！水靜猶明燭鬚眉，況精神聖人之心靜乎！是以鑒天地之精微，鏡萬物之玄賾者，固其宜矣。此合譬也。

9.【注】凡不平不至者，生於有為。【疏】虛靜恬淡寂漠无為，四者異名同實者也。歎無為之美，故具此四名，而天地以此為平，道德用茲為至也。【釋文】「淡」徒暫反。◎慶藩案至與質同。至，實也。《禮·雜記》

使某實，鄭注：實當為至。《史記·蘇秦傳》趙得講於魏，至公子延，《索隱》曰：至當為質。《漢書·東方朔傳》非至數也，師古曰：至，實也。《刻意篇》正作道德之質。

10.【注】未嘗動也。【疏】息慮，故平至也。

11.【注】倫，理也。【疏】既休慮息心，乃與虛空合德；與虛空合德，則會於真實之道；真實之道，則自然之理也。

12.【注】不失其所以動。【疏】理虛靜寂，寂而能動，斯得之矣。

13.【注】夫無為也，則群才萬品，各任其事而自當其責矣。故曰巍巍乎舜禹之有天下而不與焉，此之謂也。【疏】任事，臣也，言臣下各有任職之事也。夫帝王任智，安靜無為，則臣下職任，各司憂責。斯則主上無為而臣下有事，故冕旒垂目而不與焉。【釋文】「巍巍」魚歸反。「不與」音預。

14.【注】俞俞然，從容自得之貌。【疏】俞俞，從容和樂之貌也。夫有為滯境，塵累所以攖其心；無為自得，憂患不能處其慮。俞俞和樂，故年壽長矣。【釋文】「俞俞」羊朱反：《廣雅》云：喜也。又音喻。「從容」七容反。

15.【注】尋其本在不為中來。【疏】此四句萬物根源，故重舉前言，結成其義也。

16.【疏】夫揖讓之美，無出唐虞，君臣之盛，莫先堯舜；故舉二君以明四德，雖南面北面，而平至一焉。

17.【注】此皆無為之至也。有其道為天下所歸而無其爵者，所謂素王自貴也。【疏】用此無為而處物上者，天子帝堯之德也；用此虛淡而居臣下者，玄聖素王之道也。夫有其道而無其爵者，所謂玄聖素王，自貴者也，即老君尼父是也。【釋文】「南鄉」許亮反。本亦作嚮。「素王」往況反。注同。

18.【疏】退居，謂晦迹隱處也。用此道而退居，故能游玩山水，從容閒樂，是以天下隱士無不服從，即巢許之流是也。【釋文】「而閒」音閑。

19.【注】此又其次也。【疏】夫無為之體大矣，天下何所不為哉！故主上不為冢宰之任，則伊呂靜而司尹矣，冢宰不為百官之所執，則百官靜而御事矣；百官不為萬民之所務，則萬民靜而安其業矣；萬民不易彼我之所能，則天下之彼我靜而自得矣。故自天子以下至於庶人，下及昆蟲，孰能有為而成哉！是故

彌無為而彌尊也。

【疏】進為，謂顯迹出仕也。夫妙體無為而同塵降迹者，故能撫蒼生於仁壽，弘至德於聖朝，著莫測之功名，顯阿衡之政績。是以天下大同，車書共軌，盡善盡美，其唯伊望之倫乎！

20.【注】時行則行，時止則止。

21.【注】自然為物所尊奉。　【疏】其應靜也，玄聖素王之尊；其應動也，九五萬乘之貴；無為也而尊，出則天子，處則素王。是知道之所在，孰敢不貴也！

22.【注】夫美配天者，唯樸素也。　【疏】夫淳樸素質，無為虛靜者，實萬物之根本也。故所尊貴，孰能與之爭美也！

23.【注】天地以無為為德，故明其宗本，則與天地無逆也。　【疏】夫靈府明靜，神照絜白，而德合於二儀者，固可以宗匠蒼生，根本萬有，冥合自然之道，與天和也。

24.【注】夫順天所以應人也，故天和至而人和盡也。　【疏】均，平也。調，順也。且應感無心，方之影響，均平萬有，大順物情，而混迹同塵，故與人和也。

25.【注】天樂適則人樂足矣。　【疏】俯同塵俗，且適人世之懽；仰合自然，方欣天道之樂也。

「人樂」音洛，下同。　【釋文】

莊子曰：「吾師乎！吾師乎！鼇萬物而不為戾[1]，澤及萬世而不為仁[2]，長於上古而不為壽[3]，覆載天地刻彫眾形而不為巧[4]，此之謂天樂[5]。故曰：『知天樂者，其生也天行，其死也物化[6]。靜而與陰同德，動而與陽同波[7]。』故知天樂者，无天怨，无人非，无物累，无鬼責[8]。故曰：『其動也天，其靜也地[9]，一心定而王天下；其鬼不祟，其魂不疲[10]，一心定而萬物服[11]。』言以虛靜推於天地，通於萬物，此之謂天樂[12]。天樂者，聖人之心，以畜天下也[13]。」

1.【注】變而相雜，故曰齏。自齏耳，非吾師之暴戾，再稱之者，歎美其德。言我所師大道，亭毒生靈，假令齏萬物，亦無心暴怒，故素秋搖落而彫零者不怨。此明雖復斷裁而非義也。【疏】齏，碎也。戾，暴也。莊子以自然至道為師，【釋文】「齏」子兮反。「為戾」力計反，暴也。

2.【注】仁者，兼愛之名耳；無愛，故無所稱仁。慈澤無窮而不偏愛，故不為仁。【疏】仁者，偏愛之迹也。言大道開闢天地，造化蒼生，

3.【注】壽者，期之遠耳；無期，故無所稱壽。何夭何壽也！郭注云：壽者，期之遠耳。【釋文】「長於」丁丈反。章末同。【疏】豈但長於上古，抑乃象帝之先。既其不滅不生，復有

4.【注】巧者，為之妙耳，皆自爾，故無所稱巧。巧者，為之妙耳。【疏】乘二儀以覆載，取萬物以刻彫，而二儀以生化為巧，萬物以自然為用。生化既不假物，彫刻豈假他人！是以物各任能，則工拙之名於斯滅矣。郭注云：

5.【注】忘樂而樂足。【疏】所在任適，結成天樂。【釋文】「天樂」音洛。章內同。

6.【疏】既知天樂非哀樂，即知生死無生死。故其生也同天道之四時，其死也混萬物之變化也。

7.【疏】妙本虛凝，將至陰均其寂泊；應迹同世，與太陽合其波流。

8.【注】德合於天，故無天怨；行順於世，故無人非；我冥於物，故物不累我；我不負幽顯，有何鬼責也！

9.【注】動靜雖殊，無心一也。【疏】天地，以結動靜無心之義也。

10.【注】常無心，故王天下而不疲病。【疏】境智冥合，謂之為一。物不能撓，謂之為定。祇為定於一心，故魂不疲勞，故能王於萬國。既無鬼責，有何禍祟！動而常寂，【釋文】「而王」往況反。注及下王天同。「祟」雖遂反，徐息類反。李云：禍也。

11.【疏】我心常靜，通則服，不通則叛。

12.【注】一心凝寂者類死灰，而靜為躁君，故萬物歸服。【疏】所以一心定而萬物服者，祇言用虛靜之智，推尋二儀之理，通達萬物之情，隨物變轉而未嘗不適，故謂之天樂也。

13.【注】聖人之心所以畜天下者奚為哉？天樂而已。【疏】夫聖人之所以降迹同凡，合天地之至樂者，方欲畜養蒼生，亭毒群品也。【釋文】「畜天」許六反。注同。

夫帝王之德，以天地為宗，以道德為主，以无為為常1。无為也，則用天下而有餘2；有為也，則為天下用而不足3。故古之人貴夫无為也。上无為也，下亦无為也，是下與上同德，下與上同德則不臣；下有為也，上亦有為也，是上與下同道，上與下同道則不主4。上必无為而用天下，下必有為為天下用，此不易之道也5。故古之王天下者，知雖落天地，不自慮也6；辯雖彫萬物，不自說也7；能雖窮海內，不自為也8。天不產而萬物化，地不長而萬物育9，帝王无為而天下功10。故曰莫神於天，莫富於地，莫大於帝王11。故曰帝王之德配天地12。此乘天地，馳萬物，而用人群之道也13。

1.【疏】王者宗本於天地，故覆載無心；君主於道德，故生而不有；雖復千變萬化而常自無為。盛德如此，堯之為君也。

2.【注】有餘者，閒暇之謂也。

3.【注】不足者，汲汲然欲為物用也。【疏】不足者，汲汲之辭。匪懈在公，猶恐不足。

4.【注】夫工人無為於刻木而有為於用斧，主上無為於親事而有為於用臣。臣能親事，主能用臣；斧能刻木而工能用斧；各當其能，則天理自然，非有為也。若乃主代臣事，則非主矣；臣秉主用，則非臣矣。故各司其任，則上下咸得而無為之理至矣。【疏】無為者，君德也；有為者，臣道也。若上下無為，則臣僭君德；若上下有為，則君濫臣道。君濫臣道，則非主矣；臣僭君德，豈曰臣哉！於是上下相混，君臣冒亂，既乖天然，必招危禍。故無為為君，有為為臣，不可不察。古之人貴夫無為也。

5.【注】無為之言，不可不察也。夫用天下者，亦有用之為耳。然自得此為，率性而動，故謂之無為也。今之為天下用者，亦自得耳。但居下者親事，故雖舜禹為臣，猶稱有為。故對上下，則君靜而臣動；比古今，則堯舜無

為而湯武有事。然各用其性而天機玄發，則古今上下無為，誰有為者也！【疏】夫處上為君，則必須無為任物，用天下之才能；居下為臣，亦當親事有為，稱所司之職任；則天下化矣。斯乃百王不易之道。

【疏】謂三皇五帝淳古之君也。知照明達，籠落二儀，而垂拱無為，委之臣下，知者為謀，故不自慮也。

6.【釋文】【知雖】音智。下愚知同。

7.【疏】弘辯如流，彫飾萬物，而付之之司牧，終不自言也。
【釋文】【自說】音悅。

8.【注】夫在上者，患於不能無為而代人臣之司。使繇緣不得行其明斷，后稷不得施其播殖，則群才失其任而主上困於役矣。故冕旒垂目而付之天下，天下皆得其自為，斯乃無為而無不為者也，故上之無為則用下，下之無為則自用也。
【疏】藝術才能冠乎海內，任之良佐而不與焉，夫何為焉哉？玄默而已。故《老經》云，是謂用人之力。
【釋文】【繇】音遙。【明斷】丁亂反。

9.【注】所謂自爾。
【疏】天無情於生產而萬物化生，地無心於長成而萬物成育，故郭注云，所謂自然也。

10.【注】功自彼成。
【疏】王者同兩儀之含育，順四序以施生，任萬物之自為，故天下之功成矣。◎王念孫曰：案如郭解，則功下須加成字而其義始明。不知功即成也，言無為而天下成也（《中庸》曰，無為而成）。《爾雅》曰：功，成也。《大戴禮·盛德篇》曰：大夫任官辯事，官長任事守職，士脩身功材，功材也。《荀子·富國篇》曰，百姓之力，待之而後功，謂待之而後成也。萬物化，萬物育，天下功，相對為文，是功為成也。

11.【疏】夫日月明晦，雲雷風雨，而陰覆不測，故莫神於天。囊括川原，包容岳瀆，運載無窮，故莫富於地。

12.【注】同乎天地之無為也。
【疏】威跨萬乘，位居九五，日月照臨，一人總統，功德之大，莫先王者。故《老經》云，域中四大，王居其一焉。

13.【注】配，合也。
【疏】達覆載之無主，是以乘馭兩儀，循變化之往來，故能驅馳萬物，任黔黎之才，用人群之道也。言聖人之德，合天地之無為。

本在於上，末在於下[1]；要在於主，詳在於臣[2]。三軍五兵之運，德之末也[3]；賞罰利害，五刑之辟，教之末也[4]；禮法度數，形名比詳，治之末也[5]；鐘鼓之音，羽旄之容，樂之末也[6]；哭泣衰絰，隆殺之服，哀之末

也7。此五末者，須精神之運，心術之動，然後從之者也8。

1.【疏】本，道德也。末，仁義也。言道德淳樸，治之根本，行於上古；仁義澆薄，治之末葉，行於下代。故云，本在於上，未在於下也。【釋文】「本在於上末在於下」李云：本，天道；末，人道也。

2.【疏】要，簡省也。詳，繁多也。主道逸而簡要，臣道勞而繁冗。繁冗，故有為而奉上；簡要，故無為而御下也。

3.【疏】五兵者，一弓，二殳，三矛，四戈，五戟也。運，動也。夫聖明之世，則偃武修文；逮德下衰，則偃文修武，則五兵動亂；偃武修文，則四民安業。德之本末，自此可知也。

4.【疏】賞者，軒冕榮華，故利也。罰者，誅殘戮辱，故害也。辟，法也。五刑者，一劓，二墨，三刖，四宮，五大辟。夫道喪德衰，浮偽日甚，故設刑辟以被黎元，既虧理本，適為教末也。【釋文】「之辟」毗赤反。

5.【疏】禮法者，五禮之法也。數者，計算；度者，丈尺；形者，容儀；名者，字諱；比者，校當；詳者，定審。用此等法以養蒼生，治乖淳古，故為治末也。【釋文】「比詳」毗志反。下同。一音如字，云：比較詳審。

6.【疏】樂者，和也。羽者，鳥羽；旄者，獸毛；言采鳥獸之羽毛以飾其器也。夫帝王之所以作樂者，欲上調陰陽，下和時俗也。古人聞樂即知國之興亡；治世亂世，其音各異。是知大樂與天地同和，非羽毛鐘鼓者也。自三代以下，澆浪荐興，賞鄭衛之淫聲，棄雲韶之雅韻，遂使羽毛文采，盛飾容儀，既非咸池之本，適是濮水之末。

7.【疏】經者，實也。衰，摧也。上曰衰，下曰裳。在首在腰，二俱有經。隆殺者，言禮有斬衰、齊衰、大功、小功、緦麻五等，各有差降。此是教迹外儀，非情發於衷，故哀之末也。【釋文】「衰」音崔。「經」所界反。「隆殺」田結反。

8.【注】夫精神心術者，五末之本也。任自然而運動，則五事之末不振而自舉也。【疏】術，能也。心之所能，謂之心術也。精神心術者，五末之本也。言此之五末，必須精神心智率性而動，然後從於五事，即非矜矯者能，謂之心術也。

末學者，古人有之，而非所以先也[1]。君先而臣從，父先而子從，兄先而弟從，長先而少從，男先而女從，夫先而婦從[2]。夫尊卑先後，天地之行也，故聖人取象焉[3]。天尊，地卑，神明之位也；春夏先，秋冬後，四時之序也[4]。萬物化作，萌區有狀[5]；盛衰之殺，變化之流也[6]。夫天地至神，而有尊卑先後之序，而況人道乎[7]！宗廟尚親，朝廷尚尊，鄉黨尚齒，行事尚賢，大道之序也[8]。語道而非其序者，非其道也[9]；語道而非其道者，安取道[10]！

1.【注】所以先者本也。
【疏】古之人，謂中古人也。先，本也。五末之學，中古有之，事涉澆僞，終非根本也。

2.【疏】夫尊卑先後，天地之行也。
【釋文】「長先而少」詩照反。

3.【注】言此先後雖是人事，然皆在至理中來，非聖人之所作也。
【疏】天地之行者，謂春夏先，秋冬後，四時行也。

4.【注】夫天地雖大，尚有尊卑，況在人倫，而無先後！是以聖人象二儀之造化，觀四序之自然，故能篤君臣之大義，正父子之要道也。
【疏】天尊，地卑，不刊之位也。春夏先，秋冬後，次序愨乎！舉此二條，足明萬物。

5.【疏】夫萬物變化，未始暫停，或起或伏，乍生乍死，千族萬種，色類不同，而萌兆區分，各有形狀。
【釋文】「萌區」曲俱反。

6.【疏】夫春夏盛長，秋冬衰殺，或變生作死，或化故成新，物理自然，非關措意，故隨流任物而所造皆適。

7.【注】明夫尊卑先後之序，固有物之所不能無也。
【疏】二儀生育，有不測之功，萬物之中，最為神化，尚有尊卑先後，況人倫之道乎！

8.【疏】宗廟事重，必據昭穆，以嫡相承，故尚親也。朝廷以官爵為尊卑，鄉黨以年齒為次第，行事擇賢能用之，此理之必然，故云大道之序。
【注】言非但人倫所尚也。
【釋文】「朝廷」直遙反。

9.【疏】議論道理而不知次第者，雖有語言，終非道語；既失其序，不堪治物也。

10.【注】所以取道，為其有序也。

【疏】既不識次第，雖語非道，於何取道而行理之邪！

是故古之明大道者，先明天而道德次之¹，道德已明而仁義次之²，仁義已明而分守次之³，分守已明而形名次之⁴，形名已明而因任次之⁵，因任已明而原省次之⁶，原省已明而是非次之⁷，是非已明而賞罰次之⁸。賞罰已明而愚知處宜，貴賤履位⁹；仁賢不肖襲情¹⁰，必分其能，必由其名¹¹。以此事上¹²，以此畜下，以此治物，以此修身¹³，知謀不用，必歸其天，此之謂太平，治之至也¹⁴。

1.【注】天者，自然也。自然既明，則物得其道也。為自然是道德之本，故道德次之。

【疏】先明天而道德次之。

2.【注】物得其道而和，理自適也。

【疏】既行兼愛之仁，先仁後義，故仁義次之。

3.【注】理適而不失其分也。

【疏】又明裁非之義，次令各守其分，不相傾奪也。

4.【注】得分而物物之名各當其形也。

【疏】形，身也。各守其分，次勸修身，致其名譽也。

5.【注】無所復改。

【疏】雖復勸令修身以致名譽，而皆須因其素分，任其天然，不可矯性偽情以要令聞也。

6.【注】物各自任，則罪責除也。

【疏】原者，恕免；省者，除廢。雖復因任其本性，而不無其僭過，故宜布之愷澤，宥免其辜也。

7.【注】各以得性為是，失性為非。

【釋文】「原省」所景反。原，除；省，廢也。

8.【注】賞罰者，失得之報也。夫至治之道，本在於天而末極於斯。

【疏】是非既明，臧否斯見，故賞善罰惡，以勖黎元也。

9.【注】官各當其才也。

【疏】用此賞罰,以次前序而為治方者,智之明暗,安處各得其宜,才之高下,貴賤咸履其位也。

10.【注】各自行其所能之情。

【疏】仁賢,智也;不肖,愚也。襲,用也。主上聖明,化導得所,雖復賢愚各異,而咸用本情,終不舍己效人,矜夸炫物也。

11.【注】無相易業。

【疏】夫性性不同,物物各異,藝能固別,才用必分,使之如器,無不調適也。【釋文】「必分」方云反。

12.【注】名當其實,故由名而實不濫也。【疏】夫名以召實,而當實故名。若使實不由名,則名過其實。今明名實相稱,故云必由其名也。

13.【疏】以,用也。言用以前九法,可以為臣事上,為君畜下,外以治物,內以脩身也。

14.【疏】至默無為,委之群下,竇聰閉智,歸之自然,可謂太平之君,至治之美也。【釋文】「知治」音智。「大平」音泰。

故書曰:「有形有名。」形名者,古人有之,而非所以先也[1]。古之語大道者,五變而形名可舉,九變而賞罰可言也[2]。驟而語形名,不知其本也[3];驟而語賞罰,不知其始也[4]。倒道而言,迕道而說者,人之所治也,安能治人[5]!驟而語形名賞罰,此有知治之具,非知治之道[6];可用於天下,不足以用天下,此之謂辯士,一曲之人也[7]。禮法數度,形名比詳,古人有之,此下之所以事上,非上之所以畜下也[8]。

1.【疏】先,本也。言形名等法,蓋聖人之應迹耳,不得已而用之,非所以迹也。書者,道家之書,既遭秦世焚燒,今檢亦無的據。

2.【注】自先明天以下,至形名而五,至賞罰而九,此自然先後之序也。

【疏】夫為治之體,必隨世污隆,

世有澆淳，故治亦有寬急。是以五變九變，可舉可言。苟其不失次序，則是太平至治也。

3.【疏】驟，數也。速也。季世之人，不知倫序，數語形名，以為治術，而未體九變，以自然為宗，但識其末，不知其本也。

4.【疏】速論賞罰，以此馭時，唯見枝條，未知根本。始，猶本也，互其名耳。

5.【注】治人者必順序。【疏】连，逆也。不識治方，不知次序，顛倒道理，连逆物情，適可為物所治，豈能治物也！

6.【注】治道先明天，不為棄賞罰也，但當不失其先後之序耳。【釋文】「连道」音悟。司馬云：橫也。又如字。治之要道也。

7.【注】夫用天下者，必大通順序之道。【疏】若以形名賞罰可施用於天下者，不足以用於天下也。斯乃苟飾華辭浮游之士，一見偏執之人，未可以識通方，悟於大道者也。

8.【注】寄此事於群才，斯乃畜下也。【疏】重疊前語。古人有之，但寄群才而不親預，故是臣下之術，非主上養民之道。總結一章之意，以明本末之旨歸也。

昔者舜問於堯曰：「天王之用心何如[1]？」堯曰：「吾不敖无告[2]，不廢窮民[3]，苦死者，嘉孺子而哀婦人[4]。此吾所以用心已[5]。」

1.【疏】天王，猶天子也。舜問於堯為帝王之法，若為用心以合大道也。

2.【注】无告者，所謂頑民也。【疏】敖，侮慢也。无告，謂頑愚之甚，無堪告示也。堯答舜云：「縱有頑愚之民，不堪告示，我亦殷勤教誨，不敖慢棄舍也。」故《老經》云，不善者吾亦善之。敖亦有作教字者，今不用也。

3.【注】恆加恩也。【疏】百姓之中有貧窮者，每加拯恤，此心不替也。

【釋文】「不敖」五報反。

4.【疏】孺子，猶稚子也。哀，憐也。民有死者，輒悲苦而慰之。稚子小兒，婦人孤寡，並皆矜愍善嘉養恤也。

5.【疏】已，止也。總結以前，用答舜問。「我之用心，止盡於此。」

舜曰：「美則美矣，而未大也¹。」

1.【疏】用心為治，美則美矣，其道狹劣，未足稱大。既領堯答，因發此譏。

堯曰：「然則何如¹？」

1.【疏】堯既被譏，因茲請益，「治道之大，其術如何？」

舜曰：「天德而出寧¹，日月照而四時行，若晝夜之有經，雲行而雨施矣²。」

1.【注】與天合德，則雖出而靜。
【疏】化育之方，與玄天合德，迹雖顯著，心恆寧靜。

2.【注】此皆不為而自然也。
【疏】經，常也。夫日月盛明，六合俱照，春秋涼暑，四序運行，晝夜昏明，雲行雨施，皆天地之大德，自然之常道者也。既無心於偏愛，豈有情於養育！帝王之道，其義亦然。【釋文】「雨施」始豉反。

堯曰：「膠膠擾擾乎¹！子，天之合也；我，人之合也²。」

1.【注】自嫌有事。
【疏】膠膠，擾擾，皆擾亂之貌也。領悟此言，自嫌多事，更相發起，聊此為謙。
【釋文】「膠膠」交卯反。司馬云：和也。「擾擾」而小反。司馬云：柔也。案如注意，膠膠擾擾，動亂之貌。

2.【疏】堯自謙光，推讓於舜，故言子之盛德，遠合上天，我之用心，近符人事。夫堯舜二君，德無優劣，故寄此兩聖以顯方治耳。

夫天地者，古之所大也[1]，而黃帝堯舜之所共美也[2]。故古之王天下者，奚為哉？天地而已矣[3]。

[1]【疏】自此已下，莊生之辭也。夫天覆地載，生育群品，域中四大，此當二焉。故引古證今，歎美其德。

[2]【疏】唯天為大，唯堯則之。故知軒頊唐虞，皆以德合天地為其美也。

[3]【疏】言古之懷道帝王，何為者哉？蓋無心順物，德合二儀而已矣。【釋文】「之王」往況反。

孔子西藏書於周室。子路謀曰：「由聞周之徵藏史有老聃者，免而歸居，夫子欲藏書，則試往因焉[1]。」

[1]【疏】姓仲，名由，字子路，宣尼弟子也。宣尼覩周德已衰，不可匡輔，故將已所修之書，欲藏於周之府藏，庶為將來君王治化之術，故與門人謀議，詳其可否。老君，姓李，名聃，為周徵藏史，猶今之祕書官，職典墳籍。見周室版蕩，所以解免其官，歸休靜處。故子路容勸孔子，何不暫試過往，因而問焉。【釋文】「藏書」司馬云，藏其所著書也。「徵藏」才浪反。司馬云：徵藏，藏名也。一云：徵，典也。「史」藏府之史。「老聃」吐甘反。或云：老聃是孔子時老子號也。「免而歸」言老子見周之末不復可匡，所以辭去也。

孔子曰：「善。」

往見老聃，而老聃不許[1]，於是繙十二經以說[2]。

[1]【疏】老子知欲藏之書是先聖之已陳芻狗，不可久留，恐亂後人，故云不許。

[2]【疏】孔子刪《詩》、《書》，定《禮》、《樂》，修《春秋》，贊《易》道，此六經也；又加《六緯》，合為十二經也。委曲敷演，故繙覆說之。【釋文】「繙」敷袁反。徐又音盤，又音煩。司馬云：煩冤也；又加《六緯》，合為十二經也。一說「經」說者云：《詩》、《書》、《禮》、《樂》、《易》、《春秋》六經，又加《六緯》，合為十二經也。一說

云：《易》上下經並十翼為十二。又一云：春秋十二公經也。「以說」如字，又始銳反。絕句。

【釋文】「老聃中」丁仲反。

老聃中其說，曰：「大謾，願聞其要1。」

孔子曰：「要在仁義2。」

1.【疏】中其說者，許其有理也。大謾者，嫌其繁謾太多，請簡要之術也。

「其說」如字。絕句。「曰大」音泰，徐敕佐反。「謾」末旦反，郭武諫反。

2.【疏】經有十二，乃得繁盈，切要而論，莫先仁義也。

老聃曰：「請問，仁義，人之性邪1？」

孔子曰：「然。君子不仁則不成，不義則不生。仁義，真人之性也，又將奚為矣2？」

1.【疏】問：「此仁義率性不乎？」

2.【疏】然，猶如此。言仁義是人之天性也。賢人君子，若不仁則名行不成，不義則生道不立。故知仁義是人之真性，又將何為是疑之也邪？

老聃曰：「請問，何謂仁義1？」

孔子曰：「中心物愷，兼愛无私，此仁義之情也2。」

1.【疏】前言仁義是人之真性，今之重問，請解所由也。

2.【注】此常人之所謂仁義者也，故寄孔老以正之。

【疏】愷，樂也。忠誠之心，願物安樂，慈愛平等，兼

【釋文】「中心物」本亦作勿。「愷」開待反。司馬云：樂也。

濟無私，允合人情，可為世教也。

老聃曰：「意，幾乎後言[1]！夫兼愛，不亦迂乎[2]！无私焉，乃私也[3]。夫子若欲使天子无失其牧乎[3]？則天地固有常矣，日月固有明矣，星辰固有列矣[4]，禽獸固有群矣，樹木固有立矣[5]。夫子亦放德而行，循道而趨，已至矣[6]；又何偈偈乎揭仁義，若擊鼓而求亡子焉[7]？意，夫子亂人之性也[8]！」

1.【注】夫至仁者，無愛而直前也。【疏】意，不平之聲也。幾，近也。迂，曲也。後發之言，近乎浮偽，司馬云：不平聲也。下同。「幾乎」音機。司馬本作顗，云：顗，長也，後言長也。◎盧文弨曰：舊本後作復，未詳。「迂乎」音于。

2.【注】世所謂無私者，釋己而愛人。夫愛人者，欲人之愛己，此乃甚私，非忘公而公也。【疏】夫兼愛於人，欲人之愛己也，此乃甚私，何公之有邪！

3.【注】牧，養也。欲使天下蒼生咸得本性者，莫若上下各各守分，自全恬養，則大治矣。牧有本作放字者，言君王但放任群生，則天下太平也。【釋文】「牧乎」司馬云：牧，養也。

4.【疏】夫天地覆載，日月照臨，星辰羅列，此並自然之理也，非關人事。豈唯三種，萬物悉然，但當任之，莫不備足，何勞措意，妄為矜矯也！

5.【注】皆已自足。【疏】有識禽獸，無情草木，各得生立，各有群分，豈資仁義，方獲如此！

6.【注】不待於兼愛也。【疏】循，順也。放任己德而逍遙行世，順於天道而趨步人間，人間至極妙行，莫過於此也。【釋文】「放德」方往反。

7.【注】無由得之。【疏】偈偈，勵力貌也。揭，擔負也。亡子，逃人也。言孔丘勉勵身心，擔負仁義，強行於世，以教蒼生，何異乎打擊大鼓而求覓亡子，是以鼓聲愈大而亡者愈離，仁義彌彰而去道彌遠，故無由得之。【釋文】「偈偈」居謁反，又巨謁反。用力之貌。或云：「揭仁」其謁反，又音桀。

8.【注】事至而愛，當義而止，斯忘仁義者也，常念之則亂真矣。【疏】亡子不獲，罪在鳴鼓；真性不明，過由仁義。故發噫歎，總結之也。

士成綺見老子而問曰：「吾聞夫子聖人也，吾固不辭遠道而來願見，百舍重趼而不敢息[1]。今吾觀子，非聖人也。鼠壤有餘蔬[2]，而棄妹之者，不仁也[3]，生熟不盡於前[4]，而積斂无崖[5]。」

老子漠然不應[1]。

[1]【疏】姓士，字成綺，不知何許人。舍，逆旅也。趼，腳生泡漿創也。成綺素聞老子有神聖之德，故不辭艱苦，慕義遠來。百經旅舍，一不敢息，塗路既遙，足生重趼。【釋文】「士成綺」如字，又魚紙反。司馬云：士成綺，人姓名也。「願見」賢遍反。下同。「百舍」司馬云：百日止宿也。「重」直龍反。「趼」古顯反。司馬云：胝也。胝，音陟其反。許慎云：足指約中斷傷為趼。◎慶藩案《釋文》引許說，本《淮南·脩務篇》注。《淮南》引《莊子》作重繭，趼即趼字之誤也。高注云：趼，足生胝也。趼，又讀若繭。《賈子·勸學篇》百舍重繭，〈宋策〉墨子百舍重繭（高注：重繭，累胝也），皆假繭作趼也。

[2]【注】言其不惜物也。【疏】昔時藉甚，謂是至人；今日親觀，知無聖德。見其鼠穴土中，有餘殘蔬菜。嫌其穢惡，故發此譏也。【釋文】「餘蔬」所居反，又音所。司馬云：蔬讀曰糈。糈，粒也。鼠壤內有遺餘之粒，穢惡過甚也。一云：如鼠之堆壤，餘益蔬外也。

[3]【注】無近恩，故曰棄。【疏】妹，猶昧也。闇昧之徒，應須誘進，棄而不教，豈曰仁慈也！【釋文】「棄妹」一本作妹之老。「不仁」《釋名》云：妹，末也。謂末學之徒，須慈誘之，乃見棄薄，不仁之甚也。

[4]【注】至足，故恆有餘。【疏】生，謂粟帛；熟，謂飲食。充足之外，不復蓄懷，所以飲食資財，目前狼藉。且大聖寬弘而不拘小節，士成庸瑣，以此為非。細碎之間，格量真聖，可謂以螺酌海，焉測淺深也！【釋文】

[5]【注】萬物歸懷，來者受之，不小立界畔也。【疏】既有聖德，為物所歸，故供給聚斂，略無涯涘，浩然無心，積散任物也。【釋文】「而積」子亦反，李子賜反。「斂」力檢反，李狸豔反。

1.【注】不以其言槩意。　【疏】塵垢之言，豈曾入耳！漠然虛淡，何足介懷！

士成綺明日復見，曰：「昔者吾有刺於子，今吾心正卻矣，何故也[1]？」

1.【注】卻，空也，息也。　【疏】卻，空也。昨日初來，妄生譏刺，今時思省，方覺己非，所以引過責躬，深懷慚竦。心之空矣，不識何耶。　【釋文】「復見」扶又反。「有刺」千賜反。「正卻」去逆反。或云：息也。

老子曰：「夫巧知神聖之人，吾自以為脫焉[1]。昔者子呼我牛也而謂之牛，呼我馬也而謂之馬[2]。苟有其實，人與之名而弗受[3]，再受其殃[4]。吾服也恆服[5]，吾非以服有服。」

1.【注】脫，過去也。　【疏】夫巧智神聖之人者，蓋是迹，非所以迹也。「汝言我欲於聖人乎？我於此久以免脫，汝何為乃謂我是聖非聖耶？」老君欲抑成綺之譏心，故示以息迹歸本也。郭注云，脫，過去也，謂我於聖已得過免而去也。　【釋文】「夫巧」苦教反，又如字。「知」音智。「為脫」徒活反。注同。

2.【注】隨物所名。

3.【注】有實，故不以毀譽經心也。　【釋文】「毀譽」音餘，下同。

4.【注】一毀一譽，若受之於心，則名實俱累，斯所以再受其殃也。　【疏】昨日汝喚我作牛，我即從汝喚作牛，喚我作馬，我亦從汝喚作馬，我終不拒。且有牛馬之實，是一名也。人與之名，譏而不受，是再殃也。譏刺之言，未甚牛馬，是尚不諱，而況非乎！

5.【注】服者，容行之謂也。不以毀譽自殃，故能不變其容。　【疏】郭注云，服者，容行之謂也。老君體道大聖，故能制服身心，行行容受，呼牛呼馬，唯物是從，此乃恆常，非由措意也。　【釋文】「容行」如字。

6.【注】有為為之，則不能恆服。　【疏】言我率性任真，自然容受，非關有心用意，方得而然。必也用心，

便成矯性，既其有作，豈曰無為！

士成綺鴈行避影，履行遂進而問：「修身若何¹？」

1.【疏】成綺自知失言，身心慙愧，於是鴈行斜步，側身避影，隨逐老子之後，不敢履躡其迹，仍徐進問，請修身之道如何。

老子曰：「而容崖然¹，而目衝然²，而顙頯然³，而口闞然⁴，而狀義然⁵，似繫馬而止也⁶。動而持⁷，發也機⁸，察而審⁹，知巧而覩於泰¹⁰，凡以為不信¹¹。邊竟有人焉，其名為竊¹²。」

1.【注】進趨不安之貌。

【疏】而，汝也。言汝莊飾容貌，夸駭於人，自為崖岸，不能舒適。

2.【注】衝出之貌。

【疏】心既不安，目亦馳動，故左盻右睞，睢盰充詘也。

3.【注】高露發美之貌。

【疏】顙額高亢，顯露華飾，持此容儀，矜敖於物。

【釋文】「顙頯」上息黨反，下去軌反。本文作顯，如字。司馬本作頵。

4.【注】虓豁之貌。

【疏】郭注云，虓豁之貌也。謂志性強梁，言語雄猛，夸張虓豁，使人可畏也。

【釋文】「闞」火交反。「虓」火括反。「豁」火括反。

5.【注】踶跂自持之貌。

【疏】義，宜也。踶跂驕豪，實乖典禮，而修飾容狀，自然合宜也。

【釋文】「踶」直氏反。「跂」去氏反。◎慶藩案義讀為峨。義然，峨然也。說詳俞氏〈大宗師篇平議〉。郭訓成疏兩失之。

6.【注】志在奔馳。

【疏】形雖矜莊，而心性誼躁，猶如逸馬被繫，意存奔走。

7.【注】不能自舒放也。

【疏】馳情逐境，觸物而動，不能任適，每事拘持。

8.【注】趨捨速也。

【疏】機，弩牙也。攀緣之心，遇境而發，其發猛速，有類弩牙。

9.【注】明是非也。

【疏】不能虛遣，違順兩忘，而明察是非，域心審定。

10.【注】泰者，多於本性之謂也。

【疏】泰，多也。不能忘巧忘知，觀無為之一理，而詐知詐巧，見有為之多事。

11.【注】凡此十事，以為不信性命而蕩夫毀譽，皆非修身之道也。◎家世父曰：郭象云，凡此十事，以為不信性命而蕩夫毀譽，於文多一轉折。凡以為不信，言行，非真實之德也。與自然之性不相應，故謂之不信。容也，目也，頟也，口也，狀也，一有矜持，若繫馬而制其奔突，不能自信於心也。動而發，一其機應之，而相勝以知所，不能自信於外也。微分兩義，不得為十事。【疏】信，實也。言此十事，皆是虛詐之行，出於矯揉，與自然之性不相應，故謂之不信。

12.【注】亦如汝所行，非正人也。【疏】竊，賊也。邊蕃境域，忽有一人，不懼憲章，但行竊盜。內則損傷風化，外則阻隔蕃情，蠹政害物，莫斯之甚。成綺之行，其猥亦然，舉動睢盱，猶如此賊也。【釋文】「邊竟」「邊境」。「有人焉其名為竊」邊垂之人，不聞知禮樂之正，縱有言語，偶會墳典，皆是竊盜所得，其道何足語哉！司馬云：言遠方嘗有是人。

夫子曰：「夫道，於大不終，於小不遺，故萬物備1。廣廣乎其无不容也，淵乎其不可測也2。形德仁義，神之末也，非至人孰能定之3！夫至人有世，不亦大乎！而不足以為之累4。天下奮棅而不與之偕5，審乎無假而不與利遷6，極物之真，能守其本7，故外天地，遺萬物，而神未嘗有所困也8。通乎道，合乎德9，退仁義10，賓禮樂11，至人之心有所定矣12。」

1.【疏】莊周師老君，故呼為夫子也。終，窮也。二儀雖大，猶在道中，不能窮道之量；秋毫雖小，待之成體，此則於小不遺。既其能小能大，故知備在萬物。

2.【疏】既大無不包，細無不入，貫穿萬物，囊括二儀，故廣廣歎其寬博，淵乎美其深遠。◎慶藩案廣廣，猶言曠曠也。曠曠者，虛無人之貌。《漢書·五行志》師出過時，茲謂廣，李奇曰：廣，音曠。曠與廣，古字義通。〈武五子傳〉曠曠者，橫術（薛瓚曰：術，道路也）。何廣廣兮，蘇林曰：廣，音曠。

3.【疏】夫形德仁義者，精神之末迹耳，非所以迹也」，救物之弊，不得已而用之。自非至聖神人，誰能定其粗妙耶！

4.【注】用世，故不患其大也。
【疏】聖人威跨萬乘，王有世界，位居九五，不亦大乎！而姑射汾陽，忘物忘己，即動即寂，何四海之能累乎！

5.【注】靜而順之。
【疏】棟，權也。偕，居也。社稷顛覆，宇內崩離，趨世之人，奮動權棟，必靜而自守，不與並逐也。
【釋文】「奮棟」音柄。司馬云：威權也。一本作棟。◎家世父曰：《釋文》引司馬云：柄，柯也。柄，或作棟。《管子·山權數篇》此之謂國權，此謂君棟。操國計之盈虛，謂之國權。制人事之重輕，謂之君棟。棟者，所藉以制事者也。大者制大，小者制小，相與奮起以有為於世，皆有所借者也。《說文》：假，借也。無所假則無為，無為則因以為弟靡，因以為波流，而隨物以遷焉。無假而不與利遷，斯之謂無為而無不為。郭象云，任真而直往，非也。

6.【注】任真而直往也。
【疏】志性安靜，委命任真，榮位既不關情，財利豈能遷動也！

7.【注】夫聖人靈鑒洞徹，窮理盡性，斯極物之真者也。而應感無方，動不傷寂，能守其本。

8.【疏】雖復握圖御寓，總統群方，而忘外二儀，遺棄萬物，是以為既無為，事既無事，心閑神王，何困弊之有！

9.【疏】淡泊之心，通乎至道，虛忘之智，合乎上德，斯乃境智相會，能所冥符也。

10.【注】進道德也。

11.【注】以情性為主也。
【疏】退仁義之澆薄，進道德之淳和，擯禮樂之浮華，主無為之虛淡。◎俞樾曰：賓當讀為擯，謂擯斥禮樂也，與上句退仁義一律。郭注曰：以性情為主也，則以本字讀之，其義轉迂。〈達生篇〉曰，賓於鄉里，逐於州部，此即假賓為擯之證。◎慶藩案俞說是也。古賓擯音同，音同之字，往往假借為義。《周禮》司儀，實拜送幣，《釋文》云：賓，音擯。本書〈徐无鬼〉篇，賓於寡人，司馬本實作擯，即其證。

12.【注】定於無也。
【疏】恬淡無為而用不乖寂，定矣。

世之所貴道者書也1，書不過語，語有貴也。語之所貴者意也2，意有

所隨。意之所隨者，不可以言傳也₃，而世因貴言傳書。世雖貴之，我猶不足貴也，為其貴非其貴也₄。故視而可見者，形與色也；聽而可聞者，名與聲。悲夫，世人以形色名聲為足以得彼之情！夫形色名聲果不足以得彼之情₅，則知者不言，言者不知，而世豈識之哉₆！

1.【疏】道者，言說；書者，文字。世俗之人，識見浮淺，或託語以通心，或因書以表意，持誦往來，以為貴重，不知無足可言也。

2.【疏】所以致書，貴宣於語，所以宣語，貴表於意也。

3.【疏】隨，從也。意之所出，從道而來，道既非色非聲，故不可以言傳說。【釋文】「言傳」丈專反。後同。

4.【注】其貴恆在意言之表。【疏】夫書以載言，言以傳意，而末世之人，心靈暗塞，遂貴言重書，不能忘其言求理。故雖貴之，我猶不足貴者，為言書糟粕，非可貴之物也。故郭注云，其貴恆在意言之表。【釋文】「為其」于偽反。

5.【注】得彼之情，唯忘言遺書者耳。【疏】夫目之所見，莫過形色，耳之所聽，唯在名聲。而世俗之人，不達至理，謂名言聲色，盡道情實。豈知玄極，視聽莫偕！愚惑如此，深可悲歎。郭注云，得彼之情，唯忘言遺書者耳。

6.【注】此絕學去知之意也。【疏】知道者忘言，貴德者不知，而聲俗愚迷，豈能識悟！唯當達者方體之矣。【釋文】「知者」如字。下同。或並音智。「去尚」起呂反。

桓公讀書於堂上。輪扁斲輪於堂下，釋椎鑿而上，問桓公曰：「敢問，公之所讀者何言邪₁？」

公曰：「聖人之言也₂。」

1.【疏】桓公，齊桓公也。輪，車輪也。扁，匠人名也。斲，雕斫也。釋，放也。齊君耽讀，輪扁打車，貴賤
不同，事業各異，乃釋放其具，方事質疑。欲明至道深玄，不可傳說，故寄桓公匠者，略顯忘言之致也。【釋
文】「桓公」李云：齊桓公也，名小白。「輪扁」音篇，又符殄反。司馬云：斲輪人也，名扁。「斲」陟角反。【釋
「椎」直追反。「而上」時掌反。

2.【疏】所謂憲章文武，祖述堯舜，是聖人之言。

曰：「聖人在乎[1]？」

公曰：「已死矣[2]。」

1.【疏】又問：「聖人見在以不？」

2.【疏】答曰：「聖人雖死，厥教尚存焉。」

曰：「然則君之所讀者，古人之糟魄已夫[1]！」

桓公曰：「寡人讀書，輪人安得議乎！有說則可，无說則死[2]。」

1.【疏】酒滓曰糟，漬糟曰粕。大醇酌比乎道德，糟粕方之仁義，已陳芻狗，曾何足云！【釋文】「糟」音
遭。李云：酒滓也。「粕」普各反。司馬云：爛食曰魄。一云：糟爛為魄。本又作粕，音同。許慎云：粕，已漉麤
糟也。或普白反，謂魂魄也。「已夫」音符。絕句。或如字。◎慶藩案《釋文》，魄，本又作粕，即司馬本也。
《文選》陸士衡《文賦》注引司馬云：爛食曰粕。

2.【疏】貴賤禮隔，不可輕言，庸委之夫，輒敢議論。說若有理，方可免辜，如其無辭，必獲死罪。

輪扁曰：「臣也以臣之事觀之。斲輪，徐則甘而不固，疾則苦而不入。
不徐不疾，得之於手而應於心，口不能言，有數存焉於其間。[1]臣不能以喻

臣之子，臣之子亦不能受之於臣，是以行年七十而老斲輪2。古之人與其不可傳也死矣，然則君之所讀者，古人之糟魄已夫3！」

1.【疏】甘，緩也。苦，急也。數，術也。夫斲輪失所則不牢固，若使得宜，則口不能言也。況之理教，其義亦然。

【釋文】「甘」如字，又音酤。司馬云：甘者，緩也。苦者，急也。「有數」李云：色注反，數，術也。

◎盧文弨曰：案前後俱作色主反，此注字疑誤。

2.【注】此言物各有性，教學之無益也。

【疏】喻，曉也。輪扁之術，不能示其子，輪扁之子，亦不能稟受其教，是以行年至老，不免斤斧之勞。故知物各有性，不可傚效。

3.【注】當古之事，已滅於古矣，雖或傳之，豈能使古在今哉！古不在今，今事已變，故絕學任性，與時變化而後至焉。

【疏】夫聖人制法，利物隨時，時既不停，法亦隨變。是以古人古法淪殘於前，今法今人自興於後，無容執古聖迹行乎今世。故知所讀之書，定是糟粕也。

【釋文】「人與」如字，又一音餘。「可傳」直專反。注同。

莊子集釋　卷五下

外篇天運第十四[1]

1.【釋文】以義名篇。天運，司馬作天員。

「天其運乎[1]？地其處乎[2]？日月其爭於所乎[3]？孰主張是[4]？孰維綱是[5]？孰居无事推而行是[6]？意者其有機緘而不得已邪[7]？意者其運轉而不能自止邪[8]？雲者為雨乎？雨者為雲乎[9]？孰隆施是[10]？孰居无事淫樂而勸是[11]？風起北方，一西一束，有上彷徨，孰噓吸是？孰居无事而披拂是[12]？敢問何故[13]？」

1.【注】不運而自行也。　【疏】言天稟陽氣，清浮在上，無心運行而自動。　【釋文】「其運」《爾雅》云：運，徙也。《廣雅》云：轉也。○慶藩案運，《釋文》司馬本作員，運員二字，古通用也。《越語》廣運百里，韋注曰：東西為廣，南北為運。《西山經》作廣員百里。《墨子・非命上篇》譬猶運鈞之上而立朝夕者也，〈中篇〉運作員。運，古又讀若云。云與員通。《管子・戒篇》四時云下而萬物化，云即運字。《說文》，鳩，一名運日。劉逵《吳都賦》注運日作云日。云即員也。《書・泰誓》雖則云然，《漢書・韋賢傳》注作員然。《詩》出其東門》聊樂我員，《釋文》：員，本作云。《商頌》旁員維何，鄭《箋》：員，古文作云。皆其證。

2.【注】不處而自止也。

3.【注】不爭所而自代謝也。

4.【疏】晝夜照臨，出沒往來，自然如是。既無情於代謝，豈有心於爭處！

5.【疏】執，誰也。是者，指斥前文也。言四時八節，雲行雨施，覆育蒼生，亨壽群品，誰為主宰而施張乎？

此一句解天運也。

5.【注】皆自爾。　【疏】山岳產育，川源流注，包容萬物，運載無窮，春生夏長，必無差忒。是誰維持綱紀，故得如斯？此一句解地處也。

6.【注】無則無所能推，有則各自有爾。然則無事而推行是者誰乎哉？各自行耳。　【疏】夫日月代謝，星辰朗耀，各有度數，咸由自然。誰安居無事，推算而行之乎？此一句解日月爭所。已前三者，並假設疑問，顯發幽微。故知皆自爾耳，無物使之然也。

7.【疏】機，關也。緘，閉也。玄冬肅殺，夜宵暗昧，以意億度，謂有主司關閉，事不得已，致令如此。以理推者，皆自爾也。方地不動，其義亦然也。　【釋文】「推而」如字，一音吐回反。司馬本作誰。　【釋文】「緘」古咸反，徐古陷反，云：引也。

8.【注】自爾，故不可知也。　【疏】至如青春氣發，萬物皆生，晝夜開明，六合俱照，氣序運轉，致茲生育，尋其理趣，無物使然。圓天運行，其義亦爾也。

9.【注】二者俱不能相為，各自爾也。　【疏】夫氣騰而上，所以為雲；雲散而下，流潤成雨。然推尋始末，皆無攸肇，故知二者不能相為。　【釋文】「為雨」于偽反。下及注同。

10.【疏】隆，興也。施，廢也。言誰興雲雨而洪注滂沱，誰廢施此雲雨也。隆當作降，謂降施此雲雨也。《荀子·天論篇》隆禮尊賢而王，《韓詩外傳》隆作降。〈齊策〉歲八月降雨下，式氏反。◎俞樾曰：此承上雲雨而言。隆當作降。《書·大傳》隆谷，鄭注曰：隆讀如龐降之降。蓋隆從降聲，古音本同。《風俗通義·祀典篇》降作隆。是古字通用之證。　【釋文】「隆施」音弛。

11.【疏】誰安居無事，自勵勸彼，作此淫雨而快樂邪？司馬本作倦字。　「而勸」司馬本勸作倦字，云：讀曰隨，言誰無所作，在隨天往來，運轉無已也。　【釋文】「淫樂」音洛，又音嶽。

12.【疏】彷徨，迴轉之貌也。讀曰隨。噓吸，猶吐納也。披拂，猶扇動也。北方陰氣，起風之所，故云北方。夫風吹無心。東西任適，或彷徨而居空裏，或噓吸而在山中，拂披升降，略無定準。孰居無事而為此乎？蓋自然也。　【釋文】「彷」薄皇反。「徨」音皇。司馬本作旁皇，云：旁皇，飆風也。「噓」音虛。「吸」許急反。「披」芳皮反。「拂」芳弗反，郭扶弗反，風貌。司馬本作翇。「有上」時掌反。

13.【注】設問所以自爾之故。　【疏】此句總問以前有何意故也。

巫咸祒曰：「來！吾語女。天有六極五常[1]，帝王順之則治，逆之則凶[2]。九洛之事，治成德備，監照下土[3]，天下戴之，此謂上皇[4]。」

[1].【注】夫物事之近，或知其故，然尋其原以至乎極，則無故而自爾也。

【疏】巫咸，神巫也，為殷中宗相。祒，名也。六極，謂六合，四方上下也。五常，謂五行，金木水火土，人倫之常性也。言自然之理，有此六極五常，至於日月風雲，例皆如此，但當任之，自然具足，何為措意於其間哉！

【釋文】「巫咸祒」赤遙反，郭音條。祒，名也。李云：巫咸，殷相也。祒，寄名也。「吾語」魚據反。「女」音汝。後皆同。「六極」司馬云：四方上下也。◎俞樾曰：六極五常，疑即〈洪範〉之五福六極也。常與祥，古字通。《儀禮・士虞禮記》薦此常事，鄭注曰：古文常為祥，是其證也。《說文》示部：祥，福也。然則五常即五福也。下文曰，九洛之事，治成德備，其即謂禹所受之《洛書》九類乎！

[2].【注】夫假學可變，而天性不可逆也。

【疏】夫帝王者，上符天道，下順蒼生，垂拱無為，因循任物，則天下治矣。而逆萬國之歡心，乖二儀之和氣，所作凶悖，則禍亂生也。

[3].【疏】九洛之事者，九州聚落之事也。言王者應天順物，馭用無心，故致天下太平，人歌擊壤。九州聚落之地，治定功成；八荒夷狄之邦，道圓德備。既合二儀，覆載萬物，又齊三景，照臨下土。◎家世父曰：此言天之運自然而已，帝王順其自然，以道應之，天地亦受裁成焉，而風雨調，四時序。九洛之事，即禹所受之九疇也。莊子言道有不詭於聖人者，此類是也。

[4].【注】順其自爾故也。

【疏】道合自然，德均造化，故眾生樂推而不厭，百姓荷戴而不辭，可謂返樸還淳，上皇之治也。

商大宰蕩問仁於莊子[1]。莊子曰：「虎狼，仁也[2]。」曰：「何謂也[3]？」莊子曰：「父子相親，何為不仁[4]？」

1.【疏】宋承殷後，故商即宋國也。大宰，官號，名盈，字蕩。方欲決己所疑，故問仁於莊子。【釋文】「商大」音泰，下文大息同。「宰蕩」司馬云：商，宋也，大宰，官也，蕩，字也。

2.【疏】仁者，親愛之迹。夫虎狼猛獸，猶解相親，足明萬類皆有仁性也。

3.【疏】大宰未達深情，重問有何意謂。

4.【疏】父子親愛，出自天然，此乃真仁，何勞再問！

曰：「請問至仁[1]。」
莊子曰：「至仁無親[2]。」

1.【疏】虎狼親愛，厥義未弘，故請至仁，庶聞深旨。
2.【注】無親者，非薄德之謂也。夫人之一體，非有親也；而首自在上，足自處下，府藏居內，皮毛在外；外內上下，尊卑貴賤，於其體中各任其極，而未有親愛於其間也。然至仁足矣，故五親六族，賢愚遠近，不失分於天下者，理自然也，又奚取於有親哉！【疏】夫至仁者，忘懷絕慮，與大虛而同體，混萬物而為一，何親疏之可論乎！泊然無心而順天下之親疏也。【釋文】「府藏」才浪反。

大宰曰：「蕩聞之，無親則不愛，不愛則不孝。謂至仁不孝，可乎？[1]」
莊子曰：「不然。夫至仁尚矣，孝固不足以言之[2]。此非過孝之言也，不及孝之言也[3]。夫南行者至於郢，北面而不見冥山，是何也？則去之遠也[4]。故曰：以敬孝易，以愛孝難[5]；以愛孝易，以忘親難[6]；忘親易，使親忘我難[7]；使親忘我易，兼忘天下難[8]；兼忘天下易，使天下兼忘我難[9]。夫德遺堯舜而不為也，利澤施於萬世，天下莫知也[10]，豈直大息而言仁孝乎哉[11]！夫孝悌仁義，忠信貞廉，此皆自勉以役其德者也，不足多也[12]。故曰，至

貴，國爵并焉13；至富，國財并焉14；至願，名譽并焉15。是以道不渝16。」

1.【疏】夫無愛無親，便是不孝。謂至仁不孝，於理可乎？商湯不悟深旨，遂生淺惑。莊生為其顯折，義列下文。

2.【釋文】「蕩聞之」一本蕩作盈，崔本同。或云：盈，大宰字。

【注】必言之於忘仁忘孝之地，然後至耳。【疏】至仁者，忘義忘仁，可貴可尚，豈得將愛敬近迹以語其心哉？固不足以言也。

3.【注】凡名生於不及者，故過仁孝之名而涉乎無名之境，然後至焉。【疏】商湯之問，近滯域中，莊生之答，遠超方外。故知親愛之旨，非過孝之談，封執名教，不及孝之言也。

4.【注】冥山在乎北極，而南行以觀之；至仁在乎無親，而仁愛以言之。故郢雖見而愈遠冥山，仁孝雖彰而愈非至理也。【疏】郢地居南，冥山在北，而南行以觀之，故郢雖見而愈遠冥山，南行以觀之，至仁在乎無親，而仁愛以言之。故郢雖見而愈遠冥山，仁孝雖彰而愈非至道。此注甚明，不勞更解。【釋文】「郢」以井反，楚都也，在江陵北。「冥山」司馬云北海山名。◎慶藩案《史記·蘇秦列傳·索隱》引司馬云：冥山在朔州北。與《釋文》異。「愈遠」于萬反。

5.【疏】夫敬在形迹，愛率本心。心由天性，故難；迹關人情，故易也。【釋文】「孝易」以豉反。下皆同。

6.【疏】夫愛孝雖難，猶滯域中，未若忘親，澹然無係。忘既勝愛，有優有劣，以此格量，難易明之矣。

7.【疏】夫騰蝯斷腸，老牛舐犢，恩慈下流，物之恆性。故子忘親易，親忘子難。自非達道，孰能行之！

8.【注】夫至仁者，百節皆適，則終日不自識也。聖人在上，非有為也，恣之使各自得而已耳。自得其為，則眾務自適，群生自足，天下安得不各自忘我哉！各自忘矣，主其安在乎？斯所謂兼忘也。

【疏】夫兼忘天下者，棄萬乘如脫屣也；使天下兼忘我者，謂百姓日用而不知也。夫垂拱汾陽而游心姑射，揖讓之美，貴在虛忘，此兼忘天下者也。方前則難，比後便易，未若忘懷至道，息智自然，將造化而同功，與天地而合德者，故能恣萬物之性分，順百姓之所為，大小咸得，飛沉不喪，利澤潛被，物皆自然，上如標枝，民如野鹿。當是時也，主其安在乎？此使天下兼忘我者也，可謂軒頊之前，淳古之君耳。其德不見，故天下忘之。斯則從劣向優，自粗入妙，遣之又遣，玄之又玄也。

9.【注】遺堯舜，然後堯舜之德全耳；若係之在心，則非自得也。【疏】遺，忘棄也。言堯舜二君，盛德深遠，而又忘其德，任物不為。斯解兼忘天下難。

10.【注】泯然常適。【疏】有利益恩澤，惠潤群生，萬世之後，其德不替，而至德潛被，日用不知。斯解使天下兼忘我難也。

11.【注】失於江湖，乃思濡沫。【釋文】「濡沫」音末。【疏】大息，猶嗟歎也。夫盛德同於堯舜，尚能遺忘而不自顯，豈復太息於仁孝，嗟歎於陳迹乎！

12.【注】悌，順也。德者，真性也。以此上八事，皆矯性偽情，勉強勵力，捨己效人，勞役其性，故不足多也。【釋文】「孝弟」音悌。◎盧文弨曰：舊本作孝悌，音弟。此因今本作悌而妄改也。若作悌字，則更無兩讀，又何用音？此如他卷道音導，亦有倒作導音道者，皆出後人所變亂，今正之。

13.【注】并，除棄之謂也。夫貴在於身，身猶忘之，況國爵乎！斯至貴之至也。【釋文】「并焉」必領反。棄，除也。注同。【疏】并者，除棄之謂也。夫貴爵祿者，本為身也。身猶忘之，況爵祿乎！斯至貴者也。

14.【注】至富者，自足而已，故除天下之財者也。【疏】至富者，知足者也。知足之人，以不貪為寶，縱令傾國資財，亦棄而不用。故《老經》云，知足者富，斯之謂也。

15.【注】所至願者適也，得適而仁孝之名都去矣。【疏】夫至願者，莫過適性也。既一毀譽，混榮辱，忘物我，泯是非，故令聞聲名，視之如涕唾也。

16.【注】去華取實故也。【疏】渝，變也。薄也。既忘富貴，又遺名譽，是以道德淳厚，不隨物變也。

【釋文】「去華」起呂反。

北門成問於黃帝曰：「帝張咸池之樂於洞庭之野¹，吾始聞之懼，復聞之怠，卒聞之而惑²；蕩蕩默默，乃不自得³。」

1.【疏】姓北門，名成，黃帝臣也。欲明至樂之道，故寄此二人，更相發起也。咸池，樂名。張，施也。咸，和也。洞庭之野，天池之閒，非太湖之洞庭也。【釋文】「北門成」人姓名也。「洞庭」徒送反。

2.【疏】怠，退息也。卒，終也。復，重也。惑，闇也。不悟至樂，初聞之時，懼然驚悚；再聞其聲，稍悟音旨，故懼心退息，最後聞之，知至樂與二儀合德，視之不見，聽之不聞，故心無分別，有同暗惑者也。【釋文】「之懼」如字。或音句，下同。一本作懼，音況縛反。案《說文》，懼是正字，懼是古文。◎盧文弨曰：《說文》，思，古文懼字；有懥字，與聲同，非懼字重文，並無懼字。「復聞」扶又反。下注同。

3.【注】不自得，坐忘之謂也。【疏】蕩蕩，平易之容。默默，無知之貌。第三聞之，體悟玄理，故蕩蕩而無偏，默默而無知，芒然坐忘，物我俱喪，乃不自得。

帝曰：「汝殆其然哉！吾奏之以人，徵之以天，行之以禮義，建之以大清$_1$。夫至樂者，先應之以人事，順之以天理，行之以五德，應之以自然，然後調理四時，太和萬物$_2$。四時迭起，萬物循生；一盛一衰，文武倫經$_3$；一清一濁，陰陽調和，流光其聲$_4$；蟄蟲始作，吾驚之以雷霆$_5$；其卒无尾，其始无首$_6$；一死一生，一僨一起；所常无窮$_7$，而一不可待。汝故懼也$_8$。

1.【注】由此觀之，知夫至樂者，非音聲之謂也；必先順乎天，應乎人，得於心而適於性，然後發之以聲，奏之以曲耳。故咸池之樂，必待黃帝之化而後成焉。【疏】殆，近也。奏，應也。徵，順也。禮義，五德也。太清，天道也。黃帝既允北門成第三聞樂，體悟玄道，忘知息慮，是以許其所解，故云汝近於自然也。【釋文】

2.「徵之」如字。古本多作徽。「大清」音泰。

3.【疏】雖復行於禮義之迹，而忘自然之本者也。此是第一奏也。

3.【疏】循，順…倫，理…經，常也。言春夏秋冬更迭而起，一切物類順序而生；夏盛冬衰，春文秋武，生殺之理，天道之常，但常任之，斯至樂矣。【釋文】「迭起」大節反。一本作遞，大計反。「循生」似倫反。

4.【注】自然律呂以滿天地之閒，但當順而不奪，則至樂全。【疏】清，天也。濁，地也。陰升陽降，二氣

調和，故施生萬物，和氣流布，三光照燭，此謂至樂，無聲之聲。◎家世父曰：《樂記》，禮減而進，以進為文；樂盈而反，以反為文；故樂闋而後作衰者，闋之餘聲也。始奏以文，復亂以武，以文武紀其盛衰。倫經，猶言經綸。比和分合，所謂經綸也。

5.【注】因其自作而用其所以動。或作，至樂具合斯道也。

【釋文】「蟄蟲」沈執反，郭音執。《爾雅》云：靜也。「霆」音廷，又音挺，徒佞反。電也。◎家世父曰：雷霆之起，莫知其所自起，莫知其所自竟。其所自起，首也；生之端也；其所自竟，尾也，死之歸也。死生者，萬物之大常，與天為無窮，而忽一至焉，則亦物之所不能待也。以喻樂之變化，動於自然。

6.【注】運轉無極。

【疏】尋求自然之理，無始無終；討論至樂之聲，無首無尾。故《老經》云，迎之不見其首，隨之不見其後也。

7.【注】以變化為常，則所常者無窮也。

若以變化為常，則所謂常者無窮也。

【疏】儐，仆也。夫盛衰生死，虛盈起儐，變化之道，理之常數。

8.【注】初聞無窮之變，不能待之，故懼然悚聽也。

【釋文】「一儐」方問反。司馬云：仆也。

【疏】至一之理，絕視絕聽，不可待之以聲色，故初聞懼然也。◎俞樾曰：一不可待者，皆不可待也。《大戴記·衞將軍文子篇》，則一諸侯之相也，盧注曰：一，皆也。《荀子·勸學篇》，一可以為法則，〈君子篇〉，一皆善也謂之聖，楊注曰：一，皆也。是一有皆義。郭注曰，不能待之以一，與語意未合。

吾又奏之以陰陽之和，燭之以日月之明[1]；其聲能短能長，能柔能剛；變化齊一，不主故常[2]；在谷滿谷，在阬滿阬[3]；塗郤守神[4]，以物為量[5]。是故鬼神守其幽[8]，日月星辰行其紀[9]。其聲揮綽[6]，其名高明[7]。吾止之於有窮[10]，流之於无止[11]。予欲慮之而不能知也，望之而不能見也，逐之而不能及也[12]；儻然立於四虛之道[13]，倚於槁梧而吟[14]。目知窮乎所欲見，力

屈乎所欲逐，吾既不及已夫！[15]形充空虛，乃至委蛇。汝委蛇，故怠。[16]

1.【注】所謂用天之道。【疏】言至樂之聲，將陰陽合其序；所通生物，與日月齊其明。此第二奏也。

2.【注】齊一於變化，故不主故常。【疏】順群生之修短，任萬物之柔剛，齊變化之一理，豈守故而執常！

3.【注】至樂之道，無不周也。【疏】至樂之道，無所不偏，乃谷乃阬，悉皆盈滿。所謂道無不在，所在皆無也。

4.【釋文】「在阬」苦庚反。《爾雅》云：虛也。

5.【注】大制不割。【疏】量，音亮。大小修短，隨物器量，終不制割而從己也。【釋文】「為量」音亮。

6.【注】塞其兌也。【疏】塗，塞也。卻，孔也。閉心知之孔卻，守凝寂之精神。郭注云，塞其兌也。【釋文】「塗卻」去逆反，與隙義同。「其兌」徒外反。

7.【注】名當其實，則高明也。【疏】高如上天，明如日月，聲既廣大，名亦高明。

8.【注】不離其所。【疏】人物居其顯明，鬼神守其幽昧，各得其所而不相撓。故《老經》云，以道利天下，其鬼不神也。【釋文】「不離」力智反。

9.【注】不失其度。【疏】三光朗耀，依分而行，綱紀上玄，必無忒也。

10.【注】常在極上住也。【疏】止，住也。窮，極也。雖復千變萬化，而常居玄極，不離妙本，動而常寂也。

11.【注】隨變而往也。【疏】流，動也。應感無方，隨時適變，未嘗執守，故寂而動也。

12.【注】故闇然恣使化去。【疏】夫至樂者，真道也。欲明道非心識，故謀慮而不能知；道非聲色，故瞻望而不能見；道非形質，故追逐而不能逮也。

13.【注】弘敞無偏之謂。【疏】儻然，無心貌也。四虛，謂四方空，大道也。言聖人無心，與至樂同體。【釋文】「儻」敕黨反，一音敞。

14.【注】無所復為也。【疏】弘敞虛容，忘知絕慮，故形同槁木，心若死灰，逍遙無為，且吟且詠也。

【釋文】「倚於」於綺反。「槁」古老反。

15.【注】言物之知力各有所齊限。　【疏】夫目知所見，蓋有涯限，所以稱窮；力所馳逐，亦有分齊，所以稱屈。至樂非心色等法，不可以限窮，故吾知盡其不及，故止而不逐也。心既有限，故知愛無名。此覆前予欲慮之等文也。

16.【注】夫形充空虛，無身也，無身，故能委蛇。委蛇任性，而悚懼之情怠也。　【疏】夫形充虛空，則與虛空而等量；委蛇任性，故順萬境而無心；所謂隳體黜聰，離形去智者也。只為委蛇任性，故悚懼之情怠息。此解第二聞樂也。　【釋文】「目知」音智。「齊限」才細反。「委」於危反。徐如字。「蛇」以支反。又作施，徐音絁。

吾又奏之以无怠之聲[1]，調之以自然之命[2]，故若混逐叢生[3]，林樂而无形[4]；布揮而不曳[5]，幽昏而无聲[6]。動於无方[7]，居於窈冥[8]；或謂之死，或謂之生；或謂之實，或謂之榮；行流散徙，不主常聲[9]。世疑之，稽於聖人[10]。聖也者，達於情而遂於命也[11]。天機不張而五官皆備，此之謂天樂[12]，无言而心說[13]。故有焱氏為之頌曰：『聽之不聞其聲，視之不見其形，充滿天地，苞裹六極。』汝欲聽之而无接焉，而故惑也[14]。

1.【注】意既怠矣，乃復無怠，此其至也。　【疏】再聞至樂，任性逶迤，悚懼之心，於焉怠息。雖復賢於初聞，猶自不及後聞，故奏無怠之聲。斯則以無遺怠，意既怠矣，乃復無怠，此其至者也。此是第三奏也。

2.【注】命之所有者，非為也，皆自然耳。　【疏】調，和也。凡百蒼生，皆以自然為其性命。所以奏此咸池之樂者，方欲調造化之心靈，和自然之性命也已。　【釋文】

3.【注】混然無係，隨叢而生。　【疏】混，同也。生，出也。同風物之動吹，隨叢林之出聲也。　【釋文】「叢生」才公反。

【疏】夫叢林地籟之聲,無心而成至樂,適於性命而已,豈復有形也!

4.【注】至樂者。適而已。適在體中,故無別形。

【釋文】「布揮」音輝。《廣雅》云:振也。

5.【注】自布耳。
【疏】揮動四時,布散萬物,各得其所,非由牽曳。

◎家世父曰:《說文》::叢木曰林。林樂者,相與群樂之。五音繁會,不辨聲之所從出,故曰無形。揮者,振而揚之,若布之曳而愈長,而亦無有曳之者。林樂而無形,其聲聚也::布揮而不曳,其聲悠也::幽昏而無聲,其聲淡也。

【釋文】「林樂」音洛,亦如字。

6.【注】所謂至樂。
【疏】言至樂寂寥,超於視聽,故幽冥昏暗而無聲響矣。

7.【注】夫動者豈有方而後動哉!
【疏】夫至樂之本,雖復無聲,而應動隨時,實無方所,斯寂而動之也。

8.【注】所謂寧極。
【疏】雖復應物隨機,千變萬化,而深根寧極,恆處窈冥,斯動而寂也。

【釋文】「於窈」烏了反。

9.【注】豈主常聲也!
【疏】夫春生冬死,秋實夏榮,雲行雨散,水流風從,自然之理,日新其變,至樂之道,豈主常聲也!

10.【注】明聖人應世非唱也。
【疏】稽,留也。夫聖人者,譬幽谷之響,明鏡之象,對之不知其所以來,絕之不知其所以往,物來斯應,應而忘懷,豈預前作法而留心應世!故行留散徙,不主常聲,而世俗之人,妄生疑惑也。

【釋文】「稽於」古兮反。

11.【注】故有情有命者,莫不資焉。
【疏】所言聖者,更無他義也,通有物之情,順自然之命,故謂之聖。

12.【注】忘樂而樂足,非張而後備。
【疏】天機,自然之樞機。五官,五藏也。言五藏各有主司,故謂之官。夫目視耳聽,手把腳行,布網轉丸,飛空走地,非由倣效,稟之造物,豈措意而後能為!故五藏職司,素分備足,天樂之美,其在茲也。

13.【注】心說在適,不在言也。
【疏】體此天和,非由措意,故心靈適悅而妙絕名言也。

【釋文】「心說」音悅。注同。

14.【注】此乃無樂之樂,樂之至也。
【疏】焱氏,神農也。美此至樂,為之章頌。大音希聲,故聽之不聞;大象無形,故視之不見::道無不在,故充滿天地二儀;大無不包,故囊括六極。六極,六合也。假欲留意聽之,亦

不可以耳根承接，是故體茲至樂，理趣幽微，心無分別，事同愚惑也。

【釋文】「焱氏」必遙反。本亦作炎。

「苞裏」音包。本或作包。

樂也者，始於懼，懼故崇¹；吾又次之以怠，怠故遁²；卒之於惑，惑故愚；愚故道，道可載而與之俱也³。

1.【注】懼然悚聽，故是崇耳，未大和也。【疏】以下重釋三奏三聽之意，結成至樂之道。初聞至樂，未悟大和，心生悚懼，不能放釋，是故禍崇之也。【釋文】「崇」雖遂反。

2.【注】迹稍滅也。【疏】再聞之後，情意稍悟，故懼心怠退，其迹遁滅也。

3.【注】以無知為愚，愚乃至也。【疏】最後聞樂，靈府淳和，心無分別，有同闇惑，蕩蕩默默，類彼愚迷。不怠不懼，雅符真道，既而運載無心，與物俱至也。

孔子西遊於衞。顏淵問師金曰：「以夫子之行為奚如¹？」

師金曰：「惜乎，而夫子其窮哉²！」

1.【疏】衞本昆吾之邑，又是康叔之封。自魯適衞，故曰西遊。師金，魯太師，名金也。奚，何也。言夫子行仁義之道以化衞侯，未知此術行用可否邪？【釋文】【師金】李云：師，魯太師也。金，其名也。「之行」下孟反。

2.【疏】言仲尼叡哲明敏，才智可惜，守先王之聖迹，執堯舜之古道，所以頻遭辛苦，屢致困窮。

顏淵曰：「何也¹？」

師金曰：「夫芻狗之未陳也，盛以篋衍，巾以文繡，尸祝齊戒以將之²。

及其已陳也，行者踐其首脊，蘇者取而爨之而已；將復取而盛以篋衍，巾以

文繡，遊居寢臥其下，彼不得夢，必且數眯焉[3]。今而夫子，亦取先王已陳芻狗，聚弟子游居寢臥其下。故伐樹於宋，削迹於衛，窮於商周，是非其夢邪[4]？圍於陳蔡之間，七日不火食，死生相與鄰，是非其眯邪[5]？

1.【疏】問窮之所以也。

2.【疏】此下譬喻，凡有六條：第一芻狗，第二舟車，第三桔槔，第四樷梨，第五猿狙，第六妍醜。芻，草也，謂結草為狗以解除也。衍，筐也。尸祝，巫師也。將，送也。言芻狗未陳，盛以篋笥之器，覆以文繡之巾，致齊絜以表誠，展如在之將送，庶其福祉，貴之如是。下同。「篋」苦牒反。本或作筐。「衍」延善反，郭怡面反。

【釋文】「芻狗」李云：結芻為狗，巫祝用之。「盛」音成。「衍」延善反，郭怡面反。李云：笥也，盛狗之物也。司馬云：合也。◎慶藩案巾字，疑飾字之誤。《太平御覽》引《淮南》絹以綺繡作飾以綺繡。

3.【注】廢棄之物，於時無用，則更致他妖也。【疏】踐，履也。首，頭也。脊，背也。取草曰蘇。爨，炊也。眯，魘也。言芻狗未陳，致斯蕭敬。既祭之後，棄之路中，故行人履踐其頭脊，蘇者取供其炊爨。方將復取而貴之，盛於筐衍之中，覆於文繡之下，寢臥其旁，假令不致惡夢，必當數數遭魘。故郭注云，廢棄之物，於時無用，則更致他妖也。

【釋文】「蘇者」李云：蘇，草也。取草者得以炊也。案《方言》云：江淮南楚之間謂之蘇。《史記》云，樷蘇後爨，注云：蘇，取草也。「爨」七丸反。「將復」扶又反。「必且」如字。徐子餘反。「數」音朔。「眯」李音米，又音美。《字林》云：物入眼為病也。司馬云：厭也。音一琰反。

4.【疏】此合芻狗之譬，並合孔子窮義也。先王，謂堯舜禹湯，先代之帝王也。憲章文武，祖述堯舜，而為教迹，故集聚弟子，遨遊於仁義之域，臥寢於禮信之鄉。古法不可執留，事同已陳芻狗。伐樹於宋者，孔子曾遊於宋，與門人講說於大樹之下，司馬桓魋欲殺夫子，夫子去後，桓魋惡其坐處，因伐樹焉。削，劖也。夫子嘗遊於衛，衛人疾之，故劖削其迹，不見用也。商是殷地，周是東周，孔子歷聘，曾困於此。良由執於聖迹，故致斯弊。狼狽如是，豈非惡夢耶！◎俞樾曰：上取字如字，下取字當讀為聚。《周易·萃象傳》聚以正也，《釋文》曰：聚，苟作取，《漢書·五行志》，內取茲，師古曰：取，讀如《禮記》聚麀之聚。是聚取古通用。

5.【注】此皆絕聖棄知之意耳，無所稍嫌也。夫先王典禮，所以適時用也。時過而不棄，即為民妖，所以興矯

効之端也。【疏】當時楚昭王聘夫子，夫子領徒眾宿於陳蔡之地。蔡人見徒眾極多，謂之為賊，故興兵圍繞，經乎七日，糧食罄盡，無復炊爨，從者餓病，莫之能興，憂悲困苦，鄰乎死地，豈非遭於已陳芻狗而魔耶！

夫水行莫如用舟，而陸行莫如用車。以舟之可行於水也而求推之於陸，則沒世不行尋常。1**古今非水陸與？周魯非舟車與？今蘄行周於魯，是猶推舟於陸也，**2**勞而无功，身必有殃。彼未知夫无方之傳，應物而不窮者也。**3

【釋文】「陸與」音餘。

1.【疏】夫舟行於水，車行於陸，至於千里，未足為難。若推舟於陸，求其運載，終沒一世，不可數尺。

【釋文】「推之」郭吐回反，又如字。下同。

2.【疏】此合喻也。蘄，求也。今古代殊，豈異乎水陸！周魯地異，何異乎舟車！

【釋文】「今蘄」音祈，求也。下同。

3.【注】時移世異，禮亦宜變，故因物而無所係焉，斯不勞而有功也。【疏】方，猶常也。傳，轉也。言夫子執先王之迹，行衰周之世，徒勞心力，卒不成功，故削迹伐樹，身遭殃禍也。夫聖人之智，接濟無方，千轉萬變，隨機應物。未知此道，故嬰斯禍也。

【釋文】「无方之傳」直專反，下注同。司馬云：傳，猶轉也。○慶藩案《漢書·劉向傳》禹、稷與《咎繇傳》相汲引，猶轉相汲引也。《淮南·主術篇》生無乏用，死無轉尸，《逸周書·大聚篇》作傳尸。襄二十五年《左傳》注，傳寫失之，《釋文》：傳，一本作轉。

且子獨不見夫桔槔者乎？引之則俯，舍之則仰。彼，人之所引，非引人也，故俯仰而不得罪於人。1**故夫三皇五帝之禮義法度，不矜於同而矜於治。**2**故譬三皇五帝之禮義法度，其猶柤梨橘柚邪！其味相反而皆可於口。**3

1.【疏】桔槔，挈水木也。人牽引之則俯下，捨放之則仰上。俯仰上下，引捨以人，委順無心，故無罪。夫人

能虛己，其義亦然也。

【釋文】「桔」音結。「槔」音羔。◎慶藩案文穎說烽火云，槔上有桔槔，以薪置其中，有寇則然之，字從木。《通俗文》，機汲謂之擦掉，字從手。然則從木者槔上之物，從手者汲水之物也。據《莊子》文義，當從《通俗文》為正。

【釋文】「柤」側加反。「柚」由救反。

3.
【疏】夫柤梨橘柚，甘苦味殊，至於噉嚼而皆可於口。譬三皇五帝，澆淳異世，至於為政，咸適機宜也。

2.
【注】期於合時宜，應治體而已。
【疏】矜，美也。夫三皇五帝，步驟殊時，禮樂威儀，不相沿襲，美在逗機，不治以定，不貴率今以同古。
【釋文】「於治」直吏反，注同。

故禮義法度者，應時而變者也[1]。今取猨狙而衣以周公之服，彼必齕齧挽裂，盡去而後慊。觀古今之異，猶猨狙之異乎周公也。[2]故西施病心而矉其里，其里之醜人見之而美之，歸亦捧心而矉其里。其里之富人見之，堅閉門而不出，貧人見之，挈妻子而去走。[3]彼知矉美而不知矉之所以美[4]。惜乎，而夫子其窮哉[5]！

1.
【注】彼以為美而此或以為惡，故當應時而變，然後皆適也。
【疏】帝王之迹，蓋無常準，應時而變，不可執留，豈得膠柱刻舩，居今行古也！

2.
【疏】慊，足也。周公聖人，譬淳古之世；猨狙狡獸，喻澆競之時。是以禮服雖華，猨狙不以為美；聖迹乃貴，末代不以為尊。故毀禮服，猨狙始慊其心；棄聖迹，蒼生方適其性。
【釋文】「猨狙」上音袁，下七餘反。「而衣」於既反。「齕」音紇。「挽」音晚。「盡去」起呂反。「慊」苦牒反。

3.
【疏】西施，越之美女也，貌極妍麗，既病心痛，嚬眉苦之。而端正之人，體多宜便，美，是以閭里見之，彌加愛重。鄰里醜人，見而學之，不病強嚬，倍增其陋，故富者惡之而遠走。捨己效物，其義例然。削迹伐樹，皆學嚬之過也。
【釋文】「而矉」徐扶真反，又扶人反。《通俗文》云：蹙額曰矉。「其里」絕句。「捧心」敷勇反，郭音奉。「挈」苦結反。

4.【注】況夫禮義，當其時而用之，則西施之好也；時過而不棄，則醜人也。

美者，出乎西施之好也。彼之醜人，但美嚬之麗雅，而不知由西施之姝好也。

【疏】所以，猶所由也。嚬之所以

5.【疏】總會後文，結成其旨。窮之事迹，章中具載矣。

孔子行年五十有一而不聞道，乃南之沛見老聃[1]。

也。

1.【疏】仲尼雖領徒三千，號素王，而盛行五德，未聞大道，故從魯之沛，自北徂南而見老君，以詢玄極故

老聃曰：「子來乎？吾聞子，北方之賢者也，子亦得道乎？」[1]

【釋文】「之沛」音貝。司馬云：老子，陳國相人。相，今屬苦縣，與沛相近。

2.【疏】聞仲尼有當世賢能，未知頗得至道不？答言未得。自楚望魯，故曰北也。

孔子曰：「未得也。」[2]

老子曰：「子惡乎求之哉[1]？」

1.【疏】問：「於何處尋求至道？」　【釋文】「惡乎」音烏，下同。

2.【疏】數，算術也。三年一閏，天道小成，五年再閏，天道大成，故言五年也。道非術數，故未得之也。

曰：「吾求之於度數，五年而未得[2]。」

老子曰：「子又惡乎求之哉[1]？」

1.【疏】更問：「求道用何方法？」

2.【注】此皆寄孔老以明絕學之義也。

曰：「吾求之於陰陽，十有二年而未得[2]。」

【疏】十二年，陰陽之二周也。而未得者，明以陰陽取道，而道非陰

陽。故下文云，中國有人，非陰非陽。

老子曰：「然。使道而可獻，則人莫不獻之於其君；使道而可進，則人莫不進之於其親；使道而可以告人，則人莫不告其兄弟；使道而可以與人，則人莫不與其子孫。然而不可者，无佗也[1]，中无主而不止[2]，外无正而不行[3]。由中出者，不受於外，聖人不出[4]；由外入者，无主於中，聖人不隱[5]。名，公器也[6]，不可多取[7]。仁義，先王之蘧廬也[8]，止可以一宿而不可久處，覯而多責[9]。

1.【疏】夫至道深玄，妙絕言象，非無非有，不自不佗。是以不進獻於君親，豈得告於子弟！所以然者，無佗由也。故託孔老二聖以明玄中之玄也。

2.【注】心中無受道之質，則雖聞道而過去也。【疏】若使中心無受道之主，假令聞於聖說，亦不能止住於胸懷，故知無佗也。

3.【注】中無主，則外物亦無正己者，故不可行也。◎俞樾曰：正乃匹字之誤。《禮記·緇衣篇》唯君子能好其正，鄭注曰：正當為匹，字之誤也，是其例矣。此云中無主而不止，外無匹而不行，與宣三年《公羊傳》自內出者無匹不行，自外至者無主不止，文義相似。自內出者，無匹不止也，故此言中無主而不止。【疏】中既無受道之心，故外亦無能正於己者，故不可行也。自外至者有主而不執，由中出者有正而不距，正亦當為匹，誤與此同。

4.【注】由中出者，聖人之道也。《則陽篇》自外入者有主而不執，由中出者有正而不行，故此言外無匹而不行耳。【疏】由，從也。從內出者，聖人垂迹顯教也。良

5.【注】由外入者，假學以成性者也。雖性可學成，然要當內有其質，若無主於中，則無以藏聖道也。【疏】隱，藏也。由外入者，習學而成性也。由其外稟聖教，宜在心中，若使素無受入之心，則無藏於聖道。◎家

世父曰：由中出者，師其成心者也；由外入者，學一先生之言，暖暖姝姝而私自說者也。師其成心，則外有所不能

受，聖人不能出而強之使受也；學一先生之言而私自說，則中莫得所主，聖人不能隱於其心而為之主也。

6.【注】夫名者，天下之所共用。【疏】名，鳴也。公，平也。器，用也。名有二種：一是命物，二是毀

譽。今之所言，是毀譽名也。【釋文】「名公器也」《釋名》云：名，鳴也。公，平也。器，用也。《尹文子》

云：名有三科：一曰命物之名，方圓是也；二曰毀譽之名，善惡是也；三曰況謂之名，愛憎是也。今此是毀譽之名

也。

7.【注】矯飾過實，多取者也。【疏】夫令譽善名，天下共用，必其多取，則矯飾過實而

爭競斯起也。

8.【注】猶傳舍也。【釋文】「蘧」音渠。司馬郭云：蘧廬，猶傳舍也。

9.【注】夫仁義者，人之性也。人性有變，古今不同也。故游寄而過去則冥，若滯而係於一方則見。見則偽

生，偽生而責多矣。【疏】蘧廬，逆旅傳舍也。觀，見也，亦久也。夫蘧廬客舍，不可久停；仁義禮智，用訖宜

廢。客停久，疵釁生；聖迹留，過責起。【釋文】「覩」古豆反，見也。遇也。

古之至人，假道於仁，託宿於義[1]，以遊逍遙之虛[2]，食於苟簡之田，立於不貸之圃[3]。逍遙，无為也[4]；苟簡，易養也[5]；不貸，无出也[6]。古者謂是采真之遊[7]。

1.【注】隨時而變，無常迹也。

2.【注】古之真人，和光降迹，逗機而行博愛，應物而用人群，何異乎假借塗路，寄託宿止，暫時遊寓，蓋非

真實。而動不傷寂，應不離真，故恆逍遙乎自得之場，彷徨乎無為之境。【釋文】「之虛」音墟。本亦作墟。

3.【疏】苟，且也。簡，略也。貸，施與也。知止知足，食於苟簡之田；不損己物，立於不貸之圃。而言田圃

者，明是聖人養生之地。【釋文】「苟簡」王云：苟，且也。簡，略也。司馬本簡作閒，云：分別也。◎慶藩案

簡，司馬本作閒。案閒與簡同也。《淮南・要略篇》故節財薄葬，閒服生焉（閒服，簡服也。閒服，謂三月之服

也），《文選》潘安仁《夏侯常侍誄》注及《路史‧後紀》引《淮南》，並作簡服。「不貸」敕代反。司馬云：施
與也。「之圃」音補。

4.【注】有為則非仁義。

5.【注】且從其簡，故易養也。

【釋文】「易養」以豉反。注同。

6.【注】不貸者，不損己以為物也。

【疏】不損我以益彼，故無所出。此三句覆釋前義也。

【釋文】「以
為物」于偽反。

7.【注】遊而任之，斯真采也。采真則色不偽矣。

【疏】古者聖人行苟簡等法，謂是神采真實而無假偽，逍
遙任適而隨化遨遊也。

以富為是者，不能讓祿；以顯為是者，不能讓名；親權者，不能與人
柄1。操之則慄，舍之則悲2，而一無所鑒，以闚其所不休者，是天之戮民
也3。怨恩取與諫教生殺，八者，正之器也4，唯循大變无所湮者為能用
之。故曰，正者，正也。其心以為不然者，天門弗開矣。5」

1.【注】天下未有以所非自累者，而各沒命於所是。所是而以沒其命者，非立乎不貸之圃也。

【疏】夫是富
非貧，貪於貨賄者，豈能讓人財祿！是顯非隱，滯於榮位者，何能與人名譽！親愛權勢，矜夸於物者，何能與人之
柄！柄，權也。唯厭穢風塵，擅躁榮利者，故能棄之如遺。

2.【注】舍之悲者，操之不能不慄也。

【疏】操執權柄，恐失所以戰慄；舍去威力，哀去所以憂悲。

【釋
文】「操之」七刀反。「舍之」音捨。

3.【注】言其知進而不知止，則性命喪矣，所以為戮。

【疏】是富好權之人，心靈愚暗，唯滯名利，一無鑒
識，豈能窺見玄理而休心息智者乎！如是之人，雖復楚戮未加，而情性以困，故是自然刑戮之民。

【釋文】
「喪」息浪反。

罰，此八者治正之器，不得不用之也。

4.【疏】夫怨敵必殺，恩惠須償，分內自取，分外與佗，臣子諫上，君父教下，應青春以生長，順素秋以殺者，故能用八事治之。正變合於天理，故曰正者正也。其心之不能如是者，天機之門擁而弗開，達於物情而無滯塞

5.【注】守故不變，則失正矣。【疏】循，順也。涅，塞也。唯當順於人理，隨於變化，

【釋文】「涅者」音因。李云：塞也，亦滯也。郭音煙，又烏節反。司馬本作歅，疑也。簡文作甄，云：隔也。

「天門」一云：謂心也，一云：大道也。

孔子見老聃而語仁義。老聃曰：「夫播穅眯目，則天地四方易位矣；蚊虻噆膚，則通昔不寐矣。[1] 夫仁義憯然乃憤吾心，亂莫大焉。[2] 吾子使天下无失其朴，[3] 吾子亦放風而動，總德而立矣，[4] 又奚傑然若負建鼓而求亡子者邪？[5] 夫鵠不日浴而白，烏不日黔而黑。[6] 黑白之朴，[7] 不足以為辯；[8] 名譽之觀，不足以為廣。[9] 泉涸，魚相與處於陸，相呴以溼，相濡以沫，不若相忘於江湖！[10]」

1.【注】外物加之雖小，而傷性已大也。【疏】仲尼滯於聖迹，故發辭則語仁義。夫播穅眯目，目暗故不能辯東西；蚊虻噆膚，膚痛則徹宵不睡。是以外物雖微，為害必巨。況夫仁非天理，義不率性，捨己效佗，喪其本性，其為害也，豈眯目噆膚而已哉！噆，齧也。【釋文】「播」甫佐反，又波我反。司馬云：齧也。「穅」音康。字亦作康。「蚊」音文。字亦作蟁。「虻」音盲，字亦作蝱。「噆膚」子益反。郭子合反。◎慶藩案昔，猶夕；通昔，猶通宵也。《呂氏春秋·任地篇》曰，孟夏之昔，殺三葉而穫大麥（《淮南·天文篇》以至於仲春之夕，乃收其藏而閉其寒，正作夕）。《書大傳》曰：月之朝，月之中，月之夕，鄭注曰：上旬為朝，中旬為中，下旬為夕，字亦作昔。

2.【注】尚之以加其性，故亂。【疏】仁義憯毒，甚於蚊虻，憤憤吾心，令人煩悶，擾亂物性，莫大於此。

本亦作憒字者，不審。【釋文】「憒然」七憒反。「乃憒」古內反。本又作慣，古內反。◎慶藩案憒本又作憒，當從之。憒憒形相近，故從賣從貴之字常相混。《潛夫論·浮侈篇》懷憂憒憒，《後漢書·王符傳》作憒憒，即其證也。

3.【注】質全而仁義著。

4.【注】風自動而依之，德自立而秉之，斯易持易行之道也。【疏】放，縱任也。欲使蒼生喪其淳樸之性者，莫若絕仁棄義，則反冥我極也。仲尼亦宜放無為之風教，隨機務而應物，總虛妄之至德，立不測之神功。亦有作放，方往反。放，依也。【釋文】「亦放」方往反。「風而動」司馬云：放，依也。依無為之風而動也。「易持易行」並以豉反。

5.【注】言夫揭仁義以趨道德之鄉，其猶擊鼓而求逃者，無由得也。【疏】建，擊。傑然，用力貌。夫揭仁義以趨道德之鄉，何異乎打大鼓以求逃亡之子！故鼓聲大而亡子遠，仁義彰而道德廢也。【釋文】「傑然」郭居竭反，又居謁反，巨竭反。「夫揭」其列其謁二反。

6.【注】自然各已足。【釋文】「鵠」本又作鶴，同。胡洛反。「日黔」巨淹反，徐其金反。司馬云：黑也。

7.【注】俱自然耳，無所偏尚。【疏】浴，灑也。染緇曰黔。黔，黑也。辯者，別其勝負也。夫鵠白烏黑，稟之自然，豈須日日浴染，方得如是！以言物性，其義例然。黑白素樸，各足於分，所遇斯適，故不足於分，所以論勝負。亦言：辯，變也，黑白分定，不可變白為黑也。

8.【注】夫至足者忘名譽，忘名譽乃廣耳。【疏】修名立譽，招物觀視，如此狹劣，何足自多！唯忘遺名譽，方可稱大耳。

9.【注】言仁義之譽，皆生於不足。【釋文】「之觀」古亂反。司馬本作讙。

10.【注】斯乃忘仁而仁者也。【疏】此總結前文，斥仁義之弊。夫泉源枯竭，魚傳沫以相濡；樸散淳離，行仁義以濟物。及其江湖浩蕩，各足所以相忘；道德深玄，得性所以虛淡。既江湖比於道德，濡沫方於仁義，以此格量，故不同日而語矣。【釋文】「相忘」並如字。「泉涸」胡洛反。「相呴」況付反，又況于反。「相濡」如主反，又如瑜反。「以沫」音末。

孔子見老聃歸，三日不談₁。弟子問曰：「夫子見老聃，亦將何規哉₂？」

1.【疏】老子方外大聖，變化無常，不可測量，故無所談說也。

2.【疏】不的姓名，直云弟子，當是升堂之類，共發此疑。既見老子，應有規誨，何所聞而三日不談說？【釋文】「不談」本亦作不言。

孔子曰：「吾乃今於是乎見龍！龍，合而成體，散而成章₁，乘雲氣而養乎陰陽₂。予口張而不能嗋，予又何規老聃哉₃！」

1.【注】謂老聃能變化。【疏】夫龍之德，變化不恆。以況至人隱顯無定，故本合而成妙體，妙體窈冥；迹散而起文章，文章煥爛。

2.【注】言其因御無方，自然已足。【疏】言至人乘雲氣而無心，順陰陽而養物也。

3.【疏】嗋，合也。心懼不定，口開不合，復何容暇聞規訓之言乎！【釋文】「嗋」許劫反，合也。

子貢曰：「然則人固有尸居而龍見，雷聲而淵默，發動如天地者乎₁？賜亦可得而觀乎？」遂以孔子聲見老聃₂。

1.【疏】言至人其處也若死尸之安居，其出也似龍神之變見，其語也如雷霆之振響，其默也類玄理之無聲，是以奮發機動，同二儀之生物者也。既而或處或出，或語或默，豈有出處語默之異而異之哉！然則至人必有出處語默不言之能，故仲尼見之，口開而不能合。

2.【疏】賜，子貢名也。子貢欲觀至人龍德之相，遂以孔子聲教而往見之。【釋文】「龍見」賢遍反。

老聃方將倨堂而應，微曰：「予年運而往矣，子將何以戒我乎₁？」

1.【疏】倨，踞也。運，時也。老子自得從容，故踞堂敖誕，物感斯應，微發其言。「予年衰邁，何以教戒我

乎？」

【釋文】「倨堂」居慮反，跂也。

子貢曰：「夫三王五帝之治天下不同，其係聲名一也。而先生獨以為非聖人，如何哉？[1]」

1.【疏】澆淳漸異，步驟有殊，用力用兵，逆順斯異，故云不同，聲名令聞，相係一也。「先生乃排三王為非聖，有何意旨，可得聞乎？」

【釋文】「夫三王」本或作三皇，依注，作王是也。餘皆作三皇。

對曰：「堯授舜，舜授禹，禹用力而湯用兵，文王順紂而不敢逆，武王逆紂而不肯順，故曰不同[2]。」

1.【疏】「汝少進前，說不同所以。」

2.【疏】堯舜二人，既是五帝之數，自夏禹以降，便是三王。堯讓舜，舜讓禹，禹治水而用力，湯伐桀而用兵，文王拘羑里而順商辛，武王渡孟津而逆殷紂，不同之狀，可略言焉。

老聃曰：「小子少進！子何以謂不同[1]？」

老聃曰：「小子少進！余語汝三皇五帝之治天下[1]。黃帝之治天下，使民心一[2]，民有其親死不哭而民不非也[3]。堯之治天下，使民心親，民有為其親殺其殺而民不非也[3]。舜之治天下，使民心競，民孕婦十月生子，子生五月而能言[4]，不至乎孩而始誰[5]，則人始有夭矣[6]。禹之治天下，使民心變，人有心而兵有順[7]，殺盜非殺[8]，人自為種而天下耳[9]，是以天下大駭，儒墨皆起[10]。其作始有倫，而今乎婦女[11]，何言哉[12]！余語汝，三皇五

帝之治天下，名曰治之，而亂莫甚焉[13]。三皇之知，上悖日月之明，下睽山川之精，中墮四時之施[14]。其知憯於蠣蠆之尾，鮮規之獸，莫得安其性命之情者，而猶自以為聖人，不可恥乎，其无恥也[15]？」

1. 【疏】三皇者，伏羲神農黃帝也。五帝，少昊顓頊高辛唐虞也。治天下之狀，列在下文。　【釋文】「余語」魚據反。下同。

2. 【注】若非之，則強哭。　【釋文】「則強」其丈反。

3. 【注】殺，降也。言親疏者降殺。　【釋文】「為其」于偽反。「殺其殺」並所戒反，降也。注同。◎家世父曰：殺其殺者，意主於相親，定省之儀，拜跪之節，凡出於儀文之末者，皆可以從殺也。郭象云降殺之服以別親疏，既順人心，亦何不毀。

4. 【注】教之速也。　【疏】舜是五帝之末，其俗漸澆，樸散淳離，民心浮競，遂使懷孕之婦，十月生子，五月能言。古者懷孕之婦，十四月而誕育，生子兩歲，方始能言。澆淳既革，故與古乖異也。　【釋文】「孕」以證反。

5. 【注】誰者，別人之意也。未孩已擇人，言其競教速成也。　【疏】未解孩笑，已識是非，分別之心，自此而始矣。　【釋文】「孩」亥才反。《說文》云：笑也。「別人」彼列反。下同。

6. 【注】不能同彼我，則心競於親疏，故不終其天年也。　【疏】分別既甚，夭折之始，起自虞舜。

7. 【注】此言兵有順，則天下已有不順故也。　【疏】去道既遠，澆偽日興，遂使蠢爾之民，好為禍變。廢無為之迹，興有為之心，賞善罰惡，以此為化。而禹懷慈愛，猶解泣辜，兵刃所加，必順天道也。

8. 【注】盜自應死，殺之順也，故非殺。　【疏】盜賊有罪，理合其誅，順乎素秋，雖殺非殺。此則兵有順義也。

9. 【注】不能大齊萬物而人人自別，斯人自為種也。承百代之流而會乎當今之變，其弊至於斯者，非禹也，故也。

曰天下耳。言聖知之迹非亂天下，而天下必有斯亂。【疏】夫澆浪既興，分別日甚，人人自為種見，不能大齊萬物。此則解人有心也。聖智之迹，使其如是，非禹之過也，故曰天下耳矣。【釋文】「為種」章勇反。注同。◎家世父曰：人自為種類以成乎天下，於是乎有善惡之分，是非之辨，逆人之性而制其死生者也。既有善惡之分，是非之辨，而兵之用繁矣。於是據之以為順，而殺盜者謂之當然，因乎人心之變而兵以施焉，而人之心乃日變而不可窮矣。

10.【注】此乃百代之弊。【疏】此總論三皇五帝之迹，驚天下蒼生，致使儒崇堯舜以飾非，墨遵禹道而自是。既而百家競起，九流爭騖，後代之弊，實此之由也。【釋文】「大駭」胡楷反。

11.【注】今之以女為婦而上下悖逆者，非作始之無理，但至理之弊，遂至於此。【疏】倫，理也。當莊子之世，六國競興，淫風大行，以女為婦，乖禮悖德，莫甚於茲。故知聖迹始興，及其末也，例同斯弊也。◎家世父曰：《荀子·樂論》，亂世之徵，其服組，其容婦，楊倞注：婦，好貌。此云而今乎婦女，言諸子之興，其言皆有倫要，而終相與為諧好以悅人也。

12.【注】弊生於理，故無所復言。【疏】從理生教，遂至於此。世澆俗薄，何可稍言！論主發憤而傷歎也。【釋文】「復言」扶又反。

13.【注】必弊故也。【疏】夫三皇之治，實自無為。無為之迹，迹生於弊，故百代之後，亂莫甚焉。弊亂之狀，列在下文。

14.【疏】悖，逆也。睽，乖離也。墮，廢壞也。施，澤也。運無為之智以立治方，後世執迹，遂成其弊。致星辰悖彗，日月為之不明；山川乖離，岳瀆為之崩竭，廢壞四時，寒暑為之愆敘。【釋文】「之知」音智，下同。「上悖」補對反。「下睽」苦圭反，乖也。「中墮」許規反。「之施」式豉反。

15.【疏】憯，毒也。蠣蠆，尾端有毒也。鮮規，小貌。言三皇之智，損害蒼生，其為毒也，甚於蠣蠆，是故細小蟲獸，能遭擾動，況乎黔首，如何得安！以斯為聖，於理未可。毒害既多，深可羞媿也。【釋文】「憯於」七感反。「蠣」敕邁反，又音例。本亦作厲。郭音賴，又敕介反。「蠆」許謁反，或敕邁反。或云：依字，上當作蠆，下當作蠍。《通俗文》云：長尾為蠆，短尾為蠍。◎王引之曰：《釋文》云：蠣，敕邁反，又音例。本亦作厲。郭音賴，又敕介反。蠆，許謁反，或敕邁反。或云，依字，上當作蠆，下當作蠍。案陸讀蠣為蠆，讀蠆為蠍，

皆非也。蠆，音賴，又音例。陸云本亦作蠆，即其證也。蠆，音敕邁反，蠚，音許謁反。蠆、蠚，皆蠚之異名也。《廣雅》曰：蠆，蜇，蠚也。今據補。（今本《廣雅》脫蜇字，引《字林》曰：蛆，螫也。僖二十二年《左傳正義》引《通俗文》曰：蠆毒螫人曰蛆（蛆音哲），《一切經音義》卷十引《廣雅》蜇，蠆，蠚也。《集韻》釋詁》云：毒，蛆，癩，痛也。蜇與蠆，古同聲。《莊子》作蠆，《廣雅》作蜇，其實一字也（《史記·秦本紀》厲共公，〈始皇紀〉作剌龔公。刺之通作蠆，猶蜇之通作蠆矣）。蠆之言癩也（癩，音盧達反。郭璞注《方言》曰：蛆，螫也）。蠆之言蛆（蛆音哲），《廣雅》作蜇，昆蟲毒噬是也）。「鮮規之獸」李云：鮮規，明貌。一云：小蟲也。一云：小獸也。

子貢蹵蹵然立不安[1]。

1.【注】子貢本謂老子獨絕三王，故欲同三王於五帝耳。今又見老子通毀五帝，上及三皇，則失其所以為談矣。【疏】蹵蹵，驚悚貌也。子貢欲效三王，同五帝；今見老子詞調高邈，排擯五帝，指斥三皇，心形驚悚，失其所謂，故蹵蹵然，形容雖立，心神不安。【釋文】「蹵蹵」子六反。

孔子謂老聃曰：「丘治《詩》、《書》、《禮》、《樂》、《易》、《春秋》六經，自以為久矣，孰知其故矣；以奸者七十二君，論先王之道而明周召之迹，一君无所鉤用。甚矣夫！人之難說也，道之難明邪？」

老子曰：「幸矣子之不遇治世之君也！夫六經，先王之陳迹也，豈其所以迹哉[1]！今子之所言，猶迹也。夫迹，履之所出，而迹豈履哉[2]！夫白鶂之相視，眸子不運而風化；蟲，雄鳴於上風，雌應於下風而風化[3]；類自為雌雄，故風化[4]。性不可易，命不可變，時不可止，道不可壅[5]。苟得

於道，无自而不可⁶；失焉者，无自而可⁷。」

1.【注】所以迹者，真性也。夫任物之真性者，其迹則《六經》也。　【釋文】「妍」音干。《三蒼》云：犯

也。「鉤用」鉤，取也。「甚矣夫」音符，篇末同。「難說」始銳反。「治世」直吏反。

2.【注】況今之人事，則以自然為履，《六經》為迹。

3.【注】鴟以眸子相視。蟲以鳴聲相應，俱不待合而便生子，故曰風化。　【釋文】「白鶂」五歷反。《三

蒼》云：鶂鵙也。司馬云：鳥子也。「之相視眸」茂侯反。「子不運而風化」司馬云：相待風氣而化生也。又云：

相視而成陰陽。「蟲雄鳴於上風雌應於下風而化」一本作而風化。司馬云：雄者，寵類；雌者，寵類。

4.【注】夫同類之雌雄，各自有以相感。相感之異，不可勝極，苟得其類，其化不難，故乃有遙感而風化也。《山海經》云：亶爰之山有獸焉，其

狀如狸而有髮，其名曰師類；帶山有鳥，其狀如鳳，五采文，其名曰奇類，皆自牝牡也。「可勝」音升。

【釋文】「類自為雌雄故風化」或說云：方之物類，猶如皁木異種而同類也。

5.【注】故至人皆順而通之。

6.【注】雖化者無方而皆可也。　【釋文】「可壅」於勇反。

7.【注】所在皆不可也。

孔子不出三月，復見曰：「丘得之矣。烏鵲孺，魚傅沫，細要者化₁，有弟而兄啼₂。久矣夫丘不與化為人！不與化為人，安能化人₃！」

1.【注】言物之自然，各有性也。　【疏】鵲居巢內，交尾而表陰陽；魚在水中，傅沫而為牝牡；蜂取桑蟲，祝為己子。是知物性不同，稟之大道，物之自然，各有性也。「烏鵲孺」如喻反。李云：孚乳而生也。「魚傅」音附。又音付。本亦作傳，直專反。「沫」音末。司馬云：傅沫，一云：傳口中沫，相與而生子也。「細要」一遙反。「者化」蜂之屬也。司馬云：取桑蟲祝使似己也。案即《詩》所謂螟蛉有子，果蠃負之是。◎慶藩案《列子釋文》上引司馬云：稚蜂細要者，取桑蟲祝之，使

似己之子也。視《釋文》所引為詳。

2.【注】言人之性舍長而親幼，故啼也。　【疏】有弟而兄失愛，舍長憐幼，故啼。是知陳迹不可執留，但當順之，物我無累，郭云，言人性舍長視幼故啼也。　【釋文】「舍」音捨。「長」張丈反。

3.【注】夫與化為人者，任其自化者也。若播《六經》以說則疏也。

老子曰：「可。丘得之矣！」

莊子集釋　卷六上

外篇刻意第十五₁

1.【釋文】以義名篇。

刻意尚行，離世異俗，高論怨誹，為亢而已矣；此山谷之士，非世之人，枯槁赴淵者之所好也。₁語仁義忠信，恭儉推讓，為修而已矣；此平世之士，教誨之人，遊居學者之所好也。₂語大功，立大名，禮君臣，正上下，為治而已矣；此朝廷之士，尊主強國之人，致功并兼者之所好也。₃就藪澤，處閒曠，釣魚閒處，无為而已矣；此江海之士，避世之人，閒暇者之所好也。₄吹呴呼吸，吐故納新，熊經鳥申，為壽而已矣；此道引之士，養形之人，彭祖壽考者之所好也。₅

1.【疏】刻，削也。意，志也。亢，窮也。言偏滯之人，未能會理，刻勵身心，高尚其行，離世異俗，卓爾不群，清談五帝之風，高論三皇之教，怨有才而不遇，誹無道而荒淫，亢志林籟之中，削迹岩崖之下。斯乃隱處山谷之士，非毀時世之人。枯槁則鮑焦介推之流，赴淵則申狄卞隨之類，蓋是一曲之士，何足以語至道哉！已，止也。其術止於此矣。【釋文】「刻意」司馬云：刻，削也。「高論」力困反。「怨誹」非謂反。李云：峻其意也。案謂削意令峻也。《廣雅》云：意，志也。「尚行」下孟反。「離世」力智反。「為亢」苦浪反。李云：窮高曰亢。「枯槁」苦老反。「赴淵」司馬云：枯槁，若鮑焦介推；赴淵，若申徒狄。

2.【疏】發辭吐氣，則語及仁義，用茲等法為修身之本。此乃平時治世之士，施教誨物之人，斯乃子夏之在西

河，宣尼之居洙泗，或遊行而議論，或安居而講說，蓋是學人之所好，良非道士之所先。【釋文】「所好」呼報反。下及注皆同。

3. 【疏】建海內之功績，立今古之鴻名，致君臣之盛禮，主上下之大義，寧安社稷，緝熙常道，既而尊君主而服遐荒，強本邦而兼并敵國，豈非朝廷之士，廊廟之臣乎！即皋陶伊尹呂望之徒是也。【釋文】「為治」直吏反。下同。「此朝」直遙反。

4. 【疏】栖隱山藪，放曠皋澤，閒居而事綸釣，避世而處無為，天子不得臣，諸侯不得友。斯乃從容閒暇之人，即巢父許由公閱休之類。【釋文】「藪」素口反。「處閒」音閑。下同。「綸釣」本亦作釣，同。彭叫反。◎盧文弨曰：今本釣作釣。

5. 【注】此數子者，所好不同，恣其所好，各之其方，亦所以為逍遙也。然此僅各自得，焉能靡所不樹哉！若夫使萬物各得其分而不自失者，故當付之無所執為也。【疏】吹冷呼而吐故，呴暖吸而納新，如熊攀樹而自經，類鳥飛空而伸腳。斯皆導引神氣，以養形魂，延年之道，駐形之術。故彭祖八百歲，白石三千年，壽考之人，即此之類。以前數子，志尚不同，各滯一方，未為通美。自不刻意而下，方會玄玄之妙致也。【釋文】「吹呴」況于反，字亦作煦。「吐故納新」李云：吐故氣，納新氣也。「熊經」如字，李古定反。司馬云：若熊之攀樹而自經也。「鳥申」許及反。司馬云：若鳥之嚬呻也。「道引」音導。下同。李云：導氣令和，引體令柔。「此數」所主反。「僅」其靳反。「焉能」如虔反。

若夫不刻意而高，无仁義而修，无功名而治，无江海而閒，不道引而壽[1]，无不忘也，无不有也[2]，澹然无極而眾美從之[3]。此天地之道，聖人之德也[4]。

1. 【注】所謂自然。

2. 【注】忘，故能有，若有之，則不能救其忘矣。故有者，非有之而有也，忘而有之也。【疏】夫玄通合變之士，冥真契理之人，不刻意而其道彌高，無仁義而恆自修習，忘功名而天下大治，去江海而淡爾清閒，不導引而

壽命無極者，故能唯物與我，無不盡忘，而萬物歸之，故無不有也。斯乃忘而有之，非有之而有也。◎家世父曰：仁義者，人與人相接而見焉者也。愛焉之謂仁，因乎人而愛之，是固有人之見存也；宜焉之謂義，因乎人而宜之，是仍有己之見存也。無人己之見存，則仁義之名可以不立，而所修者乃真修也。◎慶藩案忘乃亡之借字。亡，猶已也。《管子·乘馬篇》今日為明日忘貨，《史記·孟嘗君傳》所期勿忘其中，並與亡同。《漢書·武五子傳》臣聞子胥於忠而忘其號，師古注：忘，亡也。《淮南·修務篇》南榮疇恥聖道之獨亡於己，《賈子·勸學篇》亡作忘，皆其例。

3.【注】若屬己以為之，則不能無極而眾惡生。

【疏】心不滯於一方，迹冥符於五行，是以澹然虛曠而其道無窮，萬德之美皆從於己也。

【釋文】「澹」大暫反，徐音談。「然」一本作澹而。

4.【注】不為萬物而萬物自生者，天地也；不為百行而百行自成者，聖人也。

【疏】天地無心於亨毒而萬物生，聖人無心於化育而百行成，是以天地以無生生而為道，聖人以無為為而成德。故《老經》云，天地不仁，聖人不仁。

【釋文】「百行」下孟反。下及篇末百行同。

故曰，夫恬惔寂漠虛无无為，此天地之平而道德之質也[1]。故曰，聖人休休焉則平易矣[2]，平易則恬惔矣[3]。平易恬惔，則憂患不能入，邪氣不能襲[4]，故其德全而神不虧[5]。

1.【注】非夫寂漠無為也，則危其平而喪其質也。

【疏】恬惔寂漠，是凝湛之心；虛無無為，是寂用之智；天地以此法為平均之源，道德以此法為質實之本也。

【釋文】「恬惔」大暫反，徐音談。下皆同。「質也」質，正也。「而喪」息浪反。下同。

2.【注】休乎恬惔寂漠，息乎虛無無為，則雖歷乎阻險之變，常平夷而無難。

【疏】休心於恬惔之鄉，息智於虛無之境，則履艱難而簡易，涉危險而平夷也。

【釋文】「人休」虛求反，息也。下及注同。「平易」以豉反。下及注皆同。◎俞樾曰：休焉二字，傳寫誤倒。此本作故曰聖人休焉，休則平易矣。〈天道篇〉故帝王聖人休焉，休則虛，與此文法相似，可據訂正。「無難」乃旦反。下同。

3.【注】患難生於有為，有為亦生於患難，故平易恬惔交相成也。【疏】豈唯休心恬惔故平易，抑乃平易而恬惔矣，是知平易恬惔交相成也。

4.【注】泯然與正理俱往。【疏】心既恬惔，迹又平易，唯心與迹，一種無為，故愍憂患累不能入其靈臺，邪氣妖氛不能襲其藏府。襲，猶入也，互其文也。【釋文】「邪氣」似嗟反。下同。

5.【注】夫不平不恬之者，豈唯傷其形哉？神德並喪於內也。【疏】夫恬惔無為者，豈唯外形無毀，亦乃內德圓全。形德既安，則精神無損虧矣。

故曰，聖人之生也天行[1]，其死也物化[2]；靜而與陰同德，動而與陽同波[3]；不為福先，不為禍始；感而後應[4]，迫而後動[5]，不得已而後起[6]。去知與故，循天之理[7]。故无天災[8]，无物累[9]，无人非[10]，无鬼責[11]。其生若浮，其死若休[12]。不思慮[13]，不豫謀[14]。光矣而不燿[15]，信矣而不期[16]。其寢不夢，其覺无憂[17]。其神純粹[18]，其魂不罷[19]。虛无恬惔，乃合天德[20]。

1.【注】任自然而運動。

2.【注】蛻然無所係。【疏】聖人體勞息之不二，達去來之為一，故其生也如天道之運行，其死也類萬物之變化，任鑪冶之陶鑄，無纖介於胸中也。【釋文】「蛻然」音悅，又始銳反。

3.【注】動靜無心而付之陰陽也。【疏】凝神靜慮，與大陰同其盛德；應感而動，與陽氣同其波瀾；動靜順時，無心者也。

4.【注】無所唱也。【疏】夫善為福先，惡為禍始，既善惡雙遣，亦禍福兩忘。感而後應，豈為先始者也！

5.【注】會至乃動。【疏】迫，逼也。動，應也。和而不唱，赴機而應。

6.【注】任理而起，吾不得已也。【疏】已，止也。機感逼至，事不得止而後起應，非預謀。

7.【注】天理自然，知故無為乎其間。【疏】循，順也。內去心知，外忘事故，如混沌之無為，順自然之妙理也。【釋文】「去知」起呂反。◎慶藩案故，詐也。〈晉語〉多為之故以變其志，韋注曰：謂多作計術以變易理也。

其志。《呂覽·論人篇》去巧故，高注：巧故，偽詐也。《淮南·主術篇》上多故則下多詐，高注：故，巧也。皆

其例。《管子·心術篇》去智與故，尹知章注：故，事也，失之。

8.【注】災生於違天。【疏】合天，故無災也。

9.【注】累生於逆物。【疏】順物，故無累也。

10.【注】與人同者，眾必是焉。【疏】同人，故無非也。

11.【注】同於自得，故無責。

12.【注】汎然無所惜也。【疏】夫聖人動靜無心，死生一貫，故其生也如浮漚之蹔起，變化俄然；其死也若疲勞休息，曾無繫戀也。

13.【注】付之天理。【疏】心若死灰，絕於緣念。

14.【注】理至而應。【疏】譬縣鏡高堂，物來斯照，終不預前謀度而待機務者也。

15.【注】用天下之自光，非吾燿也。【疏】智照之光，明逾日月，而韜光晦迹，故不炫燿於物也。

16.【注】用天下之自信，非吾期也。【疏】逗機赴感，如影隨形，信若四時，必無差忒，機來方應，不預期也。

17.【注】契真，故凝寂而不夢；累盡，故常適而無憂也。【釋文】「其覺」古孝反。

18.【注】一無所欲。【疏】純粹者，不雜也。既無夢無憂，契真合道，故其心神純粹而無閒雜也。【釋文】「粹」雖遂反。

19.【注】有欲乃疲。【疏】恬惔無為，心神閒逸，故其精魂應用，終不疲勞。【釋文】「不罷」音皮。

20.【注】乃與天地合其恬惔之德也。【疏】歡此虛無，與天地合其德。

故曰，悲樂者，德之邪[1]；喜怒者，道之過[2]；好惡者，德之失[3]。故心不憂樂，德之至也[4]；一而不變，靜之至也[5]；無所於忤，虛之至也[6]；不與物交，惔之至也[7]；無所於逆，粹之至也[8]。故曰，形勞而不休則弊，精用而不已則勞，勞則竭[9]。

1.【疏】違心則悲，順意則樂，不達違從，是德之邪妄。

【釋文】「悲樂」音洛。下同。

1.【注】稱心則喜，乖情則怒，喜怒不忘，是道之罪過。

2.【疏】無好為好，無惡為惡，此之妄心，是德之愆咎也。

【釋文】「好惡」烏路反。

3.【疏】無惡為惡，此之妄心，是道之愆咎也。

【疏】至德常適，故情無所概。

4.【注】至德常適，故情無所概。

5.【注】靜而一者，不可變也。

6.【注】其心豁然確盡，乃無纖介之違。

【疏】抱真一之玄道，混囂塵而不變，自非至靜，孰能如斯！

【釋文】「於忏」五故反。「確」苦角反。「纖介」音界。

【疏】忏，逆也。

7.【注】物自來耳，至惔者無交物之情。

【疏】守分情高，不交於物，無所須待，恬惔之至也。

8.【注】若雜乎濁欲，則有所不順。

【疏】智照精明，至純無雜，故能混同萬物，大順群生。此論忏之與

9.【注】物皆有當，不可失也。

【疏】夫形體精神，稟之有限，而役用無涯，必之死地。故分外勞形，不知

逆，厥理不殊，顯虛粹兩義，故再言耳。

休息，則困弊斯生。精神逐物而不知止，必當勞損，損則精氣枯竭矣。

水之性，不雜則清，莫動則平；鬱閉而不流，亦不能清；天德之象也。故曰，純粹而不雜2，靜一而不變3，惔而无為4，動而以天行5，此養神之道也6。夫有干越之劍者，柙而藏之，不敢用也，寶之至也7。精神四達並流，无所不極，上際於天，下蟠於地8，化育萬物，不可為象9，其名為同帝10。

1.【注】象天德者，無心而偕會也。

【疏】象者，法效也。言水性清平，善鑒於物。若混而雜之，擁鬱而閉塞之，則乖於常性，既不能漣漪流注，亦不能鑒照於物也。唯當不動不閉，則清而且平，洞照無私，為物準的者，天德之象也。以況聖人心靈皎絜，鑑照無私，法象自然，與玄天合德，故《老經》云上善若水也。

2.【注】無非至當之事也。

【疏】雖復和光同塵，而精神凝湛。此覆釋前其神純粹也。

3.【注】常在當上住。

【疏】縱使千變萬化，而心恆靜一。此重釋一而不變。

4.【注】與會俱而已矣。

【疏】假令混俗揚波，而無妨虛悚，與物交接，亦不廢無為。此釋前恬惔之至也。

5.【注】若夫逐欲而動，人行也。

【疏】感物而動，應而無心，同於天道之運行，無心而生萬物。

6.【疏】總結以前天行等法，是治身之術，養神之道也。

7.【注】況敢輕用其神乎！

【疏】干，溪名也。越，山名也。干溪越山，俱出良劍也。又云：干，吳也。言吳越二國，並出名劍，因以為名也。而況愛精神者乎！

【釋文】「干越之劍」司馬云：干，吳也。吳越出善劍。李云：干溪越山出名劍。◎慶藩案王念孫曰：干越，猶言吳越。《漢書·貨殖傳》辟猶戎翟之與于越，不相入矣。于亦干之誤。干，越，皆國名。故言戎翟之與干越，猶言吳越。顏師古以為春秋之於越。案吳有溪名干溪，越有山名若耶，並出善鐵，鑄為名劍也。當從司馬說為是（《淮南·原道篇》干越生葛絺，高注曰：干，吳也。越。劉本改干為于，云：于越一又因于而誤於。作於越，非）。「柙而」戶甲反。

8.【注】夫體天地之極應萬物之斵以為精神者，故若是矣。若是而有落天地之功者，任天行耳，非輕用也。

【疏】流，通也。夫愛精神者，故能通達四方，並流無滯。既而下蟠薄於厚地，上際逮於玄天，四維上下，無所不極，動而常寂，非輕用之者也。

【釋文】「下蟠」音盤，郭音煩。

9.【注】所育無方。

【疏】化導蒼生，含育萬物，隨機俯應，不守一方，故不可以形象而域之也。

10.【注】同天帝之不為。

【疏】帝，審也。總結以前，名為審實之道也。亦言：同天帝之不為也已。

純素之道，唯神是守；守而勿失，與神為一[1]；一之精通，合於天倫[2]。野語有之曰：「眾人重利，廉士重名，賢人尚志，聖人貴精[3]。」故素也者，謂其无所與雜也；純也者，謂其不虧其神也[4]。能體純素，謂之真人[5]。

1.【注】常以純素守乎至寂而不蕩於外，則冥也。

【疏】純精素質之道，唯在守神。守神而不喪，則精神凝靜，既而形同枯木，心若死灰，物我兩忘，身神為一也。

2.【注】精者，物之真也。　【疏】倫，理也。既與神為一，則精智無礙，故冥乎自然之理。

3.【注】與神為一，非守神也；不遠其精，非貴精也；然其迹則貴之也。　【疏】莊生欲格量人物，志尚不同，故汎舉大綱，略為四品，仍寄野逸之人，以明言無的當。且世俗眾多之人，咸重財利，則盜跖之徒是也；貞廉純素之士，皆重聲名，則伯夷介推是也；賢人君子，高尚志節，不屈於世，則許由子州支伯是也。唯體道聖人，無所偏滯，故能寶貴精神，不蕩於物，雖復應變隨時，而不喪其純素也。

4.【注】苟以不虧為純，則雖百行同舉，萬變參備，乃至純也；苟以不雜為素，則雖龍章鳳姿，倩乎有非常之觀，乃至素也。若不能保其自然之質而雜乎外飾，則雖犬羊之鞟，庸得謂之純素哉！　【疏】夫混迹世物之中而與物無雜者，至素者也；參變囂塵之內而其神不虧者，至純者也。豈復獨立於高山之頂，拱手於林籟之間而稱純素哉？蓋不然乎！此結釋前純素之道義也。　【釋文】「倩乎」七練反。「之觀」古喚反。「鞟」苦郭反。

5.【疏】體，悟解也。妙契純素之理，則所在皆真道也，故可謂之得真道之人也。

外篇繕性第十六[1]

1.【釋文】以義名篇。

繕性於俗，俗學以求復其初[1]；滑欲於俗，思以求致其明[2]；謂之蔽蒙之民[3]。

1.【注】已治性於俗矣，而欲以俗學復性命之本，所以求者愈非其道也。　【疏】繕，治也。性，生也。俗，習也。初，本也。言人稟性自然，各守生分，率而行之，自合於理。今乃習於偽法，治於真性，矜而矯之，已困弊矣。方更行仁義禮智儒俗之學，以求歸復本初之性，故俗彌得而性彌失，學愈近而道愈遠也。　【釋文】「繕」善戰反。崔云：治也。或云：善也。「性」性，本也。

2.【注】已亂其心於欲，而方復役思以求明，思之愈精，失之愈遠。

【疏】滑，亂也。致，得也。欲，謂名利聲色等可貪之物也。言人所以心靈暗亂者，為貪欲於塵俗故也。今還役用分別之心，思量求學，望得獲其明照之道者，必不可也。唯當以無學，可以歸其本矣；以無思思，可以得其真矣。本亦有作滑欲於欲者也。

【釋文】「滑」音骨，亂也。崔云：治也。「思以」李息吏反。「方復」扶又反。下無復、雖復同。

◎俞樾曰：《釋文》，滑音骨，亂也；崔云，治也。上文繕性於俗學以求復其初，崔注繕亦訓治。蓋二句一義，繕也，滑也，皆治也，故曰求復其初。此當從崔說為長。若訓滑為亂，則與求字之義不貫矣。滑得訓治者，滑，猶汨也。《說文·水部》：汨，治水也。是其義也。《玉篇·手部》曰：扣，亦搯字。然則滑之與汨，猶搯之與扣矣。

3.【注】若夫發蒙者，必離俗去欲而後幾焉。

【疏】蔽，塞也。蒙，暗也。此則結前。以俗學歸本，以思慮求明，如斯之類，可謂蔽塞蒙暗之人。

【釋文】「必離」力智反。下文同。「去欲」起呂反。

古之治道者，以恬養知[1]；知生而无以知為也，謂之以知養恬[2]。知與恬交相養，而和理出其性[3]。夫德，和也；道，理也[4]。德无不容，仁也[5]；道无不理，義也[6]；義明而物親，忠也[7]；中純實而反乎情，樂也[8]；信行容體而順乎文，禮也[9]。禮樂徧行，則天下亂矣[10]。彼正而蒙己德，德則不冒，冒則物必失其性也[11]。

1.【注】恬靜而後知不蕩，知不蕩而性不失也。

【疏】恬，靜也。古者聖人以道治身治國者，必以恬靜之法養真實之知，使不蕩於外也。

【釋文】「治道」如字，又直吏反。「養知」音智。下以意求之。

2.【注】夫無以知為而任其自知，則雖知周萬物而恬然自得也。

【疏】率性而照，知生者也；無心而知，無以知為也。任知而往，無用造為，斯則無知而知，知而無知，非知之而知者也。故終日知而未嘗知，亦未嘗不知，仍以此真知養於恬靜。若不如是，何以恬乎！

3.【注】知而非為，則無害於恬；恬而自為，則無傷於知。斯可謂交相養矣。二者交相養，則和理之分，豈出佗哉！

【疏】夫不能恬靜，則何以生彼真知？不有真知，何能致茲恬靜？是故恬由於知，知資於靜，

所以獲真知。故知之與恬，交相養也。斯則中和之道，存乎寸心，自然之理，出乎天性，在我而已，豈關他哉！

4.【注】和，故無不得；道，故無不理。

5.【注】無不容者，非為仁也，而仁迹行焉。【疏】玄德深遠，無不包容，慈愛弘博，仁迹斯見。

6.【注】無不理者，非為義也，而義功著焉。【疏】夫道能通物，物各當理，理既宜察，義功著焉。

7.【注】若夫義明而不由忠，則物愈疏。【疏】義理明顯，情率於中，既不矜矯，故物來親附也。

8.【注】仁義發中，而還任本懷，所造和適，故謂之樂。【疏】仁義由中，故志性純實，雖復涉於物境而恆歸於真情，所造和適，故謂之樂。【釋文】「樂也」音洛。

9.【注】信行容體而順乎自然之節文者，其迹則禮也。【疏】夫信行顯著，容儀軌物而不乖於節文者，其迹則禮也。【釋文】「信行」下孟反。注同。

10.【注】以一體之所履，一志之所樂，行之天下，則一方得而萬方失也。【疏】夫不能虛心以應物而執迹以馭世者，則必滯於華藻之禮而溺於荒淫之樂也，是以芻狗再陳而天下亂矣。是偏為一偏之偏，故郭以一體一志說之。【釋文】「偏」音遍。◎俞樾曰：郭注曰，以一體之所履，一志之所樂，行之天下，則一方得而萬方失也。則一方得而萬方失也。是偏為一偏之偏，故郭以一體一志說之。《釋文》作徧而音遍，非是。

11.【注】各正性命而自蒙己德，則不以此冒彼也。若以此冒彼，安得不失性哉！【疏】蒙，暗也。冒，亂也。彼，謂履正道之聖人也。言人必己冒亂，則物我失其性矣。◎家世父曰：德足以正物矣，而抑聽物之自然而蒙吾德焉，未嘗以德強天下而冒之也。強天下而冒之，則正者我也，非物之自正也，而物之失其性多矣。【釋文】「不冒」莫報反。崔云：覆也。

古之人，在混芒之中，與一世而得澹漠焉1。當是時也，陰陽和靜，鬼神不擾，四時得節，萬物不傷，群生不夭，人雖有知，无所用之2，此之謂至一。當是時也，莫之為而常自然3。

1.【疏】謂三皇之前，玄古無名號之君也。其時淳風未散，故處在混沌芒昧之中而與時世為一，冥然無迹，君

臣上下不相往來，俱得恬澹寂漠無為之道也。

【釋文】「在混」胡本反。「芒」莫剛反。崔云：混混芒芒，未分時也。「澹」徒暫反。

2.【注】任其自然而已。

【疏】當是混沌之時，淳樸之世，舉世恬惔，既無災眚，萬物不傷，群生各盡天年，終無夭折。人雖有心知之術，無為，故無用之也。

3.【注】物皆自然，故至一也。

【疏】均彼此於無為，混是非於恬惔，物我不二，故謂之至一也。莫，無也。莫之為而自為，無為也；不知所以然而然，自然也。故當是時也，人懷無為之德，物含自然之道焉。◎慶藩案自然，謂自成也。《廣雅》：然，成也。《大戴禮·武王踐阼篇》毋曰胡殘，其禍將然，謂禍將成也。《楚辭·遠遊》無滑而魂兮，彼將自然，言彼將自成也。郭云物皆自然，語未晰。

【釋文】「不擾」而小反。

逮德下衰[1]，及燧人伏羲始為天下，是故順而不一[2]。德又下衰，及神農黃帝始為天下，是故安而不順[3]。德又下衰，及唐虞始為天下，興治化之流，澆淳散樸[4]，離道以善[5]，險德以行[6]，然後去性而從於心[7]。心與心識[8]知而不足以定天下[9]，然後附之以文，益之以博。文滅質，博溺心[10]，然後民始惑亂，无以反其性情而復其初[11]。

1.【注】夫德之所以下衰者，由聖人不繼世，則在上者不能無為而羨無為之迹，故致斯弊也。

2.【注】世已失一，惑不可解，故釋而不推，順之而已。

【疏】逮，及也。古者茹毛飲血，與麋鹿同群。及至燧人始變生為熟，伏羲則服牛乘馬，創立庖廚，畫八卦以制文字，放蜘蛛而造密網。既而智詐萌矣，嗜欲漸焉，澆淳樸之心，散無為之道。德衰而始為天下，此之謂乎！是順黎庶之心，而不能混同至一也。

【釋文】「燧人」音遂。

3.【注】安之於其所安而已。

【疏】夫德化更衰，為弊增甚。故神農有共工之伐，黃帝致蚩尤之戰，祅氣不息，兵革屢興。是以誅暴去殘，弔民問罪，苟且欲安於天下，未能有順於群生者也。

4. 【注】聖人無心，任世之自成。成之淳薄，皆非聖也。聖能任世之自得耳，豈能使世得聖哉！故皇王之迹，與世俱遷，而聖人之道未始不全也。　【疏】夫唐堯虞舜，居五帝之末，而興治行化，冠三王之始。是以設五典而綱紀五行，置百官而平章百姓，百姓因此而澆訛，五行自斯而荒殆。枝流分派，迄至於茲，豈非毀淳素以作澆訛，散樸質以為華偽！　【釋文】「興治」直吏反。「澆」古堯反。本亦作澆。「醇」本亦作淳，音純。

5. 【注】善者，過於適之稱，故有善而道不全。　【疏】夫虛通之道，善惡兩忘。今乃捨己效人，矜名企善，善既乖於理，所以稱離也。　【釋文】「之稱」尺證反。

6. 【注】行者，違性而行之，故行立而德不夷。　【疏】險，危阻也。不能率性任真，晦其蹤迹，乃矯情立行以取聲名，實由外行聲名浮偽，故令內德危險，何清夷之有哉！◎慶藩案離道以善，險德以行，郭注訓為有善而道不全，行立而德不夷，望文生義，於理未順。善字疑是為字之誤，言所為非大道，所行非大德也。《淮南‧俶真篇》雜道以偽（雜當為離字之誤。偽，古字，為亦行也），不興偽行以徼幸，漢〈慎令劉脩碑〉動乎徼中，徼並當作險，《荀子‧富國篇》俗儉而百姓不一，楊倞注：儉當為險）。即本於此。

7. 【注】以心自役，則性去也。　【疏】離虛通之道，捨淳和之德，然後去自然之性，從分別之心。

8. 【注】彼我之心，競為先識，無復任性也。　【疏】彼我之心，更相謀慮，是非臧否，競為前識者也。

【釋文】「心與心識」如字。向本悉同。◎家世父曰：郭象云，彼我之心，競為先識，無復任性也。諸本皆以心與心識為句。向秀本作職，云：彼我之心，競為先職矣。疑心與心，非彼我之有異心也，心自異也。本然者一心，然引之而動者又一心。引之而動，一念之覺而有識焉，冬則識寒，夏則識暖是也；因覺生意而有知焉，食則知求甘，衣則知求溫是也。佛家以意識分兩境。知者，意之發也，故曰不識不知，順帝之則。識者，內心之炯；知者，外心之通也。知識並生而亂始繁矣，烏足以定天下哉！◎俞樾曰：識知二字連文。《詩》曰，不識不知，是識知同義，故連言之曰識知也。心與心識知而不足以定天下，明必不識不知而後可言定也。諸家皆斷識字為句，非是；向本作職，尤非。

9. 【注】忘知任性，斯乃定也。　【疏】夫心攀緣於有境，知分別於無崖，六合為之煙塵，八荒為之騰沸，四

10.【注】文博者，心質之飾也。

【疏】前既使心運知，不足以定天下，故後依附文書以匡時，代增博學而濟世。不知質是文之本，文華則隱滅於素質；博是心之末，博學則沒溺於心靈。唯當絕學而去文，方會無為之美也。

【釋文】「博溺」乃瀝反，郭奴學反。

11.【注】初，謂性命之本。

【疏】文華既隱滅於素質，博學又沒溺於心靈，於是蠢民成亂始矣，欲反其恬惔之情性，復其自然之初本，其可得乎！噫，心知文博之過！

由是觀之，世喪道矣，道喪世矣。世與道交相喪也[1]，道之人何由興乎世，世亦何由興乎道哉[2]！道无以興乎世，世无以興乎道，雖聖人不在山林之中，其德隱矣[3]。

1.【注】夫道以不貴，故能存世。然世存則貴之，貴之，道斯喪矣。道不能使世不貴，而世亦不能不貴於道，故交相喪也。【疏】喪，廢也。由是事迹而觀察之，故知時世澆浮，廢棄無為之道，亦由無為之道，廢變淳和之世。是知世之與道交相喪之也。【釋文】「世喪」息浪反。下及注皆同。◎慶藩案《文選》江文通〈雜體詩〉注引司馬云：世皆異端喪道，道不好世，故曰喪耳。《釋文》闕。

2.【注】若不貴，乃交相興也。【疏】故懷道聖人，高蹈塵俗，未肯興弘以馭世，而澆偽之世，亦何能興感於聖道也！

3.【注】今所以不隱，由其有情以興也。何由而興？由無貴也。【疏】澆季之時，不能用道，無為之道，不復行世。假使體道聖人，降迹塵俗，混同群生，無人知者，韜藏聖德，莫能見用，雖居朝市，何異山林矣！

隱，故不自隱[1]。古之所謂隱士者，非伏其身而弗見也，非閉其言而不出也，非藏其知而不發也，時命大謬也[2]。當時命而大行乎天下[3]，則反一无迹[4]；不當時命而大窮乎天下[5]，則深根寧極而待[6]；此存身之道也[7]。

1.【注】若夫自隱而用物，則道世交相興矣，何隱之有哉！　【疏】時逢昏亂，故聖道不行，豈是韜光自隱其德邪！

2.【注】莫知反一以息迹而逐迹以求一，愈得迹，愈失一，斯大謬矣。雖復起身以明之，開言以出之，顯知以發之，何由而交興哉！非藏其知而不發，雖發而不眩曜；但時逢謬安，命遇迍邅，故隨世污隆，全身遠害也。　【疏】謬，偽妄也。非伏匿其身而不見，雖見而不亂群；非閉其言而不出，雖出而不忤物；非藏其知而不發，雖發而不眩曜；但時逢謬安，命遇迍邅，故隨世污隆，全身遠害也。　【釋文】「弗見」賢遍反。「祇所」音支。

3.【注】此澹漠之時也。

4.【注】反任物性而物性自一，故無迹。　【疏】時逢有道，命屬清夷，則播德弘化，大行天下。既而人反一，物物歸根，彼我冥符，故無朕迹。

5.【注】此不能澹漠之時也。

6.【注】雖有事之世，而聖人未始不澹漠也，故深根寧極而待其自為耳，斯道之所以不喪也。　【疏】時遭無道，命值荒淫，德化不行，則大窮天下。既而深固自然之本，保寧至極之性，安排而隨變化，處常而待終年，豈有窮通休戚於其間哉！

7.【注】未有身存而世不興者也。　【疏】在窮塞而常樂，處危險而安寧，任時世之行藏，可謂存身之道也。

古之行身者，不以辯飾知[1]，不以知窮天下[2]，不以知窮德[3]，危然處其所而反其性已[4]，又何為哉！道固不小行[5]，德固不小識[6]。小識傷德，小行傷道[7]。故曰，正己而已矣。樂全之謂得志[8]。

1.【注】任其真知而已。　【疏】古人輕辯重訥，賤言貴行，是以古人之行任其身者，必不用浮華之言辯，飾分別之小智也。

2.【注】此淡泊之情也。　【疏】窮者，困累之謂也，不縱知毒害以困苦蒼生也。　【釋文】「淡」大暫反。「泊」音薄。

3.【注】守其自德而已。
【疏】知止其分，不以無涯而累其自得也。

4.【注】危然，獨正之貌。
【疏】危，猶獨也。言獨居亂世之中，處危而所在安樂，動不傷寂，恆反自然之性，率性而動，復何為之哉？言其無為也。崔本作塊，音如累塊之塊。塊然，自持之固貌。
【釋文】「危然」如字。郭云：獨正貌。司馬本作愃，云：獨立貌。

5.【注】遊於坦途。
【疏】大道廣蕩，無不範圍，小成隱道，固不小行矣。
【釋文】「於坦」敕但反。

6.【注】塊然大通。
【疏】上德之人，智周萬物，豈留意是非而為識鑒也！
【釋文】「塊然」苦對反。

7.【疏】小識小知，虧損深玄之盛德；小學小行，傷毀虛通之大道也。

8.【注】自得其志，獨夷其心，而無哀樂之情，斯樂之全者也。
【疏】夫己身履於正道，則所作皆虛通也。既而無順無逆，忘哀忘樂，所造皆適，斯樂之全者也。至樂全矣，然後志性得焉。
【釋文】「樂全」音洛。注、下皆同。

古之所謂得志者，非軒冕之謂也，謂其无以益其樂而已矣[1]。今之所謂得志者，軒冕之謂也[2]。軒冕在身，非性命也，物之儻來，寄者也[3]。寄之，其來不可圉，其去不可止[4]。故不為軒冕肆志[5]，不為窮約趨俗[6]，其樂彼與此同[7]，故无憂而已矣[8]。今寄去則不樂，由是觀之，雖樂，未嘗不荒也[9]。故曰，喪己於物，失性於俗者，謂之倒置之民[10]。

1.【注】全其內而足。
【疏】益，加也。軒，車也。冕，冠也。古人淳樸，體道無為，得志在乎恬夷，取樂非關軒冕。樂已足矣，豈待加之也！

2.【疏】今世之人，澆浮者眾，貪美榮位，待此適心，是以戴冕乘軒，用為得志也。

3.【疏】儻者，意外忽來者耳。軒冕榮華，身外之物，物之儻來，非我性命，暫寄而已，豈可久長也！
【釋文】「儻來」吐黨反。崔本作黨，云：眾也。◎慶藩案崔本儻作黨，黨，古儻字。黨者，或然之詞也。《史記·淮陰侯傳》恐其黨不就，《漢書·伍被傳》黨可以徼幸，並與儻同。《荀子·天論篇》怪星之黨見，楊注訓黨為頻，

王念孫謂於古無據。惠定宇《九經古義》曰：黨見猶所見也。又訓黨為所，則據《公羊》注義也，亦似未協。崔云，黨，眾也，尤非。

4.【注】在外物耳，得失之非我也。　【釋文】「可圉」魚呂反。本文作禦。扞禦，豈有情於留恡也！　【疏】時屬儻來，泛然而取軒冕；命遭寄去，澹爾而捨榮華。既無心於

5.【注】澹然自若，不覺寄之在身。

6.【注】曠然自得，不覺窮之在身。

7.【注】彼此，謂軒冕與窮約。　【疏】彼，軒冕也。此，窮約也。夫軒冕窮約，俱是儻來，既樂彼軒冕，亦須喜茲窮約，二俱是寄，所以相同也。

8.【注】亦無欣歡之喜也。　【疏】軒冕不樂，窮約不苦，安排去化，所以無憂者也。

9.【注】夫寄去則不樂者，寄來則荒矣，斯以外易內也。　【疏】今世之人，識見浮淺，是以物之寄也，欣然而喜，及去也，悒然不樂。豈知彼此事出儻來，而寄去寄來，常憂常喜，故知雖樂而心未始不荒亂也。

10.【注】營外虧內，其置倒也。　【疏】夫寄去寄來，且憂且喜，以己徇物，非喪如何！軒冕窮約，事歸塵俗，若習俗之常，失於本性，違真背道，實此之由，其所安置，足為顛倒也。　【釋文】「倒置之民」崔云：逆其性命而不順也。向云：以外易內，可謂倒置。

【釋文】「不為」于偽反。下同。　【疏】肆，申也。趣，競也。古人體窮通之有命，達榮枯之非己，假使軒冕當塗，亦未足申其志氣，或儉約以窮窘，豈趣競於譽俗！

莊子集釋　卷六下

外篇秋水第十七¹

1.【釋文】借物名篇

秋水時至，百川灌河，涇流之大，兩涘渚崖之間，不辯牛馬¹。於是焉河伯欣然自喜，以天下之美為盡在己²。順流而東行，至於北海，東面而視，不見水端，於是焉河伯始旋其面目，望洋向若而歎曰：「野語有之曰，『聞道百以為莫己若者』³，我之謂也。且夫我嘗聞少仲尼之聞而輕伯夷之義者，始吾弗信；今我睹子之難窮也，吾非至於子之門則殆矣，吾長見笑於大方之家⁴。」

1.【注】言其廣也。【疏】河，孟津也。涇，通也。涘，岸也。涯，際也。既而凡百川谷，皆灌注黃河，通流盈滿，其水甚大，涯岸曠闊，洲渚迢遙，遂使隔水遠看，不辯牛之與馬也。【釋文】【秋水】李云：水生於春，壯於秋。白虎通云：水，準也。【灌河】古亂反。【涇流】音經。司馬云：涇，直度曰涇。又云：字或作涇。「兩涘」音俟，涯也。「渚」司馬云：水中可居曰渚。《釋名》云：渚，遮也，體高，能遮水使從旁回也。「崖」字又作厓，亦作崖，並同。「不辯牛馬」辯，別也。言廣大，故望不分別也。

2.【疏】河伯，河神也，姓馮，名夷，華陰潼堤鄉人，得水仙之道。河既曠大，故欣然懽喜，謂天下榮華盛美，盡在己身。【釋文】「河伯」姓馮，名夷，一名冰夷，一名馮遲，已見〈大宗師篇〉。一云：姓呂，名公子，馮夷是公子之妻。◎慶藩案《文選》枚乘〈七發〉注引許慎曰：馮遲，河伯也。《釋文》云：河伯，姓馮名

夷，一名馮遲。遲夷二字，古通用也。《淮南·齊俗訓》馮夷得道以潛大川，許注：馮夷，河伯也，華陰潼鄉隄首里人，服八石，得水仙。《詩·小雅·四牡篇》周道倭遲，《韓詩》作委夷。顏籀《匡謬正俗》云：古遲夷通，此其證。高注《淮南·原道篇》：馮夷，或曰馮遲，古之得道能御陰陽者也。「為盡」津忍反。

3.【疏】北海，今萊州是。望洋，不分明也。水日相映，故望洋也。若，海神也。河伯沿流東行，至於大海，聊復顧眄，不見水之端涯，方始迴旋面目，高視海若，仍慨然發歎，託之野語，謂無如己者，即河伯之謂也。此乃鄙俚之談，未為通論耳。【釋文】「洋」音羊。司馬崔云：盯洋，猶望羊，仰視貌。「向若」向徐音嚮，許亮反。司馬云：若，海神。「北海」李云：東海之北是也。「面目盯」莫剛反，又音旁，又音望。本一作望。◎盧文弨曰：今本盯作望。「聞道百」李云：萬分之一也。◎慶藩案《釋文》引司馬崔本作盯洋，云盯洋猶望羊，仰視貌。今案洋羊皆假借字，其正字當作陽。《論衡·骨相篇》武王望陽，言望視太陽也。太陽在天，宜仰而觀，故訓為仰視。今案聞字對下睹字為言。聞道雖多而不知其無窮也，以意度其然而自信其有進焉者，及覩其無窮，乃始爽然自失也。百者，多詞也，李注非是。◎慶藩案百，古讀若搏，與若韻。《漢書·鄒陽傳》鷙鳥絫百，與鴆韻。蔡邕《獨斷·蠟祝辭》歲取千百，與宅墼作韻。

4.【注】知其小而不能自大，則理分有素，跂尚之情無為乎其間。【疏】方，猶道也。世人皆以仲尼刪定《六經》為多聞博識，伯夷讓國清廉，其義可重。復有通人達士，議論高談，以伯夷之義為輕，仲尼之聞為寡，即河伯嘗聞，竊未之信。今見大海之宏博，浩汗難窮，方覺昔之所聞，諒不虛矣。河伯向不至海若之門，於事大成危殆。既而所見狹劣，則長被嗤笑於大道之家。【釋文】「今我覩」舊音睹。案《說文》，覩今字，睹古字，睹見也。崔本作今睹我，云：睹，示也。「大方之家」司馬云：大道也。「理分」扶問反，後同。

北海若曰：「井䵷不可以語於海者，拘於虛也；夏蟲不可以語於冰者，篤於時也；曲士不可以語於道者，束於教也[1]。今爾出於崖涘，觀於大海，乃知爾醜，爾將可與語大理矣[2]。天下之水，莫大於海，萬川歸之，不知何時止而不盈；尾閭泄之，不知何時已而不虛；春秋不變，水旱不知。此其過

江河之流，不可為量數。³而吾未嘗以此自多者，自以比形於天地而受氣於陰陽，吾在於天地之間，猶小石小木之在大山也，方存乎見少，又奚以自多！⁴計四海之在天地之間也，不似礨空之在大澤乎？計中國之在海內，不似稊米之在大倉乎？⁵號物之數謂之萬，人處一焉；人卒九州，穀食之所生，舟車之所通，人處一焉；此其比萬物也，不似豪末之在於馬體乎？⁶五帝之所連，三王之所爭，仁人之所憂，任士之所勞，盡此矣。⁷伯夷辭之以為名，仲尼語之以為博，此其自多也，不似爾向之自多於水乎？⁸」

1.【注】夫物之所生而安者，趣各有極。　【疏】海若知河伯之狹劣，舉三物以譬之。夫坎井之鼃，聞大海無風而洪波百尺，必不肯信也。夏生之蟲，至秋便死，聞玄冬之時，水結為冰，雨凝成霰，必不肯信者，心厚於夏時也。曲見之人，偏執之士，聞說虛通至道，絕聖棄智，大豪末而小泰山，壽殤子而夭彭祖，而必不信者，為束縛於名教故也。而河伯不至洪川，未逢海若，自矜為大，其義亦然。◎王引之曰：鼃，本作魚，後人改之也。《太平御覽·時序部七》、《鱗介部七》、《蟲豸部一》引此，並云井魚不可以語於海，則舊本作魚可知。且《釋文》於此句不出鼃字，直至下文埳井之鼃，始云鼃本又作蛙，戶蝸反，引司馬注云，鼃，水蟲，形似蝦蟇，則此句作魚明矣。若作鼃，則下文埳井之鼃，水蟲之注，當先見於此，不應至下文始見也。再以二證明之：《鴻烈·原道篇》夫井魚不可與語大，拘於隘也，梁張綰文，井魚之不識巨海，夏蟲之不見冬冰（《水經·贛水注》云：《聊記奇聞，以廣井魚之聽》皆用《莊子》之文，則《莊子》之作井魚益明矣。〈井〉九三，井谷射鮒，鄭注曰：所生魚無大魚，但多鮒魚耳（見劉逵〈吳都賦〉注）。《困學紀聞》（卷十）引《御覽》所載《莊子》曰，井中之無大魚也，《呂氏春秋·諭大篇》曰，井中之蛙，吾為鉤繳以投之，《莊子》此皆井魚之證。後人以此篇有埳井之鼃不可與語東海之樂（見〈正論篇〉），遂改井魚為井鼃，不知井自有魚，無煩改作鼃也。自有此改，世遂動稱井鼃夏蟲，不復知有井魚之喻矣。「於虛」音墟。本亦作墟。《風俗通》云：墟，虛也。崔云：拘於井中之空也。◎王念孫曰：崔注拘於虛曰，拘於井中之空也。案

崔訓虛為空，非也。虛與墟同，故《釋文》云，虛本亦作墟。《文選》〈西征賦〉注引《聲類》曰：墟，故所居也。凡經傳言丘墟者，皆謂故所居之地。言井魚拘於所居，故不知海之大也。魚居於井，猶河伯居於涯涘之間，故下文曰，今爾出於涯涘，觀於大海，乃知爾醜也。「夏蟲」戶嫁反。◎慶藩案《文選》孫興公〈天台山賦〉注引司馬云：厚信其所見之時也。《釋文》闕。◎又案司馬訓篤為厚，成疏心厚於夏時，即用司馬義。其說迂曲難通。《爾雅·釋詁》：篤，固也。《論語·泰伯篇》篤信好學，謂信之固也。《禮·儒行》篤行而不倦。其說迂曲難通。後漢延篤字叔堅，堅亦固也。凡鄙陋不達謂之固，夏蟲為時所蔽而不可語冰，故曰篤於時。篤字正與上下文拘束同義。「曲士」司馬云：鄉曲之士也。

2.【注】以其知分，故可與言理也。
【疏】河伯駕水乘流，超於崖涘之表，適逢海若，仍於瀚海之中，詳觀大壑之無窮，方鄙小河之陋劣。既悟所居之有限，故可語大理之虛通也。

3.【疏】尾閭者，泄海水之所也；在碧海之東，其處有石，闊四萬里，厚四萬里，居百川之下尾而為閭族，故曰尾閭。海水沃著即焦，亦名沃焦也。《山海經》云，羿射九日，落為沃焦。此言迂誕，今不詳載。春雨少而秋雨多，堯遭水而湯遭旱。故海之為物也，萬川歸之而不盈，沃焦瀉之而不虛，春秋不變其多少，水旱不知其增減。論其大也，遠過江河之流，優劣懸殊，豈可語其量數也！【釋文】「尾閭」崔云：海東川名。司馬云：泄海水出外者也。「泄之」息列反，又與世反。◎慶藩案《文選》嵇叔夜〈養生論〉注引司馬云：尾閭，水之從海外出者也，一名沃焦，在東大海之中。尾者，在百川之下，故稱尾。閭者，聚也，水聚族之處，故稱閭也。在扶桑之東，有一石，方圓四萬里，厚四萬里，海水注者無不燋盡，故曰沃燋。較《釋文》所引加詳。「量數」音亮。注及下同。

4.【注】窮百川之量而縣於河，河縣於海，海縣於天地，則各有量也。此發辭氣者，有似乎觀大可以明小，尋其意則不然。夫世之所患者，不夷也，故體大者快然謂小者為無餘，質小者塊然謂大者為至足，是以上下夸跂，俯仰自失，此乃生民之所惑也。惑者求正，正之者莫若先極其差而因其所謂。所謂大者至足也，故秋毫無以累乎天地矣；所謂小者無餘也，故天地無以過乎秋毫矣。然後惑者有由而反，各知其極，物安其分，逍遙者用其本步而遊乎自得之場矣。此莊子之所以發德音也。若如惑者之說，轉以小大相傾，則相傾者無窮矣。若夫覩大而不安其小，視少而自以為多，將奔馳於勝負之竟而助天民之矜夸，豈達乎莊生之旨哉！【疏】存，在也。奚，何也。夫覆載萬物，莫大於天地；布氣生化，莫大於陰陽也。是以海若比形於天地，則無等級以寄，言受氣於陰陽，則是陰陽象之

一物也。故託諸物以為譬，猶小木小石之在太山乎，而海若於天理在乎寡少，物各有量，亦何足以自多！【釋

文】「而縣」音玄。下同。「快然」於亮反，又於良反。「之竟」音境。

5.【疏】罍空，蟻穴也。稊，草似稗而米甚細少也。中國，九州也。夫四海在天地之間，九州居四海之內，豈

不似蟻孔之居大澤，稊米之在大倉乎，言其大小優劣有如此之懸也。「空」音孔。罍孔，小穴也。李云：小封之

力對反。「空」音孔。罍孔，小穴也。李云：小穴也。一云：蟻冢也。【釋

也。李軌云，小封也。一云蟻塚。今案罍空自具兩義，言高下之勢也。◎家世父曰：《釋文》引崔云，罍空小穴

中，或墳起，或洿深，高下起伏，自然之勢常相因也，故謂之罍空。司馬相如〈上林賦〉丘墟掘罍，亦同此義。言

丘墟之勢，或掘而成穴，或壘而成垤也。「稊米」徒兮反。司馬云：稊米，小米也。李云：稊草也。案郭注《爾

雅》，稊似稗，稗音蒲賣反。「大倉」音泰。

6.【注】小大之辨，各有階級，不可相跂。　【疏】號，名號也。卒，眾也。夫物之數不止於萬，而世間語

便，多稱萬物，人是萬數之一物也。中國九州，人眾聚集，百穀所生，舟車來往，在其萬數，然以人比

之萬物，九州方之宇宙，亦無異乎一豪之在馬體，曾何足以介懷也！　【釋文】「人卒」尊忽反。司馬云：眾也。

崔子恤反，云：盡也。◎家世父曰：《釋文》引崔云，卒，眾也，崔云，盡也。案人卒九州，言極九州之人數。

卒者，盡詞也。九州之大，人數之繁，其在天之中，要亦萬物之一而已。崔說是。◎俞樾曰：人卒二字，未詳何

義。司馬訓卒為眾，崔訓卒為盡。且下云人處一焉，則此不當以人言。人卒疑大率二字之誤。《人間世

篇》，率然拊之，《釋文》曰，率或作卒。是率卒形似易誤之證。率誤為卒，因改大為人以合之。據〈至樂篇〉人

卒聞之，〈盜跖篇〉人卒未有不興名就利者，是人卒之文，本書所有，然施之於此，不可通矣。大率者，總計之

辭。上云計四海之在天地之間也，又云計中國之在海內，計與大率，其義正同。

7.【注】不出乎一域。　【疏】五帝連接而揖讓，三王興師而爭奪，仁人殷憂於社稷，任士劬勞於職務，四者

雖事業不同，俱理盡於毫末也。　【釋文】「五常之所連」司馬云：謂連續仁義也。崔云：連，續也。本亦作五

帝。◎盧文弨曰：今本作五帝。◎家世父曰：江南古藏本連作運，似從運為妥。「所爭」側耕反。「任士之所勞」

李云：任，能也。勞，服也。

8.【注】物有定域，雖至知不能出焉。故起大小之差，將以申明至理之無辯也。

【疏】伯夷讓五等以成名，

仲尼論六經以為博，用斯輕物，持此自多，亦何異乎向之河伯自多於水！此通合前喻，並釋前事少仲尼之聞輕伯夷之義也。

河伯曰：「然則吾大天地而小毫末，可乎[1]？」

1.【疏】夫形之大者，無過天地，質之小者，莫先毫末；故舉大舉小，以明稟分有差。河伯呈己所知，詢於海若。又解：若以自足為大，吾可大於兩儀；若以無餘為小，吾可小於毫末。河伯既其領悟，故物我均齊，所以述己解心，詢其可不也。

北海若曰：「否。夫物，量无窮[1]，時无止[2]，分无常[3]，終始无故[4]。是故大知觀於遠近，故小而不寡[5]，大而不多[6]，知量无窮[7]；證曏今故[8]，故遙而不悶[9]，掇而不跂[10]，知時无止[11]；察乎盈虛，故得而不喜，失而不憂[12]，知分之无常也[13]；明乎坦塗[14]，故生而不說，死而不禍[15]，知終始之不可故也[16]。計人之所知，不若其所不知[17]；其生之時，不若未生之時[18]；以其至小求窮其至大之域，是故迷亂而不能自得也[19]。由此觀之，又何以知毫末之足以定至細之倪！又何以知天地之足以窮至大之域[20]！」

1.【注】物物各有量。【疏】既領所疑，答曰不可。夫物之器量，稟分不同，隨其所受，各得稱適，而千差萬別，品類無窮，稱適之處，無大無小，豈得率其所知，抑以為定！

2.【注】日新也。【疏】新新不住。

3.【注】得與失皆分。【疏】所稟分命，隨時變易。

4.【注】死與生皆時行。

【疏】雖復終而復始，而未嘗不新。

5.【注】各自足也。
【疏】此下釋量無窮也。以大聖之知，視於遠理，察於近事，故毫末雖小，當體自足，無所寡少也。

6.【注】亦無餘也。
【疏】天地雖大，當體無餘，故未足以自多也。不多則無夸，不寡則息企也。

7.【注】攬而觀之，知遠近大小之物各有量。
【疏】以大人之知，知於物之器量，大小雖異，各稱其情，升降不同，故無窮也。此結前物量無窮也。

8.【注】曩，明也。今故，猶古今。
【釋文】「證曩」許亮反。崔云：往也。向郭云：明也。又虛丈反。
【疏】此下釋時無止義也。曩，明也。既知小大非小大，則證明古今無古今也。

9.【注】遙，長也。

10.【注】掇，猶短也。
【疏】遙，長也。掇，短也。既知古今無古今，則知壽夭無壽夭。是故年命延長，終不厭生而悁悶；稟齡夭促，亦不欣企於遐壽；隨變任化，未始非吾。
【釋文】「掇」專劣反。郭云：短也。「而不跂」如字。一本作企。下注亦然。◎家世父曰：郭象注《易》疏：患至掇也，若手拾掇物然，言近而可掇取也。悶，如《老子》其政悶悶，不詳明。跂者，拾取也。《淮南子·原道》訓跂行噲息，《馬蹄篇》蹩躠為仁，踶跂為義，謂煩勞也。知時無止，順謂行之而已。故者非得，時也，不足為欣；偶爾而失，命也，不足為戚也。

11.【注】證明古今，知變化之不止於死生也，故不以長而悁悶，短故為跂。

12.【疏】此下釋分無常義也。夫天道既有盈虛，人事寧無得喪！是以視乎盈虛之變，達乎得喪之理，故儻然而遙，無漠視也；今者非近，無強致也。郭象注未愜。

13.【注】察其一盈一虛，則知分之不常於得也，故能忘其憂喜。

14.【注】死生者，日新之正道也。
【疏】此下釋終始無故義也。坦，平也。塗，道也。不以死為死，不以生為生，死生無隔故。明乎坦然之道者，三生也不足以為欣悅，其死也不足以為禍敗。達死生之不二，何憂樂之可論乎！
【釋文】「坦」吐但反。

15.【疏】夫明乎坦然之道者，則知故之不可執而留矣，是以涉新而不愕，舍故而不驚，死生之化若一。

16.【注】明終始之日新也。
【釋文】「不說」音悅。
【疏】

此結前終始無故義。

【釋文】「不愕」五各反。「舍故」音捨。

17.【注】所知各有限也。
【疏】強知者乖真，不知者會道。以此計之，當故不如也。

18.【注】生時各有年也。

19.【注】莫若安於所受之分而已。
【疏】至小，智也；至大，境也。夫以有限之小智，求無窮之大境，而無窮之境未周，有限之智已喪，是故終身迷亂，返本無由，喪己企物而不自得也。

20.【注】以求大，理終不得，各安其分，則大小俱足矣。若毫末不求天地之功，則周身之餘，皆為棄物；天地不見大於秋毫，則顧其形象，裁自足耳；將何以知細之定細，大之定大也！【疏】夫物之稟分，各自不同，大小雖殊而咸得稱適。若以小企大，則迷亂失性，各安其分，則逍遙一也。故毫末雖小，性足可以稱大；二儀雖大，無餘可以稱小。由此視之，至小之倪，何必定在於毫末！至大之域，豈獨理窮於天地！【釋文】「之倪」五厓反，徐音詣。郭五米反。下同。

河伯曰：「世之議者皆曰：『至精无形，至大不可圍。』是信情乎1？」

1.【疏】信，實也。世俗議論，未辯是非，僉言至精細者無復形質，至廣大者不可圍繞。未知此理情智虛實。河伯未達，故有此疑也。

北海若曰：「夫自細視大者不盡，自大視細者不明1。夫精，小之微也；埒，大之殷也2；故異便3。此勢之有也3。夫精粗者，期於有形者也4；无形者，數之所不能分也；不可圍者，數之所不能窮也5，可以言論者，物之粗也；可以意致者，物之精也；言之所不能論，意之所不能察致者，不期精粗焉6。

1.【注】目之所見有常極，不能無窮也，故於大則有所不盡，於細則有所不明，直是目之所不逮耳。精與大皆

非無也，庸詎知無形而不可圍了哉！

【疏】 夫以細小之形視於曠大之物者，必不盡其宏遠，故謂之不可圍。又以曠大之物觀於細小之形者，必不曉了分明，故謂之無形質。此並未出於有境，豈是至無之義哉！

2.【注】 大小異，故所便不同。

【疏】 精，微小也。殷大也。欲明小中之小，大中之大，稟氣雖異，並不離有形，天機自張，各有便宜也。

【釋文】「殷」，眾也。故疏云大中之大，不當訓眾。○慶藩案殷，大也，故疏云大中之大，不當訓眾。「浮」李普回反，謂盛也。「異便」徐音孚。郭芳尤反，崔音褱。徐扶面反。注皆同。

3.【注】 若無形而不可圍，則無此異便之勢也。

4.【注】 有精粗矣，故不得無形。

【疏】 有精粗而不可圍者，道也。至道深玄，絕於心色，故不可以名數分別，亦不可以數量窮盡。

【釋文】「不能論」本或作論。

5.【疏】 無形不可圍者，道也。

【釋文】「精粗」七胡反。下同。

「能分」如字。

6.【注】 唯無而已，何精粗之有哉！

【疏】 夫可以言辯論說者，有物之粗法也；可以心意致得者，有物之精細也；而神口所不能言，聖心所不能察者，妙理也。必求之於言意之表，豈期必於精粗之間哉！

【疏】 夫言及精粗者，必期限於形名之域，而未能超於言象之表也。

是故大人之行，不出乎害人[1]，不多仁恩[2]；動不為利[3]，不賤門隸[4]；貨財弗爭[5]，不多辭讓[6]；事焉不借人[7]，不多食乎力[8]，不賤貪污[9]；行殊乎俗[10]，不多辟異[11]；為在從眾[12]，不賤佞諂[13]；世之爵祿不足以為勸，戮恥不足以為辱[14]；知是非之不可為分，細大之不可為倪[15]。聞曰：『道人不聞[16]，至德不得[17]，大人无己[18]。』約分之至也[19]。』

1.【注】 大人者，無意而任天行也。舉足而投諸吉地，豈出害人之塗哉！

【疏】 夫大人應物，譬彼天行，運而無心，故投諸吉地，出言利物，終不害人也。

2.【注】 無害而不自多其恩。

【疏】 慈澤類乎春陽，而不多遍行恩惠也。

【注】應理而動，而理自無害。　【疏】應機而動，不域心以利物。　【釋文】「為利」于偽反。

3.【注】任其所能而位當於斯耳，非由賤之故措之斯職。　【疏】混榮辱，一窮通，故守門僕隸，不以為賤

4.【注】任理而自無害。　【疏】應機而動，不域心以利物。　【釋文】「為利」于偽反。

也。　【釋文】「故措」七故反。

5.【注】各使分定。　【疏】寡欲知足，守分不貪，故於彼貨財，曾無爭競也。

6.【注】適中而已。　【疏】率性謙和，用捨隨物，終不矯情，飾辭多讓。

7.【注】各使自任。　【疏】愚智率性，工拙襲情，終不假借於人，分外求務。

8.【注】足而已。　【疏】食於分內，充足而已，不多貪求，疲勞心力。

9.【注】理自無欲。　【疏】體達玄道，故無情欲，非關苟貴賤清廉，賤於貪污。

10.【注】己獨無可無不可，所以與俗殊。　【疏】和光同塵，無可不可，而在染不染，故行殊乎俗也。　【釋

文】「行殊」下孟反。下堯桀之行同。

11.【注】任理而自殊也。　【疏】居正體道，故不多邪辟，而大順群生，故曾無乖異也。　【釋文】「辟異」

匹亦反。

12.【注】從眾之所為也。　【疏】至人無心，未曾專己，故凡厥施為，務在從眾也。

13.【注】自然正直。　【疏】素性忠貞，不履左道，非鄙賤佞諂而後正直也。◎家世父曰：大人之行凡五事：

本不害人，非為仁也；；無貴賤貨利之在其心，何有辭讓也；不導人以為利，何有貪污也；行自殊也；順

從乎眾，非為諂也。事焉不借人，如許行之云並耕而治，饔飧而食；不多食乎力，如老子之云我無事而民自富，我

無為而民自樸；；彼貪污者自止，而無事乎賤之矣。郭象注未能分明。

14.【注】外事不接於心。　【疏】夫高官重祿，世以為榮，刑戮黜落，世以為恥。既而體榮枯之非我，達通塞

之有時，寄來不足以勸勵，寄去不足以羞辱也。◎家世父曰：世之爵祿不足以為勸，戮恥不足以為辱，承上，言無

為而民自化。仁讓無所施，貪諂無所庸，又何以爵祿戮恥為也！郭象云外事不棲於心，誤。

15.【注】故玄同也。　【疏】各執是非，故是非不可為定分；互為大小，故細大何得有倪限；即天地毫末之謂

乎！

16.【注】任物而物性自通，則功名歸物矣，故不聞。　【疏】夫體道聖人，和光韜晦，推功於物，無功名之可

聞。寓諸他人，故稱聞曰。

17.【注】得者，生於失也；物各無失，則得名去也。

【疏】得者，不喪之名也。而造極之人，均於得喪，既無所喪，亦無所得。故《老經》云，上德不德。

18.【注】任物而已。

19.【注】約之以至其分，故冥也。

【疏】大聖之人，有感斯應，方圓任物，故無已也。

【疏】約，依也。分，限也。夫大人利物，抑乃多塗，要切而言，莫先依分。若視目所見，聽耳所聞，知止所知，而限於分內者，斯德之至者也。

河伯曰：「若物之外，若物之內，惡至而倪貴賤？惡至而倪小大[1]？」

1.【疏】若物之外，若物之內，謂物性分之內外也。惡，何也。言貴賤之分，小大之倪，為在物性之中，為在性分之外，至何處所而有此耶？河伯未達其源，故致斯請也。

【釋文】「惡至」音烏。下同。

北海若曰：「以道觀之，物无貴賤[1]；以物觀之，自貴而相賤[2]；以俗觀之，貴賤不在己[3]。以差觀之，因其所大而大之，則萬物莫不大；因其所小而小之，則萬物莫不小；知天地之為稊米也，知毫末之為丘山也，則差數覩矣[4]。以功觀之，因其所有而有之，則萬物莫不有；因其所无而无之，則萬物莫不无；知東西之相反而不可以相无，則功分定矣[5]。以趣觀之，因其所然而然之，則萬物莫不然；因其所非而非之，則萬物莫不非；知堯桀之自然而相非，則趣操覩矣[6]。

1.【注】各自足也。

【疏】道者，虛通之妙理；物者，質礙之麤事。而以麤視妙，故有大小，以妙觀麤，故無貴賤。

2.【注】此區區者，乃道之所錯綜而齊之也。　【疏】夫物情倒置，迷惑是非，皆欲貴己而賤他，他亦自貴而賤彼，彼此懷惑，故言相也。

3.【注】斯所謂倒置也。　【疏】夫榮華戮恥，事出儻來，而流俗之徒，妄生欣戚。是以寄來為貴，得之所以為寵；寄去為賤，失之所以為辱；斯乃寵辱由乎外物，豈貴賤在乎己哉！

4.【注】所大者，足也；所小者，無餘也。故雖千差萬品，數量不同，而以此觀之，則理可見。◎家世父曰：道者，通乎人我者也；物者，心有所據以衡人者也；俗者，徇俗為貴賤者也；差者，萬物之等差也；功者，人我兩須之事功也；趣者，一心之旨趣也。繁然殽亂，而持之皆有道，故言之皆有本。貴賤大小，辨爭反復，而天下紛然多故也。　【疏】差，別也。夫以自足為大，則萬物莫不大矣；因其所無餘以為小，則毫末丘山不得異其名。以無餘為小，則天地之與稊米，均其小矣；以自足為大，則毫末之與丘山，均其大矣。是以因毫末以為大，則萬物莫不大矣；因天地以為小，則萬物莫不小矣。天地稊米無所殊其稱。若夫觀差而不由斯道，則差數相加，幾微相傾，不可勝察也。　【釋文】「其稱」尺證反。「可勝」音升。

5.【注】天下莫不相與為彼我，而彼我皆欲自為，斯東西之相反也。然彼我相與為脣齒，脣齒者未嘗相為，而脣亡則齒寒。故彼之自為，濟我之功弘矣，斯相反而不可以相無者也。故因其自為而無其功，則天下之功莫不皆無矣；因其不可相無而有其功，則天下之功莫不皆有矣。若乃忘其自為之功而思夫相為之惠，惠之愈勤而偽薄滋甚，天下失業而情性瀾漫矣，故其功分無時可定也。　【疏】夫東西異方，其義相反也。東非東則西無以立，西非西則東無以相，斯則東西不可以相無也。然足不行則四肢為之委頓，目不視則百體為之否塞，此是因其所無而無之，則萬物莫不無者也。若近取諸身者，眼見耳聽，手捉腳行，五藏六腑，四肢百體，各有功能，咸稟定分，豈眼為耳視而腳為手行哉？相為之功，於斯滅矣。而所司各用，無心相為，自然成矣，斯因其所有而有之，則萬物莫不有也。以此觀之，則功用有矣，分各定矣。若乃忘其自為之功而思夫相為之惠，則彼我失性而是非殽亂也，豈莊生之意哉！　【釋文】「自為」于偽反。注內自為相為皆同。餘如字。

6.【注】物皆自然，故無不然；物皆相非，故無不非。無不非，則無然矣；無不然，則無非矣。無然無非者，堯也；有然有非者，桀也。然此二君，各受天素，不能相為，故因堯桀以觀天下之趣操，其不能相為也可見矣。夫物皆自是，故無不是；物皆相非，故無不非。無不是，則天下無是矣；無不非，則天下無非　【疏】然，猶是也。

矣。故以物情趣而觀之，因其自是，則萬物莫不是；因其相非，則萬物莫不非矣。夫天下之極相反者，堯桀也，故舉堯桀之二君以明是非之兩義。故堯以無為為是，有欲為非；桀以無為為非，有欲為是；故曰知堯桀之自然相非。因此而言，則天下萬物情趣志操，可以見之矣。

昔者堯舜讓而帝，之噲讓而絕[1]；湯武爭而王，白公爭而滅[2]。由此觀之，爭讓之禮，堯桀之行，貴賤有時，未可以為常也[3]。梁麗可以衝城，而不可以窒穴，言殊器也[4]；騏驥驊騮，一日而馳千里，捕鼠不如狸狌，言殊技也[5]；鴟鵂夜撮蚤，察毫末，晝出瞋目而不見丘山，言殊性也[6]。故曰，蓋師是而無非，師治而無亂乎？是未明天地之理，萬物之情者也[7]。是猶師天而無地，師陰而無陽，其不可行明矣[8]。然且語而不舍，非愚則誣也[9]。帝王殊禪，三代殊繼。差其時，逆其俗者，謂之篡夫[10]；當其時，順其俗者，謂之義之徒[11]。默默乎河伯！女惡知貴賤之門，小大之家[12]！」

1.【疏】夫帝王異代，爭讓異時。既而堯知天命有歸，故禪於舜；舜知曆祚將改，又讓於禹。唐虞是五帝之數，故曰讓而帝也。之，燕相子之也。噲，燕王名也。子之，即蘇秦之女婿也。秦弟蘇代，從齊使燕，以堯讓許由故事說燕王噲，令讓位與子之，子之遂受。國人恨其受讓，皆不服子之，三年國亂。【釋文】「之噲」音快，又讓於郊，斬之於朝，以絕燕國。豈非效堯舜之陳迹而禍至於此乎！齊宣王用蘇代計，興兵伐燕，於是殺燕王噲者，燕王名也。司馬云：燕王噲拙於謀，用蘇代之說，效堯舜讓位與子之，三反，又古會反。之者，燕相子之也。

2.【注】夫順天應人而受天下者，其迹則爭讓之迹也。尋其迹者，失其所以迹矣，故絕滅也。【疏】殷湯伐桀，周武克紂，此之二君，皆受天命，故致六合清泰，萬國來朝，是以時繼三王，故云爭而王也。而時須干戈，應以湯武，時須揖讓，應以堯舜。故千變萬化，接物隨時，讓爭之迹，不可執留也。白公名勝，楚平王之孫，太子建年而國亂。

之子也。平王用費無忌之言，納秦女而疏太子，太子奔鄭，娶鄭女而生勝。與胥耕於野。楚令尹子西迎勝歸國，封於白邑，僭號稱公。勝以鄭人殺父，請兵報讎，頻請不允，遂起兵反，楚遣葉公高伐而滅之，故曰白公爭而滅。公，作亂而死。事見《左傳》哀公十六年。

【釋文】「而王」往況反。「白公」名勝，楚平王之孫，白縣尹，僭稱公。

3.【疏】爭讓，文武也。堯桀，是非也。若經緯天地，則賤武而貴文；若克定禍亂，則賤文而貴武。是以文武之道，貴賤有時，而是非之行，亦用舍何定！故爭讓之禮，於堯舜湯武之時則貴，於之噲白公之時則賤，不可常也。

4.【疏】梁，屋梁也。麗，屋棟也。衝，擊也。窒，塞也。言其器用大小不同也。

【釋文】「梁麗」司馬、李音禮，一音如字。司馬云：梁麗，小船也。崔云：屋棟也。◎慶藩案《初學記·二十五》引司馬云：麗，小船也。與《釋文》小異。◎俞樾曰：司馬云，梁麗小船也，崔云屋棟也。然小船與屋棟，皆非所以衝城。《詩·皇矣篇》與爾臨衝，《毛傳》曰：臨，臨車也，衝，衝車也。《正義》曰：兵書有作臨車衝車之法，《墨子》有〈備衝〉之篇，知臨衝俱是車也。然則此云可以衝城，其為是車明矣。〈徐无鬼篇〉君亦必無陳鶴列於麗譙之間，郭注曰：麗譙，高樓也。司馬曰：麗譙，樓觀名也。此所云梁麗，疑是車之有樓者，若《左傳》所稱樓車矣。《文選·辨亡論》衝輣息於朔野，李善注曰：字略作輣，樓也。可為衝車有樓之證。◎慶藩案司馬訓梁麗為小船，非也。俞氏以為樓車，亦近附會。考《列子·湯問篇》雍門鬻歌，餘音繞梁欐，三日不絕。梁欐，即此所云梁麗也。〈力命篇〉居則連欐，司馬彪注：欐，柱也。《廣韻》：麗，著也。《玉篇》：麗，偶也。柱偶曰麗，梁棟相附著亦曰麗，正謂橡柱之屬。當從崔說為勝。為梁麗必材之大者，故可用以衝城，不當泥視。「窒」珍悉反。《爾雅》云：塞也。崔李同。《說文》都節反。

5.【疏】騏驥驊騮，並古之良馬也。捕，捉也。狸狌，野貓也。夫良馬駿足，日馳千里，而捕捉小鼠，不及狸狌。是技藝不同，不可一概而取者也。

【釋文】「騏」音其。「驥」音冀。「驊」戶花反。「騮」音留。李云：騏驥驊騮，皆駿馬也。「捕」音步。本又作搏。徐音付。「狸」力之反。「狌」音姓，向同。又音生。崔本作鼬，由又反。「殊技」其綺反。

6.【注】就其殊而任之，則萬物莫不當也。

【疏】鴟，鵂鶹也，亦名隻狐，是土梟之類也。晝則眼暗，夜則目明，故夜能攝捉蚤蝨，密視秋毫之末，晝出瞋張其目，不見丘山之形。是知物性不同，豈直鴟鵂而已！故隨其性而安之，則物無不當也。

【釋文】「鴟」尺夷反。崔云：鴟，鵂鶹；與委梟同。「夜撮」七括反。崔本作爪。許慎云：鴟鵂夜聚食蚤蝨不失也。◎王引之曰：鴟字，涉《釋文》內鴟鵂鶹而衍（《埤雅》引此已誤），不為鴟字作音，則正文內本無鴟字明矣。「蚤」音早。《說文》：跳蟲齧人者也。今郭本亦有作蚤食者。崔本作爪，云：鴟鵂夜聚人爪於巢中也。◎慶藩案爪蚤古通用，故崔本作爪。蚤蝨以著其巢中，故曰察分秋毫；晝則無所見，故曰形性詭也。許注曰：鴟夜聚食蚤蝨不失也。撮蚤之說，許高異議。本或作眞，冥或作冥，形相似而誤。《淮南·主術篇》高注：鴟，鵂鶹也，謂之老菟，夜鳴人屋上也。◎慶藩案《釋文》曰，鴟，尺夷反，崔云，鴟鵂鶹，而字形相近，故司馬本作蚤。「瞑」莫定反，司馬云：張也。崔音眩。本或作瞑，又司慎反。瞑目則無所見矣。◎慶藩案《釋文》，瞑或作瞑。疑作瞑者是也。《說文》：瞑，合目也。瞑目則目明，合聚人爪。王引之云，揆之事理，當以許注為雅馴。「瞑」《淮南·主術篇》桓公瞑目而視，祝鳧已疕，《韓子·守道篇》瞑目切齒傾耳，《淮南·道應篇》瞑目敝然，攘臂拔劍，今本瞑並誤瞑，皆其例。

7.【注】夫天地之理，萬物之情，以得我為是，失我為非，適性為治，失和為亂。然物無定極，我無常適，殊性異便，是非無主。若以我之所是，則彼不得非，此知我而不見彼者耳。故以道觀者，於是非無當也，付之天均，恣之兩行，則殊方異類，同焉皆得也。

【疏】蓋，不盡之辭也。師，猶師心也。夫物各師其成心，妄為偏執，將已為是，不知他以為非，將我為治，不知物以為亂。故師心為是，謂言我身無亂。豈知治亂同源，是非無主！故治亂同源者，天地之理也；是非無主者，萬物之情也。暗於斯趣，故言未明也。

【釋文】或云：師，順也。「師治」直吏反。注皆同。

8.【疏】夫天地陰陽，相對而有。若使有天無地，則萬物不成；有陰無陽，則蒼生不立。是知師是而無非，師治而無亂者，必不可行明矣。

9.【注】天地陰陽，對生也；是非治亂，互有也；將奚去哉？

【疏】若夫師是而無非，師天而無地，語及於此而不捨於口者，若非至愚之人，則是故為詆訶。

【釋文】「不捨」音捨。下同。

10.【疏】帝，五帝也。王，三王。三代，夏殷周。禪，授也。繼，續也。或父子相繼，或興兵篡弒，故言殊繼也。或宗族相承，或讓與他姓，故言殊禪也。或遲速差互，不合天時；或氓俗未歸，逆於人事。是以之噲慕堯舜以絕嗣，白公效湯武以滅身，如此之流，謂之篡奪也。

11.【疏】夫干戈揖讓，事迹不同，用捨有時，不可常執。至如湯武興兵，唐虞揖讓，上符天道，下合人心，如此之徒，謂之為義也。

12.【注】俗之所貴，有時而賤；物之所大，世或小之。故順物之迹，不得不殊，斯五帝三王之所以不同也。

【疏】河伯未能會理，故海若訶使忘言，默默莫聲，幸勿辭費也。夫小大無主，貴賤無門，物情顛倒，妄為臧否。故女於何推逐而知貴賤大小之家門乎？言其不知也。

【釋文】【女惡】音汝。後放此。下音烏。

河伯曰：「然則我何為乎，何不為乎？吾辭受趣舍，吾終奈何？」[1]

1.【疏】奈何，猶如何也。河伯雖領高義，而未達旨歸，故更請決疑，遲聞解釋。我欲處涉人世，攝衛修道，於何事而可為乎？於何事而不可為乎？及辭讓受納，進趣退舍，眾諸物務，其事云何？願垂告誨，終身奉遵。

北海若曰：「以道觀之，何貴何賤，是謂反衍[1]；无拘而志，與道大蹇[2]。何少何多，是謂謝施[3]；无一而行，與道參差[4]。嚴乎若國之有君，其无私德[5]；繇繇乎若祭之有社，其无私福[6]；泛泛乎其若四方之无窮，其无所畛域[7]。兼懷萬物，其孰承翼[8]？是謂无方[9]。萬物一齊，孰短孰長[10]？道无終始，物有死生[11]，不恃其成[12]；一虛一滿，不位乎其形[13]。年不可舉[14]，時不可止[15]；消息盈虛，終則有始[16]。是所以語大義之方，論萬物之理也[17]。物之生也，若驟若馳[18]，无動而不變，无時而不移[19]。何為乎，何不為乎？夫固將自化[20]。」

1.【注】貴賤之道，反覆相尋。【疏】反覆，猶反覆也。夫貴賤者，生乎妄執也。今以虛通之理照之，則貴者反賤而賤者復貴，故謂之反衍也。【釋文】「反衍」如字，又以戰反。崔云：無所貴賤，乃反為美也。本亦作畔衍，李云：猶漫衍合為一家。◎慶藩案《文選》左太沖〈蜀都賦〉注引司馬作叛衍，云：叛衍，猶漫衍也。《釋文》闕。「反覆」芳服反。

2.【注】自拘執則不夷於道。【疏】而，汝也。夫修道之人，應須放任，而汝乃拘執心志，矜而持之，故與虛通之理蹇而不夷也。【釋文】「與道大蹇」向紀輦反，徐紀偃反。本或作與天道蹇。崔本蹇作浣，云：猶洽也。

3.【注】隨其分，故所施無常。【疏】謝，代也。施，用也。夫物或聚少以成多，或散多以為少，故施用代謝，無常定也。【釋文】「謝施」如字。司馬云：謝，代也。施，用也。崔云：不代其德，是謂謝施。

4.【注】不能隨變，則不齊於道。【疏】夫代謝施用，多少適時，隨機變化，故能齊物。若執一為行，則與理不冥者也。【釋文】「差」初宜反。「參」初林反。

5.【注】公當而已。【疏】體道之士，望之儼然，端拱萬乘，楷模於物，群彼萬國，宗仰一君，亨壽黎元，必無私德也。【釋文】「嚴乎」魚檢反，又如字。

6.【注】天下之所同求。【疏】繇繇，赊長之貌也。若眾人之祭社稷，而社稷無私福於人也。【釋文】「繇繇」音由。

7.【注】泛泛然無所在。【疏】泛泛，普遍之貌也。夫至人立志，周普無偏，接濟群生，泛愛平等。譬東西南北，曠遠無窮，量若虛空，豈有畛界限域也！【釋文】「泛泛」孚劍反。字又作汎。「畛」之忍反。「域」于逼反，舊于目反。

8.【注】掩御群生，反之分內而平往者也，豈扶疏而承扶翼哉！【疏】懷，藏也。孰，誰也。言大聖慈悲，兼懷庶品，平往而已，終無偏愛，誰復有心拯救而接承扶翼者也！

9.【注】無方，故能以萬物為方。【疏】譬彼明鏡，方茲幽谷，逗機百變，無定一方也。

10.【注】莫不皆足。【疏】萬物參差，亨壽唯一，鳧鶴長短，分足性齊。

11.【注】死生者，無窮之變耳，非終始也。【疏】虛通之道，無終無始，執滯之物，妄計死生。故《老經》

云，迎不見其首，隨不見其後。

12.【注】成無常處。　【疏】應物無方，超然獨化，豈假待對而後生成也！

13.【注】不以形為位，而守之不變。　【疏】譬彼陰陽，春生秋殺，盈虛變化，榮落順時，豈執守形骸而拘持名位邪！

14.【注】欲舉之令去而不能。　【疏】夫年之天壽，時之賒促，出乎天理，蓋不由人。故其來也不可舉而令去，其去也不可止而令住，俱當任之，未始非我也。

15.【注】欲止之使停又不可。　【釋文】「令去」力呈反。

16.【注】變化日新，未嘗守故。　【疏】夫陰陽消息，夏盈冬虛，氣序循環，終而復始；混成之道，變化日新，循理直前，無勞措意也。

17.【疏】前來所辨海若之談，正是語大道之義方，論萬物之玄理者也。

18.【注】但當就用耳。　【疏】夫生滅流謝，運運不停，其為迅速，如馳如驟。是猶百年倏忽，何足介懷也！

19.【注】故不可執而守。　【疏】夫流動變化，時代遷移，迅若交臂，驟如過隙，故未有語動而不變化，言時而不遷移也。

20.【注】若有為不為於其間，則敗其自化矣。　【疏】萬物紛亂，同稟天然，安而任之，必自變化，何勞措意為與不為！

河伯曰：「然則何貴於道邪1？」

1.【注】以其自化。　【疏】若使為與不為混一，則凡聖之理均齊。既任變化之自然，又何貴於至道？河伯更起斯問，遲以所疑。

北海若曰：「知道者必達於理，達於理者必明於權，明於權者不以物害己1。至德者，火弗能熱，水弗能溺，寒暑弗能害，禽獸弗能賊2。非謂其

薄之也³，言察乎安危⁴，寧於禍福⁵，謹於去就⁶，莫之能害也⁷。故曰，天在內，人在外⁸，德在乎天⁹。知天人之行，本乎天，位乎得¹⁰；蹢躅而屈伸¹¹，反要而語極¹²。」

1.【注】知道者，知其無能也；無能也，則何能生我？我自然而生耳，而四支百體，五藏精神，已不為而自成矣，又何有意乎生成之後哉！達乎斯理者，必能遣過分之知，遺益生之情，而乘變應權，故不以外傷內，不以物害己而常全也。【疏】夫能知虛通之道者，必達深玄之實理；達深玄之實理者，必明於應物之權智。既明權實之無方，故能安排而去化。死生無變於己，何外物之能害哉！此答河伯之所疑，次明至道之可貴。【釋文】「五藏」才浪反。

2.【注】夫心之所安，則危不能危；意無不適，故苦不能苦也。【疏】至德者，謂得至道之人也。雖復和光混世，處俗同塵，而不為四序所侵，不為三災所害，既得之於內，故外不能賊。此明解道之可貴也。

3.【注】雖心所安，亦不使犯之也，既不違犯，亦不輕犯之也。【疏】薄，輕也。所以水火不侵，禽獸不害者，惟心所安，則傷不能傷也。【釋文】「其薄」如字。崔云：謂以體薄之。

4.【注】知其不可逃也。【疏】所以傷不能傷者，正言審察乎安危，順之而不違，處之而常適也。

5.【注】安乎命之所遇。【疏】寧，安也。禍，窮塞也。福，通達也。至德之人，唯變所適，體窮通之有命，達禍福之無門，故所樂非窮通，而所遇常安也。

6.【注】審去就之非己。【疏】謹去就之無定，審取舍之有時，雖復順物遷移，而恆居至當者。

7.【注】不以害為害，故莫之能害。【疏】一於安危，冥於禍福，與化俱往，故物莫能傷。此總結以前無害之義。

8.【注】天然在內，而天然之所順者在外，故大宗師云，知天人之所為者至矣，明內外之分皆非為也。【疏】天然之性，彊之內心；人事所順，涉乎外迹；皆非為也。

9.【注】恣人任知，則流蕩失素也。【疏】至德之美，在乎天然，若恣人任知，則流蕩天性。

10.【注】此天然之知，自行而不出乎分者也，故雖行於外，而常本乎天而位乎得矣。【疏】此真知也。位，

居處也。運真知而行於世，雖涉於物千變萬化，而恆以自然為本，居於虛極而不喪其性，動而寂者也。【釋文】「之行」如字。

11.【注】與機會相應者，有斯變也。【釋文】「蹢」丈益反，進退不定之貌也。至人應世，隨物汙隆，或屈或伸，曾無定執，趣舍冥會，以逗機宜。「躅」丈綠反，又音濁。「屈伸」音申。

12.【注】知雖落天地，事雖接萬物，而常不失其要極，故天人之道全也。【疏】雖復混迹人間而心恆凝靜，常居樞要而反本還源。所有語言，皆發乎虛極，動不乖寂，語不乖默也。【釋文】「反要」於妙反。

曰：「何謂天？何謂人¹？」

北海若曰：「牛馬四足，是謂天；落馬首，穿牛鼻，是謂人²。故曰，无以人滅天³，无以故滅命⁴，无以得殉名⁵。謹守而勿失，是謂反其真⁶。」

1.【疏】河伯未達玄妙，更起此疑，問天人之道，庶希後答。

2.【注】人之生也，可不服牛乘馬乎？服牛乘馬，可不穿落之乎？牛馬不辭穿落者，天命之固當也。苟當乎天命，則雖寄之人事，而本在乎天也。【疏】夫牛馬稟於天，自然有四腳，非關人事，故謂之天。羈勒馬頭，貫穿牛鼻，出自人意，故謂之人。然牛鼻可穿，馬首可絡，不知其爾，莫辨所由，事雖寄乎人情，理終歸乎造物。欲顯天人之一道，故託牛馬之二獸也。

3.【注】穿落之可也，若乃走作過分，驅步失節，則天理滅矣。【疏】夫因自然而加人事，可謂逐人情之矯偽，滅天理之自然。

4.【注】不因其自為而故為之者，命其安在乎！【疏】夫率性乃動，動不過分，則千里可致而天命全矣。若乃驅勵駑驥而驅馳失節，斯則以人情事故毀滅天理，危亡旦夕，命其安在乎！萬物皆爾。

5.【注】所得有常分，殉名則過也。【疏】夫名之可殉者無涯，性之所得者有限，若以有限之得殉無涯之名，則天理滅而性命喪矣。

6.【注】真在性分之內。【疏】夫愚智天壽，窮通榮辱，稟之自然，各有其分。唯當謹固守持，不逐於物，

得於分內而不喪於道者，謂反本還源，復於真性者也。此一句總結前玄妙之理也。

夔憐蚿，蚿憐蛇，蛇憐風，風憐目，目憐心。[1]

1. 【疏】憐是愛尚之名。夔是一足之獸，其形如鼓，足似人腳，而迴踵向前也。《山海經》云，東海之內，有流波之山，其山有獸，狀如牛，蒼色，無角，一足而行，聲音如雷，名之曰夔。昔黃帝伐蚩尤，以夔皮冒鼓，聲聞五百里也。蚿，百足蟲也，夔則以少企多，故憐蚿；蚿則以有羨無，故憐蛇；蛇則以小企大，故憐風；風則以暗慕明，故憐目；目則以外慕內，故憐心。欲明天地萬物，皆稟自然，明暗有無，無勞企羨，放而任之，自合玄道。倒置之徒，妄心希慕，故舉夔等之麗事，以明天機之妙理。又解：憐，哀愍也。夔以一足而跳躑，憐蚿眾足之煩勞；蚿以有足而安行，哀蛇無足而辛苦；蛇有形而適樂，愍風無質而冥昧；風以飄飄而自在，目以在外而明顯，憐心處內而暗塞。欲明物情顛倒，妄起哀憐，故託夔蚿以救其病者也。【釋文】「夔」求龜反，一足獸也。李云：黃帝在位，諸侯於東海流山得奇獸，其狀如牛，蒼色，無角，一足，能走，出入水即風雨，目光如日月，其音如雷，名曰夔。黃帝殺之，取皮以冒鼓，聲聞五百里。「憐」音蓮。「蚿」音賢，又音玄。司馬云：馬蚿蟲也。《廣雅》云：蛆渠馬蚿。「蚿憐蛇蛇憐風風憐目目憐心」司馬云：夔，一足；蚿，多足；蛇，無足；風，無形；目，形綴於此，明流於彼；心則質幽，為神遊外。

夔謂蚿曰：「吾以一足趻踔而行，予无如矣。今子之使萬足，獨奈何？」[1]

1. 【疏】趻踔，跳躑也。我以一足跳躑，快樂而行，天下簡易，無如我者。今子驅馳萬足，豈不劬勞？如何受生獨異於物？發此疑問，庶顯天機也。【釋文】「趻」勅甚反，「踔」郭莬減反，一音初稟反。「卓」本亦作踔，同。勅角反。李云：趻踔，行貌。○盧文弨曰：今本卓作踔。◎慶藩案卓，獨立也，與踔犖聲義同。《漢書·河間獻王傳》卓爾不群，《說苑·君道篇》踔然獨立（踔，敕角切）。《說文》：犖（竹角切），特止也。徐鍇繫傳：特止，卓立也。通作踔逴。《廣雅》：趠，絕也。李善〈西都賦〉注，逴（救角切）躒，猶超絕也。義並同。

蚿曰：「不然。子不見夫唾者乎？噴則大者如珠，小者如霧，雜而下者不可勝數也。今予動吾天機，而不知其所以然。」[1]

1.【疏】夫唾而噴者，實無心於大小，而大小之質自分，故大者如珠璣，小者如濛霧，散雜而下，其數難舉。今蚿之眾足，乃是天然機關，運動而行，未知所以，無心自張，有同噴唾。夔以人情起問，蚿以天機直答，必然之理，於此自明也。【釋文】「唾」吐臥反。「噴」普悶反，又芳奔反，又孚問反，又孚問反。「如霧」音務，郭武貢反。「可勝」音升。◎慶藩案《文選》陸士衡《文賦》注引司馬云：天機，自然也。《釋文》闕。

蚿謂蛇曰：「吾以眾足行，而不及子之无足，何也[1]？」

蛇曰：「夫天機之所動，何可易邪？吾安用足哉[2]！」

1.【疏】蚿以眾足而遲，蛇以無足而速，然遲速有無，稟之造化，欲明斯理，故發此疑問。

2.【注】物之生也，非知生而生也。則生之行也，豈知行而行哉！故足不知所以見，目不知所以知，儵然而自得矣。遲速之節，聰明之鑒，或能或否，皆非我也。而惑者因欲有其身而矜其能，所以逆其天機而傷其神器也。至人知天機之不可易也，故捐聰明，棄知慮，魄然忘其所為而任其自動，故萬物無動而不逍遙也。

【疏】天然機關，有此動用，遲速有無，不可改易。無心任運，何用足哉！【釋文】「儵然」亡本反。

蛇謂風曰：「予動吾脊脅而行，則有似也。今子蓬蓬然起於北海，蓬蓬然入於南海，而似无有，何也？」[1]

1.【疏】脅，肋也。蓬蓬，風聲也，亦塵動貌也。蛇既無足，故行必動於脊脅也。似，像也。蛇雖無足，而有形像，風無形像，而鼓動無方，自北徂南，擊揚溟海，無形有力。竊有所疑，故陳此問，庶聞後答也。【釋文】「蓬蓬」步東反，徐扶公反。李云：風貌。◎家世父曰：《玉篇》，似，肖也。所以行者，足也；動吾脊脅而行，

無足而猶肖夫足也。有形則有肖，無形則亦無所肖也。

風曰：「然。予蓬蓬然起於北海而入於南海也，然而指我則勝我，鰌我亦勝我。雖然，夫折大木，蜚大屋者，唯我能也，故以眾小不勝為大勝也。為大勝者，唯聖人能之。」[1]

1.【注】恣其天機，無所與爭，斯小不勝者也。然乘萬物御群材之所為，使群材各自得，萬物各自為，則天下莫不逍遙矣，此乃聖人所以為大勝也。【疏】風雖自北徂南，擊揚溟海，然人以手指撝於風，風即不能折指，以腳踏踏於風，風亦不能折腳，此小不勝也。然而飄風卒起，羊角乍騰，則大廈為之飛揚，櫟社以之摧折，此大勝也。譬達觀之士，穢迹揚波，混愚智於群小之間，泯是非於囂塵之內，此大勝也。而亨毒蒼生，造化區宇，同二儀之覆載，等三光之照燭，非下凡之所解，唯聖人獨能之。踏亦有作鰌字者，鰌，藉也。今不用此解也。【釋文】【鰌】音秋。李云：藉也。藉則削也。本又作踏。指者，手縐之；鰌者，足蹙之。《荀子·強國篇》巨楚縣吾前，大燕鰌吾後，勁魏鉤吾右，楊倞注：鰌，藉也。言蹙踏於後也。「折大」之舌反。「蜚大」音飛，又扶貴反。子六反，又七六反，迫也。◎家世父曰：李軌

孔子遊於匡，宋人圍之數匝，而絃歌不惙[1]。子路入見，曰：「何夫子之娛也[2]？」

1.【疏】輟，止也。宋當為衛，字之誤也。匡，衛邑也。孔子自魯適衛，路經匡邑，而陽虎曾侵暴匡人，孔子貌似陽虎。又孔子弟子顏剋，與陽虎同暴匡邑，剋時復與孔子為御。匡人既見孔子貌似陽虎，復見顏剋為御，謂孔子是陽虎重來，所以興兵圍繞。孔子違窮通之命，故絃歌不止也。【釋文】【孔子遊於匡宋人圍之數】色主反。「市」子合反。司馬云：宋當作衛。衛人誤圍孔子，以為陽虎。虎嘗暴於匡人，又孔子弟子顏剋，時與虎俱，後剋為孔子御，至匡，匡人共識剋，又孔子容貌與虎相似，故匡人共圍之。「不惙」本又作輟，同。丁劣

反。

2.【疏】娛，樂也。匡人既圍，理須憂懼，而絃歌不止，何故如斯？不達聖情，故起此問。本亦有作虞字者，虞，憂也。怪夫子憂虞而絃歌不止。【釋文】「入見」賢遍反。

孔子曰：「來！吾語女。我諱窮久矣，而不免，命也；求通久矣，而不得，時也。1當堯舜而天下无窮人，非知得也；當桀紂而天下无通人，非知失也；時勢適然。2夫水行不避蛟龍者，漁父之勇也；陸行不避兕虎者，獵夫之勇也；白刃交於前，視死若生者，烈士之勇也3；知窮之有命，知通之有時，臨大難而不懼者，聖人之勇也4。由處矣，吾命有所制矣5。」

【吾語】魚據反。

1.【注】將明時命之固當，故寄之求諱。【疏】諱，忌也。窮，否塞也。通，泰達也。夫子命仲由來，語其至理云：「我忌於窮困，而不獲免者，豈非天命也！求通亦久，而不能得者，不遇明時也。夫時命者，其來不可拒，其去不可留，故安而任之，無往不適也。」夫子欲顯明斯理，故寄之窮諱，而實無窮諱也。

2.【注】無為勞心於窮通之間。【疏】夫生當堯舜之時，而天下太平，使人如器，恣其分內，故無窮塞。當桀紂之時，而天下暴亂，物皆失性，故無通人。但時屬夷險，勢使之然，非關運知，有斯得失也。【釋文】「蛟」音交。「漁父」音甫。

3.【注】情各有所安。【疏】情有所安而忘其怖懼。此起譬也。

4.【注】聖人則無所不安。【疏】聖人知時命，達窮通，故勇敢於危險之中，而未始不安也。此合喻也。

5.【注】命非己制，故無所用其心也。夫安於命者，無往而非逍遙矣，故雖匡陳羑里，無異於紫極閒堂也。【疏】處，安息也。制，分限也。告勑子路，令其安心。「我稟天命，自有涯分，豈由人事所能制哉！」【釋文】「閒堂」音閑。

无幾何，將甲者進，辭曰：「以為陽虎也，故圍之。今非也，請辭而退[1]。」

[1]【疏】無幾何，俄頃之時也。既知是宣尼，非關陽虎，故將帥甲士，前進拜辭，遜謝錯誤，解圍而退也。
【釋文】「無幾」居起反。「將甲」如字。本亦作持甲。

公孫龍問於魏牟曰：「龍少學先王之道，長而明仁義之行；合同異，離堅白；然不然，可不可；困百家之知，窮眾口之辯；吾自以為至達已[1]。今吾聞莊子之言，汒焉異之。不知論之不及與，知之弗若與？今吾无所開吾喙，敢問其方。[2]」

1.【疏】姓公孫，名龍，趙人也。魏牟，魏之公子，懷道抱德，厭穢風塵。先王，堯舜禹湯之迹也。仁義，五德之行也，孫龍稟性聰明，率才弘辯，著守白之論，以博辯知名，故能合異為同，離同為異；可為不可，然為不然；難百氏之書皆困，窮眾口之辯咸屈。生於衰周，一時獨步，弟子孔穿之徒，祖而師之，擅名當世，莫與爭者，故曰，矜此學問，達於至妙，忽逢莊子，猶若井蛙也。
【釋文】「公孫龍問於魏牟」司馬云：龍，趙人。牟，魏之公子。「少學」詩照反。「長而」張丈反。「之行」下孟反。「之知」音智。

2.【疏】喙，口也。方，道也。孫龍雖善於言辯，而未體虛玄，是故聞莊子之言，汒焉怪其奇異，方覺己之學淺，始悟莊子語深。豈直議論不如，抑亦智力不逮。所以自緘其口，更請益於魏牟。
【釋文】「汒焉」莫剛反，郭音莽。「吾喙」許穢反，又昌銳反。「論之」力困反。「及與」音余。下助句放此。「所開」如字。本亦作關，兩通。本或作閱。

公子牟隱机大息，仰天而笑曰：「子獨不聞夫埳井之蛙乎？謂東海之鱉

曰：『吾樂與！出跳梁乎井幹之上，入休乎缺甃之崖；赴水則接腋持頤，蹶泥則沒足滅跗；還虷蟹與科斗，莫吾能若也。[1]　且夫擅一壑之水，而跨跱埳井之樂，此亦至矣，夫子奚不時來入觀乎[2]！』東海之鼈左足未入，而右膝已縶矣[3]。於是逡巡而卻，告之海曰：『夫千里之遠，不足以舉其大；千仞之高，不足以極其深[4]。禹之時十年九潦，而水弗為加益；湯之時八年七旱，而崖不為加損。夫不為頃久推移，不以多少進退者，此亦東海之大樂也。[5]』於是埳井之鼃聞之，適適然驚，規規然自失也[6]。

1.【疏】公子體道清高，超然物外，識孫龍之淺辯，鑒莊子之深言，故仰天歎息而嗤笑，舉蛙鼈之兩譬，明二子之勝負。埳井，猶淺井也。蛙，蝦蟆也。幹，井欄也。甃，井中累塼也。跗，腳跗也。還，顧視也。虷，井中赤蟲也，亦言是到結蟲也。蟹，小螃蟹也。科斗，蝦蟆子也。腋，臂下也。頤，口下也。東海之鼈，其形弘巨，隨波游戲，暫居平陸。而蝦蟆小蟲，處於淺井，形容既劣，居處不寬，謂自得於井中，見巨鼈而不懼。云：「我出則跳躑乎井欄之上，入則休息乎破磚之涯；游泳則接腋持頤，蹶泥則滅跗沒足；顧瞻蝦蟹之類，逍遙快樂，無如我者也。」【釋文】「隱機」於靳反。「大息」音泰。◎慶藩案《荀子·正論篇》注引司馬云：鼃，蝦蟆類也。與《釋文》小異。「之鼃」必滅反。字亦作黽。◎慶藩案《文選》班孟堅〈西都賦〉注引司馬云：井幹，井欄也，積戶蝸反。司馬云：埳井，壞井也。鼃，水蟲，形似蝦蟆。「大息」音洛。下之樂大樂同。「跳」音條。「井幹」古旦反。司馬云：井欄也。褚詮之音〈西京賦〉作韓音。◎慶藩案《文選》注引司馬云：井幹，井欄也。《漢書·枚乘傳》單極之統斷榦，晉灼曰：《釋文》所引為詳。謝元暉〈同謝諮議銅雀臺詩〉注引司馬云：幹，井欄；然井幹，臺之通稱也。互有異同，並視《釋木有若欄也。◎又案幹當從木作榦。「甃」側救反。《說文》正篆作甃，井垣也。《漢書·枚乘傳》壯繆反，云：井壁也。《字林》壯繆反，云：井壁也。「赴水」如字。李云：如閫，以塼為之，著井底闌也。榦，井上四交之榦也。司馬本作踣，云：赴也。◎盧文弨曰：赴疑是仆字。「蹶」其月反，又音厥。「蹶」方于反，郭音附。司馬云：滅，沒也。跗，足跗也。李云：言踴躍於塗中。「還」音旋。司馬云：顧視也。「虷」音

寒，井中赤蟲也。一名蜎。《爾雅》云，蜎，蠉。郭注云：井中小蛣蟩赤蟲也。蜎，音求兗反，蠉，音況兗反。蛣

蟩，音吉厥。「蟹」戶買反。「蛤」苫禾反。科斗，蝦蟆子也。

2.【注】此猶小鳥之自足於蓬蒿也。

【疏】擅，專也。跱，安也。蛙呼鼈為夫子，言：「我獨專一壑之水，而安埳井之樂，天下至足，莫甚於斯。處所雖陋，可以游涉，夫子何不暫時降步，入觀下邑乎？」以此自多，矜夸於鼈也。

【釋文】「夫擅」市戰反，專也。「一壑」火各反。

3.【注】明大之不游於小，非樂然。

【疏】綦，拘也。埳井狹小，海鼈巨大，以小懷大，理不可容，故右膝繾下而已遭拘束也。

【釋文】「綦」豬立反。司馬云：拘也。《三蒼》云：絆也。「非樂」音岳，又五教反。

4.【疏】逡巡，從容也。七尺曰仞，鼈既左足未入，右膝已拘，於是逡巡卻退，告蛙大海之狀。夫世人以千里為遠者，此未足以語海之寬大；以千仞為高者，亦不足極海之至深。言海之深大，非人所測度，以埳井為至，無乃劣乎！

【釋文】「逡」七旬反。

5.【疏】頃，少時也。久，多時也。推移，變改也。堯遭洪水，命禹治之有功，故稱禹時也。而堯十年之中，九年遭潦；殷湯八歲之間，七歲遭旱。旱而崖不加損，潦亦水不加益，是明滄波浩汗，溟渤深弘，不為頃久推移，豈由多少進退！東海之樂，其在茲乎！

【釋文】「九潦」音老。「弗為」于僞反。下同。「頃久」司馬云：猶早晚也。

6.【注】以小羨大，故自失。

【疏】適適，驚怖之容。規規，自失之貌。蛙擅埳井之美，自言天下無過，忽聞海鼈之談，茫然喪其所謂，是以適適規規，驚而自失也。而公孫龍學先王之道，篤仁義之行，困百家之知，窮眾口之辯，忽聞莊子之言，亦猶井蛙之逢海鼈也。

【釋文】「適適」始赤反，又丈革反，郭菟狄反。「規規」如字。又虛役反，李徐紀睡反。適適，規規，皆驚視自失貌。

且夫知不知是非之竟，而猶欲觀於莊子之言，是猶使蚊負山，商蚷馳河也，必不勝任矣[1]。且夫知不知論極妙之言而自適一時之利者，是非埳井之鼃與[2]？且彼方跐黃泉而登大皇，無南無北，奭然四解，淪於不測；無東無西，始於玄冥，反於大通[3]。子乃規規然而求之以察，索之以辯[4]，是直用

管閾天，用錐指地也，不亦小乎！子往矣⁵！且子獨不聞夫壽陵餘子之學行於邯鄲與？未得國能，又失其故行矣，直匍匐而歸耳⁶。今子不去，將忘子之故，失子之業⁷。」

1.【注】物各有分，不可強相希效。

【疏】商蚷，馬蚿也，亦名商距，亦名且渠。孫龍雖復聰明性識，但是俗知，非真知也。故知未能窮於是非之境，而欲觀察莊子至理之言者，亦何異乎使蚊子負於丘山，商蚷馳於河海，而力微負重，智小謀大，故必不勝任也。

【釋文】「之竟」音境，後同。「不勝」音升。「可強」其丈反。「蚊」音文。「商蚷」音渠，郭音巨。

司馬云：商蚷，蟲名，北燕謂之馬蚿。一本作蝛，徐市軫反。

2.【疏】孫龍所學，心知狹淺，何能議論莊子窮微極妙之言耶？祇可辯析是非，適一時之名利耳。以斯為道，豈非埳井之鼃乎！此結譬也。

3.【注】言其無不至也。

【疏】趾，踰也，亦極也。大皇，天也。玄冥，妙本也。大通，應迹也。夫莊子之言，窮理性妙，能仰登旻蒼之上，俯極黃泉之下，四方八極，奭然無礙。此智隱沒，不可測量，始於玄極而其道杳冥，反於域中而大通於物也。

【釋文】「方趾」音此。郭時紫反，又側買反。《廣雅》云：踢也，蹈也，履也。「大皇」音泰。「奭然」音釋。「四解」戶買反。○慶藩案無東無西，失其韻矣，今本乃後人妄改之也。王念孫曰：無東無西，當作無西無東，與通為韻（案〈大雅·皇矣篇〉同爾弟兄，與王方為韻，而今作同爾兄弟。《逸周書·周祝篇》惡姑柔剛，與明陽長為韻，而今作剛柔。《管子·內業篇》能無卜筮而知凶乎，與一為韻，而今作吉凶。《文選·鵩鳥賦》或趨西東，與同為韻，而今作東西。《答客難》外有廩倉，與享為韻，而今作倉廩。皆後人不達古音，任意而妄改之者也）。

4.【注】夫遊無窮者，非察辯所得。

【疏】規規，經營之貌也。夫以觀察求道，言辯率真，雖復規規用心，而去之遠矣。譬猶以管閾天，詎知天之闊狹！用錐指地，寧測地之淺深！莊子道合二儀，孫龍德同錐管，智力優劣如此之懸，既其不如，宜其速去矣。

【釋文】「索之」所白反。

5.【注】非其任者，去之可也。

【疏】壽陵，燕之邑。邯鄲，趙之都。弱齡未壯，謂之餘子。趙都之地，其俗

6.【注】以此效彼，兩失之。

能行，故燕國少年，遠來學步。既乖木性，未得趙國之能；捨己效人，更失壽陵之故。是以用手據地，匍匐而還也。〔釋文〕「壽陵餘子」司馬云：壽陵，邑名。未應丁夫為餘子也。◎慶藩案餘子，民之子弟。《周禮‧小司徒》凡國之大事致民，大故則并羨卒而致之也。《逸周書‧糴匡篇》成年，餘子務藝；年儉，餘子務穡；年饑，餘子倅運。《漢書‧食貨志》餘子亦在於序室，蘇林曰：未任役為餘子，即司馬未應丁夫是也。「匍」音蒲，又音符。「匐」蒲北反，又音服。

7.〔疏〕莊子道冠重玄，獨超方外；孫龍雖言辯弘博，而不離域中；故以孫學莊談，終無得理。若使心生企尚，躊躇不歸，必當失子之學業，忘子之故步。此合喻也。

公孫龍口呿而不合，舌舉而不下，乃逸而走。1

1.〔疏〕呿，開也。逸，奔也。前聞莊子之談，已過視聽之表；復見魏牟之說，更超言象之外。內殊外隔，非孫龍所知，故口開而不能合，舌舉而不能下，是以心神恍惚，形體奔馳也。〔釋文〕「口呿」起據反。司馬云：開也。李音怯，又巨劫反。

莊子釣於濮水，楚王使大夫二人往先焉，曰：「願以境內累矣！」1

1.〔疏〕濮，水名也，屬東郡，今濮州濮陽縣是也。楚王，楚威王也。莊生心處無為，而寄迹編釣，楚王知莊生賢達，屈為卿輔，是以齎持玉帛，爰發使命，詣於濮水，先述其意，願以國境之內委託賢人，王事殷繁，不無憂累之也。〔釋文〕「濮水」音卜，陳地水也。「楚王」司馬云：威王也。「先焉」先，謂宣其言也。

莊子持竿不顧，曰：「吾聞楚有神龜，死已三千歲矣，王巾笥而藏之廟堂之上。此龜者，寧其死為留骨而貴乎？寧其生而曳尾於塗中乎？」1

1.【疏】龜有神異，故剞之而卜，可以決吉凶也。盛之以笥，覆之以巾，藏之廟堂，珍貴之也。問：「此龜者，寧全生遠害，曳尾於泥塗之中？豈欲剞骨留名，取貴廟堂之上邪？」是以莊生深達斯情，故敖然而不顧之矣。　【釋文】「巾笥」息嗣反，或音司。「而藏之」李云：藏之以笥，覆之以巾。

二大夫曰：「寧生而曳尾塗中[1]。」

莊子曰：「往矣！吾將曳尾於塗中[2]。」

1.【疏】大夫率性以答莊生，適可生而曳尾，不能死而留骨也。

2.【注】性各有所安也。　【疏】莊子保高尚之遐志，貴山海之逸心，類澤雉之養性，同泥龜之曳尾，是以令使命之速往，庶全我之無為也。

惠子相梁，莊子往見之[1]。或謂惠子曰：「莊子來，欲代子相[2]。」於是惠子恐，搜於國中三日三夜[3]。

1.【疏】姓惠，名施，宋人，為梁惠王之相。惠施博識贍聞，辯名析理，既是莊生之友，故往訪之。　【釋文】「惠子相」息亮反。下同。「梁」相梁惠王。

2.【疏】梁國之人，或有來者，知莊子才高德大，王必禮之。國相之位，恐有爭奪，故謂惠子，欲代之言相也。

3.【注】揚兵整旅。　【疏】惠施聞國人之言，將為實錄，心靈恐怖，慮有阽危，故揚兵整旅，三日三夜，搜索國中，尋訪莊子。　【釋文】「子恐」丘勇反。「搜」字又作搜，或作廀，所求反，李悉溝反，云：索也。《說文》云：求也。◎盧文弨曰：今本作搜。

莊子往見之，曰：「南方有鳥，其名為鵷鶵，子知之乎？夫鵷鶵，發於

南海而飛於北海，非梧桐不止，非練實不食，非醴泉不飲。於是鴟得腐鼠，鵷鶵過之，仰而視之曰『嚇！』¹今子欲以子之梁國而嚇我邪²？」

1.【疏】鵷鶵，鸞鳳之屬，亦言鳳子也。練實，竹食也。醴泉，泉甘味如醴也。嚇，怒而拒物聲也。惠施恐莊子奪己，故整旅揚兵，莊子因往見之，為其設譬。夫鳳是南方之鳥，來儀應瑞之物，非梧桐不止，非溟海不停，非竹實不食，非醴泉不飲。而凡猥之鳶，偶得臭鼠，自美其味，仰嚇鳳凰，豈知莊子清高，無情爭奪。譬惠施滯溺榮華，非梧桐不止，非溟海不停，豈知莊子清高，無情爭奪。

【釋文】「鵷」於袁反。「鶵」仕俱反。李云：鵷鶵乃鸞鳳之屬也。「醴泉」音禮。李云：泉甘如醴。「嚇」本亦作呼，同。許嫁反，又許伯反。司馬云：嚇怒其聲，恐其奪己也。《詩箋》云：以口拒人曰嚇。

2.【注】言物嗜好不同，願各有極。

【疏】鴟以腐鼠為美，仰嚇鵷鶵：惠以國相為榮，猜疑莊子。總合前譬也。

【釋文】「嗜」時志反。「好」呼報反。

莊子與惠子遊於濠梁之上¹。莊子曰：「儵魚出遊從容，是魚之樂也²。」

1.【疏】濠是水名，在淮南鍾離郡，今見有莊子之墓，亦有莊惠遨遊之所。石絕水為梁，亦言是濠水之橋梁，故謂之濠梁也。

【釋文】「豪梁」本亦作濠，音同。司馬云：濠，水名也。石絕水曰梁。◎盧文弨曰：今本豪作濠。

2.【疏】儵魚，白儵也。從容，放逸之貌也。夫魚遊於水，鳥棲於陸，各率其性，物皆逍遙。而莊子善達物情，所以，故知魚樂也。

【釋文】「儵魚」徐音條。《說文》直留反。李音由，白魚也。《爾雅》云，鮋，黑鰦也。舊鮋為注：即白儵也。一音篠，謂白儵魚也。◎盧文弨曰：儵，當作鯈，注同。此書內多混用。又鮋，黑鰦也。鮋，今據《爾雅》改正。「從容」七容反。「魚樂」音洛。注，下皆同。

惠子曰：「子非魚，安知魚之樂¹？」

莊子曰：「子非我，安知我不知魚之樂²？」

其無難也。

1.【疏】惠施不體物性，妄起質疑，莊子非魚，焉知魚樂？

2.【注】欲以起明相非而不可以相知之義耳。子非我，尚可以知我之非魚，則我非魚，亦可以知魚之樂也。若子非我，尚得知我，我雖非魚，何妨知魚？反而質之，令其無難也。

惠子曰：「我非子，固不知子矣；子固非魚也，子之不知魚之樂，全矣1。」

1.【注】舍其本言而給辯以難也。【疏】惠非莊子，故不知莊子。莊必非魚，何得知魚之樂？不樂不知之義，於此無虧，捨其本宗，給辯以難。【釋文】「以難」乃旦反。

莊子曰：「請循其本1。子曰『汝安知魚樂』云者，既已知吾知之而問我，我知之濠上也2。」

1.【疏】循，猶尋也。惠施給辯，有言無理，棄初逐末，失其論宗。請尋其源，自當無難。循本之義，列在下文。

2.【注】尋惠子之本言云：「非魚則無緣相知耳。今子非我也，而云汝安知魚樂者，是知我之非魚也。苟知我非魚，則凡相知者，果可以此知彼，不待是魚然後知魚也。故循子安知之云，已知吾之所知矣。而方復問我，我正知之於濠上耳，豈待入水哉！」夫物之所生而安者，天地不能易其處，陰陽不能回其業；故以陸生之性，知水生之所樂，未足稱妙耳。【疏】子曰者，莊子卻稱惠之辭也。惠子云子非魚安知魚樂者，足明惠子非莊子，而知莊子之不知魚也。且子既非我而知我，亦何妨我非魚而知魚？夫物性不同，水陸殊致，而達其理者體其情，是以濠上彷徨，知魚之適樂；鑒照群品，豈入水哉！故寄莊惠之二賢，以標議論之大體也。【釋文】「方復」扶又反。「其處」昌慮反。

外篇至樂第十八 1

1.【釋文】以義名篇。「樂」音洛。

天下有至樂无有哉？有可以活身者无有哉 1？今奚為奚據？奚避奚處？奚就奚去？奚樂奚惡 2？

1.【注】忘歡而後樂足，樂足而後身存。將以為有樂耶？而至樂無歡；將以為無樂耶？而身以存而無憂。

【疏】此假問之辭也。至，極也。樂，歡也。言寰宇之中，頗有至極歡樂，可以養活身命者無有哉？【釋文】「至樂」音洛。篇內不出者皆同。至，極也。樂，歡也。

2.【注】擇此八者，莫足以活身，唯擇而任其所遇乃全耳。

【疏】奚，何也。今欲行至樂之道以活身者，當何所為造，何所依據，何所安處，何所從就，何所歡樂，何所嫌惡，而合至樂之道乎？此假設疑問，下自曠顯。【釋文】「奚惡」烏路反。

夫天下之所尊者，富貴壽善也；所樂者，身安厚味美服好色音聲也 1；所下者，貧賤夭惡也 2；所苦者，身不得安逸，口不得厚味，形不得美服，目不得好色，耳不得音聲；若不得者，則大憂以懼。其為形也亦愚哉！ 3

1.【疏】天下所尊重者，無過富足財寶，貴盛榮華，壽命遐長，善名令譽；所歡樂者，滋味爽口，麗服榮身，玄黃悅目，宮商娛耳。若得之者，則為據處就樂。

2.【疏】貧窮卑賤，夭折惡名，世閒以為下也。

3.【注】凡此，失之無傷於性，今反以不得為憂，故愚。

【疏】凡此上事，無益於人，而流俗以不得為苦，既不適情，遂憂愁懼慮。如此修為形體，豈不甚愚癡！

夫富者，苦身疾作，多積財而不得盡用，其為形也亦外矣[1]。夫貴者，夜以繼日，思慮善否，其為形也亦疏矣[2]。人之生也，與憂俱生，壽者惛惛，久憂不死，何苦也！其為形也亦遠矣[3]。烈士為天下見善矣，未足以活身。吾未知善之誠善邪，誠不善邪？若以為善矣，不足活身；以為不善矣，足以活人。故曰，「忠諫不聽，蹲循勿爭[5]。」故夫子胥爭之以殘其形，不爭，名亦不成。誠有善无有哉[6]？

1.【注】內其形者，知足而已。

【疏】夫富豪之家，勞神苦思，馳騁身力，多聚錢財，積而不散，用何能盡！內其形者，豈其如斯也！

2.【注】故親其形者，自得於身中而已。

【疏】夫位高慮遠，祿重憂深，是以晝夜思量，獻可替否，勞形怵心，無時暫息，其為形也，不亦疏乎！

3.【注】夫遺生然後能忘憂，忘憂而後生可樂，生可樂而後形是我有，富是我物，貴是我榮也。【疏】夫稟氣頑癡，生而憂戚，雖復壽考，而精神惛闇，久憂不死，翻成苦哉。如此為形，豈非疏遠，其於至樂，不亦謬乎！

【釋文】「惛惛」音昏，又音門。

4.【注】善則適當，故不周濟。

【疏】誠，實也。夫忠烈之士，忘身徇節，名傳今古，見善世間，然未知此善是否虛實。善若實也，不足以活身命；善必虛也，不應養活蒼生。賴諫諍而太平，此足以活人也；為忠烈而被戮，此不足以活身也。

5.【注】唯中庸之德為然。

【疏】蹲循，猶順從也。夫為臣之法，君若有道，宜以忠誠之心匡諫；君若不聽，即須蹲循休止，若逆鱗強諍，必遭刑戮也。

【釋文】「蹲」七旬反。郭音存，又趣允反。「循」音旬，又音脣。「勿爭」爭鬬之爭。下同。◎家世父曰：〈外物篇〉踆於窾水，《釋文》引《字林》云，踆，退也。足部：逡，退也。踆逡字同。《漢書》巡行郡國作循行。蹲循，猶逡巡也。◎慶藩案蹲循即逡巡。《玉篇·足部》：踆，古蹲字。《史記·貨殖傳》下有蹲鴟，徐廣云：蹲，古作踆。《廣雅》：逡巡，卻退也。《管子·戒篇》作逡遁

6.【注】善是否虛實。

（漢〈鄭固碑〉同），〈小問篇〉作遵循（《荀子》同），《晏子・問篇》作逡遁，又作逡循，《漢書・平當傳》贊作逡遁，〈萬章傳〉作遵循，《三禮汪》作逡遁，字異而義實同。

6.【注】故當緣督以為經也。

【疏】吳王夫差，荒淫無道，子胥忠諫，以遭殘戮。若不諫諍，忠名不成。故諫與不諫，善與不善，誠未可定矣。

今俗之所為與其所樂，吾又未知樂之果樂邪，果不樂邪[1]？吾觀夫俗之所樂，舉群趣者，誙誙然如將不得已[2]，而皆曰樂者，吾未之樂也，亦未之不樂也[3]。果有樂无有哉？吾以无為誠樂矣[4]，又俗之所大苦也。故曰，「至樂无樂，至譽无譽。[5]」

1.【疏】果，未定也。流俗以貪染為心，以色聲為樂。未知此樂決定樂耶？而倒置之心，未可謂信也。

2.【注】舉群趣其所樂，乃不避死也。

【疏】誙誙，趣死貌也。已，止也。舉世之人，群聚趣競，所歡樂者，無過五塵，貪求至死，未能止息之也。

【釋文】「誙誙」戶耕反，徐苦耕反，又胡挺反。李云：趣死貌。崔云：以是為非，以非為是。誙誙，本又作脛脛。

3.【注】無懷而恣物耳。

【疏】而世俗之人，皆用色聲為上樂，而莊生體道忘淡，故不見其樂，亦不見其不樂也。

4.【注】夫無為之樂，無憂而已。

【疏】以色聲為樂者，未知決定有此樂不？若以莊生言之，用虛淡無為為至實之樂。

5.【注】俗以鏗鏘為樂，美善為譽。

【疏】俗以富貴榮華鏗金鏘玉為上樂，用美言佞善為令譽，以無為恬淡寂寞虛夷為憂苦。故知至樂以無樂為樂，至譽以無譽為譽也。

【釋文】「鏗」苦耕反。「鏘」七羊反。

天下是非果未可定也。雖然，无為可以定是非[1]。至樂活身，唯无為幾存[2]。請嘗試言之。天无為以之清，地无為以之寧[3]，故兩无為相合，萬物

皆化⁴。芒乎芴乎，而无從出乎⁵！芴乎芒乎，而无有象乎⁶！萬物職職，皆從无為殖⁷。故曰天地无為也而无不為也⁸，人也孰能得无為哉⁹！

1.【注】我无為而任天下之是非，是非者各自任則定矣。无為虛淡，忘是忘非，既無是非而是非定者也。

2.【注】百姓足則吾身近乎存也。　【疏】幾，近也。存，在也。夫至樂無樂，常適無憂，可以養活身心，終其天命，唯彼无為，近在其中者矣。【釋文】「近乎」附近之近。

3.【注】皆自清寧耳，非为之所得。

4.【注】不為而自合，故皆化，若有意乎为之，則有時而滯也。【疏】天无心为清而自然清虛，地无心为寧而自然寧靜。故天地无為，兩儀相合，升降災福而萬物化生，若有心為之，即不能已。

5.【注】皆自出耳，未有為而出之也。【釋文】「芒乎」李音荒，又呼晃反。下同。「芴乎」音忽。下同。

6.【注】无有為之象。【疏】夫二儀造化，生物無心，恍惚芒昧，參差難測；尋其從出，莫知所由；視其形容，竟無象貌。覆論芒芴，互其文耳。◎慶藩案芒芴，即忽荒也（《爾雅》太歲在巳曰大荒落，《史記·曆書》荒作芒。〈索隱〉：芒，一作荒）。《淮南·原道篇》游淵霧，鶩忽恍，高注：忽恍，無形之象。《文選·七發》李注引《淮南》正作忽荒。〈人間篇〉曰，翱翔乎忽荒之上，賈誼〈鵩賦〉寥廓忽荒兮，與道翱翔。是其證。

7.【注】皆自殖耳。　【疏】職職，繁多貌也。夫春生夏長，庶物繁多，孰使其然？皆自生耳。尋其源流，從无為種植，既無為種植，豈有為耶！【釋文】「萬物職職」司馬云：職職，猶祝祝也。李云：繁殖貌。案《爾雅》，職，主也。謂各有主而區別也。◎盧文弨曰：舊殖譌渞，今改正。

8.【注】若有為則有不濟也。

9.【注】得無為則無樂而樂至矣。　【疏】孰，誰也。夫天地清寧，無為虛廓而升降，生化而無不為也。凡俗之人，心靈暗昧，耽滯有欲，誰能得此无為哉！言能之者，乃至務也。若得之者，便是德合二儀，冥符至樂也。

莊子妻死，惠子弔之¹，莊子則方箕踞鼓盆而歌²。

1.【疏】莊惠二子為淡水素交，既有死亡，理須往弔。

2.【疏】箕踞者，垂兩腳如簸箕形也。盆，瓦缶也。莊子知生死之不二，達哀樂之為一，是以妻亡不哭，鼓盆而歌，垂腳箕踞，敖然自樂。【釋文】「箕踞」音據。「盆」謂瓦缶也。

惠子曰：「與人居，長子老身，死不哭亦足矣，又鼓盆而歌，不亦甚乎¹！」

1.【疏】共妻居處，長養子孫，妻老死亡，竟不哀哭，乖於人理，足是無情，加之鼓歌，一何太甚也！【釋文】「長子」丁丈反。

莊子曰：「不然。是其始死也，我獨何能无概然！¹察其始而本无生，非徒无生也而本无形，非徒无形也而本无氣²。雜乎芒芴之間，變而有氣，氣變而有形，形變而有生，今又變而之死，是相與為春秋冬夏四時行也³。人且偃然寢於巨室，而我噭噭然隨而哭之，自以為不通乎命，故止也⁴。」

1.【疏】然，猶如是也。世人皆欣生惡死，哀死樂生，故我初聞死之時，何能獨無概然驚歎也！「無概」古代反。司馬云：感也。又音骨，哀亂貌。

2.【疏】莊子聖人，妙達根本，故觀察初始本自無生，未生之前亦無形質，無形質之前亦復無氣。從無生有，假合而成，是知此身不足惜也。

3.【疏】大道在恍惚之內，造化芒昧之中，和雜清濁，變成陰陽二氣；二氣凝結，變而有形；形既成就，變而生育。且從無出有，變而為生，自有還無，變而為死。而生來死往，變化循環，亦猶春秋冬夏，四時代序。是以達

人觀察，何哀樂之有哉！

4.【注】未明而概，已達而止，斯所以誨有情者，將令推至理以遣累也。【疏】偃然，安息貌也。巨室，謂天地之間也。且夫息我以死，臥於天地之間，譬彼炎涼，何得隨而哀慟！自覺不通天命，故止哭而鼓盆也。【釋文】「巨室」巨，大也。司馬云：以天地為室也。「嗷嗷」古弔反，又古堯反。「將令」力呈反。

支離叔與滑介叔觀於冥伯之丘，崑崙之虛，黃帝之所休[1]。俄而柳生其左肘，其意蹶蹶然惡之[2]。

1.【疏】支離，謂支體離析，以明忘形也。滑介，猶骨稽也，謂骨稽挺特，以遺忘智，故號為叔也。冥，闇也。伯，長也。崑崙，人身也。言神智杳冥，堪為物長；崑崙玄遠，近在人身。欲顯叔世澆訛，故託俗；而黃帝聖君，光臨區宇，休心息智，寄在凡庸。是知至道幽玄，其則非遠，故託二叔以彰其義也。【釋文】「支離叔與滑」音骨。崔本作澮。「叔」李云：支離忘形，滑介忘智，言二子乃識化也。「冥伯之丘」李云，丘名。「崑崙」力門反。「介」音界。「虛」音墟。「之虛」休，息也。

2.【疏】蹶蹶，驚動貌。柳者，易生之木；木者，棺槨之象。此是將死之徵也。二叔遊於崑崙，觀於變化，俄頃之間，左臂生柳，蹶然驚動，似欲惡之也。【釋文】「左肘」竹九反。司馬本作胕，音跗，云：胕，足上也。◎家世父曰：《說文》：瘤，腫也。《玉篇》：瘤，癅肉。《廣韻》：瘤，肉起疾。《說文》亦以瘤為寄肉。瘤之生於身，假借者也；人之有生，亦假借也。皆塵垢之附物者也。柳瘤字，一聲之轉。「蹶蹶」紀衞反，動也。「惡之」烏路反。後皆同。

支離叔曰：「子惡之乎[1]？」

滑介叔曰：「亡[2]，予何惡！生者，假借也；假之而生生者，塵垢也[3]。死生為晝夜[4]。且吾與子觀化而化及我，我又何惡焉[5]！」

1.【疏】相與觀化，貴在虛忘。躟然驚動，似有嫌惡也。

2.【疏】亡，無也。觀化之理，理在忘懷，我本無身，何惡之有！

3.【疏】夫以二氣五行，四支百體假合結聚，借而成身。是知生者塵垢穢累，非真物者也。【釋文】「垢」音荀。

4.【疏】以生為晝，以死為夜，故大不能無晝夜，人焉能無死生！

5.【注】斯皆先示有情，然後尋至理以遣之。若云我本無情，故能無憂，則夫有情者，遂自絕於遠曠之域，而迷困於憂樂之竟矣。【疏】我與子同遊，觀於變化，化而及我，斯乃理當待終，有何嫌惡？既冥死生之變，故合至樂也。【釋文】「之竟」音境。

莊子之楚，見空髑髏，髐然有形，撽以馬捶，因而問之₁，曰：「夫子貪生失理，而為此乎₂？將子有亡國之事，斧鉞之誅，而為此乎₃？將子有不善之行，愧遺父母妻子之醜，而為此乎₄？將子有凍餒之患，而為此乎₅？將子之春秋故及此乎₆？」

1.【疏】之，適也。髐然，無潤澤也。撽，打擊也。馬捶，猶馬杖也。莊子適楚，遇見髑髏，空骨無肉，朽骸無潤，遂以馬杖打擊，因而問之。欲明死生之理均齊，故寄髑髏寓言答問也。【釋文】「髑」音獨。「髏」音樓。「髐」苦堯反，徐又許堯反，李呼交反。司馬李云：白骨貌有枯形也。「撽」苦弔反，又古的反。《說文》作擊，云：旁擊也。「馬捶」拙蘂反，又之睡反，馬杖也。

2.【疏】夫子貪欲資生，失於道理，致使夭折性命，而骸骨為此乎？

3.【疏】為當有亡國征戰之事，行陳斧鉞之誅，而為此乎？

4.【疏】或行姦盜不善之行，世間共惡，人倫所恥，遺愧父母，羞見妻孥，慚醜而死於此乎？

5.【疏】餒，餓也。或遊學他鄉，衣糧乏盡，患於飢凍，死於此乎？【釋文】「凍」丁貢反。「餒」奴罪反。「遺」唯季反。

反。

6.【疏】春秋，猶年紀也。將子有黃髮之年，耆艾之壽，終於天命，卒於此乎？

於是語卒，援髑髏，枕而臥[1]。夜半，髑髏見夢曰：「子之談者似辯士。視子所言，皆生人之累也，死則无此矣。子欲聞死之說乎[2]？」莊子曰：「然[3]。」

1.【疏】卒，終也。援，引也。初逢枯骨，援馬杖而擊之，問語既終，引髑髏而高枕也。　【釋文】「援」音袁。「枕而」針鴆反。

2.【疏】覩於此，子所言皆是生人之累患，欲論死道，則無此憂虞。子是生人，頗欲聞死人之說乎？莊子睡中感於此夢也。　【釋文】「見夢」賢遍反。

3.【疏】然，許髑髏，欲聞其死說。

髑髏曰：「死，无君於上，无臣於下；亦无四時之事，從然以天地為春秋，雖南面王樂，不能過也[1]。」

1.【疏】夫死者，魂氣升於天，骨肉歸乎土。既無四時炎涼之事，寧有君臣上下之累乎？從容不復死生，故與二儀同其年壽；雖南面稱孤，王侯之樂亦不能過也。　【釋文】「從然」七容反，從容也。「從容」李徐子用反，縱逸也。

莊子不信，曰：「吾使司命復生子形，為子骨肉肌膚，反子父母妻子閭里知識，子欲之乎[1]？」

髑髏深矉蹙頞曰：「吾安能棄南面王樂而復為人閒之勞乎[2]！」

文】

1.【疏】莊子不信髑髏之言，更說生人之事。欲使司命之鬼，復骨肉，反妻子，歸閭里，頗欲之乎？【釋

1.【疏】「復生」音服，又扶又反。

2.【注】舊說云莊子樂死惡生，斯說謬矣！若然，何謂齊乎？所謂齊者，生時安生，死時安死，生死之情既齊，則無為當生而憂死耳。此莊子之旨也。【疏】深瞋蹙頞，憂愁之貌也。既聞司命復形，反於鄉里，於是憂愁不用此言。誰能復為生人之勞而棄南面王之樂耶！【釋文】「深瞋」音頻。「蹙」本又作顣，又作蹵。同。子六反。「頠」於葛反。李云：瞋顄者，愁貌。「而復」扶又反。

顏淵東之齊，孔子有憂色。子貢下席而問曰：「小子敢問，回東之齊，夫子有憂色，何邪？」1

1.【疏】顏回自西之東，從魯往於齊國，欲將三皇五帝之道以教齊侯，尼父恐不逗機，故有憂色。於是子貢避席，自稱小子，敢問夫子憂色所由。

孔子曰：「善哉汝問！昔者管子有言，丘甚善之，曰：『褚小者不可以懷大，綆短者不可以汲深1。』夫若是者，以為命有所成而形有所適也，夫不可損益2。吾恐回與齊侯言堯舜黃帝之道，而重以燧人神農之言。彼將內求於己而不得，不得則惑，人惑則死。3

1.【疏】褚，容受也。懷，包藏也。綆，汲索也。夫容小之器，不可以藏大物；短促之繩，不可以引深井。此言出管子之書，孔丘善之，故引以為譬也。【釋文】「褚小」豬許反。◎慶藩案《玉篇》：褚，裝衣也。字或作袗。《一切經音義》引《通俗文》曰：裝衣曰袗。《說文》、《繫傳》：褚，衣之橐也。《集韻》：褚，裝衣也。字或作貯。《說文》，貯，積也，所以載盛米。又曰：䞾，載米䞾也。《繫傳》曰：䞾亦橐也。《左‧成三年傳》，鄭賈人有將實於褚中以出，蓋褚可以囊物，亦可以囊人者也。「綆」格猛反，汲索也。「汲」居及反。

2.【注】故當任之而已。　【釋文】「所適」適，或作通。【疏】夫人稟於天命，愚智各有所成；受形造化，情好咸著所適；方之鳧鶴不可益損，故當任之而無不當也。

3.【注】內求不得，將求於外。舍內求外，非惑如何！【疏】黃帝堯舜，五帝也。戁人神農，三皇也。恐顏回將三皇五帝之道以說齊侯。既而步驟殊時，澆淳異世，執持聖迹，不逗機緣，齊侯聞此大言，未能領悟，求於己身，不能得解。脫不得解，則心生疑惑，於是恣其勝己，必殺顏回。【釋文】「皇帝」謂三皇五帝也。司馬本作黃帝。◎盧文弨曰：今本作黃帝。案皇古通用，陸氏謂三皇五帝，非。「而重」直用反。「舍內」音捨。

　　且女獨不聞邪？昔者海鳥止於魯郊，魯侯御而觴之于廟，奏九韶以為樂，具太牢以為膳[1]。鳥乃眩視憂悲，不敢食一臠，不敢飲一杯，三日而死[2]。此以己養養鳥也，非以鳥養養鳥也[3]。夫以鳥養養鳥者，宜栖之深林，遊之壇陸，浮之江湖，食之鰌鰍，隨行列而止，委蛇而處[4]。彼唯人言之惡聞，奚以夫譊譊為乎！〈咸池〉、〈九韶〉之樂，張之洞庭之野，鳥聞之而飛，獸聞之而走，魚聞之而下入，人卒聞之，相與還而觀之[5]。魚處水而生，人處水而死，彼必相與異，其好惡故異也[6]。故先聖不一其能，不同其事[7]。名止於實，義設於適，是之謂條達而福持[8]。」

1.【疏】郭外曰郊。御，迎也。九韶，舜樂名也。太牢，牛羊豕也。昔有海鳥，名曰爰居，形容極大，頭高八尺，避風而至，止魯東郊。實是凡鳥而妄以為瑞，臧文仲祀之，故有不智之名也。於是奏韶樂，設太牢，迎於太廟之中而用為神鳥，非關魯侯，但飲鳥於魯廟之中，故言魯侯觴之也。【釋文】「且女」音汝。後同。「海鳥」司馬云：《國語》曰爰居也。止魯東門之外三日，臧文仲使國人祭之；不云魯侯也。爰居，一名雜縣，舉頭高八尺。樊光注《爾雅》云：形似鳳凰。◎慶藩案《文選》江文通《雜體詩》注引司馬云：海鳥，爰居也。（《太平御覽·九百二十五》引鳥下有即字，爰居作鶂鶂）。不若《釋文》之詳。「御而」音訝。「觴」音

傷。「于廟」司馬云：飲之於廟中也。「九韶」常遙反。舜樂名。

2.【疏】夫韶樂太牢，乃美乃善，血施之爰居，非所餐聽，故目眩心悲，數日而死。亦猶三皇五帝，其道高遠，施之齊侯，非所聞之也。

3.【疏】韶樂牢觴，是養人之具，非養鳥之物也。【釋文】「眩」玄徧反。司馬本作玄，音眩。「視」如字。徐市至反。「纁」里轉反。

4.【疏】壇陸，湖渚也。鰌，泥鰌也。鰍，白魚子也。逯池，寬舒自得也。夫養鳥之法，宜栖茂林，放洲渚，食魚子，浮江湖，逐群飛，自閒放，此以鳥養之法養鳥者也。亦猶齊侯率己所行，逍遙自得，無所企羨也。【釋文】「壇」大丹反。司馬本作澶，音但，云：水沙澶也。「食之」音嗣。「鰍」音條，又音攸，一音由。◎盧文弨曰：今本作又音篠。

5.【疏】奚，何也。繞，喧聒也。咸池，堯樂也。洞庭之野，謂天地之間也。「隨行」戶剛反。「委」於危反。「虵」以支反，又如字。〈咸池〉、〈九韶〉，惟人愛好，魚鳥諸物惡聞其聲，愛好則繞而觀之，惡聞則高飛深入。既有欣有惡，八音何用為乎！【釋文】「虵虵」乃交反。「咸池」堯樂名。「之樂」如字。「人卒」寸忽反。司馬音子忽反，云：眾也。「還而」音患，又旋面反。

6.【疏】魚好水而惡陸，人好陸而惡水。彼之人魚，稟性各別，好惡不同，故死生斯異。豈唯二種，萬物皆然也。【釋文】「其好」呼報反。

7.【注】各隨其情。【疏】先古聖人，因循物性，使人如器，不一其能，各稱其情，不同其事也。是知將三皇之道以說齊侯者，深不可也。

8.【注】實而適，故條達；性常得，故福持。【疏】夫因實立名，而名以召實，故名止於實，不用實外求名。而義者宜也，隨宜施設，適性而已，不用捨己效人。如是之道，可謂條理通達，而福德扶持者矣。

列子行食於道從，見百歲髑髏，攓蓬而指之曰：「唯予與汝知而未嘗死，未嘗生也¹。若果養乎？予果歡乎²？」

1.【注】各以所遇為樂。【疏】攓，拔也。從，傍也。禦寇困於行李，食於道傍，仍見枯朽髑髏，形色似

久。言百歲者，舉其大數。髑髏隱在蓬草之下，遂拔卻蓬草，因而指麼與言。然髑髏以生為死，列子則以死為生，以生為死。生死各執一方，故未嘗死，未足為定。本或作徒。◎盧文弨曰：殷敬順《列子天瑞篇釋文》云：莊子從作徒。司馬云：徒，道旁也。與此本異。本或作徒。◎慶藩案道從當為道徒之誤。從徒形相似，故徒誤為從。《列子·天瑞篇》正作食於道徒也。「徒」居輦反。【釋文】「道從」如字。司馬云：從，道旁也，本或作從。

2.【注】歡養之實，未有定在。【疏】「汝欣冥冥，冥冥果有怡養乎？我悅人倫，人倫決可歡乎？」適情所遇，未可定之者也。【釋文】「若果」一本作汝果，元嘉本作汝過。「養」嘉本作子過。「歡乎」司馬本作嘽，云：呼聲，謂生也。◎俞樾曰：養，讀為恙。《爾雅·釋詁》：恙，憂也。若果羌乎？予果歡乎？恙與歡對，猶憂與樂對也。言若之死非憂，予之生非樂也。恙與養，古字通。《詩·二子乘舟》篇》中心養養，傳訓養為憂，即《本雅》詁矣。司馬本養作暮，乃字之誤。

反，徐紀偃反，又起虔反。攓為攐之借字，故司馬訓為拔也。或音厥。「蓬」步東反，徐扶公反。◎慶藩案朝攓阰之木蘭（《說文》引此正作攓）。《漢書·季布傳》攓旗者數矣。《說文》攓，拔取也。擸為攐之借字，故司馬訓為拔也。亦通作攐。《離騷》

文》：攓，拔取也。擸取也。「蓬」步東反。亦通作攐。《爾雅》：苊，攓也。樊光曰：攓，猶拔也。《釋文》：攓，九輦反。

注亦曰：攓，猶拔也。

種有幾[1]？得水則為㡭[2]，得水土之際則為鼃蠙之衣[3]，生於陵屯則為陵舄[4]，陵舄得鬱棲[5]則為烏足[6]，烏足之根為蠐螬[7]，其葉為胡蝶。胡蝶胥也化而為蟲[7]，生於竈下，其狀若脫，其名為鴝掇[8]。鴝掇千日為鳥，其名為乾餘骨[9]。乾餘骨之沫為斯彌[9]，斯彌為食醯[10]。頤輅生乎食醯，黃軦生乎九猷[11]，瞀芮生乎腐蠸[12]。羊奚比乎不箰，久竹[13]生青甯[14]；青甯生程[15]，程生馬，馬生人[16]，人又反入於機。萬物皆出於機，皆入於機[17]。

1.【注】變化種數，不可勝計。

【疏】陰陽造物，轉變無窮，論其種類，不可深計之也。

【釋文】「種」

章勇反。注同。「有幾」居豈反。「可勝」音升。

2.【疏】潤氣生物，從無生有，故更相繼續也。

【釋文】「得水則為㠾」此古絕字，今讀音繼。徐音絕，今讀音繼。司馬本作繼，云：萬物雖有兆朕，得水土乃相繼而生也。本或作斷，又作續斷。◎盧文弨曰：古絕字當作㡭，此㠾乃繼字。◎家世父曰：《釋文》引司馬本作繼，言萬物雖有兆朕，得水土乃相繼而生也。本或作斷，又作續斷。疑作續斷者是也。《說文》：藚，水舄也。《爾雅》：藚，牛脣，郭注引《毛詩傳》：：水舄也，如藚斷，寸寸有節。藚，續字，即本草之云續斷也。

3.【疏】鼃蠙之衣，青苔也，在水中若張綿，俗謂之蝦蟆衣也。

【釋文】「得水土之際則為鼃」戶媧反。「蠙」步田反，徐扶賢反，郭父因反，又音賓，李姉軫反。「之衣」司馬云：鼃蠙之衣，視不見，按之可得，如張綿在水中，楚人謂之鼃蠙之衣。

4.【疏】屯，阜也。陵舄，車前草也。既生於陵阜高陸，即變為車前也。然不知其祖，言物化無常形也。人之死也，亦或化為草木，草木之精或化為人也。

【釋文】「生於陵屯」司馬音徒門反，云：阜也。郭音純。「則為陵舄」音昔。司馬云：言物因水成而陸產，生於陵屯，改名陵舄。一名澤舄，隨燥溼變也。

5.【疏】鬱棲，糞壤也。陵舄既老，變為糞土也。

【釋文】「陵舄得鬱棲則為烏足」司馬云：鬱棲，蟲名；烏足，草名；生水邊也。言鬱棲在陵舄之中則化為烏足也。李云：鬱棲，糞壤也。言陵舄在糞化為烏足也。

6.【疏】糞壤復化生烏足之草根也。

【釋文】「烏足之根為蠐螬」司馬云：烏足，草名，生水邊也。◎家世父曰：《爾雅》蒲舄，郭注：今澤蕍，一曰水舄，一曰馬舄，三者同類，而所生不同。陸機《詩疏》：：藚，澤舄，葉如車前。《圖經》亦云澤蕍生淺水中。則陵舄生於陵屯，物因水成而陸產，生於陵，化作車前，改名陵舄。車前生道邊，亦不生陵屯也。

7.【疏】蠐螬，蝎蟲也。蝎，胡蝶名也。變化無恆，故根為蠐螬而葉為胡蝶也。

【釋文】「蠐螬」音齊。「蝎」音曹。司馬本作蝤蠐，云：蝎也。◎慶藩案《太平御覽·九百四十八》引司馬云：烏足，草名，生水邊。蜡蟥，蝎蟲也。與《釋文》異。「其葉為胡蝶」音牒。司馬云：胡蝶，蛺蝶也。草化為蟲，蟲化為草，未始有極。「胡蝶胥也」一名胥。◎俞樾曰：《釋文》曰，胡蝶胥也，一名胥。此失其義，當屬下句讀之。本云，胡蝶胥

也化而為蟲，與下文鴝掇千日為鳥，言其久也；；胥也化而為蟲，言其速也。《列子天瑞篇釋

文》曰：胥，少也。得其義矣。◎家世父曰：《釋文》引司馬云，胥，胡蝶之

名。《爾雅》：蚳，鳥蝎，郭注：大蟲如指，似蠶。《說文》：蠋，蜀葵也。《廣

志》：藿蠋有五色者，槐蠋有采有角。《爾雅》所云桑繭樗繭棘繭欒繭蕭繭，皆蠋類也。胡

蝶生卵，就火取溫，又成蠋。生於竈下者，就溫也。《埤雅》云：繭生蛾，蛾生卵。郭注《爾

蛾，疏謂蠶蛹所變，是也。胡蝶與蠶蠋之屬互相化。胥也者，謂互相化也。《博雅》：原蠶，其蛹蝭蚗。此云

鴝，蓋蚼之叚借字。

8.【疏】鴝掇，蟲名也。胥得熱氣，故作此蟲，狀如新脫皮毛，形容雅淨也。【釋文】「化而為蟲生於竈

下」司馬云：得熱氣而生也。「其狀若脫」它括反。司馬音悅，云：新出皮悅好也。◎慶藩案《集韻·十七》薛引

司馬云：蟲新出皮悅好貌。與《釋文》小異。「其名為鴝」其俱反。「掇」丁活反。

9.【疏】乾餘骨，鳥口中之沫，化為斯彌之蟲。

【釋文】「鴝掇千日為鳥其名為乾餘骨」乾，音干。「乾餘
骨之沫」音末。李云：口中汁也。「為斯彌」李云：蟲也。

10.【疏】酢甕中蠛蠓，亦為醯雞也。

【釋文】「斯彌為食」如字。司馬本作蝕。「醯」許兮反，李音海。斯彌為食
馬云：蝕醯，若酒上蠛蠓也。蠓，音無孔反。◎家世父曰：《列子·天瑞篇》斯彌為食醯，頤輅生
乎食醯，黃軦生乎九猷，九猷生乎瞀芮，瞀芮生乎腐蠸。是頤輅黃軦數者，皆食醯之類也。《方言》：蠓蝒，自關
以東謂之蠜蟥，梁益之閒謂之咯。輅當為咯；猷當為蟫。《漢書·王褒傳》蜉蝤出乎陰。皆群飛小蟲也。郭注《爾
雅》蠜蟥云：小蟲似蚋，喜亂飛。《荀子》醯酸而蚋聚焉，亦食醯之類也。此假言小蟲自相化。

11.【疏】軦亦蟲名。

【釋文】「頤」以之反。「輅生乎食醯」輅，音路，一音洛。「黃軦」音況，徐李休往
反。司馬云：頤輅黃軦，皆蟲名。「生乎九猷」音由。李云：九宜為久。久，老也。猷，蟲名也。◎盧文弨曰：案
《列子》作斯彌為食醯頤輅，食醯頤輅生乎黃軦，黃軦生乎九猷，九猷生乎瞀芮。

12.【疏】瞀芮，蟲名。腐蠸，螢火蟲也，亦言是粉鼠蟲。

【釋文】「瞀」莫豆反，又亡角反。
「芮」如銳反，徐如悅反。「生乎腐」音輔。「蠸」音權，郭音歡。司馬云：亦蟲名也。《爾雅》云：一名守爪，
一云蚠鼠也。

13.【疏】並草名也。　【釋文】「羊奚比」毗志反。「乎不蕚」息尹反。司馬云：羊奚，草名，根似蕪菁，與

久竹比合而為物，皆生於非類也。

14.【疏】羊奚比合於久竹而生青甯之蟲也。　【釋文】「久竹生青甯」司馬云：蟲名。◎盧文弨曰：殷敬順

云，《莊子》從羊奚至青甯連為一句。司馬之說固如是，郭本乃分之。《列子》甯作筍。

15.【疏】亦蟲名也。　【釋文】「青甯生程」李云：木蟲。

16.【疏】未詳所據。　【釋文】「程生馬馬生人」俗本多誤，故具錄之。

17.【注】此言一氣而萬形，有變化而無死生也。　【疏】機者發動，所謂造化也。造化者，無物也。人既從無

生有，又反入歸無也。豈唯在人，萬物皆爾。或無識變成有識，或有識變為無識，或無識變為無

識，千萬變化，未始有極也。而出入機變，謂之死生。既知變化無窮，寧復欣生惡死！體斯趣旨，謂之至樂也。◎

俞樾曰：又當作久，字之誤也。久者，老也。上文黃軦生乎九猷，《釋文》引李注曰：九宜為久。；久，老也。是其

義也。人久反入於機者，言人老復入於機也。《列子・天瑞篇》正作人久入於機。

外篇達生第十九 ₁

1.【釋文】以義名篇。

達生之情者，不務生之所无以為 ₁；達命之情者，不務知之所无奈何 ₂。養形必先之以物，物有餘而形不養者有之矣 ₃；有生必先无離形，形不離而生亡者有之矣 ₄。生之來不能卻，其去不能止 ₅。悲夫！世之人以為養形足以存生 ₆；而養形果不足以存生 ₇，則世奚足為哉 ₈！雖不足為而不可不為者，其為不免矣 ₉。

1.【注】生之所無以為者，分外物也。
【釋文】「達生」達，暢也，通也。《廣雅》云：生，出也。

2.【注】知之所無奈何者，命表事也。
【疏】夫人之生也，各有素分，形之妍醜，命之脩短，及貧富貴賤，愚智窮通，一豪已上，無非命也。故達於性命之士，性靈明照，終不貪於分外，為己事務也，一生命之所鍾者，皆智慮之所無奈之何也。

3.【注】知止其分，物稱其生，生斯足矣，有餘則傷。
【疏】物者，謂資貨衣食，旦夕所須。夫頤養身形，先須用物；而物有分限，不可無涯。故凡鄙之徒，積聚有餘而養衛不足者，世有之矣。
【釋文】「物稱」尺證反。

4.【注】守形大甚，故生亡也。
【疏】既有此浮生，而不能離形遺智，愛形大甚，亡失全生之道也。如此之類，世有之矣。
【釋文】「大甚」音泰。

5.【注】非我所制，則無為有懷於其閒。
【疏】生死去來，委之造物，妙達斯原，故無所惡。

6.【注】故彌養之而彌失之。　【疏】夫壽夭去來，非己所制。而世俗之人，不悟斯理，貪多資貨，厚養其身，妄謂足以存生，深可悲歎。

7.【注】養之彌厚，則死地彌至。　【疏】厚養其形，彌速其死，故決定不足以存生。

8.【注】莫若放而任之。　【疏】夫馳逐物境，本為資生。生既非養所存，故知世間物務，何足為也！

9.【注】性分各自為者，皆在至理中來，故不可免也，是以善養生者，從而任之。　【疏】分內之事，不可不為也。夫目見耳聽足行心知者，稟之性理，雖為無為，故不務免也。

【注】分外之事，不足為也。　【疏】分外之事，不足為也。

夫欲免為形者，莫如棄世。棄世則无累，无累則正平，正平則與彼更生，更生則幾矣。[1]事奚足棄而生奚足遺？棄事則形不勞，遺生則精不虧[2]。夫形全精復，與天為一[3]。天地者，萬物之父母也[4]，合則成體，散則成始[5]。形精不虧，是謂能移[6]；精而又精，反以相天[7]。

1.【注】更生者，日新之謂也。付之日新，則性命盡矣。　【疏】幾，盡也。更生，日新也。夫欲有為養形者，無過棄卻世間分外之事。棄世則無憂累，無憂累則合於正真平等之道，平正則冥於日新之變，故能盡道之玄妙。　【釋文】「則幾」徐其依反。

2.【注】所以遺棄之。　【疏】人世虛無，何足捐棄？生涯空幻，何足遺忘？故棄世事則形逸而不勞，遺生涯則神凝而不損也。

3.【注】俱不為也。　【疏】夫形全不擾，故能保完天命；精固不虧，所以復本還原；形神全固，故與玄天之德為一。

4.【注】無所偏為，故能子萬物。　【疏】夫二儀無心而生化萬物，故與天地合德者，群生之父母。

5.【注】所在皆成，無常處。　【疏】夫陰陽混合，則成體質，氣息離散，則反於未生之始。◎家世父曰：合者，息之機也，消之漸也；散則復反而歸其本，而機又於是息焉，故曰成始。終則有始，天行也，所以能移，不主故常以成其大常也。　【釋文】「常處」昌慮反。

6.【注】與化俱也。　【疏】移者，遷轉之謂也。夫不勞於形，不虧其精者，故能隨變任化而與物俱遷也。

7.【注】還輔其自然也。　【疏】相，助也。夫遺之又遺，乃曰精之又精，是以反本還元，輔於自然之道也。

【釋文】「相天」息亮反。

子列子問關尹曰：「至人潛行不窒1，蹈火不熱，行乎萬物之上而不慄2。請問何以至於此3？」

1.【注】其心虛，故能御群實。　【疏】古人稱師曰子，亦是有德之嘉名。具斯二義，故曰子列子，即列禦寇也。關尹，姓尹，名喜，字公度，為函谷關令，故曰關令尹真人；是老子弟子，懷道抱德，故禦寇詢之也。窒，塞也。夫至極聖人，和光匿燿，潛伏行世，混迹同塵，不為物境障礙，故等虛室，空而無塞。本亦作空字。　【釋文】「關尹」李云：關令尹喜也。「不窒」珍悉反。

2.【注】至適，故無不可耳，非物往可之。　【疏】冥於寒暑，故火不能災；一於高卑，故心不恐懼。　【釋文】「蹈火」徒報反。

3.【疏】總結前問意也。

關尹曰：「是純氣之守也，非知巧果敢之列1。居，予語女2！凡有貌象聲色者，皆物也，物與物何以相遠3？夫奚足以至乎先4？是色而已5。則物之造乎不形而止乎无所化6，夫得是而窮之者，物焉得而止焉！彼將處乎不淫之度7，而藏乎无端之紀8，遊乎萬物之所終始9，壹其性10，養其氣11，合其德12，以通乎物之所造13。夫若是者，其天守全，其神无郤，物奚自入焉14！

1.【疏】夫不為外物侵傷者，乃是保守純和之氣，養於恬淡之心而致之也，非關運役心智，分別巧詐，勇決果敢而得之。

2.【疏】命禦寇令復坐，我告女至言也。　【釋文】「非知」音智。「之列」音例。本或作例。

3.【疏】唯無心者獨遠耳。　【釋文】「予語」魚據反。「女」音汝。後同。

4.【注】同是形色之物耳，未足以相先也。　【釋文】「相遠」于萬反。

5.【注】常遊於極。　【疏】夫形貌聲色，可見聞者，皆為物也。而彼俱物，何足以遠，亦何足以先至乎？俱是聲色故也。唯當非色非聲，絕視絕聽者，故能超貌象之外，在萬物之先也。

6.【注】夫至極者，非物所制。　【疏】夫得造化之深根，自然之妙本，而窮理盡性者，世間萬物，何得止而控馭焉！故當獨往獨來，乘正御辯，於何待焉！　【釋文】「焉得」於虔反。

7.【注】止於所受之分。　【疏】夫不色不形，故能造形色者也；無變無化，故能變化於萬物者也。是以群有從造化而受形，任變化之妙本。

8.【注】冥然與變化日新。　【疏】彼之得道聖人，方將處心虛淡，其度量弘博，終不滯於世間。

9.【注】終始者，物之極。　【疏】大道無端無緒，不始不終，即用此混沌而為紀綱，故聖人藏心晦迹於恍惚之鄉也。

10.【注】飾則二矣。　【疏】率性而動，故不二也。

11.【注】不以心使之。　【疏】叶納虛夷，故愛養元氣。

12.【注】不以物離性。　【疏】抱一不離，故常與玄德冥合也。

13.【注】萬物皆造於自爾。　【疏】物之所造，自然也。既一性合德，與物相應，故能達至道之原，通自然之本。

14.【疏】是者，指斥以前聖人也。自，從也。若是者，其保守自然之道，全而不虧，其心神凝照，曾無間卻，故世俗事物，何從而入於靈府哉！　【釋文】「無卻」去逆反。

夫醉者之墜車，雖疾不死。骨節與人同而犯害與人異，其神全也，乘亦不知也，墜亦不知也，死生驚懼不入乎其胷中，是故遻物而不慴。彼得全於酒而猶若是²，而況得全於天乎³？聖人藏於天，故莫之能傷也⁴。復讎者不折鎮干⁵，雖有忮心者不怨飄瓦⁶，是以天下平均⁷。故无攻戰之亂，无殺戮之刑者，由此道也⁸。

1.【疏】自此已下，凡有三譬，以況聖人任獨無心。一者醉人，二者利劍，三者飄瓦，此則是初。夫醉人乘車，忽然顛墜，雖復困疾，必當不死。其謂心無緣慮，神照凝全，既而乘墜不知，死生不入，是故遻於外物而情無慴懼。【釋文】「之墜」字或作隊，同。直類反。後皆同。◎家世父曰：始守乎氣而終養乎神，道家所謂鍊氣歸神也。「乘亦」音繩。「遻」音悟，郭音愕。《爾雅》云：遻，忤也。郭注云：謂干觸。◎盧文弨曰：今本作遟。

2.【注】「不慴」之涉反，懼也。李郭音習。

3.【疏】彼之醉人，因於困酒，猶得暫時凝淡，不為物傷，而況德全聖人，冥於自然之道者乎！物莫之傷，故其宜矣。

4.【注】不闚性分之外，故曰藏。　【疏】夫聖人照等三光，智周萬物，藏光塞智於自然之境，故物莫之傷矣。

5.【注】夫干將鎮鄒，雖與讎為用，然報讎者不事折之，以其無心。　【疏】此第二喻也。干將鎮鄒，並古之良劍。雖用劍殺害，因以結讎，而報讎之人，終不瞋怒此劍而折之也，其為無心，故物莫之害也。　【釋文】「鎮」音莫。本亦作莫。「干」李云：鎮鄒干將，皆古之利劍名。《吳越春秋》云：吳王闔閭使干將造劍，劍有二狀，一曰干將，二曰鎮鄒。鎮鄒，干將妻名也。

6.【注】飄落之瓦，雖復中人，人莫之怨者，由其無情。　【疏】飄落之瓦，偶爾傷人，雖忮逆褊心之夫，終不怨恨，為瓦是無心之物。此第三喻也。　【釋文】「忮心」之豉反，郭、李音支。害也。《字書》云：很也。

「飄瓦」匹遙反，郭李云：落也。「雖復」扶又反。下章同。「中人」丁仲反。

7.【注】凡不平者，由有情。

8.【注】無情之道大矣。【疏】夫海內清平，遐荒靜息，野無攻戰之亂，朝無殺戮之刑者，蓋由此無為之道，無心聖人，故致之也。是知無心之義大矣。

不開人之天，而開天之天[1]，開天者德生[2]，開人者賊生[3]。不厭其天，不忽於人[4]，民幾乎以其真[5]！

1.【注】不慮而知，開天也；知而後感，開人也。然則開天者，性之動也；開人者，知之用也。【疏】郭注云：不慮而知，開天也；知而後感，開人也。然則開天者，性之動，開人者，知之用也。郭得之矣，無勞更釋。

2.【注】性動者，遇物而當足則忘餘，斯德生也。

3.【注】知用者，從感而求，勉而不已，斯賊生也。【疏】夫率性而動，動而常寂，故德生也。運智御世，為害極深，故賊生也。《老經》云，以智治國國之賊，不以智治國國之德也。

4.【注】任其天性而動，則人理亦目全矣。【疏】常用自然之性，不厭天者也；任智自照於物，斯不忽人者也。

5.【注】「不厭」李於豔反，徐於贍反。【釋文】「不厭」李於豔反，徐於贍反。也。【疏】夫民之所患，常在於知用，不在於性動也。因天任人，性動智用，既而人天無別，知用不殊，是以率土盡真，蒼生無偽者也。【釋文】「幾乎」音機，或音祈。

仲尼適楚，出於林中，見痀僂者承蜩，猶掇之也[1]。

1.【疏】痀僂，老人曲腰之貌。承蜩，取蟬也。掇，拾也。孔子聘楚，行出林籟之中，遇老公以竿承蟬，如俛拾地芥，一無遺也。【釋文】「痀」郭於禹反，李徐居具反，又其禹反。「僂」郭音縷，李徐良付反。「承」一本作美。◎慶藩案承讀為拯（《說文》作抍，拯，謂引取之也。《民》六二不拯其隨，虞翻曰：拯，取也。《釋文》拯作承（通志堂本改承為拯），云音拯救之拯。澳初八用拯馬壯吉，《釋文》：子夏作抍；抍，取也。《列文》拯作承（通志堂本改承為拯），云音拯救之拯。

子·黃帝篇》使弟子並流而承之，《釋文》承音拯，引《方言》出溺為承（今《方言》作拯）。宣十二年《左傳》曰，目於督井而拯之，《釋文》拯作承，云音拯。皆引取之義也。「蜩」音條，蟬也。「猶掇」丁活反，拾也。

仲尼曰：「子巧乎！有道邪？」

曰：「我有道也[1]。五六月累丸二而不墜，則失者錙銖[2]；累三而不墜，則失者十一[3]；累五而不墜，猶掇之也[4]。吾處身也，若厥株拘；吾執臂也，若槁木之枝[5]；雖天地之大，萬物之多，而唯蜩翼之知[6]。吾不反不側，不以萬物易蜩之翼，何為而不得[7]！」

1.【疏】怪其巧妙一至於斯，故問其方。答云有道也。

2.【注】累二丸於竿頭，是用手之停審也。故其承蜩，所失者不過錙銖之間也。初學承蜩，時經半歲，運手停審，故所失不多。◎慶藩案《列子釋文》引司馬云：謂累之於竿頭也，下同。司馬云：謂累丸於竿頭也。與《釋文》小異。【釋文】「五六月」司馬云：黏蟬時也。「累丸」劣彼反。「者錙」側其反。「銖」音殊。

3.【注】所失愈少。【疏】時節尤久，累丸增多，所承之蜩十失其一也。

4.【注】停審之至，故乃無所復失。【疏】累五丸於竿頭，一無墜落，停審之意，遂到於斯，是以承蜩蟬猶如俛拾。

5.【注】不動之至。【注】不動之至。斯言有道，不動之至，此之謂也。【疏】拘，謂斫殘枯樹枝也。執，用也。我安處身心，猶如枯樹，用臂執竿，若槁木之枝，凝寂停審，不動之至。【釋文】「若厥」本或作橛，同。其月反。「株」音誅。◎盧文弨曰：也字未刻，依宋本補。◎家世父曰：《列子·黃帝篇》作若橛株駒，注云：株駒，斷木也。《山海經·海內經》建木有九欘，下有九枸。郭璞注：欘，枝回曲也，枸，根盤錯也。《說文》：株，木根也。徐鉉曰：在土曰根，在土上曰株。株枸者，近根盤錯處；厥者，斷木為杙也。身若斷株，臂若槁木之枝，皆堅實不動之意。「若槁」苦老反。

拾芥，何為不得也！

7.【注】遺彼故得此。

【疏】反側，猶變動也。外息攀緣，內心凝靜，萬物雖眾，不奪蜩翼之知，是以事同

6.【疏】二儀極大，萬物甚多，而運智用心，唯在蜩翼，蜩翼之外，無他緣慮也。

孔子顧謂弟子曰：「用志不分，乃凝於神，其痀僂丈人之謂乎！」1

1.【疏】夫運心用志，凝靜不離，故累丸乘蜩，妙凝神鬼。而尼父勉勖門人，故云痀僂丈人之謂也。【釋文】「不分」如字。◎俞樾曰：凝當作疑。下文梓慶削木為鐻，鐻成，見者驚猶鬼神，即此所謂乃疑於神也。《列子·黃帝篇》正作疑，張湛注曰：意專則與神相似者也。可據以訂正。

顏淵問仲尼曰：「吾嘗濟乎觴深之淵，津人操舟若神1。吾問焉，曰：『操舟可學邪？』曰：『可。善游者數能2。若乃夫沒人，則未嘗見舟而便操之也3。』吾問焉而不吾告，敢問何謂也？」

1.【疏】觴深，淵名也。其狀似桮，因以為名，在宋國也。津人，謂津濟之人也。操，捉也。顏回嘗經行李，濟渡斯淵，而津人操舟，甚有方便，其使辟機巧，妙若神鬼，顏回怪之，故問夫子。【釋文】「操舟」七曹反。操，捉也。

2.【注】言物雖稟有性，亦須數習而後能耳。【釋文】「數能」音朔。注、下同。【疏】顏回問：「可學否？」答曰：「好游涉者，數習則能。」

3.【注】沒人，謂能鶩沒於水底。【疏】注云，謂鶩沒水底。鶩，鴨子也。謂津人便水，沒入水下，猶如鴨鳥沒水，因而捉舟。【釋文】「鶩」音木，鴨也。

仲尼曰：「善游者數能，忘水也1。若乃夫沒人之未嘗見舟而便操之

也，彼視淵若陵，視舟之覆猶其車卻也[2]。覆卻萬方陳乎前而不得入其舍[3]，惡往而不暇[4]！以瓦注者巧，以鉤注者憚，以黃金注者殙[5]。其巧一也，而有所矜，則重外也。凡外重者內拙[6]。」

1.【注】習以成性，遂若自然。　【疏】好游於水，數習故能，心無忌憚，忘水者也。

2.【注】視淵若陵，故視舟之覆於淵，猶車之卻退於阪也。　【疏】好水數游，習以成性，遂使顧視淵潭，猶如陵陸，假令舟之顛覆，亦如車之卻退於阪。　【釋文】「之覆」芳服反。注，下同。「猶其車卻也」元嘉本無車字。

3.【注】覆卻雖多而猶不以經懷，以其性便故也。　【疏】舍，猶心中也。隨舟進退，方便萬端，陳在目前，方陳乎前而不得入其舍，謂萬物並陳乎前也。◎俞樾曰：萬下脫物字。此本以覆卻萬物為句，方陳乎前而不得入其舍為句。方者，並也。方之本義為兩舟相並，故方有並義。《荀子·致仕篇》莫不明通方起以尚盡矣，楊倞曰：方起，並起。《漢書·楊雄傳》雖方征僑與偓佺兮，師古注曰：方，謂並行也。皆其證也。方陳乎前，謂萬物並陳乎前也。今上句脫物字，而以方字屬上讀，則所謂陳前者，果何指歟？郭注曰：覆卻雖多，而猶不以經懷，是其所據本有物字。蓋正文是萬物，故以多言，若如今本作萬方，當以廣大言，不當以多言也。《列子·黃帝篇》正作覆卻萬物方陳乎前而不得入其舍，可據以訂正。

4.【注】所遇皆閒暇也。　【疏】率性操舟，任真游水，心無矜係，何往不閒！豈唯操舟，學道亦爾，但能忘遣，即是達生。　【釋文】「惡往」音烏。「閒暇」音閑。

5.【注】所要愈重，則其心愈矜也。　【疏】注，射也。用瓦器賤物而戲賭射者，故心無矜惜，故巧而中也。用鉤帶賭者，以其物稍貴，恐不中垛，故心生怖懼而不著也。用黃金賭者，既是極貴之物，矜而惜之，故心智昏亂而不中也。是以矜之則拙，忘之則巧，勗諸學者，幸志之焉。　【釋文】「瓦注」之樹反。李云：擊也。「憚」徒丹反，又音丹。忌惡也。一曰難也。「殙」武典反，又音丹，又丈旦反。忌惡也。「殙」武典反，又音昏，又音門。本亦作殙。《說文》云：殙，瞀也。元嘉本作昏。◎盧文弨曰：今本殙作殙，舊督也作矜也，訛。今據本書改正。◎慶藩案殙，速也。《說文》殙，速也。又《呂覽·去尤篇》以黃金投者殙。殙，疑也（見襄四年《公羊傳》注），訛，亦迷

惑之意。黃金投者之投不別見。《呂覽》高注亦云無考。《列子·黃帝篇》以瓦摳者巧，《淮南·說林訓》以金鉤者跂，並襲《莊子》而不作投字。「所要」一遙反。

6.【注】夫欲養生全內者，其唯無所矜重也。

【疏】夫射者之心，巧拙無二，為重於外物，故心有所矜，只為貴重黃金，故內心昏拙，豈唯在射，萬事亦然。

田開之見周威公。威公曰：「吾聞祝腎學生[1]，吾子與祝腎游，亦何聞焉[2]？」

田開之曰：「開之操拔篲以侍門庭，亦何聞於夫子[3]！」

1.【注】學生者務中適。【釋文】「田開之」李云：開之，其名也。「周威公」崔本作周威公竈。◎俞樾曰：《史記·周本紀》考王封其弟於河南，是為桓公。桓公卒，子威公代立。此周威公殆即其人乎？《索隱》：按《系本》，西周桓公名揭，威公之子；東周惠公名班，而威公之名不傳。崔本可補史闕。「祝腎」上之六反，下市軫反。字又作緊，音同。本或作賢。「學生」司馬云：學養生之道也。「務中」丁仲反。下章注中適同。

2.【疏】姓田，名開之，學道之人。姓祝，名腎，懷道者也。周公之胤，莫顯其名，食采於周，諡曰威也。素聞祝腎學養生之道，開之既從游學，未知何所聞乎？有此咨疑，庶稟其術。【釋文】「吾子與祝腎游」司馬本以吾子屬上句，更云子與祝腎游。

3.【疏】開之謂祝腎為夫子。拔篲，掃帚也。言我操提掃帚，參侍門戶，灑掃庭前而已，亦何敢輒問先生之道乎！古人事師，皆擁篲以充役也。【釋文】「操」七曹反。「拔」蒲末反，徐甫末反。李云：把也。「篲」似歲反，徐以醉反，郭予稅反，李尋恙反，信醉反，或蘇忽反。帚也。◎盧文弨曰：信醉上脫又字。「亦何聞於夫子」絕句。

威公曰：「田子无讓，寡人願聞之[1]。」

開之曰：「聞之夫子曰：『善養生者，若牧羊然，視其後者而鞭之[1]。』」

也；視其羸瘦在後者，匡著牢中養之也。◎家世父曰：崔說非也。鞭其後，則前者于于然行矣。注視其後而前者不勞也，謹持其終者也。郭象注鞭其後者去其不及，亦誤。

1. 【疏】讓，猶謙也。養生之道，寡人願聞，幸請指陳，不勞謙遜。

2. 【疏】我承祝腎之說，養生譬之牧羊，鞭其後者，令其折中。【釋文】「而鞭」如字。崔本作趣，云：匡著牢中養之也。◎家世父曰：崔說非也。鞭其後，則前者于于然行矣。注視其後而前者不勞也。

威公曰：「何謂也１？」

田開之曰：「魯有單豹者，巖居而水飲，不與民共利，行年七十而猶有嬰兒之色；不幸遇餓虎，餓虎殺而食之２。有張毅者，高門縣薄，无不走也，行年四十而有內熱之病以死３。豹養其內而虎食其外，毅養其外而病攻其內，此二子者，皆不鞭其後者也４。」

1. 【疏】未悟田開之言，故更發疑問。

2. 【疏】姓單名豹，魯之隱者也。巖居飲水，不爭名利，雖復年齒長老而形色不衰，久處山林，忽遭餓虎所食。【釋文】「單豹」音善。李云：單豹，隱人姓名也。

3. 【疏】姓張名毅，亦魯人也。高門，富貴之家也。縣薄，垂簾也。言張毅是流俗之人，追奔世利，高門甲第，朱戶垂簾，莫不馳驟參謁，趨走慶弔，形勞神弱，困而不休，於是內熱發背而死。【釋文】「縣」音玄。◎俞樾曰：無不走也，走，往也。《文選‧幽通賦》李注引《呂覽‧必已篇》曰，張毅好恭，門閭帷薄聚居眾無不趨，高注曰：過之必趨。《淮南‧人間篇》曰，張毅好恭，過宮室廊廟必趨，見門閭聚眾必下，廝徒馬圉，皆與抗禮，然不終其壽，內熱而死。其義更明。《莊子》文不備，故學者莫得其解。

「薄」司馬云：簾也。「無不走也」司馬云：走，至也；言無不至門奉富貴也。走乃趣之壞字。走，往也。李云：走，至也，言無不至門奉富貴也，亦殊迂曲。走乃趣之壞字。字正作趣，但衍義字耳。

4. 【注】夫守一方之事至於過理者，不及於會通之適也。鞭其後者，去其不及也。

【疏】單豹寡欲清虛，養其內德而虎食其外。張毅交游世貴，養其形骸而病攻其內以死。此二子各滯一邊，未為折中，故並不鞭其後也。

【釋文】「去其」起呂反。

仲尼曰：「无入而藏[1]，无出而陽[2]，柴立其中央[3]。三者若得，其名必極[4]。夫畏塗者，十殺一人，則父子兄弟相戒也，必盛卒徒而後敢出焉，不亦知乎[5]！人之所取畏者，衽席之上，飲食之間；而不知為之戒者，過也[6]。」

[1]【注】藏既內矣，而又入之，此過於入也。　【疏】注云：入既入矣，而又藏之。偏滯於處，此單豹也。

[2]【注】陽既外矣，而又出之，是過於出也。　【疏】陽，顯也。出既出矣，而又顯之。偏滯於出，此張毅也。

[3]【注】名極而實當也。　【疏】柴，木也。不滯於出，不滯於處，出處雙遣，如槁木之無情，妙捨二邊，而獨立於一中之道。得此三者名為證至極之人也。

[4]【注】若槁木之無心而中適，是立也。　【疏】夫因名詮理，從理生名。若得已前三句語意者，則理窮而名極者也。亦言：

[5]【疏】塗，道路也。夫路有劫賊，險難可畏，十人同行，一人被殺，則親情相戒，不敢輕行，彊盛卒伍，多結徒伴，斟量平安，然後敢去。豈不知全身遠害乎！　【釋文】「畏塗」司馬云：阻險道可畏懼者也。「卒徒」子忽反。「亦知」音智。

[6]【注】十殺一耳，便大畏之：至於色欲之害，動皆之死地而莫不冒之，斯過之甚也。　【疏】衽，衣服也。況飲食之間，衽席之上，恣其淫蕩，動之死地，萬無一全。舉世皆然，深為罪過。　【釋文】「衽」而甚反，徐而鴆反。李云：臥衣也。鄭注《禮記》云：臥席也。「動皆之死地」一本無地字。「不冒」音墨。

祝宗人元端以臨牢筴，說彘[1]曰：「汝奚惡死？吾將三月豢汝，十日

戒，三日齊，藉白茅，加汝肩尻乎彫俎之上，則汝為之乎[2]？」為犧謀，不如食以糠糟而錯之牢筴之中，自為謀，則苟生有軒冕之尊，死得於腞楯之上、聚僂之中則為之。為犧謀則去之，自為謀則取之，所異犧者何也？[3]

1.【疏】祝，祝史也，如今太宰六祝官也。元端，衣冠。筴，圈也。犧，豬也。夫饗祭宗廟，必有祝史，具於元端冠服，執版而祭鬼神。未祭之間，臨圈說犧。說犧之文，在於下也。　【釋文】「牢筴」初革反。李云：牢，豕室也。筴，木欄也。「說」如字，又始銳反。「犧」直例反。本亦作豕。

2.【疏】犧，養也。俎，盛肉器也。謂彫飾之俎也。說犧曰：「汝何須好生而惡死乎？我將養汝以好食，齊戒以潔清，藉神坐以白茅，置汝身於俎上，如此相待，豈不欲為之乎？」　【釋文】「惡死」烏路反。「犧」音羲。司馬云：養也。本亦作犧。「俎」側皆反。後章同。「藉」在夜反，又在亦反。「尻」苦羔反。「彫俎」莊呂反。畫飾之俎也。

3.【注】欲贍則身亡，理常俱耳，不聞人獸也。　【疏】措，置也。腞，畫飾也；楯，筴車也；謂畫輴車也。聚僂，棺槨也。為犧謀者，不如置之圈內，食之糟糠，不用白茅，無勞彫俎；自為謀，則苟且生時有乘軒戴冕楯車，尊，死則置於棺中，載於楯車之上，則欲得為之。為犧謀則去白茅彫俎，自為謀則取於軒冕楯車，而異犧者何也？此蓋顛倒愚癡，非達生之性也。　【釋文】「為犧」于偽反。下自為、為犧同。「食以」音嗣。「糠」音康。「糟」音遭。「錯之」七故反，置也。又如字。本又作措。　【釋文】「腞」音直轉反，又篆。「楯」食準反，徐敕荀反，李敕準反。司馬云：腞，猶篆也；楯，猶案也。一云：聚僂，器名也，今冢壙中注為之。「聚僂」力主反；僂當作蔞，謂殯於菆塗蔞翣之中。一云：聚僂，器名也。一云：聚僂，器名也，今冢壙中注為之。◎王念孫曰：《釋文》引司馬云，腞猶篆也，楯猶案也。案腞讀為輇，楯讀為輴，皆謂載柩車也。《檀弓》：「輴讀為輇（《釋文》：輇，市專反，又市轉反）。《周禮》謂之蜃車，《雜記》謂之團，或作輇，或作槫，聲讀皆相附耳。其車之轝狀如床，中央有轅，前後出，設前後輅，以輇為輪，有輻曰輪，無輻曰輇，輇、輴、槫、團，並字異而義同」，此作腞，義亦同也。楯讀為輴，亦謂載柩車也。《檀

弓）曰：天子之殯也，莍塗龍輴以椁。又曰：天子龍輴而椁幬，諸侯輴而設幬。〈喪大記〉曰：君殯用輴，鄭注曰：天子之殯，居棺以龍輴，大夫廢輴。〈士喪禮下篇〉注曰：輴，狀如長床，穿桯，前後著金而關軸焉，大夫諸侯以上有四周，謂之輴（此謂朝廟時所用）。輴與椁，古字通。〈雜記〉注曰：載柩以椁，是其證也。聚僂，謂柩車飾也。眾飾所聚，故言僂也。〈雜記〉注曰：將葬，載柩之車飾曰柳。《周官》縫人，衣翣柳之材，注曰：柳之言聚，諸飾之所聚。劉熙《釋名》曰：輿棺之車，其蓋曰柳。柳，聚也，眾飾所聚，亦其形僂也。《檀弓》曰：設蔞翣。《荀子·禮論篇》曰：無帾絲歶縷，翣其貌以象菲帷幬尉也。柳，蔞，縷，僂，並字異而義同。《呂氏春秋·節喪篇》僂翣以督之。其字亦作僂。《釋文》所引或說，以僂為蔞翣字，是也。餘說皆失之。◎家世父曰：《釋文》引司馬云，膝，猶篆也，楯，猶案也，聚僂，器名也，今冢壙中注為之。疑楯與輴同，〈喪大記〉所謂葬用輴者是也。聚僂，曲簿也，《荀子》謂之簿器，〈喪大記〉所謂熬，君八筐，膝楯，大夫六筐，士四筐是也。輴者，所以載柩，故曰膝楯之上；筐篚納之椁內棺外，故曰聚僂之中；皆大夫以上飾葬之具也。

桓公田於澤，管仲御，見鬼焉。公撫管仲之手曰：「仲父何見？」對曰：「臣无所見。」[1]

[1]【疏】公，即桓公小白也。敗獵於野澤之下，而使管夷吾御車。公因見鬼，心有所怖懼，執管之手問之。答曰：「臣無所見。」此章明凡百病患，多因妄係而成。

公反，誒詒為病，數日不出[1]。齊士有皇子告敖者曰：「公則自傷，鬼惡能傷公[2]！夫忿滀之氣，散而不反，則為不足[3]；上而不下，則使人善怒；下而不上，則使人善忘；不上不下，中身當心，則為病[4]。」

[1]【疏】誒詒，是懈怠之容，亦是煩悶之貌。既見鬼，憂惶而歸，遂成病患，所以不出。【釋文】[去反]

一本作公反。◎盧文弨曰：今本作公反。「誒」於代反，郭音熙。《說文》云：可惡之辭也。李呼該反，一音哀。「詒」吐代反，李音怡，郭音怡。李音臺。司馬云：懈倦貌。李云：誒詒，失魂魄也。「數日」所主反。司馬本作數月。

2.【疏】姓皇子，字告敖，齊之賢人也。既聞公有病，來問之。「公妄係在心，自遭傷病，而能傷公！」欲以正理遣其邪病也。【釋文】「皇子告敖」如字。司馬云：皇，姓；告敖，字；齊之賢士也。◎俞樾曰：《廣韻·六止》子字注：複姓十一氏，《莊子》有皇子告敖。則以皇子為複姓。《列子·湯問篇》末載錕鋙劍火浣布事，云皇子以為無此物，殆即其人也。「鬼惡」音烏。

3.【疏】夫人忿怒則滀聚邪氣，於是精魂離散，不歸於身，則心虛弊犯神，道不足也。【釋文】「忿」拂粉反，李房粉反。「滀」救六反。「之氣散而不反則為不足」李云：忿，滿也。滀，結聚也。精神有逆，則陰陽結於內，魂魄散於外，故曰不足。

4.【疏】夫邪氣上而不下，則上攻於頭，令人心中怖懼，鬱而好怒；下而不上，陽伏陰散，精神恍惚，故好忘也。夫心者，五藏之主，神靈之宅，故氣當身心則為病。【釋文】「上」時掌反。下同。「而不下則使人善怒下而不上則使人善忘」亡尚反。李云：陽散陰凝，故怒；陰發陽伏，故忘也。「不上不下中」丁仲反。「身當心則為病」李云：上下不和，則陰陽爭而攻心。心，精神主，故病也。

桓公曰：「然則有鬼乎？」曰「有[1]。沉有履，竈有髻[2]。戶內之煩壤，雷霆處之[3]；西北方之下者，倍阿鮭蠪躍之[4]；東北方之下者，則洗陽處之[5]。水有罔象[6]，丘有峷[7]，山有夔[8]，野有彷徨，澤有委蛇[9]。」

1.【疏】公問所由，答言有鬼。

2.【疏】沉者，水下泥之中，有鬼曰履。竈神，其狀如美女，著赤衣，名髻也。◎俞樾曰：司馬云：沉，水汙泥也。則當與水有罔象等句相次，不當與竈有髻相次也。沉當為燂。燂從甚聲，沉從尤聲，兩音相近。《詩·蕩篇》其命匪諶，《說文·心部》引作天命匪諶【釋文】「沉有履」司馬本作沉有漏，二云：沉水汙泥也。漏，神名。

忱；〈常棣篇〉和樂且湛，〈禮記‧中庸篇〉引作和樂且耽；並其證也。煁之通作沉，諶之通作耽矣。〈白華篇〉卬烘於煁，《毛傳》曰：煁，竈也。是煁竈同類，故以煁有履竈有髻並言之耳。鄭禪諶字竈，諶即煁之叚字；；《漢書‧古今人表》作神湛，湛亦煁之叚字。李善注《文選》鄒陽〈上吳王書〉曰：湛，今沉字；又注〈答賓戲〉曰：湛，古沉字。然則以沉為煁，即以湛為煁也。「竈有髻」音結，徐胡節反，郭音詰。司馬云：髻，竈神，著赤衣，狀如美女。◎慶藩案《史記孝武本紀索隱》引司馬，髻作浩，云：浩，灶神也，如美女，衣赤。

3.【疏】門戶內糞壤之中，其間有鬼，名曰雷霆。【釋文】「霆」音庭，又音挺，又徒侫反。

4.【疏】人宅中東北牆下有鬼，名倍阿鮭蠪，躍狀如小兒，長一尺四寸，黑衣赤幘，帶劍持戈。【釋文】「倍」音裴，徐扶來反。「阿鮭」本亦作蛙，戶媧反，徐胡佳反。「蠪」音龍，又音聾。「躍之」司馬云：倍阿，神名也。「鮭蠪」，狀如小兒，長一尺四寸，黑衣赤幘大冠，帶劍持戈。

5.【疏】豹頭馬尾，名曰泆陽。【釋文】「泆陽」音逸。司馬云：泆陽，豹頭馬尾，一作狗頭。一云：神名也。

6.【疏】注云，狀如小兒，黑色，赤衣，大耳，長臂，名曰罔象。【釋文】「罔象」如字。司馬本作無傷，云：狀如小兒，赤黑色，赤爪，大耳，長臂。一云：水神名。

7.【疏】其狀如狗，有角，身有文彩。【釋文】「峷」本又作莘。所巾反，又音臻。司馬云：狀如狗，有角，文身五采。

8.【疏】大如牛，狀如鼓，一足行也。

9.【疏】其狀如蛇，兩頭，五采。【釋文】「方」音傍。本亦作彷，同。「皇」本亦作徨，同。司馬云：方皇，狀如蛇，兩頭，五采文。◎盧文弨曰：今本作彷徨。

公曰：「請問，委蛇之狀何如[1]？」

皇子曰：「委蛇，其大如轂，其長如轅，紫衣而朱冠。其為物也，惡聞雷車之聲，則捧其首而立。見之者殆乎霸。」

桓公輒然而笑曰：「此寡人之所見者也²。」於是正衣冠與之坐，不終日而不知病之去也³。

1.【疏】桓公見鬼，本在澤中，既聞委蛇，故問其狀。　【釋文】「委」於危反，又如字。

2.【疏】輒，喜笑貌也。殆，近也。若見委蛇，近為霸主。桓公聞說，大笑歡云：「我所見正是此也。」
【釋文】「朱冠」司馬本作俞冠，云：俞國之冠也，其制似螺。「惡聞雷」烏路反。「捧」芳勇反。「其首」司馬本同。一本作手。「輒」敕引反，徐敕一反，又敕私反。司馬云：笑貌。李云：大笑貌。

3.【注】此章言憂來而累生者，不明也；患去而性得者，達理也。　【疏】聞說委蛇，情中暢適，於是整衣冠，共語論，不終日而情抱豁然，不知疾病從何而去也。

紀渻子為王養鬭雞¹。

1.【疏】姓紀，名渻子，亦作消字，隨字讀之。為齊王養雞，擬鬭也。此章明不必稟生知自然之理，亦有積習以成性者。　【釋文】「紀渻」所景反。人姓名也。一本作消。「為」于偽反。「王」司馬云：齊王也。◎俞樾曰：《列子·黃帝篇》亦載此事，云紀渻子為周宣王養鬭雞，則非齊王也。

十日而問：「雞已乎?」曰：「未也，方虛憍而恃氣¹。」

1.【疏】養經十日，堪鬭乎?答曰：「始性驕矜，自恃意氣，故未堪也。」　【釋文】「虛憍」居喬反，又巨消反。李云：高也。司馬云：高仰頭也。

十日又問，曰：「未也。猶應嚮景¹。」

1.【疏】見聞他雞，猶相應和若形聲影響也。　【釋文】「猶應」應對之應。下同。「嚮」許丈反。本亦作

響。「景」於領反，又如字。李云…應響鳴，顧景行。

十日又問，曰：「未也。猶疾視而盛氣[1]。」

1.【疏】顧視速疾，意氣強盛，心神尚動，故未堪也。

十日又問，曰：「幾矣。雞雖有鳴者，已无變矣[1]，望之似木雞矣，其德全矣，異雞无敢應者，反走矣[2]。」

1.【疏】幾，盡也。都不驕矜，心神安定，雞雖有鳴，已無變慴。養雞之妙，理盡於斯。

2.【注】此章言養之以至於全者，猶無敵於外，況自全乎！

【疏】神識安閒，形容審定，遙望之者，其猶木雞，不動不驚，其德全具，他人之雞，見之反走，天下無敵，誰敢應乎！

孔子觀於呂梁，縣水三十仞，流沫四十里，黿鼉魚鼈之所不能游也[1]。見一丈夫游之，以為有苦而欲死也，使弟子並流而拯之。[2]數百步而出，被髮行歌而游於塘下[3]。

1.【疏】呂梁，水名。解者不同，或言是西河離石有黃河縣絕之處，名呂梁也；或言蒲州二百里有龍門，河水所經，瀑布而下，亦名呂梁；或言宋國彭城縣之呂梁。八尺曰仞，計高二十四丈而縣下也。今者此水，縣注名高，蓋是寓言，談過其實耳。黿者，似鼈而形大；鼈者，類魚而有腳。此水瀑布既高，流波峻駛，遂使激湍騰沫四十里，至於水族，尚不能游，況在陸生，如何可涉！

【釋文】「呂梁」司馬云：河水有石絕處也。今西河離石西有此縣絕，世謂之黃梁。《淮南》子曰：古者龍門未鑿，河出孟門之上也。◎慶藩案《太平御覽·一百八十三》引《郡國志》轉引司馬云…呂梁即龍門也。不若《釋文》之詳。「縣水」音玄。「三十仞」音刃，七尺曰仞。「流

沫〕音末。「黿」音元。「鼉」徒多反，或音檀。「鱉」，必滅反。

〔釋文〕「有苦」

2.〔疏〕激湍沸涌，非人所能游，忽見丈夫，謂之遭溺而困苦，故命弟子隨流而拯接之。

〔釋文〕「黿」字又作鱉，必滅反。

〔釋文〕「數百」所主反。

如字。司馬云：病也。「拯之」拯救之拯。

3.〔疏〕塘，岸也。「拯之」拯救之拯。

〔疏〕既安於水，故散髮而行歌，自得逍遙，邀遊岸下。〔釋文〕「被髮」

皮寄反。「行歌」司馬本作行道。道，常行之道也。「被髮」

〔疏〕丈夫既不憚流波，行歌自若，尼父怪其如此，從而問之：「我謂汝為鬼神，審觀察乃人也。汝能履深

水，頗有道術不乎？」

1.〔疏〕丈夫既不憚流波，行歌自若，尼父怪其如此，從而問之：「我謂汝為鬼神，審觀察乃人也。汝能履深水，頗有道術不乎？」

孔子從而問焉，曰：「吾以子為鬼，察子則人也。請問，蹈水有道乎1？」

曰：「亡，吾无道1。吾始乎故，長乎性，成乎命2。與齊俱入，與汨偕出3，從水之道而不為私焉4。此吾所以蹈之也5。」

1.〔疏〕答云：「我更無道術，直是久游則巧，習以性成耳。」

2.〔疏〕「我初始生於陵陸，遂與陵為故舊也。長大游於水中，習而成性也。既習水成性，心無懼憚，恣情放任，遂同自然天命也。」

3.〔注〕磨翁而旋入者，齊也；回伏而涌出者，汨也。

〔釋文〕「長乎」丁丈反。下同。

〔疏〕湍沸旋入，如磑心之轉者，齊也；回復騰漫而反出者，汨也。既與水相宜，事符天命，故出入齊汨，曾不介懷。郭注云磨翁而入者，關東人喚磑為磨，磨翁而旋出者，齊也。郭云：磨翁而旋入者，齊也。◎慶藩案齊，物之中央也。〔呂刑〕天齊於民，馬注：齊，中也。《管子·正世篇》治莫貴於得齊，謂得中也（王念孫曰：人臍居腹之中，故謂之臍。臍者齊也）。《漢書·郊祀志》齊所以為齊，以天齊也，蘇林注：當天中央齊也。與司馬訓為

回水如磨之義正同。「與汨」胡忽反。司馬云：涌波也。郭云：回伏而涌出者，汨也。

4.【注】任水而不任己。【疏】隨順於水，委質從流，不使私情輒懷違拒。從水尚爾，何況唯道是從乎！

5.【疏】更無道術，理盡於斯。

孔子曰：「何謂始乎故，長乎性，成乎命1？」

曰：「吾生於陵而安於陵，故也；長於水而安於水，性也；不知吾所以然而然，命也2。」

1.【疏】未開斯旨，請重釋之。

2.【注】此章言人有偏能，得其所能而任之，則天下無難矣。用夫無難以涉乎生生之道，何往而不通也！

【疏】此之三義，並釋於前，無勞重解也。

梓慶削木為鐻，鐻成，見者驚猶鬼神1。魯侯見而問焉，曰：「子何術以為焉2？」

1.【注】不似人所作也。

【疏】姓梓，名慶，魯大匠也。亦云：梓者，官號；鐻者，樂器似夾鍾。亦言：鐻似虎形，刻木為之。彫削巧妙，不類人工，見者驚疑，謂鬼神所作也。【釋文】「梓」音子。「慶」李云：魯大匠也。梓，官名；慶，其名也。◎俞樾曰：《春秋》襄四年《左傳》匠慶謂季文子，杜注：匠慶，魯大匠。即此梓慶。「鐻」音據。司馬云：樂器也，似夾鍾。

2.【疏】魯侯見其神妙，怪而問之：「汝何道術為此鐻焉？」

對曰：「臣工人，何術之有！雖然，有一焉。臣將為鐻，未嘗敢以耗氣也，必齊以靜心。1齊三日，而不敢懷慶賞爵祿2；齊五日，不敢懷非譽巧

拙[3]；齊七日，輒然忘吾有四枝形體也。當是時也，无公朝[4]，其巧專而外骨消[5]；然後入山林，觀天性；形軀至矣，然後成見鐻，然後加手焉；不然則已[6]。則以天合天[7]，器之所以疑神者，其是與[8]！」

1.【疏】梓答云：「臣是工巧材人，有何藝術！雖復如是，亦有一法焉。臣欲為鐻之時，未嘗輒有攀緣，損耗神氣，必齊戒清潔以靜心靈也。」【釋文】「耗」呼報反。司馬云：損也。◎盧文弨曰：今本作耗，非。「氣」李云：氣耗則心動，心動則神不專也。

2.【疏】心迹既齊，凡經三日，至於慶弔賞罰，官爵利祿，如斯之事，並不入於情田。

3.【疏】齊日既多，心靈漸靜，故能非譽雙遣，巧拙兩忘。【釋文】「非譽」音餘。

4.【注】視公朝若無，則跂慕之心絕矣。【疏】輒然，不敢動貌也。齊潔既久，情義清虛，於是百體四肢，一時忘遣，輒然不動，均於枯木。既無意於公私，豈有懷於朝廷哉！【釋文】「輒然」丁協反。輒然，不動貌。

5.【注】「無公朝」直遙反。注同。【疏】性外之事去也。

6.【注】必取材中者也。【疏】外事既除，內心虛靜，於是入山林觀看天性好木，形容軀貌至精妙，而成事。

7.【注】不離其自然也。【疏】機變雖加人工，木性常因自然，故以合天也。

8.【注】盡因物之妙，故乃疑是鬼神所作也。【疏】所以鐻之微妙疑似鬼神者，只是因於天性，順其自然，故得如此。此章明順理則巧若神鬼，性乖則心勞而自拙也。

　東野稷以御見莊公，進退中繩，左右旋中規。莊公以為文弗過也[1]，使之鉤百而反[2]。

1.【疏】姓東野，名稷，古之善御人也，以御事魯莊公。左右旋轉，合規之圓，進退抑揚，中繩之直，莊公以為組繡織文，不能過此之妙也。【釋文】「東野稷」李云：東野，姓；稷，名也。司馬云：孫卿作東野畢。「以御見」賢遍反。下同。「莊公」李云：魯莊公也。或云：〈內篇〉曰，顏闔將傅衛靈公太子，問於蘧伯玉，則不與魯莊同時，當是衛莊公。◎俞樾曰：《荀子・哀公篇》載此事，莊公作定公，顏闔作顏淵，則為魯定公矣。「中繩」丁仲反。下同。「文弗過也」司馬云：謂過織組之文也。

2.【疏】任馬旋回，如鉤之曲，百度反之，皆復其迹。【釋文】「使之鉤百而反」司馬云：稷自矜其能，圓而驅之，如鉤復迹，百反而不知止。

顏闔遇之，入見曰：「稷之馬將敗。」公密而不應[1]。少焉，果敗而反。公曰：「子何以知之[2]？」曰：「其馬力竭矣，而猶求焉，故曰敗[3]。」

1.【疏】姓顏，名闔，魯之賢人也，入見。莊公初不信，故密不應焉。【釋文】「顏闔」戶臘反。元嘉本作盧。崔同。

2.【疏】少時之頃，馬困而敗。公問顏生，何以知此？

3.【注】斯明至當之不可過也。【疏】答：「馬力竭盡，而求其過分之能，故知必敗也。」非唯車馬，萬物皆然。

工倕旋而蓋規矩，指與物化而不以心稽[1]，故其靈臺一而不桎[2]。忘足，屨之適也；忘要，帶之適也[3]；知忘是非，心之適也[4]；不內變，不外從，事會之適也[5]。始乎適而未嘗不適者，忘適之適也[6]。

1.【疏】旋，規也。規，圓也。稽，留也。倕是堯時工人，稟性極巧；蓋用規矩，手隨物化，因物施巧，不稽

留也。

【釋文】「工倕」音垂，又音睡。「旋而蓋矩指與物化而不以心稽」音雞。司馬本矩作矩，云：工倕，堯工巧人也。「旋」，圓也。「倕」，句也。倕工巧任規，以見為圓，覆蓋其句指，不以施度也。是與物化之，不以心稽留也。

2. 【注】雖工倕之巧，猶任規矩，此言因物之易也。 【釋文】「之易」以豉反。

3. 【注】百體皆適，則都忘其身也。 【釋文】「不桎」之實反。司馬云：閡也。

4. 【注】是非生於不適耳。 【釋文】「足屨」九住反。「要帶」一遙反。 【疏】夫有履有帶，本為足為要；今既忘足忘要，履帶理當閒適。亦猶心懷憂戚，為有是非；今則知忘是非，故心常適樂也。

5. 【注】所遇而安，故無所變從也。 【疏】外智凝寂，內心不移，物境虛空，外不從事，乃契會真道，所在常適。

6. 【注】識適者猶未適也。 【疏】始，本也。夫體道虛忘，本性常適，非由感物而後歡娛，則有時不適，本性常適，故無往不歡也。斯乃忘適之適，非有心適。

有孫休者[1]，踵門而詫子扁慶子曰：「休居鄉不見謂不脩，臨難不見謂不勇；然而田原不遇歲，事君不遇世，賓於鄉里，逐於州部，則胡罪乎天哉？休惡遇此命也[2]？」

1. 【疏】姓孫，名休，魯人也。

2. 【疏】踵，頻也。詫，告也。歡也。不能述道而怨迍邅，頻來至門而歡也。姓扁，名子慶，魯之賢人，孫休之師也。孫休俗人，不達天命，頻詣門而言之：「我居鄉里，不見道我不修飾；臨於危難，不見道我無勇武。而營田於平原，逢歲不熟，禾稼不收；處朝廷以事君，不遇好爵。遭州部而放逐，被鄉閭而賓棄，有何罪於上天，苟遇斯之運命？」

【釋文】「踵門」章勇反。司馬云：至也。「而詫」敕駕反，又呼駕反，郭都駕反。司馬云：告也。李本作託，云：屬也。「子扁慶子」音篇，又符殄反。李云：扁，姓；慶子，字也。「臨難」乃旦

反。「賓於」必刃反。「惡遇」音烏。下同。

扁子曰：「子獨不聞大至人之自行邪？忘其肝膽，遺其耳目1，芒然彷徨乎塵垢之外2，逍遙乎无事之業3，是謂為而不恃4，長而不宰5。今汝飾知以驚愚，脩身以明汙，昭昭乎若揭日月而行也6。汝得全而形軀，具而九竅，无中道夭於聾盲跛蹇而比於人數，亦幸矣，又何暇乎天之怨哉！子往矣7！」

1.【注】闇付自然也。　【疏】夫全人立行，虛遠清高，故能內忘五藏之肝膽，外遺六根之耳目，蕩然空靜，無纖介於胸臆。

2.【注】凡非真性，皆塵垢也。　【釋文】「芒然」武剛反。「彷徨」元嘉本作房皇，音同。　【疏】芒然，無心之貌也。彷徨是縱放之名，逍遙是任適之稱。而處染不染，縱放於囂塵之表；涉事無事，任適於物務之中也。

3.【注】凡自為者，皆無事之業也。

4.【注】率性自為耳，非恃而為之。

5.【注】任其自長耳，非宰而長之。　【疏】接物施化，不恃藉於我勞；長養黎元，豈斷割而從己！事出《老經》。　【釋文】「長而」丁丈反。注同。

6.【疏】汝光飾心智，驚動愚俗；脩營身形，顯他汙穢，昭昭明白，自炫其能，猶如擔揭日月而行於世也，豈是韜光匿耀，以蒙養恬哉！　【釋文】「飾知」音智。「明汙」音烏。「若揭」其列反，又其謁反。「九竅」苦弔反。「跛」波我反。◎盧文弨曰：舊作彼

7.【疏】而，汝也。得驅貌完全，九竅具足，復免中途夭於聾盲跛蹇，又得預於人倫，偕於人數，慶幸莫甚於斯，有何容暇怨於天道！子宜速往，無勞辭費。　【釋文】「而比」如字，又毗志反。「蹇」紀輦反，又紀偃反，徐其偃反。「而比」如字，又毗志反。今改正。

孫子出。扁子入，坐有閒，仰天而歎1。弟子問曰：「先生何為歎乎2？」

1.【疏】孫休聞道而出，扁子言訖而歸。俄頃之間，子慶嗟嘆也。

2.【疏】扁子門人問其嗟嘆所以。

1.【疏】孫休頻來踵門而詫，述己居世，坎軻不平，吾遂告以至人深玄之德，而器小言大，慮有漏機，恐其驚迫，更增其惑，是以吁嘆也。

扁子曰：「向者休來，吾告之以至人之德，吾恐其驚而遂至於惑也[1]。」

弟子曰：「不然。孫子之所言是邪？先生之所言非邪？非固不能惑是。孫子所言非邪？先生所言是邪？彼固惑而來矣，又奚罪焉[1]！」

1.【疏】若孫子言是，扁子言非，非理之言，必不惑是。若扁子言是，孫子言非，彼必以非故，來詣斯求是。進退尋責，何罪有乎！先生之嘆，終成虛假。

扁子曰：「不然。昔者有鳥止於魯郊，魯君說之，為具太牢以饗之，奏〈九韶〉以樂之，鳥乃始憂悲眩視，不敢飲食。此之謂以己養養鳥也[1]。若夫以鳥養養鳥者，宜棲之深林，浮之江湖，食之以委蛇，則平陸而已矣。今休，款啟寡聞之民也，吾告以至人之德，譬之若載鼷以車馬，樂鴳以鐘鼓也。彼又惡能无驚乎哉！」[2]

1.【注】各有所便也。

【疏】此爰居之鳥，非應瑞之物，魯侯濫賞，饗以太牢，事顯前篇，無勞重解。「以樂」音洛。下同。「食之」音嗣。

【釋文】【說之】音悅。「為具」于偽反。「奏九韶」元嘉本作奏韶武。

【委】於危反。「蛇」如字。李云：大鳥吞蛇。司馬云：委蛇，泥鰌。○俞樾曰：委蛇未詳何物。李云大鳥食蛇，

然未聞養鳥者必食之以蛇也。司馬云委蛇泥鰌。此亦臆說「今案〈至樂篇〉云，夫以鳥養養鳥者，宜棲之深林，遊之壇陸，浮之江湖，食之鰌鰍，隨行列而止，委蛇而處。然則此文宜亦當云食之以鰌鰍，委蛇而處，傳寫有闕文耳。且云委蛇而處，方與下句則平陸而已矣文氣相屬；若無而處二字，下句便不貫矣。

2.【注】此章言善養生者各任性分之適而至矣。

【疏】鼱，小鼠也。鷃，雀也。孫休是寡識少聞之人，應須款曲啟發其事。今乃告以至人之德，大道玄妙之言，何異乎載小鼠以大車，娛鷃雀以韶樂！既御小而用大，亦何能無驚懼者也！【釋文】「款啟」李云：款，空也；啟，開也；如空之開，所見小也。「鼱」音奚。「鷃」字又作鴳，音晏。◎盧文弨曰：今本作鴳。

外篇山木第二十 1.

1.【釋文】舉事以名篇。

莊子行於山中，見大木，枝葉盛茂，伐木者止其旁而不取也。問其故，曰：「无所可用。」莊子曰：「此木以不材得終其天年。」1

1.【疏】既同曲轅之樹，又類商丘之木，不材無用，故終其天年也。【釋文】「大木」《釋名》云：木，冒也。《說文》云：山，宣也，產生物也。《字林》云：木，眾樹之總名。《白虎通》云：木，踊也。「山中」《釋名》云：山，產也，冒地而生也。

夫子出於山，舍於故人之家。1 故人喜，命豎子殺雁而烹之。2 豎子請曰：「其一能鳴，其一不能鳴，請奚殺？」主人曰：「殺不能鳴者。」

夫子出。

1.【疏】舍，息也。　【釋文】「夫出」如字。夫者，夫子，謂莊子也。本或即作夫子。◎盧文弨曰：今本作夫子也。

2.【疏】門人呼莊子為夫子也。豎子，童僕也。　【釋文】「豎」市主反，「烹之」普彭反，煮也。◎王念孫曰：愚案此亨讀為享。享之，謂享莊子之來，故殺雁而享之。享與饗通。《呂氏春秋·必己篇》作今豎子為殺雁饗之，是其證也。古書享字作亨，故人喜莊子之來，故殺雁而亨之，烹字亦作亨，故《釋文》誤讀為烹，而今本遂改亨為烹矣（原文作亨，故《釋文》音普彭反。若作烹，則無須音釋）。◎慶藩案雁，鵞也。《說文》：鵞，舒鴈也。《爾雅》舒鴈鴈，注：今江東呼鴚。《方言》：鴈，自關而東謂之鴚鵝，南楚之外謂之鵝鴈。《廣雅》：鴚鵝，鴈也。即此所謂雁。

明日，弟子問於莊子曰：「昨日山中之木，以不材得終其天年；今主人之雁，以不材死；先生將何處？」

莊子笑曰：「周將處乎材與不材之間。材與不材之間，似之而非也，故未免乎累[1]。若夫乘道德而浮遊則不然[2]。无譽无訾，一龍一蛇[3]，與時俱化[4]，而无肯專為[5]；一上一下，以和為量[6]，浮遊乎萬物之祖[7]；物物而不物於物，則胡可得而累邪[8]！此神農黃帝之法則也[9]。若夫萬物之情，人倫之傳，則不然[10]。合則離，成則毀；廉則挫，尊則議[11]，有為則虧，賢則謀，不肖則欺[12]，胡可得而必乎哉[13]！悲夫！弟子志之[14]，其唯道德之鄉乎[15]！」

1.【注】設將處此耳，以此未免於累，竟不處。　【疏】言材者有為也，不材者無為也。之間，中道也。雖復離彼二偏，處茲中一，既未遺中，亦猶人不能理於人，雁不能同於雁，故似道而非真道，猶有斯患累也。

2.【疏】夫乘玄道至德而浮遊於世者，則不如此也。既遭二偏，又忘中一，則能虛通而浮遊於代爾。

3.【疏】訾，毀也。龍，出也。蛇，處也。言道無材與不材，故毀譽之稱都失也。　【釋文】「无譽」音餘。

「无訾」音紫，毀也。

4.【疏】此遣中也。既遣二偏，又忘中一，遣之又遣，玄之又玄。

5.【疏】言既妙遣中一，遠超四句，豈復詔情毀譽，惑意龍蛇！故當世浮沉，與時俱化，何肯偏滯而專為一物也！

6.【疏】言至人能隨時上下，以和同為度量。【釋文】「一上」如字，又時掌反，「為量」音亮。◎俞樾曰：此本作一下一上，以和為量，上與量為韻；今作一上一下，失其韻矣。古書往往倒文以協韻，後人不知而誤改者甚多。《秋水篇》无東无西，始於玄冥，反於大通，亦後人所改，《莊子》原文本作无西无東，與通為韻也。

7.【疏】以大和而等量，遊造物之祖宗。

8.【疏】物不相物，則無憂患。

9.【注】故莊子亦處焉。【疏】郭注云，故莊子亦處焉。

10.【疏】倫，理也。共俗物傳習，則不如前也。

11.【疏】合則離之，成者必毀，清廉則被剉傷，尊貴者又遭議疑。世情險陂，何可必固！又：廉則傷物，物不堪化，則反挫也。自尊賤物，物不堪辱，反有議疑也。◎慶藩案挫當為剉，今本作挫，後人誤改也。《淮南·修務篇》頓兵挫銳，高注：剉，折辱。剉非挫辱之義。此作挫，非。《呂覽·必已篇》剉，缺傷也。【釋文】「人倫之傳」直專反。司馬云：事類可傳行也。「則剉」子臥反。本亦作挫，同。《說文》：剉，折傷也。◎盧文弨曰：剉，折傷也。◎俞樾曰：議當讀為俄。《詩·賓之初筵篇》側弁之俄，《鄭箋》云：俄，傾貌。尊則俄，謂崇高必傾側也。古書俄字，或以義為之，說見王氏《經義述聞·尚書立政篇》。亦或以議為之，《管子·法禁篇》法制不議，則民不相私。議亦俄也，謂法制不傾邪也。又或以儀為之，《荀子·成相篇》君法儀，禁不為。儀亦俄也，謂君法傾邪，則當禁使不為也。

12.【疏】虧，損也。有為則損也。賢以志高，為人所謀。

13.【疏】言己上賢與不肖等事何必為也！必則偏執名中，所以有成虧也。◎家世父曰：乘道德而浮遊，出世者也；萬物之情，人倫之傳，則方以身入世。合則離，成則毀，交相待也；廉則挫，尊則議，有為則虧，互相因也。不肖則欺，各相炫也。不可必者，莫知禍福生死之所自來也。廉則挫，嶢嶢者易缺；尊則議，位極者高危；有為則虧，非俊疑傑，固庸態也。舊注失之。

14. 【疏】悲夫,歎聲也。志,記也。

15. 【注】不可必,故待之不可以一方也,唯與時俱化者,為能涉變而常通耳。　【疏】言能用中平之理,其為道德之鄉也。　【釋文】【之鄉】如字,一音許亮反。

市南宜僚見魯侯[1],魯侯有憂色。市南子曰:「君有憂色,何也?」

1.【疏】姓熊,名宜僚,隱於市南也。　【釋文】【市南宜僚】了蕭反,徐力遙反。司馬云:熊宜僚也,居市南,因為號也。李云:姓熊,名宜僚。案《左傳》云市南有熊宜僚,楚人也。◎俞樾曰:高注《淮南·主術篇》云:宜遼,姓也,名熊。疑名姓字互誤。

魯侯曰:「吾學先王之道,脩先君之業;吾敬鬼尊賢[1],親而行之,无須臾離居[2];然不免於患,吾是以憂。」

1.【疏】先王,謂王季文王;先君,謂周公伯禽也。

2.【疏】離,散也。居,安居也。　【釋文】【无須臾離】力智反。絕句。崔本無離字。「居然」崔讀以居字連上句。◎俞樾曰:崔譔本無離字,而以居字連上句讀,當從之。《呂覽·慎人篇》胼胝不居,高誘訓居為止。無須臾居者,無須臾止也,正與上句行字相對成義。學者不達居字之旨,而習於《中庸》不可須臾離之文,遂妄加離字,而居字屬下讀,失之矣。下文居得行而不名處,亦以居與行對言。郭注曰居然自得此行,非是。

市南子曰:「君之除患之術淺矣[1]!夫豐狐文豹[2],棲於山林,伏於巖穴,靜也;夜行晝居,戒也;雖飢渴隱約,猶旦胥疏於江湖之上而求食焉[3],定也;然且不免於罔羅機辟之患。是何罪之有哉?其皮為之災也[4]。今魯國獨非君之皮邪?吾願君刳形去皮,洒心去欲,而遊於无人之野[5]。南越有邑

焉，名為建德之國⁶。其民愚而朴，少私而寡欲；知作而不知藏⁷，與而不求其報；不知義之所適，不知禮之所將⁸；猖狂妄行⁹，乃蹈乎大方¹⁰；其生可樂，其死可葬¹¹。吾願君去國捐俗，與道相輔而行¹²。」

【疏】言敬鬼尊賢之法，其患未除也。

1.【注】有其身而矜其國，故雖憂懷萬端，尊賢尚行，而患慮愈深矣。【釋文】「尚行」下孟反。

2.【疏】豐，大也。以文章豐美，毛衣悅澤，故為人利也。

3.【疏】戒，慎也。隱約，猶斟酌也。旦，明也。言雖飢渴，猶斟酌酌明旦無人之時，相命於江湖之上，扶疏草木而求食也。【釋文】「胥疏」如字。司馬云：胥，須也。疏，菜也。李云：胥，須也。疏，菜也。言相望疏草也。今案江湖之上，舟車之所輳也，虛閑之所都也。豐狐文豹，未嘗求食江湖之上，故曰定。胥疏，疏也。言足迹之所未經也。舊注似皆失之。◎慶藩案胥疏二字，古通用，胥即疏也。宣十四年《左傳》車及於蒲胥之市，《呂氏春秋·行論篇》作蒲胥；《史記·蘇秦傳》東有淮、潁、煮棗、無胥，〈魏策〉作無疏。是其證。

4.【疏】機辟，罝罘也。言斟酌宇計如此，猶不免罝罘之患者，更無餘罪，直是皮色之患也。【釋文】「機辟」婢亦反。

5.【注】欲令無其身，忘其國，而任其自化也。【疏】剗形，忘身也。去皮，忘國也。洒心，忘智也。去欲，息貪也。無人之野，謂道德之鄉也。郭注云，欲令無其身，忘其國，而任其自化。【釋文】「剗形」音枯。去皮，下去欲去君同。「洒心」先典反。本亦作洗，音同。「去欲」如字。徐音慾。「欲令」力呈反。章末同。

6.【注】寄之南越，取其去魯之遠也。【疏】言去魯既遙，名建立無為之道德也。

7.【疏】作，謂耕作也。藏，謂藏貯也。君既懷道，民亦還淳。

8.【疏】義，宜也。將，行也。

9.【疏】猖狂，無心也。妄行，混迹也。

乃能蹈大方之道。

10.【注】各恣其本步，而人人自蹈其方，則萬方得矣，不亦大乎！　【疏】方，道也。猖狂恣任，混迹妄行，

11.【注】言可終始處之。　【疏】郭注云，言可以終始處之也。　【釋文】「可樂」音洛。

12.【注】所謂去國捐俗，謂蕩除其胸中也。　【疏】捐，棄也。言棄俗，與無為至道相輔導而行也。

君曰：「彼其道遠而險，又有江山，我无舟車，奈何₁？」

市南子曰：「君无形倨₂，无畱居₃，以為君車₄。」

1.【注】真謂欲使之南越。　【疏】迷悟性殊，故致魯越之隔也。

2.【注】形倨，躓礙之謂。　【疏】勿恃高尊，形容倨傲。　【釋文】「无形倨」音據。司馬云：無倨傲其

3.【注】「躓」之實反，又知吏反。「礙」五代反。

4.【注】留居，滯守之謂。　【疏】隨物任運，無滯榮觀。　【釋文】「无畱居」司馬云：無畱安其居。

形。

君曰：「彼其道幽遠而无人，吾誰與為鄰？吾无糧，我无食，安得而至焉₁？」

市南子曰：「少君之費，寡君之欲，雖无糧而乃足₁。君其涉於江而浮於海₂，望之而不見其崖，愈往而不知其所窮₃。送君者皆自崖而反₄，君自此遠矣₅！故有人者累₆，見有於人者憂₇。故堯非有人，非見有於人也₈。吾願去君之累，除君之憂，而獨與道遊於大莫之國₉。方舟而濟於河₁₀，有

1.【疏】未體獨化，不能忘物也。　【釋文】「我无食」一本我作餓。

虛舩來觸舟，雖有惼心之人不怒[11]；有一人在其上，則呼張歙之；一呼而不聞，再呼而不聞，於是三呼邪，則必以惡聲隨之。[12]向也不怒而今也怒，向也虛而今也實。人能虛己以遊世，其孰能害之！[13]」

1.【注】所謂知足則無所不足也。
　【疏】言道不資物成，而但恬淡耳。

2.【注】江，謂智也；海，謂道也。涉上善之江，遊人道之海。

3.【注】絕情欲之遠也。
　【疏】寧知窮極哉！

4.【注】君欲絕，則民各反守其分。
　【疏】送君行邁，至於道德之鄉，民反真自守素分。崖，分也。

5.【注】超然獨立於萬物之上也。
　【疏】自，從也。君從此情高，道德玄遠也。

6.【注】有人者，有之以為己私也。
　【疏】君臨魯邦，富贍人物，為我己有，深成病累也。

7.【注】有之者，為人所役用也。
　【疏】君未能忘魯，見有於人，是以敬鬼尊賢，矜人恤眾，為民驅役，寧非憂患！

8.【注】雖有天下，皆寄之百官，委之萬物而不與焉，斯非有人也；因民任物而不役己，斯非見有於人也。
　【疏】雖有天下，皆寄之百官，委之萬物而不與焉，斯非有人也；因民任物而不役己，斯非見有於人也。
　【釋文】「不與」音預。

9.【注】欲令蕩然無有國之懷。
　【疏】大莫，猶大無也，言天下無能雜之。
　【釋文】「大莫」莫，無也。

10.【疏】兩舟相並曰方舟。
　【釋文】「方舟」司馬云：方，並也。

11.【注】褊，狹急也。不怒者，虛舟故也。
　【釋文】「惼心」必善反。《爾雅》云：急也。

12.【注】惡聲，罵辱也。
　【釋文】「則呼」火故反。下同。「張歙」許及反，徐許輒反，郭疏獵反。張，開也。歙，斂也。

13.【注】世雖變，其於虛己以免害，一也。
　【疏】虛己，無心也。

北宮奢[1]為衞靈公賦斂以為鐘，為壇乎郭門之外[2]，三月而成上下之縣[3]。

1.【疏】姓北宮，名奢。居北宮，因以為姓。衞之大夫也。　【釋文】「北宮奢」李云：衞大夫，居北宮，因以為號。奢，其名也。

2.【疏】鐘，樂器名也。言為鐘先須設祭，所以為壇也。　【釋文】「為衞」于偽反。「賦斂」力豔反。「為壇」但丹反。李云：祭也；禱之，故為壇也。

3.【疏】上下調，八音備，故曰縣。　【釋文】「上下之縣」音玄。司馬云：八音備為縣而聲高下。

王子慶忌見而問焉，曰：「子何術之設[1]?」

1.【疏】慶忌，周王之子，周之大夫。言見鐘壇極妙，怪而問焉。　【釋文】「王子慶忌」李云：王族也。慶忌，周大夫也。怪其簡速，故問之。◎俞樾曰：《論語皇疏》，王孫賈，周靈王之孫，名賈，是時仕衞為大夫。然則此王子慶忌，疑亦周之王子而仕衞者。齊亦有王子成父，見文十一年《左傳》。

奢曰：「一之間，无敢設也[1]。奢聞之，『既彫既琢，復歸於朴[2]。』侗乎其无識[3]，儻乎其怠疑[4]；萃乎芒乎，其送往而迎來[5]；來者勿禁，往者勿止[6]；從其強梁[7]，隨其曲傅[8]，因其自窮[9]，故朝夕賦斂而毫毛不挫[10]，而況有大塗者乎[11]！」

1.【注】泊然抱一耳，非敢假設以益事也。　【疏】郭注云：泊然抱一耳，非敢假設以益事也。　【釋文】「泊然」步各反。

2.【注】還用其本性也。　【疏】還用其本性。

3.【注】任其純朴而已。　【疏】侗乎，無情之貌。任其淳朴而已。　【釋文】「侗乎」吐功敕動二反，無知貌。《字林》云：大貌。一音慟。

4.【注】無所趣也。　【疏】儻，無慮也。怠，退也。言狐疑思慮之事，並已去矣。　【釋文】「儻」敕蕩

反。

5.【注】無所忻說。【疏】萃，聚也。言物之萃聚，芒然不知，物之去來，亦不迎送，此下各任物也。又：芒昧恍忽，心無的當，隨其迎送，任物仕來。【釋文】「萃乎」在醉反。「芒乎」莫郎反。「忻說」音悅。

6.【注】任彼也。【疏】百姓懷來者未防禁，而去者亦無情留止也。

7.【注】順乎眾也。

8.【注】無所係也。【疏】傳，張戀反。剛強難賦者，從而任之；人情曲傳者，隨而順之。【釋文】「曲傳」音附。司馬云：謂曲附己者隨之也。本或作傳，張戀反。

9.【注】用其不得不爾。【疏】因任百姓，各窮於其所情也。◎家世父曰：賦斂以為鐘，猶《左傳·昭公二十九年》遂賦晉國一鼓鐵以鑄刑鼎，名為賦斂而聽民之自致。故曰因其自窮。《說文》：窮，極也。言殫竭所有以輸納之也。惟不敢設術以求，而純任自然，民亦以自然應之。今之賦斂，任術多矣，而固無如民巧遯於術何也！故曰，既彫既琢，復歸於朴。

10.【注】當故無損。【疏】雖設賦斂，而未嘗抑度，各率其性，是故略無挫損者也。【釋文】「不挫」子臥反。

11.【注】泰然無執，用天下之自為，斯大通之塗也，故曰經之營之，不日成之。【疏】道，塗也。直致任物，己無挫損，況資大道，神化無為，三月而成，何怪之有！

孔子圍於陳蔡之間，七日不火食[1]。大公任往弔之曰：「子幾死乎？」曰：「然[2]。」「子惡死乎？」曰：「然。」

1.【疏】楚昭王召孔子，孔子自魯聘楚，塗經陳蔡二國之間。尼父徒眾既多，陳蔡之人謂孔子是陽虎，所以起兵圍之。門人飢餒，七日不起火食，窘迫困苦也。

2.【注】自同於好惡耳，聖人無好惡也。【疏】太公，老者稱也。任，名也。幾，近也。然，猶如是也。尼

父既遭圍繞，太公弔而問之曰：「子近死乎？」答云：「如是。」曰：「子嫌惡乎？」答云：「如是也。」【釋文】「大」音泰。「公任」如字。李云：大公，其名。任，其名。◎俞樾曰：《廣韻》《一東》公字注：世本有大公穎叔。然則大公迺複姓，非大夫之稱。「子幾」音祈，又音機。「子惡」烏路反。注及下同。「於好」呼報反。章內同。

任曰：「予嘗言不死之道。東海有鳥焉，其名曰意怠。其為鳥也，翂翂翐翐，而似无能；引援而飛，迫脅而棲₁；進不敢為前，退不敢為後₂；食不敢先嘗，必取其緒₃。是故其行列不斥₄，而外人卒不得害，是以免於患₅。直木先伐，甘井先竭₆。子其意者飾知以驚愚，脩身以明汙，昭昭乎如揭日月而行，故不免也₇。昔吾聞之大成之人曰：『自伐者无功，功成者墮，名成者虧₈。』孰能去功與名而還與眾人₉！道流而不明₁₀，居得行而不名處₁₁；純純常常，乃比於狂₁₂；削迹捐勢₁₃，不為功名；是故无責於人，人亦无責焉₁₄。至人不聞，子何喜哉₁₅？」

1.【注】既宏大舒緩，又心無常係。　【疏】試言長生之道，舉海鳥而譬之，翂翂翐翐，是舒遲不能高飛之貌也。飛必援引徒侶，不敢先起；棲必戢其脅翼，迫引於群。　【釋文】「翂翂」音紛。字或作溗。「翐翐」音秩。徐音族。司馬云：翂翂翐翐，舒遲貌。一云：飛不高貌。李云：羽翼聲。「迫脅而棲」李云：不敢獨棲，迫脅在眾鳥中，纏足容身而宿，辟害之至也。

2.【注】常從容中。　【釋文】「從容」七容反。

【疏】夫進退處中，遠害之至，飲啄隨行，必依次敘。

3.【注】其於隨物而已。　【釋文】「其緒」緒，次緒也。◎王念孫曰：《釋文》曰：緒，次緒也。案陸說非也。緒者，餘也，言食不敢先嘗，而但取其餘也。〈讓王篇〉其緒餘以為國家，司馬彪曰：緒者，殘也，謂殘餘也。楚辭〈九章〉欸秋冬之緒風，王注曰：緒，餘也。《管

子‧弟子職篇》奉椀以為緒，尹知章曰：緒，然燭燼也。燼亦餘也（見《方言》、《廣雅》）。

4.【注】與群俱也。

【注】患害生於役知以奔競。

5.【注】為其謙柔，不與物競，故眾鳥行列，不獨斥棄也，而外人造次不得害之，是以免於人間之禍患。

【釋文】「行列」戶剛反。下亂行同。「不斥」音尺。

6.【注】才之害也。

【釋文】「卒不」子恤反，終也。又七忽反。

7.【注】夫察焉小異，則與眾為沴矣，混然大同，則無獨異於世矣。故夫昭昭者，乃冥冥之迹也。將寄言以遺迹，故因陳蔡以託意。

【疏】謂仲尼意在裝飾才智，驚異愚俗；修瑩身心，顯他污染；昭昭明察，炫燿己能；猶如揭日月而行，故不免於禍患也。

8.【注】特功名以為已成者，未之嘗全。

【釋文】「飾知」音智。「明汙」音烏。「揭」其列其謁二反。◎慶藩案《文選》沈休文〈齊安陸昭王碑〉注引司馬云：揭，擔也。釋文闕。「為沴」五故反。「者墮」許規反。

9.【注】功自眾成，故還之。

【疏】夫能立大功，建鴻名，而功成弗居，推功於物者，誰能如是？其唯聖人乎！

【釋文】「去功」起呂反。

10.【注】昧然而自行耳。

【疏】道德流行，徧滿天下，而韜光匿耀，故云不明。

11.【注】彼皆居然自得此行耳，非由名而後處之。

【疏】身有道德，盛行於世，而藏名晦迹，故不處其名。《集韻》：德，行之得也。言其道周流乎天下，而不顯然以居之，其德之行，亦不藉之為名而以自處。郭象居然自得此行，非由名而後處之，以居得行斷句，恐誤。

【釋文】「居得行」如字，又下孟反。注同。◎家世父曰：得，猶德也。

12.【注】無心而動故也。

【疏】純純者材素，常常者混物，既不矜飾，更類於狂人也。

13.【注】功自彼成，故勢不在我，而名迹皆去。

【疏】削除聖迹，捐棄權勢，豈存情於功績，以留意於名譽！

14.【注】恣情任彼，故彼各自當其責也。

【疏】為是義故無名譽，我既不譴於人，故人亦無責於我。

15.【注】寂泊無懷，乃至人也。　【疏】夫至德之人，不顯於世，子既聖哲，何為喜好聲名者邪？　【釋文】

「泊」步各反。

孔子曰：「善哉！」辭其交遊，去其弟子，逃於大澤；衣裘褐，食杼栗[1]；入獸不亂群，入鳥不亂行[2]。鳥獸不惡，而況人乎[3]！

1.【注】取於棄人間之好也。　【疏】孔子既承教戒，善其所言，於是辭退交遊，捨去弟子，離析徒眾，獨逃山澤之中，損縫掖而服絺裘，棄甘肥而食杼栗。　【釋文】「衣裘」於既反。「褐」戶割反。「杼」食汝反，又音序。

2.【注】若草木之無心，故為鳥獸所不畏。

3.【注】蓋寄言以極推至誠之信，任乎物而無受害之地也。　【疏】同死灰之寂泊，類草木之無情，群鳥獸而不驚，況人倫而有惡邪！

孔子問子桑雽曰：「吾再逐於魯，伐樹於宋，削迹於衛，窮於商周，圍於陳蔡之間。吾犯此數患，親交益疏，徒友益散，何與[1]？」

1.【疏】姓桑，名雽，隱者也。孔子為魯司寇，齊人聞之，遂選女樂文馬而遺魯君，間構魯君，親戚交情，益甚疏遠，門徒朋友，益甚離散，何為如此邪？　【釋文】「子桑雽」音戶。本又作雽，音戶。李云：桑，姓；雽，其名也。或云：姓桑雽，名隱。◎俞樾曰：疑即〈大宗師篇〉之子桑戶。雽音戶，則固與子桑戶同矣。其或作雽，即雽字。《說文》，雽，或作𩁹。羽或𩁹之壞字乎。愚以為〈古今人表〉之采桑羽，即子桑戶，說在〈大宗師篇〉。◎盧文弨曰：今本衛作宋，陸氏謂下句宋衛當互易。迹於衛。○「此數」所主反。「何與」音餘。下放此。

子桑雽曰：「子獨不聞假人之亡與？林回棄千金之璧，負赤子而趨。或曰：『為其布與？[1]赤子之布寡矣；為其累與？赤子之累多矣；棄千金之璧，負赤子而趨，何也？[2]』林回曰：『彼以利合，此以天屬也。』夫以利合者，迫窮禍患害相棄也；以天屬者，迫窮禍患害相收也。夫相收之與相棄亦遠矣。[3]且君子之交淡若水，小人之交甘若醴；君子淡以親，[4]小人甘以絕。[5]彼无故以合者，則无故以離。[6]」

1.【注】布，謂財帛也。
【釋文】「假」古雅反。本云：國名。◎慶藩案《文選》王仲寶〈褚淵碑文〉注引司馬云：林回，人姓名也。與《釋文》小異。◎俞樾曰：上文假人之亡，李注：假，國名。然則林回當是假之逃民。蓋假亡而其民逃，故林回負赤子而趨也。殷乃假字之誤。「為其」如字。下同。又皆于偽反。「布與」布，謂貨財也。

2.【疏】假，國名，晉下邑也。姓林，名回，假之賢人也。布，財貨也。假遭晉滅，百姓逃亡，林回棄擲寶璧，負子而走。或人問之，謂為財布，然亦以為財則少財，以為累則多累。輕少負多，不知何也？

3.【疏】寶璧，利合也。赤子，親屬也。親屬，急迫猶相收；利合，窮禍則相棄。棄收之情，相去遠耳。◎慶藩案《文選》劉孝標〈廣絕交論〉注引司馬云：林回，人姓名也。◎俞樾曰：殷之逃民之姓名。◎慶藩案《文選》王仲寶〈褚淵碑文〉注引司馬云：屬，連也。《釋文》闕。

4.【注】無利故淡，道合故親。
【釋文】「淡」如字，又徒暫反。

5.【注】飾利故甘，利不可常，故有時而絕也。
【疏】無利故淡，道合故親，有利故甘，利盡故絕。

6.【注】夫無故而自合者，天屬也。合不由故，則故不足以離之也。然則有故而合，必有故而離矣。【疏】不由事故而合者，謂父子天屬也。孔子說弁王陳迹，親於朋友，非天屬也，皆為求名利而來，則是有故而合也。見削迹伐樹而去，是則有故而離也。非是天屬，無故自親，無故自離。

孔子曰：「敬聞命矣！」徐行翔佯而歸，絕學捐書，弟子无挹於前，其愛益加[1]。

1.【注】去飾任素故也。　【疏】諦聞高命，徐步而歸，翱翔閒放，逍遙自得，絕有為之學，棄聖迹之書，不行華藻之教，故無揖讓之禮，徒有敬愛，日加進益焉。　【釋文】「无挹」音揖。李云：無所執持也。「去飾」起呂反。

異日，桑雩又曰：「舜之將死，真泠禹曰：『汝戒之哉！形莫若緣，情莫若率[1]。緣則不離，率則不勞[2]；不離不勞，則不求文以待形[3]；不求文以待形，固不待物[4]。』」

1.【注】因形率情，不矯之以利也。　【疏】緣，順也。形必順物，情必率中。昔虞舜將終，用此真教命大禹，令其戒慎，依語遵行，故桑雩引來以告孔子。亦有作泠字者，泠，曉也，舜將真言曉示大禹也。　【釋文】「真」司馬本作直。「泠」音零。「禹」司馬云：泠，曉也，謂以真道曉語禹也。泠，或為命，又作令。命，猶教也。◎王引之曰：《釋文》曰，真，司馬本作直，泠，音零。司馬云：泠，曉也，謂以直道曉語禹也。泠，或為命，又作令。命，猶教也，命與令，古字通。囟，籀文乃字，隸書作迺。囟形似直（《釋山碑》乃今皇帝，乃字作囟，形似直字），故訛作真。又訛作命。案直當為囟，囟形似直，又訛作令。命與令，古字通（《周官》司儀則令為壇三成，〈觀禮〉注引此令作命。僖九年《左傳》令不及魯，令本又作命。《莊子·田子方篇》先君之令，令本或作命。《周官》大卜注以命龜也，命亦作令），作命作令者是也。囟令禹者，乃命禹也。

2.【注】形不假，故常全；情不矯，故常逸。　【疏】率性而動，任朴直前，豈復求假文迹而待用飾其形性哉！

3.【注】任朴而直前也。　【疏】形順則常合於物，性率則用而無弊。

4.【注】朴素而足。　【疏】既不求迹以飾形，故知當分各足，不待於外物也。

莊子衣大布而補之，正緳係履而過魏王。魏王曰：「何先生之憊邪1？」

1.【疏】大布，猶粗布也。莊子家貧，以粗布為服而補之。緳，履帶也。正緳係履，亦言腰帶也。履穿故以繩係之。魏王，魏惠王也。憊，病也。衣粗布而著破履，正腰帶見魏王。王見其顯顇，故問言：「先生何貧病如此耶？」【釋文】「莊子衣」於既反。「大布」司馬云：龐布也。「正緳」賢節反，又苦結反。司馬云：帶也。「係履」李云：履穿，故係。○家世父曰：《釋文》引司馬云：緳，帶也。別無證據，正帶係履，亦不得為憊也。《說文》：絜，麻一耑也。絜與緳字通，言整齊麻之一端，以納束其履而係之。履無絇，係之以麻，故曰憊。「而過」古禾反。「魏王」司馬云：惠王也。「憊」皮拜反，又薄計反。司馬本作病。

莊子曰：「貧也，非憊也。士有道德不能行，憊也；衣弊履穿，貧也，非遭時也。王獨不見夫騰猿乎？其得柟梓豫章也，攬蔓其枝而王長其間，雖羿、蓬蒙不能眄睨也。1及其得柘棘枳枸之間也，危行側視，振動悼慄；此筋骨非有加急而不柔也，處勢不便，未足以逞其能也。2今處昏上亂相之間，而欲无憊，奚可得邪？此比干之見剖心徵也夫！」3

1.【注】遭時得地，則申其長技，故雖古之善射，莫之能害。【疏】柟梓豫章，皆端直好木也。攬蔓，猶把捉也。王長，猶自得也。羿，古之善射人。逢蒙，羿之弟子也。眄睨，猶斜視。字亦有作眄字者，隨字讀之。言善士賢人，遭時得地，猶如猿得直木，則跳躑自在，雖有善射之人，不敢舉目側視，何況彎弓乎！【釋文】「騰」音騰。本亦作騰。○盧文弨曰：今本作騰。「柟」音南，木名。「攬」舊歷敢反。「蔓」音萬。郭武半反。「而王」往況反。司馬本作往。「長」丁亮反。本又作張，音同。司馬直良反，云：兩枝相去長遠也。○俞樾曰：郭注曰，遭時得地，則申其長技，是讀長為長短之長，然於本文之義殊為未合。司馬云，兩枝相去長遠也。則就樹木言，義更非矣。此當就猿而言，謂猿得柟梓豫章，則率其屬居其上而自為君長也，故曰王長其間。《釋文》：王，往況反；長，丁亮反。頗得其讀。「羿」音詣，或戶係反。「蓬蒙」符恭反，徐扶公反。司馬云：羿，古之善射

者。蓬蒙，羿之弟子。「眣」莫練反，舊莫顯反。本或作眲，普計反。「睆」音詣，郭五米反。李云：邪視也。

「長技」其綺反。

2.【疏】柘棘枸枳，並有刺之惡木也。夫猿得有刺之木，不能逞其捷巧，是以心中悲悼而戰慄，形貌危行而側視，非謂筋骨有異於前，而勢不便也。士逢亂世，亦須如然。◎慶藩案《說文》：悼，懼也，陳楚謂懼曰悼。【釋文】「柘棘」章夜反，又音紙。「枸」音矩。「悼」如字，又直弔反。不便也。「不便」婢面反。

悼懼懼懼恐，即此振動悼慄之意。

翠鵠犀象，其處勢非不遠死也。或曰勢居。古者謂所居之地曰處勢，勢小者不能為大；《賈子·過秦篇》至於秦王二十餘君，常為諸侯雄，其勢居然也。；《淮南·原道篇》形性不可易，勢居不可移也。或言處勢，或言勢居，其義皆同。《漢書·陳湯傳》曰：故陵因天性，據真土，處執高敞。

3.【注】勢不便而強為之，則受戮矣。　【疏】此合諭也。當時周室微弱，六國興盛，於是主昏於上，臣亂於下。莊生懷道抱德，莫能見用，晦迹遠害，故發此言。昔殷紂無道，比干忠諫，剖心而死，豈非徵驗！引古證今，異日明鏡。　【釋文】「亂相」息亮反。「見心」賢遍反。◎盧文弨曰：今本作見剖心。「強為」其丈反。

孔子窮於陳蔡之間，七日不火食，左據槁木，右擊槁枝，而歌焱氏之風，有其具而无其數，有其聲而无其宮角，木聲與人聲，犁然有當於人之心。[1]

1.【疏】焱氏，神農也。孔子聖人，安於窮通，雖遭陳蔡之困，不廢無為，故左手擊槁木，右手憑枯枝，恬然自得，歌焱氏之淳風。木乃八音，雖擊而無曲；無聲惟打木，寧有於宮商！然歌聲木聲，犁然清淡而樂正，心故有應，當於人心者也。　【釋文】「焱氏」必遙反。古之無為帝王也。「犁然」力兮反，又力之反。司馬云：犁然，猶栗然。「有當」丁浪反。

顏回端拱還目而窺之。仲尼恐其廣己而造大也，愛己而造哀也[1]，曰：「回，无受天損易[2]，无受人益難[3]。无始而非卒也[4]，人與天一也[5]。夫

今之歌者其誰乎⑥？

1.【疏】顏生既見仲尼擊木而歌，於是正身回目而視。仲尼恐其未悟，妄生虞度，謂言仲尼廣己道德而規造大位之心，愛惜己身遭窮而規造哀歎之曲。慮其如是，故召而誨之。【釋文】「還目」音旋。「而窺」徐起規反。

「造大」司馬云：造，適也。

2.【注】唯安之故易。

3.【注】物之儻來，不可禁禦。【疏】夫自然之理，有窮塞之損，達於時命，安之則易。人倫之道，有爵祿之益，儻來而寄，推之即難。此明仲尼雖擊木而歌，無心哀怨。

【釋文】「損易」以豉反。辻、下同。

4.【注】於今為始者，於昨為終也。欲明無始無終，無生無死。既無死無生，何窮塞之有哀乎！言變化之無窮。【疏】卒，終也。於今為始者，於

5.【注】皆自然。

6.【注】任其自爾，則歌者非我也。【疏】所謂天損人益者，猶是教迹之言也。若至凝理處，皆是自然，故不二也。

【疏】夫大聖虛忘，物我兼喪。我既非我，歌是誰歌！我乃無身，歌將

安寄也！

回曰：「敢問无受天損易。」

仲尼曰：「飢渴寒暑，窮桎不行，天地之行也，運物之泄也①，言與之偕逝之謂也②。為人臣者，不敢去之。執臣之道猶若是，而況乎所以待天乎③！」

1.【注】不可逃也。【疏】前略標名，此下解義。桎，塞也。夫命終窮塞，道德不行，此猶大地虛盈，四時轉變，運動萬物，發泄氣候也。【釋文】「窮桎」之實反。桎，塞也。◎家世父曰：窮桎不行，言飢渴寒暑足以桎桎人，而使不自適。然而飢渴以驅之，寒暑以運之，不能抗而不受，與之俱逝而已矣。「之泄」息列反。司馬云：泄，發也。徐以世反。

「運物」司馬云：運，動也。「之」

2.【注】所謂不識不知而順帝之則也。【疏】偕，俱也。逝，往也。既體運物之無常，故與變化而俱往，而

無欣惡於其間也。【釋文】「言與之」言，我也。

3.【注】所在皆安，不以損為損，斯待天而不受其損也。

自如斯，而況為變化窮通，必待自然之理，豈可違距者哉！

【疏】夫為人臣者，不敢逃去君命。執持臣道，猶

「何謂无受人益難？」

仲尼曰：「始用四達1，爵祿並至而不窮2，乃非己也3，

吾命其在外者也4。君子不為盜，賢人不為竊。吾若取之，何哉！5故曰，

鳥莫知於鷾鴯，目之所不宜處，不給視，雖落其實，棄之而走6。其畏人

也，而襲諸人間7，社稷存焉爾8。」

1.【注】感應旁通為四達。

2.【注】旁通，故可以御高大也。

3.【注】非己求而取之。【疏】始，本也。乃，宜也。妙本虛寂，迹用赴機，傍通四方，凝照九表，既靡好

爵，財德无窮，萬物利求，是其宜也。

4.【注】人之生，必外有接物之命，非如瓦石，止於形質而已。【疏】孔子聖人，挺於天命，運茲外德，救

彼蒼生，非瓦石形質也。

5.【注】盜竊者，私取之謂也。今賢人君子之致爵祿，非私取也，受之而已。【疏】夫賢人君子，尚不為盜

竊，況孔丘大聖，寧肯違天乖理而私取於爵祿乎？儻來而寄，受之而已矣，蓋無心也。

6.【注】避禍之速。【疏】鷾鴯，燕也。實，食也。智能遠害全身，鳥中無過燕子。飛入人舍，欲作窠巢，

目略處所不是宜便，不待周給看視，即遠飛出。假令銜食落地，急棄而走，必不復收，避禍之速也。【釋文】

「莫知」音智。「鷾」音意。「鴯」音而。或云：鷾鴯，燕也。「目之所不宜處」昌呂反。言不可止處，目已羅絡

知之，故棄之。

7.【注】未有自疏外於人而人存之者也。畏人而入於人舍，此鳥之所以稱知也。【疏】襲，入也。燕子畏懼

於人而依附人住，入人舍宅，寄作窠巢，是故人愛而狎之，故得免害。亦猶聖人和光在世，混迹人間，戒慎災危，不溺塵境，蒼生樂推而不厭，故得久視長生。

8.【注】況之至人，則玄同天下，故天下樂推而不厭，相與社而稷之，斯無受人益之所以為難也。【疏】聖德遐被，群品樂推，社稷之存，故其宜矣。所謂人益，此之謂乎！◎家世父曰：有土而因有社，有田而因有稷。社者，所以居也；稷者，所以養也。鳥亦有其居，鳥亦有其養，鵲鶘之襲諸人間，不假人以居而自為居，不假人以養而因自為養也。

「何謂无始而非卒？」

仲尼曰：「化其萬物而不知其禪之者[1]，焉知其所終？焉知其所始？正而待之而已耳[2]。」

1.【注】莫覺其變。【疏】禪，代也。夫道通生萬物，變化群方，運轉不停，新新變易，日用不知，故莫覺其代謝者也。既日新而變，何始卒之有耶！【釋文】「其禪」市戰反。司馬云：授予也。

2.【注】日夜相代，未始有極，故止而待之，無所為懷也。【疏】夫終則是始，始則是終，故何能定終始！既其無終與始，則無死與生，是以隨變任化，所遇皆適，抱守正真，待於造物而已矣。【釋文】「焉知」於虔反。下同。

「何謂人與天一邪？」

仲尼曰：「有人，天也；有天，亦天也[1]。人之不能有天，性也[2]，聖人晏然體逝而終矣[3]！」

1.【注】凡所謂天，皆明不為而自然。【疏】夫人倫萬物，莫不自然；愛及自然也，是以人天不二，萬物混同。

◎家世父曰：《孟子》，口之於味也，目之於色也，耳之於聲也，莊子之云人之不能二之，即孟子所謂性焉有命者也。莊子以其有物有欲者為人而自然者為天，於是斷聲色，去臭味，離天與人而二之。其曰人與天一，猶之去人以就天也。聖人盡性以知天，其功不越日用飲食。性也有命，而固不謂之性，命也有性，而固不謂之命，是之謂天與人一。

2.【注】言自然則自然矣，人安能故有此自然哉？自然耳，故曰性。

【疏】夫自然者，不知所以然而然，自然耳，不為也，豈是能有之哉！若謂所有，則非自然也。故知自然者性也，非人有之矣。此解前有天之義也。

3.【注】晏然無矜，而體與變俱也。

【疏】晏然，安也。逝，往也。

莊周遊於雕陵之樊，覩一異鵲自南方來者，翼廣七尺，目大運寸，感周之顙而集於栗林[1]。莊周曰：「此何鳥哉，翼殷不逝，目大不覩？」蹇裳躩步，執彈而留之[2]。覩一蟬，方得美蔭而忘其身；螳蜋執翳而搏之，見得而忘其形[3]；異鵲從而利之，見利而忘其真[4]。莊周怵然曰：「噫！物固相累[5]，二類相召也[6]！」捐彈而反走，虞人逐而誶之[7]。

1.【疏】雕陵，栗園名也。樊，藩也，謂遊於栗園藩籬之內也。運，員也。感，觸也。顙，額也。異常之鵲，從南方來，翅長七尺，眼圓一寸，突著莊生之額，仍栖栗林之中。

【釋文】「雕」徐音彫。本亦作彫。「陵之樊」音煩。司馬云：雕陵，陵名。樊，藩也。樊，或作柴。「翼廣」光浪反。「運寸」司馬彪曰：可回一寸也。◎王念孫曰：司馬彪曰「運寸，可回一寸也」，運與員同。《越語》「句踐之地廣運百里」，韋注曰：東西為廣，南北為運。是運為從也。《西山經》曰，是山也廣員百里。員與運同。《周官·大司徒》周知九州之地域廣輪之數；鄭注並曰：輪，從也。輪與運，聲近而義同，廣輪即廣運也。案司馬以運為轉運之運，非也。廣為橫則運為從也。目大運寸，猶言目大徑寸耳。

2.【疏】殷，大也。逝，往也。躩步，猶疾行也。留，伺候也。翅大不能遠飛，目大不能遠視。莊生怪其如

此，仍即起意規求，既而舉步疾行，把彈弓而伺候。【釋文】「翼殷不逝目大不覩」司馬云：殷，大也，曲折曰逝。李云：翼大逝難，目大視希，故不見人。「蹇」起虔反。「蹙」李驅碧反，徐九縛反。司馬云：疾行也。案即《論語》云足躩如也。「執彈」徒且反。「留之」力救反。司馬云：宿留伺其便也。

3.【注】執木葉以自翳也，而忘其形之見乎異鵲也。【釋文】司馬云：執草以自翳也。「搏之」郭音博，徐音付。「之見乎」賢遍反。

4.【注】目能覩，翼能逝，此鳥之真性也，今見利，故忘之。【疏】莊生執彈未放，中間忽見一蟬，隱於樹葉，美茲陰庇，不覺有身；有螳蜋執木葉以自翳，意在捕蟬，不覺形見異鵲；異鵲從螳蜋之後，利其捕蟬之便，意在取利，不覺性命之危，所謂忘真矣。【釋文】「搏」捕也。真，性也。「螳」音堂。「蜋」音郎。「執翳」於計反。「其真」司馬云：真，身也。

5.【注】相為利者，恆相為累。【疏】既覩蟬鵲徇利忘身，於是怵然驚惕，仍發噫歎之聲。故知物相利者，必有累憂。【釋文】「怵然」肇律反。

6.【注】夫有欲於物者，物亦有欲之。【疏】夫有欲於物者，物亦有欲之也。是以蟬鵲俱世物之徒，利害相召，必其然也。

7.【注】訊，問之也。【疏】既覺利害相隨，棄彈弓而反走，虞人掌栗園之虞候也。誶，問也。虞人謂其盜栗，故逐而問之。【釋文】「誶之」本又作訊，音信，問也。司馬云：以周為盜栗也。

莊周反入，三月不庭。藺且從而問之：「夫子何為頃間甚不庭乎[1]？」

1.【疏】莊周見鵲忘身，被疑盜栗，歸家愧恥，不出門庭。姓藺名且，莊子弟子，怪師頃來閉戶，所以從而問之。【釋文】「三月不庭」一本作三日。司馬云：不出坐庭中三月。◎王念孫曰：《釋文》曰：三月不庭，一本作三日。司馬云：不出坐庭中三月。則庭上須加出字而其義始明。下文云，夫子何為頃間甚不庭乎，三月不庭，而若以甚不庭為甚不出庭，則尤不成語。今案庭當讀為逞。不逞，不快也；甚不逞，甚不快也。《方言》曰：逞、曉，快也。白關而東，或曰曉，或曰逞；江淮陳楚之間曰逞。桓六年《左傳》今民餒而君逞欲，〈周語〉虢公動匱百姓以逞其違，韋杜注並曰：逞，快也。逞字古讀若呈，聲與庭相近，故通作庭（張衡〈思玄賦〉怨素意之不逞，與情名聲營營平崢禎鳴榮寧為韻。《說文》：逞，從辵，呈聲。僖二

十三年《左傳》淫刑以逞，《釋文》逞作呈也。下文言夫子頃間甚不庭，若三月之久，不得言頃間矣。「蘭」力信反。一本作。「且」子餘反。司馬云：蘭且，莊子弟子。◎慶藩案《文選》郭景純〈江賦〉注引司馬云：頃，久也。謝靈運〈入華子岡是麻源第三谷詩〉注引司馬云：頃，常久也。《釋文》闕。

莊周曰：「吾守形而忘身[1]，觀於濁水而迷於清淵[2]。且吾聞諸夫子曰：『入其俗，從其令[3]。』今吾遊於雕陵而忘吾身，異鵲感吾顙，遊於栗林而忘真，栗林虞人以吾為戮，吾所以不庭也[4]。」

1.【注】夫身在人間，世有夷險，若推夷易之形於此世而不度此世之所宜，斯守形而忘身者也。【釋文】「夷易」以豉反。「不度」直落反。

2.【注】見彼而不明，即因彼以自明，幾忘反鑒之道也。【疏】我見利徇物，愛守其形，而利害相召，忘身者也。既覩鵲蟬，歸家不出門庭，疑亦自見，所謂因觀濁水，雖非本情合真，猶存反照之道。

3.【注】不違其禁令也。【疏】莊周師老聃，故稱老子為夫子也。夫達者同塵入俗，俗有禁令，從而行之。

4.【注】以見問為戮。夫莊子推平於天下，故每寄言以出意，乃毀仲尼，賤老聃，上捎擊乎三皇，下痛病其一身也。【疏】意在異鵲，遂忘栗林之禁令，斯忘身也。字亦作真字者，隨字讀之。虞人謂我偷栗，是成身之恥辱如此，是故不庭。夫莊子大人，隱身卑位，遨遊宋國，養性漆園，豈迷目於清淵，留意於利害者耶！蓋欲評品群性，毀殘其身耳。【釋文】「上捎」普口反。

陽子之宋，宿於逆旅。逆旅人有妾二人，其一人美，其一人惡，惡者貴而美者賤。陽子問其故，逆旅小子對曰：「其美者自美，吾不知其美也；其

惡者自惡，吾不知其惡也。」[1]

1.【疏】姓陽，名朱，字子居，奏人也。逆旅，店也。往於宋國，宿於中地逆旅。美者恃其美，故人忘其美而不知也。；惡者謙下自惡，故人忘其惡而不知也。【釋文】「陽子」司馬云：陽朱也。

陽子曰：「弟子記之！行賢而去自賢之行，安往而不愛哉[1]！」

1.【注】言自賢之道，無時而可。【疏】夫種德立行而去自賢輕物之心者，何往而不得愛重哉！故命門人記之云耳。【釋文】「而去」起呂反。「之行」下孟反。

莊子集釋　卷七下

外篇田子方第二十一[1]

1.【釋文】以人名篇。

田子方侍坐於魏文侯，數稱谿工[1]。

1.【疏】姓田，名無擇，字子方，魏之賢人也，文侯師也。文侯是畢萬七世孫，武侯之父也。姓谿，名工，亦魏之賢人。【釋文】《田子方》李云：魏文侯師也，名無擇。◎慶藩案《釋文》引李云，田子方，名無擇。無擇當作無斁。斁擇皆從睪聲，古通用字。《詩‧大雅‧思齊》古之人無斁，《鄭箋》作無擇。《說文》：斁，厭也，一曰終也。無斁則有常，故字曰子方（《禮‧檀弓》鄭注云：方，常也。）。「數稱」雙角反，又所主反。下同。「谿」音溪，又音兮。司馬本作雞。「工」李云：谿工，賢人也。

文侯曰：「谿工，子之師邪？」

子方曰：「非也，无擇之里人也；稱道數當，故无擇稱之。」[1]

1.【疏】谿工是子方鄉里人也，稱說言道，頻當於理，故無擇稱之，不是師。

文侯曰：「然則子无師邪？」

子方曰：「有。」

曰：「子之師誰邪？」

子方曰：「東郭順子。」

文侯曰：「然則夫子何故未嘗稱之₁？」

1.【疏】居在郭東，因以為氏，名順子，子方之師也。既是先生之師，何故不稱說之？

子方曰：「其為人也真₁，人貌而天₂，虛緣而葆真₃，清而容物₄。物无道，正容以悟之，使人之意也消₅。无擇何足以稱之₆！」

1.【注】無假也。　【疏】所謂真迫人也。

2.【注】雖貌與人同，而獨任自然。　【疏】雖復貌同人理，而心契自然也。

3.【注】虛而順物，故真不失。　【疏】緣，順也。虛心順物，而恆守真宗，動而常寂。　【釋文】「葆真」

音保。本亦作保。

4.【注】夫清者患於大絜，今清而容物，與天同也。　【疏】郭注云，清者患於大絜，今清而容物，與天同

也。　【釋文】「大絜」音泰。◎俞樾曰：郭注以人貌而天四字為句，殆失其讀也。人貌

天虛，相對成義。緣而保真為句，與清而容物相對成義。虛者，孔竅也。《淮南子‧氾論篇》若循虛而出入，高注

曰：虛，孔竅也。訓孔竅，故亦訓心。《俶真篇》虛室生白，注曰：虛，心也。《太玄‧斷》初一曰斷心滅斧，說詳《太玄

〈失〉初一曰刺虛滅刃。滅刃與滅斧同，刺虛與斷心同，故〈毅〉初一曰斷心滅斧，此

經》。此云人貌而天虛即人貌而天心，言其貌則人，其心則天也。學者不達虛字之義，誤屬下讀，則人貌而天句文

義不完。下兩句本相儷者亦參差不齊矣。《養生主篇》緣督以為經，《釋文》引李云：緣，順也。緣而葆真者，順

而葆真也。上綴虛字亦為無義。

5.【注】曠然清虛，正己而已，而物邪自消。　【疏】世間無道之物，斜僻之人，東郭自正容儀，令其曉悟，

使惑亂之意自然消除也。　【釋文】「物邪」似嗟反。

6.【疏】師之盛德，深玄若是，無擇庸鄙，何足稱揚也！

子方出，文侯儻然終日不言，召前立臣而語之曰：「遠矣，全德之君子[1]！始吾以聖知之言仁義之行為至矣，吾聞子方之師，吾形解而不欲動，口鉗而不欲言[2]。吾所學者直土梗耳[3]，夫魏真為我累耳[4]！」

1.【疏】儻然，自失之貌。聞談順子之德，儻然麗據，自然失所謂，故終日不言。於是召前立侍之臣，與之語話，歎東郭子之道，深遠難知，諒全德之人，可以君子萬物也。

【釋文】「儻然」敕蕩反。司馬云：失志貌。

2.【注】自覺其近。

【釋文】「聖知」音智。「之行」下孟反。「形解」戶買反。「口鉗」其炎反，徐其嚴反。

3.【注】非真物也。

【疏】我初昔修學，用先王聖知之言，周孔仁義之行，為窮理至極；今聞說子方之師，其道弘博，遂使吾形解散，不能動止，口舌鉗困，無可言語，自覺所學，土人而已，逢雨則壞，並非真物。土梗者，土人也。【釋文】「直」如字。本亦作真，下句同。元嘉本此作真，下句作真。◎盧文弨曰：今本作真。「土梗」更猛反。司馬云：梗，土人也，遭雨則壞。◎慶藩案《文選》劉孝標〈廣絕交論〉注引司馬云：梗，土之木梗，亦木人也；土木相偶，謂以物像人形，皆曰偶耳。《一切經音義・二十》引司馬云：土梗，土之榛梗也。與《釋文》異。

4.【注】知至貴者，以人爵為累也。

【疏】既聞真道，隳體坐忘，故知爵位壇土，適為憂累耳。

溫伯雪子適齊，舍於魯。魯人有請見之者，溫伯雪子曰：「不可。吾聞中國之君子，明乎禮義而陋於知人心，吾不欲見也。」[1]

1.【疏】姓溫，名伯，字雪子，楚之懷道人也。中國，魯國也。陋，拙也。自楚往齊，途經過魯，止於主人之舍。魯人是孔子門人，聞溫伯雪賢人，請欲相見。溫伯不許，云：「我聞中國之人，明於禮義聖迹，而拙於知人心，是故不欲見也。」

【釋文】「溫伯雪子」李云：南國賢人也。

至於齊，反舍於魯，是人也又請見1。溫伯雪子曰：「往也蘄見我，今

也又蘄見我，是必有以振我也2。」

【釋文】【蘄】音祈。

1.【疏】溫伯至齊，反還舍魯，是前之人，復欲請見。

2.【疏】蘄，求也。振，動也。昔我往齊，求見於我，我今還魯，復來求見，必當別有所以，故欲感動我來。

出而見客，入而歎。明日見客，又入而歎。其僕曰：「每見之客也，必

入而歎，何耶？」1

1.【疏】前後見客，頻自嗟嘆，溫伯僕隸，怪而問之。

曰：「吾固告子矣：『中國之民，明乎禮義而陋乎知人心。』昔之見我

者，進退一成規，一成矩，從容一若龍，一若虎1，其諫我也似子，其道我

也似父2，是以歎也3。」

1.【注】槃辟其步，逶蛇其迹。【疏】擊跪揖讓，前卻方圓，逶迤若龍，槃辟如虎。【釋文】【從容】七

容反。「槃辟」婢亦反。「遺」如字。本又作逶，於危反。◎盧文弨曰：今本遺作逶。「蛇」以支反。

2.【注】禮義之弊，有斯飾也。【釋文】【其道】音導。

3.【疏】匡諫我也，如子之事父；訓導我也，似父之教子。夫遠近尊卑，自有情義，既非天性，何事殷勤！是

知聖迹之弊，遂有斯矯，是以歎之也。

仲尼見之而不言1。子路曰：「吾子欲見溫伯雪子久矣，見之而不言，

何邪[2]？」

1.【注】已知其心矣。

2.【疏】二人得意，所以忘言。仲由怪之，是故起問。

仲尼曰：「若夫人者，目擊而道存矣，亦不可以容聲矣[1]。」

1.【注】目裁往，意已達，無所容其德音也。【疏】擊，動也。夫體悟之人，忘言得理，目裁運動而玄道存焉，無勞更事辭費，容其聲說也。【釋文】「夫人」音符。「目擊而道存矣」司馬云：見其目動而神實已著也。擊，動也。郭云：目裁往，意已達。

顏淵問於仲尼曰：「夫子步亦步，夫子趨亦趨，夫子馳亦馳；夫子奔逸絕塵，而回瞠若乎後矣！」

夫子曰：「回，何謂邪？」

曰：「夫子步，亦步也；夫子言，亦言也；夫子趨，亦趨也；夫子辯，亦辯也；夫子馳，亦馳也；夫子言道，回亦言道也；及奔逸絕塵而回瞠若乎後者，夫子不言而信，不比而周，无器而民滔乎前，而不知所以然而已矣。」[1]

1.【疏】奔逸絕塵，急走也。瞠，直目貌也。滅塵迅速，不可追趁，故直視而在後也。器，爵位也。夫子不言而為人所信，未曾親比而與物周旋，實無人君之位而民足蹈乎前而眾聚也。不知所然而然，直置而已矣，所謂奔逸絕塵也。【釋文】「奔逸」司馬本又作軼。「瞠」敕庚反，又丑郎反。《字林》云：直視貌。一音杜哽反，又敕

孟反。◎慶藩案《後漢書·逸民傳》汪、《文選》范蔚宗〈逸民傳論〉注,並引司馬云:言不可及也。《釋文》闕。「不比而周」毗志反。「滔乎前」叱刀反。謂無人君之器,滔聚其前也。又杜高反。

仲尼曰:「惡!可不察與!夫哀莫大於心死,而人死亦次之[1]。日出東方而入於西極,萬物莫不比方[2],有目有趾者,待是而後成功[3],是出則存,是入則亡[4]。萬物亦然,有待也而死,有待也而生[5]。吾一受其成形,而不化以待盡[6],效物而動[7],日夜无隙[8],而不知其所終[9];薰然其成形[10],知命不能規乎其前,丘以是日徂[11]。

1.【注】夫心以死為死,乃更速其死;其死之速,由哀以自喪也。無哀則已,有哀則心死者,乃哀之大也。【疏】夫不比而周,不言而信,蓋由虛心順物,豈徒然哉!何可不忘懷鑒照,夷心審察耶!夫情之累者,莫過心之變易,變易生滅,深可哀傷,而以生死,哀之次也。【釋文】「惡可」音烏。「察與」音餘。下哀與同。「自喪」息浪反。下章同。

2.【注】皆可見也。【疏】夫夜暗晝明,東出西入,亦猶人入幽出顯,死去生來。故知人之死生,譬天之晝夜,以斯寓比,亦何惜哉!◎家世父曰:日之出也,乘之以動焉,其入也,人斯息焉,惟其明也。物之待明而動者,莫能外也;待明而動,順之而已矣。不能御氣而為生,則亦不能強致其明而為動。昔日之明,猶今日之明也,而固不能執今日之明。執今之明以規合夫昔,是交臂而失之也。昔日之明,此有此之步趨。肖者,步趨也,所以肖者,非步趨也,兩相忘於步趨之中,而後與道大適。惟能忘也,彼有彼之步趨,於是乎在。於人之步趨無所待焉,是乘日之明而不知動者也,謂之人死;於人之步趨強致以求合焉,是忘今之明而求之昔也,是之謂心死。死者,襲焉而不化,執焉而不移者也。莊子語妙,惟當以神悟之。

3.【注】目成見功,足成行也。【疏】趾,足也。夫人百體,稟自陰陽,目見足行,資乎造化,若不待此,何以成功!故知死生非關人也。

4.【注】直以不見為亡耳,竟不亡。【疏】見日出謂之存,覩日入謂之亡,此蓋凡情之浪執,非通聖人之達

觀。

5.【注】待隱謂之死，待顯謂之生，竟無死生也。　【疏】夫物之隱顯，皆待造化，隱謂之死，顯謂之生。日出入既無存亡，物隱顯豈有生死耶！

6.【注】夫有不得變而為無，故一受成形，則化盡無期也。　【疏】夫我之形性，稟之造化，明闇妍醜，崖分已成，一定已後，更無變化，唯常端然待盡，以此終年。妍醜既不自由，生死理亦當任也。

7.【注】自無心也。

8.【注】恆化新也。　【疏】變化日新，泯然而無間隙。

9.【注】不以死為死也。　【疏】隨之不見其後。

10.【注】薰然自成，又奚為哉！　【疏】薰然，自動之貌。薰然稟氣成形，無物使之然也。　【釋文】「薰然」許云反。

11.【注】不係於前，與變俱往，故曰徂。　【疏】徂，往也。達於時變，不能預作規模，體於日新，是故與化俱往也。　【釋文】「日徂」如字。司馬本作疽，云…病也。

吾終身與汝交一臂而失之，可不哀與[1]！女殆著乎吾所以著也。彼已盡矣，而女求之以為有，是求馬於唐肆也[2]。吾服女也甚忘[3]，女服吾也亦甚忘[4]。雖然，女奚患焉！雖忘乎故吾，吾有不忘者存[5]。

1.【注】夫變化不可執而留也。故雖執臂相守而不能令停，若哀死者，則此亦可哀也。今人未嘗以此為哀，奚獨哀死耶！　【疏】孔丘顏子，賢聖二人，共修一身，各如交臂；而變化日新，遷流迅速，牢執固守，不能暫停，把臂之間，欻然已謝，新既行矣，故以失焉。若以失故而悲，此深可哀也。　【釋文】「能令」力呈反。下章注同。

2.【注】唐肆，非停馬處也，言求向者之有，不可復得也。人之生，若馬之過肆耳，恆無駐須臾，新故之相續，不舍晝夜也。著，見也，言汝始見吾所以見者耳。吾所以見者，日新也，故已盡矣，汝安得有之！　【疏】

殆，近也。著，見也。唐，道；肆，市也。吾所見者，變故日新者也。顏回孔子，對面清談，向者之言，其則非遠，故言殆著也。彼之故事，於今已滅，汝仍求向時之有，謂求馬於唐肆也。唐肆非停馬之處也，向者見馬，市道而行，今時覆尋，馬已過去。亦猶向者之迹已滅於前，求之於今，物已變矣。故知新新不住，運運遷移耳。

【釋文】「女」音汝。「殆著乎吾所以著也」郭著音張慮反。司馬云：吾所以著者外化也，汝殆庶於此耳。吾一不化者，則非汝所及也。「是求馬於唐肆也」郭云：唐肆非停馬處也。李同。又云：唐，亭也。司馬本作廣肆，云：廣庭也。求馬於市肆廣庭，非其所也。「馬處」昌慮反。「可復」扶又反。「不舍」音捨。

3.【注】服者，思存之謂也。甚忘，謂過去之速也。言汝去忽然，思之恆欲不及。　【疏】復者，尋思之謂也。向者之汝，於今已謝，吾復思之，亦竟忘失。

4.【注】俱爾耳，不問賢之與聖，未有得停者。　【疏】變化日新，不簡賢聖。豈唯於汝，抑亦在吾。汝之思吾，故事亦滅。

5.【注】不忘者存，謂繼之以日新也。雖忘故吾而新吾已至，未始非吾，吾何患焉！故能離俗絕塵而與物無不冥也。　【疏】夫變化之道，無時暫停，雖失故吾而新吾尚在，斯有不忘者存也，故未始非吾，汝何患也！　【釋文】「離俗」力智反。下章文同。

孔子見老聃，老聃新沐，方將被髮而乾，熟然似非人1。孔子便而待之2，少焉見，曰：「丘也眩與，其信然與？向者先生形體掘若槁木，似遺物離人而立於獨也3。」

1.【注】寂泊之至。　【釋文】「被髮」皮寄反。「而干」本或作乾。◎盧文弨曰：今本作乾。「熟」乃牒反，又丁立反。司馬云：不動貌。《說文》云：怖也。「泊」步各反。

2.【疏】既新沐髮，曝之令乾，凝神寂泊，熟然不動，掘若槁木，故似非人。孔子見之，不敢往觸，遂便徙所，消息待之。　【釋文】「便而待」待或作侍。

3.【注】無其心身，而後外物去也。

【疏】俄頃之間，入見老子，云：「丘見先生，眼為眩燿，忘遺形智，信是聖人」；既而離異於人，遺棄萬物，亡於不測而冥於獨化也。

「與」音餘。下同。「掘若」徐音屈。「槁木」苦老反。

老聃曰：「吾遊心於物之初[1]。」

1.【注】初未有而欻有，故遊心於物之初，然後明有物之不為而自有也。

【疏】遊心物初，則是凝神妙本，所以形同槁木，心若死灰也。

【釋文】「而欻」訓弗反。

道為物之初也。

【疏】初，本也。夫道通生萬物，故名

【釋文】「見曰」賢遍反。「眩」玄遍反。

孔子曰：「何謂邪[1]？」

1.【疏】雖聞聖言，未識意謂。

曰：「心困焉而不能知，口辟焉而不能言[1]，嘗為汝議乎其將[2]。至陰肅肅，至陽赫赫；肅肅出乎天，赫赫發乎地[3]；兩者交通成和而物生焉，或為之紀而莫見其形[4]。消息滿虛，一晦一明，日改月化，日有所為[5]，而莫見其功[6]。生有所乎萌，死有所乎歸[8]，始終相反乎无端而莫知乎其所窮[9]。非是也，且孰為之宗[10]！」

1.【注】欲令仲尼必求於言意之表也。

【疏】辯者，口開不合也。夫聖心非不能知，為其無法可知；口非不能辯，為其無法可辯。辯之則乖其體，知之則喪其真，是知至道深玄，超言意之表，故困焉辯焉。

【釋文】「口辟」必亦反。又婢亦反，徐敷赤反。

2.【注】試議陰陽以擬向之無形耳，未之敢必。

【疏】夫至理玄妙，非言意能詳。試為汝議論陰陽，將擬議

大道，雖即仿象，未即是真矣。　【釋文】「嘗為」于偽反。

3.【注】言其交也。

4.【注】莫見為紀之形，明其自爾。　【疏】蕭蕭，陰氣寒也；赫赫，陽氣熱也；近陰中之陽，陽中之陰，言其交泰也。陽氣下降，陰氣上昇，二氣交通，遂成和合，因此和氣而物生焉。雖復四序炎涼，紀綱庶物，而各自化，故莫見綱紀之形。

5.【注】未嘗守故。　【疏】陰消陽息，夏滿冬虛，夜晦晝明，日遷月徙，新新不住，故日有所為也。

6.【注】自爾故無功。　【疏】玄功冥濟，故莫見為之者也。

7.【注】萌於未聚也。　【疏】萌於無物。

8.【注】歸於散也。　【疏】歸於木生。

9.【注】所謂迎之不見其首，隨之不見其後。　【疏】死生終始，反覆往來，既無端緒，誰知窮極！故至人體達，任其變也。

10.【疏】若非是虛通生化之道，誰為萬物之宗本乎！夫物云云，必資於道也。　【釋文】「且孰」如字。舊子餘反。

孔子曰：「請問遊是[1]。」

老聃曰：「夫得是，至美至樂也，得至美而遊乎至樂，謂之至人[2]。」

1.【疏】請問：「遊心是道，其術如何？必得遊是，復有何功力也？」

2.【注】至美無美，至樂無樂故也。　【疏】夫證於玄道，美而歡暢，既得無美之美而遊心無樂之樂者，可謂至極之人也。　【釋文】「至樂」音洛。下及注同。

孔子曰：「願聞其方[1]。」

曰：「草食之獸不疾易藪，水生之蟲不疾易水，行小變而不失其大常也[2]，喜怒哀樂不入於胷次[3]。夫天下也者，萬物之所一也。得其所一而同焉，則

四支百體將為塵垢，而死生終始將為晝夜而莫之能滑，而況得喪禍福之所介乎！棄隸者若棄泥塗，知身貴於隸也[5]，貴在於我而不失於變[6]。且萬化而未始有極也，夫孰足以患心！已為道者解乎此[7]。」

1.【疏】方，猶道也。請說至美至樂之道。

2.【注】死生亦小變也。　【疏】疾，患也。易，移也。夫食草之獸，不患移易藪澤；水生之蟲，不患改易池沼；但有草有水，則不失大常，從東從西，亦猶人處於大道之中，隨變任化，未始非我，此則不失大常，生死之變，蓋亦小耳。　【釋文】「行小」下孟反，又如字。

3.【注】知其小變而不失大常也。　【疏】喜順，怒逆，樂生，哀死，夫四者生崖之事也。而死生無變於己，喜怒豈入於懷中也！　【釋文】「胃次」李云：次，中也。反。「所介」音界。

4.【注】愈不足患。　【疏】夫天地萬物，其體不二，達斯趣者，故能混同。是以物我皆空，百體將為塵垢；死生虛幻，終始均乎晝夜。死生不能滑亂，而況得喪禍福生崖之事乎！愈不足以介懷也。　【釋文】「能滑」古沒反。

5.【注】知身之貴於隸，故棄之若遺土耳。苟知死生之變所在皆我，則貴者常在也。

6.【注】所貴者我也，而我與變俱，故無失也。　【疏】夫舍棄僕隸，事等泥塗，故知貴在於我，不在外物，我將變俱，故無所喪也。

7.【注】所謂縣解。　【疏】夫世物遷流，未嘗有極，而隨變任化，誰復累心！唯當修道達人，方能解此。　【釋文】「解乎」戶買反。注同。

孔子曰：「夫子德配天地，而猶假至言以修心，古之君子，孰能脫焉[1]？」

老聃曰：「不然。夫水之於汋也，无為而才自然矣。至人之於德也，不

修而物不能離焉，若天之自高，地之自厚，日月之自明，夫何脩焉！」[2]

1.【疏】配，合也。脱，免也。老子德合二儀，明齊三景，故應忘言歸理，聖智自然。今乃盛談至言以修心術，然則古之君子，誰能遺於言說而免於修為者乎？

2.【注】不脩不為而自得也。【疏】汋，水澄湛也。言天高地厚，日月照明，夫何修為？自然而已矣。至人玄德，其義亦然，端拱巖廊而物不能離，澤被群品，日用不知。

【釋文】【汋】音灼，又上若反。李以略反。◎家世父曰：《說文》汋，激水聲也；井一有水，一無水，謂之瀳汋。所引《爾雅·釋水》文。郭璞注《爾雅》，引《山海經》天井夏有水冬無水，即此類。汋者，水自然涌出，非若泉之有源，而溪澗之交匯以流行也。《說文》：激，水礙邪疾波也。謂有所礙而邪出疾行，故有聲。水之涌出，亦若激而有聲。無為而才自然，言無有疏導之者。《釋文》引李云，汋，取也。誤。

孔子出，以告顏回曰：「丘之於道也，其猶醯雞與[1]！微夫子之發吾覆也，吾不知天地之大全也[2]。」

1.【注】醯雞者，甕中之蠛蠓。【釋文】【醯雞】許西反，郭云：醯雞，甕中之蠛蠓也。司馬云：醯雞，酒上蠛蠓也。◎慶藩案《太平御覽·三百九十五》引司馬云：醯雞，酒上飛蚋。與《釋文》小異。【甕中】烏弄反。【蠛】亡結反。【蠓】莫孔反。

2.【注】比吾全於老聃，猶甕中之蠛蠓與天地矣。【疏】醯雞，醋甕中之蠛蠓，每遭物蓋甕頭，故不見二儀也。亦猶仲尼遭聖迹蔽覆，不見事理，若無老子為發覆蓋，則終身不知天地之大全，虛通之妙道也。

莊子見魯哀公。哀公曰：「魯多儒士，少為先生方者[1]。」

1.【疏】方，術也。莊子是六國時人，與魏惠王、齊威王同時，去魯哀公一百二十年，如此言見魯哀公者，蓋寓言耳。然魯則是周公之後，應是衣冠之國。又孔子生於魯，盛行五德之教，是以門徒三千，服膺儒服，長裾廣

袖，魯地必多，無為之學，其人鮮矣。【釋文】「莊子見」賢遍反，亦如字。「魯哀公」司馬云：莊子與魏惠

王、齊威王同時，在哀公後百二十年。

莊子曰：「魯少儒[1]。」

哀公曰：「舉魯國而儒服，何謂少乎[2]？」

1.【疏】夫服以象德，不易其人，莊子體知，故譏儒少。

2.【疏】哀公庸暗，不察其道，直據衣冠，謬稱多儒。

莊子曰：「周聞之，儒者冠圜冠者，知天時；履句屨者，知地形；緩佩玦者，事至而斷。君子有其道者，未必為其服也；為其服者，未必知其道也。[1]公固以為不然，何不號於國中曰：『无此道而為此服者，其罪死！』」

1.【疏】句，方也。緩者，五色絛繩，穿玉玦以飾佩也。玦，決也。本亦有作綏字者。夫天員地方，服以象德。故戴圓冠以象天者，則知三象之吉凶；履方屨以法地者，則知九州之水陸；曳綏佩玦者，事到而決斷。是以懷道之人，不必為服，為服之者，不必懷道。彼己之子，今古有之，是故莊生寓言辯說也。【釋文】「冠」古亂反。「圜冠」音圓。「履句」音矩，徐其俱反。李云：方也。「屨」徐居具反。「緩」戶管反。《晉書》緩帶輕裘，緩帶，猶博帶也。緩佩玦，緩佩玦者，言所佩者玦，而繫之帶間，寬綽有餘也。玦，古穴反。○慶藩案《說文》縙緤二字互訓，緩者，寬綽之意。《釋文》引司馬本作綏，誤。「而斷」丁亂反。

於是哀公號之五日，而魯國无敢儒服者[1]，獨有一丈夫儒服而立乎公門。公即召而問以國事，千轉萬變而不窮。

1.

令也。

1.【疏】有服無道，罪合極刑，法令既嚴，不敢犯者，號經五日，無復一儒也。【釋文】「號於國」號，號

國一人，未足多也。

莊子曰：「以魯國而儒者一人耳，可謂多乎1？」

1.【注】德充於內者，不脩飾於外。【疏】一人，謂孔子。孔子聖人，觀機吐智，若鏡之照，轉變無窮，舉

百里奚爵祿不入於心，故飯牛而牛肥，使秦穆公忘其賤，與之政也1。

1.【疏】姓孟，字百里奚，秦之賢人也。本是虞人，虞被晉亡，遂入秦國。初未遭用，貧賤飯牛。安於飯牛，身甚肥悅，忘於富貴，故爵祿不入於心。後穆公知其賢，委以國事，都不猜疑，故云忘其賤矣。【釋文】「故飯」煩晚反。

有虞氏死生不入於心，故足以動人2。

2.【注】內自得者，外事全也。【疏】有虞，舜也。姓嬀氏，字重華。遭後母之難，頻被躓頓，而不以死生經心，至孝有聞，感動天地，於是堯妻以二女，委以萬乘，故足以動人也。

宋元君將畫圖，眾史皆至，受揖而立；舐筆和墨，在外者半1。有一史後至者，儃儃然不趨，受揖不立，因之舍。公使人視之，則解衣般礡臝。君曰：「可矣，是真畫者也。2」

1.【疏】宋國之君，欲畫國中山川地土圖樣，而畫師並至，受君令命，拜揖而立，調朱和墨，爭競功能。除其受揖，在外者半，言其趨競者多。【釋文】「受揖而立」可馬云：受命揖而立也。「舐」本或作舓，食紙反。

2.【注】内足者，神閒而意定。【疏】僮僮，寬閒之貌也。内既自得，故外不矜持，徐行不趨，受命不立，直入就舍，解衣箕坐，保露赤身，曾無懼憚。元君見其神彩，可謂真畫者也。【釋文】「僮僮」吐祖反，徐音但。李云：舒閒之貌。「般」字又作縏。「礴」傍各反，徐敷各反。司馬云：般礴，謂箕坐也。「贏」本又作臝，同。力果反。司馬云：將畫，故解衣見形。「神閒」音閑。

文王觀於臧，見一丈夫釣，而其釣莫釣1；非持其釣有釣者也2，常釣也3。

1.【注】聊以卒歲。【疏】臧者，近渭水地名也。丈夫者，寓言於太公也。呂望未遭文王之前，編釣於臧地，無心施餌，聊自寄此逍遙。【釋文】「文王觀於臧」李云：臧，地名也。司馬本作文王微服而觀於臧。「丈夫」本或作丈人。

2.【注】竟無所求。

3.【注】不以得失經意，其於假釣而已。【疏】非執持其釣，有意羨魚，常遊渭濱，卒歲而已。

文王欲舉而授之政，而恐大臣父兄之弗安也；欲終而釋之，而不忍百姓之无天也1。於是旦而屬之大夫曰：「昔者寡人夢見良人，黑色而髯，乘駁馬而偏朱蹄，號曰：『寓而政於臧丈人，庶幾乎民有瘳乎2！』」

1.【疏】文王既見賢人，欲委之國政，復恐皇親幸輔，猜而忌之；既欲捨而釋之，不忍蒼生失於覆蔭，故言無天也。

2.【疏】既欲任賢，故託諸夢想，乃屬語臣佐云：「我昨夜夢見賢良之人，黑色而有髯髯，乘駁馬而蹄偏赤，號令我云：『寄汝國政於臧丈人，慕賢進隱，則民之荒亂病必瘳差矣。』」駁，亦有作辝字者，隨字讀之也。【釋文】「旦而屬」音燭。「之夫夫」皆方于反。司馬云：夫夫，大夫也。一云：夫夫，古讀為大夫。◎慶藩案昔

者，夜者也。古謂夜為昔。或為昔者（《晏子春秋·雜下篇》有梟昔者鳴，《說苑·辨物篇》亦作昔者。王念孫云：古謂夜為昔，或為夜者（《晏子春秋·外篇》寡人夜者聞西方有男子哭，《晏子春秋·雜上篇》畫者進膳是也），或曰夕者（《晏子春秋·下篇》夕者嘗與二日鬬），皆其證。「頯」而占反，郭李而兼反，又而銜反。「駁馬」邦角反。「偏朱蹄」李云：一蹄偏赤也。「瘳乎」敕留反。

諸大夫蹵然曰：「先君王也[1]。」

1.【疏】文王之父季歷生存之日，黑色多髯，好乘駁馬，駁馬蹄偏赤。王之所夢，乃是先君教令於王，是以蹵然驚懼也。【釋文】「蹵然」子六反。本或作愀，在久七小二反。「先君王也」司馬云：言先君王靈神之所致。◎俞樾曰：先君下疑奪命字。此本作先君命王也，故下文曰先君之命王其無他。

文王曰：「然則卜之。」

諸大夫曰：「先君之命，王其無它，又何卜焉[1]！」

1.【疏】此是先君令命，決定無疑，卜以決疑，不疑何卜也！【釋文】「之令」本或作命。◎盧文弨曰：今本作命。「王其無它」司馬云：無違令。

遂迎臧丈人而授之政。典法无更，偏令无出[1]。三年，文王觀於國，則列士壞植散群，長官者不成德，鈇鉞不敢入於四竟[2]。列士壞植散群，則尚同也[3]；長官者不成德，則同務也[4]；鈇鉞不敢入於四竟，則諸侯无二心也[5]。

1.【疏】君臣契協，遂迎丈人，拜為卿輔，授其國政。於是典憲刑法，一施無改，偏曲敕令，無復出行也。

2.【疏】植，行列也，亦言境界列舍以受諫書也，亦言是諫士之館也。庚，六斗四升也。為政三年，移風易

俗，君臣履道，無可箴規，散卻列士之爵，打破諫書之館，上下咸亨，長官不顯其德，遐邇同軌，度量不入四境。

【釋文】「列士壞」音怪。下同。「植」音直。「散群」司馬云：散群，言不養徒眾也。一云：植者，疆界頭造群屋以待諫者也。◎俞樾曰：司馬兩說，並未得植字之義。宣二年《左傳》華元為植，杜注曰：植，將主也。列士必先有主而後得有徒眾，故欲散其群，必先壞其植也。「長」丁丈反。下同。「官者不成德」司馬云：不利功名也。「鍬斛」音庚。李云：六斛四斗曰鍬。司馬本作鍬斛，云：鍬讀曰鍾，斛讀曰臾。「四竟」音境。下同。

5.【注】天下相信，故能同律度量衡也。　【疏】天下大同，不競忠諫，事無隔異，則德不彰，五等守分，則四方寧謐也。

4.【注】絜然自成，則與眾務異也。

3.【注】所謂和其光，同其塵。

文王於是焉以為大師，北面而問曰：「政可以及天下乎？」臧丈人昧然而不應，泛然而辭，朝令而夜遁，終身无聞。[1]

1.【注】為功者非己，故功成而身不得不退，事遂而名不得不去，名去身退，乃可以及天下也。　【疏】俄頃之間，拜為師傅，北面事之，問其政術。無心榮寵，故泛然而辭；冥意消聲，故昧然不應。由名成身退，推功於物，不欲及於天下，故逃遁無聞。然呂佐周室，受封於齊，檢於史傳，竟無逃迹，而云夜遁者，蓋莊生之寓言也。

【釋文】「大師」音泰。「昧然」音妹。「泛然」徐敷劍反。「泛然」「夜遁」徒困反。

顏淵問於仲尼曰：「文王其猶未邪？又何以夢為乎[1]？」

1.【疏】顏子疑於文王未極至人之德，真人不夢，何以夢乎？

仲尼曰：「默，汝无言！夫文王盡之也[1]，而又何論刺焉！彼直以循斯

須也[2]。

1.【注】任諸大夫而不自任，斯盡之也。

2.【注】斯須者，百姓之情，當悟未悟之頃，故文王循而發之，以合其大情也。【疏】斯須猶須臾也。循，順也。夫文王聖人，盡於妙理，汝宜寢默，不勞譏刺。彼直隨任物性，順蒼生之望，欲悟未悟之間，故託夢以發其性耳，未足怪也。【釋文】「刺焉」七賜反。

列禦寇為伯昏无人射[1]，引之盈貫[2]，措杯水其肘上[2]，發之，適矢復沓[3]，方矢復寓[4]。當是時，猶象人也[5]。

1.【注】盈貫，謂溢鏑也。【釋文】「為伯昏」于偽反。「盈貫」古亂反。司馬云：鏑也。「鏑」丁歷反。

2.【注】左手如拒石，右手如附枝，右手放發而左手不知，故可措之杯水也。【疏】禦寇無人，〈內篇〉具釋。盈貫，滿鏑也。措，置也。禦寇風仙，鄭之善射，右手引弦，如附枝而滿鏑，左手如拒石，置杯水於肘上，言其停審敏捷之至也。【釋文】「措」七故反。「其肘」竹九反。「如拒」音矩。本亦作矩字。

3.【注】矢去也。箭適去，復歛沓也。【釋文】「適矢」丁歷反。「復沓」扶又反。「歛」色洽反，又初洽反。

4.【注】箭方去未至的也，復寄杯於肘上，言其敏捷之妙也。【疏】適，往也。沓，重也。寓，寄也。弦發矢往，復重沓前箭，所謂擘括而入者。箭方適埃，未至於的，復寄杯水，言其敏捷。寓字亦作隅者，言圓鏑重沓，如水之流，一矢適發，一矢復涌出也。

5.【注】不動之至。【疏】象人，木偶土梗人也。言禦寇當射之時，掘然不動，猶土木之人也。◎家世父曰：適矢復沓，狀矢之發；方矢復寓，狀矢之歛。《說文》：多言沓沓，如水之流。言一矢適發，一矢復在彀也。象人，猶鄭康成之云相人偶寓，寄也，言一矢方釋，

伯昏无人曰：「是射之射，非不射之射也[1]。嘗與汝登高山，履危石，臨百仞之淵，若能射乎[2]？」

1.【疏】言汝雖巧，仍是有心之射，非忘懷無心，不射之射也。

2.【疏】七尺曰仞，深七百尺也。若，汝也。此是不射之射也。

於是无人遂登高山，履危石，臨百仞之淵，背逡巡，足二分垂在外，揖禦寇而進之。禦寇伏地，汗流至踵[1]。

1.【疏】前略陳射意，此直欲彎弓。逡巡，猶卻行也。登峻聳高山，履危懸之石，臨極險之淵，仍背淵卻行，足垂二分在外空裏。控弦自若，揖禦寇而讓之。禦寇怖懼，不能舉頭，於是冥目伏地，汗流至腳也。

【釋文】「逡巡」七旬反。「汗流」戶旦反。

伯昏无人曰：「夫至人者，上闚青天，下潛黃泉，揮斥八極，神氣不變[1]。今汝怵然有恂目之志，爾於中也殆矣夫[2]！」

1.【注】揮斥，猶縱放也。夫德充於內，則神滿於外，無遠近幽深，所在皆明，故審安危之機而泊然自得也。

◎慶藩案潛與闚對文。潛，測也，與闚之意相近。古訓潛為測，見《爾雅》。

【釋文】「揮」音輝。「斥」音尺，李音託。郭云：揮斥，猶放縱。

2.【注】不能明至分，故有懼，有懼而所喪多矣，豈唯射乎！

【疏】揮斥，猶縱放也。恂，懼也。夫至德之人，與大空等量，故能上闚青天，下隱黃泉，譬彼神龍，升沉無定，縱放八方，精神不改，臨彼萬仞，何足介懷！今我觀汝有怵惕之心，眼目眩惑，懷恂懼之志，汝於射中危殆矣夫！

【釋文】「怵然」敕律反。「有恂」李又作眴，音荀。《爾雅》云：恂，慄也。「目之志」恂，謂眩也，欲以眩悅人之目，故怵也。「於中」丁仲反，又如胊，音荀。

字。中，精神也。「所喪」息浪反。後章同。

肩吾問於孫叔敖曰：「子三為令尹而不榮華，三去之而无憂色。吾始也疑子，今視子之鼻間栩栩然，子之用心獨奈何？」1

1.【疏】肩吾，隱者也。叔敖，楚之賢人也。栩栩，歡暢之貌也。夫達者毀譽不動，寵辱莫驚，故孫敖三仕而不榮華，三黜而無憂色。肩吾始聞其言，猶懷疑惑，復察其貌，栩栩自懽，若為用心，獨得如此也？【釋文】「栩栩」況甫反。

孫叔敖曰：「吾何以過人哉！吾以其來不可卻也，其去不可止也，吾以為得失之非我也，而无憂色而已矣。我何以過人哉！且不知其在彼乎，其在我乎？其在彼邪？亡乎我；在我邪？亡乎彼2。方將躊躇，方將四顧，何暇至乎人貴人賤哉3！」

1.【疏】夫軒冕榮華，物來儻寄耳，故其來不可遣卻，其去不可禁止。窮通得喪，豈由我哉！達此去來，故無憂色，何有藝術能過人耶！

2.【注】曠然無係，玄同彼我，若在彼非獨亡，在我非獨存也。而彼我既其玄同，得喪於乎自泯也。◎慶藩案彼我皆亡，言不在我，不在彼也。《淮南·詮言篇》亡乎萬物之中，高注曰：不在萬物之中也。即此義。　【疏】亡，失也。且不知榮華定在彼人，定在我己？若在彼邪？則於我為失。若在我邪？則於彼為失。而彼我既其玄同，在我非獨存。

3.【注】躊躇是逸豫自得，四顧是高視八方。方將磅礴萬物，揮斥宇宙，有何容暇至於人世，留心貴賤之間乎！故去之而無憂色也。　【疏】躊躇四顧，謂無可無不可。【釋文】「躊」直留反。「躇」直於反。

仲尼聞之曰：「古之真人，知者不得說，美人不得濫，盜人不得劫，伏

戲黃帝不得友₁。死生亦大矣，而无變乎己，況爵祿乎！₂若然者，其神經乎大山而无介，入乎淵泉而不濡，處卑細而不憊，充滿天地，既以與人，己愈有₃。

1.【注】伏戲黃帝者，功號耳，非所以功者也。故況功號於所以功，相去遠矣，故其名不足以友其人也。

【疏】仲尼聞孫叔敖之言而美其德，故引遠古以證斯人。古之真人，窮微極妙，縱有智言之人，不得辯說，美色之姿，不得淫濫，盜賊之徒，何能劫剝，三皇五帝，未足交友也。

【釋文】「得劫」居業反。元嘉本作卻。「伏戲」音義。

2.【疏】人雖日新，死生大矣，而不變於己；況於爵祿，豈復栖心！

【釋文】「大山」音泰。「无介」音界。「不憊」皮拜反。「以為」于偽反。下同。

3.【注】割肌膚以為天下者，彼我俱失也；使人人自得而已者，與人而不損於己也。其神明充滿天地，故所在皆可，所在皆可，故不損己為物而放於自得之地也。

【疏】介，礙也。既，盡也。夫真人入火不熱，入水不濡，經乎大山而神无障礙，屈處卑賤，其道不虧，德合二儀，故充滿天地，不損己為物，故愈有也。

楚王與凡君坐，少焉，楚王左右曰凡亡者三₁。凡君曰：「凡之亡也，不足以喪吾存₂。夫『凡之亡不足以喪吾存』，則凡之存不足以存存₃。由是觀之，則凡未始亡而楚未始存也₄。」

1.【注】言有三亡徵也。

【疏】楚文王共凡僖侯同坐，論合從會盟之事。凡是國名，周公之後，國在汲郡，今有凡城是也。三者，謂不敬鬼、尊賢、養民也。而楚大凡小，楚有吞夷之意，故使從者以言感也。◎俞樾曰：楚左右言凡亡者三人也。郭注曰言有三亡徵也，非是。

【釋文】「凡君」如字。司馬云：凡，國名，在汲郡共縣。案《左傳》，凡，周公之後也。隱七年，天王使凡伯來聘。俗本此後有孔子窮於陳蔡及孔子謂顏回二章，與〈讓王篇〉同，眾家并於〈讓王篇〉音之。檢此二章無郭注，似如重出。古本皆無，謂無者是也。

必亡而亡者更存，存者不獨存而存者更亡也。

2.【注】遺凡故也。【疏】自得造化，怡然不懼，可謂周公之後，世不乏賢也。

3.【注】夫遺之者不以亡為亡，則存亦不足以為存矣。曠然無矜，乃常存也。

4.【注】存亡更在於心之所措耳，大下竟無存亡。【疏】夫存亡者，有心之得喪也；既冥於得喪，故亡者未

外篇知北遊第二十二[1]

1.【釋文】以義名篇。

知北遊於玄水之上，登隱弅之丘，而適遭无為謂焉[1]。知謂无為謂曰：「予欲有問乎若[2]：何思何慮則知道？何處何服則安道？何從何道則得道？」[3]三問而无為謂不答也，非不答，不知答也[4]。

1.【疏】此章並假立姓名，寓言明理。北是幽冥之域，水又幽昧之方，隱則深遠難知，弅則鬱然可見。欲明至道玄絕，顯晦無常，故寄此言以彰其義也。【釋文】「知北遊」音智，又如字。「於玄水之上」李云：玄水，水名。司馬崔本上作北。◎盧文弨曰：今本作玄水水名。以下白水例之，重者是。「隱弅」符云反，又音紛，又符紛反。李云：隱出弅起，丘貌。

2.【疏】若，汝也。此明運知極心問道，假設賓主，謂之無為。

3.【疏】此假設言方，運知問道。若為尋思，何所念慮，則知至道？若為服勤，於何處所，則安心契道？何所依從，何所道說，則得其道也？

4.【疏】知，分別也。設此三問，竟無一答，非無為謂惜情不答，直是理無分別，故不知所以答也。

知不得問，反於白水之南，登狐闋之上，而睹狂屈焉。知以之言也問乎狂屈。[1]狂屈曰：「唉！予知之，將語若。中欲言而忘其所欲言[2]。

1.【疏】白是潔素之色，南是顯明之方，狐者疑似夷猶，闋者空靜無物。問不得決，反照於白水之南，捨有反無，狐疑未能窮理，既而猖狂妄行，掘若槁木，欲表斯義，故曰狂屈焉。【釋文】[白水]水名。[狐闋]苦穴反。司馬李云：狐闋，丘名。[而睹]丁古反。[狂屈]求勿反，徐又其述反。司馬向崔本作詘。李云：狂屈，俛張，似人而非也。◎慶藩案《釋文》引李云，狂屈，俛張，似人而非也。《文選·甘泉賦》捎夔魖，扶儵狂。狂屈即儵狂也。司馬與崔作詘，失之。[以之言]司馬云：之，是也。

2.【疏】唉，應聲。初欲言語，中途忘之，斯忘之術，反照之道。【釋文】[唉]哀在反。徐烏來反。李音熙，云：應聲。[語若]魚據反。

知不得問，反於帝宮，見黃帝而問焉。黃帝曰：「无思无慮始知道，无處无服始安道，无從无道始得道[1]。

1.【疏】軒轅體道，妙達玄言，故以一無答於三問。

知問黃帝曰：「我與若知之，彼與彼不知也，其孰是邪？」

黃帝曰：「彼无為謂真是也，狂屈似之；我與汝終不近也。夫知者不言，言者不知[1]，故聖人行不言之教[2]。道不可致[3]，德不可至[4]。仁可為也，義可虧也[5]，禮相偽也[6]。故曰，『失道而後德，失德而後仁，失仁而後義，失義而後禮。禮者，道之華而亂之首也[7]。』故曰，『為道者日損[8]，損之又損之以至於无為，无為而无不為也[9]。』今已為物也[10]，欲復歸根，不亦

難乎！其易也，其唯大人乎11！

1.【注】任其自行，斯不言之教也。【疏】真者不知也，似者中忘也，不近者以其知之也。行不言之教，引老子經為證也。【釋文】「不近」附近之近。

2.【注】道在自然，非可言致者也。【疏】致，得也。夫玄道不可以言得，言得非道也。

3.【注】不失德故稱德，稱德而不至也。【疏】夫上德不德，若為德者，非至德也。

4.【注】夫至仁無親，而今行偏愛之仁者，適可有為而已矣。【疏】夫仁無親，適可虧殘，非大全也。大全者，生之而已矣。

5.【疏】夫裁非斷割，適可虧殘，非大全也。大全者，生之而已矣。

6.【疏】夫禮尚往來，更相浮偽，華藻亂德，非真實也。

7.【注】禮有常則，故矯效之所由生也。【疏】棄本逐末，散樸為澆，道喪淳漓，逮於行禮，故引《老經》證成其義也。

8.【注】損華偽也。

9.【注】華去而朴全，則雖為而非為也。【疏】夫修道之夫，日損華偽，既而前損有，後損無，有無雙遣，以至於非有非無之無為也。寂而不動，無為故無不為也。此引《老經》重明其旨。

10.【注】物失其所，故有為物。

11.【注】其歸根之易者，唯大人耳。大人體合變化，故化物不難。【疏】倒置之類，浮偽居心，徇末忘本，以道為物，縱欲歸根復命，其可得乎！今量反本不難，唯在大聖人耳。◎家世父曰：人所受以生者，氣也。既得之以為生，則氣日流行大化之中，而吾塊然受其成形，無由反氣而合諸漠。道之華為禮，與氣之流行而為人，皆非其所固然者也。通死生為徒，一聽其氣之聚散而吾無與焉。道至於無為，而仁義禮之名可以不立，是之謂歸根。【釋文】「其易」以豉反。注同。

生也死之徒1，死也生之始2！孰知其紀2！人之生，氣之聚也；聚則為生，散則為死3。若死生為徒，吾又何患4！故萬物一也5，是其所美者為

神奇，其所惡者為臭腐；臭腐復化為神奇，神奇復化為臭腐。故曰『通天下一氣耳[6]。』聖人故貴一[7]。」

1.【注】知變化之道者，不以死生為異。

2.【注】更相為始，則未知孰死孰生也。　【疏】氣聚而生，猶是死之徒類；氣散而死，猶是生之本始。生死終始，誰知紀綱乎！聚散往來，變化無定。　【釋文】「更相」音庚。

3.【注】俱是聚也，俱是散也。

4.【注】患生於異。　【疏】夫氣聚為生，氣散為死，聚散雖異，為氣則同。斯則死生聚散，可為徒伴，既無其別，有何憂色！

5.【疏】生死既其不二，萬物理當歸一。

6.【注】各以所美為神奇，所惡為臭腐耳。　【疏】夫物無美惡而情有向背，故情之所美者則謂為神妙奇特，情之所惡者則謂為腥臭腐敗，而顛倒本末，一至於斯。然物性不同，所好各異；彼之所美，此則惡之；此之所惡，彼又為美。故毛嬙麗姬，人之所美，魚見深入，鳥見高飛。斯則臭腐神奇，神奇臭腐，而是非美惡，何有定焉！是知天下萬物，同一和氣耳。　【釋文】「所惡」烏路反。注同。「復化」扶又反。下同。

7.【疏】夫體道聖人，智周萬化，故貴此真一，而冥同萬境。

知謂黃帝曰：「吾問无為謂，无為謂不應我，非不我應，不知應我也。吾問狂屈，狂屈中欲告我而不我告，非不我告，中欲告而忘之也。今予問乎若，若知之，奚故不近？」黃帝曰：「彼其真是也，以其不知也；此其似之也，以其忘之也；予與若終不近也，以其知之也。」

狂屈聞之，以黃帝為知言。1

1.【注】明夫自然者，非言知之所得，故當昧乎無言之地。是以先舉不言之標，而後寄明於黃帝，則夫自然之冥物，概乎可得而見也。【疏】彼無為謂妙體無知，故真是道也。此狂屈反照遺言，中忘其告，似道非真也。知與黃帝二人，運智以詮理，故不近真谛也。狂屈逆聽，聞此格量，謂黃帝雖未近真，適可知玄言而已矣。【釋文】「之標」必遙反。

天地有大美而不言，四時有明法而不議，萬物有成理而不說1。聖人者，原天地之美而達萬物之理，是故至人无為2，大聖不作3，觀於天地之謂也4。

1.【注】此孔子之所以云予欲無言。【疏】夫二儀覆載，其功最美；四時代敘，各有明法；萬物生成，咸資道理；竟不言說，曾無議論也。【釋文】「大美」謂覆載之美也。

2.【注】任其自為而已。【疏】夫聖人者，合兩儀之覆載，同萬物之生成，是故口無所言，心無所作。

3.【注】唯因任也。

4.【注】觀其形容，象其物宜，與天地不異。【疏】夫大聖至人，無為無作，觀天地之覆載，法至道之生成，無為無言，斯之謂也。

今彼神明至精，與彼百化1，物已死生方圓，莫知其根也2，扁然而萬物自古以固存3。六合為巨，未離其內4；秋豪為小，待之成體5。天下莫不沉浮，終身不故6；陰陽四時運行，各得其序7。惛然若亡而存8，油然不形而神9，萬物畜而不知。此之謂本根10，可以觀於天矣11。

1.【注】百化自化而神明不奪。　【疏】彼神聖明靈，至精極妙，與物和混，變化隨流，或聚或散，曾無欣戚。今言百千萬者，並舉其大綱數爾。

2.【注】夫死者已自死而生者已自生，圓者已自圓而方者已自方，未有爲其根者，故莫知。　【疏】夫物或生或死，乍方乍圓，變化自然，莫知根緒。

3.【注】豈待爲之而後存哉！　【疏】扁然，遍生之貌也。言萬物翩然，隨時生育，從古以來，必固自有，豈由措意而後有之！　【釋文】「扁」音篇，又音幡。

4.【注】計六合在無極之中則陋矣。　【釋文】「未離」力智反。「其內」謂不能出自化也。

5.【注】秋豪雖小，非無亦無以容其質。　【疏】六合，天地四方也。獸逢秋景，毛端生豪，豪極微細，謂秋豪也。巨，大也。六合雖大，猶居至道之中，豪毛雖小，資道以成體質也。

6.【注】日新也。　【疏】世間庶物，莫不浮沉，升降生死，往來不住，運之不停，新新相續，未嘗守故也。

7.【注】不待爲之。　【疏】夫二氣氤氳，四時運轉，春秋寒暑，次敘天然，豈待爲之而後行之！

8.【注】昭然若存則亡矣。　【疏】惽然如昧，似無而有。　【釋文】「惽然」音昏，又音泯。

9.【注】縶然有形則不神。　【疏】神者，妙萬物而爲言也。油然無係，不見形象，而神用無方。　【釋文】「油然」音由，謂無所給惜也。

10.【注】畜之而不得其本性之根，故不知其所以畜也。　【疏】亭毒群生，畜養萬物，而玄功潛被，日用不知，此之真力，是至道一根本也。　【釋文】「物畜」本亦作滀，同。敕六反。注同。

11.【注】與天同觀。　【疏】觀，見也。天，自然也。夫能達理通玄，識根知本者，可謂觀自然之至道也。

齧缺問道乎被衣，被衣曰：「若正汝形，一汝視，天和將至[1]；攝汝知，一汝度，神將來舍[2]。德將爲汝美，道將爲汝居[3]，汝瞳焉如新生之犢而无求其故[4]！」

1.【疏】齧缺，王倪弟子；被衣，王倪之師也。汝形容端雅，勿爲邪僻，視聽純一，勿多取境，自然和理歸至

汝身。

【釋文】「被衣」音披，本亦作披。

2.【疏】收攝私心，令其平等，專一志度，令無放逸，汝之精神自來舍止。◎俞樾曰：一汝度當作正汝度。蓋此四句變文以成辭，其實一義也。攝汝知，即一汝視之意，所視者專一，故所知者收攝矣。正汝度，即正汝形之意，度，猶形也。《淮南子·道應篇》、《文子·道原篇》並作正汝度，可據以訂正。

3.【疏】深玄上德，盛美於汝，無知心中。

4.【疏】瞳焉，無知直視之貌。故，事也。心既虛夷，視亦平直，故如新生之犢，於事無求也。【釋文】

「瞳」敕紅反。郭莵絲反。李云：未有知貌。

言未卒，齧缺睡寐。被衣大說，行歌而去之，1 曰：「形若槁骸，心若死灰，真其實知，不以故自持。2 媒媒晦晦，无心而不可與謀。彼何人哉3！」

1.【疏】談玄未終，斯人已悟，坐忘契道，事等睡瞑。於是被衣喜躍，贊其敏速，行於大道，歌而去之。

2.【注】與變俱也。【疏】齧缺睡寐」體冥所說，畏其視聽以寐耳。受道速，故被衣喜也。「大說」音悅。

3.【注】獨化者也。【疏】形同槁木之骸，心類死灰之土，無情直任純實之真知，不自矜持於事故也。自形若槁骸以下，並被衣歌辭也。【釋文】「媒媒」音妹，又武朋反。「晦晦」音誨。李云：媒媒，晦貌。

【釋文】「若槁」苦老反。

舜問乎丞曰：「道可得而有乎1？」

曰：「汝身非汝有也，汝何得有夫道2？」

1.【疏】丞，古之得道人，舜師也。而至道虛通，生成動植，未知己身之內，得有此道不乎？既逢師傅，故有咨請。

【釋文】「丞」如字。李云：舜師也。一云：古有四輔，前疑後丞，蓋官名。

2.【注】夫身者非汝所能有也,塊然而自有耳。身非汝所有,而況道哉!【釋文】「有夫」音符。「塊然」苦對反。【疏】道者,四句所不能得,百非所不能詮。汝身尚不能自有,何得有於道耶?

舜曰:「吾身非吾有也,孰有之哉[1]?」

曰:「是天地之委形也;生非汝有,是天地之委和也;性命非汝有,是天地之委順也[2];孫子非汝有,是天地之委蛻也[3]。故行不知所往,處不知所持,食不知味[4]。天地之強陽氣也,又胡可得而有邪[5]!」

1.【疏】未悟生因自然,形由造物,故云身非我有,孰有之哉?

2.【注】若身是汝有者,則美惡死生,當制之由汝。今氣聚而生,汝不能禁也;氣散而死,汝不能止也。明其委結而自成耳,非汝有也。【疏】委,結聚也。夫天地陰陽,結聚剛柔和順之氣,成汝身形性命者也。故聚則為生,散則為死。死生聚散,既不由汝身,豈汝有邪?【釋文】「委形」司馬云:委,積也。◎俞樾曰:司馬云,委,積也。於義未合。《國策·齊策》願委之於子,高注曰:委,付也。成二年《左傳》王使委於三吏,杜注曰:委,屬也。天地所付屬之形也。下三委字並同。

3.【注】氣自委結而蟬蛻也。【疏】陰陽結聚,故有子孫,獨化而成,猶如蟬蛻也。【釋文】「委蛻」吐臥反,又音悅,又敕外反,又始銳反,又始劣反。

4.【注】皆在自爾中來,故不知也。【疏】夫行住食味,皆率自然,推尋根由,莫知其所。故行者誰行,住者誰住,食者誰食,味者誰味乎?皆不知所由而悉自爾也。◎家世父曰:日見其有行而終不知所往,日見其有處而終莫能自持,日見其有食而終莫知所為味。然則其往也,非我能自主也;其相持數十年之久也,非我能自留也;其食而知味也,非我能自辨也。天地陰陽之氣運掉之使然也,皆不得而有也。

5.【注】強陽,猶運動也。明斯道也,庶可以遺身而忘生也。【疏】強陽,運動也。胡,何也。夫形性子孫者,並是天地陰陽運動之氣聚結而成者也,復何得自有此身也!【釋文】「天地之強陽氣也」郭云:強陽,猶運動耳。案言天地尚運動,況氣聚之生,何可得執而留也!

孔子問於老聃曰：「今日晏閒，敢問至道1。」

老聃曰：「汝齊戒，疏瀹而心，澡雪而精神，掊擊而知！夫道，窅然難言哉！將為汝言其崖略。2

1.【疏】晏，安也。孔子師於老子，故承安居閒暇而詢問玄道也。【釋文】「晏」於諫反，徐於顯反，又於見反。「閒」音閑。

2.【疏】疏瀹，猶洒濯也。澡雪，猶精潔也。而，汝也。掊擊，打破也。崖，分也。汝欲問道，先須齋汝心迹，戒慎專誠，洒濯身心，清淨神識，滌蕩虛夷。然玄道窅冥，難可言辯，將為汝舉其崖分，粗略言之。【釋文】「齊戒」側皆反。「瀹」音藥。或云：漬也。「掊」普口反，徐方垢反。「而知」音智。「窅然」烏了反。「將為」于偽反。

夫昭昭生於冥冥，有倫生於无形，精神生於道1，形本生於精2，而萬物以形相生，故九竅者胎生，八竅者卵生3。其來无迹，其往无崖，无門无房，四達之皇皇也4。邀於此者，四肢彊，思慮恂達，耳目聰明，其用心不勞，其應物无方5，天不得不高，地不得不廣，日月不得不行，萬物不得不昌，此其道與6！

1.【注】皆所以明其獨生而無所資借。【釋文】「無形」謂太初也。

2.【注】皆由精以至粗。【疏】倫，理也。夫昭明顯著之物，生於窅冥之中；人倫有為之事，生於無形之內；精智神識之心，生於重玄之道；有形質氣之類，根本生於精微。【釋文】「形本生於精」謂常道也。

3.【注】言萬物雖以形相生，亦皆自然耳，故胎卵不能易種而生，明神氣之不可為也。【疏】夫無形之道，能生有形之物，有形之物，則以形質氣類而相生也。故人獸九竅而胎生，禽魚八竅而卵生，稟之自然，不可相易。

【釋文】「九竅」苦弔反。「卵生」力管反。「易種」章勇反。

4.【注】夫率自然之性，遊無迹之塗者，放形骸於天地之間，寄精神於八方之表；是以無門無房，四達皇皇，逍遙六合，與化偕行也。【疏】皇，大也。夫以不來為來者，雖來而無蹤迹；不往為往者，雖往亦無崖際。是以出入無門戶，來往無邊傍，故能弘達四方，大通萬物也。

5.【注】人生而遇此道，則天性全而精神定。【疏】邀，遇也。恂，通也。遇於道而會於真理者，則百體安康，四肢強健，思慮通達，視聽聰明，無心之心，用而不勞，不應之應，應無方所也。【釋文】「邀於」古堯反。◎俞樾曰：《說文》無邀字，彳部：徼，循也。即今邀字也。又曰：循，行順也。然則邀亦順也，邀於此者，猶言順於此者。郭注曰人生而遇此道，是以遇訓邀，義既迂曲，且於古訓無徵，殆失之矣。「思慮」息嗣反。「恂」達」音荀。

6.【注】言此皆不得不然而自然耳，非道能使然也。【疏】二儀賴虛通而高廣，三光資玄道以運行，庶物得之以昌盛，斯大道之功用也。故《老經》云，天得一以清，地得一以寧，萬物得一以生，是之謂也。【釋文】「天不得不高」謂不得一道，不能為高也。「道與」音餘。下皆同。

且夫博之不必知，辯之不必慧，聖人以斷之矣[1]。若夫益之而不加益，損之而不加損者，聖人之所保也[2]。淵淵乎其若海[3]，魏魏乎其終則復始也[4]，運量萬物而不匱[5]。則君子之道，彼其外與[6]！萬物皆往資焉而不匱，此其道與[7]！

1.【注】斷棄知慧而付之自然也。【疏】夫博讀經典，不必知真；弘辯飾詞，不必慧照。故《老經》云，善者不辯，辯者不善；知者不博，博者不知。斯則聖人斷棄之矣。【釋文】「博之不必知」觀異書為博。「以斷」端管反。注同。

2.【注】注同。【疏】博知辯慧，不益其明；沉默面牆，不加其損；所謂不增不減，無損無益，聖人妙體，故保而愛之也。

【注】使各保其正分而已，故無用知慧為也。

3.
【注】容姿無量。
【疏】尾閭泄之而不耗，百川注之而不增，淵澄深大，故譬玄道。

4.
【注】與化俱者，乃積無窮之紀，可謂魏魏。【疏】巍巍，高大貌也。夫道，遠超太一，近邁兩儀，囊括無窮，故以歎巍巍也。終則復始，此明無終無始，變化日新，隨迎不得。【釋文】「魏魏」魚威反。「則復」扶又反。

5.
【注】用物而不役己，故不匱也。【釋文】「運量」音亮。「萬物而不匱」求位反。謂任物自動運，物物各足量也。

6.
【注】各取於身而足。【疏】夫運載萬物，器量群生，潛被無窮而不匱乏者，聖人君子之道。此而非遠，近在內心，既不藉裹，豈其外也！

7.
【注】還用萬物，故我不匱。此明道之贍物，在於不贍，不贍而物自得，故曰此其道與。言至道之無功，無功乃足稱道也。【疏】有識無情，皆稟此玄道；而玄功冥被，終不匱乏。然道物不一不異，而離道無物，故曰此其道與。【釋文】「之贍」涉豔反。下同。

中國有人焉，非陰非陽[1]，處於天地之間，直且為人[2]，將反於宗[3]。自本觀之，生者，暗醷物也[4]。雖有壽夭，相去幾何？須臾之說也。奚足以為堯桀之是非[5]！果蓏有理[6]，人倫雖難，所以相齒[7]。聖人遭之而不違[8]，過之而不守[9]。調而應之，德也；偶而應之，道也[10]；帝之所興，王之所起也[11]。

1.
【注】無所偏名。

2.
【注】敖然自放，所遇而安，了無功名。【疏】中國，九州也。言人所稟之道，非陰非陽，非柔非剛，非短非長，故絕百非也。處在天地之間，直置為人，而無偏執。本亦作值字者，言處乎宇內，遇值為人，曾無所係也。

3.
【注】不逐末也。【疏】既無偏執，任置為人，故能反本還原，歸於宗極。

4.【注】直聚氣也。

【疏】本，道也。喑噫，氣聚也。從道理而觀之，故知生者聚氣之物也，奚足以惜之

哉！

【釋文】「喑」音陰，郭音闇，李音飲，一音於感反。「噫」於界反，郭於感反，李音意，一音他感反。李

郭皆云：暗噫，聚氣貌。

5.【注】死生猶未足殊，況壽天之間哉！

【疏】一生之內，百年之中，假令壽天，賒促詎幾！俄頃之間，須

與之說耳，何足以是堯非桀而分別於其間哉！

6.【注】物無不理，但當順之。

【釋文】「果蓏」徐力果反。

7.【注】人倫有智慧之變，故難之。然其智慧自相齒耳，但當從而任之。

【疏】在樹曰果，在地曰蓏。桃李

之屬，瓜瓠之徒，木生藤生，皆有其理。人之處世，險阻艱難，而貴賤尊卑，更相齒次，但當任之，自合夫道，譬

彼果蓏，有理存焉。

8.【注】順所遇也。

9.【注】宜過而過。

【疏】遭遇軒冕，從而不違，既以過焉，亦不留舍。

10.【注】調偶，和合之謂也。

【疏】調和庶物，順而應之，上德也；偶對前境，逗機應物，聖道也。

11.【注】如斯而已。

【疏】夫帝王興起，俯應群生，莫過調偶隨時，逗機接物。

人生天地之間，若白駒之過郤，忽然而已[1]。注然勃然，莫不出焉；油

然漻然，莫不入焉[2]。已化而生，又化而死[3]，生物哀之[4]，人類悲之[5]。

解其天弢，墮其天袠[6]，紛乎宛乎[7]，魂魄將往，乃身從之，乃大歸乎[8]！

不形之形，形之不形[9]，是人之所同知也[10]，非將至之所務也[11]，此眾人之

所同論也[12]。彼至則不論[13]，論則不至[14]。明見无值[15]，辯不若默。道不可

聞，聞不若塞。此之謂大得[16]。」

1.【注】乃不足惜。

【疏】白駒，駿馬也，亦言日也。隙，孔也。夫人處世，俄頃之間，其為迫促，如馳駿

駒之過孔隙，欻忽而已，何曾足云也！

2.【注】出入者，變化之謂耳，言天下未有不變也。【疏】注勃是生出之容，油澁是入死之狀。言世間萬物，相與無恆，莫不從變而生，順化而死。【釋文】「勃然」步忽反。「油然」音由。「澁然」音流，李音礫。

3.【注】俱是化也。

4.【注】死物不哀。

5.【注】死類不悲。【疏】夫生死往來，皆變化耳，委之造物，何足係哉！故其死也，生物人類，共悲哀之務，非類非生，故其不哀也。◎家世父曰：生物哀之，所以知哀，惟其生也，而不知生之同歸於盡也。人類悲之，所以知悲，惟人之有知也，而不知人之知之亦同歸於盡也。

6.【注】獨脫也。【疏】弢，束囊也。袠，束囊也。言人執是競非，欣生惡死，故為生死束縛也。今既一於是非，忘於生死，故墮解天然之弢袠也。【釋文】「弢」敕刀反。《字林》云：弓衣也。「墮其」許規反。

7.【注】陳筆反。「天弢」

8.◎盧文弨曰：今本作煙熅。

9.【注】不形，形乃成；若形之，則敗其形矣。【疏】夫人之未生也，本不有其形，故從無形；氣聚而有其

10.【注】無為用心於其間也。【疏】紛綸宛轉，並適散之貌也。魂魄往天，骨肉歸土，神氣離散，紛宛任從，自有還無，乃大歸也。

11.【注】務則不至。【疏】夫從無形生形，從有形復無形質，是人之所同知也。斯乃人間近事，非詣理至人之達務也。

12.【注】雖論之，然故不能不務，所以不至也。【疏】形質有無，生死來往，眾人凡類，同共乎論。

13.【注】恍然不覺乃至。【釋文】「恍然」亡本反。

14.【疏】彼至聖之人，忘言得理，故無所論說；若論說之，則不至於道。

【釋文】「白駒」或云：日也。「過郤」去逆反。「隙」，孔也。本亦作隙。隙，孔也。

【釋文】「宛乎」於阮反。「絪」音因。本亦作煙，音因。「縕」於云反。本亦作熅，

【釋文】「則敗」補邁反。

形氣散而歸於無形也。

7.【注】變化煙熅。

矣，故曰辯不若默。

15.【注】闇至乃值。【疏】值，會遇也。夫能閉智塞聰，故冥契玄理，若顯明聞見，則不會真也。

16.【注】默而塞之，則無所奔逐，故大得。【疏】夫大辯飾詞，去真遠矣；忘言靜默，玄道近焉。故道不可以多聞求，多聞求不如於闇塞。若能妙知於此意，可謂深得於大理矣。◎家世父曰：道無形也，見之而以為道，遂若巧相值焉，而固無值也。《說文》：值，措也。不能舉而措之，則此所見一道，彼所見又一道，而有不勝其辯者矣，故曰辯不若默。

東郭子問於莊子曰：「所謂道，惡乎在₁？」

莊子曰：「无所不在₂。」

1.【疏】居在東郭，故號東郭子，則無擇之師東郭順子也。問莊子曰：「所謂虛通至道，於何處在乎？」
【釋文】「東郭子」李云：居東郭也。「惡乎」音烏。
2.【疏】道無不遍，在處有之。

東郭子曰：「期而後可₁。」

1.【注】欲令莊子指名所在。【疏】郭注云：欲令莊子指名所在也。【釋文】「欲令」力呈反。

莊子曰：「在螻蟻。」
曰：「何其下邪？」
曰：「在稊稗。」
曰：「何其愈下邪？」
曰：「在瓦甓。」

曰：「何其愈甚邪？」

曰：「在屎溺。」

東郭子不應。莊子曰：「夫子之問也，固不及質[2]。正獲之問於監市履狶也，每下愈況[3]。汝唯莫必，无乎逃物[4]。至道若是，大言亦然[5]。周徧咸三者，異名同實，其指一也[6]。

1.【疏】大道無不在，而所在皆無，故處處有之，不簡穢賤。東郭未達斯趣，謂道卓爾清高，在瓦甓已嫌卑甚，又聞屎溺，故瞋而不應也。

【釋文】「螻」力侯反。「蟻」魚綺反。「在苐」大西反。本又作稊。「薜」步計反。本又作稗，蒲賣反。李云：茢薛，二草名。◎盧文弨曰：今本作稊稗。「瓦甓」本又作礕，步歷反。「屎」尸旨反，舊詩旨反。本或作矢。「溺」乃弔反。

2.【注】舉其標質，言無所不在，而方復怪此，斯不及質也。

【疏】質，實也。言道無不在，豈唯稊稗！固

3.【注】狶，大豕也。夫監市之履豕以知其肥瘦者，愈履其難肥之處，今問道之所在，而每況之於下賤，則明道之不逃於物也必矣。

【疏】正，官號也，則今之市令也。獲，名也。監，市之魁也，則今屠卒也。凡今問於屠人買豬之法，云：履踐豕之股腳之間，難肥之處，愈知豕之肥瘦之意況也。何者？近下難肥之處有肉，足知易肥之處足脂。亦猶屎溺卑下之處有道，則明清虛之地皆遍也。

【釋文】「正獲之問於監市」李云：正，亭卒也，其名也。監市，市魁也。狶，大豕也。履，踐也。古銜反。「市履狶」虛豈反。「每下愈況」李云：獲，名也。監，市令也。履，踐也。夫市魁履豕，履其股腳，狶難肥處，故知豕肥耳。問道亦況下況下賤則知道也。「瘦」色救反。「之處」昌慮反。

4.【注】若必謂無之逃物，則道不周矣，道而不周，則未足以為道。

【疏】無者，無為道也。夫大道曠蕩，無不制圍。汝唯莫言至道逃棄於物也。必其逃物，何為周徧乎！

5.【注】明道不逃物。

【疏】至道，理也。大言，教也。理既不逃於物，教亦普徧無也。

6.【疏】周悉普徧，咸皆有道。此重明至道不逃於物，雖有三名之異，其實理旨歸則同一也。

【釋文】「周

【偏】音遍。

嘗相與游乎无何有之宮，同合而論，无所終窮乎[1]！嘗相與无為乎！澹而靜乎！漠而清乎[2]！調而閒乎！寥已吾志[3]，无往焉而不知其所至[4]。去而來而不知其所止[5]，吾已往來焉而不知其所終[6]；彷徨乎馮閎，大知入焉而不知其所窮[7]。物物者與物无際[8]，而物有際者，所謂物際者也[9]；不際之際，際之不際者也[10]。謂盈虛衰殺，彼為盈虛非盈虛，彼為衰殺非衰殺，彼為本末非本末，彼為積散非積散也[11]。」

1.【注】若遊有，則不能周徧咸也。故同合而論之，然後知道之無不在，知道之無不在，然後能曠然無懷而遊彼無窮也。
【疏】无何有之宮，謂玄道處所也；無一物可有，故曰無何有也。而周徧咸三者，相與遨遊乎至道之鄉，實旨既一，同合而論，冥符玄理，故無終始窮極耳。

2.【注】此皆無為故也。
【疏】此總歎周徧咸三功能盛德也。既游至道之鄉，又處無為之域，故能恬淡安靜，寂寞清虛，柔順調和，寬閒逸豫。【釋文】【澹而】徒暫反。○慶藩案漠而清，漠亦清也，古人自有複語耳。《爾雅》：漠，察，清也，樊注：漠然，清貌。漠亦通作莫，昭二十八年《左傳》德正應和曰莫，杜注：莫然清靜也。

【而閒】音閑。

3.【注】寥然空虛。
【疏】得道玄聖，契理冥真，性志虛夷，寂寥而已。【釋文】【寥】音遼。

4.【注】志苟寥然，則無所往矣；無往焉，故往而不知其所至；有往焉，則理未動而志已騖矣。○慶藩案郭注：有往焉，則理未動而志已騖矣。騖字頗費解，義當從釋文作騖，音務。本亦作騖，音務。○慶藩案郭注志已騖矣，騖與馳同義，注言未動而志已先馳也。騖驚字形相近，因誤（《淮南》馳騁若騖，騖又訛為驚）。
【釋文】「已騖」如字。本亦作騖，音務。

5.【注】斯順之也。
【疏】志既寂寥，故與無還往。假令不往而往，不來而來，竟無至所，亦無止住。

6.【注】但往來不由於知耳，不為不往來也。往來者，自然之常理也，其有終乎！【疏】假令往還造物，來去死生，隨變任化，亦不知終始也。

7.【注】馮閎者，虛廓之謂也。言大聖知之人，能會於寂寥虛曠之理，是以逍遙自得，放任無窮。【疏】彷徨是放任之名，馮閎是虛曠之貌，謂入契會也。【釋文】「彷」音旁。本亦作徬。「徨」音皇。「馮」皮冰反，又普耕反，又步耕反。「閎」音宏。李云：馮宏，皆大也。郭云：虛旁。

8.【注】明物物者，無物而物自物耳。物自物耳，故冥也。【疏】際，崖畔也。夫能物於物者，聖人也。聖人之達觀也，不際之際，凡鄙之滯情也。

9.【注】物有際，故每相與不能冥然，真所謂際者也。【疏】物情分別，取舍萬端，故有物我之交際也。

10.【注】不際者，雖有物物之名，直明物之自物耳。物物者，竟無物也，際其安在乎！【疏】際之不際者，所是反非也。

11.【注】既明物物者無物，又明物之不能自物，則為之者誰乎哉？皆忽然而自爾也。【疏】富貴為盈，貧賤為虛；老病為衰殺，終始為本末；生來為積，死去為散。大物物者非物，而生物者誰乎？此明能物所物，皆非物也。物既非物，何盈虛衰殺之可語耶！是知所謂盈虛皆非盈虛。故《西昇經》云，君能明之，所是反非也。【釋文】「衰殺」色界反，徐所例反。下同。

姤荷甘與神農同學於老龍吉[1]。神農隱几闔戶晝瞑，姤荷甘日中奓戶而入曰：「老龍死矣[2]！」神農隱几擁杖而起，曝然放杖而笑[3]，曰：「天知予僻陋慢訑，故棄予而死。已矣夫子！无所發予之狂言而死矣夫[4]！」

1.【疏】姤，字荷甘。神農者，非三皇之神農也，則後之人物耳。二人同學於老龍吉。老龍吉亦是號也。
【釋文】「姤」於河反。「荷甘」音河。本或作苛。「老龍吉」李云：懷道人也。

2.【疏】隱，憑也。闔，合也。李，開也。奓，亦排也。學道之人，心神凝靜，閉門隱几，守默而瞑。荷甘既聞師

亡，所以排戶而告。

【釋文】「隱机」於靳反。下同。◎盧文弨曰：今本作几。「闔戶」戶臘反。「晝瞑」音眠。「奓」郭處野反，又音奢，徐都嫁反，又處夜反，司馬云：開也。

杖。

3.【注】起而悟夫死之不足驚，故還放杖而笑也。◎俞樾曰：既言擁杖而起，不當言隱几。疑隱几字涉上文神農隱几闔戶晝暝而衍。

【疏】神農聞吉死，是以擁杖而驚。覆思死不足哀，故棄背吾徒，止息而死。哲人云亡，至言斯絕，無復談玄垂訓，開發我心。

【釋文】「曝然」音剟，又孚邈反，又孚貌反。李云：放杖也。「投杖」本亦作放杖。◎盧文弨曰：今本作放杖。

4.【注】自肩吾已下，皆以至言為狂而不信也。故非老龍連叔之徒，莫足與言也。言其有自然之德，故呼之曰天也。狂言，猶至言也，非世人之所解，故名至言為狂也。而師知我偏僻鄙陋，慢訑不專，故棄背吾徒，止息而死。哲人云亡，至言斯絕，無復談玄垂訓，開發我心。

【疏】夫子，老龍吉也。

「慢」武半反，徐無見反，郭如字。「訑」徒旦反，徐徒見反，郭音但。「已矣夫」音符。

弇堈弔聞之，曰：「夫體道者，天下之君子所繫焉[1]。今於道，秋豪之端萬分未得處一焉[2]，而猶知藏其狂言而死，又況夫體道者乎[3]！視之无形，聽之无聲，於人之論者，謂之冥冥，所以論道，而非道也[4]。」

1.【注】言體道者，人之宗主也。
【釋文】「弇」音奄。「堈」音剛。「弔」李云：弇剛，體道人；弔，其名。

2.【注】「繫焉」謂為物所歸投也。

3.【注】秋豪之端細矣，又未得其萬分之一。
【疏】姓弇，名堈，隱者也。繫，屬也。今老龍之於玄道，猶豪端萬分之末一，尚知藏其狂簡，傍為議論云：「體道之人，世間共重，賢人君子，繫屬歸依。」處順而亡，況乎妙悟之人，曾肯露其言說！是知體道深玄，忘言契理者之至稀也。

4.【注】明夫至道非言之所得也，唯在乎自得耳。

4.【注】冥冥而猶復非道，明道之無名也。
【疏】夫玄道虛漠，妙體希夷，非色非聲，絕視絕聽。故於學人論者，論曰冥冥而謂之冥冥，猶非真道也。
【釋文】「猶復」扶又反。

於是泰清問乎无窮曰：「子知道乎？」

无窮曰：「吾不知[1]。」

1.【疏】泰，大也。夫至道宏曠，恬淡清虛，囊括無窮，故以泰清無窮為名也。既而泰清以知問道，無窮答以不知，欲明道離形聲，亦不可以言知求也。

又問乎无為。无為曰：「吾知道[1]。」

曰：「子之知道，亦有數乎？」

曰：「有[1]。」

曰：「其數若何[1]？」

1.【疏】子既知道，頗有名數不乎？其數如何，請為略述。

无為曰：「吾知道之可以貴，可以賤，可以約，可以散，此吾所以知道之數也[1]。」

1.【疏】貴為帝王，賤為僕隸，約聚為生，分散為死，數乃無極。此略言之，欲明非名而名，非數而數也。

泰清以之言也問乎无始曰：「若是，則无窮之弗知與无為之知，孰是而孰非乎[1]？」

1.【疏】至道玄通，寂寥無為，隨迎不測，無終無始，故寄無窮無始為其名焉。無窮無為，弗知與知，誰是誰非，請定臧否。

【釋文】「與无為之知」並如字。

无始曰：「不知深矣，知之淺矣；弗知內矣，知之外矣[1]。」

1.【疏】不知合理，故深玄而處內；知之乖道，故粗淺而疏外。

於是泰清中而歎曰：「弗知乃知乎！知乃不知乎！孰知不知之知[1]？」

1.【注】凡得之不由於知，乃冥也。　【疏】泰清得中道而嗟歎，悟不知乃真知。誰知不知之知，明真知之至希也。

【釋文】「中而歎」崔本中作卬。

无始曰：「道不可聞，聞而非也；道不可見，見而非也；道不可言，言而非也。[1]知形形之不形乎[2]！道不當名[3]。」

1.【注】故默成乎不聞不見之域而後至焉。　【疏】道無聲，不可以耳聞，耳聞非道也；道無色，不可以眼見，眼見非道也；道無名，不可以言說，言說非道也。

2.【注】形自形耳，形形者竟無物也。　【疏】夫能形色萬物者，固非形色也，乃曰形形不形也。

3.【注】有道名而竟無物，故名之不能當也。　【疏】名無得道之功，道無當名之實，所以名道而非。

无始曰：「有問道而應之者，不知道也。雖問道者，亦未聞道。[1]道無問，問無應[2]。無問問之，是問窮也[3]；無應應之，是無內也[4]。以無內待問窮，若是者，外不觀乎宇宙，內不知乎大初[5]，是以不過乎崑崙，不遊乎太虛[6]。」

1.【注】不知故問，問之而應，則非道也。不應則非問者所得，故雖問之，亦終不聞也。　【疏】夫道絕名

言，不可問答，故問道應道，悉皆不知。

2.【注】絕學去教，而歸於自然之意也。　【疏】體道離言，有何問應！凡言此者，覆釋前文。【釋文】「去教」起呂反。

3.【注】所謂貴空。　【疏】窮，空也。理無可問而強問之，是貴空也。

4.【注】實無而假有以應者外矣。　【疏】理無可應而強應之，乃成殊外。◎家世父曰：道無問，意揣夫道而問之，是徇外也，故曰無內。

5.【疏】天地四方曰宇，往古來今曰宙。大初，道本也。若以理外之心待空內之智者，可謂外不識乎六合字宙，內不知乎己身妙本者也。【釋文】「大初」音泰。

6.【注】若夫婪落天地，遊虛涉遠，以入乎冥冥者，不應而已矣。【疏】崑崙是高遠之山，太虛是深玄之理。苟其滯著名言，猶存問應者，是知未能經過高遠，游涉深玄者矣。【釋文】「婪落」力含反。

光曜問乎无有曰：「夫子有乎？其无有乎？」1.

1.【疏】光曜者，是能視之智也。無有者，所觀之境也，智能照察，故假名光曜；境體空寂，故假名無有也。

光曜不得問，而孰視其狀貌，窅然空然，終日視之而不見，聽之而不聞，搏之而不得也1.

1.【疏】夫妙境希夷，視聽斷絕，故審狀貌，唯寂唯空。◎俞樾曰：《淮南子·道應篇》光曜不得問上有無有弗應也五字，當從之。惟無有弗應，故光曜不得問也。此脫五字，則義不備。【釋文】「窅然」烏了反。「搏之」音博。

光曜曰：「至矣！其孰能至此乎！予能有无矣，而未能无无也；及為无

有矣，何從至此哉[1]！

1.【注】此皆絕學之意也。於道絕之，則夫學者乃在根本中來矣。故學之善者，其唯不學乎！【疏】光明照曜，其智尚淺，唯能得無喪有，未能雙遣有無，故歎無有至無，誰能如此玄妙！而言無有者，非直無有，亦乃無無，四句百非，悉皆無有。以無之一字，無所不無，言約理廣，故稱無也。而言何從至此者，但無有之境，窮理盡性，自非玄德上士，孰能體之！是以淺學小智，無從而至也。

大馬之捶鉤者，年八十矣，而不失豪芒[1]。大馬曰：「子巧與？有道與[2]？」

1.【注】玷捶鉤之輕重，而無豪芒之差也。【疏】大馬，官號，楚之大司馬也。捶，打鍛也。鉤，腰帶也。大司馬家有工人，少而善鍛鉤，行年八十，而捶鉤彌巧，專性凝慮，故無豪芒之差失也。鉤，稱鉤權也，謂能拈捶鉤權，知斤兩之輕重，無豪芒之差失也。【釋文】「大馬之捶鉤之輕重而不失豪芒者年八十矣而不失豪芒」捶，郭音丁果反，徐之累反，李之睡反。大馬，司馬也。郭云：捶者，玷捶鉤之輕重而不失豪芒也。或說云：江東三魏之間人皆謂鍛為捶，音字亦同，郭失之。今不從此說也。◎盧文弨曰：玷捶鉤，舊本作玷捶鐵，今依宋本改正。別本同。「玷」丁恬反。「捶」丁果反。

2.【疏】司馬怪其年老而捶鍛愈精，謂其工巧別有道術也。【釋文】「巧與」音餘。下同。

曰：「臣有守也[1]。臣之年二十而好捶鉤，於物无視也，非鉤无察也[1]。是用之者，假不用者也以長得其用，而況乎无不用者乎！物孰不資焉[2]！」

1.【疏】更無別術，有所守持。少年已來，專精好此，捶鉤之外，無所觀察，習以成性，遂至於斯也。◎王念孫曰：守即道字。〈達生篇〉仲尼曰：子巧乎！有道耶？曰：我有道也。是其證。道字古讀若守，故與守通（《九

經》中用韻之文，道字皆讀若守，《楚辭》及《老》、《莊》諸子並同。秦〈會稽刻石文〉追道高明，《史記·秦始皇紀》道作首，首與守同音。《說文》…道，從辵，首聲。今本無聲字者，二徐不曉古音而削之也）。【釋文】「而好」呼報反。

2.【疏】都無懷，則物來皆應。【疏】所以至老而長得其捶鉤之用者，假賴於不用心視察他物故也。夫假不用為用，尚得終年，況乎體道聖人，無用無不用，故能成大用，萬物資稟，不亦宜乎！【釋文】「以長」丁丈反。

冉求問於仲尼曰：「未有天地可知邪？」

1.【注】言天地常存，乃無未有之時。【疏】姓冉，名求，仲尼弟子。師資發起，詢問兩儀未有之時可知已否。夫變化日新，則無今無古，古猶今也，故答云可知也。

仲尼曰：「可。古猶今也[1]。」

冉求失問而退，明日復見，曰：「昔者吾問『未有天地可知乎？』夫子曰：『可。古猶今也。』[1]昔日吾昭然，今日吾昧然，敢問何謂也[2]？」

1.【疏】失其問意，遂退而歸。既遵應問，還用應答。

2.【疏】昔日初咨，心中昭然明察，今時後聞，情慮昧然暗晦。敢問前明後暗，意謂如何？

【釋文】「明日復」扶又反。「見」賢遍反。

仲尼曰：「昔之昭然也，神者先受之[1]；今之昧然也，且又為不神者求邪[2]？无古无今，无始无終[3]。未有子孫而有子孫，可乎[4]？」

1.【注】虛心以待命，斯神受也。

2.【注】思求更致不了。【疏】先來未悟，銳彼精神，用心求受，故昭然明白也。後時領解，不復運用精神，直置任真，無所求請，故昧然闇塞也。

3.【注】非唯無不得化而為有也，有亦不得化而為無矣。是以夫有之為物，雖千變萬化，而不得一為無也。不得一為無，故自古無未有之時而常存也。

4.【注】言世世無極。【疏】言子孫相生，世世無極，天地人物，悉皆無原無有之時也。可乎，言不可也。◎家世父曰：天地運行而不息，子孫代嬗而有孫也。浸假而有子孫矣，求之未有子孫之前，是先自惑也。天地大化之運行，無始無終，未有天地，於何求之！故曰古猶今也，相與為無窮之詞也。

【釋文】「又為」于偽反。「未有孫子而有孫子」言其要有由，不得無故而有；傳世故有子孫，不得無子而有孫也。如是，天地不得先無而今也。◎盧文弨曰：今本孫子亦作子孫。

矣，天地人物，無始無終，無今無古，故知無未有天地之時也。

冉求未對。仲尼曰：「已矣，未應矣¹！不以生生死，不以死死生²。死生有待邪³？皆有所一體⁴。有先天地生者物邪？物物者非物。物出不得先物也，猶其有物也。猶其有物也，无已⁵。聖人之愛人也終无已者，亦乃取於是者也⁶。」

1.【注】夫死者獨化而死耳，非夫生者生此死也。

2.【注】生者亦獨化而生耳。【疏】已，止也。未，無也。夫聚散死生，皆獨化日新，未嘗假賴，豈相因待！故不用生生此生，不用死死此生。冉求未對之間，仲尼止令無應，理盡於此，更何所言也？

3.【注】獨化而足。

4.【注】死與生各自成體。【疏】死，獨化也，豈更成一物哉！死既不待於生，故知生亦不待於死。死生聚散，各自一體耳，故無所因待也。

5.【注】誰得先物者乎哉？吾以陰陽為先物，而陰陽者即所謂物耳。誰又先陰陽者乎？吾以自然為先之，而自然即物之自爾耳。吾以至道為先之矣，而至道者乃至無也。既以無矣，又奚為先？然則先物者誰乎哉？而猶有物，

无已，明物之自然，非有使然也。

【疏】夫能物於物者，非物也。故非物則無先後，物出則是物，復不得有先於此物者。何以知其然耶？謂其猶是物故也。以此推量，竟無先物者也。然則先物者誰乎哉？明物之自然耳，自然則無窮已之時也。是知天地萬物，自古以固存，無未有之時也。

6.【注】取於自爾，故恩流百代而不廢也。

　　【疏】夫得道聖人，慈愛覆育，恩流百代而無窮止者，良由德合天地，妙體自然，故能虛己於彼，忘懷亭毒，不仁萬物，芻狗蒼生，蓋取斯義而然也。

曰：先天地者道也。是知天地者道亦物也。既謂之生矣，是其先物而生者，是物豈有已耶？有已，則或開而先之；无已，孰開而先之？是以謂之物出不得先物也。

求物之始，以得其先物而生者，是物豈有已耶？有已，則或開而先之；無已，孰開而先之？是以謂之物出不得先物也。

【釋文】［有先］悉薦反。下及注同。◎家世父曰：既謂之物矣，是其先物者又何自而生耶？物與物相嬗而不已，而推無窮已之時也。是知天地萬物，自古以固存，無未有之時也。然則先物者誰乎哉？明物之自然耳，自然則無窮已之時也。

顏淵問乎仲尼曰：「回嘗聞諸夫子曰：『无有所將，无有所迎。』回敢問其遊[1]。」

1.【疏】請夫子言。將，送也。夫聖人如鏡，不送不迎，顏回聞之曰，未曉其理，故詢諸尼父，問其所由。

仲尼曰：「古之人，外化而內不化[1]，今之人，內化而外不化[2]。與物化者，一不化者也[3]。安化安不化[4]，安與之相靡[5]，必與之莫多[6]。狶韋氏之囿，黃帝之圃，有虞氏之宮，湯武之室[7]。君子之人，若儒墨者師，故以是非相䪫也，而況今之人乎[8]！聖人處物不傷物[9]。不傷物者，物亦不能傷也[10]。唯无所傷者，為能與人相將迎[11]。山林與！皋壤與！使我欣欣然而樂與[12]！樂未畢也，哀又繼之[13]。哀樂之來，吾不能禦，其去弗能止[14]。悲夫，世人直為物逆旅耳[15]！夫知遇而不知所不遇，知能能而不能所不能[16]。无知无能者，固人之所不免也[17]。夫務免乎人之所不免者，豈不亦悲哉[18]！

至言去言，至為去為。[19] 齊知之所知，則淺矣。[20]」

1.【注】以心順形而形自化。

2.【注】以心使形。
【疏】古人純樸，合道者多，故能外形隨物，內心凝靜。變化無明，外形乖誤，不能順物。◎家世父曰：外化者物與同，內化者心與適。心與適則與物俱化而莫得其所化。與物俱化，相靡而已矣。莫得其所化而與為將迎，有多於物者矣。狶韋之囿，有虞氏之宮，湯武之室，其中愈深，其外愈閭。《說文》：室，實也。踵而為之飾事，將迎日紛，是非日淆，於是儒墨並興，各以其是非相和也；而相與學一先生之言，奉之為師，取其所謂是非者，將而非之，迎而拒之，是以謂之內化而外不化也。

3.【注】常無心，故一不化；一不化，乃能與物化耳。

4.【注】化與不化，皆任彼耳，斯無心也。
【疏】安，任也。夫聖人無心，隨物流轉，故化與不化，斯安任之，既無分別，曾不概意也。

5.【注】直無心而恣其自化耳，非將迎而靡順之。
【疏】靡，順也。所以化與不化悉安任者，為不忤蒼生，更相靡順。

6.【注】不將不迎，則足而止。
【疏】雖復與物相順，而亦不多仁恩，各止於分，彼我無損。

7.【注】言夫無心而任化，乃群聖之所游處。
【疏】狶韋、軒轅、虞舜、殷湯、周武，並是聖明王也。言無心順物之道，乃是狶韋彷徨之苑囿，軒轅遨遊之園圃，虞舜養德之宮闈，湯武怡神之虛室，斯乃群聖之所游而處之也。
【釋文】「之囿」音又。「之圃」布五反，又音布。

8.【注】鏊，和也。夫儒墨之師，天下之難和者，而無心者猶故和之，而況其凡乎！
【疏】鏊，和也。夫儒墨之師，更相是非，天下之難和者也。而聖人君子，猶能順而和之。況乎今世之人，非儒墨之師者也，隨而化之，不亦宜乎！
【釋文】「相鏊」，和也。

9.【注】至順也。
【疏】處俗和光，利而不害，故不傷之也。

10.【注】在我而已。
【疏】虛舟飄瓦，大順群生，群生樂推，故處不害。

11.【注】無心故至順，至順故能無所將迎而義冠於將迎也。　【疏】夫唯安任群品，彼我無傷者，故能與物交際而明不迎而迎者也。

12.【注】山林皋壤，未善於我，而我便樂之，此為無故而樂也。　【釋文】「義冠」古亂反。

13.【注】夫無故而樂，亦無故而哀也。則凡所樂不足樂，凡所哀不足哀也。　【疏】凡情滯執，妄生欣惡，忽觀高山茂林，神皋奧壤，則欣然欽慕，以為快樂；而樂情未幾，哀又繼之，情隨事遷，哀樂斯變。此乃無故而樂，無故而哀，是知世之哀樂，不足計也。　【釋文】「山林與」音餘。下同。「而樂」音洛。注、下皆同。

14.【注】不能坐忘自得，而為哀樂所寄也。　【疏】逆旅，客舍也。窮達之來，不能禦扞，哀樂之去，不能禁止。而凡俗之人，不閑斯趣，譬彼客舍，為物所停，以妄為真，深可悲歎也。

15.【注】知之所遇者即知之，知之所不遇者即不知也。

16.【注】所不能者，不能強能也。由此觀之，知與不知，能與不能，制不由我也，當付之自然耳。　【疏】夫智有明闇，能有工拙，各稟素分，不可強為。故分之所遇，知則知之，不遇者不能知也；分之所能，能則能之，之不能，不可能也。譬鳥飛魚泳，蛛網蜣丸，率之自然，寧非性也！◎家世父曰：各有所能，無相強以為能；各有所不知，各有所不能，無相勝也。強其所知以通其所不知，強其所能以通其所不能，而據之以為知，據之以為能，強天下而齊之，是故忘其所知，而知乃自適也；忘其所能，而能乃自適也。至言去言，至知忘之，己且忘之，奚暇齊天下焉！齊知之所知者，據所知以強通之天下者也。

17.【注】受生各有分也。　【疏】既非聖人，未能智周萬物，故知與不知，能與不能，稟生不同，機關各異，而流俗之人，必固其所不免也。

18.【疏】人之所不免者，分外智能之事也。而凡鄙之流不能安分，故銳意惑清，務在獨免，愚惑之甚，深可悲傷。

19.【注】皆自得也。　【疏】至理之言，無言可言，故去言也。至理之為，無為可為，故去為也。

20.【注】夫由知而後得者，假學者耳，故淺也。　【疏】見賢思齊，捨己效物，假學求理，運知訪道，此乃淺近，豈曰深知矣！　【釋文】「齊知之」才細反，又如字。

雜篇庚桑楚第二十三[1]

1.【釋文】以人名篇。本或作「庚桑楚」。◎盧文弨曰：今書有楚字。

老聃之役有庚桑楚者，偏得老聃之道[1]，以北居畏壘之山，其臣之畫然知者去之，其妾之挈然仁者遠之[2]；擁腫之與居[3]，鞅掌之為使[4]。居三年，畏壘大壤。畏壘之民相與言曰：「庚桑子之始來，吾洒然異之[5]。今吾日計之而不足，歲計之而有餘[6]。庶幾其聖人乎！子胡不相與尸而祝之，社而稷之乎？」[7]

1.【疏】姓庚桑，名楚，老君之弟子，蓋隱者也。役，門人之稱；古人事師，供其驅使，不憚艱危，故稱役也。而老君大聖，弟子極多，門人之中，庚桑楚最勝，故稱偏得也。《廣雅》云：役，使也。「庚桑楚」司馬云：楚，名；庚桑，姓也。【釋文】「老聃之役」司馬云：役，學徒弟子也。◎慶藩案《史記老莊列傳索隱》引司馬云：庚桑楚，人姓名。與《釋文》小異。◎俞樾曰：《列子‧仲尼篇》老聃之弟子有亢倉者。太史公書作亢桑。《姓氏英覽》云：吳郡有庚桑姓，稱為七族。然則庚桑子吳人歟？「偏得」向音偏。張湛注音庚桑。

2.【注】畫然，飾知；挈然，矜仁。
【疏】畏壘，山名，在魯國。臣，僕隸；妾，接也；言人以仁智為臣妾，庚桑子悉棄仁智以接事君子也。楚既幽人，寄居山藪，情敦素樸，心鄙浮華；山旁土女，競為臣妾，故畫然飾智自明炫者，斥而去之；挈然矜仁苟異於物者，令其疏遠。李云：畏壘，山名也。或云在魯，又云在梁州。【釋文】「畏壘」本又作壘，又作峗，同。力罪反，向良裴反。李云：畏壘，山名也。或云在魯，又云在梁州。於鬼反。「畫」崔本作彠，同。音獲。「知者」音智。注同。「挈然」本又作契，同。苦計反。向云：知也。又苦結反。向云：提也。《廣雅》云：提也。「遠」

之〕于萬反。司馬云：言人以仁智為臣妾，庚桑悉棄仁智也〕。

3.〔注〕擁腫，朴也。
〔釋文〕「擁」於勇反。「腫」章勇反。本亦作踵。

4.〔注〕鞅掌，自得。
〔疏〕擁腫鞅掌，皆淳朴自得之貌也。斥棄仁智，淡然歸實，故淳素之士與其同居，率性之人供其驅使。
〔釋文〕「鞅掌」於丈反，郭云：擁腫，朴也；鞅掌，自得也。崔云：擁腫，無知貌；鞅掌

5.〔注〕異其棄知而任愚。
〔疏〕不仁意，向云…二句，朴鬃之謂，司馬云：皆醜貌也。

6.〔注〕夫與四時俱者無近功。
〔疏〕大穰，豐也。洒，微驚貌也。居住三年，山中大熟，畏壘百姓僉共私云：庚桑子初來，我微驚異。今我日計，利益不足稱；以歲計之，功其有餘。蓋賢聖之人，與四時合度，無近功故日計不足，有遠德故歲計有餘。三歲一閏，天道小成，故居三年而畏壘大穰。
〔釋文〕「大穰」而掌反。「洒然」素殄反，又悉禮反。崔李云：驚貌。向蘇很反。《廣雅》云：豐也。
◎盧文弨曰：案《列子・天瑞篇》亦以壤同穰。
〔釋文〕「日計之而不足」向云：無旦夕小利也。「歲計之而有餘」向云：順時而大穰。

7.〔疏〕庶，慕也。幾，近也。尸，主也。庚桑大賢之士，慕近聖人之德，何不相與尊而為君，主南面之事，為立社稷，建其宗廟，祝祭依禮，豈不善邪！

庚桑子聞之，南面而不釋然。弟子異之[1]。庚桑子曰：「弟子何異於予？夫春氣發而百草生，正得秋而萬寶成。夫春與秋，豈无得而然哉？天道已行矣。[2]吾聞至人，尸居環堵之室，而百姓猖狂不知所如往[3]。今以畏壘之細民而竊竊焉欲俎豆予于賢人之間，我其杓之人邪[4]！吾是以不釋於老聃之言[5]。」

1.〔疏〕忽聞畏壘之人立為南面之主，既乖無為之道，故釋然不悅。門人未明斯趣，是以怪而異之也。

2.〔注〕夫春秋生成，皆得自然之道，故不為也。
〔疏〕夫春生秋實，陰陽之恆；夏長冬藏，物之常事。故春秋豈有心施於萬寶，而天然之道已自行焉，故忘其生有之德也。實亦有作寶字者，言二儀以萬物為寶，故逢秋而

成就也。

【釋文】「正得秋而萬寶成」天地以萬物為寶，至秋而成也。元嘉本作萬實。◎俞樾曰：得字疑衍，原文蓋作正秋而萬寶成。《易·說卦》，兌正秋也。萬物之所說也，《疏》：正秋而萬寶成，即本此文，是其證。得字蓋涉下句夫春與秋豈無得而然哉，因而誤衍。春氣發而百草生，正秋而萬寶成，文義已足，不必加得字與上句相儷偶。「大道已行矣」本或作天道。

3.【注】直自往耳，非由知也。　【疏】四面環各一堵，謂之環堵也，所謂方丈室也。如死尸之寂泊，故言尸居。　【釋文】「環」如字。《廣雅》云：圓也。「堵」丁魯反。司馬云：一丈曰堵。環堵者，面各一丈，言小也。

4.【注】不欲為物標杓。　【疏】竊竊，平章偶語也。俎，切肉之几；豆，盛脯之具；皆禮器也。夫群龍無首，先聖格言；蒙德養恬，後賢軌轍。今細碎百姓，偶語平章，方欲禮我為賢，尊我為主，便是物之標杓，豈曰棲隱者乎！　【釋文】「俎豆」側呂反。崔云：俎豆，食我於眾人間。「杓」郭音的，又匹幺反，又音弔。《廣雅》云：樹末也。郭云：為物之標杓也。王云：斯由己為人準的也。向云：馬氏作釣，音的。「標」必遙反，一音必小反。

5.【注】聘云，功成事遂，而百姓皆謂我自爾，今畏壘反此，故不釋然。　【疏】老君云：功成弗居，長而不宰。楚既虔稟師訓，畏壘反此，故不釋然。

弟子曰：「不然。夫尋常之溝，巨魚无所還其體，而鯢鰌為之制；步仞之丘陵，巨獸无所隱其軀，而孽狐為之祥[1]。且夫尊賢授能，先善與利，自古堯舜以然，而況畏壘之民乎！夫子亦聽矣[2]！」

1.【注】弟子謂大人必有豐祿也。　【疏】八尺曰尋，倍尋曰常。六尺曰步，七尺曰仞。鯢，小魚而有腳，此非鯤大魚也。制，擅也。夫尋常小瀆，豈鯤鯨之所周旋！而鯢鰌小魚，反以為美；步仞丘陵，非大獸之所藏隱，而妖孽之狐，用之為吉祥。故知巨獸必隱深山，大人應須厚祿也。　【釋文】「尋常之溝」八尺曰尋，倍尋曰常之溝，則《周禮》洫澮之廣深也。洫廣深八尺；澮廣二尋，深二仞也。「所還」音旋，回也。崔本作逯。「鯢」

五兮反。「為之制」《廣雅》云：制，折也。王云：制，謂擅之也，鯢鮪專制於小
溝也。◎慶藩案《釋文》云，制，折也。小魚得曲折也。本古通用字。《書‧呂刑》制以刑。《墨子》引
作折則刑；《論語‧顏淵篇》片言可以折獄者，《魯論語》作制獄；即其證也。「步仞之丘陵」六尺為步，七尺曰
仞，廣一仞也。高一仞也。孔安國云：八尺曰仞。《小爾雅》云：四尺曰仞。◎家世父曰：水者，魚之所歸也；丘陵
者，獸之所歸也，步仞之丘，亦必有歸也，為有所庇賴也。德愈大，則歸之者愈眾。郭象引巨魚巨
獸為喻，而云大人必有豐祿，誤。尋常之溝，誤。「蔞」魚竭反。「狐為之祥」李云：祥，怪也。狐狸意為妖蠥。言各有宜，宜不
失則大人有豐祿也。王云：野狐依之作妖祥也。崔云：蟲狐以小丘為善也。祥，善也。

2.【疏】尊貴賢人，擢授能者，有善先用，與其利祿。堯舜聖人，尚且如是，況畏壘百姓，敢異前修！夫子通
人，幸聽從也！

庚桑子曰：「小子來！夫函車之獸，介而離山，則不免於罔罟之患；吞
舟之魚，碭而失水，則蟻能苦之。故鳥獸不厭高，魚鼈不厭深。[1]夫全其形
生之人，藏其身也，不厭深眇而已矣。[2]

1.【注】去利遠害乃全。　　【疏】其獸極大，口能含車，孤介離山，則不免網羅為其患害。吞舟之魚，其質不
小，波蕩失水，蟻能害之。故鳥獸高山，魚鼈深水，豈好異哉？蓋全身遠害，魚鳥尚爾，而況人乎！【釋文】
「函」音含。「車之獸」李云：獸大如車也。一云：大容車。「介而」音戒。《廣雅》云：獨也。又古點反。一本
作分，謂分張也。元嘉本同。◎俞樾曰：《方言》：獸無偶曰介。一本作分，非。◎慶藩案介，《釋文》一本作
分。分與離相屬為義，則作介是也。古書介本作分，分俗作兮。二形相似，故傳寫多誤。《穀梁‧莊三十年
傳》，燕周子分子，《釋文》：分，本或作介。《淮南‧謬稱篇》禍之生也分分，王念孫以為介介。則介又誤為
分。《春秋繁露‧立元神篇》介障險阻，介誤作分。《周禮‧人宗伯》注雉取其首介而死，《釋文》：介，或作分。
分，皆其證也。「離山」力智反。下，辻同。「呑舟」救恩反，又音天。「碭而失水」徒浪反，謂碭溢而失水也。
崔本作去水陸居也。「則蟻」魚綺反。「苦之」如字。向云，馬氏作最，又作窮。

泉，若嬰於利祿，則粗而淺也。

2.【注】若嬰身於利祿，則粗而淺也。【釋文】「深眇」彌小反。「則粗」七奴反。後皆同。

且夫二子者，又何足以稱揚哉[1]！是其於辯也，將妄鑿垣牆而殖蓬蒿也[2]。簡髮而櫛，數米而炊[3]，竊竊乎又何足以濟世哉[4]！舉賢則民相軋[5]，任知則民相盜[6]。之數物者，不足以厚民。民之於利甚勤，子有殺父，臣有殺君，正晝為盜，日中穴阫[7]。吾語女，大亂之本，必生於堯舜之間，其末存乎千世之後。千世之後，其必有人與人相食者也[8]！

者】向崔郭皆云：堯舜也。

1.【注】二子，謂堯舜。【疏】二子，謂堯舜也。唐虞聖迹，亂人之本，故何足稱邪！【釋文】「二子」

2.【注】將令後世妄行穿鑿而殖穢亂。【疏】將令後世妄行穿鑿而殖穢亂。物性之外，別立堯舜之風，以教迹令人傚效者，猶如鑿破好垣牆，種殖蓬蒿之草以為蕃屏者也。【釋文】「蓬」蒲空反。「將令」力呈反。

3.【注】理錐刀之末也。【疏】譬如擇簡毛髮，梳以為髻，格量米數，炊以供餐，利益蓋微，為損更甚。

【釋文】扻莊筆反，又作櫛，亦作梳，皆同。郭音節，徐側冀反。◎盧文弨曰：今書作櫛。◎王引之曰：不得音莊筆反，又音節。扻當為扻，即《玉篇》挃字，隸書轉寫手旁於左耳。《玉篇》挃，七谷切，挃也。此借為櫛髮之櫛，故音莊筆反，又音節。凡從次聲之字，可讀為即，又可讀為節。《說文》：坅，以土增大道上，從土，次聲；聖，古文坅，從土，即聲。引《虞書》朕聖讒說殄行。《玉篇》音才資才即二切。《荀子‧致士篇》引此，勿庸以次女封，《說文》：格，樀櫨也，從土，次聲。《康誥》：即是山節藻稅之節。〈康誥〉音才資即二切。皆其例也。扻為櫛髮之櫛，當讀入聲，而其字以次為聲，則亦可讀去聲，故徐邈音側冀反。「數米」色主反。「而炊」昌垂反。◎向云：理於小利也。

4.【注】混然一之，無所治為乃濟。
【疏】祖述堯舜，私議竊竊，此蓋小道，何足救世！
【釋文】「竊」如字。司馬云：細語也。一云：計校之貌。崔本作察察。

5.【注】將戾拂其性以待其所尚。
【疏】軋，傷也。夫舉賢授能，任知先善，則爭為欺侮，盜詐百端，趨競路開，故更相害也。
【釋文】「軋」烏黠反，向音乙。「戾拂」符弗反。「任知」音智。注同。

6.【注】真不足而以知繼之，則偽矣，偽以求生，非盜如何！
【疏】數物者，謂舉賢任知等也。此教浮薄，不足令百姓淳厚也。而蒼生貪利之心，甚自殷勤，私情怨忿，遂生篡弒，謀危社稷，攻城穿壁，正晝為盜，日中穴阫也。
【釋文】「穴阫」普回反。向音裴，云：阫，牆也。言無所畏忌。◎慶藩案阫與培同。《淮南子‧齊俗篇》鑿培而遁之，高誘注曰：培，屋後牆也。《呂氏春秋‧聽言篇》小作培，《漢書‧楊雄傳》作坏，音稍異而義同。「阫」普回反，云：阫，牆也。下同。

7.【注】無所復顧。
【釋文】「有殺」音試。「吾語」魚據反。「女」音汝。後皆放此。

8.【注】堯舜遺其迹，飾偽播其後，以致斯弊。
【疏】唐虞揖讓之風，會成篡逆之亂。亂之根本，起自堯舜，千載之後，其弊不絕，黃巾赤眉，則是相食也。

南榮趎蹴然正坐曰：「若趎之年者已長矣，將惡乎託業以及此言邪[1]？」庚桑子曰：「全汝形[2]，抱汝生[3]，无使汝思慮營營。若此三年，則可以及此言矣[4]。」

1.【疏】姓南榮，名趎，庚桑弟子也。蹴然，驚悚貌。南榮既聞斯義，心生慕仰，於是驚懼正容，勤誠請益，云：「趎年老，精神暗昧，憑託何學，方逮斯言？」
【釋文】「南榮趎」昌于反，向音疇，一音紹俱反，徐直俱反。又救俱反，又處由反。李云：庚桑弟子也。《漢書‧古今人表》作南榮疇。或作儔，又作壽。《淮南》作南榮疇，云：欲趎跌步，百舍不休。亦作疇。◎盧文弨曰：案《淮南‧脩務》訓作疇。舊欲趎譌欲蹻，今據本書改正。高誘注：欲，猶箸；跌，履；趎，所角切。跌音決。箸即著，直略切。趣，猶趨。今《淮南》或無步，字脫也。「蹴然」子六反。「已長」丁丈反。「將惡」音烏。

2.【注】守其分也。
【釋文】「其分」扶問反。後以意求之。

3.【注】無攬乎其生之外也。◎俞樾曰：《釋名·釋姿容》曰：抱，保也，相親保也。是抱與保義通。抱汝生，即保汝生。郭注曰無攬乎其生之外也，守其分內，猶泥抱字為說，未達假借之旨。

4.【疏】不逐物境，全形者也；守其分內，抱生者也。既正分全生，神凝形逸，故不復役知思慮，營營狗生也。三年虛靜，方可及乎斯言。此庚桑教南榮之詞也。

【釋文】「思慮」息吏反。下同。

南榮趎曰：「目之與形，吾不知其異也，而盲者不能自見；耳之與形，吾不知其異也，而聾者不能自聞；心之與形，吾不知其異也，而狂者不能自得。[1] 形之與形亦辟矣，[2] 而物或間之邪，欲相求而不能相得[3]？今謂趎曰：『全汝形，抱汝生，勿使汝思慮營營。』趎勉聞道達耳矣[4]！」

1.【注】目與目，耳與耳，心與心，其形相似而所能不同，苟有不同，則不可強相法效也。【疏】夫盲聾之士，與凡常之人耳目無異，而盲者不見色，聾者不聞聲；風狂之人，與不狂之者形貌相似，而狂人失性，不能自得。南榮舉此三喻以況一身，不解至道之言與彼盲聾何別，故〈內篇〉云，非唯形骸有聾盲，夫智亦有之也。【釋文】「可強」其丈反。下章可強同。

2.【注】未有閉之。【釋文】「亦辟」婢亦反，開也。崔云：相著也。音必亦反。◎家世父曰：郭象注形之與形亦辟矣，未有閉之。《釋文》：辟，婢亦反，開也。是假辟為闢。鄭康成《禮記·大學》注：辟，猶喻也。《說文·言部》：譬，喻也。〈坊記〉辟則防與，〈中庸〉辟如行遠，辟如登高，辟譬皆相通。辟，譬喻也，言形之與形亦易喻也。郭象注誤。《漢書·鮑永傳》言之者足戒，聞之者未嘗，章懷太子注：譬，猶曉也。曉然於形與形之同。曉亦喻也。

3.【注】兩形雖開，而不能相得，將有間也。【疏】闢，開也。間，別也。夫盲與不盲，二形孔竅俱開；見與不見，於物遂有間別。而盲聾求於聞見，終不可得也，亦猶南榮求於解悟，無由致之。【釋文】「或間」間厠之間。注同。

4.【注】早聞形隔，故難化也。【疏】全形抱生，已如前釋。重述所聞，以彰問旨。【釋文】「勉聞道」

崔向云：勉，強也。本或作跂。「達耳矣」崔向云：僅達於耳，未徹入於心也。

庚桑子曰：「辭盡矣。曰奔蜂不能化藿蠋，越雞不能伏鵠卵，魯雞固能矣[1]。雞之與雞，其德非不同也，有能與不能者，其才固有巨小也。今吾才小，不足以化子。子胡不南見老子！」[2]

1.【疏】奔蜂，細腰土蜂也。藿，豆也。蠋者，豆中大青蟲。越雞，荊雞也。魯雞，今之蜀雞也。奔蜂細腰，能化桑蟲為己子，而不能化藿蠋。越雞小，不能伏鵠卵；蜀雞大，必能之也。言我才劣，未能化大，所說辭情，理盡於此也。【釋文】「奔蜂」孚恭反。「蠋」音蜀。司馬云：豆藿中大青蟲也。「越雞」司馬向云，小雞也。或云：荊雞也。「能伏」扶又反。「卵」力管反。「魯雞」向云：大雞也，今蜀雞也。◎慶藩案《太平御覽‧九百十八》引司馬云：越雞，小雞也。奔蜂，小蜂也。一云土蜂。「藿蠋」音蜀。司馬云：豆藿中大青蟲也。「鵠」本亦作鶴，同。戶各反，一音戶沃反。

2.【疏】夫雞有五德：頭戴冠，禮也；足有距，義也；得食相呼，仁也；知時，智也；見敵能距，勇也。而魯雞雖異，五德則同，所以有能與不能者。才有大小也。我類越雞，才小不能化子，子何不南行往師，以謁老君！

南榮趎贏糧，七日七夜至老子之所[1]。老子曰：「子自楚之所來乎？」南榮趎曰：「唯[2]。」老子曰：「子何與人偕來之眾也[3]？」南榮趎懼然顧其後[4]。

1.【疏】贏，裹也。擔也。慕聖情殷，晝夜不息，終乎七日，方見老君也。【釋文】「贏糧」音盈。案《方言》：贏，儋也，齊楚陳宋之間謂之贏。一音果。◎盧文弨曰：音果字或有作贏者。

2.【疏】自，從也。問云：汝從桑楚處來？南榮趎曰：唯，直敬應之聲也。答云如是。【釋文】「曰唯」惟癸反。

3.【注】偕，俱也。老子聖人，照機如鏡，未忘仁義，故刺以偕來。理挾三言，故譏之言眾也。

【疏】挾三言而來故。

【釋文】「挾三」音協。

4.【疏】懼然，驚貌也。未達老子之言，忽聞眾來之說，顧眄其後，恐有多人也。

【釋文】「懼然」向紀俱反。本又作懾，音同，又況縛反。◎慶藩案懼然，即懼然也，蓋驚貌。其正字作界。《說文》：界，舉目驚界然也。界正字，瞿懼皆借字。《禮·檀弓》懼然失席，作瞿。《史記·孟子傳》王公大人初見其術，懼然顧化，《漢書·惠紀贊》聞叔孫通之諫則懼然，皆其證。

老子曰：「子不知吾所謂乎[1]?」南榮趎俯而慙，仰而歎曰：「今者吾忘吾答，因失吾問。」[2]

1.【疏】謂者，言意也。我言借來，譏汝挾三言而來。汝視其後，是不知吾謂也。

2.【疏】俯，低頭也。自知暗昧，不達聖言，於是俯首羞慚，仰天歎息，神魂恍惚，情彩章惶。豈直喪其形容，亦乃失其咨問。 【釋文】「因失吾問」元嘉本問作聞。◎慶藩案聞問古通用。《論語·公冶長篇》聞一知十，《釋文》：聞，本或作問。《荀子·堯問篇》不聞即物少至，楊倞曰：聞，或作問。

老子曰：「何謂也[1]?」南榮趎曰：「不知乎?人謂我朱愚。知乎?反愁我軀。[2]不仁則害人，仁則反愁我身;不義則傷彼，義則反愁我己。我安逃此而可?此三言者，趎之所患也，願因楚而問之。」[3]

1.【疏】問其所言有何意謂。

2.【疏】朱愚，猶專愚，無知之貌也。若使混沌塵俗，則有愚癡之名;若使運智人間，更致危身之禍。禍敗在己，故云愁軀也。◎家世父曰:《左傳·襄公四年》朱儒，杜預注：短小曰朱儒。朱愚者，智術短小之謂。

3.【疏】仁者，兼愛之迹；義者，成物之功；並是先聖蘧廬，非所以全身遠害者也。故不仁不義，則傷物害人；行義行仁，則乖真背道。未知若為處心，免茲患害。寄此三言，因桑楚以為媒，願留聽於下問。

老子曰：「向吾見若眉睫之間，吾因以得汝矣，今汝又言而信之[1]。若規規然若喪父母，揭竿而求諸海也。女亡人哉，惘惘乎！[2]汝欲反汝情性而无由入，可憐哉[3]！」

1.【疏】吾昔觀汝形貌，已得汝心。今子所陳，果挾三術。以子之言，於是信驗。【釋文】「向吾」本又作嚮，同。「眉睫」音接。《釋名》云：目毛也。

2.【疏】規規，細碎之謂也。汝用心細碎，懷茲三術，猶如童稚小兒，喪失父母也；似儋揭竿木，尋求大海，欲測深底，其可得乎！汝是亡真失道之人，亦是溺喪逃亡之子，芒昧何所歸依也！【釋文】「規規」李云：失神貌。一云：細小貌。「若喪」息浪反。汪同。「揭」其列其謁二反。「竿」音干。「而求諸海也」向云：言以短小之物，欲測深大之域也。「女亡人哉」崔云：喪亡性情之人也。

3.【疏】榮趎踐於聖迹，溺於仁義，縱欲還原反本，復歸於實性真情，瘡疣已成，無由可入，大聖運慈，深可哀愍也。

南榮趎請入就舍，召其所好，去其所惡，十日自愁，復見老子。[1]

老子曰：「汝自洒濯，熟哉鬱鬱乎！然而其中津津乎猶有惡也。[2]夫外韄者不可繁而捉，將內揵；內韄者不可繆而捉，將外揵。[3]外內韄者，道德不能持，而況放道而行者乎[4]！」

1.【疏】既失所問，情識芒然，於是退就家中，思惟旬日，徵求所好之道德，除遣所惡之仁義。未能契道，是以悲愁，庶其請益，仍見老子。【釋文】「所好」呼報反。「去其」起呂反。「所惡」烏路反。注同。「復見」

扶又反。

2.【疏】歸家一旬，遣除五德，滌盪穢累精熟。以吾觀汝氣，鬱鬱乎平，雖復加功，津津尚漏，以此而驗，惡猶未盡也。【釋文】「洒濯」大角反。「鬱鬱」崔云：孰洒貌。「津津」如字。崔本作律律，云惡貌。「猶有惡也」李云：惡計未盡也。

3.【注】揵，關揵也。耳目，外也；心術，內也。夫全形抱生，莫若忘其心術。若乃聲色韄於外，則心術塞於內；欲惡韄於內，則耳目喪於外。言人外用耳目而為聲色所韄者，固必無得無失而後為通也。【疏】韄者，繫縛之名。揵者，關閉之目。繁者，急也。繆者，殷勤也。此內外相感，必然之符。假令用心禁制，急手捉持，殷勤綢繆，則心神閉塞於內也；若內用心智而為欲惡所牽者，則耳目喪於外也。夫唯精神定於內，耳目靜於外者，方合全生之道。【釋文】「外韄」向音霍。崔云：恢廓也。又如字。本亦作韄，音獲，又乙虢反，又鳥邈反，又音轟。【注】縛也。《三蒼》云：佩刀靶韋也。◎盧文弨曰：今書作韄。「而捉」徐側角反。崔作促，云：迫促也。崔向云：綢繆也。「內揵」郭其輦反，徐其偃反。關也。向云：閉也。又音蹇。「繆」莫侯反，又音稠，結也。崔云：綢繆也。◎俞樾曰：郭於此無注，而注下文曰，雖繁手以執之，綢繆以持之，弗能止也。則訓繁為繁手，殆不可通矣。繁疑繳字之誤。繳，俗作繳。《漢書·司馬相如傳》名家苛察繳繞，如淳曰：繳繞，猶纏繞也。此以繁而捉繆而捉並言，繁，謂繳繞，繆，謂綢繆。《廣雅·釋詁》繳與綢繆並訓纏，是其義一也。繳繁形似，因而致誤耳。外韄者，制其耳目；《說文》：韄，佩刀絲也。徐鍇曰：絲，其繫系也。《三蒼》云：佩刀靶韋。是韄者，縛繫之意。外韄之，制其耳目；耳目之司，紛紜繁變，不可捉搤。內揵者，制其心；而心繆繞百出，亦不可捉搤，則外揵其耳目以絕心之緣。內外俱韄，則內揵其心以息耳目之機。內韄者，制其心；聲色韄於外，則心術塞於內；欲惡韄於內，則耳目喪於外；偏韄且不入而為主，又何津津有惡之存哉！郭象云，聲色韄於外，則心術塞於內；欲惡韄於內，則耳目喪於外；偏韄且不可，況內外俱韄乎！似非莊子本意。

3.【注】偏韄猶不可，況外內俱韄乎！將耳目眩惑於外，而心術流蕩於內，雖繁手以執之，綢繆以持之，弗能止也。【疏】偏執滯邊，已乖生分，況內外韄溺，為惑更深。縱有懷道抱德之士，尚不能扶持，況放散玄道而專行此惑，欲希禁止可得乎！【釋文】「放道」如字。向方往反，云：依也。

南榮趎曰：「里人有病，里人問之，病者能言其病，然其病，病者猶未病也[1]。若趎之聞大道，譬猶飲藥以加病也[2]，趎願聞衛生之經而已矣[3]。」

1.【疏】閭里有病，鄰里問之，病人能自說其病狀者，此人雖病，猶未困重而可療也。亦猶南榮雖愚，能自陳過狀，庶可教也。

2.【疏】夫藥以療疾，疾癒而藥消，教以機悟，機悟而教息。苟其本不病，藥復不消，教資不忘，機又不悟，不猶飲藥以加其病！

3.【疏】經，常也。已，止也。夫聖教多端，學門匪一，今之所請，衞護全生，心之所存，止在於此，如蒙指誨，輒奉為常。【釋文】「衞生」李云：防衞其生，令合曰道也。◎「加病」如字。元嘉本作駕，云：加也。崔本作駕，云：加也。

老子曰：「衛生之經，能抱一乎[1]？能勿失乎[2]？能无卜筮而知吉凶乎[3]？能止乎[4]？能已乎[5]？能舍諸人而求諸己乎[6]？能翛然乎[7]？能侗然乎[8]？能兒子乎[9]？兒子終日嘷而嗌不嗄，和之至也[10]；終日握而手不掜，共其德也[11]；終日視而目不瞚，偏不在外也[12]。行不知所之[13]，居不知所為[14]，與物委蛇[15]，而同其波[16]。是衛生之經已[17]。」

1.【注】不離其性。

2.【注】還自得也。【疏】自得其性也。

3.【注】當則吉，過則凶，無所卜也。【疏】履道則吉，徇物則凶，斯理必然，豈用卜筮！◎王念孫曰：吉凶當為凶吉。一失吉為韻，止已已為韻。《管子·心術篇》能專乎？能一乎？能無卜筮而知凶吉乎？是其證（〈內業篇〉凶吉亦誤為吉凶，唯〈心術篇〉不誤）。【釋文】「當則」丁浪反。後放此。

4.【注】止於分也。【疏】不逐分外。

同。

也。

5.【注】無追故迹。
【疏】已過不追。

6.【注】全我而不效彼。
【疏】諸，於也。捨棄效彼之心，追求己身之道。
【釋文】「能舍」音捨。下

7.【注】無停迹也。
【疏】往來無係止。
【釋文】「儵」音蕭。徐始六反，又音育。崔本作隨，云：順也。

8.【注】無節礙也。
【疏】順物無心也，而無累之謂。
【釋文】「絧」本又作侗，大董反，又音慟。向敕動反，云：直也。《三蒼》云：慤直貌。崔同。《字林》云：大也。◎盧文弨曰：今書作侗。「礙也」五代反。

9.【疏】同於赤子也。

10.【注】任聲之自出，不由於喜怒。
【疏】嗌，喉塞也。嗥，聲破。任氣出聲，心無喜怒，故終日嗁號，不破不塞，淳和之守，遂至於斯。
【釋文】「嗥」戶羔反。本又作號，音同。「而嗌」音益。崔云：喉也。司馬云：咽也。李音厄，謂噎也。一本作而不嗌。案如李音，有不字。「不嗄」於邁反。本又作嗀，徐音憂。司馬云：楚人謂嗁極無聲為嗄。崔本作喝，云：啞也。◎俞樾曰：老子終日號而不嗄，徐音憂，當從之。老子終日號而不嗄，傅奕本作嗀，即嗄之異文也。揚子《太玄經》夷次三曰柔，嬰兒於號，三日不嗄，二宋陸王本皆如是。蓋以嗄與柔為韻，可知揚子所見《老》、《莊》皆作嗄也。

11.【注】任手之自握，非獨得也。
【疏】掜，拘寄，而不勞倦者，為其淳和與玄道至德，其德同也。
【釋文】「終日握」李云：捲手曰握。「不掜」五禮反，向音藝。崔云：寄也。《廣雅》云：捉也。◎俞樾曰：《說文》無掜字。角部：觬，角觬曲也。疑即此掜字。以角言則從角，以手言則從手，變觬為掜，字之所以孳乳浸多也。終日握而手不掜，謂手不拳曲也。崔云：啞也。殊非其義。◎家世父曰：《釋文》引崔云，掜，捉也。今案揚雄《太玄·玄掜》云：玄之贊詞，或以氣，或以類，或以事之軌卒。掜，擬也。雄意假掜為擬。《說文》：擬，度也。授之物握之，奪之物亦握之，不待準量以為握。「共其」如字。崔云：壹也。

12.【注】任目之自見，非係於色也。
【疏】瞋，動也。任眼之視，視不動目，不偏滯於外塵也。
【釋文】「不瞋」字又作瞬，同。音舜，動也。本或作瞑，莫經反。「偏不」徐音篇。

13.【注】任足之自行，無所趣。【疏】之，往也。泛若不繫之舟，故雖行而無所的詣也。

14.【注】縱體而自任也。

15.【注】斯順之也。【疏】恬惔無為，寂寞之至。

16.【注】物波亦波。【疏】接物無心，委曲隨順。【釋文】「委」於危反。「蛇」以支反。

17.【注】和光混迹，同其波流。【疏】總指已前，結成其義也。

南榮趎曰：「然則是至人之德已乎[1]？」曰：「非也。是乃所謂冰解凍釋者，能乎[2]？夫至人者，相與交食乎地而交樂乎天[3]，不以人物利害相攖，不相與為怪，不相與為謀，不相與為事[4]，翛然而往，侗然而來。是謂衛生之經已[5]。」

1.【注】若能自改而用此言，便欲自謂至人之德。【疏】如前所說衛生之經，依而行之，合於玄道。至人之德，止此可乎？

2.【注】能乎，明非自爾。【疏】南榮拘束仁義，其日固久，今聞聖教，方解衛生。譬彼冬冰，逢茲春日，執滯之心，於斯釋散。此因學致悟，非率自然。能乎，明非真也。此則老子答趎之辭也。【釋文】「冰解」音蟹。

3.【注】自無其心，皆與物共。【疏】夫至人無情，隨物興感，故能同蒼生之食地，共群品而樂天。交，共也。【釋文】「交食」崔云：交，俱也。李云：交，共也。「交樂」音洛。◎俞樾曰：郭注曰，自無其心，皆與物共。《釋文》引崔云，交，俱也。李云：交，共也。是皆未解交字之義。《徐无鬼篇》曰，吾與之邀食於天，吾與之邀樂乎地，此云邀食乎天，邀樂乎地，古字只作徼，文二年《左傳》寡君願徼福於周公魯公。此云邀食乎天，邀樂乎地，邀樂乎天，語意正相似。作邀者後出字，作交者假借字。《詩·桑扈篇》彼交匪敖，《漢書·五行志》作匪傲匪敖，即其例矣。

4.【疏】攖，擾亂也。夫至人虛心順世，與物同波，故能息怪異於群生，絕謀謨於黎首。既不以事為事，何利

害之能擾乎！

5. 【疏】重舉前文，結成其義。

【釋文】「相擾」於營反，徐又音嬰。《廣雅》云：亂也。崔云：猶貫也。

曰：「然則是至乎[1]？」

曰：「未也。吾固告汝曰：『能兒子乎？[2]』兒子動不知所為，行不知所之，身若槁木之枝而心若死灰[3]。若是者，禍亦不至，福亦不來。禍福无有，惡有人災也！』[4]」

1. 【注】謂己便可得此言而至耶。　【疏】謂聞此言，可以造極。南榮不敏，重問老君。

2. 【注】非以此言為不至也，但能聞而學者，非自至耳。　【疏】夫云能者，獎勸之辭也。此言雖至，猶是筌蹄，既曰告汝，則因稟學。然學者不至，至者不學，在筌異魚，故曰未也。此是老子重答南榮。

3. 【疏】虛沖凝淡，寂寞無情，同槁木而不榮，類死灰而忘照。身心既其雙遣，何行動之可知乎！衛生之要也。

4. 【注】禍福生於失得，人災由於愛惡。今槁木死灰，無情之至，則愛惡失得無自而來。　【疏】夫禍福生乎得喪，人災起乎美惡。今既形同槁木，心若死灰，得喪兩忘，美惡雙遣，尚無冥昧之責，何人災之有乎！　【釋文】「若槁」苦老反。

【釋文】「惡有」音烏。「愛惡」烏路反。下同。

宇泰定者，發乎天光[1]。發乎天光者，人見其人[2]，物見其物。人有脩者，乃今有恆[3]；有恆者，人舍之，天助之[4]。人之所舍，謂之天民；天之所助，謂之天子[5]。

1. 【注】夫德宇泰然而定，則其所發者天光耳，非人耀。　【疏】夫身者神之舍，故以至人為道德之器宇也。

且德宇安泰而靜定者，其發心照物，由乎自然之智光。【釋文】「宇泰定」王云：字，器宇也，謂器宇閒泰則靜定也。◎家世父曰：虛室生白，吉祥止止，人心自兆其端倪而天光發焉，自然而不可掩也，脩其自然而機應之。人

各自脩也，各自見也，故曰人見其人。【注】天光自發，則人見其人，物見其物，物各自見而不見彼，所以泰然而定也。【疏】凡庸之人，不能

測聖，但見群於眾庶，不知天光返照也。【疏】人而脩人，則自得矣，所以常泰。【疏】恆，常也。理雖絕學，道亦資求，故有真脩之人，能會凝

常之道也。【注】常泰，故能反居我宅而自然獲助也。【疏】體常之人，動以吉會，為蒼生之所舍止，皇天之所福

助，不亦宜乎！【注】出則天子，處則天民，此二者俱以泰然而自得之，非為而得之也。【疏】出則君后，處則逸人，皆

以臨道體常，故致斯功者也。

學者，學其所不能學也；行者，行其所不能行也；辯者，辯其所不能辯也¹。知止乎其所不能知，至矣²；若有不即是者，天鈞敗之³。

1.【注】凡所能者，雖行非為，雖言非辯，雖習非學，雖智非學耶！【疏】夫為於分內者，雖為也不為，故雖學不學，雖行不行，雖辯不辯，豈復為於分外，學所不能耶！【釋文】「學者學其所不能學也」言人皆欲學其所不能知，凡所能者，故是能於所能。夫能於所能者，則雖習非習也。

2.【注】所不能知，不可彊知，故止斯至。【疏】率其所能，止於分內，所不能者，不彊知之，此臨學之至妙。

3.【注】意雖欲為，為者必敗，理終不能。【疏】若有心分外，即不以分內為是者，斯敗自然之性者也。【釋文】「敗之」補邁反。或作則。元嘉本作則。

備物以將形1，藏不虞以生心2，敬中以達彼3，若是而萬惡至者，皆天也4，而非人也5，不足以滑成6，不可內於靈臺7。靈臺者有持8，而不知其所持9，而不可持者也10。

1.【注】因其自備而順其成形。【疏】將，順也。夫造化洪鑪，物皆備足，但順成形，於理問學。【釋文】「備物以將形」備，具也。將，順也。

2.【注】心自生耳，非虞而出之。虞者，億度之謂。【疏】夫至人無情，物感斯應，包藏聖智，遇物生心，終不預謀所為虞度者也。【釋文】「億度」待洛反。

3.【注】理自達彼耳，非慢中而敬外。【疏】中，內智也。彼，外境也。敬重神智，不敢輕染，智既凝寂，境自虛通。

4.【注】天理自有窮通。

5.【注】有為而致惡者乃是人。【疏】若文王之拘羑里，孔子之困匡人，智非不明也，人非不聖也，而遭斯萬惡窮否者，蓋由天時運命耳，豈人之所為哉！

6.【注】安之若命，故其成不滑。【疏】滑，亂也。體道會真，安時達命，縱遭萬惡，不足以亂於大成之心。【釋文】「以滑」音骨。

7.【注】靈臺者，心也，清暢，故憂患不能入。【疏】內，入也。靈臺，心也。妙體空靜，故世物不能入其靈臺也。【釋文】「靈臺」郭云：心也。案謂心有靈智能住持也。許慎云：人心以上，氣所往來也。◎俞樾曰：不可上當有萬惡二字，上文若是而萬惡至者，皆天也，而非人也，不足以滑成，其文已足。萬惡不可內於靈臺，則又起下意。下文云，靈臺者有持，而不知其所持而不可持者也，皆承此言之。讀者不詳文義，誤謂不可內於靈臺與不足以滑成兩句相屬，故刪萬惡二字耳。《文選·廣絕交論》李善注引此文，正作萬惡不可內於靈臺。

8.【注】有持者，謂不動於物耳，其實非持。【疏】惟貴能持之心，竟不知所以也。

9.【注】若知其所持則持之。

10.【注】持則失也。【疏】若有心執持，則失之遠矣，故不可也。

不見其誠己而發₁，每發而不當₂，業入而不舍₃，每更為失₄。為不善乎顯明之中者，人得而誅之；為不善乎幽閒之中者，鬼得而誅之。₅明乎人，明乎鬼者，然後能獨行₆。

1.【注】此妄發作。【釋文】「不見其誠己而發」謂不自照其內而外馳也。

2.【注】發而不由己誠，何由而當！【疏】以前顯得道之士智照光明，此下明喪真之人妄心乖理。誠，實也。未曾反照實智而輒妄發迷心，心既不真，故每乖實當也。【釋文】「每發而不當」丁浪反。《爾雅》云：每，雖也。謂雖有發動不中當。

3.【注】事不居其分內。【疏】業，事也。世事攪擾，每入心中，不達違從，故不能舍止。

4.【注】發由己誠，乃為得也。【疏】每妄發心，緣逐前境，自謂為得，飜更喪真。

5.【疏】夫人鬼幽顯，乃曰殊塗，至於推誠履信，道理無隔。若彼乖分失真，必招報應，讎怨相感，所以遭誅，則杜伯彭生之類是也。【釋文】「幽閒」音閑。

6.【注】幽顯無愧於心，則獨行而不懼。【疏】幽顯二塗，分明無謫，不犯於物，故獨行不懼也。

券內者，行乎无名₁；券外者，志乎期費₂。行乎无名者，唯庸有光₃；志乎期費者，唯賈人也₄，人見其跂，猶之魁然₅。與物窮者，物入焉₆；與物且者，其身之不能容，焉能容人₇！不能容人者无親，无親者盡人₈，兵莫憯於志，鏌鋣為下₉；寇莫大於陰陽，无所逃於天地之間₁₀。非陰陽賊之，心則使之也₁₁。

1.【注】券，分也。夫遊於分內者，行不由於名。【疏】券，分也。無名，道也。履道而為於分內者，雖行而無名迹也。【釋文】「券內」字又作卷。徐音勸。「券分」符問反。下同。崔云：券，分明也。則宜方云反。

「焉」於虔反。注同。

2.【注】有益無益，斯欲損己以為物也。

【疏】期，卒也。立志矜矯，游心分外，終無成益，卒有費損也。

【釋文】「期費」芳貴反。下同。《廣雅》云：期，卒也。費，耗也。言若存分外而不止者，卒有所費耗也。◎俞樾曰：案郭象注既言志，又言期，於義複矣。《釋文》於義亦不可通。今案《荀子》書每用綦字為窮極之義。〈王霸篇〉目欲綦色，耳欲綦聲，楊注曰：綦，極也。亦或作期，〈議兵篇〉曰：已期三年，然後民可信也；〈宥座篇〉曰，墓三年而百姓往矣。是期與綦通。期費者，極費也。費，謂財用也。《呂覽·安死篇》非愛其費也，高誘曰：費，財也。期費之義，與綦色綦聲相近，彼謂窮極其聲色，此謂窮極其財用也。故下文曰志乎期費者惟賈人也。「以為」于偽反。

3.【注】雖己所無，猶借彼而用之。 【疏】庸，用也。游心無名之道者，其所用智，日有光明也。

4.【注】本有斯光，因而用之。 【疏】志求之分外，要期聲名而貪損神智者，意唯名利，猶高價販賣之人。

【釋文】「賈人」音古。

5.【注】夫期費者，人已見其跂矣，而猶自以為安。 【疏】企，危也。魁，安也，銳情貪取，分外企求，他人已見其跂求分外而猶自安。可羞愧之甚也。◎家世父曰：《說文》：券，勞也。人勞則倦。券內者反觀，券外者徇外。徇外則測量之意多而營度之用廣。測量營度，賈人之術也。《說文》：期，會也。費，散財用也。《玉篇》：費，用也。期費者，約會施用之意。魁然自大，人見其跂跂以行而不自知。《釋文》：魁，安也，一曰主也。似未愜。郭象注且謂外而跂者。窮者誠己而發者也，苟且則苟且相與而已。志乎期會之謂且，行乎無名。斯能窮盡其意也。

【釋文】「人見其跂猶之魁」苦回反，安也。一云：主也。「然」謂眾人已見其跂求分外而猶自安。可羞愧之甚也。

6.【注】窮，謂終始。 【疏】舍止之謂也。物我冥符而窮理盡性者，故為外物之所歸依也。

7.【注】且，謂外而跂者。跂者不立，焉能自容！不能自容，焉能容物耶！ 【疏】聊與人涉，苟且於浮華，貪利求名，身尚矜企，心靈躁競，不能自容，何能容物耶！《詩·東門之粉篇》穀旦于差，《韓詩》旦作且，云：苟且也。是重言為苟且，單言為且也。◎俞樾曰：且即苟且之且。上文與物窮者，郭注窮謂終始，是窮為窮極之義。苟且與窮極，義正相反也。《釋文》曰：且，始也。非是。

【釋文】「物且」旦，始也。◎俞樾曰：且，始也。非是。

8.【注】身且不能容，則雖己非己，況能有親乎！故盡是他人。

【疏】褊狹不容，則無親愛；既無親愛，則盡是他人。逆忤既多，讎敵非少，欲求安泰，其可得乎！

9.【注】夫志之所攖，燋火凝冰，故其為兵甚於劍戟也。

【疏】兵，鋒刃之徒。鏌鋣，良劍也。夫憯毒傷害，莫甚乎心。心志所緣，不疾而速，故其為損害甚於鏌鋣。以此校量，劍戟為下。

【釋文】「莫憯」七坎反。◎慶藩案憯與慘同。《說文》：憯，毒也。字或作憯。《方言》：憯，殺也。與《廣雅》云：痡也。元嘉本作潛。訓毒義相近。「鏌」也音莫。「鋣」也嗟反。鏌鋣，良劍名。

10.【疏】寇，敵也。域心得喪，喜怒戰於胸中，其寒凝冰，其熱燋火，此陰陽之寇也。夫勍敵巨寇，猶可逃之，而兵起內心，如何避邪！

【釋文】「五藏」才浪反。後皆放此。

11.【注】心使氣，則陰陽徵結於五藏而所在皆陰陽也，故不可逃。

【疏】此非陰陽能賊害於人，但由心有躁競，故使之然也。

道通，其分也。其成也毀也[1]。所惡乎分者，其分也以備[2]；所以惡乎備者，其有以備[3]。故出而不反，見其鬼[4]；出而得，是謂得死[5]。滅而有實，鬼之一也[6]。以有形者象无形者而定矣[7]。

1.【注】成毀無常分而道皆通。

【疏】夫物之受氣，各有崖限，妍醜善惡，稟分毀成。而此謂之成，彼謂之毀，道以通之，無不備足。

【釋文】「其分」符問反。注及下皆同。一音方云反。

2.【注】不守其分而求備焉，所以惡也。

【疏】夫榮辱壽夭，稟自天然，素分之中，反己備也。分外馳者而求備焉，游心是非之境，惡其所受之分也。

【釋文】「所惡」烏路反。下及注皆同。

3.【注】本分不備而有以求備，所以惡備也。

【疏】若其本分素備，豈惡之哉！

4.【注】不反守其分內，則其死不久。

【疏】造物已備而嫌惡之，豈知自然先已備矣。

【釋文】「故出而不反」謂情識外馳而不反觀於內也。「見其鬼」王云：永淪危殆，資死之術，已行及為鬼也。

之，故曰見鬼也。

5.【注】不出而無得，乃得生。　【疏】其出心逐物，遂其欲情而有所獲者，此可謂得死耳，非理也。「出而得是謂得死」若情識外馳以為得者，是曰得死滅之本。　【釋文】

6.【注】已滅其性矣，雖有斯生，何異於鬼！　【疏】迷滅本性，謂身實有，生死不殊，故與鬼為一也。既殄塞純朴之道而外馳澆薄之境，雖復

7.【注】雖有斯形，苟能曠然無懷，則生全而形定也。　【疏】象，似也。雖有斯形，似如無者，即形非有故行尸於世，與鬼何別！故云鬼一也。【釋文】「滅而有實鬼之一也」《廣雅》云：滅，殄也，盡也。實，塞也。也。曠然忘我，故心靈和光而止定也。

出无本[1]，入无竅[2]。有實而无乎處，有長而无乎本剝[3]，有所出而无竅者有實[4]。有實而无乎處者，宇也[5]。有長而无本剝者，宙也[6]。有乎生，有乎死，有乎出，有乎入，入出而无見其形[7]，是謂天門[8]。天門者，无有也，萬物出乎无有[9]。有不能以有為有[10]，必出乎无有[11]，而无有一无有[12]。聖人藏乎是[13]。

1.【注】欻然自生，非有本。

2.【注】欻然自死，非有根。　【疏】出，生也，入，死也。從無出有，有無根原，自有還無，無乃無竅穴也。　【釋文】「出无本入无竅」苦弔反。竅，孔也。所以知有形累於無形者，以其出入無本竅故也。◎家世父曰：郭象以出入為生死。出入非生死也，以象乎生死者也。形者，實也，無所處乎其形，故有出；無形之形，所以長也，而更無始終本末之可言，故有入；出入宇宙之中而無見其形，斯之謂定。「欻然」訓勿反。

3.【疏】剝，末也，亦原也。本亦作摽字，今隨字讀之。「乎處」昌據反。下注同。「有長」丁丈反，增也。又如字。本根原，實有此身，推索因由，竟無處所，自古至今，甚為長遠，尋求今古，竟無本末。宇以言乎其廣也；宙以言乎其長也。古往今來曰宙，天地六合曰宇，無所處乎其形，故有出。無始終本末之可言，而固有實。天地六合曰宇，宙以言乎其長也。

下注同。「本剽」本亦作標，同。甫小反。崔云：末也。李怖遙反，徐又敷遙反。下同。◎盧文弨曰：標當作標。

4.【注】言出者自有實耳，其所出無根竅以出之。

【疏】有所出而無竅穴者，謂其有實，其實不有也。

【釋文】「有所出」夫生必有所出也。「而無」此明所出是無也。既是無矣，何能有所出耶！「竅者有實」既言有竅，竅必有實；求實不得，竅亦無也。

5.【注】宇者，有四方上下，而四方上下未有窮處。

【疏】宇者，四方上下也。方物之生，謂其有實，尋責宇中，竟無來處。宇既非矣，處豈有邪！

【釋文】「有實而无乎處者宇也」《三蒼》云：四方上下為宇。宇雖有實，而無定處可求也。

6.【注】宙者，有古今之長，而古今之長無極。

【疏】宙者，往古來今也。時節賒長，謂之今古，推求代序，竟無本末。宙既無矣，本豈有耶！

【釋文】「有長而无本剽者宙也」《三蒼》云：往古來今曰宙。《說文》曰：舟輿所極覆為宙。長，猶增也。宙雖有增長，亦不知其始未所至者也。

7.【注】死生出入，皆欻然自爾，無所由，故無所見其形。

【疏】出入，猶生死也。謂其出入生死，故有出入之名，推窮性理，竟無出入處所之形而可見也。

8.【注】天門者，萬物之都名也。

【疏】天者，自然之謂也；自然者，以無所由為義。言萬有皆無所從，莫測所以，自然為造物之門戶也。

9.【注】死生出入，皆欻然自爾，木有為之者也。然有聚散隱顯，故有出入之名；徒有名耳，竟無出入，門其安在乎？故以無為門，則無門也。

【疏】夫天然之理，造化之門，徒有其名，竟無其實，而一切萬物，從此門生，故郭注云以無為門矣。

10.【注】夫有之未生，以何為生乎？故必自有耳，豈有之所能有乎！

【疏】夫已生未生，有之未生，誰生其有？推求斯有，竟無有也。

11.【注】此所以明有之不能為有而白有耳，非謂無能為有也。若無能為有，何謂無乎！

【疏】夫有既有矣，焉能有有？有之未生，則有自欻生明矣。無者遂無。無者遂無，則有自欻生明矣。無者遂無，則有自欻生明矣。無若生有，何謂無乎！

12.【注】一無有則遂無矣。無者遂無，則有自欻生明矣。

【疏】不問百非四句，一切皆無，故謂一無有。

13.【注】任其自生而不生生。

【疏】玄德聖人，冥真契理，藏神隱智，其在茲乎！

古之人，其知有所至矣[1]。惡乎至[2]？有以為未始有物者，至矣，盡矣，弗可以加矣[3]。其次以為有物矣[4]，將以生為喪也[5]，以死為反也[6]。其次曰始无有，既而有生，生俄而死；以无有為首，以生為體，以死為尻[7]；孰知有无死生之一守者，吾與之為友[8]。是三者雖異，公族也[9]，昭景也，著戴也，甲氏也，著封也，非一也[10]。

1.【疏】玄古聖人，得道之士，知與境合，故稱為至。

2.【疏】問至所由，用何為至？【釋文】「惡乎」音烏。

3.【疏】此顯至之體狀也。知既造極，觀中皆空，故能用諸有法，未曾有一物者也，可謂精微至極，窮理盡性，虛妙之甚，不復可加矣。

4.【疏】其次以下，未達真空，而諸萬境，用為有物也。

5.【注】喪其散而之乎聚也。【疏】喪，失也。流俗之人，以生為得，以死為喪。今欲反於迷情，故以生為喪，以其無也；【釋文】「為喪」息浪反。注同。

6.【注】還融液也。【疏】以死為反，猶未盡於至妙。【釋文】「融液」音亦。

7.【注】雖欲均之，然已分也。【疏】雖齊死生，猶見死生之異，故從非有而起分別也。【釋文】「為尻」苦羔反。

8.【疏】其次以下，心知稍闇，而始本無有，從無有生，俄頃之間，此生彼滅。故用無為其頭，以生為其形體，以死為其尻。誰能知有無生死之不二而以此脩守者，莊生狎而友朋，斯人猶難得也。

9.【注】或有而無之，或有而一之，或分而齊之，故謂三也。此三者，雖有盡與不盡，然俱能無是非於胸中，猶如楚家於一姓之上分為三族。【疏】三者，謂以無為首，以生為體，以死為尻是也。於一體之中而起此三異，猶如楚家於一姓之上分為三族。

10.【注】此四者雖公族，然已非一，則向之三者已復差之。

【疏】昭屈景，楚之公族三姓。昔屈原為三閭大夫，掌三族三姓，即斯是也。此中文略，故直言昭景。王孫公子，長大加冠，故著衣而戴冠也。各有品秩，咸邪職官，因官賜姓，故甲第氏族也。功績既著，封之茅土，枝派分流，故非一也。猶如一道之中，分為有無生死，種類不同，名實各有異，故引其族以譬也。【釋文】「昭景也著」丁略反，又張慮反。「戴」本亦作載著」張慮反，久也。又丁略反。「封也非一也」一說云：昭景甲三者，皆楚同宗也。著戴者，謂著冠，世世處楚朝，為眾人所戴仰也。著封者，謂世世處封邑，而光著久也。昭景甲三姓雖異，論本則同也。昭景二姓，楚之所顯戴，皆甲姓顯封，雖非一姓，同山公族，喻死生同也。此兩說與注不同，聊出之耳。◎家世父曰：郭注四者公族，似謂昭景甲氏皆族。《釋文》一說云，昭景甲三者，昭景二姓，楚之所顯戴，皆甲姓顯封。疑崔說是也。王逸《楚辭》注：三閭掌王族三姓，曰昭屈景。無以甲為氏者。《說文》：首，戴也。《爾雅·釋地》：途出其前戴邱。著戴者，昭景相承為氏也；甲者，曰之始也，言始得氏以受封，而後相承為氏也。同為公族，而所從來固非一矣。「已復」扶又反。

有生，黬也[1]，披然曰移是[2]。嘗言移是，非所言也[3]。雖然，不可知者也[4]。臘者之有腸胲，可散而不可散也[5]；觀室者周於寢廟，又適其偃焉[6]，為是舉移是[7]。

1.【注】直聚氣也。
【疏】黬，疵也。無有此形質而謂之生者，直是聚氣成疵黬，非所貴者也。【釋文】「有生黬」徐於減反。司馬烏簞反，云：黬，有疵也，有疵者，欲披除之。李烏感反。《字林》云：釜底黑也。

2.【注】既披然而有分，則各是其所是矣。是無常在，故曰移。
【疏】披，分散也。夫道無披我而物有是非，是非不定，故分散移徙而不常也。其移是之狀，列在下文。【釋文】「披」普皮反。「然曰移是」或云：黬

3.【注】所是之移，已著於言前矣。
【疏】理形是非，故試言耳。然是非之移，非所言也。

4.【注】不言其移，則其移不可知，故試言也。
【疏】雖復是非不由於言，而非言無以知是非，故試言是

非,一遺於是非,則不知是非之無是非也。

5.【注】物各有用。

【疏】臘者,大祭也。膍,牛百葉也。胲,備也,亦言是牛蹄也。臘祭之時,牲牢甚備,至於四肢五藏,並皆陳設。祭事既訖,方復散之,則以散為是;若其祭未了,則不合散,是知是與不是,移是無常。

【釋文】「臘者」力闔反。「者之有膍」音毗。司馬云:牛百葉也。本或作肶,音毗,獐也。「胲」古來反,足大指也。崔云:備也。案臘者大祭備物,而肴有膍胲,此雖從散,禮應具不可散棄也。

6.【注】偃,謂屏厠。

【疏】偃,屏厠也。祭事既竟,齋宮與飲,施設餘胙於屋室之中,觀看周旋於寢廟之内,飲食既久,應須便僻,故往圊圂而便尿也。飲食則以寢廟為是,便尿則以圊圂為是,是非無常,竟何定乎?◎臘者明聚散無恆,觀室顯處所不定,俱無是非也。

【釋文】「其偃」於晚反。司馬郭皆云:屏厠也。又於建反。◎慶藩案郭與司馬云:偃,屏厠也。桂馥云:屏當為屏,偃當為晏。《急就篇》屏厠清圊糞土壤,顏注:屏,僻偃之名也。今案桂氏謂屏當為屏,是矣;偃當為晏,頗無所據。愚謂偃當為區,《開元占經》引甘氏云:天溷七星在外屏,區,路厠也。〈燕策〉宋王鑄諸侯之象使侍屏區。屏區者,屏厠也。《周禮》宮人為其屏區,鄭司農云:屏,僻偃之《淮南》注:天溷,厠也。屏,所以障天翳也。「屏厠」步定反,又必領反。下同。

7.【注】寢廟則以饗燕,屏厠則以偃溲;當其偃溲,則寢廟之是移於屏厠矣。故是非之移,一彼一此,誰能常之!故至人因而乘之則均耳。

【釋文】「為是」于偽反。◎家世父曰:有生,黬也;黬者,塵之積而留焉者也;則將以死易生,披然曰移是乎!雖然,既有生矣,如膍胲之相附,散之則死,而固不可散也;有生者有死,如寢廟之有偃,相須而成者也;而是曰移是,是以生為擾,以死為歸,自見為累者也。齊生死者,更無是非名實之可言也。以生為累,固必有己之見存,而乘之以為是非名實,而知愚榮辱之爭紛然起矣。移是者,終有不能移者也,有生之所以為黬也。「溲」所留反。

請常言移是。是以生為本[1],以知為師[2],因以乘是非[3];果有名實[4],因以己為質[5];使人以為己節[6],因以死償節[7]。若然者,以用為知,以不用為愚,以徹為名,以窮為辱[8]。移是,今之人也[9],是蜩與學鳩同於同也[10]。

【注】物之變化，無時非生，生則所在皆本也。

【疏】夫能忘生死者，則無是無非者也，祇為滯生，所以執是也。必能遺生，是將安寄？故知移是以生為本。

1.【注】所知雖異，而各師其知。

2.【注】乘是非者，無是非也。

3.【注】因其師知之心，心乘是非之用，豈知師知者顛倒是非乎！

【疏】夫物云云，悉皆虛幻，芻狗萬象，名實何施！倒置之徒，謂決定有此名實也。

4.【注】物之名實，果各自有也。

【疏】妄執名實，遂用己為名實之主而競是非也。

5.【注】質，主也。物各謂己是，足以為是非之主。

【疏】質，主也。既迷名實，又滯是非，遂使無識之人，堅執虛名以為節操也。

【釋文】「因以死償」

6.【注】人皆謂己是，故莫通。

【疏】節者，至操也。節成而身死，故曰以死償節也。

7.【注】當其所守，非真脫也。

【疏】守是非以成志操，確乎不拔，期死執之也。

8.【注】《廣雅》云：償，報也。復也。案謂殺身以成名，節成而身死，故曰以死償節也。

【疏】以炫耀為智，晦迹為愚，通徹為榮名，窮塞為恥辱，若然者，豈能一窮通榮辱乎！

【釋文】「為知」音智。

9.【注】玄古之人，無是無非，何移之有！

【疏】夫固執名實，移滯是非，澆季浮偽，今世之人也，豈上古淳和質樸之士乎！

10.【注】同其所同。

【疏】蜩鸒二蟲，以蓬蒿為是。二蟲同是，未為通見，移是之人，斯以類也。蜩同於鳩，鳩同於蜩，故曰同於同也。

【釋文】「蜩」音條。「學鳩」本或作鷽，音同。

躡市人之足，則辭以放驁1，兄則以嫗2，大親則已矣3。故曰，至禮有不人4，至義不物5，至知不謀6，至仁无親7，至信辟金8。

1.【注】稱己脫誤以謝之。

【疏】躡，蹋也。履也。履蹋市廛之人不相識者之足腳，則謝云，己傲慢放縱錯

誤而然，非故為也者。

【釋文】「蹑」女展反。司馬李云：蹈也。《廣雅》云：履也。◎慶藩案《文選》馬季長
〈長笛賦〉注引司馬云：蹑，女展切，《釋文》漏。「驚」五報反。《廣雅》云：妄也。

2.【注】言嫗詡之，無所辭謝。　【疏】踶著兄弟之足，則嫗詡而憐之，不以言愧。
【釋文】「嫗」於禹
反。注同。　【訕】況甫反。

3.【注】明恕素足。　【疏】若父蹋子足，則默然而已，不復辭費。故知言辭往來，虛偽不實。

4.【注】不人者，視人若己。　【疏】視人若己則不相辭謝，斯乃禮之至也。　【疏】自彼兩忘，視人若己，不見人己
內外，何辭謝之有乎！斯至禮也。

5.【注】各得其宜，則物皆我也。　【疏】物我雙遣，妙得其宜，不知我外有物，何是非之有！斯至義也。

6.【注】謀而後知，非自然知。　【疏】率性而照，非謀謨而知，斯至智也。

7.【注】譬之五藏，未曾相親，而已至矣。　【疏】方之手足，更相御用，無心相為，而相濟之功成矣，豈
有親愛於其間哉！　【釋文】「未曾」才能反。

8.【注】金玉者，小信之質耳，至信則除矣。　【疏】辟，除也。金玉者，小信之質耳，至信則棄除之矣。
【釋文】「辟金」必領反。除也。又婢亦反。

徹志之勃，解心之謬，去德之累，達道之塞[1]。貴富顯嚴名利六者，勃
志也[2]。容動色理氣意六者，謬心也[3]。惡欲喜怒哀樂六者，累德也[4]。去
就取與知能六者，塞道也[5]。此四六者不盪胷中則正，正則靜，靜則明，明
則虛，虛則无為而无不為也[6]。道者，德之欽也[7]；生者，德之光也[8]；性
者，生之質也[9]。性之動，謂之為[10]；為之偽，謂之失[11]。知者，接也；知
者，謨也[12]；知者之所不知，猶睨也[13]。動以不得已之謂德[14]，動无非我之
謂治[15]，名相反而實相順也[16]。

【釋文】「之勃」本又作悖，同。必

妹反。「之謬」如字。一本作繆，亡侯反，亦音謬。「去德」起呂反。

1.【疏】徹，毀也。勃，亂也。繆，繫縛也。此略標名，下具顯釋也。

洛。「累德」劣偽反。後注同。

2.【疏】榮貴、富贍、高顯、尊嚴、聲名、利祿，六者亂情志之具也。

3.【疏】容貌、變動、顏色、辭理、氣調、情意，六者綢繆繫縛心靈者也。本亦有作謬字者，解心之謬妄也。

4.【疏】憎惡、愛欲、欣喜、恚怒、悲哀、歡樂，六者德之患累也。　【釋文】「惡欲」烏路反。「哀樂」音

恬淡無為，應物而無窮也。

5.【疏】去捨、從就、貪取、施與、知慮、伎能，六者蔽真道也。　【釋文】「知能」音智。

6.【注】盪，動也。　【疏】四六之病，不動盪於胸中，則心神平正，正則安靜，靜則照明，明則虛通，虛則

書·哀帝紀》注引李斐曰：陳，道也。是其義矣。

7.【疏】道是所脩之法，德是臨人之法，重人輕法，故欽仰於道。◎俞樾曰：《說文·广部》：廞，陳輿服於庭也。《小爾雅·廣詁》：廞，陳也。此欽字即廞之假字。蓋所以生者為德而陳列之即為道，故曰德之廞也。《漢

「不盪」本亦作蕩，徒黨反。郭云：動也。又徒浪反，又吐浪反。

8.【疏】天地之大德曰生，故生化萬物者，盛德之光華也。　【釋文】「德之光」一本光字作先。

9.【疏】質，本也。自然之性者，是稟生之本也。

10.【注】以性自動，故稱為耳；此乃真為，非有為也。　【疏】率性而動，分內而為，為而無為，非有為也。

11.【疏】感物而動，性之欲也。矯性偽情，分外有為，謂之喪道也。

12.【疏】夫交接前物，謀謨情事，故謂之知也。

13.【注】夫目之能視，非知視而視也；不知所以視而視，而視有明暗。心之能知，不知所以知而知，而知有深淺。而目不能視而不可強視，心不能知而不可強知，若有分限，猶如睧也。　【釋文】「睧也」魚計反，又五禮反，視也。

14.【注】若得已而動，則為強動者，所以失也。　【疏】夫迫而後動，和而不唱，不得已而用之，可謂盛德也。◎家世父曰：與物相接而知生焉，因而為之謀謨而知名焉。其所不知，猶將睧視而揣得之。知之所由成也，道之所由毀也。動於不得已而一任我之自然，奚以知為哉！

相順也。

15.【注】動而效彼則亂。　【疏】率性而動，不捨我效物，合於正理，故不亂。　【釋文】「謂治」直吏反。

16.【注】有彼我之名，故反；名得其實，則順。　【疏】有彼我是非之名，故名相反；無彼我是非之實，故實相順也。

羿工乎中微而拙乎使人无己譽1。聖人工乎天而拙乎人2。夫工乎天而俍乎人者，唯全人能之3。唯蟲能蟲，唯蟲能天4。全人惡天？惡人之天5？而況吾天乎人乎6！

1.【注】善中則善取譽矣，理常俱也。　【疏】羿，古之善射人。工，巧也。羿彎弓放矢，工中前物，盡射家之微妙。既有斯伎，則擅斯名，使己無令譽，不可得也。　【釋文】「羿」五計反。徐又戶計反。「中微」丁仲反。注同。「己譽」音餘。後章同。

2.【注】任其自然，天也；有心為之，人也。　【疏】前起譬，此合喻也。聖人妙契自然，功侔造化，使群品日用不知，不顯其迹，此誠難也。故上文云使天下兼忘我難。

3.【注】工於天，即俍於人矣，謂之全人也。全人則聖人也。　【疏】俍，善也。全人，神人也。夫巧合天然，善能晦迹，澤及萬世而日用不知者，其神人之謂乎！神人無功，故能之耳。　【釋文】「而俍」音良。崔云：良工也。又音浪。

4.【注】能還守蟲，即是能天。　【疏】鳥飛獸走，能蟲也；蛛網蜣丸，能天也。皆稟之造物，豈仿效之所致哉！　【釋文】「唯蟲」一本唯作雖，下句亦爾。言蟲自能為蟲者，天也。◎家世父曰：能天者，不知所謂天。若知有天，則非天矣。全人惡知天？天者吾心自適之趣，全人初未嘗辨而知之，豈吾心所能自喻乎！惡當為汪胡切，與烏同，《釋文》烏路反者誤。◎慶藩案兩唯字當從《釋文》作雖。唯，古或借作雖。《詩‧大雅‧抑篇》女雖湛樂從，言女唯湛樂之從也。《管子‧君臣篇》雖有明君能決之，又能塞之，言唯有明君能之也。

5.【疏】夫全德之人，神功不測，豈嫌己之素分而惡人之所稟哉？蓋不然乎，率順其天然而已矣。　【釋文】「惡天」烏路反。下同。

6.【注】都不知而任之，斯所謂丁乎天。

【疏】天乎人乎，不見人天之異，都任之也。前自遣天人美惡，猶有天人。此句混一天人，不見天人之異也。吾者，論主假自稱也。

一雀適羿，羿必得之，威也[1]**；以天下為之籠，則雀无所逃**[2]**。是故湯以胞人籠伊尹，秦穆公以五羊之皮籠百里奚。**[3]**是故非以其所好籠之而可得者，无有也**[4]**。**

1.【注】威以取物，物必逃之。

【疏】假有一雀，羿善射，射必得之。此以威猛，非由德慧，故所獲者少，所逃者多。以威御世，其義亦爾。

【釋文】「威也」崔本作或也。

2.【注】天下之物，各有所好，所好各得，則逃將安往！

【疏】大道曠蕩，無不制圍，故以天地為籠，則雀無逃處。是知以威取物，深乖大造。

【釋文】「之籠」力東反。「所好」呼報反。下及注文同。

3.【疏】伊尹，有莘氏之媵臣，能調鼎，負玉鼎以干湯。湯知其賢也，又順其性，故以庖廚而籠之。百里奚，虞之賢臣，號曰五羖大夫。而湯聖穆賢，俱能好士，故得此二人，用為良佐，皆順其本性，所以籠之。【釋文】「湯以胞」本又作庖，白交反。◎盧文弨曰：案狄，狄人愛羊皮，秦穆公以五色羊皮而贖之。又云：百里奚好著五色羊皮裘，號曰五羖大夫。百里奚沒胞與庖通。《禮記·祭統》煇胞翟閽注：胞者，肉吏之賤者也。「人籠伊尹」伊尹好廚，故湯用為庖人也。「秦穆公以五羊之皮籠百里奚」百里奚好秦而拘於宛，故秦穆公以五羊之皮贖之於楚也。或云：百里好五色皮裘，故因其所好也。

4.【疏】順其所好，則天下無難；逆其本性而牢籠得者，未之有也。

介者拸畫，外非譽也[1]**；胥靡登高而不懼，遺死生也**[2]**。夫復謵不餽而忘人，忘人**[3]**，因以為天人矣**[4]**。故敬之而不喜，侮之而不怒者，唯同乎天和者為然**[5]**。出怒不怒，則怒出於不怒矣；出為无為，則為出於无為矣**[6]**。**

欲靜則平氣，欲神則順心，有為也。欲當則緣於不得已，不得已之類，聖人之道。[7]

1.【注】畫，所以飾容貌也。刖者之貌既以虧殘，則不復以好醜在懷，故抁而棄之。【疏】介，刖也。抁，去也。畫，裝也。裝嚴服飾，本為容儀。殘刖之人，形貌殘損，至於非譽榮辱，無復在懷，故抁而棄之。【釋文】音界。郭云：刖也。又古黠反。《廣雅》云：獨也。崔本作兀。「抁畫」敕紙反，又音他，又與紙反。本亦作移。司馬云：畫，飾容之具；無足，故不復愛之。一云：移，離也。崔云：移畫，不拘法度也。「不復」扶又反。◎俞樾曰：郭注曰，畫，所以飾容貌也，刖者之貌既以虧殘，則不復以好醜在懷，故抁而棄之。然云外非譽，似不當以容貌言。崔云，抁畫，不拘法度也。當從之。《漢書·司馬相如傳》「抁以陸離」，師古注曰：抁，自放縱也。即此抁字之義。桓六年《穀梁傳》「以其畫我」，《公羊傳》作「化我」，何休注曰：行過無禮謂之化。即此畫字之義。蓋人既刖足，不自顧惜，非譽皆所不計，故不拘法度也。

2.【注】無賴於生，故不畏死。【疏】胥靡，徒役之人也。千金之子固貴其身，僕隸之人不重其命，既不矜惜，故登危而不怖懼也。【釋文】「胥靡」司馬云：刑徒人也。一云：癃人也。崔云：腐刑也。

3.【注】不識人之所惜。【疏】謵，本亦有作愧字者，隨字讀之。譬之手足，方諸服用，更相御用，豈謝賴於其間哉！夫復謵人之所習，皆所至惜。今溫復人之所習，既得之矣，而不還歸以餽遺之，此至愚之謂也。無復相為之情，故曰忘人。夫人謵習者，雖復小事，皆所至惜。遂棄忘於愧謝，斯忘於人倫之道也。【釋文】「夫復」音服，徐扶又反。謵，音習。「不餽」其愧反。《廣雅》云：遺也。一音愧。元嘉本作愧。「而忘人」復者，溫復之謂也。謵，習也。「謵」音習。◎家世父曰：非譽，通作毀譽言。此言毀其陋也。外非譽，遺死生，忘己者也；復謵不餽，忘人者也。《說文》：讋，失氣言。謵，言謵讋也。復謵，謂人語言慴伏以下我而我報之。鄭康成《士虞禮》注：餽，猶歸也。以物與神及人皆言餽，以物與人曰餽，以言語飼人亦曰餽。復謵不餽，忘貴賤也。《釋文》謂音習，讋也，誤。

4.【注】無人之情，則自然為天人。【疏】率其天道之性，忘於人道之情，因合於自然之理也。

5.【注】彼形殘胥靡而猶同乎天和矣，況天和之自然乎！【疏】同乎天和，忘於逆順，故恭敬之而不喜，侮慢

之而不怒也。　【釋文】「侮之」亡甫反。

6.【注】此故是無不能生有有不能為生之意也。　【疏】夫能出怒出為者，不為不怒者也，是以從不怒不為出。故知為本無為，怒本不怒，能體斯趣，故侮之而不怒也。

7.【注】平氣則靜，理足順心則神功至，緣於不得已則所為皆當。故聖人以斯為道，豈求無為於恍惚之外哉！【疏】緣，順也。夫欲靜攀援，必須調乎志氣，神功變化，莫先委順心靈；和混有為之中而欲當於理者，又須順於不得止。不得止者，感而後應，分內之事也。如斯之例，聖人所以用為正道也。

雜篇徐无鬼第二十四[1]

[1]【釋文】以人名篇。

徐无鬼因女商見魏武侯[1]，武侯勞之曰：「先生病矣！苦於山林之勞，故乃肯見於寡人[2]。」

[1]【疏】姓徐，字无鬼，隱者也。姓女，名商，魏之宰臣。武侯，文侯之子，魏之隱士也。司馬本作緡山人徐无鬼。「女商」人名也。李云：无鬼女商，並魏幸臣。【釋文】「徐无鬼」緡山人。武侯，故假宰臣以見之。【釋文】「魏武侯」名擊，文侯之子，治安邑侯，故假宰臣以見之。【釋文】「徐无鬼」緡山人。司馬本作緡山人徐无鬼。「女商」人名也。李云：无鬼女商，並魏幸臣。

[2]【疏】久處山林，勤苦貧病，忽能降志，混迹俗中，中心欣悅，有慰勞也。【釋文】「武侯勞之」力報反。唯山林之勞一字如字，餘并下章並力報反。

徐无鬼曰：「我則勞於君，君有何勞於我！君將盈耆欲，長好惡，則性命之情病矣；君將黜耆欲，掣好惡，則耳目病矣[1]。我將勞君，君有何勞於我[2]！」武侯超然不對[3]。

[1]【注】嗜欲好惡，內外無可。【疏】黜，廢退也。掣，引卻也。君若嗜欲盈滿，好惡長進，則性命精靈困病也。；君屏黜嗜欲，掣去好惡，既不稱適，故耳目病矣。是故我將慰勞於君，君有何暇能勞於我也！【釋文】「盈耆」時志反。下、注同。「長」丁丈反。「好」呼報反。下注、下章同。「惡」烏路反。下注、下章同。

「黜」敕律反，退也。本又作出，音同。司馬本作咄。「掔」苦田反，又口閑反。《爾雅》云：固也。崔云：引去也。司馬云：牽也。

2.【疏】此重結前義。

「不說」音悅。下文大說同。

3.【注】不說其言。　【疏】超，悵也。既不稱情，故悵然不答。　【釋文】「超然」司馬云：猶悵然也。

少焉，徐无鬼曰：「嘗語君，吾相狗也[1]。下之質執飽而止，是狸德也[2]；中之質若視日[3]，上之質若亡其一[4]。吾相狗，又不若吾相馬也[5]。吾相馬，直者中繩[6]，曲者中鉤[7]，方者中矩[8]，圓者中規[9]，是國馬也[10]，而未若天下馬也。天下馬有成材[11]，若卹若失，若喪其一[12]，若是者，超軼絕塵，不知其所[13]。」武侯大悅而笑[14]。

1.【疏】既覺武侯悵然不悅，試語狗馬，庶愜其心。　【釋文】「語君」魚據反。「吾相」息亮反。下皆同。

2.【疏】執守情志，唯貪飽食，此之形質，德比狐狸，下品之狗也。　【釋文】「下之質」一本無質字。「執飽而止」司馬以執字絕句，云：放下之能執禽也。「是狸德也」謂貪如狐狸也。◎俞樾曰：《廣雅·釋獸》：狸，貓也。貓之捕鼠，飽而止矣，故曰是狸德也。《秋水篇》曰，騏驥驊騮，一日而馳千里，捕鼠不如狸狌。此書以狸為貓之證。《御覽》引《尸子》曰：使牛捕鼠，不如貓狌之捷。《莊子》言狸狌，《尸子》言貓牲，一也。《釋文》曰，狸德，謂貪如狐狸也，未得其義。

3.【疏】意氣高遠，望如視日，體質如斯，中品狗也。　【釋文】「示日」音視。司馬本作視，云：視日瞻遠也。◎盧文弨曰：今書作視日，舊音視，仍譌作示，今改正。

4.【疏】一，身也。神氣定審，若喪其身，上品之狗也。　【釋文】「若亡其一」一，身也；謂精神不動，若無其身也。

5.【疏】狗有三品，馬有數階，而相狗之能，不若相馬。武侯庸鄙，故以此逗機，冀其歡悅，庶幾歸正。

同。司馬作悅。

6.【疏】謂馬前齒。

7.【疏】謂馬項也。

8.【疏】謂馬頭也。

9.【疏】謂馬眼也。【釋文】「直者中繩」丁仲反。下皆同。司馬云：直，謂馬齒；曲，謂背上；方，謂頭；圓，謂目。

10.【疏】謂目。

11.【疏】材德素成，不待於習，斯乃宇內上馬，天王所馭也。【釋文】「成材」字亦作才。言自然已足，不須教習也。

12.【疏】眼自顧視，既似憂虞，蹄足緩疏，又如奔佚，觀其神彩，若忘己身，如此之材，天子馬也。【釋文】「若卹」音恤。「若失」音逸。司馬本作佚。李云：卹失，皆驚悚若飛也。「若喪」息浪反。下章注同。「其一」言喪其耦也。

13.【疏】軼，過也。馳走迅速，超過群馬，疾若迅風，塵埃遠隔，既非教習，故不知所由也。【釋文】「超軼」李音逸，徐徒列反。崔云：徹也。《廣雅》云：過也。

14.【注】夫真人之言何遽哉？唯物所好之可也。【疏】語當其機，故笑而歡悅。

徐无鬼出，女商曰：「先生獨何以說吾君乎¹？吾所以說吾君者，橫說之則以《詩》、《書》、《禮》、《樂》，從說之則以〈金板〉、〈六弢〉²，奉事而大有功者不可為數，而吾君未嘗啟齒³。今先生何以說吾君，使吾君說若此乎⁴？」

徐无鬼曰：「吾直告之吾相狗馬耳⁵。」

1.【疏】議事已了，辭而出。女商怪君歡笑，是以咨問无鬼也。【釋文】「以說」如字，又始銳反。下皆同。

2.【疏】《詩》、《書》、《禮》、《樂》，六經。〈金版〉、〈六弢〉，《周書》篇名也，或言祕讖也。本有作弢字者，隨字讀之，云是《太公兵法》。謂武虎豹龍犬〈六弢〉也。橫，遠也；從，近也。武侯好武而惡文，故以《兵法》為從，《六經》為橫也。

【釋文】「從說」子容反。「金版」本文作板，薄版反，又如字。◎盧文弨曰：今書作板。司馬崔云：〈金版〉、〈六弢〉，皆《周書》篇名。或曰：祕讖也。本又作《六弢》，謂《太公六弢》，文武虎豹龍犬也。

3.【注】是直樂媾以鐘鼓耳，故愁。◎慶藩案《文選》郭景純〈游仙詩〉注引司馬云：啟齒，笑也。《釋文》闕。

【釋文】「樂」音洛。章末同。「媾」一諫反。

4.【疏】奉事武侯，盡於忠節，或獻替可否，功績克彰，如此之徒，不可稱數，而我君未嘗開口而微笑。今子有何術，遂使吾君歡說如此耶？

【釋文】「吾君說」音悅。

5.【疏】夫藥無貴賤，瘳疾則良，故直告犬馬，更無佗說。

女商曰：「若是乎[1]？」

曰：「子不聞夫越之流人乎？去國數日，見其所知而喜[2]；去國旬月，見所嘗見於國中者喜[3]；及期年也，見似人者而喜矣；不去人滋久，思人滋深乎[4]？夫逃虛空者，藜藋柱乎鼪鼬之逕，踉位其空，聞人足音跫然而喜矣，又況乎昆弟親戚之謦欬其側者乎[5]！久矣夫莫以真人之言謦欬吾君之側乎[6]！」

1.【疏】直如是告狗馬乎？怪其術淺，故有斯問。

2.【注】各思其本性之所好。

【疏】去國迢遞，有被流放之人，或犯憲綱，或遭苛政。辭鄉甫爾，始經數日，忽逢知識，喜慰何疑！此起譬也。

【釋文】「越之流人」越，遠也。司馬云，流人，有罪見流徙者也。「數

3.【疏】日月稍久，思鄉漸深，雖非相識，而國中曾昆故人，見之而歡也。

豈非離家漸遠而思戀滋深乎?以況武侯性好犬馬,久不聞政事,等離鄉之人,忽聞談笑。【釋文】「及期」音基。

4.【注】各得其所好則無思,無思則忘其所以喜也。【疏】去國周年,所適漸遠,故見似鄉里人而歡喜矣。

5.【注】得所至樂,則大悅也。【疏】柱,塞也。踉,良人也。跫,行聲也。夫時遭暴亂,運屬飢荒,逃避波流,於虛園宅,唯有藜藋野草,柱塞門庭,狙獷躑躅,蹊徑斯在,若於堂宇人位,虛廣閒然。當爾之際,思鄉滋甚,忽聞佗人行聲,猶自欣悅,況乎兄弟親眷謦欬言笑者乎!此重起譬也。防衞之間,雖臨朝矯厲,愈非其意,及得其所思,猶逃竄之聞人音,安能不惄然改貌,釋然而喜也!【釋文】「夫逃」司馬本作巡也。「柱」誅矩反。司馬云:本或作蘤,同。「乎虺」司馬云:徑,道也。本又作迭。元嘉本作迭。案藜藋皆生於不治之地,其高過人。「藋」徒弔反。司馬云:徑,道也。「虛空者」司馬云:故壞冢處為空虛也。「乎虺」音生,又音姓。「乎虺」由救反。「藋」力西反。◎慶藩案藋,蒿也。藋即今所謂灰藋也。《爾雅》拜,商藋,郭注:商藋,似藋。案藜藋皆生於不治之地,其高過人,必排之而後得進,故《史記·仲尼弟子傳》曰排藜藋,亦極謂其高也。「良位其空」司馬云:良,良人也。位其空,謂處虛空之間也。良,或作踉,音同。◎盧文弨曰:今書良作踉。◎《釋文》良位其空,司馬云:良,良人,謂巡虛者也。良或作踉。據《秋水篇》跳梁乎井幹之上,一本作跳踉。潘安仁射雉賦已跟蹮而徐來。《玉篇》:跟蹮,疾行。此云藜藋躑躅之逡,有空隙焉。踉踉處乎其中,一本作跳踉。舒言之曰跫蹮,急言之曰踉。《釋文》誤。「跫然」李云:郭巨恭反,李曲恭反,又曲勇反,悚也。徐苦江反,又祛局反。「而喜矣」。「跫然」李云:行人之聲。「謦」苦頂反,又音磬。「欬」苦愛反,一音器。李云:謦欬,聲也。徐音逸。崔云:迭,迹。

6.【注】所以未嘗啟齒也。夫真人之言所以得吾君,性也;始得之而喜,久得之則忘。【疏】武侯思聞犬馬,其日固久,譬彼流人,方茲逃客,羈旅既淹,實懷鄉眷。今乃以真人六經之說,太公兵法之談,謦欬其側,非所宜也。此合前喻也。【釋文】「久矣夫」音扶。後放此。

徐无鬼見武侯,武侯曰:「先生居山林,食芧栗,厭蔥韭,以賓寡人,久矣夫!今老邪?其欲干酒肉之味邪?其寡人亦有社稷之福邪[1]?」

徐无鬼曰:「无鬼生於貧賤,未嘗敢飲食君之酒肉,將來勞君也。」2

1.【疏】干,求也。久處山林,飱食蔬果,年事衰老,勞苦厭倦,豈不欲求於滋味以養頹齡乎?庶稟德以謀固宗廟。

【釋文】「食芋」音序,又食汝反。本亦作芋栗。◎慶藩案《說文》:橡,柔也(柔與芋同),其實草(今借用草字,俗作皁),一曰樣。《漢書 司馬相如傳》又曰:草斗、櫟實,一曰樣斗。高注《呂氏春秋》:栩,皁斗也(《侍君篇》),其狀如栗,《漢書 司馬相如傳》應劭注曰:櫟,采木也。合觀諸說,櫟,一名栩,一名柔,一名采;其實謂之皁,亦謂之樣。是樣者,采實也。司馬此注柔橡子也,則采亦謂之樣矣。《說文》樣字,今書傳皆作橡(案《山木篇》杼栗,是芋、柔、杼三字皆通。《淮南本經》菱杼紾抱,高注:杼,采實也。王引之曰:杼,水草也。《徐无鬼篇》作芋栗,字亦作芧。杼讀為芧,芧,三棱也。《文選》芧作苧,作苧者或字,作杼者借字也)。《漢書 司馬相如傳》《上林賦》蔣芧青蘋,張揖曰:芧,即草字頭,艹下作,乃俗韭字。舊艹作艹,誢,今改正。「韭」音久。或艹下作艹作者,非也。司馬云:擯,棄也。又必人反。李云:賓客也。「欲干」李云:干,求也。「社稷之福邪」李云:謂善言嘉謀,可以利社稷也。「以賓」必刃反。本或作擯。◎盧文弨曰:

2.【疏】生涯貧賤,安於山藪,豈欲貪於飲食以自養哉?蓋不然乎!將勞君也。

君曰:「何哉,奚勞寡人1?」

曰:「勞君之神與形2。」

武侯曰:「何謂邪3?」

徐无鬼曰:「天地之養也一4,登高不可以為長,居下不可以為短。君獨為萬乘之主,以苦一國之民,以養耳目鼻口,夫神者不自許也6。夫神者,好和而惡姦7;夫姦,病也,故勞之。唯君所病之,何也?8」

1.【疏】奚,何也。問其所以也。

2.【疏】食欲無厭，形勞神倦，故慰之耳。

3.【疏】問其所言，有何意謂。

4.【注】不以為君而恣之無極。　【疏】夫天地兩儀，亭毒群品，物於資養，周普無偏，不以為君恣其奢侈。此並是无鬼勞君之辭。

5.【注】如此，違天地之平也。　【疏】登高位為君子，不可樂之以為長；居卑下為百姓，不可苦之以為短。而獨誇萬乘之威，苦此一國黎庶，貪色聲香味，以恣耳目鼻口，既違天地之意，竊為公不取焉。　【釋文】「萬乘」繩證反。

6.【注】物與之耳。　【疏】許，與也。

7.【注】與物共者，和也；私自許者，姦也。　【疏】許，與也。夫聖主神人，物我平等，必不多貪滋味而自與焉。　【釋文】「不自許」司馬云：許，與也。

8.【疏】夫姦者私通，於理為病。君獨有斯病，其困如何？　【釋文】「夫姦病」王云：姦者，以正從邪也，「夫神聖之人，好與物和同而惡姦私者。」謂病也。「所病之何也」李云：服而无對也。或云：養違天地之平，獨恣其欲，自許不損於神而以姦為病，故不知所以。以此為病，何為乎？

武侯曰：「欲見先生久矣。吾欲愛民而為義偃兵，其可乎1？」

徐无鬼曰：「不可。愛民，害民之始也2；為義偃兵，造兵之本也3；君自此為之，則殆不成4。凡成美，惡器也5；君雖為仁義，幾且偽哉6！形固造形7，成固有伐8，變固外戰9。君亦必无盛鶴列於麗譙之間10，无徒驥於錙壇之宮11，无藏逆於得12，无以巧勝人13，无以謀勝人14，无以戰勝人15。夫殺人之士民，兼人之土地，以養吾私與吾神者，其戰不知孰善？勝之惡乎在？16君若勿已矣，脩胷中之誠，以應天地之情而勿攖17。夫民死已脫矣，君將惡乎用夫偃兵哉18！」

偃，息也。

1.【疏】欲行愛養之仁而為裁非之義，脩於文教，偃息兵戈，如斯治國，未知可不也？【釋文】「偃兵」

2.【注】愛民之迹，為民所尚。尚之為愛，愛已偽也。

3.【注】為義則名彰，名彰則競興，競興則喪其真矣。父子君臣，懷情相欺，雖欲偃兵，其可得乎！【疏】夫偏愛之仁，裁非之義，偃武之功，脩文之事，迹既彰矣，物斯徇焉，害民造兵，自此始也。

4.【注】從無為為之乃成也。【疏】自，從也。殆，近也。從此以為，必殆隳敗無為之本，故近不成也。

5.【注】美成於前，則偽生於後，故成美者乃惡器也。【疏】夫善善之事，成之於前，美迹既彰，物則趨競，故為惡之器具也。

6.【注】民將以偽繼之耳，未肯為真也。【疏】幾，近也。仁義迹顯，物皆喪真，故近偽本也。

7.【注】仁義有形，固偽形必作。【疏】仁義二塗，並有形迹，故前迹既依，後形必造。

8.【注】成則顯也。

9.【注】失其常然。【疏】夫功名成者，必招爭競，故有征伐。

【注】夫造作刑法而變更易常者，物必害之，故致外敵，事多爭戰。【釋文】「成固有伐變固外戰」王云：成功在己，亦眾所不與，其可得乎！夫偽生形，其可得乎！夫偽生形形，又伐焉，非本所圖，勢之變也。既有偽伐，得無戰乎！◎家世父曰：假仁義為名，將日懸仁義之形於胸中，而凡依於仁義之形，皆可意造之，成乎仁義之名則自多。《小爾雅》：伐，美也。謂自多其功美。仁義可以意造之而固非安之，必有中變者矣。變則耳目手足皆失其常，喜怒哀樂亦違其節，是外戰也。凡有意為之者，皆殆也。

10.【注】鶴列，陳兵也。麗譙，高樓也。【釋文】「鶴列」李云：謂兵如鶴之列行。司馬云：鶴列，鍾鼓也。「麗」如字，又力智反，力支反。「譙」本亦作嶕，在逍反。司馬李皆云：麗譙，樓觀名也。案謂華麗而嶕嶢。

11.【注】步兵曰徒。但不當為義愛民耳，亦無為盛兵走馬。【疏】鶴列，陳兵也，言陳設兵馬，如鶴之行列也。麗譙，高樓也。言其華麗嶕嶢也。錙壇，宮名也。君但勿起心偃兵為義，亦無勞盛陳兵卒於高樓之下，走驥馬宮苑之間。【釋文】「無徒」司馬云：徒，步也。「錙壇」徐側其反。錙壇，壇名。◎家世父曰：《史記·陳涉世家》戰譙門中，顏師古注：門上為高樓以望遠，樓一名譙。《說文》：封土曰壇。錙壇之宮，謂軍壘也。麗譙，

城樓。盛鶴列者，守兵。徒驥，猶徒御也，謂行兵。

12.【注】得中有逆則失耳。 【疏】莫包藏逆心而苟於得。 【釋文】「無藏」一本作臧，司馬本同。「逆於得」司馬本作德。李云：凡非理而貪，貪得而居之，此藏逆於德內者也。孰有貪得而可以德不失哉？固宜無藏而捨之。又云：謂有貪則逆道也。

13.【注】守其朴而朴各有所能則平。 【疏】大巧若拙，各敦朴素，莫以機心爭勝於人。

14.【注】率其真知而知各有所長則均。 【疏】忘心遣慮，率其真知，勿以謀謨勝捷於物。

15.【注】以道應物，物服而無勝名。 【疏】先為清淡，以道服人，勿以兵戰取勝於物。

16.【注】不知以何為善，則雖克非己勝。 【疏】夫應天順人，而或滅凶殄逆者，雖亡國戮人而不失百姓之歡心也。若使誅殺人民，兼土併地，而意在貪取，私養其身及悅其心者，雖復戰克前敵，善勝於人，不知此勝於何處在，善且在誰邊也。 【釋文】「惡乎」音烏。下同。

17.【注】若未能已，則莫若脩己之誠。 【釋文】「勿攖」一營反，又一盈反。 【疏】誠，實也。攖，擾也。事不得止，應須治國，若脩心中之實，應二儀之生殺，無勞作法攖擾黎民。

18.【注】甲兵無所陳，非偃也。 【疏】大順天地，施化無心，民以勝殘，免脫傷死，何勞措意作法偃兵耶！

【釋文】「已脫」音奪。

黃帝將見大隗乎具茨之山[1]，方明為御，昌寓驂乘，張若謵朋前馬，昆閽滑稽後車[2]；至於襄城之野，七聖皆迷，无所問塗[3]。

1.【疏】黃帝，軒轅也。大隗，大道廣大而隗然空寂也。亦言：大隗，古之至人也。具茨，山名也。在滎陽密縣界，亦名泰隗山。黃帝聖人，久冥至理，方欲寄尋玄道，故託迹具茨。 【釋文】「大隗」五罪反。司馬崔本作疾。山名也。司馬云：在滎陽密縣東，今名泰隗山。或云：大隗，神名也。一云：大道也。「具茨」一本作次，同。祀咎反，又音資。司馬本作疚。山名也。司馬云，在滎陽密縣東，今名泰隗山。

2.【疏】方明滑稽等，皆是人名。在右為驂，在左為御。前馬，馬前為導也。後車，車後為從也。 【釋文】

【昌寓】音禹。【驂乘】繩證反。驂乘，車右也。「謂」音習。元嘉本作謂。崔同。「屢」舒氏反，本亦作朋，蒲登反。徐扶恆反。◎盧文弨曰：今書作諧朋。◎慶藩案屢，崔本作朋，蓋多朋字作朋，形與朋相似而誤。《史記·五帝紀》鬼神山川，封禪與為多焉，徐廣曰：多，亦作朋。《漢書·霍去病傳》校尉僕多有功，師古曰：〈功臣侯表〉作僕朋。皆傳寫之誤也（〈周策〉公仲侈，《韓子·十過篇》、《漢書·古今人表》皆作公仲朋，亦其證）。「前馬」司馬云：二人先馬導也。「昆閽」音昏。「滑」音骨。「後車」司馬云：二人從車後。

【釋文】「襄成之野」李云：地名。「七聖」黃帝一，方明二，昌寓三，張若四，諂朋五，昆閽六，滑稽七也。

3.【注】聖者名也。名生而物迷矣，雖欲之乎大隗，其可得乎！
【疏】塗，道也。今汝州有襄城縣，在泰隗山南，即黃帝訪道之所也。自黃帝已上至於滑稽，總有七聖也。注云，聖者名也，名生而物迷矣，雖欲之乎大隗，其可得乎！此注得之，今不重釋也。

適遇牧馬童子，問塗焉，曰：「若知具茨之山乎？」曰：「然。」[2]「若知大隗之所存乎？」[1]曰：「然。」[3]

1.【疏】牧馬童子，得道人也。牧馬曰牧。適爾而值牧童，因問道之所在。

2.【疏】若，汝也。然，猶是也。問山之所在，答云我知。

3.【疏】存，在也。又問道之所在，答云知處。

黃帝曰：「異哉小童！非徒知具茨之山，又知大隗之所存。請問為天下。」[1]

小童曰：「夫為天下者，亦若此而已矣，又奚事焉[2]！予少而自遊於六合之內，予適有瞀病，有長者教予曰：『若乘日之車而遊於襄城之野[3]。』今

予病少痊，予又且復遊於六合之外。夫為天下亦若此而已。予又奚事焉！」[4]

1.【疏】帝驚異牧童知道所在，因問緝理區宇，其法如何。
2.【注】各自若則無事矣，無事乃可以為天下也。【疏】奚，何也。若，如也。夫欲脩為天下，亦如治理其身，身既無為，物有何事！故《老經》云，我無為而民自化。
3.【注】日出而遊，日入而息。【疏】六合之內，謂囂塵之裏也。瞀病，謂風眩冒亂也。言我少遊至道之境，棲心塵垢之外，而有眩病，未能體真。幸聖人教我脩道，晝作夜息，乘日遨遊，以此安居而逍遙處世。本有作專字者，謂乘日新以變化。【釋文】「予少」詩召反。「予少」。「瞀」莫豆反，郭音務。李云：風眩貌。司馬云：瞀，讀曰瞀，謂眩瞀也。「長者」丁丈反。「乘日之車」司馬云：以日為車也。元嘉本車作居。
4.【注】夫為天下，莫過自放任，自放任矣，物亦奚攖焉！故我無為而民自化。【疏】痊，除也。虛妄之病，久已痊除，任染而游心物外，治身治國，豈有異乎！物我混同，故無事也。【釋文】「少痊」七全反。李云：除也。◎慶藩案《文選》潘安仁〈閒居賦〉注引司馬云：痊，除也。《釋文》闕。「且復」扶又反。

黃帝曰：「夫為天下者，則誠非吾子之事[1]。雖然，請問為天下[2]。」小童辭[3]。

1.【注】事由民作。
2.【注】令民自得，必有道也。【疏】夫牧養蒼生，實非聖人務。理雖如此，猶請示以要言。
3.【疏】無所說也。

黃帝又問[1]。小童曰：「夫為天下者，亦奚以異乎牧馬者哉！亦去其害馬者而已矣[2]！」

黃帝再拜稽首，稱天師而退[3]。

然之道，其在吾師乎！

3.【注】師夫天然而去其過分，則大隙至也。【疏】頓悟聖言，故身心愛敬，退其分外，至乎大隙，命乎天

勤，聊為此答。【釋文】「去其」起呂反。下、注同。

2.【注】馬以過分為害。【疏】害馬者，謂分外之事也。夫治身莫先守分，故牧馬之術，可以養民。問既殷

1.【疏】殷勤請小童也。

知士无思慮之變則不樂[1]，辯士无談說之序則不樂[2]，察士无淩誶之事
則不樂[3]，皆囿於物者也[4]。

1.【疏】世屬艱危，時逢禍變，知謀之士，思而慮之，如其不然，則不樂。【釋文】「知士」音智。「不

樂」音洛。下不樂及注同。

2.【疏】辯類縣河，辭同炙輠，無談說端緒，則不歡樂。

3.【疏】機警之士，明察之人，若不容主客問訊，辭鋒淩轢，則不樂也。【釋文】「察士」李云：察，識
也。◎俞樾曰：《禮記・鄉飲酒篇》愁以時察，鄭注曰：察，猶察察，嚴殺之貌也。《老子》俗人察察，河上公注
曰：察，急且疾也。然則察有嚴急之意，故以淩誶為樂。李云，察，識也，則與上文知士複矣。「淩」李云：謂
相淩轢。「誶」音信。《廣雅》云：問也。又音崇，又音峻。一本作說。

4.【注】不能自得於內而樂物於外，故可囿也。故各以所樂囿之，則萬物不召而自來，非強之也。【疏】此
數人者，各有偏滯，未達大方，並囿域於物也。【釋文】「皆囿」音又。「非強」其丈反。

招世之士興朝[1]，中民之士榮官[2]，筋力之士矜難[3]，勇敢之士奮患[4]，
兵革之士樂戰[5]，枯槁之士宿名[6]，法律之士廣治[7]，禮教之士敬容[8]，仁
義之士貴際[9]。農夫无草萊之事則不比，商賈无市井之事則不比[10]。庶人有
旦暮之業則勸[11]，百工有器械之巧則壯[12]。錢財不積則貪者憂[13]，權勢不尤

則夸者悲[14]。勢物之徒樂變[15]，遭時有所用，不能无為也[16]。此皆順比於歲，不物於易者也[17]，馳其形性，潛之萬物，終身不反，悲夫[18]！

1.【疏】推薦忠良，招致人物之士，可以興於朝廷也。
【釋文】「興朝」直遙反。

2.【疏】治理四民，甚能折中，斯人精幹局分，可以榮官。
【釋文】「中民」李云：善治民也。

3.【疏】英髦壯士，有力如虎，時逢厄難，務於濟世也。
【釋文】「矜難」乃旦反。

4.【疏】武勇之士，果決之人，奮發雄豪，滌除禍患。

5.【疏】情好干戈，志存鋒刃，如此之士，樂於征戰。

6.【疏】食籽衣褐，形容顦顇，留心寢宿，唯在聲名也。
【釋文】「枯槁」苦老反。後章同。「宿名」宿，積久也。王云：枯槁一生以為娛，其所寢宿，唯名而已。◎俞樾曰：宿讀為縮。《國語·楚語》縮於財用則匱，《戰國·秦策》縮劍將自誅，韋昭高誘注並曰：縮，取也。枯槁之士縮名，猶言取名也。《釋文》曰，宿，積久也，於義未安。又引王云其所寢宿唯名而已，更為迂曲。由不知宿為縮之假字耳。

7.【疏】刑法之士，留情格條，懲惡勸善，其治廣也。
【釋文】「廣治」直更反。

8.【疏】節文之禮，矜敬容貌。

9.【注】士之不同若此，故當之者不可易其方。
【疏】世有迍邅，時逢際會，則施行仁義以著名勳際會也。鄭康成《禮記·中庸》注：人也，讀如相人偶之人，以人意相存問之言。故人與人比而仁見焉，仁義之士所以貴際也。《釋文》，貴際，謂盟會事。誤。
【釋文】「貴際」謂盟會事。◎家世父曰：貴際，謂相與交際，仁義之用行乎交際之間者也。

10.【注】能同則事同，所以相比。
【疏】比，和樂。古者因井為市，故謂之市井也。若乖本務，情必不和也。◎俞樾曰：比，通作庀。周官遂師疏云：《周禮》之內云比者，先鄭皆為庀。是也。《國語·魯語》子將庀季氏之政焉，又曰，夜庀其家事，韋注並曰：庀，治也。農夫惟治草萊之事，故無草萊之事則不庀，商賈惟治市井之事，故無市井之事則不庀也。郭注曰，能同則事同，所以比。是以本字讀之，非是。「商賈」音古。

11.【注】業得其志故勸。【疏】眾庶之人各有事，旦暮稱情，故自勉勵。

12.【注】事非其巧則惰。【疏】壯，盛也。百工功巧，各有器械，能順其情，事斯盛矣。【釋文】「則壯」李云：壯，猶疾也。「則惰」徒臥反。

13.【注】物得所者而樂也。【釋文】「所者」時志反。「而樂」音洛。

14.【疏】尤，甚也。夫貪競之人，必聚財以適性，矜夸之士，假權勢以娛心，事苟乖情，則憂悲斯生矣。◎慶藩案《文選》賈長沙《鵩鳥賦》注、阮嗣宗《詠懷詩》注並引司馬云：夸，虛名也。《釋文》闕。

15.【注】權勢生於事變。【疏】夫禍起則權勢尤，故以勢陵物之徒樂禍變也。

16.【注】凡此諸士，遭遇時命，情隨事遷。【疏】苟不遭時，則雖欲自用，其可得乎！故貴賤無常也。

17.【注】士之所能，各有其極，若四時之不可易耳。故當其時物，順其倫次，則各有用矣。是以順歲則時序，易性則不物，物而不物，非毀如何！【疏】比，次第也。夫士之所行，能有長短，用捨隨時，咸有次第，方之歲序炎涼，不易於物。不物，猶不易於物者也。

18.【注】不守一家之能，而之夫萬物以要時利，故有匍匐而歸者，所以悲也。【疏】馳騖身心，潛伏前境，至乎沒命，不知反歸，頑愚若此，深可悲歎也已矣！◎家世父曰：囿於物者，致用之器也，發之自內者也；時有所用，待用之資也，應之自外者也。性有所倚，才有所偏，內外相須以成能，形性交馳而不反矣。【釋文】「以要」一遙反。「匍」音扶，又音蒲。「匐」音服，又蒲北反。

莊子曰：「射者非前期而中，謂之善射，天下皆羿也，可乎1？」

惠子曰：「可2。」

1.【注】不期而中，謂誤中者也，非善射也。若謂謬中為善射，是則天下皆可謂之羿，可乎？言不可也。【疏】期，謂準的也。夫射無期準而誤中一物，即謂之善射者，若以此為善射，可乎？……【釋文】「而中」丁仲反，注同。

是，故無公是也。而唐堯聖人，對桀為是。若各是其所是者亦可謂堯矣。莊子以此明妄中者非羿而自是者非堯。

【疏】各私其

2.【疏】謂宇內皆羿也。

莊子曰：「天下非有公是也，而各是其所是，天下皆堯也，可乎[1]？」

惠子曰：「可[2]。」

1.【注】若謂謬中者羿也，則私自是者亦可謂堯矣。而唐堯聖人，對桀為是，故無公是也。若各是其所是，則皆聖人，可乎？言不可。

2.【疏】言各是其是，天下盡堯，有斯理，而惠施滯辨，有言無實。

莊子曰：「然則儒墨楊秉四，與夫子為五，果孰是邪[1]？或者若魯遽者邪？其弟子曰：『我得夫子之道矣，吾能冬爨鼎而夏造冰矣。』魯遽曰：『是直以陽召陽，以陰召陰，非吾所謂道也[3]。吾示子乎吾道。』於是為之調瑟，廢一於堂，廢一於室，鼓宮宮動，鼓角角動，音律同矣[4]。夫或改調一弦，於五音无當也[5]，鼓之，二十五弦皆動[6]，未始異於聲，而音之君已[7]。且若是者邪[8]？」

1.【注】若皆堯也，則五子何為復相非乎？

【疏】儒，姓鄭，名緩。墨，名翟也。楊，名朱。秉者，公孫龍字也。此四子者，並聰明過物，蓋世雄辨，添惠施為五，各相是非，未知決定用誰為是。若天下皆堯，何為五復相非乎？

【釋文】「復相」扶又反。

2.【疏】姓魯，名遽，周初人。云冬取千年燥灰以擁火，須臾出火，可以爨鼎；盛夏以瓦瓶盛水，湯中煮之，縣瓶井中，須臾成冰也。而迷惑之俗，自是非他，與魯無異也。

【釋文】「魯遽」音渠，又其據反。李云：魯遽，人姓名也。一云：周初時人。「爨」七亂反，又七端反。

也。

3.【疏】千年灰陽也，火又陽也，井中陰也，水又陰也，魯遽此言非其弟子也。

也。

4.【注】俱亦以陽召陽而橫自以為是。【疏】廢，置也。置一瑟於堂中，置一瑟於室內，鼓堂中宮角，室內弦應而動，斯乃五音六律聲同故也，猶是以陽召陽也。

5.【注】隨調而改。【疏】堂中改調一弦，則室內音無復應動，當為律不同故也。【釋文】「改調」徒弔反。注皆同。「無當」丁浪反，合也。

6.【注】無聲則無以相動，有聲則非同不應。今改此一弦而二十五弦皆改，其以急緩為調也。【疏】應唯宮角而已密，二十五弦俱動，聲律同者悉應動也。

7.【注】魯遽以此同應同耳，未為獨能其事也。【疏】聲律之外，何曾更有異術！雖復應動不同，總以五音為其君主而已。既無佗術，何足以自夸！

8.【注】五子各私所見而是其所異，然亦無異於魯遽之夸其弟子，未能相出也。【疏】惠子之言，各私其是，務夸陵物，不異魯遽，故云若是。

惠子曰：「今夫儒墨楊秉，且方與我以辯，相拂以辭，相鎮以聲，而未始吾非也，則奚若矣[1]？」

1.【注】未始吾非者，各自是也。惠子便欲以此為至。【釋文】「相拂」扶弗反。

莊子曰：「齊人蹢子於宋者，其命閽也不以完[1]，其求鈃鍾也以束縛[2]，其求唐子也而未始出域，有遺類矣[3]！夫楚人寄而蹢閽者[4]，夜半於无人之時而與舟人鬥，未始離於岑而足以造於怨也[5]。」

1.【注】投之異國，使門者守之，出便與子不保其全。此齊人之不慈也，然亦自以為是，故為之。【疏

閽，守門人也。齊之人棄蹢其子於宋，仍命以此，不亦我是？　【釋文】「蹢」呈亦反，投也。司馬云：齊人憎其子，蹢之於宋，使門者守之，令形不全，自以為是。

2.【注】乃反以愛鍾器為是，束縛，恐其破傷。

【疏】鈃，鍾而長頸。又云：似壺而大。「以束縛」郭云：恐其破傷。　【釋文】「鈃鍾」音刑，徐戶挺反。又《字林》云：鈃似小鍾也。

3.【注】唐，失也。失亡其子，而不能遠索，遺其氣類，而亦未始自非。人之自是，有斯謬矣。

【疏】唐，亡失也。求覓亡子，不出境域；束縛鈃鍾，恐其損壞；賤子貴器為不慈，遺其氣類，有令德也夫、有令名也夫句法相似。◎俞樾曰：有遺類也，當連下夫字為句。有遺類矣夫，與襄二十四年《左傳》有令德也、有令名也夫句法相似。謂種類也。《詩・裳裳者華・序》：棄賢者之類，《正義》曰：類，謂種類。是也。求亡子而不出域，則其亡子不可得，必無遺類矣夫，反言以明之也。郭注失其義，所說未得。　【釋文】「唐子」謂失亡子也。

「遺類」遺，亡也，亡其種類故也。惠施畔道而好辯，猶齊人遠子而愛鍾也。「遠索」所百反。

4.【注】俱寄止而不能自投於高地也。

案夫楚人寄而蹢閽者句，夫字當屬上有遺類矣夫為句。揚雄《方言》：謫，怒也。張揖《廣雅・釋詁》：謫，責也。楚人寄而謫閽者，謂寄居人家，而怒責其閽者也。蹢當讀謫。與下文夜半於無人之時而與舟人鬭，均此楚人之事，皆喻其自以為是也。郭注曰，俱寄止而不能自投於高地，於義殊不可通。　【釋文】「而與舟人鬭」司馬云：夜上人船，人必擠已於水也。擠，排也。◎家世父曰：《說文》：蹢，住足也。《易》羸豕孚蹢躅，《載記・三年問》蹢躅焉，《釋文》：蹢躅，不行也。閽者守門，蹢躅不良於行，故可以命閽。鈃鍾，當為趼踵，〈天道篇〉百舍重趼而不敢息。《說文》：踵，追也，一曰往來貌。束縛，謂行縢也。言命閽則足不必完，鈃鍾急行則於足也又加之束縛。《爾雅・釋宮》：廟中路謂之唐，堂途謂之陳。《毛詩・陳風・傳》：唐，堂途也。〈田子方篇〉猶求馬於唐肆也，司馬亦云：唐肆，廣庭也。唐子，猶《周禮》門子，未始出域而有遺類，言其多也。閽者稱唐，堂途給事，人皆能之，各據為是而自足，豈必殊尤卓絕哉！其相非也，又各不察其情而以意求其材，走者極其量，

5.【注】岑，岸也。夜半獨上人船，未離岸已共人鬭。言齊楚二人所行若此，而未嘗自以為非，今五子自是，豈異斯哉！

【疏】楚郢之人，已共人鬭打，不懷恩德，更造怨辭，愚猥如斯，亦云自是。

勝。寄而躋閭，所司閽耳。《說文》：閽，常以昏閉門隸也。何由夜半於無人之境而與舟人鬭？意以為夜半無人之境，則竟無人矣；意以為與舟人鬭，則覺鬭矣，造怨者無窮而身固未離於岑也。齊人之於宋，楚人之寄，本非族類，不相習也，無因而造怨，則亦可夜半與舟人鬭矣。是者之是，非者之非，莫知其所以非。舊注失之太遠。「未始離」力智反。注同。「於岑」七金反，徐在林反，又語審反，謂崖岸也。「獨上」時掌反。

莊子送葬，過惠子之墓，顧謂從者曰：「郢人堊慢其鼻端若蠅翼，使匠石斲之。[1]匠石運斤成風，聽而斲之，盡堊而鼻不傷，郢人立不失容。宋元君聞之，召匠石曰：『嘗試為寡人為之。』[2]匠石曰：『臣則嘗能斲之。雖然，臣之質死久矣。』自夫子之死也，吾无以為質矣，吾无與言之矣。」[3]

1.【注】瞑目恣手。

【疏】郢，楚都也。郢人，謂泥畫之人也。堊者，白善土也。慢，污也。莊生送親知之葬，過惠子之墓，緬懷疇昔，仍起斯譬。瞑目恣手，聽聲而斲，運斤之妙，遂成風聲。若蠅翼者，言其神妙也。

【釋文】「從者」才用反。「郢」以井反，楚都也。《漢書音義》作獿人。服虔云：獿人，古之善塗塈者，施廣領大袖以仰塗而領袖不污，有小飛泥誤著其鼻，因令匠石揮斤而斲之。獿，音鐃，韋昭乃回反。◎盧文弨曰：獿人，舊譌作慢人。案《漢書》揚雄《解嘲》云：獿人亡則匠石輟斤，今據改正。「堊」烏路反。「慢」本亦作漫。郭莫干反，徐莫但反。李云：猶塗也。漫，污也。◎慶藩案慢當作㒈。《說文》：㒈，塗也，從土，夒聲（夒擂文嬶字，今本㒈譌為夒），讀若水溫㙩。（㙩字注：安㙩溫也。《玉篇》奴旦切，從巾，塗與塗同）以揻之，從巾，夒聲。《玉篇》曰：堛，壒，塗也。㒈字，曹憲音奴回切，徐鉉依《唐韻》乃昆切，《玉篇》乃回奴昆二切，《廣韻》奴回奴昆切，《廣韻》乃回乃昆二切。㙩，塗地也。《鹽鐵論·散不足篇》富者堊㙩（今本亦譌作㙩）壁飾。案㙩人，古人善塗塈者也，施廣領大袖以仰塗而領袖不污，有小飛泥誤著其鼻，知令匠石而斲之也（見《漢書·揚雄傳》服虔注）。

2.【疏】去堊慢而鼻無傷損，郢人立傍，容貌不失。元君聞其神妙，嘗試召而為之。

【釋文】「為寡人」于偽反。

質；莊子雖賢，猶藉忘言之對。蓋知惠子之亡，莊子喪偶，故匠人輟成風之妙響，莊子息濠上之微言。

3.【注】非夫不動之質，忘言之對，則雖至言妙斷而無所用之。　【疏】質，對也。匠石雖巧，必須不動之

管仲有病，桓公問之，曰：「仲父之病病矣，可不諱云，至於大病，則寡人惡乎屬國而可[1]？」

1.【疏】管仲，姓管，名仲，字夷吾，齊相也。是鮑叔牙之友人。桓公尊之，號曰仲父。桓公，即小白也，一匡天下，九合諸侯而為霸主者，管仲之力也。病病者，言是病極重也，大病者，至死也。既將屬纊，故臨問之，仲父死後，屬付國政，與誰為可也。　【釋文】【大病】謂死也。【惡乎】音烏。【屬國】音燭。

管仲曰：「公誰欲與？」公曰：「鮑叔牙[1]。」

1.【疏】問：國政欲與誰？答曰：與鮑叔也。　【釋文】【欲與】如字。又音餘。

曰：「不可。其為人絜廉善士也，其於不己若者不比之，又一聞人之過，終身不忘。使之治國，上且鉤乎君，下且逆乎民。其得罪於君也，將弗久矣[1]！」

1.【疏】姓鮑，字叔牙，貞廉清絜善人也。而庸猥之人，不如己者，不比數之，一聞人之過，至死不忘。率性廉直，不堪宰輔，上以忠直鉤束於君，下以清明逆忤百姓，不能和混，故君必罪之。管仲賢人，通鑑於物，恐危社稷，慮害叔牙，故不舉之也。　【釋文】【且鉤】鉤，反也。亦作拘，音同。又音俱。

公曰：「然則孰可？」

對曰：「勿已，則隰朋可。其為人也，上忘而下畔[1]，愧不若黃帝而哀不己若者[2]。以德分人謂之聖，以財分人謂之賢[3]。以賢臨人，未有得人者也；以賢下人，未有不得人者也。其於國有不聞也，其於家有不見也。勿已，則隰朋可[4]。」

1.【注】高而不亢。【疏】姓隰，名朋，齊賢人也。畔，猶望也。混高卑，一榮辱，故己為卿輔，能遺富貴之尊；下撫黎元，須忘皁隸之賤。事不得止，用之可也。【釋文】「上忘而下畔」言在上不自高，於下無背者也。

2.【注】故無棄人。【疏】不及己者，但懷哀悲，輔弼齊侯，期於淳樸，心之所愧，不逮軒轅也。

3.【注】聖人以道德拯物，賢人以財貨濟人也。

4.【注】若皆聞見，則事鍾於己而群下無所措手足，故遺之可也。未能盡遺，故僅可也。【疏】運智明察，臨於百姓，逆忤物情。叔牙治國則不問物之小瑕，治家則不見人之過。勿已則隰朋可，總結以前義。【釋文】「下人」遐嫁反。「所措」七故反。「故僅」其靳反。

吳王浮於江，登乎狙之山。眾狙見之，恂然棄而走，逃於深蓁。有一狙焉，委蛇攫搔，見巧乎王。王射之，敏給[1]搏捷矢[2]。王命相者趨射之，狙執死[3]。

1.【注】敏，疾也。給，續括也。【疏】狙，獼猴也。山多獼猴，故謂之狙山也。恂，怖懼也。蓁，棘叢也。委蛇，從容也。攫搔，騰擲也。敏給，猶速也。吳王浮江，遨遊眺望，眾狙恂懼，走避深棘。獨一老狙，恃便敖王，王既怪怒，急速射之。【釋文】【狙】七徐反。司馬云：邊也。【恂然】音舜，徐音荀，又思俊反。【蓁】徐仕巾反，一音側巾反。「委」於危反。「蛇」餘支反。「攫」俱縛反，徐居碧反。《三蒼》云：搏也。郭又

七段反。司馬本作攗。◎盧文弨曰：攪不應與上同，或是獿字之誤。「攗」本又作掻，素報反，七活反。徐本作掻。

2.【注】捷，速也。
【疏】捷，速也。「見」賢遍反。「巧」如字，或苦孝反。崔本作攻。「王射」食亦反。下同。
【釋文】矢往雖速而狙猶能搏之。

3.【疏】搏，接也。《後漢書·酈炎傳》言論給捷，李賢注曰：給，疾也。矢，箭也。箭往雖速，狙皆接之，其敏捷也如此。
【釋文】搏音博。◎俞樾曰：郭於敏給下出注曰：敏，疾也；給，敏也。是以敏給屬接。《荀子·性惡篇》曰，齊給便敏而無類。並以敏給對言。然則郭以給為續括，非古義矣。敏給當以狙言，謂狙性敏給，能搏捷矢也。捷讀為接。《爾雅·釋詁》：接，捷也。是捷與接聲近義通。莊十二年《左氏經》宋萬弒其君捷，僖三十二年鄭伯捷卒，文十六年晉人納捷菑於邾，《公羊》捷並作接。《人間世篇》必將乘人而鬪其捷，《釋文》曰：捷，本作接。此捷接通用見於本書者也。搏捷矢，即搏接矢，謂以手搏而接其矢也。郭注曰：夫矢自無不速，又何必言捷乎！王既自射不中，乃召左右亂趨射之，於是狙抱樹而死。

命，召也。相，助也，謂王之左右也。
【釋文】「相者」息亮反。司馬云：佐王獵者也。「趨射」音促，急也。「執死」司馬云：見執而死也。

王顧謂其友顏不疑曰：「之狙也，伐其巧恃其便以敖予，以至此殛也！戒之哉！嗟乎，无以汝色驕人哉[1]！」顏不疑歸而師董梧以助其色，去樂辭顯，三年而國人稱之[2]。

1.【疏】姓顏，字不疑，王之友也。殛，死也。予，我也。狙矜伐勁巧，恃賴方便，傲慢於王，遂遭死殛。嗟，此狡獸，可以戒人，勿淫聲色，驕豪於世。【釋文】「之狙也」之，猶是也。本或作是。「其便」婢面反。「以敖」司馬本作悷，云：很也。

2.【注】稱其忘巧遺色而任夫素朴。【疏】姓董，名梧，吳之賢人也。鋤，除去也。既奉王教，於是退歸，悔過自新，師於有道，除其美色，去其聲樂，重素朴，辭榮華，脩德三年，國人稱其賢善。【釋文】「董梧」有道者也。師其德以鋤色。「以助」士居反。本亦作鋤。「去樂」起呂反。

南伯子綦隱几而坐，仰天而噓¹。顏成子入見曰：「夫子，物之尤也。形固可使若槁骸，心固可使若死灰乎²？」

1.【疏】猶是齊物中南郭子綦也。其隱几等義，並具解〈內篇〉。◎慶藩案南伯子綦，〈齊物論〉作南郭子綦。伯郭古聲相近，故字亦通用。《唐韻正》：伯，古讀若博。《周禮》：几筵其柏席用萑，亦借柏為槤（鄭注以柏為槤字磨滅之餘，非也。說見《經義述聞》）。【釋文】「隱」於靳反。「噓」音虛。

2.【疏】顏成，子綦門人也。尤，甚也。每仰歎先生志物之甚，必固形同槁骸，心若死灰。慕德殷勤，有此嗟詠也。【釋文】「入見」賢遍反。「夫物之尤也」音符。一本作夫子，則如字。◎盧文弨曰：今書夫下有子字。

曰：「吾嘗居山穴之中矣。當是時也，田禾一覩我，而齊國之眾三賀之¹。我必先之，彼故知之；我必賣之，彼故鬻之²。若我而不賣之，彼惡得而知之？若我而不有之，彼惡得而鬻之³？嗟乎！我悲人之自喪者⁴，吾又悲夫悲人者⁵，吾又悲夫悲人之悲者，其後而日遠矣⁶。」

1.【注】以得見子綦為榮。【疏】山穴，齊南山也。田禾，齊王姓名。子綦隱居山穴，德音遐振，齊王暫覩，以見為榮，所以一國之人三度慶賀也。【釋文】「山穴之中」司馬本同。李云：齊南山穴也。一本之口。「田禾」齊君也。

2.【疏】我聲名在先，故使物知我：我便是賣於名聲，故田禾見而販之。【釋文】「鬻之」羊六反。◎盧文弨曰：即齊太公和。

3.【疏】若我韜光晦迹，不有聲名，彼之世人何得知我？我若名價不貴，彼何得見而販之？只為不能滅迹匿端，故為物之所賣鬻也。【釋文】「彼惡」音烏。下同。

4.【疏】喪，猶亡失也。子綦悲歎世人，捨己慕佗，喪失其道。【釋文】「自喪」息浪反。

5.【疏】夫道無得喪而物有悲樂，故悲人之自喪者亦可悲也。

6.【注】子綦知夫為之之不足以救彼而適足以傷我，故以不悲悲之，則其悲稍去，而泊然無心，枯槁其形，所以

為日遠矣。【疏】夫玄道沖虛，無喪無樂，是以悲人自喪及悲者，雖復前後悲深淺稱異，咸未偕道，故亦可悲。悲而又悲，遣之又遣，教既彰矣，玄玄之理斯著，與眾妙相符，故曰加深遠矣。【釋文】「而泊」步各反。

仲尼之楚，楚王觴之，孫叔敖執爵而立，市南宜僚受酒而祭曰：「古之人乎！於此言已1。」

1.【注】古之言者，必於會同。【疏】觴，酒器之總名，謂以酒燕之也。爵亦酒器，受一升。古人欲飲，必祭其先，宜僚瀝酒祭，故祝聖人，願與孔子於此言論也。【釋文】「觴之」音商。李云：酒器之總名也。「孫叔敖執爵」案《左傳》孫叔敖是楚莊王相，孔子未生。哀公十六年，仲尼卒後，白公為亂。宜僚未嘗仕楚。又宣十二年《傳》，楚有熊相宜僚，則與叔敖同時，去孔子甚遠。蓋寄言也。

曰：「丘也聞不言之言矣1，未之嘗言2，於此乎言之3。市南宜僚弄丸而兩家之難解，孫叔敖甘寢秉羽而郢人投兵3。丘願有喙三尺4。」

1.【注】聖人無言，其所言者，百姓之言耳，故曰不言之言。【疏】夫理而教未之嘗言也。是以聖人妙體斯趣，故終日言而未嘗言也。

2.【注】今將於此言於無言。【疏】夫理而教不言矣，教而理未之嘗言也。苟以言為不言，則雖言出於口，故為未之嘗言。

3.【注】此二子息訟以默，而兵難自解。【疏】姓熊，字宜僚，楚之賢人，亦是勇士沉默者也。司馬子綦言熊宜勇士也，若得，敵五百人，遂遣使屈之。宜僚正上下弄丸而戲，不與使者言，既不從命，亦不言佗。白公不得宜僚，反事不成，故曰兩家難解。姓孫，字叔敖，楚之令尹，甚有賢德者也。郢，楚都也。投，息也。叔敖蘊藉實知，高枕而逍遙，會理忘言，遂使敵國不侵，折衝千里之外，楚人無事，脩文德，息其武略。彰二子有此功能，故可與仲尼晤言，贊揚玄道也。【釋文】「兩家之難」乃旦反。注同。「解」音蟹，注同。司馬

云，宜僚，楚之勇士也，善弄丸。楚白公勝將作亂，殺令尹子西。子期石乞曰：「市南有熊宜僚者，若得之，可以

當五百人。」乃往告之，不許也。承之以劍，不動，弄丸如故，曰：「吾亦不泄子。」白公遂殺子西。子期歎息，

兩家難已，宜僚不預其患。◎慶藩案《太平御覽·二百七十九》引司馬云：宜僚善弄丸，白公欲故。視

《釋文》較略。「甘寢秉羽」如字，又音翩。司馬本作翼，云：讀曰翩。或作翅，雾舞者之所執。崔本作翼。「郢

人投兵」司馬云：言叔敖願安寢恬臥，以養德於廟堂之上，折衝於千里之外，敵國不敢犯，郢人投兵，無所攻伐

也。郢，楚都也。◎慶藩案《太平御覽·二百七十九》引司馬云：孫叔敖秉羽之舞，郢人無所攻，故投兵。視《釋

文》較略。◎藩又案孫叔敖甘寢秉羽而郢人投兵，《淮南·主術篇》所謂昔孫叔敖恬臥而郢人無所害其鋒同意。投

兵，謂無所用也。高注曰：但恬臥養德，折衝千里之外，敵國不敢犯。即司馬注所本（王念孫曰：害其鋒三字，義

不相屬。害當為用之誤，謂無所用其鋒也。隸書害作〔害〕，其上半與用相似。案《淮南》多本《莊子》，此云投兵，

亦謂無所用之也）。王氏正害字義頗精。

4.【注】苟所言非己，則雖終身言，故為未嘗言耳。是以有喙三尺，未足稱長，凡人閉口，未是不言。

【疏】喙，口也。苟其言當，即此無言。假余喙長三尺，與閉口何異，故願有之也。【釋文】「喙」許穢反，又
丁豆反，或昌銳反。「三尺」三尺，言眾也。司馬云：喙，息也。宜僚弄丸而彊難，叔敖除備以折衝，丘亦願有，
歎息其三尺。三尺，匕首劍。

彼之謂不道之道[1]，此之謂不言之辯[2]，故德總乎道之所一[3]。而言休
乎知之所不知，至矣[4]。道之所一者，德不能同也[5]；知之所不能知者，辯
不能舉也[6]；名若儒墨而凶矣[7]。故海不辭東流，大之至也[8]；聖人并包天
地，澤及天下，而不知其誰氏[9]。是故生無爵[10]，死無謚[11]，實不聚[12]，名不
立[13]，此之謂大人[14]。狗不以善吠為良，人不以善言為賢[15]，而況為大乎[16]！
夫為大不足以為大，而況為德乎[17]！夫大備矣，莫若天地；然奚求焉，而大
備矣[18]。知大備者，无求，无失，无棄，不以物易己也[19]。反己而不窮[20]，

循古而不摩[21]，大人之誠[22]。

1.【注】彼，謂二子。　【疏】彼，謂所詮之理。不道而道，言非道非不道也。

2.【注】此，謂仲尼。　【疏】此，謂能詮之教。不言而言，非言非不言也。子玄乃云此謂仲尼，斯注粗淺，失之遠矣。夫不道不言，斯乃探微索隱，窮理盡性，豈二子之所能耶！若以甘寢弄丸而稱息訟以默者，此則默語懸隔，丘何得有喙三尺乎？故不可也。又此一章，盛談玄極，觀其文勢，不關孫熊明矣。　【釋文】「彼之謂此之謂」郭云：彼，謂二子；此，謂仲尼也。司馬云：彼，謂甘寢；此，謂弄丸。

3.【注】道之所容者雖無方，然總其大歸，莫過於自得，故一也。　【疏】夫至道之境，重玄之域，聖心所不能知，神口所不能辯，若以言知索真，失之遠矣。故德之所總，言之所默息者，在於至妙之一道也。　【釋文】「總」音摠。

4.【注】言止其分，非至如何！　【疏】夫一道虛玄，曾無涯量，而德有上下，不能周備也。本有作同字者，言德有優劣，未能同道也。

5.【注】各自得耳，非相同也，而道一也。　【疏】此解前道之所一也。

6.【注】非其分，故不能舉。　【疏】夫知者玄道，所謂妙絕名言，故非辯說所能勝舉也。　【釋文】「不能同」一本作相同。

7.【注】夫儒墨欲同所不能同，舉所不能舉，故凶。　【疏】夫執是競非，而名同儒墨者，凶禍斯及矣。◎家世父曰：儒墨之所以凶，以有儒墨之名也。懸儒墨之名以召爭，德不能同者，強道以一之；辯不能舉者，強知以通之，各是其是，而道與知之所及亦小矣。生無爵，死無諡，名何有哉！

8.【注】明受之無所辭，所以成大。　【疏】百川競注，東流不息，而巨海容納，曾不辭憚。此據東海為言，亦宏博之至也已。

9.【注】汎然都任。　【疏】前舉海為喻，此下合譬也。聖人德合二儀，故并包天地；仁覃無外，故澤及天下；成功不處，故不知誰為；推功於人，故莫識其氏族矣。

10.【注】有而無之。

11.【注】證所以名功，功不在己，故雖諡而非己有　【疏】夫人處世，生有名位，死定諡號，所以表其實

也。聖人生既以功推物，故死亦無可諡也。

12.【注】令萬物各知足。
【疏】縱有財德，悉分散於人也。

13.【注】功非己為，故名歸於物。
【疏】夫名以召實，實既不聚，故名將安寄也。

14.【注】若為而有之，則小矣。

15.【注】賢出於性，非言所為。
【疏】總結以前。忘於名諡之士，可謂大德之人。

16.【疏】善，喜好也。夫犬不必吠，賢人豈復多言！
【釋文】「善吠」伐廢反。司馬云：不別客主而吠不止。「善言」司馬云：失本逐末而言不止也。

【疏】夫好言為賢，猶自不可，況惑心取捨於大乎！

17.【注】唯自然乃德耳。
【疏】愛心弘博謂之大，冥符玄道謂之德。夫有心求大，於理尚乖，況有情為德，固不可也。

18.【注】天地大備，非求之也。
【疏】備，具足也。夫二儀覆載，享毒無心，四敘周行，生成庶品，蓋何術焉，而萬物必備。

19.【注】知其自備者，不舍己而求物，故無求無失無辜也。
【疏】夫體弘自然之理而萬物素備者，故能於物我之際淡然忘懷，是以無取無捨，無失無喪，無證無得，而不以物境易奪己心也。
【釋文】「不舍」音捨。

20.【注】反守我理，我理自通。
【疏】只為宏備，故契於至理。既而反本還原，會己身之妙極而無窮竟者也。

21.【注】順常性而自至耳，非摩拭。
【疏】循，順也。順於物性，無心改作，豈復摩飾而矜之！
【釋文】「循古而不摩」一本作磨。郭云：摩，拭也。王云：摩，消滅也。雖常通物而不失及己，雖理於今，常循於古之道焉，自古及今，其名不摩滅也。「摩拭」音式。

22.【注】不為而自得，故曰誠。
【疏】誠，實也。夫反本還原，因循萬物者，斯乃大聖之人自實之德也。

子綦有八子，陳諸前，召九方歅曰：「為我相吾子，孰為祥[1]？」
九方歅曰：「梱也為祥[1]。」

1.【疏】子綦，楚司馬子綦也。陳，行列也。諸，於也。九方，姓也。歂，名也。九方歂，善相者也。陳列諸子於庭前，命方歂令相之，八子之中，誰為吉善。【釋文】「九方歂」音因，李烏雞反，又音煙，善相馬人。《淮南子》作九方皋。「為我」于偽反。「相吾子」息亮反。

2.【疏】梱，子名也。言八子之中，梱最祥善也。【釋文】「梱」音困，又口本反，子綦子名。

子綦瞿然喜曰：「奚若¹?」
曰：「梱也將與國君同食以終其身。」
子綦索然出涕曰：「吾子何為以至於是極也²!」

1.【疏】瞿然，驚喜貌。聞子吉祥，故容貌驚喜，問其祥善相如何。【釋文】「瞿然」紀具反。司馬云：喜貌。本亦作矍，吁縛反。《字林》云：大視貌。李云：驚視貌。◎慶藩案此瞿然與《庚桑楚篇》瞿然，皆驚駭之貌。瞿，《說文》作𥅆，然也。《漢書‧吳王濞傳》膠西王瞿然駭，師古注：瞿然，無守之貌。又《鄒陽傳》長君瞿然曰將為奈何，師古注：瞿讀為戄，瞿然，無守之貌。《東方朔傳》於是吳王瞿然易容，師古注：懼然，失守之貌。案師古訓瞿懼為失守貌、為無守貌者，本《齊風‧東方未明篇》狂夫瞿瞿《毛傳》也。不知傳以下不能辰夜二語，故以瞿瞿為無守，與瞿然不同。瞿然當從李頤此訓為正。

2.【疏】索然，涕出貌。方歂識見淺近，以食肉為祥，子綦鑒深玄妙，知其非吉，故憫其凶極，悲而出涕。【釋文】「索然」悉各反，又色白反。司馬云：涕下貌。

九方歂曰：「夫與國君同食，澤及三族，而況父母乎!今夫子聞之而泣，是禦福也。子則祥矣，父則不祥。」¹

1.【疏】三族，謂父母族也，妻族也。夫共國君食，尊榮富貴，恩被三族，何但二親!子享吉祥，父翻涕泣，斯乃禦福德也。【釋文】「禦福」魚呂反，距也，逆也。「禦」，拒扞也。

子綦曰：「歜，汝何足以識之，而梱祥邪？盡於酒肉，入於鼻口矣，而何足以知其所自來¹？吾未嘗為牧而牂生於奧，未嘗好田而鶉生於宎，若勿怪，何邪²？吾所與吾子遊者，遊於天地³。吾與之邀樂於天，吾與之邀食於地⁴。；吾不與之為事，不與之為謀，不與之為怪⁵；吾與之乘天地之誠而不以物與之相攖⁶，吾與之一委蛇而不與之為事所宜⁷。今也然有世俗之償焉⁸！凡有怪徵者，必有怪行，殆乎，非我與吾子之罪⁹，幾天與之也⁰！吾是以泣也¹⁰。」

1.【疏】自，從也。方歜小巫，識鑒不遠，相梱祥者，不過酒肉味入於鼻口。方歜道術，理盡於斯，詎知酒肉由來，從何而至。

2.【注】夫所以怪，出於不意故也。

【疏】牂，羊也。奧，西南隅未地，羊位也；宎，東南隅辰地也，辰為鶉位；故言牂鶉生也。夫羊須牧養，鶉因田獵，若祿藉功著，然後可致富貴。今梱功行未聞，而與國君同食，何異乎無牧而忽有羊也，不田而獲鶉也！非牧非田，怪如何也！

【釋文】「未嘗」如字。本或作曾，才能反。「而牂」子郎反。《爾雅》云：牝羊也。「於奧」烏報反。西南隅未地也。一曰：豕牢也。「好田」呼報反。「於宎」字又作交，烏弔反，徐烏了反。司馬云：東北隅也。一云：東南隅辰火地，生鶉也。一云：窔也。郭徒忽反，字則穴下犬。◎盧文弨曰：案《爾雅·釋宮》：東南隅謂之窔。其東南隅乃宎也。又案《說文》：官，戶樞聲，室之東南隅。窔但訓深。◎家世父曰：牂所從出，牧也；鶉所從來，田也。不牧而牂生，不田而鶉生，儵然而來，儵然而至，謂之不祥。祥者，怪徵也；乘天地之誠而有世俗之償，是亦怪徵也。

3.【注】不有所為。

【釋文】「遊於天地」司馬本地作泀，云：亂也。崔本同。

4.【注】隨所遇於天地耳。

【疏】邀，遇也。天地，無心也。子綦體道，虛忘順物，自足於性分之內，敖游乎天地之間，所造皆適，不待歡娛，所遇斯食，豈資厚味耶！

【釋文】「邀」古堯反，遇也。「樂」音洛。

5.【注】怪，異也。循常任性，脫然自爾。【疏】忘物，故不為事；忘智，故不為謀；循常，故不為怪。

6.【注】斯不為也。

7.【注】斯順耳，無擇也。【疏】誠，實也。乘二儀之實道，順萬物以逍遙，故不與物更相攖擾。

8.【注】夫有功於物，物乃報之。【疏】委蛇，猶縱任也。心境不二，從容任物，事既非事，何宜便之可為乎！不立功名，何須功之價哉！【釋文】「之價」時亮反，又音賞。【疏】夫報功償德者，世俗務也。苟體道任物，吾不為功而償之，何也？

9.【注】今無怪行而有怪徵，故知其天命也。【疏】殆，危也。幾，近也。夫有怪異之行者，必有怪異之徵祥也。今吾子未有怪行而有怪徵，必遭殆者，斯乃近是天降之災，非吾子之罪。【疏】今無怪行而有怪徵，故知其天命也。【釋文】「怪行」下孟反。注同。

10.【注】夫為而然者，勿為則已矣。不為而自至，則不可奈何也，故泣之。【疏】罪若由人，庶其脩改，既關天命，是以泣也。

无幾何而使梱之於燕，盜得之於道，全而鬻之則難，不若刖之則易[1]，於是乎刖而鬻之於齊，適當渠公之街，然身食肉而終[2]。

1.【注】全恐其逃，故不如刖之易售也。【疏】無幾何，謂俄頃間也。楚使梱聘燕，途道之上，為賊所得，略梱為奴。而全形賣之，恐其逃竄，故難防禦，則刖足，不慮其逃，故易售。【釋文】「無幾」居豈反。「於燕」音煙。「全而鬻之」音育，絕句。一本作鬻之難。「刖」音月，又五刮反。「易」以豉反。注同。「售也」受又反。

2.【疏】渠公，齊之富人，為街正。梱既遭刖足，賣與齊國富商之家，代主當街，終身肉食也。字又作術者，渠公，屠人也，賣梱在屠家，共主行宰殺之術，終身食肉也。【釋文】「渠公」或云：渠公，齊之富室，為街正，買梱自代，終身食肉至死。一云：渠公屠者，與梱君臣同食肉也。「之街」音佳。一本作術。「然身食肉終」本或作身肉食者誤。◎盧文弨曰：今書終上有而字。

齧缺遇許由，曰：「子將奚之¹？」

曰：「將逃堯²。」

曰：「奚謂邪³？」

1.【疏】齧缺逢遇許由，仍問欲何之適。
2.【疏】答曰：將欲逃避帝堯。
3.【疏】問其何意。

曰：「夫堯，畜畜然仁，吾恐其為天下笑。後世其人與人相食與¹！夫民，不難聚也；愛之則親，利之則至，譽之則勸，致其所惡則散²。愛利出乎仁義，捐仁義者寡，利仁義者眾。夫仁義之行，唯且无誠³，且假乎禽貪者器⁴。是以一人之斷制利天下⁵，譬之猶一覕也⁶。夫堯知賢人之利天下也，而不知其賊天下也，夫唯外乎賢者知之矣⁷。」

1.【注】仁者爭尚之原故也。　【疏】畜畜，盛行貌也。盛行偏愛之仁，乖於淳和之德，恐宇內喪道之士猶甚澆季，將來逐迹，百姓飢荒，食廩既虛，民必相食，是以逃也。　王云：衈愛勤勞之貌。「其人與」如字。「人相食與」音餘。言將馳走於仁義，不復營農，飢則相食。　【釋文】「畜畜」許六反，郭他六反。李云：行仁貌。

2.【疏】夫民，撫愛則親，利益則至來，譽贊則相勸勉，與所惡則眾離散，故黔首聚散，蓋不難也。　【釋文】「譽之」音餘。「所惡」烏路反。

3.【注】仁義既行，將偽以為之。　【疏】夫利益蒼生，愛育群品，立功聚眾，莫先仁義。而履仁蹈義，捐率於中者少，託於聖迹以規名利者多，是故行仁義者，矯性偽情，無誠實者也。　【釋文】「之行」下孟反。

4.【注】仁義可見，則夫貪者將假斯器以獲其志。　【疏】器，聖迹也。且貪於名利，險於禽獸者，必假夫仁

義為其器者也。

【釋文】「且假夫禽貪者器」司馬云：禽之貪者殺害無極，仁義貪者傷害無窮。

5.【注】若夫仁義各出其情，則其斷制不止乎一人。

【疏】榮利之徒，負於仁義，恣其鴆毒，斷制天下。向無聖迹，豈得然乎！

6.【注】萬物萬形，而以一劑割之，則有傷也。

【疏】覘，割也。若以一人制服天下，譬猶一刀割於萬物，其於損傷彼此多矣。

【釋文】「覘」郭薄結反，云：割也。向芳舌反。司馬云：暫見貌。又甫邪反，又普結反，又初栗反。「劑」子隨反。

7.【注】外賢則賢不偽。

【疏】夫賢聖之迹，為利一時，萬代之後，必生賊害，唯能忘外賢聖者知之也。

有暖姝者，有濡需者，有卷婁者[1]。

所謂暖姝者，學一先生之言，則暖暖姝姝而私自說也，自以為足矣，而未知未始有物也[2]，是以謂暖姝者也。

1.【疏】此略標，下解釋。

【釋文】「暖」吁爰反，又吁晚反，柔貌。「姝」昌朱反，妖貌。「濡」音儒，又音如，安也。「需」音須。「濡需」，謂偷安須臾之頃。「卷」音權。「婁」音縷，猶拘攣也。

2.【注】意盡形教，豈知我之獨化於玄冥之竟哉！

【疏】暖姝，自許之貌也。小見之人，學問寡薄，自悅自足，謂窮微極妙，豈知所學未有一物可稱也，是以謂暖姝者，此言結前也。

【釋文】「自說」音悅。「之竟」音境。

濡需者，豕蝨是也，擇疏鬣自以為廣宮大囿，奎蹄曲隈，乳間股腳，自以為安室利處，不知屠者之一旦鼓臂布草操煙火，而己與豕俱焦也[1]。此以域進，此以域退[2]，此其所謂濡需者也[3]。

1.【疏】濡需，矜誇之貌也。豕，豬也。言蝨寄豬體上，擇疏長之毛鬣，將為廣大宮室苑囿。蹄腳奎隈之所，

股腳乳旁之間，用為溫暖利便。豈知屠人忽操湯火，攘臂布草而殺之乎！即己與豕俱焦爛者也。喻流俗寡識之人，耽好情欲，與豕蝨濡需喜歡無異也。◎慶藩案曲隈，胯內也。凡言隈者，皆在內之名。《淮南·覽冥篇》漁者不爭隈，高注：隈，曲深處，魚所聚也。《列子·黃帝篇》何曲之淫隈，殷敬順曰：隈，水曲也。僖二十五年《左傳》秦人過析隈，杜注：隈，隱蔽之處。故知言隈者，皆在內曲深之謂。向秀曰：隈，股間也，疑誤。「暖室」奴緩反，又虛袁反。一本作安室。

◎盧文弨曰：今書作安室。

2.【疏】域，境界也。蝨則逐豕而有亡，人則隨境而榮樂，故謂之域進退也。「蝨」音瑟。「奎」苦圭反。本亦作暌。「曲隈」烏回反。向云：隈，曲深處，魚所聚也。

3.【注】非夫通變邀世之才而偷安乎一時之利者，皆豕蝨者也。【疏】此結也。◎家世父曰：以域進，以域退，言逐眾人之好惡而與之為進退。暖姝者，囿於知識者也；濡需者，滯於形迹者也；卷婁者，罷於因應者也。三者同蔽，莊生所以逃而去之。

卷婁者，舜也。羊肉不慕蟻，蟻慕羊肉，羊肉羶也。舜有羶行，百姓悅之，故三徙成都，至鄧之虛而十有萬家。堯聞舜之賢，舉之童土之地，曰冀得其來之澤。舜舉乎童土之地，年齒長矣，聰明衰矣，而不得休歸，所謂卷婁者也。

1.【疏】卷婁者，謂背項俛曲，向前彎卷而傴僂也。夫羊肉羶腥，無心慕蟻，蟻聞羶而歸之。舜有仁行，不慕百姓，百姓悅之。故羊肉比舜，蟻況百姓。「羶」設然反。「羶行」下孟反。「羊肉不慕蟻」魚綺反。李云：年長心勞，無憂樂之志，是猶羊肉不慕蟻也。

2.【疏】舜避丹朱，又不願眾聚，故三度逃走，移徙避之，百姓慕德，從者十萬，所居之處，自成都邑。至鄧，地名也。【釋文】「至鄧」向云：邑名。「之虛」音墟。本又作墟。

3.【疏】地無草木曰童土。堯聞舜有賢聖之德，妻以娥皇女英，舉以自代，讓其天下。居不毛土，歷試艱難，望鄰境承儀，蒼生蒙澤。【釋文】「童土」如字，又音杜。向云：童土，地無草木也。

4.【注】聖人之形，不異凡人，至於精神，則始終常全耳。若少則未成，及長而衰，則聖人之聖曾不崇朝，可乎？【疏】既登九五，威跨萬乘，憨念蒼生，憂憐凡庶，於是年齒長老，耳目衰竭，無由休息，豈得歸寧？傴僂攣卷，形勞神倦，所謂卷婁者也。【釋文】「齒長」丁丈反。注同。◎慶藩案《華嚴經音義》引司馬云：齒，數也。《釋文》闋。「若少」詩召反。

是以神人惡眾至1，眾至則不比，不比則不利也2。故无所甚親，无所甚疏，抱德煬和以順天下，此謂真人3。於蟻棄知，於魚得計，於羊棄意4。

1.【注】眾自至耳，非好而致也。【疏】三徙遠之，以惡也。【釋文】「惡眾」烏路反。「非好」呼報反。

2.【注】明舜之所以有天下，蓋於不得已耳，豈比而利之！【疏】比，和也。夫眾聚則不和，不和則不利於我也。【釋文】「不比」毗志反。下注同。

3.【疏】煬，溫也。夫不測神人，親疏一觀，抱守溫和，可謂真聖。【釋文】「煬」郭音羊，徐餘亮反。「和」李云：煬，炙也，為和氣所炙。

4.【注】於民則蒙澤，於舜則形勞。【疏】不慕羊肉之仁，故於蟻棄智也；不為羶行教物，故於羊棄意也；既遣仁義，合乎至道，不傷濡沫，相忘於江湖，故於魚得計。蟻，是蟻棄知也；共處相忘之大道，無沾濡之德，是魚得計也；羊無羶行而不致蟻，是羊棄意也。司馬云：蟻得水則死，魚得水則生，羊得水則病。一說云：真人無羶，故不致蟻，蟻之附羶也，有利而趨之也。【釋文】「於蟻棄知」音智。「於魚得計於羊棄意」司馬云：蟻得水則死，魚得水則生，羊得水則病。◎家世父曰：所惡乎眾至者，以蟻棄知也。神人眾至不比，正惟不以利歆之。蟻之附羶，與以可歆之利也，即其意也。蟻無知而有知，羊無意而有意，惟羶之利也。魚相忘於江湖，人相忘於道術，何羶之可慕哉！故曰於魚得計。

以目視目，以耳聽耳，以心復心1。若然者，其平也繩2，其變也循3。

古之真人，以天待人，不以人入天⁵。古之真人，得之也生，失之也死；得之也死，失之也生⁶。

1.【注】此三者，未能無其耳目心意也。【疏】夫視目之所見，聽耳之所聞，復心之所知，不逐物於分外而知止其分內者，其真人之道也。

2.【注】未能去繩而自平。【疏】繩，無心而正物，聖忘懷而平等。【釋文】「能去」起呂反。

3.【注】未能絕迹而玄會。【疏】循，順也。處世和光，千變萬化，大順蒼生，曾不逆寡。

4.【注】居無事以待事，事斯得。【疏】如上所解，即是玄古真人，用自然之道，虛其心以待物。

5.【注】以有事求無事，事愈荒。【疏】不用人事取捨，亂於天然之智。

6.【注】死生得失，各隨其所居耳，於生為得，於死或復為失，未始有常也。【釋文】「或復」扶又反。【疏】夫處生而言，即以生為得；若據死而語，便以生為喪。死生既其無定，得失的在誰邊？嘻，未可知也！是以混死生，一得喪，故謂之真人矣。◎家世父曰：形氣之相須也，得之生，失之死，有比而合之者也；自然之待化也，得之死，失之生，有委而聽之者也。得之生，故有為而無為；得之死，故無為而無不為。

藥也其實，堇也，桔梗也，雞癰也，豕零也，是時為帝者也，何可勝言¹！

1.【注】當其所須則無賤，非其時則無貴，貴賤有時，誰能常也！【疏】堇，烏頭也，治風痹。桔梗，君主也。帝，君主也。夫藥無貴賤，病則良，藥病相當，故便為君主。乃至目視耳聽，手捉心知，用有行藏，時有興廢。故時之所須者為賢，才不應世者為臣，此事必然，故何可言盡也。【釋文】「梗」古猛反。司馬云：桔梗治心腹血瘀瘕痹。「堇」音謹，郭音觀，徐音靳。司馬云：烏頭也，治風冷痹。「桔」音結。本亦作結。本或作蓳，音同。司馬云：即雞頭也。一名茇，與藕子合為散，服之延年。「豕零」司馬本作豕囊，云：一名豬苓，根似豬卵，可以治渴。案

四者皆藥草名。「是時為帝者也」司馬云：：藥草有時迭相為帝，謂其王相休廢，各得所用也。◎慶藩案時者，更也；；帝者，主也；；言董、桔梗、雞雍、豕零，更相為主也。《爾雅》曰：帝，君也。《淮南・正論篇》時舉而代御。《方言》曰：蒔，更也（蒔，郭音侍。古無蒔字，借時字為之）。《太平御覽》引馮衍《鄧禹牋》：此更為適者也（適讀若嫡。《廣雅》：：嫡，君也）。或言時，或言更，其義一也（《方言》：：更，代也。《說文》：：代，更也）。「勝言」音升。

句踐也以甲楯三千棲於會稽[1]。唯種也能知亡之所以存，唯種也不知其身之所以愁[2]。故曰，鴟目有所適，鶴脛有所節，解之也悲[3]。

1.【疏】句踐，越王也。會稽，山名也。越為吳軍所殘，窘迫退走，棲息於會稽山上也。「會」古外反，「稽」音雞。【釋文】「句踐」音鈞。「甲楯」純尹反，徐音尹。「棲於」音西。李云：：登山曰棲。「會」

2.【疏】種，越大夫名。其時句踐大敗，兵唯三千，走上會稽山，亡滅非遠，而種密謀深智，亡時可存，當時矯與吳和，後二十年而滅吳矣。夫狡兔死，良狗烹，敵國滅，忠臣亡。數其然也。平吳之後，范蠡去越而游乎江海，變名易姓，韜光晦迹，即陶朱公是也。大夫種不去，為句踐所誅，但知國亡而可以存，不知愁身之必死也。字亦有作種者，隨字讀之。【釋文】「種」章勇反，越大夫名也。《吳越春秋》云：：姓文，字少禽。「所以存」本又作可以存，言知越雖亡可以存也。

3.【注】各適一時之用，不能靡所不可，則有時而失，有時而悲矣。解，去也。【疏】鴟目晝闇而夜開，則適夜不適晝；鶴脛稟分而長，則能長不能短。枝節如此，故解去則悲，亦猶種闇於謀身，長於存國也。【釋文】「鴟」尺夷反。「脛」刑定反。「解之」佳買反。司馬云：：去也。一音懈。

故曰，風之過河也有損焉，日之過河也有損焉[1]。請只風與日相與守河，而河以為未始其攖也[2]，恃源而往者也[3]。故水之守土也審，影之守人也審，物之守物也審[4]。

1.【注】有形者自然相與為累，唯外乎形者磨之而不磷。　【疏】風日是氣，河有形質。凡有形氣者，未能無累也。而風吹日累，必有損傷，恃源而往，所以不磷。亦猶吳得越之後，謀臣必恃其功勳，謂以後無慮遭戮。是知物相利者必相為害也。　【釋文】「有損」有形自然相累，世能累物，物能累人，故大夫種所以不免也。「不磷」鄰刃反。

2.【注】實已損矣而不自覺。

3.【注】所以不覺，非不損也，恃源往也。　【釋文】「恃」本亦作持。「源而往者也」水由源往，雖遇風日，不能損也；道成其性，雖在於世，不能移也。

4.【注】無意則止於分，所以為審。　【疏】審，安定也。夫水非土則不安，影無人則不見，物無造物則不立，故三者相守而自以為固。而新故不停，存亡不停，昨日之物，於今已化，山舟潛遁，昧者不知，斯之義也。

故目之於明也殆，耳之於聰也殆，心之於殉也殆[1]。凡能其於府也殆，殆之成也不給改[2]。禍之長也茲萃[3]，其反也緣功[4]，其果也待久[5]。而人以為己寶，不亦悲乎[6]！故有亡國戮民无已[7]，不知問是也[8]。

1.【注】有意則無崖，故殆。　【疏】殉，逐也。夫視目所見，聽耳所聞，任心所逐，若目求離朱之明，耳索師曠之聰，心逐無崖之知，欲不危殆，其可得乎！◎家世父曰：水之守土，二物也，相比而相須也；影之守人，一物而為二物也，自生而自化也；物之守物，物還而自證也，抱一者也。所以謂之審者，無外馳也。目馳而明生焉，耳馳而聰出焉，心馳而所殉見焉。凡能於其府者，皆外馳也。反其所自持，而緣之以為功，致果以求之，積久而不知所歸，役耳目心思之用以與萬物為攖，故可悲也。

2.【注】所以貴其無能而任其天然。　【疏】夫運分別之智，出於藏府而自伐能者，必致危亡也。故雖有成功，不還周給而改悔矣。

3.【注】萃，聚也。苟不能忘知，則禍之長也多端矣。　【疏】滋，多也。萃，聚也。役於藏府，自顯其能，

故凶災禍患，增長而多聚之也。　【釋文】「之長」丁丈反。注同。「茲萃」所巾反。郭云：聚也。李云：多也。

本又作萃。

惡貧賤，愚之至也。

8.【注】不知問禍之所由，由乎有心，而修心以救禍也。【疏】世有明人，是為龜鏡。不知問禍敗所由，唯

4.【注】反守其性，則其功不作而成。【疏】自伐己能而反招禍敗者，緣於功成不退故也。

5.【注】欲速則不果。【疏】夫誠意成功，決定矜伐。有待之心，其日固久。

6.【注】己寶，謂有其知能。【疏】流徙之人，心處愚暗，寶貴己能，成功而處，執滯如是，甚可悲傷。

7.【注】皆有其身之禍。【疏】貪土地為己有大寶，取之無道，國破家亡，殘害黎元無數，無窮已也。

故足之於地也踐，雖踐，恃其所不蹍而後善博也[1]；人之於知也少，雖少，恃其所不知而後知天之所謂也[2]。知大一，知大陰，知大目，知大均，知大方，知大信，知大定，至矣[3]。大一通之[4]，大陰解之[5]，大目視之[6]，大均緣之[7]，大方體之[8]，大信稽之[9]，大定持之[10]。

1.【疏】踐，蹍，俱履蹈也。夫足之能行，必履於地，仍賴不踐之土而後得行，若無餘地，則無由安善而致博遠也。此舉譬也。

【釋文】「恃其所不蹍」女展反。李云：一足常不往，故能行廣遠也。◎俞樾曰：兩踐字並當作淺，或字之誤，或古通用也。足之於地也淺。然容足之外，雖皆無用之地而不可廢也，故曰雖淺恃其所不蹍而後善博也。〈外物篇〉曰：夫地非不廣且大也，人之所用容足耳。然則廁足而墊之致黃泉，人尚有用乎？即此義也。下文曰：人之知也少，雖少，恃其所不知而後知天之所謂也。少與淺，文義相近。

2.【注】夫忘天地，遺萬物，然後蛻翼可得而知也，況欲知天之所謂，而可以不無其心哉！【疏】知有明暗，能有少多，各止其分，則物逍遙。是以地藉不踐而得行，心賴不知而能照。所以處寂養恬，天然之理，故《老經》云，有之以為利，無之以為用。此合喻也。

若作踐則不可通矣。

3.【疏】此略標能知七大之名，可謂造極。自此以下歷解義。

4.【注】道也。　【疏】一是陽數。大一，天也，能涌生萬物，故曰通。

5.【注】用其分內，則萬事無滯也。　【疏】大陰，地也，無心運載而無分解，物形之也。　【釋文】「解

之」音蟹。下同。又佳買反。

6.【注】用萬物之自見，亦大目也。　【疏】各視其所見為大目。

7.【注】因其本性，令各自得，則大均也。　【疏】緣，順也。大順則物物各性足均平。　【釋文】「令各

力呈反。下同。

8.【疏】體之使各得其分，則萬方俱得，所以為大方也。　【疏】萬物之形，各有方術，蜘蛛結網之類，斯體

達之。

9.【注】命之所期，無令越逸，斯大信也。　【疏】信，實也。稽，至也。循而任之，各至其實，斯大信也。

10.【注】真不撓則自定，故持之以人定，斯不持也。　【疏】物各信空，持而用之，其理空矣。　【釋文】

「不撓」乃孝反。

盡有天1，循有照2，冥有樞3，始有彼4。則其解之也似不解之者5，其知之也似不知之也6，不知而後知之7。其問之也，不可以有崖8，而不可以无崖9。頡滑有實10，古今不代11，而不可以虧12，則可不謂有大揚推乎13！闔不亦問是已14，奚惑然為！以不惑解惑，復於不惑，是尚大不惑15。

1.【注】夫物未有無自然者也。　【疏】上來七大，未有不由其自然者也。

2.【注】循之則明，無所作也。　【疏】循，順也。但順其天然，智自明照。

3.【注】至理有極，但當冥之，則得其樞要也。　【疏】窈冥之理，自有樞機，而用之無勞措意也。　【釋

文】「樞」只朱反。

4.【注】始有之者彼也，故我述而不作。　【疏】郭注云，始有之者彼也，故我述而不作也。

5. 【注】夫解任彼，則彼自解；解之無功，故似不解。　【疏】體從彼學而解也，戒不成性，故似不解。

6. 【注】明彼知也。

7. 【注】我不知則彼知自用，彼知自用，則天下莫不皆知也。　【疏】不知而知，知而不知；故不知而後知，此是真知。

8. 【注】應物宜而無方。

9. 【注】各以其分。

10. 【注】萬物雖頡滑不同，而物物各自有實也。　【疏】頡滑，不同也。萬物紛擾，頡滑不同，統而治之，咸資實道。　【釋文】「頡」徐下結反。「滑」乎八反。向云：頡滑，謂錯亂也。

11. 【注】各自有故，不可相代。　【疏】古自在古，不從古以來今；今自存今，亦不從今以生古；物各有性，新故不相代換也。

12. 【注】宜各盡其分也。　【疏】時不往來，法無遷貿，豈賴古以為今耶！

13. 【注】推而揚之，有大限也。　【疏】如上所問，其道廣大，豈不謂顯揚妙理而推實論之乎！　【釋文】「揚推」音角，又苦學反。《三蒼》云：推，敲也。許慎云：揚推，粗略法度。王云：推略而揚顯之。○慶藩案《釋文》引《三蒼》云：推，敲也。敲當作敲。《說文》：推，敲擊也。《漢書・五行志》推其眼，師古注云：推，謂敲擊去其精也。敲敲二文以形近而誤。

14. 【注】若問其大推，則物有至分，故忘己任物之理可得而知也，奚為而惑若此也！　【疏】闇，何不也。

15. 【注】夫惑不可解，故尚大不惑，愚之至也，是以聖人從而任之，所以皇王殊迹，隨世為名也。　【疏】不惑聖智，惑於凡情也。以聖智之言辨於凡惑，忘得反本，復乎真根，而不能得意忘言而執乎聖迹，貴重明言，以不惑為大，此乃欽尚不惑，豈能除惑哉！斯又遭於不惑也。　【釋文】「惑解」佳買反。注同。「復於」音服，又扶又反。

莊子集釋　卷八下

雜篇則陽第二十五₁

1.【釋文】以人名篇。

則陽游於楚¹，夷節言之於王，王未之見，夷節歸²。

1.【疏】姓彭，名陽，字則陽，魯人。游事諸侯，後入楚，欲事楚文王。【釋文】「則陽」司馬云：名則陽，字彭陽也。一云：姓彭，名則陽，周初人也。

2.【疏】夷姓，名節，楚臣也。則陽欲事於楚，故因夷節稱言於王，王既貴重，故猶未之見也。夷節所進未遂，故罷朝而歸家。【釋文】「夷節」楚臣。

彭陽見王果曰：「夫子何不譚我於王¹？」

王果曰：「我不若公閱休²。」

1.【疏】王果，楚之賢大夫也。譚，猶稱說也，本亦有作言談字者。前因夷節，未得見王，後說王果，冀其談薦也。【釋文】「王果」司馬云：楚賢人。「譚」音談。本亦作談。李云：說也。郭徒堪反，徐徒暗反。

2.【疏】若，如也。公閱休，隱者之號也。王果賢人，嫌彭陽貪榮情速，故盛稱隱者，以抑其進趨之心也。【釋文】「公閱休」隱士也。閱，音悅。

彭陽曰：「公閱休奚為者邪¹？」

曰：「冬則擉鼈於江，夏則休乎山樊。有過而問者，曰：『此予宅

也。』²夫夷節已不能，而況我乎！吾又不若夷節。夫夷節之為人也，无德而有知，不自許，以之神其交固，顛冥乎富貴之地，³非相助以德，相助消也。⁴夫凍者假衣於春，喝者反冬乎冷風⁵。夫楚王之為人也，形尊而嚴；其於罪也，无赦如虎；非夫佞人正德，其孰能橈焉⁶！

1.【疏】奚，何也。既稱公閱休，言己不如，故問何為，庶聞所以。

2.【注】言此者，以抑彭陽之進趨。　【疏】撅，刺也。樊，傍也，亦茂林也。隆冬刺鼈，於江渚以逍遙；盛夏歸休，偃茂林而取適；既無環廡，故指山傍而為舍。此略陳閱休之事迹也。　【釋文】「撅」初角反，又敕角反。司馬云：刺也。郭音蹶，徐丁綠反，一音捉。◎盧文弨曰：舊捉作促，譌。今改正。◎慶藩案《廣韻》引司馬云：撅鼈，刺也。與《釋文》小異。「樊」音煩。李云：傍也。司馬云：陰也。《廣雅》云：邊也。「予宅」司馬云：以隱居山陰自顯也。

3.【注】言己不若夷節之好富貴，能交結，意盡形名，任知以干上也。　【疏】顛冥，猶迷沒也。言夷節交游堅固，意在榮華；顛倒迷惑，情貪富貴；實無其德，而有俗知；不能盧淡以從神，而好任知以干上。數數如此，猶自不能，況我守愚，若為堪薦！此是王果謙遜之辭也。　【釋文】「有知」音智。注同。「顛冥」音眠。司馬云：顛冥，猶迷惑也。言其交結人主，情馳富貴。

4.【注】苟進，故德薄而名消。　【疏】消，毀損也。言則陽憑我談已於王者，此適可敗壞名行，必不益於盛德也。

5.【注】言已順四時之施，不能赴彭陽之急。　【疏】夫遭凍之人，得衣則煖；被喝之人，遇水便活。乃待陽和以解凍，須寒風以救喝。履道達人，體無近惠，不進彭陽，其義亦爾。　【釋文】「喝」音謁。《字林》云：傷暑也。「之施」始豉反。下同。

6.【疏】儀形有南面之尊，威嚴據千乘之貴，赫怒行毒，猶如暴虎，戮辱蒼生，必無赦宥。自非大佞之人，不堪任使。若履正懷德之士，誰能屈撓心志而事之乎！　【釋文】「能橈」乃孝反，又呼毛反。王云：惟正德以至道服之，佞人以才辯奪之，故能泥橈之也。

故聖人，其窮也使家人忘其貧[1]，其達也使王公忘爵祿而化卑[2]。其於物也，與之為娛矣[3]；其於人也，樂物之通而保己焉[4]；故或不言而飲人以和[5]，與人並立而使人化[6]。父子之宜，彼其乎歸居[7]，而一間其所施[8]。其於人心者若是其遠也[9]。故曰待公閱休[10]。」

1.【注】淡然無欲，樂足於所遇，不以侈靡為貴，而以道德為榮，故其家人不識貧之可苦。【疏】禦寇居鄭，老萊在楚，妻孥窮寠而樂在其內。隱士尚然，況乎真聖，斯忘貧也。【釋文】「淡然」徒暫反。

2.【注】輕爵祿而重道德，超然坐忘，不覺榮之在身，故使王公失其所以為高。【疏】韜光為窮，顯迹為達。哀公德友於尼父，軒轅膝步於廣成，斯皆道任則尊，不拘品命，故能使萬乘之王，五等之君，化其高貴之心而為卑下之行也。【釋文】「而化卑」居高而以卑為本也。本或作而化卑於人也。

3.【注】不以為物自苦。【疏】同塵涉事，與物無私，所造皆適，故未嘗不樂也。

4.【注】通彼而不喪我。【疏】混迹人間而無滯塞，雖復通物而不喪我，動不傷寂而常守於其真。【釋文】「不喪」息浪反。

5.【注】人各自得，斯飲和矣，豈待言哉！【疏】蔭庇群生，冥同蒼昊，中和之道，各得其心，滿腹而歸，豈勞言教！【釋文】「而飲」於鴆反。

6.【注】望其風而靡之。【疏】和光同塵，斯並立也；各反其真，斯人化也。

7.【注】使彼父父子子各歸其所。【疏】雖復混同貴賤，而倫敘無虧，故父子君臣，各居其位，無相參冒，不亦宜乎！

8.【注】其所施同天地之德，故閒靜而不二。【疏】所有施惠，與四時合敘，未嘗不閒暇從容，動靜不二。【釋文】「一間」音閑。

9.【疏】聖人之用心，具如上說，是以知其清高深遠也。◎家世父曰：父子之宜，承上家人忘其貧。子，養父者也，父，待養於子者也，所謂宜也。歸居，即據上文冬擉鼈夏休乎山樊言之。《釋名》：閒，簡也。謂別異其所施以求自足也，非使家人忘其貧，自忘而已矣。此其遠於人心者也。

10.【注】欲其釋楚王而從閔休,將以靜泰之風鎮其動心也。　【疏】此總結也。

聖人達綢繆¹,周盡一體矣²,而不知其然,性也³。憂乎知而所行恆无幾時,其有止也若之何⁶!復命搖作而以天為師⁴,人則從而命之也⁵。

1.【注】所謂玄通。　【疏】綢繆,結縛也。夫達道聖人,超然縣解,體知物境空幻,未極乎道,故但託而說之也。　【釋文】「綢」直周反。「繆」亡侯反。綢繆,猶纏綿也。又云:深奧也。

2.【注】無外內而皆同照。　【疏】夫智周萬物,窮理盡性,物我不二,故混同一體也。　【釋文】「周盡一體」所鑒綢繆,精麤洞盡,故言周盡一體。一體,天也。

3.【注】不知其然而自然者,非性如何!　【疏】能所相應,境智冥合,不知所以,莫辨其然,故與真性符會。

4.【注】搖者自搖,作者自作,莫不復命而師其天然也。　【疏】反乎真根,復於本命,雖復搖動,順物而作,動靜無心,合於天地,故師於二儀也。　【釋文】「復命搖作」搖,動也。萬物動作生長,各有天然,則是復其命也。

5.【注】此非赴名而高其迹。帥性而動,其迹自高,故人不能下其名也。　【疏】命,名也。合道聖人,本無名字,為有清塵可慕,故人從後而名之。　【釋文】「命之也」命,名也。

6.【注】任知而行,則憂患相繼。　【疏】任知為物,憂患斯生,心靈易奪,所行無幾,攀緣念慮,寧有住時!假令神禹,無奈之何!　【釋文】「憂乎知」音智。「而所行恆无幾」居豈反。「時其有止也若之何」王云:時其有止也若之何!

生而美者,人與之鑑,不告則不知其美於人也¹。若知之,若不知之,若聞之,若不聞之,其可喜也終无已²,人之好之亦无已,性也³。聖人之

愛人也，人與之名，不告則不知其愛人也[4]。若知之，若不知之，若聞之，若不聞之，其愛人也終无已，[5]人之安之亦无已，性也[6]。

1.【注】鑑，鏡也，鑑物無私，故人美之。今夫鑑者，豈知鑑而鑑耶？生而可鑑，則人謂之鑑耳，若人不相告，則莫知其美於人也，譬之聖人，人與之名。【疏】鑑，鏡也。告，語也。天生明照，照物無私，人愛慕之，故名為鏡，若人不相告語，明鏡本亦無名。此起譬也。【釋文】「則不知其美於人」生便有見物之美而為無心，人與作名言鏡耳。故人美之。若不相告，即莫知其美於人。

2.【注】夫鑑之可喜，由其無情，不問知與不知，聞與不聞，來即鑑之，故終无已。若鑑由聞知，則有時而廢也。【疏】已，止也。夫鏡之照物，義在無情，不問怨親，照恆平等。若不聞而不知，鏡亦不照，既有聞知，鏡能照之，斯則事涉間奪，有時休廢矣，焉能久照乎！只為凝照無窮，故為人之所喜好也。◎慶藩案王氏念孫曰：終無已者，終無竟也，竟無已時也。

3.【注】若性所不好，豈能久照！【疏】鏡之能照，出自天然，人之喜好，率乎造物，既非矯性，所以無窮。【釋文】「好之」呼報反。注同。

4.【注】聖人無愛若鏡耳。然而事濟於物，故人與之名，若人不相告，則莫知其愛人也。【疏】聖人澤被蒼生，恩流萬代，物荷其德，人與之名，更相告語，嘉號斯起。不若然者，豈有聖名乎！

5.【注】蕩然以百姓為芻狗，而道足於愛人，故能無已。若愛之由乎聞知，則有時而衰也。【疏】夫聖德遐曠，接物無私，芻狗百姓，豈待知聞而後愛之哉！只為慈救無偏，故德無窮已。此合喻也。

6.【注】性之所安，故能久。【疏】安，定也。夫靜而與陰同德，動而與陽同波，故無心於動靜也。故能疾雷破山而恆定，大風振海而不驚，斯率其真性者也。若矯性偽情，則有時而動矣。故王弼云，不性其情，焉能久行其企！

舊國舊都，望之暢然[1]；雖使丘陵草木之緡[2]，入之者十九，猶之暢然。況見見聞聞者也[3]，以十仞之臺縣眾閒者也[4]！

1.【注】得舊猶暢然，況得性乎！

【疏】國都，喻其真性也。夫少失本邦，流離他邑，歸望桑梓，暢然喜歡。況喪道日淹，逐未來久，今既還原反本，故曰暢然。

2.【注】緡，合也。

【釋文】「之緡」民忍反。郭音昏，徐音昏。郭云：合也。司馬云：盛也。

3.【注】見所嘗見，聞所嘗聞，而猶暢然，況體其體用其性也！

【釋文】緡，合也。舊國舊都，荒廢日久，流沒生死，丘陵險陋，草木叢生；入中相訪，十人識九，見其至道之境，其為樂也，豈易言乎！

【釋文】「十九」謂見十識九也。「見見聞聞」見所見，聞所聞。◎俞樾曰：緡字，《釋文》引司馬云盛也，郭注云合也。入之者十九，則其出於外而可望見者止十之一耳。而猶覺暢然喜悅，故繼之曰況見見聞聞者也。郭注曰，見所嘗見，聞所嘗聞，而猶暢然，則於況見見聞聞句不復可通，遂增益之曰況體其體用其性也，於莊子本義不合矣。

4.【注】眾之所習，雖危猶閒，況聖人之無危！

【疏】七尺曰仞。臺高七丈，可謂危縣，人眾數登，遂不怖懼。習以性成，尚自寬閒，而況得真，何往不安者也！

【釋文】「臺縣」音玄。「眾閒」音閒。注同。元嘉本作閑。◎俞樾曰：此承見見聞聞而言。以十仞之臺而縣於眾人耳目之間，此人所共見共聞者，非猶夫丘陵草木之緡入之者十九，其為暢然可知矣。此誤讀閒為閒，於義殊不可通。蓋由不解上文，故於此亦失其旨。◎家世父曰：《說文》：閒，隙也。《周禮》匠人井閒、成閒、同閒、凡空處處謂之閒，屋空處亦曰閒。十仞之臺，縣之眾閒，傑然獨出，見見聞聞不能掩也。得其環中以隨成，不以之見於外而自得之於中，乃可以應無窮。

冉相氏得其環中以隨成[1]，與物无終无始，无幾无時[2]。日與物化者，一不化者也[3]，闔嘗舍之[4]！夫師天而不得師天[5]，與物皆殉，其以為事也若之何[6]？夫聖人未始有天，未始有人，未始有始，未始有物[7]，與世偕行而不替，所行之備而不洫，其合之也若之何[8]？湯得其司御門尹登恆為之傅

之9，從師而不圍10；得其隨成。為之司其名11；之名嬴法，得其兩見12。

仲尼之盡慮，為之傅之13。容成氏曰：「除日无歲14，无內无外15。」

1.【注】冉相氏，古之聖王也。屆空以隨物，物自成也。言古之聖王，得真空之道，體環中之妙，故道順群生，混成庶品。
【疏】冉相氏，三皇以前無為皇帝也。環，中之空也。◎俞樾曰：《路史·循蜚紀》有冉相氏。
【釋文】「冉相」息亮反。注同。郭云：

2.【注】忽然與之俱往。
【疏】無始，無過去；無終，無未來也；無幾無時，無見在也。體化合變，與物俱往，故無三時也。

3.【注】日與物化，故常無我，常不化也。
【疏】順於日新，與物俱化者，動而常寂，故凝寂一道，巋然不化。

4.【注】言夫為者，何不試舍其所為乎？曷嘗暫相舍離也！
【疏】闉，何也。注同。
【釋文】「嘗舍」音捨。

5.【注】唯無所師，乃得師天。
【疏】師者，倣傚之名；天者，自然之謂。夫大塊造物，率性而動，若有心師學，則乖於自然，故不得也。

6.【注】雖師天猶未免於殉，奚足事哉！師天猶不足稱事，況又不師耶！倣傚造化而與物俱往者，此不率其本性也，奚足以為脩事業乎！尚有所求，故是之為道也。
【釋文】「皆殉」辭俊反。◎家世父曰：其有止也，通乎命者也；其以為事，應乎物者也；其舍之也，渾人己而化之也。云若之何者，如是之為道也。

7.【疏】替，廢也。埋塞也。混同人事，與世並行，何嘗有始！率性合道，不復師天。接物隨時，曾無廢闕。然人間否泰，備經之矣，而未嘗堙塞，所遇斯通，無心師學，自然合道，如何倣傚，方欲契真？固不可也。
【釋文】「所行之備而不洫」音溢。郭許的反，李虛域反，濫也。王云：壞敗也。無心偕行，何往而不至，故曰皆殉也。所行行

8.【注】都無，乃冥合。
【疏】夫得中聖人，達於至理，故能人天雙遣，物我兩忘。既曰無終，何嘗有始！備而物我無傷，故無壞敗也。

9.
【注】委之百官而不與焉。
【疏】姓門，名尹。亦言：門尹，官號也，姓登，名恆。殷湯聖人，忘懷順物，故得良臣御事，既為師傅，玄默端拱而不為也。
【釋文】「門尹登恆」向云：門尹，官名，登，恆，人名。

10.
【注】任其自聚，非圍之也；縱其自散，非解之也。「不與」音預。
【疏】從，任也。圍，聚也。虛淡無為，委任師傅，終不積聚而為己功。
【釋文】「為之」于偽反。下同。「傅之」音付。下同。「不與」音預。

11.
【注】司御之屬，亦能隨物之自然也，而湯得之，所以名寄於物而功不在己。
【疏】良臣受委，隨物而成，推功司御，名不在己。

12.
【注】名法者，已過之迹耳，非適足也。故曰，嬴然無心者，寄治於群司，則其名迹並見於彼。
【釋文】「之名嬴」音盈。「法得其兩見」賢遍反。注同。
【疏】嬴然，無心也。見，顯也。成物之名，聖迹之法，並是師傅而不與焉。得其隨成之道以司其名，名實法立，故得兩見，猶人鑑之相得也。◎家世父曰：隨成者，渾成者也；兩見者，對待者也。司者，察也。名之嬴，法之細也。《說文》：傅，相也。即輔相之義。隨成，可以為相矣。仲尼之盡慮，亦輔相也，是亦對待也，故曰兩見。《老子》名可名，非常名。察其名迹之所至而可知其成，故曰兩見。

13.
【注】仲尼曰：天下何思何慮！慮已盡矣，若有纖芥之慮，豈得寂然不動，應感無窮，以輔萬物之自然也！
【疏】傅，輔也。盡，絕也。孔丘聖人，忘懷絕慮，故能開化群品，輔稟自然。若蘊纖芥有心，豈能坐忘應感！

14.
【注】今所以有歲而存日者，為計於時日，故有生死。生死無矣，若無死無生，則歲日之計除。
【疏】容成，古之聖王也。
【釋文】「容成」老子師也。◎俞樾曰：《漢書·藝文志》陰陽家有《容成子》十四篇，房中家又有《容成陰道》二十六卷，此即老子之師也。《列子·湯問篇》黃帝與容成子居空峒之上，同齋三月。當是別一人。《淮南·本經篇》昔容成氏之時，道路雁行列處，託嬰兒於巢上，置餘糧於畝首，虎豹可尾，虺蛇可蹍，而不知其所由然。此容成氏，與大庭、伯皇、中央、栗陸諸氏並稱者也。而高誘注乃云，容成氏，黃帝時造曆日者，則以為黃帝之臣矣。此以說《列子·湯問篇》與黃帝同居空峒之容成氏，乃為得之，非此容成也。合諸說觀之，容成氏有三：黃帝之君，一也；黃帝之臣，二也；老子之師，三也。然老子生年究不可考，其師或即黃帝之臣，未可知也。

15.
【注】無彼我則無內外也。
【疏】內，我也。外，物也。為計死生，故有內名。歲日既遣，物我何施！

魏瑩與田侯牟約，田侯牟背之。魏瑩怒，將使人刺之1。犀首公孫衍聞而恥之曰：「君為萬乘之君也，而以匹夫從讎2！衍請受甲二十萬，為君攻之，虜其人民，係其牛馬3，使其君內熱發於背。然後拔其國。忌也出走，然後抶其背，折其脊。4」

1.【疏】瑩，魏惠王名也。田侯，即齊威王也，名牟，桓公之子，田恆之後，故曰田侯。齊魏二國，約誓立盟，不相征伐。盟後未幾，威王背之，故魏侯瞋怒，將使人刺而殺之。其盟在齊威二十六年，魏惠八年。【釋文】「瑩」郭本作罃，音瑩磨之瑩。今本多作罃。乙耕反。司馬云：魏惠王也。◎盧文弨曰：舊作罃與作瑩互易，文頗不順。且今書實多作瑩字，今改正。《史記》梁惠王之名作罃。「與田侯」一本作田侯牟。司馬云：田侯，齊威王也，名牟。案《史記》威王名因，不名牟。◎盧文弨曰：案今書有牟字。《史記》威王名因，田齊諸君無名牟者，惟桓公名午，與牟字相似。牟或午之譌。然齊桓公午與梁惠王又不相值也。「背之」音佩。「刺之」七賜反。《戰國策》亦同。◎俞樾曰：《史記》威王名因齊。

2.【疏】犀首，官號也，如今虎賁之類。公孫衍為此官也。諸侯之國，革車萬乘，故謂之君也。匹夫者，謂無官職夫妻相匹偶也。從讎，猶報讎也。夫君人者，一怒則伏尸流血，今乃令匹夫行刺，單使報讎，非萬乘之事，故可羞。【釋文】「犀首」魏官名也。司馬云：若今虎牙將軍，公孫衍為此官。元嘉本作齒首。◎慶藩案《戰國策》三鮑注引司馬云：犀首，魏官，若今虎牙將軍。視《釋文》較略。「萬乘」繩證反。「為君」于偽反。下請為君同。

3.【疏】將軍孫衍，請專命受鉞，牢領甲卒二十萬人，攻其齊城，必當獲勝。於是攜掠百姓，羈係牛馬，敘勳酬賞，分布軍人也。【釋文】「為君」于偽反。

4.【疏】姓田，名忌，齊將也。抶，折，擊也。國破人亡而懷恚怒，故熱氣蘊於心，癰疽發於背也。國既傾拔，獲其主將，於是擊抶其背，打折腰脊，旋師獻凱，不亦快乎！【釋文】「抶」敕一反。《三蒼》云：擊也。郭云：秩，又豬栗反。◎盧文弨曰：舊秩仍作抶，譌。今書內所載音義作秩，姑從之。或疑是秩，亦不訓擊。「折其」之舌反。

季子聞而恥之曰：「築十仞之城，城者既十仞矣，則又壞之，此胥靡之所苦也¹。今兵不起七年矣，此王之基也。衍亂人，不可聽也。²」

1.【疏】季，姓也；子，有德之稱；魏之賢臣也。胥靡，徒役人也。季子懷道，不用征伐，聞犀首請兵，羞而進諫。夫七丈之城，用功非少，城就成矣，無事壞之，此乃徒役之人濫遭辛苦。此起譬也。◎俞樾曰：下十字，疑七字之誤。城者既七仞，則雖未十仞而去十仞不遠矣，故壞之為可惜。【釋文】「季子」魏臣。◎俞樾曰：下十字，疑七字之誤。城者既七仞，則直謂之已成可耳，不當言既十仞也。下文曰，今兵不起七年矣，此王之基也，明是以七仞喻七年，其為字誤無疑。若既十仞，則「又壞」音怪。

2.【疏】干戈靜息，已經七年，偃武修文，王者洪基，犀首方為禍亂，不可聽從。

華子聞而醜之曰：「善言伐齊者，亂人也；善言勿伐者，亦亂人也；謂伐之與不伐亂人也者，又亂人也。」¹

1.【疏】華，姓；子，有德之稱；亦魏之賢臣也。善巧言伐齊者，謂興動干戈，故是禍亂之人，此公孫衍也。善言勿伐者，意在王之洪基，勝於敵國，有所解望，故是亂人，斯季子也。謂伐之與不伐亂人者，未能忘言行道，猶以是非為心，故亦未免為亂人，此華子自道之辭也。【釋文】「華子」亦魏臣也。

君曰：「然則若何¹？」

曰：「君求其道而已矣²！」

1.【疏】華子遣蕩既深，王不測其所以，故問言旨，意趣如何。

2.【疏】夫道清虛淡漠，物我兼忘，故勸求之，庶其寡欲，必能履道，爭奪自消。

惠子聞之而見戴晉人[1]。戴晉人曰：「有所謂蝸者，君知之乎？」

曰：「然[2]。」

1. 【疏】戴晉人，梁之賢者也。姓戴，字晉人。惠施聞華子之清言，猶恐魏王之未悟，故引戴晉，庶解所疑。
【釋文】「惠子」惠施也。「而見」賢遍反。下同。「戴晉人」梁國賢人，惠施薦之於魏王。

2. 【注】蝸至微，而有兩角。
【疏】蝸者，蟲名，有類小螺也。俗謂之黃犢，亦謂之蝸牛，有四角。君知之不？曰然，魏王答云：「我識之矣。」
【釋文】「蝸」音瓜，郭音戈。李云：蝸蟲有兩角，俗謂之蝸牛。《三蒼》云：小牛螺也。一云：俗名黃犢。

「有國於蝸之左角者曰觸氏，有國於蝸之右角者曰蠻氏，時相與爭地而戰，伏尸數萬，逐北旬有五日而後反[1]。」

1. 【注】誠知所爭者若此之細也，則天下無爭矣。
【疏】蝸之兩角，二國存焉。蠻氏觸氏，頻相戰爭，殺傷既其不少，進退亦復淹時。此起譬也。
【釋文】「數萬」色主反。「逐北」如字，又音佩。軍走曰北。

君曰：「噫！其虛言與[1]？」

1. 【疏】所言奇譎，不近人情，故發噫嘆，疑其不實也。
【釋文】「曰噫」於其反。「言與」音餘。

曰：「臣請為君實之[2]。君以意在四方上下有窮乎[3]？」

2. 【疏】必謂虛言，請陳實錄。
3. 【疏】君以意測四方上下有極不？因斯理物，又質魏侯。

君曰：「无窮[4]。」

4. 【疏】魏侯答云：「上下四方，竟無窮已。」

曰：「知遊心於无窮，而反在通達之國，若存若亡乎？」

君曰：「然。」

也。

3.【注】今自以四海為大，然計在無窮之中，若有若無也。　【疏】然，猶如此也。謂所陳之語不虛也。

2.【疏】人迹所接為通達也。存，有也。亡，無也。遊心無極之中，又比九州之內，語其大小，可謂如有如無

1.【注】人迹所及為通達，謂今四海之內也。

君曰：「然。」

曰：「通達之中有魏，於魏中有梁，於梁中有王。王與蠻氏，有辯乎？」

君曰：「无辯。」

1.【注】謂魏國在四海之中。

2.【疏】昔在河東，國號為魏，魏為強秦所逼，徙都於梁。梁從魏而有，故曰魏中有梁也。

3.【疏】辯，別也。王之一國，處於六合，欲論大小，如有如無。與彼蠻氏，有何差異？此合譬也。

4.【注】王與蠻氏，俱有限之物耳。有限，則不問大小，俱不得與無窮者計也，雖復天地共在無窮之中，皆蔑

如也。況魏中之梁，梁中之王，而足爭哉！　【疏】自悟己之所爭與蝸角無別也。　【釋文】「雖復」扶又

反。

客出而君惝然若有亡也。

1.【注】自悼所爭者細。　【疏】惝然，悵恨貌也。晉人言畢，辭出而行。君覺己非，惝然悵恨；心之悼矣，

恍然如失。　【釋文】「惝」音敞。《字林》云：惝也。又吐蕩反。

客出，惠子見。君曰：「客，大人也，聖人不足以當之[1]。」

惠子曰：「夫吹筦也，猶有嗃也；吹劍首者，吷而已矣。堯舜，人之所譽也；道堯舜於戴晉人之前，譬猶一吷也。[2]」

1.【疏】聖人，謂堯舜也。晉人所談，其理弘博，堯舜之行不足以當。

2.【注】曾不足聞。【疏】嗃，人聲；吷，小聲也。夫吹竹管，聲猶高大；吹劍環，聲則微小。唐堯俗中所譽，若於晉人之前盛談斯道者，亦何異乎吹劍首聲，曾無足可聞也！【釋文】「筦」音管。本亦作管。「嗃」許交反，管聲也。《玉篇》呼洛反，又呼教反。《廣雅》云：鳴也。「劍首」司馬云：謂劍環頭小孔也。「吷」音血，又呼悅反。司馬云：吷然如風過。「所譽」音餘。

孔子之楚，舍然蟻丘之漿[1]。其鄰有夫妻臣妾登極者，子路曰：「是稯稯何為者邪[2]？」

1.【疏】蟻丘，丘名也。漿，賣漿小之家也。仲尼適楚而為聘使，路旁舍息於賣漿水之家，其家住在丘下，故以丘為名也。【釋文】「蟻丘」魚綺反。李云：蟻丘，山名。「之漿」李云：賣漿家。司馬云：謂逆旅舍以菰蔣草覆之也。

2.【疏】極，高也。總總，眾聚也。孔丘應聘，門徒甚多，車馬威儀，驚異常俗，故漿家鄰舍男女群聚，共登賣漿，觀視仲尼。子路不識，是以怪問。「稯稯」音總，字亦作稯。李云：聚貌。本又作稷，初力反。◎盧文弨曰：兩稯字疑有一譌。【釋文】「登極」司馬云：極，屋棟也，升之以觀也。一云：極，平頭屋也。

仲尼曰：「是聖人僕也[1]。是自埋於民[2]，自藏於畔[3]。其聲銷[4]，其志无窮[5]，其口雖言[6]，其心未嘗言[7]，方且與世違而心不屑與之俱[7]。是陸沉

者也8，是其市南宜僚邪9？」

1.【疏】古者淑人君子，均號聖人，故孔子名宜僚為聖人也。言臣妾登極聚眾多者，是市南宜僚之僕隸也。

【釋文】「聖人僕」謂懷聖德而隱僕隸也。司馬本僕作樸，謂聖人坏樸也。

2.【注】與民同。

3.【注】進不榮華，退不枯槁。 【疏】混迹泥滓，同塵氓俗，不顯其德，故自埋於民也；進不榮華，退不枯槁，隱顯出處之際，故自藏於畔也。 【釋文】「藏於畔」王云：脩田農之業，是隱藏於塪畔。

4.【注】損其名也。 【釋文】「銷」音消。司馬云：小也。「捐其」本亦作損。◎盧文弨曰：今書捐作損。

5.【注】規是生也。 【疏】聲，名也。消，滅也。一榮辱，故毀滅其名；冥至道，故其心無極。

6.【注】所言者皆世言。 【疏】口應人間，心恆凝寂，故不言而言，言未嘗言。

7.【注】心與世異。 【疏】道與俗反，固違於世，虛心無累，不與物同，此心迹俱異也。 【釋文】「不屑」屑，絜也。不絜世也。本或作肖。

8.【注】人中隱者，譬無水而沉也。 【疏】寂寥虛淡，譬無水而沉，謂陸沉也。 【釋文】「陸沉」司馬云：當顯而反隱，如無水而沉也。

9.【疏】姓熊，字宜僚，居於市南，故謂之市南宜僚也。

子路請往召之。1

1.【疏】由聞宜僚陸沉賢士，請往就舍召之。

孔子曰：「已矣1！彼知丘之著於己也2，知丘之適楚也，以丘為必使楚王之召己也，彼且以丘為佞人也3。夫若然者，其於佞人也羞聞其言，而況親見其身乎4！而何以為存5？」

矣。

1.【疏】已，止也。彼必不來，幸止勿喚。

2.【注】著，明也。

3.【疏】彼，宜僚也。著，明也。知丘明識宜僚是陸沉賢士，又知適楚必向楚王薦召之，如是則用丘為諂佞之人也。

4.【注】不如舍之以從其志。

5.【注】明也。【疏】而，汝也。存，在也。匿影銷聲，久當逃避，汝何為請召，謂其猶在？

陸沉之人，率性誠直，其於邪佞，恥聞其言，況自視其形，良非所願。

子路往視之，其室虛矣[1]。

1.【注】果逃去也。　【疏】仲由無鑑，不用師言，遂往其家，庶觀盛德。而辭聘情切，宜僚已逃，其屋虛矣。

長梧封人問子牢曰：「君為政焉勿鹵莽，治民焉勿滅裂[1]。昔予為禾，耕而鹵莽之，則其實亦鹵莽而報予；芸而滅裂之，其實亦滅裂而報予[2]。予來年變齊，深其耕而熟耰之[3]，其禾蘩以滋，予終年厭飱[4]。」

1.【注】鹵莽滅裂，輕脫末略，不盡其分。　【疏】長梧，地名，其地有長樹之梧，因以名焉。封人，即此地守疆之人。子牢，孔子弟子，姓琴，宋卿也。為政，行化也。治民，宰割也。鹵莽，不用心也。滅裂，輕薄也。夫民為邦本，本固則邦寧，唯當用意養人，亦不可輕爾搔擾。故戒子牢。　【釋文】「長梧封人」長梧，地名。封人，守封疆之人。「子牢」司馬云：即琴牢，孔子弟子。「子牢」孔子弟子有琴張。○慶藩案琴張，孔子弟子，經傳中無作琴牢子牢者。惟《孔子家語》弟子有琴張。一名牢，字子開，亦字子張，衛人也。是琴張始見於《家語》，其書乃王子雍所偽撰，不足為據。《左傳》，以琴張為顓孫師。服虔駮之云：子張少孔子四十餘歲，孔子是時年四十，知未有子張。趙岐注《孟子》，亦以琴張為子張，云：子張善鼓琴，號曰琴張（蓋又據《禮記》子張既除喪數語而附會

者也）。尤為不經。琴張子牢，本非一人也，司馬此說非。《漢書·古今人表》作琴牢，亦淺學者據《家語》改之

也。如《漢書》有琴牢，則賈鄭服各注早據之以釋牢曰琴張矣。《論語》鄭注、《孟子》趙岐注及《左傳》同。

「莽」莫古反，又如字。「滅裂」猶短草也。李云：謂禾不熟也。郭云：鹵莽滅裂，輕脫末略，不盡其

分也。司馬云：鹵莽，猶鹵鹵粗也。滅裂，斷其草也。◎盧文弨曰：案鹵，千奴反；粗，才古反；二

字古多連用。如《春秋繁露·俞序篇》云：始於鹵粗，終於精微。《論衡·正說篇》云：略正題目鹵粗之說，以照

篇中微妙之文。其他以鹵鹵連用者亦多，猶鹵粗也。有欲改為粗疏者，故正之。

熟，於是禾苗蕃茂。子實滋榮，寬歲足餱，故其宜矣。

【釋文】「厭浪」音孫。本又作餱。

2. 【疏】為禾，猶種禾也。芸，拔草也。耕地不深，鉏治不熟，至秋收時，嘉實不多，皆由疏略。故致斯報

也。

3. 【釋文】「芸」音云，除草也。

【注】功盡其分，無為之至。

【釋文】「變齊」才細反。司馬如字，云：變更也。齊，同

也。「耰」音憂。司馬云：鋤也。《廣雅》云：推也。《字林》云：摩田器也。

4. 【疏】變，改也。耕，治也。耰，芸也。去歲為田，亟遭飢餒，今年藝植，故改法深耕。耕墾既深，鉏耰又

莊子聞之曰：「今人之治其形，理其心，多有似封人之所謂¹，遁其
天，離其性，滅其情，亡其神，以眾為²。故鹵莽其性者，欲惡之孽，為性
萑葦³兼葭，始萌以扶吾形⁴，尋擢吾性⁵；並潰漏發，不擇所出，漂疽疥
癰，內熱溲膏是也⁶。」

1. 【疏】今世之人，澆浮輕薄，馳情欲境，倦而不休，至於治理心形，例如封人所謂。莊周聞此，因而論之。

2. 【注】夫遁離滅亡，以眾為之所致也。若各至其極，則何患也。

【疏】逃自然之理，散淳和之性，滅真實

之情，失養神之道者，皆以徇逐分外，多滯有為故也。

【釋文】「離其」力智反。下同。「以眾為」如字。王

云：凡事所可為者也。遁離滅亡，皆由眾為，所謂鹵莽也。司馬本為為偽。

3. 【注】萑葦害黍稷，欲惡傷正性。

【疏】萑葦，蘆也。夫欲惡之心，多為妖孽。萑葦害黍稷，欲惡傷真

性，皆由鹵莽浮偽，故致其然也。

【釋文】「欲惡」烏路反。注並同。「之孽」魚列反。「萑」音丸，葦類。

「葦」於鬼反，蘆也。

4.【注】形扶疏則神氣傷。

【疏】蒹葭，亦蘆也。夫穢草初萌，尚易除艿，及扶疏盛茂，必害黍稷。亦猶欲心初萌，尚易止息，及其昏溺，戒之在微。故《老子》云，其未兆易謀也。

【葭】音加，亦蘆也。◎俞樾曰：為性萑葦蒹葭，六字為句。郭於萑葦下出注云，萑葦害禾稼，欲惡傷正性。此失其讀也。始萌以扶吾形，尋擇吾性，尋之言浸尋也。《漢書‧郊祀志》浸尋於泰山矣，晉灼曰：尋，遂往之意也。始萌以扶吾形，言其始若足以扶助吾形也；尋擇吾性，言浸尋既久則拔擇吾性也。郭解扶吾形曰，形扶疏則神氣傷，亦為失之。

5.【注】以欲惡引性，不止於當。

【疏】尋，引也。擇，拔也。以欲惡之事誘引其心，遂使拔擇真性，不止於當也。

6.【注】此鹵莽之報也。故治性者，安可以不齊其至分！

【疏】潰漏，人冷瘡也。漂疽，熱毒腫也。癰，亦疽之類也。溲膏，溺精也。耽滯物境，沒溺聲色，故致精神昏亂，形氣虛羸，眾病發動，不擇處所也。

【釋文】「並潰」回內反。「漏發」李云：謂精氣散泄，上潰下漏，不擇所出也。「漂」本亦作廔，一音必招反。「疽」七餘反。「瘭疽」，謂病瘡膿出也。「疥」音界。「溲」本或作廋，所求反。「膏」司馬云：謂虛勞人尿上生肥白沫也。皆為利欲感動，失其正氣，不如深耕熟耰之有實。「不齊」才細反，又如字。

柏矩學於老聃，曰：「請之天下遊[1]。」老聃曰：「已矣！天下猶是也[2]。」又請之，老聃曰：「汝將何始[3]？」曰：「始於齊[4]。」

1.【疏】柏，姓；矩，名。懷道之士，老子門人也。請遊行宇內，觀風化，察物情也。

【釋文】「柏矩」有道之人。

至齊，見辜人焉，推而強之，解朝服而幕之[1]，號天而哭之曰：「子乎子乎！天下有大菑，子獨先離之，曰莫為盜！莫為殺人[2]！榮辱立，然後觀所病[3]；貨財聚，然後觀所爭[4]。今立人之所病，聚人之所爭，窮困人之身使无休時，欲无至此，得乎[5]！

1.【疏】游行至齊，以觀風化，忽見辜人，刑戮而死。於是推而強之，令其正臥，解取朝服，幕而覆之。◎盧文弨曰：幸或是罪之誤。◎俞樾曰：《釋文》「辜，罪也。」李云：謂應死人也。辜，謂辜磔也。《周官》掌戮殺王之親者辜之，鄭注：辜之言枯也，謂張其尸也。是古之辜磔人者，必張其尸於市，故柏矩推而強之，解朝服而幕之也。「朝服」直遙反。「幕」音莫。司馬云：幕，覆也。

2.【注】殺人大菑，謂自此以下事。大菑既有，則雖戒以莫為，其可得已乎！【疏】離，罹也。菑，禍也。號叫上天，哀而大哭，懲其枉濫，故重曰子乎。為盜殺人，世間大禍，子獨何罪，先此遭罹！大菑之條，具列於下。又解：所謂辜人，則朝士是也。言其強相推讓以被朝服，重為羅網以繼黎元，故告天哭之，明菑由斯起。預張之網，列在下文。◎俞樾曰：子乎子乎，乃歎辭也。《詩·綢繆》：子兮子兮，《毛傳》：子兮者，嗟茲也。《管子·小稱篇》嗟茲乎，聖人之言長乎哉！《說苑·貴德篇》曰，嗟茲乎，我窮必矣！並以嗟茲為歎辭。說詳《經義述聞》。此云子乎子乎，正與子兮子兮同義。子當讀為嗟。《釋文》子字不作音，蓋失其義久矣。【釋文】「號天」戶刀反。「離之」離，著也。

3.【注】各自得則無榮辱，得失紛紜，故榮辱立，榮辱立則夸其所謂辱而跂其所謂榮矣。奔馳乎夸跂之間，非病如何！【疏】軒冕為榮，戮恥為辱，奔馳取舍，非病如何！

4.【疏】柏矩魯人，與齊相近，欲先行也。

3.【疏】鄭重殷勤，所請不已，方問行李欲往何邦。

2.【疏】老子止之，不許其往，言天下物情，與此處無別也。

3.【疏】柏矩魯人，與齊相近，欲先行也。

2.【疏】老子止之，不許其往，言天下物情，與此處無別也。

古之君人者，以得為在民，以失為在己[1]；以正為在民，以枉為在己[2]；故一形有失其形者，退而自責[3]。今則不然[4]。匿為物而愚不識[5]，大為難而罪不敢[6]，重為任而罰不勝[7]，遠其塗而誅不至[8]。民知力竭，則以偽繼之[9]，日出多偽，士民安取不偽[10]！夫力不足則偽，知不足則欺，財不足則盜。盜竊之行，於誰責而可乎[11]？」

1.【注】君莫之失，則民自得矣。【疏】推功於物，故以得為在民；受國不祥，故以失在己。

2.【注】君莫之枉，則民自正。【疏】無為任物，正在民也；引過責躬，枉在己也。

3.【注】夫物之形性何為而失哉？皆由人君撓之以至斯患耳，故自責。【疏】夫物形性者，則引過歸己，退而責躬。昔殷湯自翦，千里來霖，是也。

4.【注】反其性，匿也；用其性，顯也；故為物所顯則皆識。【疏】所作憲章，皆反物性，藏匿罪名，愚妄不識，故罪名者眾也。

5.【注】步驟殊時，澆淳異世，故今之馭物者則不復如此也。【釋文】「匿」女力反。「為物而愚」一本作遇。【疏】反其性，顯也。◎俞樾曰：下文大為難而罪不敢，重為任而罰不勝，遠其塗而誅不至，曰罪，曰罰，曰誅，皆謂加之以刑也。此曰愚，則與下文不一律矣。《釋文》曰：愚，一本作遇。遇疑過字之誤。《廣雅・釋詁》曰：過，責也。因其不識而責之，是謂過不識。《呂覽・適威篇》高誘曰：煩為教而過不從，數為令而非不從，巨為危而罪不勝，重為任而罰不勝。與此文義相似，而正作過不識。高誘注訓過為責，可據以訂此文之誤。◎慶藩案愚與遇古通。《晏子春秋・外篇》盛為聲樂以淫愚民，《墨子・非儒篇》愚作遇。《韓子・南面篇》愚贛窳惰之民，宋乾道本愚作遇，《秦策》愚惑與罪人同心，姚本愚作遇。襄謂當從《釋文》作遇之義為長，今案俞氏以為過字之誤，其說更精。過遇二字，古多互譌。本

書〈漁父篇〉今者丘得過也，《釋文》：過或作遇。〈讓王篇〉君過而遺先生食，《釋文》：過本亦作遇。是二字形似互誤之證。「不識」反物性而強令識之。

6.【注】為物所易則皆敢。【疏】法既難定，行之不易，故決定違者，斯罪之也。【釋文】「大為難而罪不敢」王云：凡所施為者，皆用物之所能，則莫不易而敢矣。而故大為艱難，令出不能，物有不敢者，則因罪之。「所易」以豉反。

7.【注】輕其所任則皆勝。【釋文】「不勝」音升。注同。

8.【注】適其足力則皆至。【疏】力微事重而責其實，路遠期促而罰其後至，皆不可也。

9.【注】將以避誅罰也。【疏】智力竭盡，不免誅罰，懼罰情急，故繼之以偽。【釋文】「民知」音智。下同。

10.【注】主日興偽，士民何以得其真乎！【疏】譎偽之風，日日而出，偽眾如草，於何得真！

11.【注】當責上也。【疏】夫知力窮竭，譎偽必生；賦斂益急，貪盜斯起；皆由主上無德，法令滋彰。夫能忘愛釋私，不貴珍寶，當貴在上，豈罪下民乎！

蘧伯玉行年六十而六十化[1]，未嘗不始於是之而卒詘之以非也[2]，未知今之所謂是之非五十九非也[3]。萬物有乎生而莫見其根，有乎出而莫見其門[4]。人皆尊其知之所知而莫知恃其知之所不知而後知，可不謂大疑乎[5]！已乎已乎！且无所逃[6]。此所謂然與，然乎[7]？

1.【注】亦能順世而不係於彼我故也。【疏】姓蘧，名瑗，字伯玉，衛之賢大夫也。盛德高明，照達空理，故能順世而不係於彼我故也。

2.【注】順物而暢，物情之變然也。【釋文】「蘧」其居反。【疏】初履之年，謂之為是，年既終謝，謂之為非，一歲之中而是非常出，故始時之是，終詘為非也。【釋文】「詘」起勿反。《廣雅》云：曲也。郭音黜。

3.【注】物情之變，未始有極。【疏】故變為新，以新為是；故已謝矣，以故為非。然則去年之非，於今成

是；今年之是，來歲為非。是知執是執非，滯新執故者，倒置之流也。故容成氏曰，除日無歲，蓬瑗達之，故隨物化也。

【疏】隨變而生，

4.【注】無根無門，忽爾自然，故臭見也。

生無根原：任化而出，出無門戶。既曰無根無門，故知無生無出。生出無門，何年歲之可像乎！

5.【注】我所不知，物有知之者矣。故用物之知，則無所不知；獨任我知，知甚寡矣。今不恃物以知，而自尊其知，則物不告我，非大疑如何！

【疏】所知者，俗知也；所不知者，真知也。流俗之人，皆尊重分別之知，銳情取捨，而莫能賴其不知之知以照真原，可謂大疑惑之人也。

6.【注】不能用彼，則寄身無地。

【疏】已，止也。夫銳情取捨，不知休止，必遭禍患，無處逃形。

7.【注】自謂然者，天下未之然也。

【疏】各然其所然，各可其所可，彼我相對，孰是孰非乎？

【釋文】「然與」音餘。「然乎」言未然。

仲尼問於大史大弢、伯常騫、狶韋1曰：「夫衞靈公飲酒湛樂，不聽國家之政；田獵畢弋，不應諸侯之際；其所以為靈公者何邪2？」大弢曰：「是因是也3。」

1.【疏】太史，官號也。下三人，皆史官之姓名也。所問之事，次列下文。

【釋文】「大史」音太。「大弢」吐刀反，人名。「伯常騫」起虔反，人名。「狶」本亦作豨，同。虛豈反。又音希，郭音豨，李音熙。「韋」李云：狶韋者，太史官名。

2.【疏】畢，大網也。弋，繩繫箭而射也。庸猥之君，淫聲嗜酒，捕獵禽獸，不聽國政，會盟交際，不赴諸侯。汝等史官，應須定諡，無道如此，何為諡靈？

【釋文】「湛」丁南反，樂之久也。李常淫反。「樂」音洛。

3.【注】應對之應。「諸侯之際」司馬云：盟會之事。

【疏】依周公〈諡法〉：亂而不損曰靈。靈即無道之諡也。此是因其無道，諡之曰靈，故曰是因是也。

伯常騫曰：「夫靈公有妻三人，同濫而浴¹。史鰌奉御而進所，搏幣而扶翼²。其慢若彼之甚也，見賢人若此其肅也，是其所以為靈公也³。」

1.【注】男女同浴，此無禮也。　【釋文】「同濫」徐胡暫反，或力暫反，浴器也。

2.【注】以鰌為賢，而奉御之勞，故搏幣而扶翼之，使其不得終禮，此其所以為肅賢也。幣者，奉御之物。

【疏】濫，浴器也。姓史，字魚，衞之賢大夫也。幣，帛也。公見史魚良臣，深懷愧悚，假遣人搏捉幣帛，令扶將羽翼，慰而送之，使不終其禮。敬賢如此，便是明君，使賢人進御。諡為靈，靈則有道之諡。【釋文】「史鰌」音秋。司馬云：史魚也。「所搏」音博。「幣」郭作幣，帛也。徐扶世反。司馬音蔽，云：引衣裳自蔽。◎盧文弨曰：今書作幣。「而扶翼」司馬云，謂公及浴女相扶翼自隱也。此殊郭義。

3.【注】欲以肅賢補其私慢。靈有二義，亦可謂善，故仲尼問焉。

【疏】男女同浴，嬌慢之甚，忽見賢人，頓懷肅敬，用為有道，故諡靈也。

猳韋曰：「夫靈公也死，卜葬於故墓不吉，卜葬於沙丘而吉。掘之數仞，得石槨焉，洗而視之，有銘焉，曰：『不馮其子，靈公奪而里之。』夫靈公之為靈也久矣¹，之二人何足以識之²！」

1.【注】子，謂蒯瞶也。言不馮其子，靈公將奪女處也。夫物皆先有其命，故來事可知也。是以凡所為者，不得不為；而愚者以為之在己，不亦妄乎！

【釋文】「故墓」一本作大墓。「沙丘」地名。「掘之」其月反，又其勿反。「數仞」所主反。「洗而」西禮反。「不馮」音憑。「其子靈公」郭讀絕句。司馬以其子字絕句，云：言子孫不足可憑，故使公得此處為冢也。◎家世父曰：郭象注，子謂蒯瞶，非也。石槨有銘，古之葬者謂子孫無能憑依以保其墓，靈公得而奪之。《釋文》一本作奪而埋之，是也。「奪而里」而，汝也。里，居處也。一本作奪而埋之。「蒯」起怪反。「瞶」五怪反，蒯瞶，衞莊公名。「女處」音汝，下昌慮反。

2.【注】徒識已然之見事耳，未知已然之出於自然也。【疏】沙丘，地名也，在盟津河北。子，蒯聵也。欲明人之名諡皆定於未兆，非關物情而有升降，故沙丘石槨先有其銘。豈馮蒯聵，方能奪葬！弢與常驚，詎能識邪！

【釋文】「之見」賢遍反。

少知問於大公調[1]曰：「何謂丘里之言[2]？」

1.【疏】智照狹劣，謂之少知。太，大也。公，正也。道德廣大，公正無私，復能調順群物，故謂之太公調。

【釋文】「大公」音泰。下同。

2.【疏】古者十家為丘，二十家為里。鄉閭丘里，風俗不同，故假問答以辯之也。

【釋文】「丘里之言」李云：四井為邑，四邑為丘，五家為鄰，五鄰為里。古者鄰里井邑，士風不同，猶今鄉曲各自有方俗，而物不齊同。

◎盧文弨曰：舊士作土，今書內音義作士字，從之。

大公調曰：「丘里者，合十姓百名而以為風俗也[1]，合異以為同，散同以為異。今指馬之百體而不得馬，而馬係於前者，立其百體而謂之馬也[2]。是以丘山積卑而為高，江河合水而為大，大人合并而為公[3]。是以自外入者，有主而不執[4]；由中出者，有正而不距[5]。四時殊氣，天不賜，故歲成[6]；五官殊職，君不私，故國治[7]；文武大人不賜，故德備[8]；萬物殊理，道不私，故無名[9]。無名故無為，無為而無不為[10]。時有終始，世有變化[11]。禍福淳淳[12]，至有所拂者而有所宜[13]；自殉殊面[14]，有所正者有所差[15]。比於大澤，百材皆度[16]；觀於大山，木石同壇[17]。此之謂丘里之言[18]。」

1.【疏】采其十姓，取其百名，合而論之，以為風俗也。

【釋文】「十姓百名」一姓為十人，十姓為百名，

則有異有同，故合散以定之。

2.【疏】如采丘里之言以為風俗，斯合異同以為同也；一人設教，隨方順物，斯散同以為異也。亦猶指馬百體，頭尾腰脊，無復是馬，此散同以為異也；而係於前見有馬，此合異以為同也。

3.【注】無私於天下，則天下之風一也。【疏】積土石以成丘山，聚細流以成江海，亦猶聖人無心，隨物施教，故能并合八方，均一天下，華夷共履，遐邇無私。【釋文】「積卑」如字，又音婢。「合水」一本作合流。◎俞樾曰：水乃小字之誤。卑高小大，相對為文。「合并而為公」合群小之稱以為至公之一也。

4.【疏】自，從也。

5.【注】自外入者，大人之化也；由中出者，民物之性也。性各得正，故民無違心；化必至公，故主無所執。所以能合丘里而并天下，一萬物而夷群異也。【疏】由，亦從也。謂萬物黔黎，各有正性，率心而出，稟受皇風，既合物情，故順而不距。

6.【注】殊氣自有，故能常有，若本無之而由天賜，則有時而廢。【疏】賜，與也。夫春暄夏暑，秋涼冬寒，稟之自然，故歲敘成立，若由天與之，則有時而廢矣。【釋文】「天不賜」賜，與也。

7.【注】殊職自有其才，故任之耳，非私而與之。【疏】五官，謂古者法五行置官也。春官秋官，各有司職，君王玄默，委任無私，故致宇內清夷，國家寧泰也。【釋文】「國治」直吏反。

8.【注】文者自文，武者自武，非大人所賜也，若由大人所賜而能，則有時而闕矣。【疏】文相武將，量才授職，各任其能，非聖與也。無私於物，故道德圓備。

9.【疏】夫群物不同，率性差異，或巢居穴處，走地飛空，而亭之毒之，咸能自濟，物各得理，故無功也。

10.【注】名止於實，故無為；實各自為，故為無不為。【疏】功歸於物，故為無為，不執此為而無不為。

11.【注】故無心者斯順。【疏】時，謂四敘遞代循環。世，謂人事遷貿不定。

12.【注】流行反覆。【疏】淳淳，流行貌。夫天時寒暑，流謝不常，人情禍福，何能久定！故《老經》云，禍兮福所倚，福兮禍所伏也。【釋文】「淳淳」如字。王云：流動流貌。◎盧文弨曰：兩流字疑衍其一。「反覆」芳服反。

13.【注】於此為戾，於彼或以為宜。【疏】拂，戾也。夫物情同背，蓋無定準，故於此乖戾者，或於彼為宜，是以達道之人不執逆順也。【釋文】「所拂」扶弗反，戾也。又音弗，又音弼。

14.【注】各自信其所是，不能離也。

【疏】殉，逐也。面，向也。夫彼此是非，紛然固執，故各逐己見而所向不同也。

【釋文】「自殉殊面」《廣雅》云：面，向也。謂心各不同而自殉焉。殊向自殉，是非天隔，故有所正者亦有所差。「離也」力智反。

15.【注】正於此者，或差於彼。

【疏】於此為正定者，或於彼為差邪，雖有拂於人而自得所宜，自殉殊面，強之以異趣，名為正之而實已兩差矣。此明物情顛倒，殊向而然也。◎家世父曰：禍福淳淳，任之以無心，雖有拂於人而自得所宜，此可以當丘里之言也。

16.【注】無棄材也。

【疏】比，譬也。度，量也。大廣大皋澤，林籟極多，隨材量用，必無棄擲。大人取物，其義亦然。

【釋文】「比于大澤」本亦作宅。◎盧文弨曰：今書于作於。「百材皆度」度，居也。雖別區異

17.【注】合異以為同也。

【疏】壇，基也。石有巨小，木有粗細，共聚大山而為基本，此合異以為同也。

18.【注】言於丘里，則天下可知。

【疏】總結前義也。

少知曰：「然則謂之道，足乎[1]？」

大公調曰：「不然。今計物之數，不止於萬，而期曰萬物者，以數之多者號而讀之也[3]。是故天地者，形之大者也；陰陽者，氣之大者也；道者為之公[4]。因其大以號而讀之則可也[4]，已有之矣，乃將得比哉[5]！則若以斯辯，譬猶狗馬，其不及遠矣[6]。」

1.【疏】以道為名，名道於理，謂不足乎？欲明至道無名，故發斯問。

2.【注】夫有數之物，猶不止於萬，況無數之數，謂道而足耶！

【疏】期，限也。號，語也。夫有形之物，物乃無窮，今世人語之，限曰萬物者，此舉其大經為言也。亦猶虛道妙理，本自無名，據其功用，強名為道，名於理未足也。

【釋文】「而讀」李云：讀，猶語也。

3.【注】物得以通，通物無私，而強字之曰道。

【疏】天覆地載，陰陽生育，故形氣之中最大者也。天道能通萬物，亨毒蒼生，施化無私，故謂之公也。

【釋文】「強字」巨丈反。

4.【注】所謂道可道也。

【疏】大通有物，生化群品，語其始本，實曰無名，因其功用，已有道名，讀亦可也。

5.【注】名已有矣，故乃將無可得而比耶！

【疏】因其功用，已有道名，不得將此有名比於無名之理。以斯比擬，去之迢遞。

6.【注】今名之辯無，不及遠矣，故謂道猶未足也；必在乎無名無言之域而後至焉，雖有有名，故莫之比也。

【疏】夫獨以狗馬二獸語而相比者，非直大小有殊，亦乃貴賤斯別也。今以有名之道比於無名之理者，非直粗妙不同，亦深淺斯異，故不及遠也。

少知曰：「四方之內，六合之裏，萬物之所生惡起[1]？」

大公調曰：「陰陽相照相蓋相治，四時相代相生相殺[2]，欲惡去就於是橋起，雌雄片合於是庸有[3]。安危相易，禍福相生，緩急相摩，聚散以成[4]。此名實之可紀，精微之可志也[5]。隨序之相理，橋運之相使，窮則反，終則始。此物之所有[6]，言之所盡，知之所至，極物而已[7]。觀道之人，不隨其所廢，不原其所起[8]，此議之所止[9]。」

1.【注】問此者，或謂道能生之。

【疏】六合之內，天地之間，萬物動植，從何生起？少知發問，欲辯其原。

2.【注】言此皆其自爾，非無所生。

【釋文】「惡起」音烏。

【疏】夫三光相照，二儀相蓋，風雨相治，炎涼相代，春夏相生，秋冬相殺，豈關情慮，物理自然也。◎俞樾曰：蓋當讀為害。《爾雅·釋言》曰：蓋，割裂也。《釋文》曰：蓋，舍人本作害。是蓋害古字通。陰陽或相害，或相治，猶下句云四時相代相生相殺也。

3.【注】凡此事故云為趍舍，近起於陰陽之相照，四時之相代也。

【疏】矯，起貌也。庸，常也。順則就而欲，逆則惡而去。言物在陰陽造化之中，蘊斯情慮，開杜交合，以此為常也。

【釋文】「欲惡」烏路反。「橋起」居表反。下同。又音羔。王云：高勁，言所起之勁疾也。「片合」音判，又如字。

4.【疏】夫逢泰則安，遇否則危，危則為禍，安則為福，緩者為壽，急者為夭，散則為死，聚則為生。凡此數

事，出乎造物相摩而成，其猶四敘變易遷貿，豈關情慮哉！

5.【注】過此以往，至於自然。自然之故，誰知所以也！【疏】誌，記也。夫陰陽之內，天地之間，為實有名，故可綱可紀。假令精微，猶可言記，至於重玄妙理，超絕形名，故不可言也。

6.【注】皆物之所有，自然而然耳，非無能有之也。【疏】夫四序循環，更相治理，五行運動，遞相驅役，物極則反，終而復始。物之所有，理盡於斯。

7.【注】物表無所復有，故言知不過極物也。【疏】夫真理玄妙，絕於言知。若以言詮辯，運知思慮，適可極於有物而已，固未能造於玄玄之境。享。「橋運之相使」橋運，謂相橋代謝至，次序以相通。【釋文】「所復」扶又反。

8.【注】廢起皆自爾，無所原隨也。【釋文】「隨序」謂變化相隨，有次序也。序，或作原，一本作

9.【注】極於自爾，故無所議。【疏】覩，見也。隨，逐也。夫見道之人，玄悟之士，凝神物表，寂照環中，體萬境皆玄，四生非有，豈復留情物物而推逐廢起之所由乎！所謂言語道斷，議論休止者也。

少知曰：「季真之莫為，接子之或使，二家之議，孰正於其情，孰徧於其理[1]?」

1.【注】季真曰，道莫為也。接子曰，道或使。或使者，有使物之功也。【疏】季真接子，並齊之賢人，俱遊稷下，故託二賢明於理。莫，無也。使，為也。季真以無為為道，接子謂道有使物之功，各執一家，未為通論。今少知問此以定臧否，於素情妙理誰正誰徧者也。【釋文】「季真接子」李云：二賢人。◎俞樾曰：《尚書·微子篇》殷其弗或亂正四方，〈多士篇〉時予乃或言，枚傳並曰：或，有也。《禮記·祭義篇》庶或饗之，《孟子·公孫丑篇》夫既或治之，鄭趙注並曰：或，有也。此云季真之莫為，接子之或使，或與莫為對文。莫，無也；或，有也。《周易·益》上九，莫益之，或擊之，亦以莫或相對。◎慶藩案接子，《漢書·古今人表》作捷子。接捷字異而義同。《爾雅》接捷也，郭璞曰：捷，謂相接續也。（《公羊春秋》莊十二年宋萬弒其君接，僖三十年鄭伯接卒，《左榖》皆作捷）。又案《史記孟子荀卿列傳索隱》云：接子，古箸書者之名號。「孰徧」音遍，徐音篇。

大公調曰：「雞鳴狗吠，是人之所知；雖有大知，不能以言讀其所自化，又不能以意其所將為[1]。斯而析之，精至於无倫，大至於不可圍[2]，或之使，莫之為，未免於物而終以為過[3]。或使則實[4]，莫為則虛[5]。有名有實，是物之居[6]；无名无實，在物之虛[7]。可言可意，言而愈疏[8]。未生不可忌，已死不可徂[9]。死生非遠也，理不可覩[10]。或之使，莫之為，疑之所假[11]。吾觀之本，其往无窮；吾求之末，其來无止。无窮无止，言之无也[12]，與物同理[13]；或使莫為，言之本也，與物終始[14]。道不可有，有不可无[15]。道之為名，所假而行[16]。或使莫為，在物一曲，夫胡為於大方[17]？言而足，則終日言而盡道[18]；言而不足，則終日言而盡物[19]。道物之極，言默不足以載[20]；非言非默，議有所極[21]。」

1.【注】物有自然，非為之所能也。由斯而觀，季真之言當也。 【疏】夫目見耳聞，雞鳴狗吠，出乎造化，自然鳴吠，豈道使之然！是知接子之言，於理未當。 【釋文】〔吠〕符廢反。〔大知〕音智。

2.【注】皆不為而自爾。 【疏】假令精微之物無有倫緒，粗大之物不可圍量，用此道理推而析之，未有一法非自然獨化者也。

3.【注】物有相使，亦皆自爾，故莫之為者，未為非物也。凡物云云，皆由莫為而過去。 【疏】不合於道，故未免於物；各滯一邊，故卒為過患也。

4.【注】實自使之。 【疏】滯有故也。

5.【注】無使之也。 【疏】溺無故也。

6.【注】指名實之所在。

7.【注】物之所在，其實至虛。　【疏】夫情苟滯於有，則所在皆物也；情苟尚無，則所在皆虛也；是知有無在心，不在乎境。

8.【注】故求之於言意之表而後至焉。　【疏】夫可以言詮，可以意察者，去道彌疏遠也。故當求之於言意之表而後至焉。

9.【注】突然自生，制不由我，我不能禁。

10.【注】忽然自死，吾不能違。　【疏】忌，禁也。阯，礙也。突然而生，不可禁忌，忽然而死，有何礙阯！

11.【注】唯當隨變任化，所在而安。字亦有作沮者，怨也。　【疏】處順而死，故不怨喪也。　【釋文】「不可沮」一本作阻。

12.【注】近在身中，猶莫見其自爾而欲憂之。　【疏】勞息聚散，近在一身，其理窈冥，愚人不見。

13.【注】此二者，世所至疑也。　【疏】有無二執，非達者之心，疑惑之人情偏，乃為議論之也。

14.【注】物理無窮，故知言無窮，然後與物同理也。　【疏】本，過去也。末，未來也。過去已往，生化無窮，莫測根原，焉可意致！假令盛談無有，既其偏滯，未免於物，故與物同於一理也。

15.【注】恆不為而自使然也。　【疏】本，猶始也。各執一邊以為根本者，猶未免於本末也，故與有物同於始，斯離於物也。

16.【注】物所由而行，故假名之曰道。　【疏】道大無名，強名曰道，假此名教，勤而行之也。

17.【注】舉一隅便可知。　【疏】胡，何也。方，道也。或使莫為，未階虛妙，斯乃俗中一物，偏曲之人，何足以造重玄，語乎大道？

18.【注】求道於言意之表則足。

19.【注】不能忘言而存意則不足。　【疏】足，圓徧也。不足，徧滯也。苟能忘言會理，故曰言未嘗言，盡合玄道也。如其執言不能契理，既乖虛通之道，故盡是滯礙之物也。

20.【注】夫道物之極，常莫為而自爾，不在言與不言。　【疏】道物極處，非道非物，故言默不能盡載之。

21.【注】極於自爾，非言默而議也。　【疏】默非默，議非議，唯當索之於四句之外，而後造於眾妙之門也。

莊子集釋　卷九上

雜篇外物第二十六₁

1.【釋文】以義名篇。

外物不可必₁，故龍逢誅，比干戮，箕子狂，惡來死，桀紂亡₂。人主
莫不欲其臣之忠，而忠未必信，故伍員流于江，萇弘死于蜀，藏其血三年而
化為碧₃。人親莫不欲其子之孝，而孝未必愛，故孝己憂而曾參悲₄。木與
木相摩則然，金與火相守則流₅。陰陽錯行，則天地大絯，於是乎有雷有
霆，水中有火，乃焚大槐₆。有甚憂兩陷而无所逃₇，螴蜳不得成₈，心若
縣於天地之間₉，慰暋沉屯₁₀，利害相摩，生火甚多₁₁，眾人焚和₁₂，月固
不勝火₁₃，於是乎有僨然而道盡₁₄。

1.【疏】域心執固，謂必然也。夫人間事物，參差萬緒，惟安大順，則所在虛通，若其逆物執情，必遭禍害。
【釋文】「外物」王云：夫忘懷於我者，固無對於天下，然後外物無所用必焉。若乃有所執為者，諒亦無時而妙
矣。◎盧文弨曰：宋本必作心。◎慶藩案《文選》嵇叔夜〈養生論〉注引司馬云：物，事也。忠孝，內也，外事咸
不信受也。《釋文》闕。

2.【注】善惡之所致，俱不可必也。　【疏】龍逢比干，〈外篇〉已解。箕子，殷紂之庶叔也，忠諫不從，懼
紂之害，所以徉狂。惡來，紂之佞臣，畢志從紂，所以俱亡。

3.【注】精誠之至。　【疏】碧，玉也。子胥萇弘，〈外篇〉已釋。而言流江者，忠諫夫差，夫差殺之，取馬

皮作袋，為鴟鳥之形，盛伍員屍，浮之江水，故云流於江。萇弘遭譖，被放歸蜀，自恨忠而遭譖，遂剖腸而死。蜀人感之，以匱盛其血，三年而化為碧玉，乃精誠之至也。◎慶藩案《太平御覽·八百九》引司馬云：萇弘忠而流，故其血不朽而化為碧。《釋文》闕。

4.【注】是以至人無心而應物，唯變所適。

【疏】孝己，殷高宗之子也。遭後母之難，憂苦而死。而曾參至孝，而父母憎之，常遭父母打，鄰乎死也，故悲泣也。夫父子天性，君臣義重，而至忠至孝，尚有不愛不知，況乎世事萬塗，而可必固者！唯當忘懷物我，適可全身遠害。

【釋文】「孝己」李云：殷高宗之太子。「曾參」李云：曾參至孝，為父所憎，嘗見絕糧而後蘇。

5.【疏】夫木生火，火剋金，五行之氣，自然之理，故木摩木則火生，火守金則金爍。是以誠心執固而必於外物者，爍滅之敗。◎俞樾曰：《淮南子·原道篇》亦云兩木相摩而然。然兩木相摩，未見其然。下句云金與火相守則流，疑此句亦當作木與火。下文云，水中有火，乃焚大槐，又云，利害相摩，生火甚多，眾人焚和，月固不勝火。是此章多言火，益知此文之當為木與火矣。蓋木金二物皆畏火，故舉以為言，見火之為害大也。

6.【注】所謂錯行。

【疏】水中有火，電也。乃焚大槐，霹靂也。陰陽錯亂，不順五行，故雷霆擊怒，驚駭萬物。人乖和氣，敗損亦然。

【釋文】「大綫」音駭，又音該，又胡待反。陰陽，陰也；火，陽也。「水中有火乃焚大槐」司馬云，水中有火，謂電也。焚，謂霹靂時燒大樹也。◎家世父曰：天地之大用，水火而已矣。水，陽也；火，陰也。兩陷者，水火之橫溢者也。墮當作蝀。《爾雅·釋天》：蝃蝀，虹也。《淮南·說山訓》天二氣則成虹。二氣者，陰陽之相薄者也。相薄而用陽。人生陰陽之用，喜怒憂樂，愛惡生死，相爭相靡，猶言虹蜺也。墮蝑，猶言虹蜺。《爾雅·釋天》：蝃蝀，虹也。墮蝑亦不得成。火甚多。坎為月，月者，水氣之精也。人心水火之爭，陽常舒而徐進，陰常慘而暴施。凡不平於心，皆陰氣之發也，故曰生火甚多，則虹蜺亦不得成。體陽而用陰也。火生而水不能勝之，所以兩陷而無所逃也。兩相爭勝，則虹蜺亦不得成。

7.【注】苟不能忘形，則隨形所遭而陷於憂樂，左右無宜也。

【疏】不能虛志而忘形，域心執固，是以馳情於榮辱二境，陷溺於憂樂二邊，無處逃形。

【釋文】「兩陷」司馬云：兩，謂心與膽也。陷，破也。畏雷霆甚憂，心膽破陷也。「憂樂」音洛。

8.【注】矜之愈重，則所在為難，莫知所守，故不得成。

【疏】墮蝑，猶怵惕也。不能忘情，妄懷矜惜，故雖勞形怵慮而卒無所成。

【釋文】「墮」郭音陳，又楮允反，徐敕盡反。「蝑」郭音惇，又柱允反，徐敕轉反，

李餘準反。司馬云：墜蟬，讀曰仲融，言怖畏之氣，仲融兩溢，不安定也。

9.【注】所希跂者高而闊也。【疏】心徇有為，高而且遠，馳情逐物，通乎宇宙。【釋文】「若縣」音玄。

10.【注】非清夷平暢也。【疏】遂心則慰喜，乖意則昏悶，遇境則沉溺，觸物則屯邅，既非清夷，豈是平暢！【釋文】「慰暋」武巾反。李音昏，又音泯。慰，鬱也。暋，悶也。「沉屯」張倫反。司馬云，沉，深也。屯，難也。

11.【注】內熱故也。【疏】夫利者必有害，蟬鵲是也。纏繞於利害之間，內心恆熱，故生火多矣。

12.【注】眾人而遺利則和，若利害存懷，則其和焚也。【疏】焚，燒也。眾人。猶俗人也，不能守分無為，而每馳心利害，內熱如火，故燒焰中和之性。

13.【注】大而闇則多累，小而明則知分。【疏】月雖大而光圓，火雖小而明照。喻志大而多貪，不如小心守分。

14.【注】唯儃然無矜，遺形自得，道乃盡也。【疏】儃然，放任不矜之貌。忘情利害，淡爾不矜，虛玄道理，乃盡於此也。【釋文】「儃」音檀，又呼懷反。郭云：順也。

莊周家貧，故往貸粟於監河侯[1]。監河侯曰：「諾。我將得邑金，將貸子三百金，可乎？」[2]

1.【疏】監河侯，魏文侯也。莊子高素，不事有為，家業既貧，故來貸粟。【釋文】「貸粟」音特，或一音他得反。「監河侯」古銜反。《說苑》作魏文侯。

2.【疏】諾，許也。銅鐵之類，皆名為金，此非黃金也。待我歲終，得百姓租賦封邑之物乃貸子。【釋文】「將貸」他代反。

莊周忿然作色曰：「周昨來，有中道而呼者。周顧視車轍中，有鮒魚

焉。周問之曰：『鮒魚來！子何為者邪？』對曰：『我，東海之波臣也。君
豈有斗升之水而活我哉？』[1] 周曰：『諾。我且南遊吳越之王，激西江之水
而迎子，可乎？』[2] 鮒魚忿然作色曰：『吾失我常與，我无所處。吾得斗升
之水然活耳，君乃言此，曾不如早索我於枯魚之肆！』[3]」

【疏】波浪小臣，困於車轍，君頗有水以相救乎？　【釋文】「而呼」火故反。「鮒」音附。《廣雅》云：
鱝也。鱝，音迹。「波臣」司馬云：謂波蕩之臣。

2.【疏】西江，蜀江也。江水至多，北流者眾，惟蜀江從西來，故謂之西江。

1.【疏】波浪小臣，困於車轍，君頗有水以相救乎？

【疏】西江，蜀江也。江水至多，北流者眾，惟蜀江從西來，故謂之西江是也。此言事無大小，時有機宜，苟不

3.【注】此言當理無小，苟其不當，雖大何益。

【疏】索，求也。肆，市也。常行海水鮒魚，波浪失於常處，升
斗之水，可以全生，乃激西江，非所宜也。既其不救斯須，不如求我於乾魚之肆。此言當理無小，苟其不當，雖大無益也。

【釋文】「枯魚」李云：猶乾魚也。

【釋文】「早索」所白反。

【釋文】「激西」古狄
反。

任公子為大鉤巨緇，五十犗以為餌[1]，蹲乎會稽，投竿東海[2]，旦旦而
釣，期年不得魚。已而大魚食之，牽巨鉤，錎沒而下騖，揚而奮鬐，白波若
山，海水震蕩，聲侔鬼神，憚赫千里[3]。任公子得若魚，離而腊之，自制河以
東，蒼梧已北，莫不厭若魚者[4]。已而後世輇才諷說之徒，皆驚而相告也[5]。
夫揭竿累，趣灌瀆，守鯢鮒，其於得大魚難矣[6]。飾小說以干縣令，其於大
達亦遠矣[7]，是以未嘗聞任氏之風俗，其不可與經於世亦遠矣[8]。

1.【疏】任，國名，任國之公子。巨，大也。緇，黑繩也。犗，犍牛也。餌，鉤頭肉。既為巨鉤，故用大繩，
懸五十頭牛以為餌。　【釋文】「任公子」如字，下同。李云：任，國名。「大鉤」本亦作釣。◎盧文弨曰：釣，

舊譌約，宋本同，今改正。「巨緇」司馬云：大黑繩也。「犅」郭古邁反，云：犍牛也。徐音界。《說文》云：騂牛也。司馬云：犧牛也。犍，紀言反。◎盧文弨曰：舊無牛字，據《說文》增。「為餌」音二。

2.【疏】號為巨鈎，期年不得魚。蹲，踞也；踞，坐也。踞其山。【釋文】「蹲」音存。「會」古外反。「稽」古兮反。會稽，山名，今為郡也。

3.【疏】朞年之外有大魚吞鈎，於是牽鈎陷沒，馳騖而下，揚其頭尾，奮其鱗鬐，遂使白浪如山，洪波際日。【釋文】「朞年」本亦作期，同。音基。言必久其事。後乃能感也。「鉻沒」音陷。《字林》：猶陷字也。「鷔揚」徐務一本作驚。【臀】徐求夷反。李音須。「憚」徒丹反。◎慶藩案憚，古皆訓為畏難（見《論語·學而篇》朱注，《秦策》高注）。此言憚赫，憚者，盛威之名也。《賈子·解縣篇》陛下威憚大信（信與伸同，亦此憚字之義。盛威為憚。盛怒亦為憚。〈大雅·桑柔篇〉逢天僤怒是也。僤與憚同（見王氏《讀書雜志》）。「赫」火百反。「千里」言千里皆憚。

4.【疏】若魚，海神也。淛，浙江也。蒼梧，山名，在嶺南，舜葬之所。海神肉多，分為脯腊，自五嶺已北，三湘已東皆厭之。【釋文】「若魚」司馬云：大魚名若，海神也。或云：若魚，猶言此魚。「而腊」音昔。「制河」諸設反。依字應作淛。《漢書音義》音逝。河亦江也。浙江，北人名水皆曰河。浙江，今在餘杭郡，後漢以為吳會分界。司馬云：浙江，今在會稽錢塘。◎慶藩案制河之制，《釋文》諸設反，字當作淛，謂淛水以東也。古制聲與淛同。《論語·顏淵篇》片言可以折獄者，鄭注曰：魯讀折為制，《書·呂刑》制以刑，《墨子·尚同篇》制作折。

5.【疏】末代季葉，才智輕浮，諷誦詞說，不敦玄道，聞得大魚，驚而相語。輕字有作輇字者，輇，量也。【釋文】「輕」七全反，又硯專反。李云：輕，量人也。本或作輇。輇，小也。本又或作輇。「諷說」方鳳反。

6.【疏】累，細繩也。鯢鮒，小魚也。擔揭細小之竿繩，趨走溉瀆之溝瀆，適得鯢鮒，難獲大魚也。【釋文】「揭」其列其竭二反。「竿累」劣彼反。司馬云：綸也。「趣」本又作趨，同。七須反。「灌瀆」司馬云：溉灌之瀆。「守鯢」五兮反。「鮒」音附，又音蒲。本亦作蒲。李云：鯢鮒，皆小魚也。

7.【疏】干，求也。縣，高也。夫修飾小行，矜持言說，以求高名令聞者，必不能大通於至道。字作縣者，古懸字多不著心。

8.【注】此言志趣不同，故經世之宜，小大各有所適也。

【疏】人間世道，夷險不常，自非懷豁虛通，未可以治亂，若矜名飾行，去之遠矣。

儒以詩禮發冢，大儒臚傳曰：「東方作矣，事之何若？」[1]

1.【疏】大儒，碩儒，謂大博士。從上傳語告下曰臚。臚，傳也。東方作，謂天曙日光起。儒弟子發冢為盜，恐天時曙，故催告之，問其如何將事。

【釋文】「臚」力於反，一音盧。蘇林注《漢書》云：上傳語告下曰臚。臚，猶行也。「傳」治亂反，又丈專反。向云：從上語下曰臚傳。一音張戀反，邐也。「東方作矣」司馬云：謂日出也。

小儒曰：「未解裙襦，口中有珠[1]。《詩》固有之曰：『青青之麥，生於陵陂。生不布施，死何含珠為[2]！』接其鬢，壓其顪，儒以金椎控其頤，徐別其頰，无傷口中珠[3]！」

1.【疏】小儒，弟子也。死人裙衣猶未解脫，捫其口中，知其有寶珠。

【釋文】「襦」而朱反。

2.【疏】此是逸詩，久遭刪削。凡貴人葬者，口多含珠，故誦《青青》之詩刺之。

【釋文】「青青之麥」司馬云：此逸詩，刺死人也。「陵陂」彼宜反。「布施」始豉反。

3.【注】詩禮者，先王之陳迹也。苟非其人，道不虛行，故夫儒者乃有用之為姦，則迹不足恃也。

【疏】撮其鬢，按其口，鐵錐打，仍恐損珠，故安徐分別之。是以田恆資仁義以竊齊，儒生誦詩禮以發冢，由是觀之，聖迹不足賴。

【釋文】「壓」本亦作壓，同。乃協反。郭於琰反，又敕頰反。《字林》云：壓，一指按也。「其顪」許穢反，是也。司馬云：頤下毛也。「金椎」直追反。◎王念孫曰：儒以金椎控其頤，《藝文類聚》寶工部引此，儒作而，是也。而，汝也。自未解裙襦以下，皆小儒答大儒之詞。言汝以金椎控其頤，徐別其頰，無傷其口中之珠也。而儒聲相近，上文又多儒字，故而誤作儒。「控」苦江

反。「徐別」彼列反。

老萊子之弟子出薪，遇仲尼，反以告[1]，曰：「有人於彼，脩上而趨下[2]，末僂而後耳[3]，視若營四海[4]，不知其誰氏之子[5]。」

1.【疏】老萊子，楚之賢人隱者也，常隱蒙山，楚王知其賢，遣使召為相。其妻采樵歸，見門前有車馬迹。妻問其故，老萊曰：「楚王召我為相。」妻曰：「受人有者，必為人所制，而之不能為人制也。」妻遂捨而去。老萊隨之，夫負妻戴，逃於江南，莫知所之。出取薪者，采樵也。既見孔子，歸告其師。【釋文】「老萊子」楚人也。「出薪」出採薪也。

2.【注】長上而促下也。【釋文】「趨下」音促。李云：下短也。

3.【注】耳卻近後而上僂。【釋文】「末僂」李云：末上，謂頭前也，又謂背脊也。「後耳」司馬云：耳卻後。

4.「卻近」附近之近。

5.【注】視之僞然，似營他人人事者。【釋文】「視若營四海」夫勞形役智以應世務，失其自然者也。故堯有亢龍之喻，舜有卷僂之談，周公類之走狼，仲尼比之逸狗，豈不或信哉！「僂」律悲反，舊魚鬼反，又魚威反。【疏】脩，長也。趨，短也。末，肩背也。所見之士，下短上長，肩背傴僂，耳卻近後，瞻視高遠，所作恩恩，觀其儀容，似營天下，未知之子族姓是誰。怪其異常，故發斯問。

老萊子曰：「是丘也。召而來[1]。」

仲尼至。曰：「丘！去汝躬矜與汝容知，斯為君子矣[2]。」

1.【疏】魯人孔丘，汝宜喚取。

2.【注】謂仲尼能遺形去知，故以為君子。【疏】躬，身也。孔丘既至，老萊謂語，宜遣汝身之躬飾，忘爾容貌心知，如此之時，可為君子。【釋文】「去」起呂反。注同。「而」本又作女。◎盧文弨曰：今書而作汝。

「躬矜」躬矜，謂身矜脩善行。「容知」音智。容知，謂飾智為容好。

仲尼揖而退[1]，蹩然改容而問曰：「業可得進乎[2]？」

1.【注】受其言也。
【疏】敬受其言，揖讓而退。

2.【注】設問之，令老萊明其不可進。
【疏】蹩然，驚恐。謂仲尼所學聖迹業行，可得脩進，為世用不？
【釋文】「蹩然」子六反。「業可得進乎」問可行仁義於世乎。「令老」力成反。

老萊子曰：「夫不忍一世之傷而鶩萬世之患[1]，抑固窶邪[2]，亡其略弗及邪[3]？惠以歡為鶩，終身之醜[4]，中民之行進焉耳[5]，相引以名，相結以隱[6]。與其譽堯而非桀，不如兩忘而閉其所譽[7]。反无非傷也[8]。動无非邪也。聖人躊躇以興事，以每成功[9]。奈何哉其載焉終矜爾[10]！」

1.【注】一世為之，則其迹萬世為患，故不可輕也。
【疏】夫聖智仁義，救一時之傷，成萬世之禍。恃聖迹而驕瞀，則陳恆之徒是也。亦有作鶩者，云使萬代驅鶩不息，亦是奔馳之義也。
【釋文】「而鶩」本亦作敖，同。五報反。下或作鶩。

2.【疏】固執聖迹，抑揚從己，失於本性，故窶窶。
【釋文】「窶」其矩反。

3.【注】直任之，則民性不竄而皆自得，略無弗及之事也。
【疏】亡失本性，忽略生崖，故不及於真道。◎家世父曰：不忍一世之傷而貽萬世之患，自以為能經營天下也，而不知其心無所蓄備也。夫無所蓄備之謂竄矣。亡其又弗及也。郭象云：直任之則民性不竄而皆自得，略無弗及之事，似失莊子本意。◎慶藩案亡其讀如無。亡其，猶輕蔑也，義不可通？《呂氏春秋·愛類篇》：亡其不得宋且不義猶攻之乎？《史記·范雎蔡澤列傳》：亡其言臣者賤不可用乎（《索隱》：亡，猶輕蔑也）？又亡其行了之術而廢子之謁乎？（《韓策》）皆轉語詞也。

4.【注】惠之而歡者，無惠則醜矣。然惠不可長，故一惠終身醜也。
【疏】夫以施惠為歡者，惠不可偏，故

謷慢者多矣。是以用惠取人，適為怨府，故終身醜辱。

5.【注】言其易進，則不可妄惠之。　【釋文】「之行」下孟反。「其易」以豉反。

6.【注】隱，括；進之謂也。　【疏】夫上智下愚，其性難改，中庸之人，易為進退。故聞堯之美，相引慕以利名，聞桀之惡，則結之以隱匿。　【釋文】「相結以隱」郭云：隱，括也。李云：隱，病患也。然隱相括所以正曲木，亦非所以相結。◎俞樾曰：李云：隱，病患也。然病患非所以相結。郭注曰：隱，括，進之謂也。隱當訓為私，《呂氏春秋·圓道篇》分定則下不相隱，高注曰：隱，私也。《文選·鵩鳥賦》恩隱周渥，李善引《國語》注曰：隱，私也。相結以隱，謂相結以恩私。舊說皆非。

7.【注】閉者，閉塞。　【疏】贊譽堯之善道，非毀桀之惡迹，以此奔馳，失性多矣，故不如善惡兩忘，閉塞毀譽，則物性全矣。　【釋文】「譽堯」音餘。「而閉」一本文注並作門。

8.【注】順之則全，靜之則正。　【疏】夫反於物性，無不傷損，擾動心靈，皆非正法。　【釋文】「反無非傷也」反，逆於理。「動無非邪也」似嗟反。動矜於是也。

9.【注】事不遠本。故其功每成。　【疏】躊躇從容，聖人無心，應機而動，興起事業，恆自從容，不逆物情，故其功每就。　【釋文】「聖人躊」音疇。「躇」直居反。「以興事以每成功」每者，每有成功也。躊躇者，從容興事，雖有成功，聖人不存，猶致弊迹。流毒百世。況動矜善行而載之不已哉！「不遠」于萬反。

10.【注】矜不可載，故遺而弗有也。　【疏】奈何，猶如何也。如何執仁義之迹，擾攪物心，運載矜莊，終身不替！此是老萊詆訶夫子之詞也。◎家世父曰：反，猶撥亂世而反之正。有所反則必有傷，有所動則必為邪。其反也，矜心之挾以爭也；其動也，矜心之載以出也。聽其自化，則無傷矣；無為而無不為，則非邪矣。

宋元君夜半而夢人被髮闚阿門[1]，曰：「予自宰路之淵，予為清江使河伯之所，漁者余且得予[2]。」

1.【疏】宋國君，諡曰元，即宋元君也。阿。曲也，謂阿旁曲室之門。　【釋文】「宋元君」李云：元公也。案元公名佐，平公之子。「阿門」司馬云：阿，屋曲簷也。

2.【疏】自，從也。宰路，江畔淵名。姓余，名且，捕魚之人也。【釋文】「宰路」李云：淵名，龜所居。◎俞樾曰：《史記·龜筴傳》作豫且。◎慶藩案豫預字同。「予為」如字，又于偽反。「使河」所吏反。「漁者」音魚。「余」音預。「且」子餘反。姓余，名且也。

元君覺，使人占之，曰：「此神龜也。」

君曰：「漁者有余且乎？」

左右曰：「有。」

君曰：「令余且會朝[1]。」

1.【疏】命，召也。召令赴朝，問其所得。【釋文】「覺」古孝反。「令」力成反。「會朝」直遙反。下同。

明日，余且朝。君曰：「漁何得？」

對曰：「且之網得白龜焉，其圓五尺。」

君曰：「獻若之龜。」

龜至，君再欲殺之，再欲活之，心疑，卜之，曰：「殺龜以卜吉[1]。」

乃刳龜，七十二鑽而无遺筴[2]。

1.【疏】心疑猶預，殺活再三，乃殺吉，遂刳龜卜之也。

2.【疏】籌計前後，鑽之凡經七十二，籌計吉凶，曾不失中。【釋文】「刳」口孤反。「鑽」左端反，又左亂反。◎慶藩案《文選》郭景純〈江賦〉注引司馬云：鑽，命卜，以所卜事而灼之。《釋文》闕。「遺筴」初革反。

仲尼曰：「神龜能見夢於元君，而不能避余且之網；知能七十二鑽而无遺筴，不能避刳腸之患。如是，則知有所困，神有所不及也[1]。雖有至知，萬人謀之[2]。魚不畏網而畏鵜鶘[3]。去小知而大知明[4]，去善而自善矣[5]。嬰兒生无石師而能言，與能言者處也[6]。」

1.【注】神知之不足恃也如是，夫唯靜然居其所能而不營於外者為全。　【疏】夫神智，不足恃也。是故至人之處世，忘形神智慮，與枯木同其不華，將死灰均其寂泊，任物冥於造化，是以孔丘大聖，因而議之。　【釋文】「見夢」賢遍反。「知能」音智，下及注同。「知有所困」一本作知有所不困。

2.【注】不用其知而用眾謀。　【釋文】「至知」音智。下、注皆同。

3.【注】網無情，故得魚。　【疏】網無情而得魚，喻聖人無心，故天下歸之。　【釋文】「鵜」徒兮反。

「鶘」鵜鶘，水鳥也，一名淘河。

4.【注】小知自私，大知任物。　【疏】小知取捨於心，大知無分別，遣閒奪之情，故無分別，則大知光明也。

5.【釋文】「去小」起呂反。下、注同。

6.【注】去善則善無所慕，善無所慕，則善者不矯而自善也。　【疏】夫嬰兒之性，其不假師匠，年漸長大而自然能言者，非云，離道以善，險德以行，又《老經》云，天下皆知善之為善，斯不善已。　【釋文】「不矯」居表反。有心學之，與父母同處，率其本性，自然能言。是知世間萬物，非由運知，學而成之也。　【釋文】「石師」石者，匠名也。謂無人為師匠教之者也。一本作所師，又作碩師。

惠子謂莊子曰：「子言无用[1]。」

莊子曰：「知无用而始可與言用矣[2]。天地非不廣且大也，人之所用容足耳。然則廁足而墊之致黃泉，人尚有用乎？」惠子曰：「无用[3]。」

1.【疏】莊子，通人也。空有並照，其言宏博，不契俗心，是以惠施譏為無用。

2.【疏】夫有用則同於夭折，無用則全其生崖，故知無用始可語其用。

3.【疏】墊，掘也。夫六合之內，廣大無最於地，人之所用，不過容足，若使側足之外，掘至黃泉，人則戰慄不得行動。是知有用之物，假無用成功。【釋文】「廁足」音側，又音測。「墊」丁念反。司馬崔云：下也。木又作蹔，七念反，掘也。「致黃泉」致，至也。本亦作至。

莊子曰：「然則无用之為用也亦明矣1。」

1.【注】聖應其內，當事而發，已言其外，以暢事情。情暢則事通，外明則內用，相須之理然也。【疏】直置容足，不可得行，必借餘地，方能運用腳足，無用之理分明，故《老子》云，有之以為利，無之以為用。

莊子曰：「人有能遊，且得不遊乎？人而不能遊，且得遊乎1？夫流遁之志，決絕之行，噫，其非至知厚德之任與2！覆墜而不反，火馳而不顧3，雖相與為君臣，時也，易世而无以相賤4。故曰至人不留行焉5。

1.【注】性之所能，不得不為也；性所不能，不得強為。故聖人唯莫之制，則同焉皆得而不知所以得也。【疏】夫人稟性不同，所用各異，自有聞言如影響，自有智昏寂寞。故性之能者，不得不由性；性之無者，不可強涉；各守其分，則物皆不喪。【釋文】「得強」其丈反。

2.【注】非至厚則莫能任其志行而信其殊能也。【疏】流蕩逐物，逃遁不反，果決絕滅，因而不移，此之志行，極愚極鄙，豈是至妙真知深厚道德之所任用！莊子之意，謂其如此。【釋文】「之行」下孟反。注同。「任與」音餘。

3.【注】人之所好，不避是非，死生以之。【疏】愚迷之類，執志確然，雖復家被覆沒，身遭顛墜，亦不知悔反，馳逐物情，急如煙火，而不知回顧，流遁決絕，遂至於斯耳。【釋文】「覆墜」直類反。「所好」呼報

反。

4.【注】所以為大齊同。　【疏】夫時所賢者為君，才不應世者為臣，如舜禹應時相代為君臣也。故世遭革易，不可以為臣為君而相賤輕。流遁之徒，不知此事。

5.【注】唯所遇而因之，故能與化俱。　【疏】夫世有興廢，隨而行之，是故達人曾無留滯。

夫尊古而卑今，學者之流也¹。且以狶韋氏之流觀今之世，夫孰能不波²，唯至人乃能遊於世而不僻³，順人而不失己⁴。彼教不學⁵，承意不彼⁶。

1.【注】古無所尊，今無所卑，而學者尊古而卑今，失其原矣。　【疏】夫步驟殊時，澆淳異世，古今情事，變化不同，而乃貴古賤今，深乖遠鑒，適滋為學小見，豈曰清通！

2.【注】隨時因物，乃平泯也。　【疏】狶韋，三皇已前帝號也。以玄古之風御於今代，澆淳既章，誰能不波蕩而不失其性乎！斯由尊古卑今之弊也。　【釋文】「狶」虛豈反。「不波」波，高下貌。

3.【注】當時應務，所在為正。　【釋文】「不僻」匹亦反。

4.【注】本無我，我何失焉！

5.【注】教因彼性，故非學也。

6.【注】彼意自然，故承而用之，則夫萬物各全其我。　【疏】獨有至德之人，順時而化彼，非學心而本性具足，不由學致也。承意不彼者，稟承教意以導性，而真道素圓，不彼教也。

目徹為明，耳徹為聰，鼻徹為顫，口徹為甘，心徹為知，知徹為德¹。凡道不欲壅，壅則哽，哽而不止則跈²，跈則眾害生³。物之有知者恃息⁴，其不殷，非天之罪⁵。天之穿之，日夜无降⁶，人則顧塞其竇⁷。胞有重閬⁸，心有天遊⁹。室无空虛，則婦姑勃谿¹⁰；心无天遊，則六鑿相攘¹¹，大林丘

山之善於人也，亦神者不勝[12]。

1.【疏】徹，通也。顚者，辛臭之事也。夫六根無壅，故徹；聰明不蕩於外，故為德也。【釋文】「顚」舒延反。

2.【注】當通而塞，則理有不泄而相騰踐也。【釋文】「顙」庚猛反，塞也。「畛」女展反。郭云：踐也。《廣雅》云：履也，止也。本或作蹍，同。◎王念孫曰：郭注，當通而塞，則理有不泄而相騰踐也。《釋文》，畛，女展反。《廣雅》云：履也，止也。本或作蹍，同。案蹍履與壅塞，二義不相比附。郭云理有不泄而相騰踐也。所謂曲說者也；本或作蹍，亦非也。今案畛讀為抮。抮，戾也。言哽塞而不止，則相乖戾，相乖戾則眾害生也。《廣雅》曰：抮、豑也（豑與戾同）。《方言》曰：軫，戾也。郭璞曰：相了戾也。《孟子·告子篇》紾兄之臂而奪之食，趙岐曰：紾，戾也。此云哽而不止則畛，義並與抮同。

3.【注】生，起也。

4.【注】凡根生者無知，亦不恃息也。【疏】天生六根，廢一不可。耳聞眼見，鼻臭心知，為於分內，雖用無咎。若乃目滯繁桑中之色，耳淫濮上之聲，鼻滋蘭麝之香，心用無窮之境，則天理滅矣，豈謂徹哉！故六根窮徹，則氣息通而生理全。

5.【注】殷，當也。夫息不由知，由知然後失當，失當而後不通，故知恃息，息不恃知也。然知欲之用，制之由人，非不得已之符也。【疏】殷，當也。或縱恣六根，馳逐前境，或竅穴哽塞，以害生崖；通躓二徒，皆不當理。斯並人情之罪也，非天然之幸。【釋文】「不殷」如字，一音於斳反。

6.【注】通理有常運。【疏】降，止也。自然之理，穿通萬物，自晝及夜，未嘗止息。◎家世父曰：物之有知恃息，息者氣也，而氣有厚薄純雜，天不能強而同之。《爾雅·釋言》：殷，齊，中也。齊一則中矣，其不能齊，天之無如何者也。而天既授之以百骸九竅而使之自運焉，授之以心思而使之自化焉，務開通而已。◎穿，通也。恢恢乎有餘地以自存則通矣。《玉篇》：降，伏也。言積氣之運無停伏也。郭象注，殷，當也。誤。◎俞樾曰：降，當作癃，即癃之籀文。《素問·宣明五氣篇》膀胱不利為癃，又《五常政大論篇》其病癃閟。日夜無癃，謂不癃閟也。

7.【注】無情任天，寶乃開。

【疏】寶，孔也。流俗之人，反於天理，壅塞根竅，滯溺不通。【釋文】

「其寶」音豆。

8.【注】闔，空曠也。

【疏】闔，空也。言人腹內空虛，故容藏胃，藏胃空虛，故通氣液。【釋文】

「胞」普交反，腹中胎也。「有重」直龍反。「闔」音浪。郭云：空曠也。

9.【注】遊，不係也。【疏】虛空。故自然之道遊其中。

10.【注】爭處也。【疏】勃谿，爭鬪也。屋室不空，則不容受，故婦姑爭處，無復尊卑。【釋文】「勃

谿」音奚。勃，爭也。谿，空也。司馬云：勃谿，反戾也。無虛空以容其私，則反戾共鬪爭也。

11.【注】攘，逆也。【疏】鑿，孔也。自然之道，不遊其心，則六根逆，不順於理。【釋文】

「六鑿」在報反。「相攘」如羊反。郭云：逆也。司馬云：謂六情攘奪。◎慶藩案《荀子·哀公篇》注引司馬云：

六情相攘奪。較《釋文》多一相字。

12.【注】自然之理，有寄物而通也。【疏】自然之理，有寄物而通者也。◎家世父曰：大林丘山之善於人，

言所以樂乎大林丘山，為廣大容萬物之生也。《說文》：神，天神引出萬物者也。徐鍇曰：申即引也。神者不勝，

言發生萬物，不可勝窮也。

德溢乎名1，名溢乎暴2，謀稽乎誸3，知出乎爭4，柴生乎守5，官事果乎眾宜6。春雨日時，草木怒生，銚鎒於是乎始脩7，草木之到植者過半而不知其然8。

1.【注】夫名高則利深，故脩德者過其當。【疏】溢，深也。仁義五德，所以行之過多者，為尚名好勝故也。

2.【注】暴，殘害也。夫名者爭之器，名既過者，必更相賊害。〈內篇〉云：名者相軋者也。◎家世父曰：《說文》：暴，晞也。《孟子》暴之於民而民受之，《荀子·富國篇》聲名足以暴炙之，皆表暴之意。德溢乎名，言德所以洋溢，名為之也；名溢乎暴，言名所以洋溢，表暴以成之也。五句並同一

意。郭象云，禁暴則名美於德，恐誤。

3.【注】誸，急也。急而後考其謀。　【釋文】「誸」音賢。郭音玄，急也。向本作弦，云：堅正也。

【疏】稽，考也。誸，急也。急難之事，然後校謀計。

4.【注】平往則無用知。

【疏】夫運心知以出境，則爭鬪斯至。

5.【注】柴，塞也。

【疏】柴，塞也。守，執也。域情執固而所造不通。　【釋文】「柴」柴，積也。郭云：塞也。

6.【注】眾之所宜者不一，故官事立也。

【疏】夫置官府，設事條者，須順於眾人之宜便，若求逆之，則禍亂生。◎俞樾曰：《論語·子路篇》行必果，《皇侃義疏》曰：果，成也。眾有所宜而後官事果乎眾宜。

7.【注】夫事物之生皆有由。

【疏】銚，粗之類也。鎒，鋤也。青春時節，時雨之日，凡百草木，萌動而生，於是農民方始修理。此明順時而動，不逆物情也。　【釋文】「銚」七遙反，削也。能有所穿削也。又他堯反。「鎒」乃豆反。似鋤，田具也。

8.【注】夫事由理發，故不覺。

【疏】植，生也。銚鎒既脩，芸除萑葦，幸逢春日，鋤罷到生，良由時節使然，不可以人情均度。是知制法立教，必須順時。　【釋文】「到植」時力反，又音值，立也。本亦作置。司馬云：鋤拔反之更生者曰到植。◎盧文弨曰：到，古倒字。

靜然可以補病[1]，眥搣可以休老[2]，寧可以止遽[3]。雖然，若是，勞者之務也，非佚者之所未嘗過而問焉[4]。聖人之所以駴天下，神人未嘗過而問焉[5]；賢人所以駴世，聖人未嘗過而問焉[6]；君子所以駴國，賢人未嘗過而問焉[7]；小人所以合時，君子未嘗過而問焉[8]。演門有親死者，以善毀爵為官師，其黨人毀而死者半[9]。堯與許由天下，許由逃之；湯與務光，務光怒之，[10]紀他聞之，帥弟子而踆於窾水，諸侯弔之，三年，申徒狄因以踣河[11]。

荃者所以在魚，得魚而忘荃；蹄者所以在兔，得兔而忘蹄[12]；言者所以在意，得意而忘言[13]。吾安得夫忘言之人而與之言哉[14]！

1.【注】非不病也。
【疏】適有煩躁之病者，簡靜可以療之。

2.【注】非不老也。
【疏】揃齊髮鬢，滅狀貌也。《三蒼》云：揃，猶翦也。眥，視也。《玉篇》云：衰老之容，以此而沐浴。《釋文》云：滅也。◎慶藩案蕭該《漢書音義》引司馬云：揃齊，滅也。【釋文】「眥」子斯反，徐子智反。亦作揃，子淺反。《釋文》闕。「媙」本亦作搣，音滅。又武齊反。《字林》云：枇也。◎盧文弨曰：舊「米」作「未」，今從宋本。◎家世父曰：《釋文》眥媙可以休老，媙，本亦作搣。《廣韻》：搣，按也。摩也。似謂以兩手按摩目眥，然與上下二句文義不類。眥媙，當謂左右皆不能流盼，可以閉目養神，故曰休老。又案：媙與搣通，眥，目眥也，眥媙，猶云目陷。

3.【注】非不遽也。
【疏】遽，疾速也。夫心性恩迫者，安靜可以止之。

4.【注】若是猶有勞，故佚者超然不顧。
【疏】夫止遽以寧，療躁以靜者，對治之術，斯乃小學之人，勞役神智之事務也，豈是體道之士，閒逸之人，不勞不病之心乎！風采清高，故未嘗暫過而顧問焉。【釋文】「非佚」音逸。

5.【注】神人即聖人也，聖言其外，神言其內。
【疏】駴也，驚也。夫神者，不測之號；聖者，顯迹之名；為其垂教動人，故不過問。【釋文】「以駴」戶楷反。王云：謂改百姓之視聽也。徐音戒，謂上不問下也。

6.【疏】證空為賢，並照為聖，從深望淺，故不問之。

7.【疏】何以人物君子故駴動諸侯之國，賢人捨有，故不問。

8.【注】趨步各有分，高下各有等。
【疏】夫趨世小人，苟合一時，如田恆之徒，無足可貴，故淑人君子鄙而不顧也。

9.【注】慕賞而孝，去真遠矣，斯尚賢之過也。
【疏】演門，東門也。亦有作寅者，隨字讀之。東門之孝，出自內心，形容外毀，惟宋君嘉其至孝，遂加爵而命為卿。鄉黨之人，聞其因孝而貴，於是強哭詐毀，矯性偽情，因而死者，其數半矣。【釋文】「演門」以善反。宋城門名。

10.【疏】堯知由賢，禪以九五，洒身辭退，逃避箕山。湯與務光，務光不受，訶罵瞋怒，遠之林籟。斯皆率其本性，腥臊榮祿，非關矯偽以慕聲名。

11.【注】其波蕩傷性，遂至於此。

【疏】姓申徒，名狄；姓紀，名佗；並隱者。聞湯讓務光，恐其及己，與弟子蹲踞水旁。諸侯聞之，重其廉素，時往弔慰，恐其沈沒。狄聞斯事，慕其高名，遂赴長河，自溺而死。波蕩失性，遂至於斯矣。

【釋文】「紀他」徒何反。「而踆」音存。《字林》云：古蹲字。徐音尊。「窾水」音款，又音科。「僵也」。李云：頓也。郭薄杯反。◎盧文弨曰：二音之間，當有又字。下似此者不盡出。司馬云：水名。「弔之」司馬云，恐其自沈，故弔之。「踞」普豆反，又音尊。《字林》

12.【疏】筌，魚笱也，以竹為之，故字從竹。亦有從草者，蓀荃也，香草也，可以餌魚，置香於柴木蘆葦之中以取魚也。蹄，兔罝也，亦兔弮也，以繫係兔腳，故謂之蹄。此二事，譬也。或云：積柴水中，使魚依而食焉。一云：魚笱也。

【釋文】「荃」七全反，崔音孫，香草也，可以餌魚，置香於柴木蘆葦之中，是潛也。見《字林》。《詩·周頌》。「蹄」大兮反，兔弮也。又云：兔弮也，係其腳，故曰蹄。弮音古縣反。強，音巨亮反。《字林》

13.【疏】此合喻也。意，妙理也。大得魚兔本因筌蹄，而筌蹄實異魚兔。亦猶玄理假於言說，言說實非玄理。魚兔得而筌蹄忘，玄理明而名言絕。

14.【注】至於兩聖無意，乃都無所言也。

【疏】夫忘言得理，目擊道存，其人實稀，故有斯難也。【釋文】「得夫」音符。

雜篇寓言第二十七[1]

1.【釋文】以義名篇。

寓言十九[1]，重言十七[2]，巵言日出，和以天倪[3]。

1.【注】寄之他人，則十言而九見信。

【疏】寓，寄也。世人愚迷，妄為猜忌，聞道己說，則起嫌疑，寄之

他人，則十言而信九矣。故鴻蒙、雲將、肩吾、連叔之類，皆寓言耳。【釋文】「寓言十九」寓，寄也。以人不信己，故託之他人，十言而九見信也。

2.【注】世之所重，則十言而七見信。【疏】重言，長老鄉閭尊重者也。老人之言，猶十信其七也。【釋文】「重言」謂為人所重者之言也。◎家世父曰：重，當為直容切。《廣韻》：重，複也。莊生之文，注焉而不窮，引焉而不竭者是也。郭云世之所重，作柱用切者，誤。

3.【注】夫卮，滿則傾，空則仰，非持故也。況之於言，因物隨變，唯彼之從，故曰日出。日新則盡其自然之分也。夫卮滿則傾，卮空則仰，傾仰隨人。無心之言，即卮言也，是以日新也。日出，謂日新也。和，合也。支離其言，言無的當，故謂之卮言耳。【釋文】「卮言」字又作卮，音支。《字略》云：卮，圓酒器也。李起宜反。王云：卮，夫卮器，滿即傾，空則仰，隨物而變，非執一守故者也；施之於言，而隨人從變，已無常主者也。司馬云：謂支離無首尾言也。◎盧文弨曰：卮，舊作卮。案《說文》作卮，下從㔾，今多省作㔾。若作㔾，則不必云又作矣。「天倪」音宜，徐音詣。

寓言十九，藉外論之[1]。親父不為其子媒。親父譽之，不若非其父者也[2]；非吾罪也，人之罪也[3]。與己同則應，不與己同則反[4]；同於己為是之，異於己為非之[5]。

1.【注】言出於己，俗多不受，故借外耳。肩吾連叔之類，皆所借者也。【疏】藉，假也，所以寄之他人。十言九信者，為假託外人論說之也。【釋文】「藉」郭云：藉，借也。李云：因也。

2.【注】父之譽子，誠多不信，然時有信者，輒以常嫌見疑，故借外論也。【疏】媒，媾合也。父談其子，人多不信，別人譽之，信者多矣。【釋文】「譽之」音餘。注同。

3.【注】己雖信，而懷常疑者猶不受，寄之彼人則信之，人之聽有斯累也。【疏】吾，父也。非父談子不實，而聽者妄起嫌疑，致不信之過也。

異，妄見是非，同異既空，是非滅矣。

4.【注】互相非也。【疏】夫俗人顛倒，妄為臧否，與己同見則應而為是，與己不同則反而非之。

5.【注】三異同處，而二異訟其所取，是必於不訟者俱異耳，而獨信其所是，非借外如何！【疏】夫迷執同

重言十七，所以已言也，是為耆艾1。年先矣，而无經緯本末以期年者2，是非先也。人而无以先人，无人道也；人而无人道，是之謂陳人3。

1.【注】以其耆艾，故俗共重之，雖使言不借外，猶十信其七。【疏】耆艾，壽考者之稱也。已自言之，不藉於外，為是長老，故重而信之，流俗之人，有斯迷妄也。

2.【注】年在物先耳，其餘本末，無以待人，則非所以先也。【釋文】「耆艾」五蓋反。【疏】期，待也。上下為經，傍通曰緯。言此人直是以年老居先，亦無本末之智，故待以耆宿之禮，非關道德可先也。期，待也。◎家世父曰：已言者，已前言之而復言也。《爾雅·釋詁》：耆艾，長也。艾，歷也。郭璞注：長者多更歷。《釋名》：六十曰耆；耆，指也。指事使人也。是耆艾而先人之義。經緯本末，所以先人，人亦以是期之。重言之不倦，提撕警惕，人道於是乎存。

3.【注】直是陳久之人耳，而俗便共信之，此俗之所以為安故而習常也。【疏】無禮義以先人，無人倫之道也，直是陳久之人，故重之耳。世俗無識，一至於斯。

卮言日出，和以天倪，因以曼衍，所以窮年1。不言則齊2，齊與言不齊3，言與齊不齊也4，故曰无言5。言无言6，終身言，未嘗不言7；終身不言，未嘗不言8。有自也而可，有自也而不可；有自也而然，有自也而不然。惡乎然？然於然。惡乎不然？不然於不然。惡乎可？可於可。惡乎不可？不可於不可9。物固有所然，物固有所可10，无物不然，无物不可11。非卮言日出，和以天倪，孰得其久12！萬物皆種也，以不同形相禪13，始卒

若環14，莫得其倫15，是謂天均。天均者天倪也16。

1.【注】夫自然有分而是非無主，無主則曼衍矣，誰能定之哉！故曠然無懷，因而任之，所以各終其天年。

【疏】曼衍，無心也。隨日新之變轉，合天然之倪分，故能因循萬有，接物無心；所以窮造化之天年，極生涯之遐壽也。

【釋文】「曼衍」以戰反。

2.【疏】夫理處無言，言則乖當，故直置不言而物自均等也。◎家世父曰：不言則齊，謂與為巵言，曼衍以窮年，猶之不言也。巵言之言，隨乎言而言之，隨乎不言而言之；有言而固無言，無言而固非無言，是之謂天倪。

3.【疏】齊，不言也。不言與言，既其不一，故不齊也。

4.【注】付之於物而就用其言，則彼此是非，居然自齊。若不能因彼而立言以齊之，則我與萬物復不齊耳。

【釋文】「復不」扶又反。下同。

5.【注】言彼所言，故雖有言而我竟不言也。

【疏】夫以言遣言，言則無盡，縱加百非，亦未偕妙。唯當凝照聖人，智冥動寂，出處默語，其致一焉，故能無言則言，言則無言也，豈有言與不言之別，齊與不齊之異乎！故曰言無言也。

6.【注】雖出吾口，皆彼言耳。

7.【注】據出我口。

【疏】此復解前言無言義。

8.【疏】夫各執自見，故有可有然。自他既空，然可斯泯。

9.【注】自。【疏】由也。由彼我之情偏，故有可不可。

【疏】惡乎，猶於何也。自他並空，物我俱幻，於何處而有可不可？於何處而有然不然？以此推窮，然可自息。斯復解前有自而然可義也。

【釋文】「惡乎」音烏。下同。

10.【注】各自然，各自可。

11.【注】統而言之，則無可無不可，無可無不可而至也。

【疏】夫俗中之物，倒置之徒，於無然而固然，於不可而執可也。

12.【注】夫唯言隨物制而任其天然之分者，能無夭落。

【疏】自非隨日新之變，達天然之理者，誰能證長生

久視之道乎！言得之者之至也。

13.【注】雖變化相代，原其氣則一，【疏】禪，代也。夫物云云，稟之造化，受氣一種而形質不同，運運遷流而更相代謝。【釋文】皆種　章勇反。

14.【注】於今為始者，於昨已復為卒也。【疏】物之遷貿，譬彼循環，死去生來，終而復始。此出禪代之狀也。

15.【注】理自爾，故莫得。【疏】倫，理也。尋索變化之道，竟無理之可致也。

16.【注】夫均齊者豈妄哉？皆天然之分。【疏】均，齊也。此總結以前一章之義，謂天然齊等之道，即此齊均之道，亦名自然之分也。◎家世父曰：言相生猶萬物之相禪也。萬物有種，生發至於無窮，而不能執一形以相禪。言有種而推衍至於無窮，不能執一言以為始。始卒無有端倪，是之謂天均。

莊子謂惠子曰：「孔子行年六十而六十化[1]，始時所是，卒而非之[2]，未知今之所謂是之非五十九非也[3]。」

1.【注】與時俱也。【疏】夫運運不停，新新流謝，是以行年六十而與年俱變者也。然莊惠相逢，好談玄道，故遠稱尼父以顯變化之方。

2.【注】時變則俗情亦變，乘物以遊心者，豈異於俗哉！【疏】夫人之壽命，依年而數，年既不定，數豈有耶！是以去年之是，於今非矣。故知今年之是，還是去歲之非；今歲之非，即是來年之是。故容成氏曰：除日無歲也。

3.【注】變者不停，是不可常。【疏】夫人之壽命，依年而數，年既不定，數豈有耶！是以去年之是，於今非矣。故知今年之是，還是去歲之非；今歲之非，即是來年之是。故容成氏曰：除日無歲也。

惠子曰：「孔子勤志服知也[1]。」

1.【注】謂孔子勤志服膺而後知，非能任其自化也。此明惠子不及聖人之韻遠矣。【疏】服，用也。惠施未達，抑度孔子，謂其勵志勤行，用心學道，故至斯智，非自然任化者也。

莊子曰：「孔子謝之矣，而其未之嘗言1。孔子云：『夫受才乎大本，復靈以生2。』鳴而當律，言而當法3，利義陳乎前，而好惡是非直服人之口而已矣4。使人乃以心服，而不敢蓋立，定天下之定5。已乎已乎！吾且不得及彼乎6！」

1.【注】謝變化之自爾，非知力之所為，故隨時任物而不造言也。【疏】謝，代也。而，汝也。未，無也。言尼父於勤服之心久已代謝，汝宜復靈，無復浪言也。

2.【注】若役其才知而不復其本靈，則生亡矣。【疏】夫人稟受才智於大道妙本，復於靈命以盡生涯，豈得勤志役心，乖於造物！此是莊子述孔丘之語詞抵惠施也。【釋文】「才知」音智。

3.【注】鳴者，律之所生；言者，法之所出；而法律者，眾之所為，聖人就用之耳，故無不當，而未之嘗言，未之嘗為也。【疏】鳴，聲也。當，中也。尼父聖人，與陰陽合德，故鳴中於鍾律，言教考於模範也哉！

4.【注】服，用也。我無言也，我之所言，直用人之口耳，好惡是非利義之陳，未始出吾口也。【疏】利害，好惡是非，逗彼前機，應時陳說，雖復言出於口而隨前人，即是用眾人之口矣。【釋文】「而好」呼報反。「惡」烏路反。注同。

5.【注】口所以宣心，既用眾人之口，則眾人之心用矣，我順眾心，則眾心信矣，誰敢逆立哉！吾因天下之自定而定之，又何為乎！【疏】隨眾所宜，用其心智，教既隨物，物以順之，如草從風，不敢逆立，因其本靜，隨性定之，故定天下之定也。【釋文】「蓋」音悟，又五各反，逆也。

6.【注】因而乘之，故無不及。【疏】已，止也。彼，孔子也。重勗惠子，止而勿言，吾徒庸淺，不能逮及。此是莊子歎美宣尼之言。

曾子再仕而心再化1，曰：「吾及親仕，三釜而心樂；後仕，三千鍾而不洎，吾心悲2。」

1. 【疏】姓曾，名參，孔子弟子。再仕之義，列在下文。

2. 【注】洎，及也。【疏】六斗四升曰釜，六斛四斗曰鍾。洎，及也。曾參至孝，求祿養親，故前仕親在，祿雖少而歡樂；後仕親沒，祿雖多而悲悼；所謂再化，以悲樂易心，為不及養親故也。【釋文】「三釜」《小爾雅》云：六斗四升曰釜。「心樂」音洛。下注同。「不洎」其器反。

弟子問於仲尼曰：「若參者，可謂无所縣其罪乎[1]？」曰：「既已縣矣[2]。夫无所縣者，可以有哀乎[3]？彼視三釜三千鍾，如觀雀蚊虻相過乎前也[4]。」

1. 【注】縣，係也。謂參仕以為親，無係祿之罪也。【疏】曾參仁孝，為親求祿，雖復悲樂，應無係罪。門人疑此，咨問仲尼也。門人之中，無的姓諱，當是四科十哲之流也。【釋文】「參」所金反。「无所縣」音玄。下同。「其罪乎」縣，係也。

2. 【注】係於祿以養也。【疏】心再化於祿，所存者親也。雖係祿而無係於罪也。【釋文】「以養」羊尚反。下同。「以為」于偽反。

3. 【注】夫養親以適，不問其具。若能無係，則不以貴賤經懷，而平和怡暢，盡色養之宜矣。【疏】夫孝子事親，務在於適，無論祿之厚薄，盡於色養而已，故有庸賃而稱孝子，三仕猶為不孝。參既心存哀樂，得无係祿之罪乎！夫唯無係者，故當無哀樂也。

4. 【注】彼，謂無係也。視榮祿若蚊虻鳥雀之在前而過去耳，豈有哀樂於其間哉！【疏】彼，謂無係之人也。鳥雀大，以諭千鍾，蚊虻小，以比三釜。達道之人，無心係祿，千鍾三釜，不覺少多。猶如鳥雀蚊虻相與飛過於前矣，決然而已，豈係之哉！【釋文】「觀雀」本亦作觀，同。古亂反。◎盧文弨曰：今書作觀。「蚊」音文。「虻」孟庚反。司馬云：觀雀飛疾，與蚊相過，忽然不覺也。王云：鶴蚊取大小相縣，以喻三釜三千鍾，不覺少多。元嘉本作如鶴蚊，無虻字。◎俞樾曰：雀字衍文也。《釋文》云，元嘉本作如鶴蚊，無虻字。則陸氏所據本尚未衍雀字，故元嘉本作鶴蚊。陸氏但言其無雀字，不言其無虻字。惟鶴與蚊虻，一鳥一蟲，取喻不倫。王云，鶴蚊取大小相縣，以喻三釜三千鍾之多寡，謂取大小相縣，以喻三釜三千鍾之多少。此不然也。夫至人之視物，一暎而已，豈屑屑於三釜三千鍾之多寡，

而必分別其為鸛為蚊乎！今案《釋文》云，鸛本作觀。疑是古本如此。其文蓋曰，彼視三釜三千鍾，如觀蚊虻相過乎前也。《淮南子·俶真篇》毀譽之於己，猶蚊虻之一過也。義與此同。因觀誤作鸛，則鸛蚊虻三字不倫，乃有刪一蚊字，使蚊與鸛兩文相稱者，元嘉本是也.；又有增一雀字，使鸛雀與蚊虻兩文相稱者，今本是也。皆非《莊子》之舊矣。

顏成子游謂東郭子綦曰：「自吾聞子之言，一年而野1，二年而從2，三年而通3，四年而物4，五年而來5，六年而鬼入6，七年而天成7，八年而不知死，不知生8，九年而大妙9。

1.【注】外權利也。　【疏】居在郭東，號曰東郭，猶是〈齊物篇〉中南郭子綦也。子游，子綦弟子也。野，質樸也。聞道一年，學心未熟，稍能樸素，去浮華耳。　【釋文】「子綦」音其。

2.【注】不自專也。　【疏】順於俗也。

3.【注】通彼我也。　【疏】不滯境也。

4.【注】與物同也。　【疏】與物同也。

5.【注】自得也。　【疏】為眾歸也。

6.【注】外形骸也。　【疏】神會理物。

7.【注】無所復為。　【疏】合自然成。

8.【注】所遇皆適而安。　【疏】智冥造物，神合自然，故不覺死生聚散之異也。

9.【注】妙，善也。善惡同。　【疏】此言久聞道，知天籟之自然，將忽然自忘，則穢累日去以至於盡耳。　【疏】妙，精微也。聞道日久，學心漸著，故能超四句，絕百非，義極重玄，理窮眾妙，知照宏博，故稱大也。　【釋文】「天籟」力帶反。

生有為，死也1。勸公，以其死也，有自也2；而生陽也，无自也3。

而果然乎⁴？惡乎其所適？惡乎其所不適⁵？天有曆數，地有人據，吾惡乎求之⁶？莫知其所終，若之何其无命也⁷？莫知其所始，若之何其有命也⁸？有以相應也，若之何其无鬼邪⁹？无以相應也，若之何其有鬼邪¹⁰？」

1.【注】生而有為則喪其生。【疏】處生人道，沉溺有為，適歸死滅也。【釋文】「則喪」息浪反。

2.【注】自，由也。由有為，故死；由私其生，故有為。今所以勸公者，以其死之由私耳。【疏】公，平也。所以人生而動之死地者，出私愛其生，不能公正，故勸導也。

3.【注】夫生之陽，遂以其絕迹無為而忽然獨爾，非有出也。【疏】感於陽氣而有此生，既無所由從，故不足私也。

4.【疏】果，決定也。陽氣生物，決定如此。

5.【注】然而果然，故無適無不適而後皆適，皆適而至也。【疏】夫氣聚為生，生不足樂；氣散為死，死不足哀；生死既齊，哀樂斯泯。故於何處而可適，於何處而不可適乎？所在皆適耳。【釋文】「惡乎」音烏。下同。

6.【注】皆已自足。【疏】夫天地晝夜，人物死生，尋其根由，莫知終始。時來運去，非命如何！其無命者，言其有命也。

7.【注】理必自終，不由於知，非命如何？【疏】夫星曆度數，玄象麗天；九州四極，人物依據：造化之中，悉皆具足，吾於何處分外求之也？【釋文】「天有曆」一本作天有曆數。

8.【注】不知其所以然而然，謂之命，似若有意也，故又遣命之名以明其自爾，而後命理全也。【疏】夫死去生來，猶春秋冬夏，既無終始，豈無命乎？其有命者，言無命也。此又遣有命也。

9.【注】理必有應，若有神靈以致之也。【疏】鬼，神識也。夫耳眼應於聲色，心智應於物境，義同影響，豈無靈乎？其無鬼者，言其有之也。

10.【注】理自相應，相應不由於故也，則雖相應而無靈也。【疏】夫人睡中，則不知外物，雖有眼耳，則不應色聲。若其有靈，如何不應？其有鬼者，言其無也。此遣其有也。

眾罔兩問於景曰：「若向也俯而今也仰，向也括撮而今也被髮，向也坐而今也起，向也行而今也止，何也[1]？」

1.【疏】罔兩，影外微陰也。斯寓言者也。若，汝也。俯，低頭也。撮，束髮也。汝坐起行止，唯形是從，以此測量，必因形乃有。言不待，厥理未詳。設此問答，以彰獨化耳。【釋文】【景】音影。又如字。本或作影。◎盧文弨曰：影字係陶弘景所撰，非古字。「也括」古活反。司馬云：謂括髮也。「被髮」皮寄反。

景曰：「搜搜也[1]，奚稍問也[1]！予有而不知其所以[2]。予，蜩甲也，蛇蛻也，似之而非也[3]。火與日，吾屯也；陰與夜，吾代也[4]。彼吾所以有待邪[5]？而況乎以无有待者乎[6]！彼來則我與之來，彼往則我與之往，彼強陽則我與之強陽。強陽者又何以有問乎[7]？」

1.【注】運動自爾，無所稍問。【疏】叟叟，無心運動之貌也。奚，何也。景答云：我運動無心，蕭條自得，無所可待，獨化而生，汝無所知，何勞見問也？【釋文】「搜搜」本又作叟，同。素口反，又素刀反，又音蕭。

2.【注】自爾，故不知所以。【疏】予，我也。我所有行止，率乎造物，皆不知所以，悉莫辯其然爾，豈有待哉！

3.【注】影似形而非形。【疏】蜩甲，蟬殼也。蛇蛻，皮也。夫蜩蟬變化而為蟬，蛇從皮內而蛻出者，皆不自覺知也，而蜩蟬滅於前，蟬自生於後，非因蜩蟬而有蟬，蟬亦不待蜩甲也。蛇皮之義，亦復如之。是知一切萬有，無相因待，悉皆獨化。故影云：我之因待，同蛇蛻蜩甲，似形有而實非待形者也。【釋文】「蜩甲」音條。司馬云：蜩甲，蟬蛻皮也。「蛇蛻」音悅，又吐臥反，又始銳反。

4.【疏】屯，聚也。代，謝也。有火有日，影即屯聚，逢夜逢陰，影便代謝。若其因形有影，故當不待火日。陰夜有形而無影，將知影必不待形，而獨化之理彰也。【釋文】「吾屯」徒門反，聚也。◎慶藩案《文選》謝靈

運〈游南亭詩〉注引司馬云：屯，聚也。火日明而影見，故曰吾聚也；陰闇則影不見，故曰吾代也。夜代，謂使得

休息也。《釋文》闕。

5.【疏】吾所以有待者，火日也。必其不形，火日亦不能生影也，故影亦不待於火日也。

6.【注】推而極之，則今之有待者卒於無待，而獨化之理彰。

生影，不待形也。夫形之生也，不用火日，影之生也，豈待形乎！故以火日況之，則知影不待形明矣。形亦不能

待，而況他物乎！是知一切萬法，悉皆獨化也。◎家世父曰：火日出而景生焉，陰夜而景潛焉。屯者，草木之始生

也；代者，替也。有相替者而吾固休也。景之與形相待也，又待火日而動，待陰夜而休。彼吾所以相待，又

有待也。有待，更也，故不為物先，待焉而即應。故亦與物無忤。景之隨形，各肖其人之情態，虛而與之委蛇。此莊生應

世之大旨也。

7.【疏】直自強陽運動，相隨往來耳，無意，不可問也。　【注】彼者，形也。強陽，運動之貌也。夫往來運

動，形影共時，既無因待，咸資獨化。獨化之理，妙絕名言，名言問答，其具之矣。

陽子居南之沛，老聃西遊於秦，邀於郊，至於梁而遇老子[1]。老子中道仰天而歎曰：「始以汝為可教，今不可也[2]。」

1.【疏】姓楊，名朱，字子居。之，仕也。沛，彭城，今徐州是也。邀，遇也。梁國，今汴州也。楊朱南邁，老子西遊，邂逅逢於梁宋之地，適於郊野而與之言。【釋文】「陽子居」姓楊，名朱，字子居。「之沛」音貝。

2.【疏】古堯反，要也，遇也。【玉篇】云：求也，抄也，遮也。

「邀」古堯反，要也，遇也。

2.【疏】昔逢楊子，謂有道心；今見矜夸，知其難教。嫌其異俗，是以傷嗟也。

陽子居不答[1]。至舍，進盥漱巾櫛，脫屨戶外，膝行而前[2]曰：「向者弟子欲請夫子，夫子行不閒，是以不敢。今閒矣，請問其過。[3]」

文】「不閒」音閑。下同。一音如字。

3.【疏】向被抵訶，欲請其過，正逢行李，未有閒庸。今至主人，清閒無事，庶聞責旨，以助將來也。【釋

2.【疏】鹽也。櫛也。屈逆旅之舍，至止息之所，於是進水漱洒，執持巾櫛，肘行膝步，盡禮虔恭，殷勤請益，庶蒙鍼艾也。【釋文】「鹽」音管。《小爾雅》云：澡也，洒也。「漱」所又反。「巾櫛」莊乙反。【釋

1.【疏】自覺己非，默然悚愧。

陽子居蹴然變容曰：「敬聞命矣₃！」

老子曰：「而睢睢盱盱₁，而誰與居₁？大白若辱，盛德若不足₂。」

1.【注】睢睢盱盱，跋扈之貌。人將畏難而疏遠。【疏】睢盱，躁急威權之貌也。而，汝也。跋扈威勢，矜莊燿物，物皆哀悼，誰將汝居處乎？【釋文】「睢睢」郭呼維反，徐許圭反。「盱盱」香于反，又許吳反。「跋」又音虛。《廣雅》云：睢盱跋扈，元氣也。而，汝也。言汝與元氣合德，去其矜驕，誰復能同此心？解異郭義。「跋」步末反。

2.【疏】夫人廉潔貞清者，猶如汙辱也；盛德圓滿者，猶如不足也。此是老子引《道德經》以戒子居也。「畏難」乃旦反。「疏遠」于萬反。

3.【疏】蹙然，慚悚也。既承教旨，驚懼更深，稽首虔恭，敬奉尊命也。【釋文】「蹙」子六反。

其往也，舍者迎將，其家公執席，妻執巾櫛，舍者避席，煬者避竈₁。

1.【注】尊形自異，故憚而避之也。【疏】將，送也。家公，主人公也。煬，然火也。楊朱往沛，正事威容，舍息逆旅，主人迎送，夫執氈席，妻捉梳巾，先坐之人避席而走，然火之者不敢當竈，威勢動物，一至於斯矣。【釋文】「家公」李云：主人公也。一讀舍者迎將其家為句。「煬」羊尚反，又音羊向反，炊也。

其反也，舍者與之爭席矣₂。

1.【注】去其夸矜故也。【疏】從沛反歸，已蒙教戒，除其容飾，遣其矜夸，混迹同塵，和光順俗，於是舍息之人與爭席而坐矣。【釋文】「去其」起呂反。

莊子集釋　卷九下

雜篇讓王第二十八[1]

1.【釋文】以事名篇。

堯以天下讓許由，許由不受。又讓於子州支父，子州支父曰：「以我為天子，猶之可也。雖然，我適有幽憂之病。方且治之，未暇治天下也。」[1]夫天下至重也，而不以害其生，又況他物乎[2]！唯无以天下為者，可以託天下也[3]。

1.【疏】堯許事迹，具載〈內篇〉。「姓子，名州，字支父，懷道之人，隱者也。堯知其賢，讓以帝位。以我為帝，亦當能以為事，故言猶之可也。幽，深也。憂，勞也。言我滯竟幽深，固心憂勞，且欲脩身，庶令合道，未有閒暇緝理萬機也。　【釋文】「子州支父」音甫。李云：支父，字也，即支伯也。「幽憂之病」王云：謂其病深固也。

2.【疏】夫位登九五，威跨萬乘，人倫尊重，莫甚於此，尚不以斯榮貴損害生涯，況乎他外事物，何能介意也！

3.【疏】夫忘天下者，無以天下為也，唯此之人，可以委託於天下也。

舜讓天下於子州支伯。子州支伯曰：「予適有幽憂之病，方且治之，未暇治天下也」[1]。」故天下大器也，而不以易生，此有道者之所以異乎俗者也[2]。

則支父支伯是一人也。

2.【疏】夫帝王之位，重大之器也，而不以此貴易奪其生，自非有道，孰能如是！故異於流俗之行也。

1.【疏】舜之事迹，具在〈內篇〉。支伯，猶支父也。◎俞樾曰：《漢書·古今人表》有子州支父，無支伯，

舜以天下讓善卷，善卷曰：「余立於宇宙之中，冬日衣皮毛，夏日衣葛絺；春耕種，形足以勞動；秋收斂，身足以休食；日出而作，日入而息，逍遙於天地之間而心意自得。吾何以天下為哉¹！悲夫，子之不知余也！」遂不受。於是去而入深山，莫知其處。²

2.【疏】古人淳樸。喚帝為子。恨舜不識野情，所以悲歎。

【釋文】「其處」昌慮反。

1.【疏】姓善，名卷，隱者也。處於六合，順於四時，自得天地之間，逍遙塵垢之外，道在其中，故不用天下。

【釋文】「善卷」卷勉反，居阮反，又音眷。李云，姓善，名卷。◎俞樾曰：《呂覽·下賢篇》作善綣。
「衣皮」於既反。下同。

舜以天下讓其友石戶之農，石戶之農曰：「捲捲乎后之為人，葆力之士也¹！」以舜之德為未至也，於是夫負妻戴，攜子以入於海，終身不反也。²

1.【疏】戶字亦有作后者，隨字讀之。石戶，地名也。農，人也，今江南喚人作農。此則舜之友人也。葆，牢固也。言舜心志堅固，筋力勤苦，腰背捲捲，不得歸休，以此勤勞，翻來見讓，故不受也。

【釋文】「石戶」本亦作后。

2.【疏】古人荷物，多用頭戴，如今高麗猶有此風。以舜德化，未為至極。故攜妻子，不踐其土，入於大海州島之中，往而不返也。

【釋文】「捲捲」音權，郭音眷，用力貌。「葆力」音保，字亦作保。

【釋文】「以入於海」司馬云：凡言入者，皆居其海島之上與其曲隩中也。

大王亶父居邠，狄人攻之¹；事之以皮帛而不受，事之以犬馬而不受，事之以珠玉而不受，狄人之所求者土地也。大王亶父曰：「與人之兄居而殺其弟，與人之父居而殺其子，吾不忍也。子皆勉居矣！為吾臣與為狄人臣奚以異！²且吾聞之，不以所用養害所養。」因杖筴而去之。民相連而從之，遂成國於岐山之下。³夫大王亶父，可謂能尊生矣。能尊生者，雖貴富不以養傷身，雖貧賤不以利累形。今世之人居高官尊爵者，皆重失之，見利輕亡其身，豈不惑哉！⁴

1.【疏】亶父，王季之父，文王之祖也。邠，地名。狄人，獫狁也。國鄰戎虜，故為狄人攻伐。【釋文】「大王」音太。下同。「亶」丁但反。「父」音甫。下同。「邠」筆貧反，徐甫巾反。

2.【疏】事，奉也。勉，勵也。奚，何。狄人貪殘，我不忍傷殺，汝勉力居之。

3.【疏】用養，土地也。所養，百姓也。本用地以養人，今殺人以存地，故不可也。因拄杖而去，民相連續，遂有國於岐陽。【釋文】「不以所用養害所養」地，所以養人也。今爭以殺人，是以地害人也。人為地養，故不以地故害人也。「因杖」直亮反。「筴」初革反。「相連」力展反。司馬云：連，讀曰輦。「岐山」其宜反，或祁支反。

4.【疏】夫亂世澆偽，人心浮淺，徇於軒冕以喪其身，逐於財利以殞其命，不知輕重，深成迷惑也。「不以養傷身不以利累形」王云：富貴有養，而不以昧養傷身，貧賤無利，而不以求利累形也。

越人三世弒其君，王子搜患之，逃乎丹穴。而越國无君，求王子搜不得，從之丹穴。王子搜不肯出，越人薰之以艾。乘以王輿¹。王子搜援綏登車，仰天而呼曰：「君乎君乎！獨不可以舍我乎！」王子搜非惡為君也，惡為

君之患也。若王子搜者，可謂不以國傷生矣，此固越人之所欲得為君也²。

1.【疏】搜，王子名也。丹穴，南山洞也。玉輿，君之車輦也。亦有作王字者，隨字讀之，所謂玉輅也。越國之人，頻殺君主，王子怖懼，逃之洞穴，呼召不出，以艾薰之。既請為君，故乘以玉輅。【釋文】「弒其」音試。「王子搜」素羔反，又粲邁反，呼召不出，又邀邁反。李云：王子名。《淮南子》作翳。◎俞樾曰：《釋文》云：搜，《淮南子》作翳。然翳之前無三世弒君之事。《史記‧越世家‧索隱》以搜為翳之子無顓。據《竹書紀年》，翳為其子所弒，越人殺其子，立無余，又見弒而立無顓。是無顓以前三君皆不善終，則王子搜是無顓之異名無疑矣。《淮南子》蓋傳聞之誤，當據《索隱》訂正。「丹穴」《爾雅》云：南戴日為丹穴。「以艾」五蓋反。「王輿」一本作玉輿。

2.【疏】援，引也。綏，車上繩也。辭不獲免，長歎登車，非惡為君，恐為禍患。以其重生輕位，故可屈而為君也。【釋文】「援」音爰。「而呼」火故反。本或作歎。「以舍」音捨。「非惡」烏路反。下及下章真惡同。

韓魏相與爭侵地。子華子見昭僖侯，昭僖侯有憂色¹。子華子曰：「今使天下書銘於君之前，書之言曰：『左手攫之則右手廢，右手攫之則左手廢，然而攫之者必有天下。』君能攫之乎²？」昭僖侯曰：「寡人不攫也³。」

1.【疏】僖侯，韓國之君也。華子，魏之賢人也。韓魏相鄰，爭侵境土，干戈既動，勝負未知，怵惕居懷，故有憂色。【釋文】「子華子」司馬云：魏人也。◎俞樾曰：《呂覽‧貴生篇》引子華子曰：全生為上，虧生次之，死次之，迫生為下。又《誣徒篇》引子華子曰：王者樂其所以王，亡者樂其所以亡。高注並云：子華子，古體道人。《知度》、《審為》兩篇注同。「昭僖侯」司馬云：韓侯。◎俞樾曰：韓有昭侯，有僖王，無昭僖侯。

2.【疏】銘，書記也。攫，捉取也。廢，斬去之也。假且書一銘記投之於前，左手取銘則斬去右手，右手取銘則斬去左手，然取銘者必得天下，君取之不？取以譬喻，借問韓侯也。【釋文】「攫」俱碧俱縛二反，又史號

反。李云：取也。◎盧文弨曰：舊作俱碧反，俱縛反，或又史虢反。訑，今皆從宋本改正。「廢」李云：棄也。司

馬云：病也。一云：攘者，援書銘，廢者，斬右手。

3.【疏】答云：不能斬兩臂而取六合也。

子華子曰：「甚善¹！由是觀之，兩臂重於天下也，身亦重於兩臂。韓之輕於天下亦遠矣²，今之所爭者，其輕於韓又遠。君固愁身傷生以憂戚不得也³！」

僖侯曰：「善哉！教寡人者眾矣，未嘗得聞此言也。」子華子可謂知輕重矣⁴。

1.【疏】歎君之言，甚當於理。

2.【疏】自，從也。於此言而觀察之，則一身重於兩臂，兩臂重於天下，天下又重於韓，韓之與天下，輕重亦遠矣。

3.【疏】所爭者疆畔之間，故於韓輕重遠矣，而必固憂愁，傷形損性，恐其不得，豈不惑哉！【釋文】「其輕於韓又遠」絕句。

4.【疏】頓悟其言，歎之奇妙也。

魯君聞顏闔得道之人也，使人以幣先焉¹。顏闔守陋閭，苴布之衣而自飯牛²。魯君之使者至，顏闔自對之。使者曰：「此顏闔之家與？」顏闔對曰：「此闔之家也。」使者致幣，顏闔對曰：「恐聽者謬而遺使者罪，不若審之。」使者還，反審之，復來求之，則不得已³。故若顏闔者，真惡富貴也。

同。

1.【疏】魯侯，魯哀公，或云，魯定公也。姓顏，名闔，魯人，隱者也。幣，帛也。聞顏闔得清廉之道，欲召之為相，故遣使人賫持幣帛，先通其意。【釋文】「魯君」一本作魯侯。李云：哀公也。

2.【疏】苴布，子麻布也。飯，飼也。居疏陋之閭巷，著粗惡之布衣，身自飯牛，足明貧儉。【釋文】「苴」音麤。徐七餘反。李云：有子麻布也。本或作麤，非也。「飯牛」符晚反。

3.【疏】遺，與也。不欲受幣，致此矯詞以欺使者。◎俞樾曰：上者字衍文。恐聽謬而遺使者罪，恐其以誤聽得罪也。聽即使者聽之，非聽者一人也。《呂氏春秋·貴生篇》正作恐聽繆而遺使者罪。【釋文】「之使」所吏反。下及下章同。「家與」音餘。「而遺」唯季反。下皆同。「復來」音服，或音扶又反。下章皆同。

故曰，道之真以治身，其緒餘以為國家，其土苴以治天下。由此觀之，帝王之功，聖人之餘事也，非所以完身養生也[1]。今世俗之君子，多危身棄生以殉物，豈不悲哉！凡聖人之動作也，必察其所以之與其所以為[2]。今且有人於此，以隨侯之珠彈千仞之雀，世必笑之。是何也？則其所用者重而所要者輕也。夫生者，豈特隨侯之重哉！[3]

1.【疏】緒，殘也。土，糞也。苴，草也。夫用真道以持身者，必以國家為殘餘之事，將天下同於草土者也。【釋文】「緒餘」並如字。徐上音奢，下以嗟反。司馬子長〈報任少卿書〉注引司馬云：緒，餘也。視《釋文》較略。「土」敕雅反，又片賈行賈二反。「苴」側

2.【疏】殉，逐也。察世人之所適往，觀黎庶之所云為，然後動作而應之。【釋文】「必察其所以之」王雅反，又知雅反。司馬云：土苴，如糞草也。李云：土苴，糟魄也。一云：土苴，無心之貌。

3.【疏】隨國近濮水，濮水出寶珠，即是靈蛇所銜以報恩，隨侯所得者，故謂之隨侯之珠也。夫雀高千仞，以此，不必察也。

珠彈之,所求者輕,所用者重,傷生殉物,其義亦然也。【釋文】「所要」一遙反。◎俞樾曰:隨侯下當有珠字。若無珠字,文義不足。《呂氏春秋·貴生篇》作夫生豈特隨侯珠之重也哉,當據補。

子列子窮,容貌有飢色。客有言之於鄭子陽者曰:「列禦寇,蓋有道之士也,居君之國而窮,君无乃為不好士乎?」1鄭子陽即令官遺之粟。子列子見使者,再拜而辭2。

1.【疏】子陽,鄭相也。禦寇,鄭人也,有道而窮。子陽不好賢士,遠游之客譏刺子陽。【釋文】「子陽」鄭相。「不好」呼報反。

2.【疏】命召主倉之官,令與之粟。禦寇清高,辭謝不受也。【釋文】「即令」力呈反。

使者去,子列子入,其妻望之而拊心曰:「妾聞為有道者之妻子,皆得佚樂,今有飢色。君過而遺先生食,先生不受,豈不命邪!」1

1.【疏】與粟不受,天命貧窮,嗟悵拊心,責夫罪過。故知禦寇之妻,不及老萊之婦遠矣。【釋文】「得佚」音逸。「樂」音洛。「君過」古臥反。本亦作遇。「拊」徐音撫。

子列子笑謂之曰:「君非自知我也。以人之言而遺我粟,至其罪我也又且以人之言,此吾所以不受也。」其卒,民果作難而殺子陽1。

1.【疏】子陽嚴酷,人多怒之。左右有誤折子陽弓者,恐必得罪,因國人逐猘狗,遂殺子陽也。【釋文】「作難」乃旦反。下章同。「殺子陽」子陽嚴酷,罪者無赦。舍人折弓,畏子陽怒責,因國人逐猘狗而殺子陽。◎俞樾曰:子陽事見《呂覽·適威篇》、《淮南·氾論訓》。至《史記·鄭世家》則云,繻公二十五年,鄭公殺其相

子陽。二十七年，子陽之黨共弒繻公駘，又與諸書不同。

楚昭王失國，屠羊說走而從於昭王[1]。昭王反國，將賞從者，及屠羊說。屠羊說曰：「大王失國，說失屠羊；大王反國，說亦反屠羊。臣之爵祿已復矣，又何賞之有！」

1.【疏】昭王，名軫，平王之子也。伍奢、伍尚遭平王誅戮，子胥奔吳而耕於野，後至吳王闔閭之世，請兵伐楚，遂破楚入郢以雪父之讎。其時昭王窘急，棄走奔隨，又奔於鄭。有屠羊賤人名說，從王奔走。奔走之由，置在下文。【釋文】【楚昭王】名軫，平王子。「屠羊說」音悅，或如字。

王曰：「強之！」
屠羊說曰：「大王失國，非臣之罪，故不敢伏其誅；大王反國，非臣之功，故不敢當其賞。」
王曰：「見之！」
屠羊說曰：「楚國之法，必有重賞大功而後得見，今臣之知不足以存國而勇不足以死寇。吳軍入郢，說畏難而避寇，非故隨大王也。今大王欲廢法毀約而見說，此非臣之所以聞於天下也。」
王謂司馬子綦曰：「屠羊說居處卑賤而陳義甚高，子綦為我延之以三旌之位[1]。」

1.【疏】三旌，三公也。亦有作珪字者，謂三卿皆執珪，故謂三卿為珪也。○俞樾曰：子綦為我延之以三旌之

位句，此昭王自與司馬子綦言，當稱子綦，不當稱子綦。綦字衍文。

【釋文】「從者」才用反。「強之」其丈反。「見之」賢遍反，下同。「之知」音智。「入郢」以井反。「毀約」如字。徐於妙反。「而見」如字，亦賢遍反。「為我」于偽反。「三旌」三公位也。司馬本作三珪，云：謂諸侯之三卿皆執珪也。◎慶藩案《白帖》、《御覽》二百二十八》，並引司馬本三旌作三珪，云：諸侯三卿，皆執三珪。與《釋文》小異。

屠羊說曰：「夫三旌之位，吾知其貴於屠羊之肆也；萬鍾之祿，吾知其富於屠羊之利也；然豈可以貪爵祿而使吾君有妄施之名乎[1]！說不敢當，願復反吾屠羊之肆。」遂不受也。

1.【釋文】「妄施」如字，又始豉反。

原憲居魯，環堵之室，茨以生草；蓬戶不完，桑以為樞；而甕牖二室，褐以為塞；上漏下溼，匡坐而弦[1]。

1.【疏】原憲，孔子弟子，姓原，名思，字憲也。周環各一堵，謂之環堵，猶方丈之室也。以草蓋屋，謂之茨也。褐，粗衣也。匡，正也。原憲家貧，室唯環堵，桑條為樞，蓬作門扉，破甕為牖，夫妻二人各居一室，逢雨溼而弦歌自娛，知命安貧，所以然也。

【釋文】「茨」徐疾私反。李云：蓋屋也。◎慶藩案生草，《新序·節士篇》作生蒿，蒿亦草也。生者，謂新生未乾之草，即牽蘿補屋之意也。「二室」司馬云：夫妻各一室。「蓬戶」織蓬為戶。「桑以為樞」尺朱反。司馬云：屈桑條為戶樞也。「甕牖」音酉。司馬云：破甕為牖。「褐」下葛反，郭音葛，字或作褐。「為塞」悉代反。司馬云：以褐衣塞牖也。「匡坐而弦」司馬云：匡，正也。案弦謂弦歌。

子貢乘大馬，中紺而表素，軒車不容巷，往見原憲[1]。原憲華冠縰履，

杖藜而應門[2]。

1.【疏】子貢，孔子弟子，名賜，能言語，好榮華。其軒蓋是白素，裏為紺色，車馬高大，故巷道不容也。

【釋文】「中紺」古暗反。李云：紺為中衣，加素為表。

2.【疏】縰，躡也。以華皮為冠，貧無僕使，故自應門也。

【釋文】「華冠」胡化反。以華木皮為冠，《說文》：樿木也，以其皮裏松脂，讀若華。或作樏。《玉篇》：樏（樿，並胡霸胡郭二切。字通作華。司馬相如〈上林賦〉華楓枰櫨，張揖曰：華皮可以為索。「縰履」所綺反，或所買反。本或作緌。并下曳緌同。《三蒼解詁》作躡，云：躡也。《聲類》或作屣。韋昭蘇寄反。《通俗文》云：履不著跟曰屣。司馬本作踐。李云：縰履，謂履無跟也。王云：躡也。王云：體之能躡舉而曳之也。履，或作屢。「杖藜」以藜為杖也。司馬本作扶杖也。「應門」自對門也。

子貢曰：「嘻！先生何病？」

原憲應之曰：「憲聞之，无財謂之貧，學而不能行謂之病。今憲貧也，非病也。」子貢逡巡而有愧色[1]。

1.【疏】嘻，笑聲也。逡巡，卻退貌也。以儉繫奢，故懷慙愧之色。

【釋文】「嘻」許其反。「逡巡」七旬反。

原憲笑曰：「夫希世而行，比周而友，學以為人，教以為己，仁義之慝，輿馬之飾，憲不忍為也[1]。」

1.【疏】慝，姦惡也。飾，莊嚴也。夫趨世候時，希望富貴，周旋親比，以結朋黨，自求名譽，學以為人，多覓束脩，教以為己，託仁義以為姦慝，飾車馬以衒矜夸，君子恥之，不忍為之也。

【釋文】「希世而行」司馬

云：希，望也。所行常顧世譽而動，故曰希世而行。「比周」毗志反。「為人」于偽反。下為己同。「教以為己」學當為己，教當為人，今反不然也。「仁義之慝」吐得反，惡也。司馬云：謂依託仁義為姦惡。

曾子居衞，縕袍无表，顏色腫噲，手足胼胝[1]。三日不舉火，十年不製衣，正冠而纓絕，捉衿而肘見，納履而踵決[2]。曳縰而歌商頌，聲滿天地，若出金石。天子不得臣，諸侯不得友[3]。故養志者忘形，養形者忘利，致道者忘心矣[4]。

1.【疏】以麻縕袍絮，復無表裏也。腫噲，猶剝錯也。每自力作，故生胼胝。【釋文】「縕袍」紆紛反。司馬云：謂麻縕為絮，《論語》云衣敝縕袍是也。「噲」古外反，徐古活反。司馬云：種噲，剝錯也。王云：盈虛不常之貌。◎慶藩案《釋文》引司馬云，種噲，剝錯也。王云，盈虛不常之貌。據《說文》：噲，咽也；一曰嚵也。疑字當為瘣，病甚也。通作殨，腫決曰殨。《說文》：瘣，病也，一曰腫旁出。嚵殨瘣，並一聲之轉。「肘」竹久反。「見」賢遍反。「胼」薄田反。「胝」竹尼反。

2.【疏】守分清虛，家業窮窶，三日个營熟食，十年不製新衣，繩爛正冠而纓斷，袖破捉衿而肘見，履敗納之而跟後決也。【釋文】「肘」竹久反。「見」賢遍反。

3.【疏】響歌〈商頌〉，韻叶宮商，縈其詞理，雅符天地，聲氣清虛，又諧金石，風調高素，超絕人倫，故不與天子為臣，不與諸侯為友也。

4.【疏】夫君子賢人，不以形挫志；儡儋之士，不以利傷生；得道之人，忘心知之術也。

孔子謂顏回曰：「回，來！家貧居卑，胡不仕乎？」顏回對曰：「不願仕。回有郭外之田五十畝，足以給飦粥；郭內之田十畝，足以為絲麻；鼓琴足以自娛，所學夫子之道者足以自樂也。回不願

仕。」

孔子愀然變容曰：「善哉回之意！丘聞之，『知足者不以利自累也，審自得者失之而不懼，行修於內者无位而不怍。』丘誦之久矣，今於回而後見之，是丘之得也。」[1]

1.【疏】飦，糜也。怍，羞也。夫自得之士，不以得喪駭心；內修之人，豈復羞慚無位！孔子誦之，其來已久，今勸回仕，豈非失言！因回反照，故言丘得之矣。【釋文】「飦」之然反。字或作饘。《廣雅》云：糜也。一云：紀言反。《家語》云：厚粥。一音干，謂干餾。◎盧文弨曰：餾，舊譌作餻，今改正。「粥」之六反，又音育。「自樂」音洛。「愀」七小反，徐在九反，又七了子了二反，又資西反。李音秋，又七遙反。◎盧文弨曰：舊作七了反，子了反，今改正。下七遙反，舊脫七字，亦補正。「行修」下孟反。「不怍」在洛反。一本作欣。《爾雅》云：慚也。又音昨。

中山公子牟謂瞻子曰：「身在江海之上，心居乎魏闕之下，奈何[1]？」瞻子曰：「重生。重生則利輕[2]。」中山公子牟曰：「雖知之，未能自勝也[3]。」瞻子曰：「不能自勝則從，神无惡乎[4]？不能自勝而強不從者，此之謂重傷。重傷之人，无壽類矣。[5]」

1.【疏】瞻子，魏之賢人也。魏公子名牟，封中山，故曰中山公子牟也。公子有嘉遁之情而無高蹈之德，故身在江海上而隱遁，心思魏闕下之榮華，既見賢人，借問其術也。【釋文】「瞻子」賢人也。《淮南》作詹。「魏闕」《淮南》作魏。「公子牟」司馬本同，云：魏，讀曰魏。象魏觀闕，人君門也，言心存榮貴。許慎云：天子兩觀也。◎盧文弨曰：案今《淮南》亦作魏。

2.【疏】重於生道，則輕於榮利，榮利既輕，則不思魏闕。

　【釋文】「重生」李云：重存生之道者，則名利輕，輕則易絕矣。此人身居江海，心貪榮利，故以此戒之。

3.【疏】雖知重於生道，未能勝於情欲。

　【釋文】「能勝」音升。下同。

4.【疏】若不勝於情欲，則宜從順心神，亦不勞妄生嫌惡也。

　【釋文】「不能自勝則從」絕句。一讀至神字絕句。◎俞樾曰：《釋文》曰：不能自勝則從，此讀是也。又曰：一讀至神字為篇》亦載此事，作不能自勝則縱之，神無惡乎？《文子‧下德篇》、《淮南子‧道應篇》并疊從之二字，作從之絕句。一讀至神字絕句，則失之。《呂氏春秋‧審從之，則從神之不當連讀明矣。又案從，《呂氏春秋》作縱，則當讀子用反，而《釋文》無音，亦失之。「無惡」如字。又烏路反。「乎」絕句。

5.【疏】情既不勝，強生抑挫，情欲已損，抑又乖心，故名重傷也。如此之人，自然夭折，故不得與壽考者為儔類也。

　【釋文】「重傷」直用反。下同。◎俞樾曰：重傷，猶再傷也。不能自勝，則已傷矣。又強制之而不使縱，是再傷也。故曰此之謂重傷。《呂氏春秋‧審為篇》高誘注曰：重讀復重之重。是也。《釋文》音直用反，非是。

魏牟，萬乘之公子也，其隱巖穴也，難為於布衣之士；雖未至乎道，可謂有其意矣。[1]

1.【疏】夫大國王孫，生而榮貴，遂能巖棲谷隱，身履艱辛，雖未階乎玄道，而有清高之志，足以激貪勵俗也。

　【釋文】「萬乘」繩證反。

孔子窮於陳蔡之間，七日不火食，藜羹不糝，顏色甚憊，而弦歌於室[1]。顏回擇菜，子路子貢相與言曰：「夫子再逐於魯，削迹於衞，伐樹於宋，窮於商周，圍於陳蔡，殺夫子者无罪，藉夫子者无禁。弦歌鼓琴，未嘗絕音，君子之无恥也若此乎？[2]」

1.【疏】陳蔡之事，〈外篇〉已解。既遭飢餒，營無火食，藜菜之羹，不加米糝，顏色衰憊而歌樂自娛，達道聖人，不以為事也。【釋文】「不火食」元嘉本無火字。「不糝」素感反。皮拜反。

2.【疏】仕於魯而被放，游於衛而削迹，講於宋樹下而司馬桓魋欲殺夫子，憎其坐處。故欲殺夫子，當無罪咎，凌藉之者，應無禁忌。由賜未達，故發斯言。【釋文】「伐樹於宋」孔子之宋，與弟子習禮大樹下，宋司馬桓魋欲殺孔子，伐其樹，孔子遂行。「藉」藉，毀也。又云：凌藉也。一云：鑿也。或云：係也。

顏回无以應，入告孔子。孔子推琴喟然而歎曰：「由與賜，細人也。召而來，吾語之。」

子路子貢入。子路曰；「如此者可謂窮矣！」[1]

【釋文】「喟」去愧反，又苦怪反。「語之」魚據反。

1.【疏】喟然，嗟歎貌。由與賜，細碎之人也。命召將來，告之善道。如斯困苦，豈不窮乎！【釋文】

孔子曰：「是何言也！君子通於道之謂通，窮於道之謂窮。今丘抱仁義之道以遭亂世之患，其何窮之為！故內省而不窮於道，臨難而不失其德，天寒既至，霜雪既降，吾是以知松柏之茂也。陳蔡之隘，於丘其幸乎！」[1]

1.【疏】夫歲寒別木，處窮知士，因難顯德，可謂幸矣。◎慶藩案何窮之為，為，猶謂也。古謂為二字義通。《呂氏春秋‧慎人篇》作何窮之謂。《呂氏春秋‧精諭篇》胡為不可，《淮南》〈原道〉、〈道應〉篇作胡謂不可。《漢書‧高帝紀》酈食其為里監門，《史記》為作謂，皆其證。【釋文】「臨難」乃旦反。◎俞樾曰：天乃大字之誤。《國語‧魯語》大寒降，韋昭注曰：謂季冬建丑之月，大寒之後也。若作天寒既至，失其義矣。《呂氏春秋‧慎人篇》亦載此事，正作大寒。「之隘」音厄，又於懈反。

孔子削然反琴而弦歌，子路扢然執干而舞[1]。子貢曰：「吾不知天之高也，地之下也。」

[1]【疏】削然，取琴聲也。扢然，奮勇貌也。既師資領悟，彼此歡娛也。【釋文】「削然」如字。李云：反琴聲。亦作梢，音消。◎盧文弨曰：宋本梢作俏。「扢」許訖反，又巨乙反，魚乙反。李云：奮舞貌。司馬云：喜貌。「執干」干，楯也。

古之得道者，窮亦樂，通亦樂。所樂非窮通也，道德於此，則窮通為寒暑風雨之序矣[1]。故許由娛於潁陽而共伯得乎共首[2]。

[1]【疏】夫陰陽天地有四序寒溫，人處其中，何能無窮迪否泰耶！故得道之人，處窮通而常樂，譬之風雨，何足介懷乎！【釋文】「亦樂」音洛，下同。◎俞樾曰：德當作得。《呂覽·慎人篇》作道得於此，則窮達一也，何為寒暑風雨之序矣。疑此文窮通下，亦當有一也二字，而今奪之。

[2]【疏】共伯，名和，周王之孫也。懷道抱德，屬王之難，天子曠絕，諸侯知共伯賢，請立為王，共伯不聽，辭不獲免，遂即王位。一十四年，天下大旱，舍屋生火，卜曰：屬王為祟。遂廢共伯而立宣王。共伯退歸，還食本邑，立之不喜，廢之不怨，逍遙於丘首之山。丘首山，今在河內。潁陽，地名，在襄陽，未為定地名也。故許由娛樂於潁水，共伯得志於首山也。【釋文】「虞於潁陽」《廣雅》云：虞，安也。安於潁陽。一本作娛。娛，樂也。「共伯」音恭，下同。「得乎共首」司馬云：共伯名和，脩其行，好賢人，諸侯皆以為賢。周厲王之難，天子曠絕，諸侯皆請以為天子，共伯不聽，即干王位。十四年，大旱屋焚，卜于太陽，兆曰：厲王為祟。召公乃立宣王。共伯復歸於宗，逍遙得意共山之首。共丘山，今在河內共縣西。魯連子云：共伯後歸於國，得意共山之首。《紀年》云：共伯和即干王位。孟康注《漢書·古今人表》，以為入為三公。本或作丘首。◎盧文弨曰：案今《蜀書》作攝行天子事。◎慶藩案《路史·發揮二》注引司馬云：共伯和脩行而好賢。厲王之難，天子曠絕，諸侯知共伯賢，立為天子。共伯不聽，弗獲免，遂即王位。十四年，天下大旱，舍屋焚，卜於太陽，兆曰：厲王為

崇。召公乃立宣王。共伯還歸於宗，逍遙得意於共丘山之首。與《釋文》小異。◎藩又案《釋文》引司馬云，共伯逍遙得意於共山之首，而不詳共山屬某所，疑共首即共頭也。《荀子·儒效篇》至共頭而山隧，楊倞注：共，河內縣名，共頭蓋共縣之山名。盧云：共頭即《莊子》之共首。《呂氏春秋·誠廉篇》亦作共頭。此首字亦當為頭之誤（頭從頁，頁即首也。古頭首字通用）。

舜以天下讓其友北人无擇，北人无擇曰：「異哉后之為人也，居於畎畝之中而遊堯之門！不若是而已，又欲以其辱行漫我。吾羞見之。」因自投清泠之淵[1]。

【注】孔子曰：士志於仁者，有殺身以成仁，無求生以害仁。夫志尚清遐，高風邈世，與夫貪利沒命者，故有天地之降也。

【疏】北方之人，名曰无擇，舜之友人也。后，君也。壟上曰畝，下曰畎。清泠淵，在南陽西崿縣界。舜耕於歷山，長於壟畝，游堯門闕，受堯禪讓，其事迹豈不如是乎？又欲將恥辱之行汙漫於我。以此羞懟，遂投清泠也。◎俞樾曰：《廣韻·二十五德》北字注：古有北人无擇。則北人是複姓。《漢書·古今人表》作北人亡擇。

【釋文】「畎」古犬反。「畝」司馬云：壟上曰畝，壟中曰畎。◎盧文弨曰：畝字俗，《說文》作畮，亦作畆為正。「辱行」下孟反。下章同。「漫我」武諫反，徐武畔反。下章同。「清泠」音零。「之淵」《山海經》云：在江南。一云：在南陽郡西崿山下。

湯將伐桀，因卞隨而謀，卞隨曰：「非吾事也。」
湯曰：「孰可？」
曰：「吾不知也。」
湯又因瞀光而謀，瞀光曰：「非吾事也。」
湯曰：「孰可？」

曰：「吾不知也。」

湯曰：「伊尹何如？」

曰：「強力忍垢，吾不知其他也。」[1]

1.【疏】姓伊，名尹，字贄，佐世之賢人也。忍，耐也。垢，恥辱也。既欲阻兵，應須強力之士；方將弒主，亦藉耐羞之人，他外之能，吾不知也。【釋文】「贄」音務，又莫豆反。本或作務。「強力」李云：阻兵須力。◎盧文弨曰：舊阻譌祖，今改正。「忍垢」司馬云：垢，辱也。李云：弒君須忍垢也。

湯遂與伊尹謀伐桀，剋之，以讓卞隨，卞隨辭曰：「后之伐桀也謀乎我，必以我為賊也；勝桀而讓我，必以我為貪也。吾生乎亂世，而无道之人再來漫我以其辱行，吾不忍數聞也。」乃自投椆水而死。[1]

1.【疏】漫。汙也。椆水，在潁川郡界。字又作桐。【釋文】「數聞」音朔。「椆水」直留反。本又作桐水。徐音同，又徒董反。又音封。本又作椆，云：洞水在潁川。一云：在范陽郡界。

湯又讓瞀光曰：「知者謀之，武者遂之，仁者居之，古之道也。吾子胡不立乎？」

瞀光辭曰：「廢上，非義也；殺民，非仁也；人犯其難，我享其利，非廉也。吾聞之曰，非其義者，不受其祿，无道之世，不踐其土。況尊我乎！吾不忍久見也。」乃負石而自沉於廬水2。

【釋文】盧水，在遼西西北平郡界也。

1.【疏】享，受也。廢上，謂放桀也。殺民，謂征戰也。人犯其難，謂遭誅戮也。我享其利，謂受祿也。

【釋文】「知者」音智。「其難」乃旦反。

2.【注】舊說曰：如卞隨務光者，其視天下也若六合之外，人所不能察也。斯則謬矣。夫輕天下者，不得有所重也，苟無所重，則無死地矣。以天下為六合之外，故當付之堯舜湯武耳。若二子者，可以為殉名慕高矣，未可謂外天下也。

【疏】淡然無係，故汎然從眾，得失無縶於懷，何自投之為哉！

【釋文】「盧水」音閭。司馬本作盧水，在遼東西界。一云在北平郡界。「淡然」徒暫反。「無縶」古代反。

昔周之興，有士二人處於孤竹，曰伯夷叔齊。二人相謂曰：「吾聞西方有人，似有道者，試往觀焉[1]。」至於岐陽，武王聞之，使叔旦往見之，與盟曰：「加富二等，就官一列。」血牲而埋之[2]。

1.【疏】孤竹，國名，在遼西。伯夷叔齊，兄弟讓位，聞文王有道，故往觀之。夷齊事迹，〈外篇〉已解矣。

【釋文】「孤竹」司馬云：孤竹國，在遼東令支縣界。伯夷叔齊，其君之二子也。令，音郎定反。支，音巨移反。

2.【疏】岐陽是岐山之陽，文王所都之地，今扶風是也。周公名旦，是武王之弟，故曰叔旦也。其時文王已崩，武王登極，將欲伐紂，招慰賢良，故令周公與其盟誓，加祿二級，授官一列，仍牲血釁其盟書，埋之壇下也。

【釋文】「血牲」一本作殺牲。司馬本作血之以牲。

二人相視而笑曰：「嘻，異哉！此非吾所謂道也。昔者神農之有天下也，時祀盡敬而不祈喜；其於人也，忠信盡治而无求焉[1]。樂與政為政，樂與治為治，不以人之壞自成也，不以人之卑自高也，不以遭時自利也[2]。今周見殷之亂而遽為政，上謀而下行貨，阻兵而保威，割牲而盟以為信，揚行以說眾，殺伐以要利，是推亂以易暴也[3]。吾聞古之士，遭治世不避其任，

遇亂世不為苟存。今天下闇，殷德衰，其竝乎周以塗吾身也，不如避之以絜吾行。」二子北至於首陽之山，遂餓而死焉。若伯夷叔齊者，其於富貴也，苟可得已，則必不賴。高節戾行，獨樂其志，不事於世，此二士之節也。[4]

1.【疏】祈，求也。喜，福也。神農之世，淳樸未殘，四時祭祀，盡於恭敬，其百姓忠誠信實，緝理而已，無所求焉。【釋文】「嘻」許其反。「祈喜」一音於其反。◎俞樾曰：喜當作禧。《爾雅‧釋詁》：禧，福也。不祈禧者，不祈福也。《呂氏春秋‧誠廉篇》作時祀盡敬而不祈福，與此字異義同。「盡治」直更反。

2.【疏】為政順事，百姓緝理，從於物情，終不幸人之災以為己福，願人之險以為己利也。

3.【疏】遄，速也。速為治政，彰紂之虐，謀謨行貨以保兵威，顯物行說以化黎庶，可謂推周之亂以易殷之暴也。◎王念孫曰：上謀而下行貨，下字後人所加也。上謀對阻兵，行貨對保威，句法正相對。後人誤讀上為上下之上，故加下字耳。《呂氏春秋‧誠廉篇》正作上謀而行貨，阻兵而保威。【釋文】「揚行」下吾行、戾行同。「以說」音悅。「以要」一遙反。

4.【注】《論語》曰：伯夷叔齊餓于首陽之下，不言其死也。而此云死焉，亦欲明其守餓以終，未必餓死也。此篇大意，以起高讓遠退之風。故被其風者，雖貪冒之人，乘天衢，入紫庭，猶時慨然中路而歎，況其凡乎！故夷許之徒，足以當稷契，對伊呂矣。夫居山谷而弘天下者，不猶高於蒙埃塵者乎！其事雖難為，然其風少弊，故可遺也。曰：夷許之弊安在？曰：許由之弊，使人飾讓以求進，遂至乎之嘻也；伯夷之弊，使暴虐之君得肆其毒而莫之敢亢也。曰：伊呂之弊，使天下貪冒之雄敢行篡逆；唯聖人無迹，故無弊也。若以伊呂為聖人之迹，則伯夷叔齊亦聖人之迹也；若以伯夷叔齊非聖人之迹邪？則伊呂之事亦非聖人矣。夫聖人因物之自行，故無迹。然則所謂聖人者，我本無迹，故物得其迹，迹得而強名聖，則聖人乃無迹之名也。【疏】塗，汙也。若與周竝存，恐汙吾行，不如逃避，餓死於首山。首山在蒲州城南近河是也。【釋文】「故被」皮義反。「貪冒」亡北反，或亡報反。下同。「稷契」息列反。「之嚙」音快。「篡」初患反。唐云：或曰：《讓王》之篇，其章多重生，而務光二三子自投於水，何也？答曰：《莊書》之興，存乎反本，反本之由，先於去榮；是以明《讓王》之一篇，標傲世之

逸志，旨在不降以屬俗，無厚身以全生。所以時有重生之辭者，亦歸棄榮之意耳，深於塵務之為弊也。其次者，雖復被褐啜粥，保身而已。其全道尚高而超俗自逸，寧投身於清泠，終不屈於世累也。此舊集音有，聊復錄之，於義無當也。

雜篇盜跖第二十九[1]

1.【釋文】以人名篇。

孔子與柳下季為友，柳下季之弟，名曰盜跖。盜跖從卒九千人，橫行天下，侵暴諸侯，穴室樞戶，驅人牛馬，取人婦女，貪得忘親，不顧父母兄弟，不祭先祖。所過之邑，大國守城，小國入保，萬民苦之。[1]

1.【疏】姓展，名禽，字季，食采柳下，故謂之柳下季。亦言居柳樹之下，故以為號。展禽是魯莊公時，孔子相去百餘歲，而言友者，蓋寓言也。跖者，禽之弟名也，常為巨盜，故名盜跖。穿穴屋室，解脫門樞，而取人牛馬也。亦有作空字、驅字者。保，小城也。為害既巨，故百姓困之。【釋文】「孔子與柳下季為友」柳下惠姓展，名獲，字季禽。一云：字子禽，居柳下而施德惠。一云：惠，諡也。一云：柳下，邑名。案《左傳》云，展禽是魯僖公時人，至孔子生八十餘年，若至子路之死百五六十歲，不得為友，是寄言也。「盜跖」之石反。李奇注《漢書》云：跖，秦之大盜也。◎俞樾曰：《史記伯夷傳正義》又云，蹠者，黃帝時大盜之名。是跖之為何時人，竟無定說。孔子與柳下惠不同時，柳下惠與盜跖亦不同時，讀者勿以寓言為實也。「從」才用反。「卒」尊忽反。下同。「樞戶」尺朱反，徐苦溝反。司馬云：破人戶樞而取物也。「入保」鄭注《禮記》曰：小城曰保。

孔子謂柳下季曰：「夫為人父者，必能詔其子；為人兄者，必能教其

弟。若父不能教其子，兄不能教其弟，則无貴父子兄弟之親矣。今先生，世之才士也，弟為盜跖，為天下害，而弗能教也，丘竊為先生羞之。丘請為先生往說之。」

柳下季曰：「先生言為人父者必能詔其子，為人兄者必能教其弟，若子不聽父之詔，弟不受兄之教，雖今先生之辯，將奈之何哉！且跖之為人也，心如涌泉，意如飄風，強足以距敵，辯足以飾非，順其心則喜，逆其心則怒，易辱人以言。先生必无往。」

孔子不聽，顏回為馭，子貢為右，往見盜跖。盜跖乃方休卒徒大山之陽，膾人肝而餔之[1]。孔子下車而前，見謁者曰：「魯人孔丘，聞將軍高義，敬再拜謁者。」

1.【疏】餔，食也。子貢驂乘，在車之右也。【釋文】「能詔」如字，教也。「竊為」于偽反。下請為、為我、竊為、使為皆同。「說之」始銳反。「飄風」婢遙反，徐扶遙反。「易辱」以豉反。「大山」音太。「膾」古外反。「餔」布吳反，徐甫吳反。《字林》云：日申時食也。

謁者入通，盜跖聞之大怒，目如明星，髮上指冠，曰：「此夫魯國之巧偽人孔丘非邪？為我告之：『爾作言造語[1]，妄稱文武，冠枝木之冠，帶死牛之脅[2]，多辭繆說，不耕而食，不織而衣，搖脣鼓舌，擅生是非，以迷天下之主，使天下學士不反其本，妄作孝弟而徼倖於封侯富貴者也[3]。子之罪大極重，疾走歸！不然，我將以子肝益晝餔之膳！』」

1.【疏】言孔子憲章文武，祖述堯舜，刊定禮樂，遺迹將來也。【釋文】「髮上」時掌反。「此夫」音符，又如字。

2.【疏】枝木之冠，浮華雕飾，華葉繁茂，有類樹枝。又將牛皮用為革帶，既闊且堅，又如牛肋也。【釋文】「冠」古亂反。「枝木之冠」如字。司馬云：冠多華飾，如木之枝繁。「帶死牛之脅」許劫反。「脅」肋也。司馬云：取牛皮為大革帶。

3.【疏】傲倖，冀望也。夫作孝弟，序人倫，意在乎富貴封侯者也。故歷聘不已，接輿有鳳兮之譏。棄本滯迹，師金致芻狗之誚也。【釋文】「繆說」音謬。「孝弟」音悌。本亦作悌。「而傲」古堯反。◎俞樾曰：極當作殛。《爾雅·釋言》：殛，誅也。言罪大而誅重也。極、殛古字通。《書·洪範篇》鯀則殛死，〈多士篇〉殛之，僖二十八年《左傳》明神殛之，昭七年《傳》昔堯殛鯀於羽山，《釋文》並曰：殛，本作極。

孔子復通曰：「丘得幸於季，願望履幕下[1]。」

1.【疏】言丘幸其得與賢兄朋友，不敢正覿儀容，願履帳幕之下。亦有作綦字者。綦，履迹也。願履綦迹，猶看足下。【釋文】「復通」扶又反，下同。「願望履幕下」司馬本幕作綦，云：言視不敢望跖面，望履結而還也。

謁者復通，盜跖曰：「使來前！」

孔子趨而進，避席反走，再拜盜跖。盜跖大怒，兩展其足，案劍瞋目，聲如乳虎，曰：「丘來前！若所言，順吾意則生，逆吾心則死。」[1]

1.【疏】趨，疾行也。反走，卻退。兩展其足，伸兩腳也。【釋文】「反走」小卻行也。◎慶藩案《文選》謝靈運《從斤竹澗越嶺溪行》注引司馬云：展，申也。「瞋」赤真反，徐赤夷反。《廣雅》云：張也。「如乳」如樹反。

孔子曰：「丘聞之，凡天下有三德：生而長大，美好无雙，少長貴賤見而皆說之，此上德也；知維天地，能辯諸物，此中德也；勇悍果敢，聚眾率兵，此下德也。凡人有此一德者，足以南面稱孤矣。今將軍兼此三者，身長八尺二寸，面目有光，脣如激丹，齒如齊貝，音中黃鐘，而名曰盜跖，丘竊為將軍恥不取焉[1]。將軍有意聽臣，臣請南使吳越，北使齊魯，東使宋衛，西使晉楚，使為將軍造大城數百里，立數十萬戶之邑，尊將軍為諸侯，與天下更始，罷兵休卒，收養昆弟，共祭先祖。此聖人才士之行，而天下之願也。」

1.【疏】激，明也。貝，珠也。黃鐘，六律聲也。【釋文】「少長」詩召反，下丁丈反。「皆說」音悅。下同。「知維」音智。「勇悍」戶旦反。「激丹」古歷反。司馬云：明也。「齊貝」一本作含貝。「音中」丁仲反。「南使」所吏反。下三字同。「數百」所主反。下同。「罷兵」如字。徐扶彼反。「共祭」音恭。「之行」下孟反。下同。

盜跖大怒曰：「丘來前！夫可規以利而可諫以言者，皆愚陋恆民之謂耳。今長大美好，人見而悅之者，此吾父母之遺德也。丘雖不吾譽，吾獨不自知邪？

且吾聞之，好面譽人者，亦好背而毀之。今丘告我以大城眾民，是欲規我以利而恆民畜我也，安可久長也！城之大者，莫大乎天下矣。堯舜有天下，子孫无置錐之地[2]；湯武立為天子，而後世絕滅；非以其利大故邪[3]？

1.【疏】言大城眾民，不可長久也。

【釋文】「恆民」一本作順民。後亦爾。「吾譽」音餘。下同。「好

面】呼報反。下同。「背」音佩。下同。

2.【疏】堯讓舜，不授丹朱，舜讓禹而商均不嗣，故無置錐之地也。

3.【疏】殷湯周武，總統萬機，後世子孫，咸遭篡弒，豈非四海利重所以致之！

且吾聞之，古者禽獸多而人少，於是民皆巢居以避之，晝拾橡栗，暮栖木上，故命之曰有巢氏之民。古者民不知衣服，夏多積薪，冬則煬之，故命之曰知生之民。神農之世，臥則居居，起則于于1，民知其母，不知其父，與麋鹿共處，耕而食，織而衣，无有相害之心，此至德之隆也。然而黃帝不能致德，與蚩尤戰於涿鹿之野，流血百里2。堯舜作，立群臣3，湯放其主4，武王殺紂5。自是之後，以強陵弱，以眾暴寡。湯武以來，皆亂人之徒也6。

1.【疏】居居，安靜之容。于于，自得之貌。

【釋文】「橡」音象。「煬」羊亮反。◎慶藩案于于，廣大之意也。《方言》：于，大也。《禮》文王世子于其身以善其君，鄭注曰：于讀為迂。迂，猶廣也，大也。《檀弓》于則于，《正義》亦訓于為廣大。于于，重言也。

2.【疏】至，致也。蚩尤，諸侯也。涿鹿，地名，今幽州涿郡是也。蚩尤造五兵，與黃帝戰，故流血百里也。

【釋文】「蚩尤」神農時諸侯，始造兵者也。神農之後，第八帝曰榆罔。世蚩尤氏強，與榆罔爭王，逐榆罔。榆罔與黃帝合謀，擊殺蚩尤。《漢書音義》云：蚩尤，古之天子。一曰庶人貪者。「涿鹿」音卓。本又作濁。司馬云：涿鹿，地名，故城今在上谷郡西南八十里。

3.【疏】置百官也。

4.【疏】放桀於南巢也。

5.【疏】朝歌之戰。

【釋文】「武王殺」音試。下同。

6.【疏】征伐篡弒，湯武最甚。

今子脩文武之道，掌天下之辯，以教後世¹，縫衣淺帶，矯言偽行，以迷惑天下之主，而欲求富貴焉，盜莫大於子。天下何故不謂子為盜丘，而乃謂我為盜跖？²

1.【疏】孔子憲章文武，辯說仁義，為後世之教也。

2.【疏】制縫掖之衣，淺薄之帶，矯飾言行，誑惑諸侯，其為賊害，甚於盜跖。【釋文】「撎衣」本又作縫，扶恭反，徐扶公反，又音馮。◎盧文弨曰：今書作縫衣。◎慶藩案撎衣淺帶，向秀注曰：儒服寬而長大（見《列子‧黃帝篇》注）。《釋文》撎，又作縫，《書‧洪範》子孫其逢吉，馬注曰：逢，大也。《禮‧儒行》逢掖之衣，鄭注：逢，猶大也。《荀子‧非十二子篇》其衣逢，〈儒效篇〉逢衣淺帶，楊注並大也。亦省作絳，《墨子‧公孟篇》絳衣博袍。絳博，皆大也（《集韻》：縫，或省作絳。漢〈丹陽太守郭旻碑〉彌絳衰口，絳即縫字）。「淺帶」縫帶使淺狹。「矯言」紀表反。

子以甘辭說子路而使從之，使子路去其危冠，解其長劍，而受教於子，天下皆曰孔丘能止暴禁非¹。其卒之也，子路欲殺衞君而事不成，身菹於衞東門之上，是子教之不至也²。

1.【疏】高危之冠，長大之劍，勇者之服也。既伏膺孔氏，故解去之。【釋文】「說子路」始銳反，又如字。「去其」起呂反。「危冠」李云：危，高也。子路好勇，冠似雄雞形，背負豭豚，用表己強也。◎盧文弨曰：今書音義作豭斗，案《史記》作佩豭豚。

2.【疏】仲由疾惡情深，殺衞君蒯瞶，事既不逮，身遭菹醢，盜跖故以此相譏也。【釋文】「其卒」子恤反。「身菹」莊居反。

子自謂才士聖人邪？則再逐於魯，削迹於衞，窮於齊，圍於陳蔡，不容身於天下。子教子路菹此患，上无以為身，下无以為人，子之道豈足貴邪？世之所高，莫若黃帝，黃帝尚不能全德，而戰涿鹿之野，流血百里。堯不慈[1]，舜不孝[2]，禹偏枯[3]，湯放其主，武王伐紂，文王拘羑里[4]。此六子者，世之所高也，孰論之，皆以利惑其真而強反其情性，其行乃甚可羞也[5]。

【釋文】「以為」于偽反，下同。「堯不慈」不授子也。

1.【疏】謂不與丹朱天下。

2.【疏】為父所疾也。

3.【疏】治水勤勞，風櫛雨沐，致偏枯之疾，半身不遂也。

4.【疏】羑里，殷獄名。文王遭紂之難，囚於囹圄，凡經七年，方得免脫。【釋文】「文王拘羑里」紂之三十年，囚文王。

5.【疏】六子者，謂黃帝堯舜禹湯文王也。皆以利於萬乘，是以迷於真道而不反於自然，故可恥也。【釋文】「而強」其丈反。「可羞」如字。本又作惡，烏路反。

世之所謂賢士，伯夷叔齊。伯夷叔齊辭孤竹之君而餓死於首陽之山，骨肉不葬。鮑焦飾行非世，抱木而死[1]。申徒狄諫而不聽，負石自投於河，為魚鼈所食[2]。介子推至忠也，自割其股以食文公，文公後背之，子推怒而去，抱木而燔死[3]。尾生與女子期於梁下，女子不來，水至不去，抱梁柱而死。此六子者，无異於磔犬流豕操瓢而乞者，皆離名輕死，不念本養壽命者也[4]。

1.【疏】二人窮死首山，復無子胤收葬也。姓鮑，名焦，周時隱者也。飾行非世，廉潔自守，荷擔採樵，拾橡充食，故無子胤，不臣天子，不友諸侯。子貢遇之，謂之曰：「吾聞非其政者不履其地，汙其君者不受其利。今子履其地，食其利，其可乎？」鮑焦曰：「吾聞廉士重進而輕退，賢人易愧而輕死。」遂抱木立枯焉。

2.【疏】申徒自沉，前篇已釋。諫而不聽，未詳所據。崔嘉雖解，無的諫辭。【釋文】【負石自投於河】申徒狄將投於河，崔嘉止之曰：「吾聞聖人仁士民父母，若濡足故，不救溺人，可乎？」申徒狄曰：「不然。昔桀殺龍逢，紂殺比干，而亡天下；吳殺子胥，陳殺泄治，而滅其國。非聖人不仁，不用故也。」遂沉河而死。

3.【疏】晉文公重耳也，遭驪姬之難，出奔他國，在路困乏，推割股肉以飴之。公後還三日，封於從者，遂忘子推。子推作〈龍蛇之歌〉，書其營門，怒而逃。公後慙謝，追子推於介山。子推隱避，公因放火燒山，庶其走出。火至，子推遂抱樹而焚死焉。【釋文】【以食】音嗣。【燔死】音煩，燒也。◎慶藩案《左傳》：介之推不言祿，祿亦弗及。又曰：晉侯求之不得，以綿上為之田，曰：「以志吾過，且旌善人。」《呂覽》曰：介推負釜蓋，終身不見。《史記》曰：使人召之則亡。聞其入綿上山中，於是環綿上之山中而封之，以為介推田，號曰介山。徧查經傳，并無介推燔死之事。自屈子為立枯之說（《楚辭·九章·惜往日》：介子推而立枯兮），莊生有燔死之文（《容齋三筆》云始自《新序》，非也），而東方朔《七諫》、《漢書·丙吉傳》皆承其誤。今當以《左傳》、《呂覽》正之。

4.【疏】六子者，謂伯夷叔齊鮑焦申徒介推尾生。言此六人，不合玄道，矯情飾行，苟異俗中，用此聲名，傳之後世。亦何異乎張磔死狗，流在水中，員病之人，操瓢乞告！此閒人物，不許見聞，六子之行，事同於此，皆為重名輕死，不念歸本養生。豕字有作死字者，乞字有作走字者，隨字讀之。豕，豬也。【釋文】【尾生】一本作微生。《戰國策》作尾生高。高誘以為魯人。【磔】竹客反。《廣雅》云：張也。【操】七曹反。【瓢】婢遙反。【而乞者】李云：言上四人不得其死，猶豬狗乞兒流轉溝中者也。乞，或作走。【離名】力智反。

世之所謂忠臣者，莫若王子比干伍子胥。子胥沉江，比干剖心，此二子者，世謂忠臣也，然卒為天下笑。[1]自上觀之，至于子胥比干，皆不足貴

「念本」本，或作卒。

也。

1.【疏】為達道者之所嗤也。　【釋文】「剖心」普口反。

　　丘之所以說我者，若告我以鬼事，則我不能知也；若告我以人事者，不過此矣，皆吾所聞知也。

　　今吾告子以人之情，目欲視色，耳欲聽聲，口欲察味，志氣欲盈[1]。人上壽百歲，中壽八十，下壽六十，除病瘦死喪憂患，其中開口而笑者，一月之中不過四五日而已矣。天與地無窮，人死者有時，操有時之具而託於無窮之間，忽然無異騏驥之馳過隙也[2]。不能說其志意，養其壽命者，皆非通道者也。

　　丘之所言，皆吾之所棄也，亟去走歸，无復言之！子之道，狂狂汲汲，詐巧虛偽事也，非可以全真也，奚足論哉[3]！

1.【疏】夫目視耳聽，口察志盈，率性而動，稟之造物，豈矯情而為之哉？分內為之，道在其中矣。【釋文】「以說」如字，又始銳反。

2.【疏】夫天長地久，窮境稍賒，人之死生，時限迫促。以有限之身，寄無窮之境，何異乎騏驥馳走過隙穴也！【釋文】「上壽」音受，又如字。下同。「瘦」色又反。◎王念孫曰：《釋文》，瘦，色又反。案瘦當為瘐，字之誤也。瘦，亦病也。病瘐為一類，憂患為一類。瘐字本作瘉。《爾雅》曰：瘉，病也。《小雅·正月篇》胡俾我瘉，《毛傳》與《爾雅》同。《漢書·宣帝紀》今繫者或以掠辜若飢寒瘐死獄中，蘇林曰：瘐，病也，囚徒病，律名為瘐。師古曰：瘐，音庾，字或作瘉。《王子侯表》曰：富侯龍下獄瘐死。

3.【疏】亟，急也。狂狂，失性也。汲汲，不足也。夫聖迹之道，仁義之行，譬彼蓬廬，方茲夯狗，執而不

遣，惟增其弊。狂狂失真，伋伋不足，虛偽之事，何足論哉！　【釋文】「能說」音悅。「敔去」紀力反，急也。本或作極。「無復」扶又反。「狂狂」如字，又九況反。「汲汲」本亦作伋，音急，又音及。「詐巧」苦孝反，又如字。

孔子仰天而歎曰：「然[2]。」

2.【疏】然，如此也。

1.【疏】軾，車前橫木，憑之而坐者也。盜跖英雄，盛談物理，孔子慴懼，遂至於斯。微，無也。「上車」時掌反。「三失」息暫反，又如字。「芒然」莫剛反。「有行」如字。　【釋文】

見，車馬有行色，得微往見跖邪？」[1]

頭，不能出氣。歸到魯東門外，適遇柳下季。柳下季曰：「今者闕然數日不

孔子再拜趨走，出門上車，執轡三失，目芒然无見，色若死灰，據軾低

柳下季曰：「跖得无逆汝意若前乎？」

孔子曰：「然[1]。丘所謂无病而自灸也，疾走料虎頭，編虎須，幾不免

虎口哉[2]！」

1.【疏】若前乎者，則是篇首柳下季云：「逆其心則怒，無乃逆汝意如我前言乎？」孔子答云：「實如所言也。」

2.【注】此篇寄明因眾之所欲亡而亡之，雖王紂可去也；不因其危險，雖盜跖不可御也。　【疏】幾，近也。夫料觸虎頭而編虎須者，近遭於虎食之也，今仲尼往說盜跖，履其危險，不異於斯也。而言此章大意，排擯聖迹，嗤鄙名利，是以排聖迹則訶責堯舜，鄙名利則輕忽夷齊，故寄孔跖以摸之意也。即郭注意，失之遠矣。　【釋文】「自灸」久又反。「疾走料」音聊。「料虎」音鞭，又蒲顯反，徐扶顯反。本或作編，音同。「頟」一本作料

頭編虎須。◎盧文弨曰：今書作編虎須。舊亦作須，今從宋本作頗。「幾不」音祈。「可去」起呂反。

子張問於滿苟得曰：「盍不為行₁？无行則不信，不信則不任，不任則不利。故觀之名，計之利，而義真是也。²若棄名利，反之於心，則夫士之為行，不可一日不為乎₃！」

1.【疏】子張，孔子弟子也，姓顓孫，名師，字子張，行聖迹之人也。姓滿，名苟得，假託為姓名，曰苟且貪得以滿其心，求利之人也。盍，何不也。何不為仁義之行乎？勸其捨求名利也。

【釋文】「滿苟得」人姓名。

「盍」胡臘反。「為行」下孟反。下、注同。盍，何不也。勸何不為德行。

2.【疏】若不行仁義之行則不被信用，不被信用則無職任，無職任則無利祿。故有行則有名，有名則有利，觀察計當，仁義真是好事，宜行之也。

3.【疏】反，乖逆也。若棄名利，則乖逆我心，故士之立身，不可一日不行仁義。

滿苟得曰：「无恥者富，多信者顯。夫名利之大者，幾在无恥而信。故觀之名，計之利，而信真是也。¹若棄名利，反之於心，則夫士之為行，抱其天乎²！」

1.【疏】多信，猶多言也。夫識廉知讓則貧，無恥貪殘則富；謙柔靜退則沉，多言夸伐則顯。故觀名計利，而莫先於多言，多言則是名利之本也。

2.【疏】抱，守也。天，自然也。夫脩道之士，立身為行，棄擲名利，乃乖俗心，抱守天真，翻合虛玄之道也。

子張曰：「昔者桀紂貴為天子，富有天下，今謂臧聚曰，汝行如桀紂，

則有怍色，有不服之心者，小人所賤也。仲尼墨翟，窮為匹夫，今謂宰相曰，子行如仲尼墨翟，則變容易色稱不足者，士誠貴也。[1]故勢為天子，未必貴也；窮為匹夫，未必賤也；貴賤之分，在行之美惡[2]。」

1.【疏】桀紂孔墨，並釋於前。臧，謂臧獲也。聚，謂竊，即盜賊小人也。以臧獲比天子，則慚怍而不服；以宰相比匹夫，則變容而歡慰。故知所貴在行，不在乎位。【釋文】「臧聚」司馬云：謂臧獲盜濫竊聚之人也。「有怍」音昨。「宰相」息亮反。下相而同。

2.【疏】此復釋前義也。

滿苟得曰：「小盜者拘，大盜者為諸侯，諸侯之門，義士存焉。昔者桓公小白殺兄入嫂而管仲為臣，田成子常殺君竊國而孔子受幣。論則賤之，行則下之，則是言行之情悖戰於胷中也，不亦拂乎！[1]故《書》曰：『孰惡孰美？成者為首，不成者為尾。』[2]」

1.【疏】悖，逆也。拂，戾也。齊桓公名小白，殺其兄子糾，納其嫂焉。管仲賢人，臣而輔之，卒能九合諸侯，一匡天下。田成子常殺齊簡公，孔子沐浴而朝，受其幣帛。夫殺兄入嫂，弒君竊國，人倫之惡莫甚於斯，而夷吾為臣，尼父受幣。言議則以為鄙賤，情行則下而事之，豈非戰爭於心胸，言行相反戾耶？【釋文】「入嫂」先早反。司馬云：以嫂為室家。「為臣」臣，或作相。「殺君」申志反。「論則」力頓反。「悖戰」布內反。「亦拂」扶弗反。

2.【疏】成者為首，君而事之；不成者為尾，非而毀之。以此而言，只論成與不成，豈關行與無行，故不知美惡的在誰也。所引之書，並遭燒滅，今並無本也。

子張曰：「子不為行，即將疏戚无倫，貴賤无義，長幼无序；五紀六位，將何以為別乎1？」

1.【疏】戚，親也。倫，理也。五紀，祖父也，身子孫也，亦言金木水火土五行也，仁義禮智信五德也。六位，君臣父子夫婦也，亦言父母兄弟夫妻。子張云：「若不行仁義之行，則親疏無理，貴賤無義，長幼無次敘，五紀六位无可分別也。」【釋文】「長幼」丁丈反。「五紀」司馬云：「歲、日、月、星辰、曆數。臣、父、子、夫、婦。◎俞樾曰：五紀，司馬云歲日月星辰曆數，然與疏戚貴賤長幼之義不相應，殆非也。今案五紀即五倫也，六位即六紀也。《白虎通‧三綱六紀篇》曰：六紀者，謂諸父、兄弟、族人、諸舅、師長、朋友也。此皆所以為疏戚貴賤長幼之別。不曰五倫而曰五紀，不曰六紀而曰六位，古人之語異耳。《家語‧入官篇》群僕之倫也，王肅注曰：倫，紀也。然則倫紀得通稱矣。「為別」彼列反。下同。

滿苟得曰：「堯殺長子，舜流母弟，疏戚有倫乎1？湯放桀，武王殺紂，貴賤有義乎2？王季為適，周公殺兄，長幼有序乎3？儒者偽辭，墨者兼愛，五紀六位將有別乎4？

1.【疏】堯廢長子丹朱，不與天位，故言殺也。舜封同母弟象於有庳之國，令天下吏治其國，收納貢稅，故言流放也。廢子流弟，何有親疏之理乎？【釋文】「堯殺長子」崔云：堯殺長子考監明。「舜流母弟」弟，謂象也。流，放也。《孟子》云：舜封象於有庳，不得有為於其國，天子使吏治其國，而納其貢稅焉。故謂之放也。

2.【疏】殷湯放夏桀於南巢，周武殺殷紂於汲郡，君臣貴賤，其義安在？

3.【疏】王季，周大王之庶子季歷，即文王之父也。太伯仲雍讓位不立，故以小兒季歷為適。管蔡，周公之兄，泣而誅之，故云殺兄。廢適立庶，弟殺其兄，尊卑長幼，有次序乎？【釋文】「為適」丁歷反。

4.【疏】夫儒者多言，強為名位；墨者兼愛，周普無私；五紀六位，有何分別？

且子正為名，我正為利。名利之實，不順於理，不監於道。¹吾日與子訟於无約曰：『小人殉財，君子殉名。其所以變其情，易其性，則異矣；乃至於棄其所為而殉其所不為，則一也。』²故曰，无為小人，反殉而天；无為君子，從天之理³。若枉若直，相而天極；面觀四方，與時消息⁴。若是若非，執而圓機；獨成而意，與道徘徊⁵。无轉而行，无成而義，將失而所為⁶。无赴而富，无殉而成，將棄而天⁷。

1.【疏】監，明也，見也。子張心之所為，正在於名；句得心之所為，正在於利。且名利二途，皆非真實，既乖至理，豈明見於玄道！【釋文】「且子正為名」假設之辭也。為，音于偽反。下為利同。「不監」本亦作鑑，同。

2.【疏】訟，謂論說也。約，謂契誓也。棄其所為，捨己；殉其所不為，逐物也。夫殉利謂之小人，殉名謂之君子，名利不同，所殉一也。子張苟得，皆共談玄言於无為之理，敦於莫逆之契也。【釋文】「吾曰」人實反。

3.【疏】而，爾也。既不逐利，又不殉名，故能率性歸根，合於自然之道也。【无約】如字。徐於妙反。

4.【疏】相，助也。無問枉直，順自然之道，觀照四方，隨四時而消息。

5.【疏】徘徊，猶轉變意也。圓機，猶環中也。執於環中之道以應是非，用於獨化之心以成其意，故能冥其虛通之理，轉變無窮者也。

6.【疏】所為，真性也。無轉汝志，為聖迹之行；無成爾心，學仁義之道；捨己效他，將喪爾真性也。◎王念孫曰：無轉而行，轉讀為專。〈山木篇〉云，一龍一蛇，與時俱化，而無肯專為。即此所謂無專而行也。此承上文與時消息，與道徘徊而言，言當隨時順道而不可專行仁義。若專而行，成而義，則將失其所為矣。故下文云，正其言，必其行，故服其殃，離其患也。必其行，即此所謂專而行也。〈秋水篇〉無一而行，與道參差。一亦專也。無專而行，猶言無一而行也。專與轉，古字通。又通作摶。《史記·吳王濞傳》燕王摶胡眾入蕭關，《索隱》曰：

搏，音專，謂專統領胡兵也。

7.【疏】莫奔赴於富貴，無殉逐於成功。必赴必殉，則背於天然之性也。

比干剖心，子胥抉眼，忠之禍也[1]；直躬證父，尾生溺死，信之患也[2]；鮑子立乾，申子不自理，廉之害也[3]；孔子不見母，匡子不見父，義之失也[4]。此上世之所傳，下世之所語，以為士者正其言，必其行，故服其殃，離其患也[5]。

1.【疏】比干忠諫於紂，紂云，聞聖人之心有九竅，遂剖其心而視之。子胥忠諫夫差，夫差殺之，子胥曰：「吾死後，抉眼縣於吳門東以觀越之滅吳也。」斯皆至忠而遭其禍也。【釋文】「抉眼」烏穴反。

2.【疏】躬父盜羊，而子證之。尾生以女子為期，抱梁而死。此皆守信而致其患也。

3.【疏】鮑焦廉貞，遭子貢譏之，抱樹立乾而死。申子，晉獻公太子申生也，遭麗姬之難，枉被讒謗，不自申理，自縊而死矣。【釋文】「鮑子立乾」司馬云：鮑子，名焦，周末人，汙時君不仕，採蔬而食。子貢見之，謂曰：「何為不仕食祿？」答曰：「無可仕者。」子貢曰：「汙時君不食其祿，惡其政不踐其土。今子惡其君，處其土，食其蔬，何志行之相違乎？」鮑焦遂棄其蔬而餓死。《韓詩外傳》同。又云：槁洛水之上也。「勝子自理」一本理作俚。本又作申子自埋。或云：謂申徒狄抱甕之河也。一本作申子不自理，謂申生也。

4.【疏】孔子滯耽聖迹，歷國應聘，其母臨終，孔子不見。姓匡，名章，齊人也，諫諍其父，其父不從，被父憎嫌，遂游他邑，亦耽仁義，學讀忘歸，其父臨終而章不見。此皆滯溺仁義，有斯過矣。【釋文】「孔子不見母」李云：未聞。「匡子不見父」司馬云：匡子，名章，齊人，諫其父，為父所逐，終身不見父。案此事見《孟子》盧文弨曰：疑父母二字當互易。

5.【注】此章言尚行則行矯，貴士則士偽，故蔑行賤士以全其內，然後行高而士貴耳。是以忠誠之士，廉信之人，正其言以諫君，必其行以事主，莫不遭罹其患，服從其殃，為道之人深宜戒慎也。【疏】自比干已下，匡子已上，皆為忠信廉貞而遭其禍，斯皆古昔相傳，下世語之也。【釋文】「所傳」丈專反。

无足問於知和曰：「人卒未有不興名就利者。彼富則人歸之，歸則下之，下則貴之。夫見下貴者，所以長生安體樂意之道也。今子獨无意焉，知不足邪，意知而力不能行邪，故推正不忘邪？」[1]

1.【疏】无足，謂貪婪之人，不止足者也。知和，謂體知中和之道，守分清廉之人也。无足云：「世人卒竟未有不興起名譽而從就利祿者。若財富則人歸湊之，歸湊則謙下而尊貴之。夫得人謙下尊貴者，則說其情，適其性，體質安而長壽矣。子獨無貪富貴之意乎？為運知不足不求邪？為心意能知，力不能行，故推於正理，志念不忘，以遣貪求之心而不取邪？」【釋文】「无足」一本作無知。「則下」遐嫁反。下同。「知不」音智。下知謀同。◎慶藩案意，語詞也，讀若抑。抑意古字通。《論語‧學而篇》抑與之與，《石經》抑作意。《墨子‧明鬼篇》豈女為之與，意鮑為之與。皆其證。「故推正不忘」忘，或作妄，言君臣但推尋正道不忘，故不用富貴邪？為智力不足，故不用邪？

知和曰：「今夫此人以為與己同時而生，同鄉而處者，以為夫絕俗過世之士焉；是專无主正，所以覽古今之時，是非之分也，與俗化[1]。世去至重，棄至尊，以為其所為也；此其所以論長生安體樂意之道，不亦遠乎[2]！慘怛之疾，恬愉之安，不監於體；怵惕之恐，欣懽之喜，不監於心[3]；知為為而不知所以為，是以貴為天子，富有天下，而不免於患也[4]。」

1.【疏】此人，謂富貴之人也。俗人，謂無知，貪利情切，與貴人同時而生，共富人同鄉而住者，猶將己為超絕流俗，過越世人；況己之自享於富貴乎！斯乃專愚之人，內心無主，不履正道，不覺古今之時代，不察是非之涯分，而與塵俗紛競，隨末而遷化者也，豈能識禍福之歸趣者哉！【釋文】「過世之士焉」言人心易動，但人與賢人俱生，便自謂過於世人，況親自為富貴者乎！

2.【疏】至重，生也。至尊，道也。流俗之人，捐生背道，其所為每事如斯，其於長生之道，去之遠矣。如斯之人，雖貴總萬機，富贍四海，而不免於怵惕等患也。

3.【疏】慘怛，悲也。恬愉，樂也。夫悲樂喜懼者，並身外之事也，故不能監明於聖質，照入於心靈，而愚者妄為之也。

【釋文】「七感反」。「怛」丹曷反。「之恐」丘勇反。

4.【疏】為為者，有為也；所以為者，無為也。但知為於有為，不知為所以出自無為也。

无足曰：「夫富之於人，无所不利，窮美究埶，至人之所不得逮，賢人之所不能及[1]，俠人之勇力而以為威強，秉人之知謀以為明察，因人之德以為賢良，非享國而嚴若君父[2]。且夫聲色滋味權勢之於人，心不待學而樂之，體不待象而安之[3]。夫欲惡避就，固不待師，此人之性也。天下雖非我，孰能辭之！[4]」

1.【疏】窮，盡也。夫能窮天下善美，盡人間威勢者，其惟富貴乎！故至德之人，賢哲之士，亦不能遠及也。

【釋文】「窮美」窮，猶盡也。

2.【疏】夫富貴之人，人多依附，故勇者為之捍，智者為之謀，德者為之助，雖不臨享邦國，而威嚴有同君父焉，斯皆財利致其然矣。

【釋文】「俠人」音協。「究埶」音勢。本亦作勢。一音藝，究竟也。

3.【疏】夫耳悅於聲，眼愛於色，口噪於味，威權形勢以適其情者，不待教學而心悅樂，豈服法象而身安乎？蓋性之然耳。

4.【疏】夫欲之則就，惡之則避，斯乃人物之常情，不待師教而後為之者，故天下雖非無足，誰獨辯辭於此事者也！

【釋文】「欲惡」烏路反。

知和曰：「知者之為，故動以百姓，不違其度，是以足而不爭，无以為故不求[1]。不足故求之，爭四處而不自以為貪；有餘故辭之，棄天下而不自

以為廉[2]。廉貪之實，非以迫外也，反監之度[3]。勢為天子而不以貴驕人，富有天下而不以財戲人。計其患，慮其反，以為害於性，故辭而不受也，非以要名譽也。[4] 堯舜為帝而雍，非仁天下也，不以美害生也；善卷許由得帝而不受，非虛辭讓也，不以事害己。此皆就其利，辭其害，而天下稱賢焉，則可以有之，彼非以興名譽也。[5]」

1.【疏】夫知慧之人，虛懷應物，故能施為舉動，以百姓心為心，百姓順之，亦不違其法度也。內心至之，所以不爭，無用無為，故不求不覺也。

2.【疏】四處，猶四方也。夫凡聖區分，貪廉斯隔，是以爭貪四方，馳騁八極，不自覺其貪婪，棄捨萬乘，辭於九五，而不自覺其廉儉。

3.【疏】監，照也。夫廉貪實性，非過迫於外物也，而反照於內心，各稟度量不同也。

4.【疏】夫不以高貴為驕矜，不以錢財為娛玩者，計其災患，憂慮傷害於真性故也。是以辭大寶而不受，非謂要求名譽者也。
【釋文】「要名」一遙反。

5.【疏】雍，和也。夫唐虞之化，宇內和平者，非有情於仁惠，不以美麗害生也；善卷許由被禪而不受，非是矯情於辭讓，不以世事害己也。斯皆就其長生之利，辭其篡弒之害，故天下稱其賢能，則可謂有此避害之心，實無彼興名之意。

无足曰：「必持其名，苦體絕甘，約養以持生，則亦久病長阨而不死者也[1]。」

1.【疏】必固將欲修進名譽，苦其形體，絕其甘美，窮約攝養，矜持其生者，亦何異乎久病固疾，長阨不死，雖生之日，猶死之年！此無足之辭，以難知利也。
【釋文】「長阨」音厄，又烏賣反。

知和曰：「平為福，有餘為害者，物莫不然，而財其甚者也１。今富人，耳營鐘鼓筦籥之聲，口嗛於芻豢醪醴之味，以感其意，遺忘其業，可謂亂矣２；俀溺於馮氣，若負重行而上阪，可謂苦矣３，貪財而取慰，貪權而取竭，靜居則溺，體澤則馮，可謂疾矣４；為欲富就利，故滿若堵耳而不知避，且馮而不舍，可謂辱矣５；財積而无用，服膺而不舍，滿心戚醮，求益而不止，可謂憂矣６；內則疑刦請之賊，外則畏寇盜之害，內周樓疏，外不敢獨行，可謂畏矣７。此六者，天下之至害也，皆遺忘而不知察，及其患至，求盡性竭財，單以反一日之无故而不可得也８。故觀之名則不見，求之利則不得，繚意體而爭此，不亦惑乎９！」

【１】【疏】夫平等被其福善，有餘招其禍害者，天理自然也。物皆如是，而財最甚也。

【２】【疏】嗛，稱適也。管籥，簫笛之流也。夫富室之人，恣情淫勃，口爽醪醴，耳聏宮商，取捨滑心，觸類感動。性之昏爽，事業忘焉，無所覺知，豈非亂也！

【釋文】【筦】音管。本亦作管。【籥】音藥。一本筦籥作壎篪。「口嗛」苦簟反。◎慶藩案嗛，快也。《說文》：嗛，口有所銜也。《趙策》膳啗之嗛於魏，齊桓公夜半不嗛易牙，高注並曰：嗛，快也。《荀子·榮辱篇》彼臭之而無嗛於鼻，楊倞讀嗛為慊，云厭也。失之。「醪」力刀反。

【３】馮氣，猶憤懣也。夫貪欲既多，勞役困弊，心中俀塞，沉溺憤懣，猶如負重上阪而行。此之委頓，豈非苦困也哉！

【於馮氣】馮，音憑，憤滿也。

【釋文】「俀溺」徐音礙，五代反，又戶該反。飲食至咽為俀。一云：俀溺，猶言沉溺之深也。言憤畜不通之氣也。下同。◎家世父曰：《釋文》飲食至咽為俀，未免強以意通之。《說文》：奇俀，非常也。揚子《方言》：非常曰俀事。◎王念孫曰：《釋文》曰，馮，盛也。言憤畜不通之氣也。案馮氣，盛氣也。昭五年《左傳》今君奮焉震電馮怒，杜注曰：馮，盛也。《楚辭·離騷》馮不厭乎求索，王注曰：馮，滿也，楚人名滿曰馮。是馮為盛滿之義，無煩改讀為慣也。「而上」時掌反。

4.【疏】貪取財寶以慰其心，誘諂威權以竭情慮，安靜閒居則其體沉溺，體氣悅澤則憤懣斯生，動靜困苦，豈非疾也！　【釋文】「取慰」慰亦作畏。《淮南·俶真篇》五藏無蔚氣，高注曰：蔚，病也。《繆稱篇》侏儒瞽師，人之困慰者也，高注曰：慰，病也。是蔚慰二字，古訓通用。

5.【疏】堵，牆也。夫欲富就利，情同壑壁，譬彼堵牆，版築滿盈，心心憤懣，貪婪不舍，不知避害，豈非恥辱耶！　【釋文】「不舍」音捨。下同。

6.【疏】戚醮，煩惱也。夫積而不散，馮而不舍，貪求無足，煩惱盈懷，權而論之，豈非憂患！◎慶藩案服膺而不舍，即上文馮而不舍之義。服膺即馮也。《文選·漢高祖功臣頌》有馮膺而尚缺（《文選》膺誤作應。李善注誤以為憑依瑞應，失之。古應與膺同聲通用。《康誥》應保殷民，《周誥》膺保民德，《詩·閟宮篇》戎狄是膺，《史記·建元以來侯者年表》膺作應。《孟子·滕文公篇》戎狄是膺，《音義》曰：丁本膺作應。）服膺之為憑膺，猶伏軾之為憑軾（《史記·酈生傳》伏軾下齊七十餘城，《漢書》作馮軾），伏琴之為憑琴（《史記·魏世家》中期憑琴，《索隱》曰：《春秋》後語作伏琴）。茵伏之為茵憑也（《史記·酷吏傳》未嘗敢均茵伏，《漢書》作茵馮）。「茵憑」在逡反。李云：顧領也。又音子妙反。

7.【疏】疑，恐也。請，求也。匹夫無罪，懷璧其罪，故在家則恐求財盜賊之災，外行則畏寇盜濫竊之害。是以舍院周回，起疏窗樓，敞出內外，來往怖懼，不敢獨行。如此艱辛，豈非畏哉！　【釋文】「疑刲」許業反，又曲業反。「內周樓疏」李云：重樓內匝，疏軒外通，謂設備守具。

8.【疏】六者，謂亂苦疾辱憂畏也。嬋，盡也。天下至害，遺忘不察，及其巨盜忽至，性命慭然，平生貪求，一朝頓盡，所有財寶，當時並罄，欲反一日貧素，其可得之乎！　【釋文】「財嬋」音丹。本或作嶄，音祁。◎家世父曰：《釋文》單本作嶄，音祁，今案《釋文》非也。《史記·曆書》單閼，崔駰注：單閼，一作嬋。安。單亶字通。《漢書》但字多作亶。《賈誼傳》非亶倒懸而已，《揚雄傳》亶費精神於此。《說文》：但，褕也。是但自為祖而亶為但。單以反一日之無故，猶言但以反一日之無故。《玉篇》：單，一也。一，猶單獨也，與但字義亦近。

9.【注】此章言知足者常足。　【疏】繚，纏繞也。巨盜既至，身非己有，當爾之際，豈見有名利耶！而流俗之夫，倒置之甚，情纏繞於名利，心決絕於爭求，以此而言，豈非大惑之甚也！　【釋文】「繚」音了，又魚弔反。理也。

莊子集釋　卷十上

雜篇說劍第三十 1

1.【釋文】以事名篇。

昔趙文王喜劍，劍士夾門而客三千餘人，日夜相擊於前，死傷者歲百餘人，好之不厭。如是三年，國衰，諸侯謀之。1

1.【疏】趙惠王，名何，趙武靈王之子也。好擊劍之士，養客三千，好無厭足。其國衰敝，故諸侯知其無道，共相謀議，欲將伐之也。【釋文】「趙文王」司馬云：惠文王也，名何，武靈王子，後莊子三百五十年。《洞紀》云：周赧王十七年，趙惠文王之元年。一云：惠文王與莊子相值，恐彪之言誤。「喜劍」許紀反。下同。「夾門」郭李音協，又古洽反。「好之」呼報反。下同。「无厭」於鹽反，又於豔反。◎盧文弨曰：今書作不厭。

太子悝患之，募左右曰：「孰能說王之意止劍士者，賜之千金。」左右曰：「莊子當能。」1

1.【疏】悝，趙太子名也。厭患其父喜好干戈，故欲千金以募說士。莊子大賢，當能止劍也。【釋文】「悝」苦回反，太子名。◎俞樾曰：惠文王之後為孝成王丹，則此太子蓋不立。「募」音慕，又音務。「說王」如字，解也。又音悅。

太子乃使人以千金奉莊子。莊子弗受，與使者俱，往見太子曰：「太子

何以教周，賜周千金？」

太子曰：「聞夫子明聖，謹奉千金以幣從者。夫子弗受，惲尚何敢言！」¹

1.【疏】欲教我何事，乃賜千金？既見金多，故問。太子曰：「聞夫子賢哲聖明故，所以贈千金以充從者之幣帛也。」【釋文】【與使】所吏反。【以幣從】才用反。一本作以幣從者。◎盧文弨曰：舊者訛軍，今改正。今書有者字。

莊子曰：「聞太子所欲用周者，欲絕王之喜好也。使臣上說大王而逆王意，下不當太子，則身刑而死，周尚安所事金乎？使臣上說大王，下當太子，趙國何求而不得也！」

太子曰：「然。吾王所見，唯劍士也。」

莊子曰：「諾。周善為劍。」

太子曰：「然吾王所見劍士，皆蓬頭突鬢垂冠，曼胡之纓，短後之衣，瞋目而語難，王乃說之。今夫子必儒服而見王，事必大逆。」¹

1.【疏】髮亂如蓬，鬢毛突出，鐵為冠，垂下露面。曼胡之纓，謂屯項抹額也。短後之衣，便於武事。瞋目怒眼，勇者之容，憤然實瞋，故語聲難澀。斯劍士之形服也。【頭】蓬頭，謂著兜鍪也。有毛，故如蓬。【突鬢】必刃反。司馬本作實，云：賓讀為鬢。【短後之衣】為便於事也。【垂冠】將欲鬬，故冠低傾也。【曼胡】莫干反。司馬云：曼胡之纓，謂麤纓無文理也。【瞋目】赤夷赤真二反。【語難】如字。艱難也；勇士憤氣積於心胷，言不流利也。又乃旦反，既怒而語，為人所畏難。司馬云：說相擊也。【乃說】音悅。下大說同。

莊子曰：「請治劍服。」治劍服三日，乃見太子。太子乃與見王，王脫

白刃待之。莊子入殿門不趨，見王不拜。¹王曰：「子欲何以教寡人，使太

子先²？」

1.【疏】夫自得者，內無懼心，故不趨走也。　【釋文】「與見」賢遍反。下劍見同。又如字。「王脫」一本
作說，同。土活反。

2.【疏】汝欲用何術以教諫於我，而使太子先言於我乎？

曰：「臣聞大王喜劍，故以劍見王。」

王曰：「子之劍何能禁制？」

曰：「臣之劍，十步一人，千里不留行。」

王大悅之，曰：「天下无敵矣！」¹

1.【疏】其劍十步殺一人，一去千里，行不留住，銳快如是，寧有敵乎！　【釋文】「千里不留行」司馬云：十步與一人相擊，輒殺之，故千里不留於行也。◎俞樾曰：十步之內，輒殺一人，則歷千里之遠，所殺多矣，而劍鋒不缺，所當無撓者，是謂十步一人，千里不留行，極言其劍之利也。行以劍言，非以人言，下文所謂行以秋冬是也。司馬云，十步與一人相擊輒殺之，故千里不留於行也。未得其義。

莊子曰：「夫為劍者，示之以虛，開之以利，後之以發，先之以至。願
得試之¹。」

王曰：「夫子休就舍，待命令設戲請夫子²。」

1.【疏】夫為劍者道也，是以忘己虛心，開通利物，感而後應，機照物先，莊子之用劍也。

2.【疏】詞旨清遠，感動王心，故令休息，屈就館舍，待設劍戲，然後邀延也。

王乃校劍士七日，死傷者六十餘人，得五六人，使奉劍於殿下，乃召莊子。王曰：「今日試使士敦劍¹。」

莊子曰：「望之久矣²。」

1.【疏】敦，斷也。試陳劍士，使考校敦斷以定勝劣。【釋文】「乃校」司馬云：考校取其勝者也。校，本或作教。「士敦」如字。司馬云：敦，斷也，試使用劍相擊斷截也。〈邶風詩箋〉王事敦我，敦，猶投擲也。〈魯頌詩箋〉敦商之旅，敦，治也。敦劍即治劍之意。《說文》：敦，怒也，一曰誰何也。誰何，猶言莫我何，亦即兩相比較之意。兩相比較，故怒也。

2.【疏】企望日久，請早試之。

王曰：「夫子所御杖，長短何如？」

曰：「臣之所奉皆可¹。然臣有三劍，唯王所用，請先言而後試。」

王曰：「願聞三劍。」

曰：「有天子劍，有諸侯劍，有庶人劍。」

王曰：「天子之劍何如？」

1.【疏】御，用也。謂莊實可擊劍，故問之。【釋文】「御杖」直亮反。「所奉」司馬本作所奏。

曰：「天子之劍，以燕谿石城為鋒，齊岱為鍔，晉魏為脊，韓魏為夾₃；包以四夷，裹以四時₄；繞以渤海，帶以常山₅；制以五行，論以刑德₆；開以陰陽，持以春夏，行以秋冬₇。此劍，直之无前，舉之无上，案之无下，運之无旁，上決浮雲，下絕地紀。此劍一用，匡諸侯，天下服矣₈。此天子之劍也。」

1.【疏】鋒，劍端也。鍔，刃也。燕谿，在燕國，石城，塞外山；此地居北，以為劍刃也。【釋文】【燕】音煙。【谿】燕谿，地名，在燕國。「石城」在塞外。「鍔」五各反。司馬云：劍刃也。一云：劍稜也。

2.【疏】鐔，環也。晉魏二國近乎趙地，故以為脊也。周宋二國近南，故以為環也。【釋文】「鐔」音淫。

3.【疏】鋏，把也。韓魏二國在趙之西，故以為把也。【釋文】「為夾」古協反。司馬云：把也。一本作鋏，同。一云：鐔，從稜向背；鋏，從稜向刃也。

《三蒼》云：徒感反，劍口也。徐徒南反，又徒各反，謂劍鐶也。司馬云：劍珥也。

4.【疏】懷四夷以道德，順四時以生化。

5.【疏】渤海，滄洲也。常山，北岳也。造化之中，以山海鎮其地也。【釋文】「裹以」音果。

6.【疏】五行，金木水火土。刑，刑罰；德，德化也。以此五行，匡制寰宇，論其刑德，以御群生。

7.【疏】夫陰陽開闢，春夏維持，秋冬蕭殺，自然之道也。【釋文】「行以秋冬」隨天道以行止也。

8.【疏】夫以道為劍，則無所不包。故上下旁通，莫能礙者；浮雲地紀，豈足言哉！既以造化為功，故無不服也。

文王芒然自失₁，曰：「諸侯之劍何如？」

曰：「諸侯之劍，以知勇士為鋒，以清廉士為鍔，以賢良士為脊，以忠

聖士為鐔，以豪桀士為夾。此劍，直之亦无前，舉之亦无上，案之亦无下，運之亦无旁；上法圓天以順三光，下法方地以順四時，中和民意以安四鄉[2]。此劍一用，如雷霆之震也，四封之內，無不賓服而聽從君命者矣。此諸侯之劍也[3]。」

1.【疏】夫才小聞大，不相承領，故芒然若涉海，失其所謂，類魏惠王之聞韶樂也。　【釋文】「芒然」莫剛反。

2.【疏】四鄉，猶四方也。夫能法象天地而知萬物之情，謂諸侯所以為異也。但能依用此劍而御於邦國，亦宇內無敵。

3.【疏】《易》以震卦為諸侯，故雷霆為諸侯之劍也。

王曰：「庶人之劍何如？」

曰：「庶人之劍，蓬頭突鬢垂冠，曼胡之纓，短後之衣，瞋目而語難。相擊於前，上斬頸領，下決肝肺。此庶人之劍，无異於鬥雞，一旦命已絕矣，无所用於國事。今大王有天子之位而好庶人之劍，臣竊為大王薄之[1]。」

1.【疏】莊子雄辯，冠絕古今，故能說化趙王，去其所好，而結會旨歸，在於此矣。　【釋文】「肝肺」芳廢反。「竊為」于偽反。

王乃牽而上殿。宰人上食，王三環之[1]。莊子曰：「大王安坐定氣，劍事已畢奏矣。」

於是文王不出宮三月，劍士皆服斃其處也[2]。

1.【疏】環，繞也。王覺已非，深懷慚惡，命莊子上殿以展愧情，繞食三周，不能安坐，氣急心懣，豈復能飡乎！【釋文】「而上」時掌反。下同。「三環」如字。又音患，繞也。聞義而愧，繞饌三周，不能坐食。

2.【疏】不復受賞，故恨而致死也。　【釋文】「服斃」婢世反。司馬云：忿不見禮，皆自殺也。

雜篇漁父第三十一[1]

1.【釋文】以人名篇。

孔子遊乎緇帷之林，休坐乎杏壇之上。弟子讀書，孔子絃歌鼓琴，奏曲未半[1]。

1.【疏】緇，黑也。尼父游行天下，讀講詩書，時於江濱，休息林籟。其林鬱茂，蔽日陰沉，布葉垂條，又如帷幕，故謂之緇帷之林也。壇，澤中之高處也。其處多杏，謂之杏壇也。琴者，和也，可以和心養性，故奏之。【釋文】「緇帷」司馬云：黑林名也。本或作惟。「杏壇」司馬云：澤中高處也。李云：壇名。

有漁父者，下船而來，須眉交白，被髮揄袂，行原以上，距陸而止，左手據膝，右手持頤以聽。曲終而招子貢子路，二人俱對[1]。

1.【疏】漁父，越相范蠡也；輔佐越王句踐，平吳事訖，乃乘扁舟，游三江五湖，變易姓名，號曰漁父，即屈原所逢者也。既而汎海至齊，號曰鴟夷子；至魯，號曰白珪先生；至陶，號曰朱公。晦迹韜光，隨時變化，仍遺大

夫種書云。揄，揮也。袂，袖也。原，高平也。距，至也。鬢眉交白，壽者之容；散髮無冠，野人之貌。於是遙望平原，以手揮袂，至於高陸，維舟而止，托頤抱膝，以聽琴歌也。「須眉」本亦作鬚眉。「交白」如字。李云：俱也。一本作皎。「揄」音遙，又音俞，又褚由反，謂垂手衣內而行也。李音投，投，揮也。又士由反，李音芮。「以上」時掌反。「距陸」李云：距，至也。

【釋文】「有漁父者」音甫，取魚父也。一云是范蠡。元嘉本作有漁者父，則如字而止。「袂」面世反，李音芮。

客指孔子曰：「彼何為者也[1]？」

子路對曰：「魯之君子也[2]。」

客問其族。子路對曰：「族孔氏[3]。」

客曰：「孔氏者何治也[4]？」

子路未應，子貢對曰：「孔氏者，性服忠信，身行仁義，飾禮樂，選人倫，上以忠於世主，下以化於齊民，將以利天下，此孔氏之所治也[5]。」

1.【疏】詢問仲尼是何爵命之人。

2.【疏】答云是魯國賢人君子也。

3.【疏】問其氏族，答云姓孔。

4.【疏】又問孔氏以何法術脩理其身。

5.【疏】率性謙和，服行聖迹，修飾禮樂，簡選人倫，忠誠事君，化物齊等，將欲利群品，此孔氏之心乎！

【釋文】「飾禮」如字。本又作飭，音敕。「下以化齊民」李云：齊，等也。許慎云：齊等之民也。如淳云：齊民，猶平民。元嘉本作化於齊民後。向本無於字。

又問曰：「有土之君與？」

子貢曰：「非也。」

1.【疏】為是有茅土五等之君？為是王侯輔佐卿相乎？皆答云非也。　【釋文】「君與」音餘。下同。

子貢曰：「侯王之佐與？」

子貢曰：「非也。」[1]

客乃笑而還，行言曰：「仁則仁矣，恐不免其身；苦心勞形以危其真。

嗚呼，遠哉其分於道也！」[1]

1.【疏】夫勞苦心形，危忘真性，偏行仁愛者，去本迢遞而分離於玄道也，是以嗤笑徘徊，嗚呼歎之也。

【釋文】「以危」危，或作偽。「其分」如字。本文作介，音界。司馬云：離也。◎慶藩案分《釋文》作介，音界，是也。隸書介作介，俗書分作兮，二形相似，往往淆亂。莊三十年《穀梁傳》周之分子也。《釋文》：分，本作介。《漢書·杜周傳》執進退之分，師古注：分，或作介。是其證。◎藩又案界與介古字通。《漢書·揚雄傳》界涇陽抵穰侯而代之，《文選》界作介。《史記·晉世家》號曰介山，《續漢書·郡國志》作界山。《春秋繁露·立元神篇》介障險阻，《淮南·覽冥篇》介作界。

子貢還，報孔子。孔子推琴而起曰：「其聖人與！」乃下求之，至於澤畔，方將杖拏而引其船，顧見孔子，還鄉而立。孔子反走，再拜而進。[1]

1.【疏】拏，橈也。反走前進，是虔敬之容也。　【釋文】「杖」直亮反。「拏」女居反。司馬云：橈也，音餘。「鄉而」香亮反。或作嚮，同。

客曰：「子將何求？」

孔子曰：「曩者先生有緒言而去，丘不肖，未知所謂，竊待於下風，幸聞咳唾之音以卒相丘也[1]！」

1.【疏】曩，向也。緒言，餘論也。卒，終也。相，助也。向者先生有清言餘論，丘不敏，未識所由之故。竊聽下風，庶承聲欬，卒用此言，助丘不逮。【釋文】【緒言】猶先言也。◎俞樾曰：《楚辭·九章》款秋冬之緒風，王注曰：緒，餘也。〈讓王篇〉曰：其緒餘以為國家。是緒與餘同義。緒言者，餘言也。先生之言未畢而去，是有不盡之言，故曰緒言。《釋文》曰：猶先言也。非是。「竊待」待，或作侍。「咳」苦代反。「唾」吐臥反。「相丘」息亮反。

客曰：「嘻！甚矣子之好學也！」

孔子再拜而起曰：「丘少而脩學，以至於今，六十九歲矣，无所得聞至教，敢不虛心[1]！」

1.【疏】嘻，笑聲也。丘少年已來，脩學仁義，逮乎耆艾，未聞至道，所以恭謹虔恪虛心矣。【釋文】【曰嘻】香其反。「之好」呼報反。下同。「丘少」詩召反。下同。

客曰：「同類相從，同聲相應，固天之理也。吾請釋吾之所有而經子之所以[1]。子之所以者，人事也。天子諸侯大夫庶人，此四者自正，治之美也，四者離位而亂莫大焉。官治其職，人憂其事，乃无所陵[2]。故田荒室露，衣食不足，徵賦不屬，妻妾不和，長少无序，庶人之憂也[3]；能不勝任，官事不治，行不清白，群下荒怠，功美不有，爵祿不持，大夫之憂也[4]；廷无忠臣，國家昏亂，工技不巧，貢職不美，春秋後倫，不順天子，諸侯之憂也[5]；

1.【釋文】【曰

陰陽不和，寒暑不時，以傷庶物，諸侯暴亂，擅相攘伐，以殘民人，禮樂不節，財用窮匱，人倫不飭，百姓淫亂，天子有司之憂也⁶。今子既上无君侯有司之勢而下无大臣職事之官，而擅飾禮樂，選人倫，以化齊民，不泰多事乎⁷！

1.【疏】夫虎嘯風馳，龍興雲布，自然之理也，固其然乎！是以漁父大賢，宣尼至聖，賢聖相感，斯同聲相應也。故釋吾之所有方外之道，經營子之所以方內之業也。【釋文】「而經子之所以」經，經營也。司馬云：經，理也。

2.【疏】陵，亦亂也。夫人倫之事，抑乃多端，切要而言，無過此四者。若四者守位，乃教治盛美，若上下相冒，則亂莫大焉。是以百官各司其職，庶人自憂其務，不相陵亂，斯不易之道者也。【釋文】「正治」直更反。

3.【疏】田畝荒蕪，屋室漏露，追徵賦稅，不相係屬，妻妾既失尊卑，長幼曾無次序，庶人之憂患也。◎慶藩案荒露，謂荒蕪敗露。《方言》曰：露，敗也。古本或作路，路露古通用。《淮南‧臣道篇》路寘者也，王念孫曰：路寘，猶贏憊也。〈秦策〉士民潞病，高注云：潞，贏也。皆與敗義相近。《孟子‧滕文公篇》是率天下而路也，趙注云：是導率天下之人以贏路也。「不屬」音燭。「長少」丁丈反。後遇長同。

4.【疏】職任不勝，物務不理，百姓荒亂，四民不勤，大夫之憂也。【釋文】「不勝」音升。「行不」下孟反。

5.【疏】陪臣不忠，苞茅不貢，春秋盟會，落朋倫之後，五等之憂也。【釋文】「工技」其綺反。

6.【疏】攘，除也。陰陽不調，日時愆度，兵戈荐起，萬物夭傷，三公九卿之憂也。【釋文】「不飭」音敕。

7.【疏】上非天子諸侯，下非宰輔卿相，而擅修飾禮樂，選擇人倫，教化蒼生，正齊群物，乃是多事之人。【釋文】「不泰」本又作大，音同。徐敕佐反。後同。

且人有八疵，事有四患，不可不察也。非其事而事之，謂之摠[1]；莫之顧而進之，謂之佞[2]；希意道言，謂之諂[3]；不擇是非而言，謂之諛[4]；好言人之惡，謂之讒[5]；析交離親，謂之賊[6]；稱譽詐偽以敗惡人，謂之慝[7]；不擇善否，兩容頰適，偷拔其所欲，謂之險[8]。此八疵者，外以亂人，內以傷身，君子不友，明君不臣[9]。所謂四患者：好經大事，變更易常，以挂功名，謂之叨[10]；專知擅事，侵人自用，謂之貪[11]；見過不更，聞諫愈甚，謂之很[12]；人同於己則可，不同於己，雖善不善，謂之矜[13]。此四患也。能去八疵，无行四患，而始可教已。」

1.【疏】摠，濫也。非是己事而強知之，謂之叨濫也。　【釋文】「八疵」祀知反。「之摠」李云：謂監也。

2.【疏】強進忠言，人不采顧，謂之佞也。

3.【疏】希望前人意氣而導達其言，斯諂也。　【釋文】「道言」音導。

4.【疏】苟且順物，不簡是非，謂之諛也。

5.【疏】聞人之過，好揚敗之。

6.【疏】人有親情交故，輒欲離而析之，斯賊害也。

7.【疏】與己親者，雖善而譽；與己疏者，雖善而毀；以斯詐偽，好敗傷人，可謂姦慝之人也。　【釋文】「之慝」他得反。

8.【疏】否，惡也。善惡二邊，兩皆容納，和顏悅色，偷拔其意之所欲，隨而佞之，斯險詖之人也。　【釋文】「善否」悲美反，惡也。又方九反。「兩容頰適」善惡皆容，顏貌調適也。頰，或作顏。

9.【疏】外則惑亂於百姓，內則傷敗於一身，是以君子不與為友朋，明君不將為臣佐也。

10.【疏】伺候安危，經營大事，變改之際，建立功名，謂叨濫之人也。　【釋文】「以挂」音卦，別也。又音圭。「之叨」吐刀反。

11.【疏】事己獨擅，自用陵人，謂之貪也。

12.【疏】有過不改，聞諫彌增，很戾之人。【釋文】「很」胡懇反。◎慶藩案《說文》::很，言不聽從也。

《逸周書‧諡法篇》愎很遂過者曰刺。《荀子‧成相篇》愎很遂過不肯悔。

13.【疏】物同乎己，雖惡而善，物異乎己，雖善而惡，謂之矜夸之人也。

【釋文】「能去」起呂及。

孔子愀然而歎，再拜而起曰：「丘再逐於魯，削迹於衞，伐樹於宋，圍於陳蔡。丘不知所失，而離此四謗者何也？」[1]

1.【疏】愀然，慙竦貌也。罹，遭也。丘無罪失而遭罹四謗。未悟前旨，故發此疑。

【釋文】「愀然」在九反，又七小反。

客悽然變容曰：「甚矣子之難悟也！人有畏影惡迹而去之走者，舉足愈數而迹愈多，走愈疾而影不離身，自以為尚遲，疾走不休，絕力而死。不知處陰以休影，處靜以息迹，愚亦甚矣！子審仁義之間，察同異之際，觀動靜之變，適受與之度，理好惡之情，和喜怒之節，而幾於不免矣。[1] 謹脩而身，慎守其真，還以物與人，則无所累矣。[2] 今不脩之身而求之人，不亦外乎[3]！」

1.【疏】留停仁義之間以招門徒，伺察同異之際以候機宜，觀動靜之變，睎其僥倖，適受與之度，望著功名，理好惡之情，而非堅執，和喜怒之節，用為達道，以己誨人，矜矯天性，近於不免也。「愈數」音朔。「不離」力智反。下同。本或作悟。◎盧文弨曰：今書作難悟。【釋文】「難語」魚據

2.【疏】謹慎形體，修守真性，所有功名，還歸人物，則物我俱全，故無患累也。

3.【疏】不能脩其身而求之他人者，豈非疏外乎！

孔子愀然1曰：「請問何謂真？」

客曰：「真者，精誠之至也。不精不誠，不能動人2。故強哭者雖悲不哀，強怒者雖嚴不威，強親者雖笑不和。真悲无聲而哀，真怒未發而威，真親未笑而和。真在內者，神動於外，是所以貴真也。其用於人理也，事親則慈孝，事君則忠貞，飲酒則歡樂，處喪則悲哀。3忠貞以功為主，飲酒以樂為主，處喪以哀為主，事親以適為主，功成之美，无一其迹矣。4事親以適，不論所以矣；飲酒以樂，不選其具矣；處喪以哀，无問其禮矣。5禮者，世俗之所為也；真者，所以受於天也，自然不可易也6。故聖人法天貴真，不拘於俗7。愚者反此。不能法天而恤於人，不知貴真，祿祿而受變於俗，故不足8。惜哉，子之蚤湛於人偽而晚聞大道也9！」

1.【疏】自竦也。

2.【疏】夫真者不偽，精者不雜，誠者不矯也。故矯情偽性者，不能動於人也。

3.【疏】夫道無不在，所在皆通，故施於人倫，有此四事。四事之義，具列下文。

【釋文】「故強」其丈反。下同。「歡樂」音洛。下同。

4.【疏】貞者，事之幹也。故以功績為主；飲酒陶蕩性情，故以樂為主。是以功在其美，故不可一其事迹也。

5.【疏】此覆釋前四義也。

6.【疏】節文之禮，世俗為之，真實之性，稟乎大素，自然而然，故不可改易也。

7.【疏】法效自然，寶貴真道，故不拘束於俗禮也。

8.【疏】恤，憂也。祿祿，貴貌也。愚迷之人，反於聖行，不能法自然而造適，貴道德而逍遙，翻復溺人事而憂慮，滯晉塵而遷貿，徇物無厭，故心恆不足也。【釋文】「祿祿」如字，又音錄，謂形見為禮也。司馬云：錄，領錄也。◎慶藩案祿司馬本作錄。《文選》劉公幹〈雜詩〉注引司馬云：領錄也。領上無錄字，與《釋文》異。

9.【疏】惜孔子之雄才，久迷情於聖迹，耽人間之浮偽，不早聞於玄道。【釋文】「蚤」音早。字亦作早。「湛」丁南反，下同。

孔子又再拜而起曰：「今者丘得遇也，若天幸然。先生不羞而比之服役，而身教之。敢問舍所在，請因受業而卒學大道。」[1]

1.【疏】尼父喜歡，自嗟慶幸，得逢漁父，欣若登天。必其不恥訓誨，尋當服勤驅役，庶為門人，身稟教授，問舍所在，終學大道。【釋文】「丘得過也」謂得過失也。過，或作遇。◎慶藩案《釋文》過或作遇者是也。遇過形似，致易互訛，說見前。「而比」如字，謂親見比數也。又毗志反。

客曰：「吾聞之，可與往者與之，至於妙道；不可與往者，不知其道，慎勿與之，身乃无咎[1]。子勉之！吾去子矣，吾去子矣！」乃剌船而去，延緣葦間[2]。

1.【疏】從迷適悟為往也。妙道，真本也。知，分別也，若逢上智之士，可與言於妙本，若遇下根之人，不可語其玄極，觀機吐照。方乃無疵。

2.【疏】戒約孔子，令其勉勵。延緣止蘆葦之間。重言去子，殷勤訓勗也。【釋文】「乃剌」七亦反。

顏淵還車，子路授綏，孔子不顧，待水波定，不聞拏音而後敢乘[1]。

乘車。

【釋文】「波定」李云：謂戰如波也。案謂船行故水波，去遠則波定。

1.【疏】仲尼既見異人告以至道，故仰之彌甚，喜懼交懷，門人授綏，猶不顧盼，船遠波定，不聞橈響，方敢

子路旁車而問曰：「由得為役久矣，未嘗見夫子遇人如此其威也。萬乘之主，千乘之君，見夫子未嘗不分庭伉禮，夫子猶有倨敖之容。今漁父杖拏逆立，而夫子曲要磬折，言拜而應，得无太甚乎？門人皆怪夫子矣，漁人何以得此乎？」1

1.【疏】天子萬乘，諸侯千乘。伉，對也。分處庭中，相對設禮，位望相似，無階降也。仲尼遇天子諸侯，尚懷倨傲，一逢漁父，盡禮曲腰，并受言詞，必拜而應，漁父威嚴，遂至於此。孔丘重方外之道，子路是方內之人，故致驚疑，旁車而問也。

【釋文】「旁車」步浪反。「萬乘」繩證反。下同。「倨」音據。「敖」五報反。「曲要」一遙反。「磬折」之設反。

孔子伏軾而歎曰：「甚矣由之難化也！湛於禮義有閒矣，而樸鄙之心至今未去1。進，吾語汝！夫遇長不敬，失禮也；見賢不尊，不仁也。彼非至人，不能下人，下人不精，不得其真，故長傷身。惜哉！不仁之於人也，禍莫大焉，而由獨擅之。2且道者，萬物之所由也，庶物失之者死，得之者生，為事逆之則敗，順之則成。故道之所在，聖人尊之。今漁父之於道，可謂有矣，吾敢不敬乎！」3

1.【疏】湛著禮義，時間固久，嗟其鄙拙，故凭軾歎之也。

【釋文】「湛於」湛，或作其。

2.【疏】召由令前，示其進趨，夫遇長老不敬，則失於禮儀；見可貴不尊，則心無仁愛。若非至德之人，則不

能使人謙下;謙下或不精誠,則不造於玄極。不仁不愛,乃禍敗之基。惜哉仲由,專擅於此也!【釋文】「下人」遐嫁反。下及注同。

3.【注】此篇言無江海而閒者,能下江海之士也。夫孔子之所放任,豈直漁父而已哉?將周流六虛,旁通無外,蠕動之類,咸得盡其所懷,而窮理致命,固所以為至人之道也。【疏】由,從也。庶,眾也。夫道生萬物,則謂之道,故知眾庶從道而生。是以順而得者則生而成,逆而失者則死而敗,物無貴賤,道在則尊。漁父既其懷道,孔子何能不敬耶!【釋文】「而閒」音閑。「蠕」如兗反。

雜篇列禦寇第三十二[1]

1.【釋文】以人名篇。或無列字。

列禦寇之齊,中道而反,遇伯昏瞀人[1]。伯昏瞀人曰:「奚方而反[2]?」
曰:「吾驚焉[3]。」

1.【疏】伯昏,楚之賢士,號曰伯昏瞀人,隱者之徒也。禦寇既師壺子,又事伯昏,方欲適齊,行於化道,自驚行淺,中路而還,適逢瞀人,問其所以。【釋文】「瞀人」音茂,又音務。

2.【疏】方,道也。奚,何也。汝行何道?欲往何方?問其所由中塗反意也。【釋文】「奚方」李云:方,道也。

3.【疏】自覺己非,驚懼而反,此略答前問意。【釋文】「吾驚焉」李云:見人感己即遠驚也。

曰:「惡乎驚[1]?」

曰:舊感作惑,訛。今書《音義》作見人感己即違道,故驚也。此似有脫誤。○盧文弨

曰：「吾嘗食於十漿[2]，而五漿先饋[3]。」

1.【疏】重問禦寇於何事迹而起驚心。　【釋文】「惡乎」音烏。

2.【注】賣漿之家。　【釋文】「十漿」子祥反。本亦作饟也。司馬云：饟讀曰漿，十家並賣漿也。

3.【注】言其敬己。　【疏】饋，遺也。十漿，謂有十家賣漿飲也。列子因行渴，於逆旅十家賣飲，而五家先遺，覩其容觀，競起敬心，未能冥混，是以驚懼也。　【釋文】「五漿先饋」饋，遺也，謂十家中五家先見遺。王云，皆先饋進於己。

伯昏瞀人曰：「若是，則汝何為驚己[1]？」曰：「夫內誠不解[2]，形諜成光[3]，以外鎮人心[4]，使人輕乎貴老[5]，而壅其所患[6]。夫漿人特為食羹之貨，无多餘之贏，其為利也薄，其為權也輕，而猶若是[7]，而況於萬乘之主乎[8]！身勞於國而知盡於事，彼將任我以事而效我以功，吾是以驚[9]。」

1.【疏】更問驚由，庶陳己失。

2.【注】外自矜飾。　【疏】自覺內心實智，未能懸解，為物所敬，是以驚而歸。　【釋文】「不解」音蟹。

3.【注】舉動便辟而成光儀也。　【釋文】「形諜」徒協反。郭云：便辟也。《說文》云：閒也。「成光」司馬云：形諜於衷，成光華也。「便辟」婢亦反。

4.【注】其內實不足以服物。　【疏】諜，便辟貌也。鎮，服也。儀容便辟，動成光華，用此外形，鎮服人物。

5.【注】若鎮物由乎內實，則使人貴老之情篤也。　【釋文】「貴老」謂重禦寇過於老人。

6.【注】言以美形動物，則所患亂生也。　【疏】壅，亂也。未能混俗同塵而為物標杓，使人敬貴於己而輕老

人，良恐禍患方亂生矣。

【釋文】「而蠚」子兮反，亂也。◎盧文弨曰：舊作蠚，訛。今改正。卷內同。

7.【注】權輕利薄，可無求於人。　【釋文】「為食」音嗣。「贏」音盈。

8.【疏】特，獨也。贏，利也。夫賣漿之人，獨有羹食為貨，所盈之物，蓋亦不多。為利既薄，權亦非重，尚能敬己，競走獻漿，況在君王，權高利厚，奔馳尊貴，不亦宜乎！　【釋文】「萬乘」繩證反。

9.【疏】夫君人者，位總萬機，威跨四海，故躬疲倦於邦國，心盡慮於世事，則思賢若渴以代己勞，必將任我以物務而驗我以功績，徇外喪內，逐偽忘真。驚之所由，具陳如是也。　【釋文】「而效」如字。本又作校，古孝反。

伯昏瞀人曰：「善哉觀乎！[1]女處己，人將保女矣[2]！」

1.【疏】汝能觀察己身，審知得喪，嘉其自覺，故歎善哉。

2.【注】苟不遺形，則所在見保。保者，聚守之謂也。　【釋文】「保女」司馬云：保，附也。【疏】保，守也。汝安處己身，不能忘我，猶顯形德，為物所歸，門人請益，聚守之矣。

无幾何而往，則戶外之屨滿矣[1]。伯昏瞀人北面而立，敦杖蹙之乎頤，立有間，不言而出[2]。

1.【疏】无幾何，謂無多時也。俄頃之間，伯昏往禦寇之所，適見脫屨戶外，跣足升堂，請益者多矣。　【釋文】「无幾」居豈反。

2.【疏】敦，豎也。以杖柱頤，聽其言說，倚立閒久，忘言而歸也。　【釋文】「敦杖」音頓。司馬云：豎也。「蹙之」子六反。

賓者以告列子，列子提屨，跣而走，暨乎門，曰：「先生既來，曾不發

藥乎 1 ？」

1.【疏】賓者，謂通賓客人也。禦寇聞師久立，不言而歸，於是竦息慙愓，不暇納屨，跣足馳走，至門而及。高人既來，庶蒙鍼艾，不嘗開發藥石，遺棄而還。誠心欽渴，有此固請也。【釋文】「賓者」本亦作儐，同。必刃反。謂通客之人也。「跣而」先典反。「發藥」如字。其器反。司馬本作廢，云：置也。是發與廢同。◎慶藩案發，司馬作廢，古同聲通用字。《爾雅》：廢，稅，舍也。《方言》：發，稅，舍也。司馬本作車也。是發與廢同。《漢書·貨殖傳》子贛發貯鬻財曹魯之間，《史記》作廢者（徐廣曰：著，讀音如貯）。《荀子·禮論篇》大昏之未發齊也，《史記·禮書》發作廢。《史記·扁鵲傳》色廢脈亂，徐廣曰：一作發。皆其例。

曰：「已矣，吾固告汝曰人將保汝，果保汝矣 1。非汝能使人保汝，而汝不能使人无保汝也 2，而焉用之感豫出異也 3！必且有感，搖而本才，又无謂也 4。與汝遊者又莫汝告也，彼所小言，盡人毒也 5。莫覺莫悟，何相孰也 6！巧者勞而知者憂，无能者无所求，飽食而敖遊，汎若不繫之舟，虛而敖遊者也 7。」

1.【疏】已，止也。我已於先固告汝，汝不能韜光晦迹，必為物所歸依。今果見汝門人滿室，吾昔語汝，諒非虛言。宜止所請，無勞辭費。◎慶藩案保汝，謂依汝也。僖二年《左傳》保於逆旅，杜注：保，依也。《史記·周本紀》百姓懷之，多從而保歸焉。保歸，謂依歸也。司馬訓保為附，附亦依也。王逸注〈七諫〉曰：依，保也。

2.【注】任平而化，則无感无求，乃不相保。
【疏】顯迹於外，故為人保之；未能忘德，故不能無守也。

3.【注】先物施惠，惠不因彼，豫出則異也。
【釋文】「而焉」於虔反。
【疏】而，汝也。焉，何也。夫物我兩忘，亦何須物來感己！必有機來，感而後應，不勞預出異端，先物施惠。

4.【注】必將有感，則與本性動也。
【疏】搖，動也。必固有感迫而後起，率其本性，搖而應之，滅迹匡

端，有何稱謂也！　【釋文】「搖而本才」一本才作性。郭象注，必將有感，則與本性動也。感者人心，所感之者又出於感人心之心。《釋詁》：：搖，作也。搖而本才，謂舍其本心之自然而作而致之。「又無謂也」動搖本才以致求者，又非道德之謂也。

5.【注】細巧入人為小言。　【釋文】「小言」言不入道，故曰小言。「人壽」以其多患，故曰人壽。　【疏】共汝同遊，行解相類，唯事浮辯細巧之言，佞媚於人，盡為鴆毒，詎能用道以告汝也！

6.【注】孰，誰也。　【疏】彼此迷塗，無能覺，無能悟，何誰獨曉以相告乎？　【釋文】引王云：：孰，誰也。謂誰相親愛也。既無告語，此不相親愛之至也。孰食曰孰，假借為詳審之義。《漢書・本紀》其孰計之，〈賈誼傳〉曰夜念此至孰也，〈鄒陽傳〉願大王孰察之，顏師古注：：孰，審也。言莫之覺悟而終不自審也。

7.【注】夫無其能者，唯聖人耳。過此以下，至於昆蟲，未有自忘其能而任眾人者也。　【疏】夫物未嘗為，無用憂勞，而必以智巧困弊，唯聖人汎然無係，泊爾忘心，譬彼虛舟，任運逍遙。　【釋文】「而知」音智。「食敢告汝，汝又不自覺，何期相孰哉！王云：：小言為毒，曾無告語也。孰，誰也。　◎家世父曰：：《釋文》孰，誰也，疑《莊子》本旨在躅親親愛之意。《說文》：：孰，食餘也。孰，誰也。

【釋文】「莫覺莫悟何相告也」彼不敢告汝，汝又不自覺，何期相孰哉！王云：：小言為毒，曾無告語也。孰，誰也。

【注】一本作飽食而。「敖遊」本又作遨，五刀反。下同。「汎若」芳劍反。

鄭人緩也呻吟裘氏之地1。祇三年而緩為儒2，河潤九里，澤及三族，使其弟墨3。儒墨相與辯，其父助翟4。十年而緩自殺。其父夢之曰：「使而子為墨者予也。闔胡嘗視其良，既為秋柏之實矣5？」

1.【注】呻吟，吟詠之謂。　【釋文】「緩也」司馬云：：緩，名也。「呻」音申，謂吟詠學問之聲也。崔云：：呻，誦也。本或作呻吟。「裘氏」地名。崔云：：裘，儒服也。「之地」崔本作之地蛇，云：：地蛇者，山田茶種也。　◎盧文弨曰：：宋本茶字空。

2.【注】祇，適也。　【疏】呻吟，詠讀也。裘氏，地名也。祇，適也。鄭人名緩，於裘地學問，適經三年而成儒道。

【釋文】「祇」音支。郭李云：：適也。言適三年而成也。司馬云：：巨移反，謂神祇祐之也。

3.【疏】三族，謂父母妻族也。能使弟成於墨教也。

「使其弟墨」謂使緩弟翟成墨也。

【釋文】「河潤九里」河從乾位來，乾，陽數九也。

4.【注】翟，緩弟名。

【疏】翟，緩弟名也。儒則憲章文武，祖述堯舜，甚固吝，好多言。墨乃遵於禹道，勤儉好施。儒墨塗別，志尚不同，各執是非，互相爭辯，父黨小兒，遂助於翟矣。

5.【注】緩怨其父之助弟，故感激白殺，死而見夢，以申怨言云：「使汝子為墨者，我之功力也。何不看視我為賢良之師而更朋助弟？」亦有作垠字者，垠，冢也。云：「汝何不試視緩墓上，已化為秋柏之木而生實也？」

【疏】緩怨其父之助弟翟，經由十年，感激自殺，仍見夢於父，以申怨言云：「使汝子為墨，弟由己化而不能順己，己以良師而便怨死，精誠之至，故為秋柏之實。」我怨恨之甚，化為異物秋柏子實，生於墓上。

【釋文】「閩胡嘗視其良」閩，語助也。胡，何也。良者，良人，謂緩也。斥緩也。此與下句之義不屬。又云，良或作垠，音浪，冢也。此說近之。垠，猶壞也。○俞樾曰：《釋文》曰，良者良人，謂緩也。良人，斥緩也。言何不試視緩墓上，已化為秋柏之木而生實也。又壞垠本疊韻字，《應帝王篇》以處壞垠之野是也。故壞垠亦得謂之垠。《管子·度地篇》郭外為之土閩，閩與垠同。《外物篇》胞有重閩，郭注曰：閩，空曠也。其義亦相近。「而見」賢遍反。「令墨」力呈反。

夫造物者之報人也，不報其人而報其人之天[1]。彼故使彼[2]。夫人以己為有以異於人以賤其親[3]，齊人之井飲者相捽也。故曰今之世皆緩也[4]。自是，有德者以不知也，而況有道者乎[5]！古者謂之遁天之刑[6]。

1.【注】自此以下，莊子辭也。夫積習之功為報，報其性，不報其為也。然則學習之功，成性而已，豈為之哉！

【疏】造物者，自然之洪鑪也，而造物者無物也，能造化萬物，故謂之造物。夫物之智能，稟乎造化，非由從師而學成也。故假於學習，輔道自然，報其天性，不報人功也。是知學習之功，不從緩得。緩言我教，不亦繆乎！

2.【注】彼有彼性，故使習彼。

【疏】彼翟者先有墨性，故成墨，若率性素無，學終不成也。豈唯墨翟，庶

物皆然。

3.【注】言緩自美其儒，謂己能有積學之功，不知其性之自然也。夫有功以賤物者，不避其親也，無其身以平性者，貴賤不失其倫也。　【疏】言緩自恃於己有學植之功，異於常人，故輕賤其親而汝於父也。人之迷滯，而至於斯乎！

4.【注】夫穿井所以通泉，吟詠所以通性。無泉則無所穿，無性則無所詠，徒知穿泳之末功，因欲矜而有之，不亦妄乎！世人迷妄之甚，徒知穿學之末事，不悟泉性之自然，而矜之以為己功，故世皆緩之流也。齊人穿鑿得井，行李汲而飲之，井主護水，捽頭而休，莊生聞之，故引為喻。言穿井之人，為己有造泉之功而捽飲者，不知泉之天然也。喻緩不知翟天然之墨而怨之。　【疏】夫土下有泉，人各有性，天也；穿之成井，學以成術者，人也。嗟乎！而世皆忘其泉性之自然，徒識穿詠之功而捽飲者，不知泉之天然也。　【釋文】「相捽」才骨反。捽，二音子晦反。

5.【注】觀緩之繆以為學，父故能任其自爾而知，故無為其間也。　【疏】觀緩之迷，以為己誠有德之人，從是之後，忘知任物，不復自矜，況體道之人，豈視其功耶！　【釋文】「不知」音智，注同。◎家世父曰：彼故使彼，彼者，儒墨也。有儒墨矣，因而有儒墨之辯立。夫儒墨之名，所以使之辯也。而賤其異己者，因其親也亦賤之，執其所辯之異而忘其受於天性之同也。知儒墨之為德以自是其德，謂之不知德。所謂德者，可而可之，然而然之。所謂道者，無物不可，無物不然。◎俞樾曰：自是二字絕句。若緩之自美其儒，謂之不知德，是自是也。有德者已不知有此，有道者更無論矣。故曰有德者以不知也，而況有道者乎！以讀為已。郭注所說，殊未明了。「學父」本或作久。

6.【注】仍自然之能以為己功者，逃天者也，故刑戮及之。　【疏】不知性自爾，矜為己功者，逃遁天然之理也。既乖造化，故刑戮及之。　【釋文】「仍自」而證反。本又作認，同。

聖人安其所安，不安其所不安[1]；眾人安其所不安，不安其所安[2]。

1.【注】夫聖人無安無不安，順百姓之心也。　【疏】安，任也。任群生之性，不引物從己，性之無者，不強安之，故所以為聖人也。

2.【注】所安相與異，故所以為眾人也。　【疏】學己所不能，安其所不安也；不安其所安也。

莊子曰：「知道易，勿言難[1]。知而不言，所以之天也；知而言之，所以之人也[2]；古之人，天而不人[3]。」

1. 【疏】玄道窅冥，言象斯絕，運知則易，忘言實難。
2. 【疏】妙悟玄道，無法可言，故詣於自然之境，雖知至極而猶存言辯，斯未離於人倫矣。
3. 【注】知雖落天地，未嘗開言以引物也，應其至分而已。
【疏】復古真人，知道之士，天然淳素，無復人情。
【釋文】「知雖」音智。「應其」如字，當也。

朱泙漫學屠龍於支離益，單千金之家，三年技成而无所用其巧[1]。

1. 【注】事在於適，無貴於遠功。
【疏】姓朱，名泙漫。姓支離，名益。殫，盡也。罄千金之產，學殺龍之術，伏膺三歲，其道方成，技雖巧妙，卒為無用。屠龍之事，於世稍稀，欲明處涉人間，貴在適中，苟不當機，雖大無益也。
【釋文】「朱泙」李音平，郭敷音反。徐敷耕反。◎慶藩案《文選》張景陽〈七命〉注引司馬云：泙，普彭反。「漫」闕。「朱泙」末旦反，又末干反。司馬云：朱泙漫，支離益，皆人姓名。◎俞樾曰：支離，複姓，說在〈人間世篇〉。朱泙，亦複姓。《廣韻·十虞》朱字注：《莊子》有朱泙漫，郭注：朱泙，姓也。今象注無此文。「屠」音徒。「單」音丹，盡也。「千金之家」如字。本亦作賈，又作價，皆音嫁。「三」絕句。崔云：用千金者三也。一本作三年，則上句至家絕。◎盧文弨曰：今書作三年·「技成」其綺反。

聖人以必不必，故无兵[1]；眾人以不必必之，故多兵[2]；順於兵，故行有求[3]。兵，恃之則亡[4]。

1. 【注】理雖必然，猶不必之，斯至順矣，兵其安有！
【疏】達道之士，隨逐物情，理雖必然，猶不固執，故無交爭也。

2.【注】理雖未必，抑而必之，各必其所見，則乖逆生也。 【疏】庸庶之類，妄為封執，理不必爾而固必之，既忤物情，則多乖矣。 【釋文】「慎於兵」慎或作順。◎盧文弨曰：今書慎作順。

3.【注】物各順性則足，足則無求。 【疏】心有貪求，故任於執固之情也。

4.【注】不得已而用之以恬惔為上者，未之亡也。 【疏】不能大順群命，而好乖逆物情者，則幾亡吾寶矣。 【釋文】「恬」徒謙反。「惔」徒暫反。本亦作淡。

小夫之知，不離苞苴竿牘[1]，敝精神乎蹇淺[2]，而欲兼濟道物，太一形虛。若是者，迷惑於宇宙，形累不知太初[3]。彼至人者，歸精神乎無始而甘冥乎無何有之鄉[4]。水流乎无形，發泄乎太清[5]。悲哉乎！汝為知在毫毛[6]，而不知大寧[7]！

1.【注】苞苴以遺，竿牘以問，遺問之具，小知所殉。 【疏】小夫，猶匹夫也。苞苴，香草也。竿牘，竹簡也。夫搴芳草以相贈，折簡牘以相問者，斯蓋俗中細務，固非丈夫之所忍為也。 【釋文】「之知」音智。注及下為知同。「不離」力智反。「苞苴」子餘反。司馬云：苞苴，有苞裹也。「竿」音干。「牘」音獨。司馬云：謂竹簡。

2.【注】昏於小務，所得者淺。 【疏】好為遺問，徇於小務，可謂勞精神於跛蹇淺薄之事，不能遊虛涉遠矣。 【釋文】「敝精神」郭婢世反，一音必世反。

3.【注】小夫之知，而欲兼濟導物，望得虛空其形，合太一之玄道者，終不可也。此人迷於古今，形累於六合，何能照知太初之妙理耶！ 【疏】小夫之知，而欲兼濟群物，導達群生，經虛涉遠，志大神敝，形為之累，則迷惑而失致也。 【釋文】「道物」音導。注同。◎盧文弨曰：今書作導物。

4.【疏】無始，妙本也。至德之人，動而常寂，雖復兼濟道物，而神凝无始，故能和光混俗而恆寢道鄉也。 【釋文】「甘冥」如字。本亦作瞑。又音眠。◎俞樾曰：《釋文》冥如字。又云本亦作

瞑，又音眠，當從之。瞑眠，古今字。《文選·養生論》達旦不瞑，李善注曰：瞑，古眠字。是也。甘瞑即甘眠。〈徐无鬼篇〉孫叔敖甘寢秉羽而郢人投兵，司馬云：言叔敖願安寢恬臥以養德於廟堂之上，折衝於千里之外。此云甘瞑，彼云甘寢，其義一也，並謂安寢恬臥也。《釋文》讀冥如字，失之。《淮南子·俶真篇》曰，甘瞑於溷澖之域，即本之此。

7.【注】任性大寧而至。

【疏】苞苴竿牘，何異毫毛！如斯運智，深可悲歎。精神淺薄，詎知乎至寂之道耶！

6.【注】為知所得者細也。

【釋文】「悲哉乎」一本作悲哉悲哉。「為」于偽反。

5.【注】泊然無為而任其天行也。

【疏】無以順物，如水流行，隨時適變，不守形迹。迹不離本，故雖應動，恆發泄於太清之極也。

【釋文】「發泄」息列反。「泊然」步各反。

宋人有曹商者，為宋王使秦。其往也，得車數乘；王說之，益車百乘。[1]反於宋，見莊子曰：「夫處窮閭阨巷，困窘織屨，槁項黃馘者，商之所短也；一悟萬乘之主而從車百乘者，商之所長也。」[2]

1.【疏】姓曹，名商，宋人也。為宋偃王使秦，應對得所，秦王愛之，遂賜車百乘。乘，駟馬也。

【釋文】「宋王」司馬云：偃王也。「使秦」所吏反。「數」所主反。「乘」繩證反。下同。「王說」音悅。

2.【疏】窘，急也。言貧窮困急，織履以自供，頸項枯槁而顦顇，當爾之際，是商之所短也。一使強秦，遂使秦王驚悟，遺車百乘，是商之智數長也。以此自多，矜夸莊子也。

【釋文】「阨」於懈反。「衕」，𢓜也（𢓜，今通作居）。◎慶藩案《廣雅》：閭，居也。古謂里中道為巷，亦謂所居之宅為巷。《廣雅》：「衕」，居也（衕巷，古字通。閭巷皆居也。故窮閭或曰窮巷。司馬云：項槁立也。「窘」李云：槁項，羸瘦貌。「黃馘」古獲反，徐況璧反。《爾雅》云：馘反。◎慶藩案《廣雅》：閭，居也。《說文·广部》，㦷，頭痛也。司馬云：謂面黃熟也。◎俞樾曰：馘者，頫馘也，非所施於此。馘疑㦷之假字。《說文·广部》，㦷，頭痛也。黃㦷，謂頭痛而色黃也。

莊子曰：「秦王有病召醫，破癰潰痤者得車一乘，舐痔者得車五乘，所治愈下，得車愈多。子豈治其痔邪，何得車之多也？子行矣！」[1]

1.【注】夫事下然後功高，功高然後祿重，故高遠恬淡者遺榮也。

【疏】癰，痒熱毒腫也。痔，下漏病也。莊生風神俊悟，志尚清遠，既而縱此奇辯以挫曹商。故郭注云，夫事下然後功高，功高然後祿重，高遠恬淡者遺榮也。

【釋文】「秦王」司馬云：惠王也。「痤」徂禾反。「舐」字又作䑛，食紙反。「痔」治紀反。「愈下」本亦作俞，同。

魯哀公問乎顏闔曰：「吾以仲尼為貞幹，國其有瘳乎[1]？」

1.【疏】言仲尼有忠貞幹濟之德，欲命為卿相，魯邦亂病庶瘳差矣。

【釋文】「瘳」敕由反。

曰：「殆哉圾乎仲尼[1]！方且飾羽而畫[2]，從事華辭，以支為旨[3]，忍性以視民而不知不信[4]，受乎心，宰乎神，夫何足以上民[5]！彼宜女與[6]？予頤與[7]？誤而可矣[8]。今使民離實學偽，非所以視民也，為後世慮，不若休之[9]。難治也[10]。」

1.【注】圾，危也。夫至人以民靜為安。今一為貞幹，則遺高迹於萬世，令飾競於仁義而彫畫其毛彩，百姓既危，至人亦無以為安也。

【疏】殆，近也。圾，危也。以貞幹迹率物，物既失性，仲尼何以安也！

【釋文】「汲」魚及反，又五臘反，危也。「令飾」力呈反。下同。

2.【注】凡言方且，皆謂後世，從事飾畫，非任真也。

【疏】方將貞幹輔相魯廷，萬代奔逐，修飾羽儀，喪其真性也。

3.【注】將令後世之從事者無實，而意趣橫出也。

【疏】聖迹既彰，令從政任事，情偽辭華，析派分流為意

旨也。

4.【注】後世人君，將慕仲尼之遄軌，安忍情性，用之臨人，上下相習，矯偽黔黎，而不知已無信實也。以華偽之迹教示蒼生，稟承心靈，宰割真性，用此居人之上，何足稱哉！【疏】後代人君，將慕仲尼之遄軌，而遂忍性自矯偽以臨民，上下相習，遂不自知也。【釋文】「以視」音示。下同。

5.【注】今以上民，則後世百姓非直外形從之而已，乃以心神受而用之，不能復自得於體中也。【疏】後代百姓，非直外形從之，乃以心神受而用之，不能復自得之性，以此居民上，何足安哉！【釋文】「能復」扶又反。

6.【注】彼，百姓也。女，哀公也。【疏】彼，百姓也。女，哀公也。百姓與汝各有所宜，若將汝所宜與百姓，不可也。【釋文】「女與」音餘，又如字。下頤與同。「之見」賢遍反。

7.【注】效彼非所以養己也。【疏】予，我也。頤，養也。我與百姓怡養不同，譬如魚鳥，升沉各異，若以汝所養衛物，物我俱失也。

8.【注】正不可也。【疏】以貞幹之迹錯誤行之，正不可也。◎家世父曰：彼宜汝與，言仲尼之道果有宜於汝者乎？予頤與，言將待我以養者乎？《周易·序卦》曰：頤者，養也。以為宜與而待養之，若謂國可以有瘳則誤矣，意以哀公之所云可者誤也。

9.【注】明不謂當時也。【疏】離實性，學偽法，不可教示黎民，慮後世荒亂，不如休止也。【釋文】「離實」力智反。

10.【注】治之則偽，故聖人不治也。【疏】捨己效物，聖人不治也。

施于人而不忘，非天布也[1]。商賈不齒[2]，雖以事齒之，神者弗齒[3]。

1.【注】布而識之，非錫狗萬物也。【疏】二儀布生萬物，豈貴恩也！【釋文】「施於」始豉反。下注同。「而識」如字，又申志反。

2.【注】況士君子乎！【疏】夫能施求報，商客尚不齒埋，況君子士人乎！【釋文】「商賈」音古。

3.【注】要能施惠，故於事不得不齒，以其不忘，故心神輕忽之。此百姓之大情也。【疏】施而不忘，未合天道。能施恩惠，於物事不得不齒，為賃求報，心神輕忽不錄，百姓之情也。事之者，性情也。

為外刑者，金與木也1；為內刑者，動與過也2。宵人之離外刑者，金木訊之3；離內刑者，陰陽食之4。夫免乎外內之刑者，唯真人能之5。

1.【注】金，謂刀鋸斧鉞；木，謂捶楚桎梏。【釋文】「鋸」音據。「戉」音越。◎盧文弨曰：今書作鉞。「捶」之蘂反。「桎」之實反。「梏」古毒反。

2.【注】靜而當，則外內無刑。

3.【注】不由明坦之塗者，謂之宵人。【釋文】「宵人」王云：非明正之徒，謂之宵夜之人也。◎俞樾曰：郭注曰，不由明坦之塗者，謂之宵人。《釋文》引王注云，非明正之徒，謂之宵夜之人也。皆望文生義，未為確詁。宵人，猶小人也。《禮記·學記篇》：宵雅肄三，鄭注曰：宵之言小也，習〈小雅〉之三，謂〈鹿鳴〉、〈四牡〉、〈皇皇者華〉也。然則宵人為小人，猶〔宵雅〕為〔小雅〕矣。字亦作肖，《方言》曰：肖，小也。《史記·太史公自序》申呂肖矣，徐廣曰：肖，音痟。痟猶衰微，義亦相近。《文選》江文通〈雜體詩〉宵人重恩光，李善注引《春秋演孔圖》曰：宵人之世多飢寒。宋均曰：宵，猶小也。此說得之。「訊之」本又作誶，音信，問也。《說文》有訊無誶，訊俗字。【疏】宵，闇夜也。離，罹也。訊，問也。闇惑之人，罹於憲網，身遭枷杻斧鉞之刑也。

4.【注】動而過分，則性氣傷於內，金木訊於外也。【疏】若不止分，則內結寒暑，陰陽殘食之也。

5.【注】自非真人，未有能止其分者，故必外內受刑，但不問大小耳。【疏】心若死灰，內不滑靈府，形同槁木，外不挂桎梏，唯真人哉！

孔子曰：「凡人心險於山川，難於知天；天猶有春秋冬夏旦暮之期，人者厚貌深情1。故有貌愿而益，有長若不肖2，有順懁而達3，有堅而縵，

有緩而釬4。故其就義若渴者，其去義若熱5。故君子遠使之而觀其忠，近使之而觀其敬6，煩使之而觀其能7，卒然問焉而觀其知8，急與之期而觀其信9，委之以財而觀其仁10，告之以危而觀其節11，醉之以酒而觀其側，雜之以處而觀其色12。九徵至，不肖人得矣13。」

1.【疏】人心難知，甚於山川，過於蒼昊。厚深之狀，列在下文。

2.【疏】愿，愨真也。《廣雅》云：謹愨也。不肖，不似也。人有形如愨真，而心益虛浮也；有心實長者，形如不肖也。【釋文】「愿」音願。《廣雅》云：謹愨也。「有長」丁丈反。「若不肖」外如長者，內不似也。◎俞樾曰：益當作溢。溢之言驕溢也。《荀子‧不苟篇》以驕溢人，是也。謹愿與驕溢。義正相反。

3.【疏】懷，急也。形順躁急而心達理也。《三蒼》云：急腹也。王云：研辨也，外慎研辨，常務質訥。◎盧文弨曰：今書《音義》作音儇，兩研字俱作堅。【釋文】「有順」王作慎。「懷」音環，又許沇反，徐音絹。

4.【疏】言人情貌之反有如此者。【疏】緩，緩也。釬，急也。自有形如堅固而實散緩，亦有外形寬緩心內躁急也。【釋文】「緩」武半反，又武諫反。李云：內實堅，外如緩也。「釬」胡旦反，又音干，急也。一云：◎俞樾曰：緩者，慢之假字；釬者，悍之假字。堅強而又惼懁，紓緩而又桀悍，故為情貌相反也。

5.【注】但為難知耳，未為殊無迹。【疏】人有就仁義如渴思水，捨仁義若熱逃火，雖復難知，未為無迹也。

徵驗具列下文也。

6.【疏】遠使忠佞斯彰，咫步敬慢立明者也。

7.【疏】煩極任使，察其技能。

8.【疏】卒問近對，觀其機智。【釋文】「卒然」寸忽反。「其知」音智。

9.【疏】忽卒與期，觀信契也。

10.【疏】仁者不貪。

11.【疏】告危亡，驗節操。

12.【疏】至人酒不能昏法則，男女參居，貞操不易。【釋文】「其側」側，不正也。一云：謂醉者喜傾側冠

也。王云：側，謂凡為不正也。◎俞樾曰：《釋文》曰，側，不正也。一云，謂醉者喜傾側側冠也。王云，側，謂凡為不正也。然上文觀其忠、觀其敬云云，所觀者皆舉美德言之，此獨觀其不正，則不倫矣。諸說皆非也。其云側或作則，當從之。則者，法則也。《國語‧周語》曰：威儀有則。既醉之後，威儀反反，威儀必必，是無則矣，故曰醉之以酒而觀其則。《周書‧官人篇》作醉之酒以觀其失也，與此文語意相近。《大戴禮‧文王官人篇》作醉之以酒以觀其不失也，不失即謂不失法則也。◎家世父曰：《釋文》，側，不正也。一云：謂醉者喜傾側也。是舊本皆作醉之以酒以觀其側。《詩》曰：飲酒孔嘉，維其令儀。所謂則也。

13.【注】君子易觀，不肖難明。然視其所以，觀其所由，察其所安，搜之有塗，亦可知也。【疏】九事徵驗，小人君子，厚貌深情，必無所避。　【釋文】「易觀」以豉反。「搜之」所求反。

正考父一命而傴，再命而僂，三命而俯，循牆而走，孰敢不軌₁！如而夫者，一命而呂鉅，再命而於車上儛，三命而名諸父，孰協唐許₂！

1.【注】言人不敢以不軌之事侮之。　【疏】考，成也。父，大也。有考成大德而履正道，故號正考父，則孔子十代祖宋大夫也。士一命，大夫二命，卿三命也。傴曲循牆，並敬容極恭，卑退若此，誰敢將不軌之事而侮之也！　【釋文】「正考父」音甫。宋湣公之玄孫，弗父何之曾孫。「而傴」紆矩反。「而僂」力矩反。「三命」公士一命，大夫再命，卿三命。

2.【注】而夫，謂凡夫也。唐，謂堯也。許，謂許由也。言而夫與考父者，誰同於唐許之事也。　【疏】而夫，鄙夫也。諸父，伯叔也。凡夫篤競軒冕，一命則呂鉅夸華，再命則援綏作舞，三命善識自高，下呼伯叔之名。然考父謙夸各異，格量勝劣，誰同唐堯許由無為禪讓之風哉！　【釋文】「而夫」郭云：凡夫也。「呂鉅」矯貌。◎家世父曰：《釋文》，呂鉅，矯貌。疑此不當為矯。《方言》：殊、呂，長也。東齊曰殊，宋魯曰呂。《說文》：鉅，大剛也。亦通作巨，大也。呂鉅，謂自高大，當為矜張之意，云矯，非也。「孰協唐許」協，同也。唐，唐堯。許，許由。皆崇讓者也。言考父與而夫，誰同於唐許也。◎盧文弨曰：舊作協同也，今從宋本。◎家世父曰：郭象注，唐謂堯，許謂許由；言而夫與考父，誰同於唐許之事。今按執協唐許與孰敢不軌對文，言如而夫者，誰知比同於唐許哉！郭注誤。

賊莫大乎德有心[1]而心有睫[2]，及其有睫也而內視，內視而敗矣[3]。凶德有五，中德為首[4]。何謂中德？中德也者，有以自好也而吡其所不為者也[5]。

1.【注】有心於為德，非真德也。大真德者，忽然自得而不知所以得也。【疏】役智勞慮，有心為德，此賊害之甚也。

2.【注】率心為德，猶之可耳；役心於眉睫之間，則偽已甚矣。【釋文】「睫」音接。◎俞樾曰：郭注曰，役心於眉睫之間，則偽已甚矣。然正文言心有睫，非役心於眉睫之間，郭注非也。心有睫，謂以心為睫也。人於目之所不接，而以意度之，謂其如是，是心有睫也。聖人不逆許，不意不信，豈如是乎？故曰賊莫大乎德有心而心有睫。下文曰，及其有睫也，內視而敗矣。然則心有睫正內視之謂。內視者，非謂收視返聽也，謂不以目視而以心視也。後世儒者執一理以斷天下事，近乎心有睫矣。

3.【注】乃欲探射幽隱，以深為事，則心與事俱敗矣。【疏】率心為役，用心神於眼睫，緣慮逐境，不知休止，致危敗甚矣。【釋文】「探射」食亦反。

4.【疏】謂心耳眼舌鼻也。曰此五根，禍因此得，謂凶德也。五根禍主，中德為心也。

5.【注】吡，訾也。夫自是而非彼，則攻之者非一，故為凶首也。若中無自好之情，則恣萬物之所是，所是各不自失，則天下皆思奉之矣。【疏】吡，訾也。用心中所好者自以為是，不同己為者訾而非之。以心中自是為得，故曰中德。【釋文】「自好」呼報反。注同。「吡」匹爾反，又芳爾反。郭云：訾也。「訾」子爾反。「皆思奉之矣」本或作皆畢事也。

窮有八極，達有三必，形有六府[1]。美髯長大壯麗勇敢，八者俱過人也，因以是窮[2]。緣循，偃佒，困畏不若人，三者俱通達[3]。知慧外通[4]，勇動多怨[5]，仁義多責[6]。達生之情者傀[7]，達於知者肖[8]；達大命者隨[9]，達小命者遭[10]。

1.【疏】八極三必窮達，猶人身有六府也。列下文矣。

2.【注】窮於受役也。然天下未嘗窮於所短，而恆以所長自困。　【疏】美，恣媚也。髯，髭鬚也。長，高也。大，粗大也。壯，多力；麗，妍華；勇，猛；敢，果決也。蘊此八事，超過常人，受役既多，因以窮困也。

【釋文】「美髯」人鹽反。「未曾」才能反。

3.【注】緣循，杖物而行者也。偄俠，不能俯執者也。故必達也。

【疏】循，順也。緣物順他，不能自立也。偄俠，仰首不能俯執也。有此三事不如恆人，所在通達也。

【釋文】「偄俠」於丈反。本亦作央，同。偄俠，守分歸一也。〈大雅〉顯顯卬卬，郭注，偄俠，守分歸一也。疑偄俠當為偄仰，猶言俯仰從人也。央卬亦一聲之轉。◎慶藩案緣循偄俠，緣，緣飾也（見《晏子春秋·內篇問下》）。循，因循也。偄，矢志也。俠當作訣，早知也。（見《說文》訣字注）。

4.【注】通外則以無崖傷其內也。

【疏】自持智慧照物，外通塵境也。

【釋文】「知慧」音智。

5.【注】怯而靜，乃厚其身耳。

【疏】雄健躁擾，必招讎隙。

【釋文】「乃厚其身耳」元嘉本厚作後。

6.【注】天下皆望其愛，然愛之則有不周矣，故多責。

【疏】仁義則不周，必有多責。

7.【注】傀然，大恬解之貌也。

【釋文】「傀」郭、徐呼懷反。《字林》公回反，云：偉也。「恬解」音蟹。

8.【注】肖，釋散也。

【疏】注云：肖，釋散也；傀，恬解也。達悟之崖，真性虛照，傀然縣解，無係戀也。

【釋文】「於知」音智。「者肖」音消。郭云：釋散也。◎王念孫曰：郭象曰，傀然，大恬解之貌；肖，釋散也。以肖為釋散則非。《方言》曰：肖，小也（《廣雅》同）。肖與傀正相反，言任天則大，任智則小也。肖，猶宵也。《學記·宵雅》肆三，鄭注曰：宵之言小也。宵肖古同聲，故《漢書·刑法志》肖字通作宵。《史記·太史公自序》申呂肖矣，徐廣曰：肖，音痟。痟猶衰微，義亦相近也。◎慶藩案肖司馬作宵。《文選》謝靈運〈初去郡詩〉注引司馬云：傀讀曰瑰，瑰，大也；情在故曰大也。胥，多智也。謝靈運〈齋中讀書詩〉注又引云：傀，大也，情在無，故曰大。《釋文》闕。

9.【注】泯然與化俱也。
【疏】大命，大年。假如彭祖壽考，隨而順之，亦不厭其長久，以為勞苦也。
10.【注】每在節上住乃悟也。
【疏】小命，小年也。遭，遇也。如殤子促齡，所遇斯適，曾不介懷耳。

人有見宋王者，錫車十乘，以其十乘驕穉莊子¹。
莊子曰：「河上有家貧恃緯蕭而食者，其子沒於淵，得千金之珠。其父謂其子曰：『取石來鍛之！夫千金之珠，必在九重之淵而驪龍頷下，子能得珠者，必遭其睡也。使驪龍而寤，子尚奚微之有哉！』²今宋國之深，非直九重之淵也；宋王之猛，非直驪龍也；子能得車者，必遭其睡也。使宋王而寤，子為韲粉夫！」³

1.【疏】錫，與也。穉，後也。宋襄王時，有庸瑣之人游宋，妄說宋王，錫車十乘，用此驕炫，排莊周於己後，自矜物先也。
【釋文】「十乘」繩證反。下同。「驕穉」直吏反，又池夷反。李云：自驕而穉莊子也。◎盧文弨曰：今書作穉。◎慶藩案釋穉亦驕也（《集韻》：穉，陳尼切，自驕矜貌）。《管子·軍令篇》工以雕文刻鏤相穉，尹知章注：穉，驕也。王引之《經義述聞》云，《詩·載馳篇》眾穉且狂，謂既驕且狂也。

2.【疏】葦，蘆也。蕭，蒿也。家貧織蘆蕭為薄，賣以供食。鍛，椎也。驪，黑龍也。頷下有千金之珠也。譬識得車之人也。
【釋文】「緯蕭」如字。緯，織也。蕭，蒿也。織蕭以為畚而賣之。本或作葦，音同。◎慶藩案《文選》顏延年〈陶徵士誄〉注引司馬云：蕭，蒿也。織蕭為薄。◎盧文弨曰：蕭，蒿也，緯，織也。《北堂書鈔·簾部》、《太平御覽·七百》並引云：蕭，蒿也，緯，織也。《御覽·九百九十七》又引云：蕭，蒿也，緯，織也。《釋文》闕。「鍛之」丁亂反，謂槌破之。《御覽》鍛，舊從段，訛，今改正。「九重」直龍反。「驪龍」力馳反。「頷下」戶感反。

3.【注】夫取富貴，必順乎民望也，若挾奇說，乘天衢，以嬰人主之心者，明主之所不受也，故如有所譽，必得其試，於斯民不違，僉曰舉之，以合萬夫之望者，此三代所以直道而行之也。
【疏】懷忠貞以感人主者，必得

非常之賞。而用左道，使其說佞媚君王，僥倖於富貴者，故有驕稚之容。亦何異遭驪龍睡得珠耶！餘詳注意。

【釋文】「鱉」子兮反。「粉夫」音符。「若挾」戶牒反。「斂曰」七潛反。

或聘於莊子¹。莊子應其使曰：「子見夫犧牛乎²？衣以文繡，食以芻叔，及其牽而入於大廟，雖欲為孤犢，其可得乎³！」

1.【疏】寓言，不明聘人姓氏族，故言或也。

2.【疏】犧，養也。君王預前三月養牛祭宗廟曰犧也。

3.【注】樂生者畏犧而辭聘，犧髏聞生而瞋瞋，此死生之情異而各自當也。

【釋文】「其使」所吏反。

【疏】芻，草也。菽，豆也。犧養豐贍，臨祭日求為孤犢不可得也。況祿食之人，例多夭折，嘉遯之士，方足全生。莊子清高，笑彼名利。【釋文】「衣以」於既反。「食以」音嗣。「芻叔」初俱反。芻，草也。叔，大豆也。「大廟」音太。「犢」音獨。「髏」音樓。「瞋」毗人反。「瞋」子六反。

莊子將死，弟子欲厚葬之。莊子曰：「吾以天地為棺槨，以日月為連璧，星辰為珠璣，萬物為齎送。吾葬具豈不備邪？何以加此！」

1.【疏】莊子妙達玄道，逆旅形骸，故棺槨天地，鑪冶兩儀，珠璣星辰，變化三景，資送備矣。門人厚葬，深乖造物也。

【釋文】「珠璣」音祈，又音機。一音其既反。「齎」音資。本或作濟，子詣反。

弟子曰：「吾恐烏鳶之食夫子也。」

莊子曰：「在上為烏鳶食，在下為螻蟻食，奪彼與此，何其偏也¹！」

1.【疏】門人荷師主深恩也。將欲厚葬，避其烏鳶，豈知厚葬還遭螻蟻！情好所奪，偏私之也。

【釋文】「鳶」以全反。「螻」音樓。「蟻」魚綺反。

以不平平，其平也不平１；以不徵徵，其徵也不徵２。明者唯為之使３，神者徵之４。夫明之不勝神也久矣５，而愚者恃其所見入於人，其功外也，不亦悲乎６！

1.【注】以一家之平平平萬物，未若任萬物之自平也。　【疏】無情與奪，委任均平，此真平也。若運情慮，均平萬物，方欲起心，已不平矣。

2.【注】徵，應也。不因萬物之自應而欲以其所見應之，則必有不合矣。　【疏】聖人無心，有感則應，此真應也，若有心應物，不能應也。徵，應也。

3.【注】夫執其所見，受使多矣，安能使物哉！　【疏】自炫其明，情應於務，為物驅使，何能役人也！

4.【注】唯任神然後能至順，故無往不應也。　【疏】神者無心，寂然不動，能無不應也。

5.【注】明之所及，不過於形骸也，至順則無遠近幽深，皆各自得。　【疏】明則有心應務，為物驅役，神乃無心，應感無方。有心不及無心，存應不及忘應，格量可知也。

6.【注】夫至順則用發於彼而以藏於物，若恃其所見，執其自是，雖欲入人，其功外矣。　【疏】夫忘懷應物者，為而不恃，功成不居。愚惑之徒，自執其用，叨人功績，歸入己身，雖欲矜伐，其功外矣。迷妄如此，深可悲哉！

雜篇天下第三十三₁

天下之治方術者多矣，皆以其有為不可加矣₁。古之所謂道術者，果惡乎在₂？曰：「无乎不在₃。」曰：「神何由降？明何由出₄？」「聖有所生，王有所成₅，皆原於一₆。」

【釋文】「惡乎」音烏。

1.【注】為其所有為，則真為也，為其真為，則無為矣，又何加焉！【疏】方，道也。自軒頊已下，迄於堯舜，治道藝術，方法甚多，皆隨有物之情，順其所為之性，任群品之動植，曾不加之於分表，是以雖教不教，雖為不為矣。

2.【疏】上古三皇所行道術，隨物任化，淳朴無為，此之方法，定在何處？假設疑問，發明深理也。【釋文】

3.【疏】答曰：無為玄道，所在有之，自古及今，無處不徧。

4.【注】神明由事感而後降出。【疏】神者，妙物之名；明者，智周為義。若使虛通聖道，今古有之，亦何勞彼神人顯茲明智，制體作樂以導物乎？

5.【疏】夫虛凝玄道，物感所以誕生，聖帝明王，功成所以降迹，豈徒然哉！

6.【注】使物各復其根，抱一而已，無飾於外，斯聖王所以生成也。【疏】原，本也。一，道。雖復降靈接物，混迹和光，應物不離真常，抱一而歸本者也。

不離於宗，謂之天人。不離於精，謂之神人。不離於真，謂之至人。以天為宗，以德為本，以道為門，兆於變化，謂之聖人。₁以仁為恩，以義為

理，以禮為行，以樂為和，薰然慈仁，謂之君子[2]。以法為分，以名為表，以參為驗，以稽為決，其數一二三四是也[3]，百官以此相齒，以事為常[4]，以衣食為主，蕃息畜藏[5]，老弱孤寡為意，皆有以養，民之理也[6]。

1.【注】凡此四名，一人耳，所自言之異。【疏】冥宗契本，謂之自然。淳粹不雜，謂之神妙。嶷然不假，謂之聖人。已上四人，只是一耳，隨其功用，故有四名也。【釋文】「不離」力智反。下注不離、離性、下章離於同。「兆於」本或作逃。

2.【注】此四名之粗迹，而賢人君子之所服膺也。【疏】布仁惠為恩澤，施義理以裁非，運節文為行首，動樂音以和性，慈照光乎九有，仁風扇乎八方，譬蘭蕙芳馨，香氣薰於遐邇，可謂賢矣。【釋文】「為行」下孟反。「之粗」七奴反。卷內皆同。

3.【疏】稽，考也。法定其分，名表其實，操驗其行，考決其能。一二三四，即名法等是也。【釋文】「為行」下孟反。

4.【疏】自堯舜以下，置立百官，用此四法更相齒次，君臣物務，遂以為常，所謂彝倫也。【釋文】「以參」同。七曹反、宜七。「以稽」音雞，考也。

5.【疏】夫事之不可廢者，耕織也；聖人之不可廢者，衣食也。故國以民為本，民以食為天，是以蕃滋生息，畜積藏儲者，皆養民之法。【釋文】「蕃息」音煩。「畜」敕六反，又許六反。「藏」如字，又才浪反。

6.【注】民理既然，故聖賢不逆。

古之人其備乎[1]！配神明，醇天地，育萬物，和天下[2]，澤及百姓，明於本數，係於末度[3]，六通四辟，小大精粗，其運无乎不在[4]。其明而在數度者，舊法世傳之史尚多有之[5]。其在於《詩》、《書》、《禮》、《樂》者，鄒魯之士搢紳先生多能明之[6]。《詩》以道志，《書》以道事，《禮》以道行，《樂》以道和，《易》以道陰陽，《春秋》以道名分[7]。其數散於天下

而設於中國者，百家之學時或稱而道之[8]。

有。

1.【注】古之人即向之四名也。
【疏】養老哀弱，矜孤恤寡，五帝已下，備有之焉。

2.【疏】配，合也。夫聖帝無心，因循品物，故能合神明之妙理，同天地之精醇，育宇內之黎元，和域中之群生。
【釋文】「醇」順倫反。

3.【注】本數明，故末度不離。
【疏】本數，仁義也。末度，名法也。夫聖心慈育，恩覆黎庶，故能明仁義以崇本，係名法以救末。◎家世父曰：天人、神人、至人、聖人、君子，所從悟入不同，而稽之名法度數，以求養民之理，則固不能離棄萬物，以不與民生為緣；故曰明於本數，係於末度。莊子自明著書之旨而微發其意如此。

4.【注】所以為備。
【疏】辟，法也。大則兩儀，小則群物，精則神智，粗則形像，通六合以遨遊，法四時而變化，隨機運動，無所不在也。
【釋文】「四辟」婢亦反。本又作闢。

5.【注】其在數度而可明者，雖多有之，已疏外也。
【疏】史者，《春秋》、《尚書》，皆古史也。數度者，仁義名法等也。古舊相傳，顯明在世者，史傳書籍，尚多有之。

6.【注】能明其迹耳，豈所以迹哉！
【疏】鄒，邑名也。魯，國號也。搢，笏也，亦插也。紳，大帶也。先生，儒士也。言仁義名法布在六經者，鄒魯之地儒服之人能明之也。
【釋文】「鄒」莊由反，孔子父所封邑。「搢」莊問反。「紳」

7.【疏】道，達也，通也。夫《詩》道情志，《書》道世事，《禮》道行，《樂》道和適，《易》明卦兆，通達陰陽，《春秋》褒貶，定其名分。
【釋文】「道志」音導。下以道皆同。「名分」扶問反。

8.【注】皆道古人之陳迹耳，尚復不能常稱。
【疏】六經之迹，散在區中，風教所覃，不過華壤。百家諸子，依稀五德，時復稱說，不能大同也。
【釋文】「尚復」扶又反。下章不復同。

天下大亂[1]，賢聖不明[2]，道德不一[3]，天下多得一[4]察焉以自好[5]。譬如耳目鼻口，皆有所明，不能相通[6]。猶百家眾技也，皆有所長，時有所用[7]。雖然，不該不徧，一曲之士也[8]。判天地之美，析萬物之理[9]，察古人之全，寡能備於天地之美，稱神明之容[10]。是故內聖外王之道，闇而不明，鬱

而不發[11]，天下之人各為其所欲焉以自為方。悲夫，百家往而不反，必不合矣[12]！後世之學者，不幸不見天地之純，古人之大體[13]，道術將為天下裂[14]。

1.【注】用其迹而無統故也。【疏】執守陳迹，故不升平。

2.【注】能明其迹，又未易也。【疏】韜光晦迹。【釋文】「未易」以豉反。

3.【注】百家穿鑿。【疏】法教多端。

4.【注】各信其偏見而不能都舉。【疏】宇內學人，各滯所執，偏得一術，豈能宏通！【釋文】「得一」偏得一術。

5.【注】夫聖人統百姓之大情而因為之制，故百姓寄情於所統而自忘其好惡，故與一世而得淡漠焉。亂則反之，人恣其近好，家用典法，故國異政，家殊俗。【疏】不能恬淡虛忘，而每運心思察，隨其情好而為教方。【釋文】「自好」呼報反。注及下同。◎王念孫曰：郭象斷天下多得一為句，《釋文》曰，得一，偏得一察。案天下多得一察焉以自好，當作一句讀，一察，謂察其一端而不知其全體。下文云，天下之人各為其所欲焉以自為方，句法正與此同。一察，謂察其一端而不知其全體。下文云，譬如耳目鼻口，皆有所明，不能相通，即所謂一察也。若以一字上屬為句，察字下屬為句，則文不成義矣。◎俞樾曰：郭注斷天下多得一為句，《釋文》曰，得一，偏得一術。今案郭讀文不成義，當從王讀。惟以一察為察其一端，義亦未安。察當讀為際，一際，猶一邊也。《廣雅·釋詁》，際、邊並訓方，是際與邊同義。得其一際，即得其一邊，正不知全體之謂。察際並從祭聲，古嘗相同，故得通用耳。下文云，不該不徧，一曲之士也，一際一曲，其義相近。「淡」本又作澹，徒暫反。「漠」音莫。

6.【注】夫目能視色，不能聽聲；鼻能聞香，不能辨味，各有所主，故不能相通也。【疏】夫目能視色，不能聽聲，鼻能聞香，不能辨味，各有所主，故不能相通也。

7.【注】所長不同，不得常用。【釋文】「眾技」其綺反。【疏】夫六經五德，百家諸書，其於救世，各有所長，既未中道，故時有所廢，猶如鼻口有所不通也。

8.【注】故未足備任也。【疏】雖復各有所長，而未能該通周遍，斯乃偏僻之士，滯一之人，非圓通合變者

也。

【釋文】「不徧」音遍。

9.【注】各用其一曲，故析判。

【疏】一曲之人，各執偏僻，雖著方術，不能會道，故分散兩儀淳和之美，離析萬物虛通之理也。

10.【注】況一曲者乎！

【疏】觀察古昔全德之人，猶鮮能備兩儀之亭毒，稱神明之容貌，況一曲之人乎！

11.【注】全人難遇故也。

【釋文】「稱神」尺證反。下章同。

【疏】玄聖素王，內也。飛龍九五，外也。既而百家競起，各私所見，是非殽亂，彼我紛紜，遂使出處之道，闇塞而不明，鬱閉而不泄也。

12.【疏】心之所欲，執而為之，即此欲心而為方術，一往逐物，曾不反本，欲求合理，其可得也！既乖物情，深可悲歎！

【釋文】「哀矣」如字。本或作喪，息浪反。◎盧文弨曰：今書作喪矣。

13.【注】大體各歸根抱一，則天地之純也。

【疏】幸，遇也。天地之純，無為也；古人大體，朴素也。言後世之人，屬斯澆季，不見無為之道，不遇淳朴之世。

14.【注】裂，分離也。道術流弊，遂各奮其方，或以主物，則物離也。

【疏】裂，分離也。儒墨名法，百家馳騖，各私所見，咸率己情，道術紛紜，更相倍譎，遂使蒼生措心無所，分離物性，實此之由也。◎慶藩案裂，依字當作列。《說文》：列，分解也。《易‧艮》九二列其夤，《管子‧五輔篇》、《曾子‧天圓篇》瘰大袂裂。古分解字皆作列。《說文》：裂，繒餘也。義各不同。今分列字皆作裂，而列但為行列字矣。

不侈於後世，不靡於萬物，不暉於數度1，以繩墨自矯2而備世之急3，古之道術有在於是者。墨翟禽滑釐聞其風而說之，為之大過，已之大循4。作〈非樂〉，命之曰〈節用〉；生不歌，死无服5。墨子汎愛兼利而非鬭6，其道不怒7；又好學而博，不異8，不與先王同9，毀古之禮樂10。

1.【注】勤儉則瘁，故不暉也。

【疏】侈，奢也。靡，麗也。暉，明也。教於後世，不許奢華，物我窮儉，

未嘗綺麗，既乖物性，教法不行，故先于典禮不得顯明於世也。【釋文】「不侈」尺紙反，又尺氏反。「不暉」如字。崔本作渾。「則瘁」在醉反。

2.【注】矯，厲也。【釋文】矯，居表反。

3.【注】勤而儉則財有餘，故急有備。【疏】世急者，謂陽九百六水火之災也。勤儉節用，儲積財物，以備世之凶災難也。

4.【注】不復度眾所能也。【疏】循，順也。古之道術，禹治洪水，勤儉枯槁，其迹尚在，故言有在於是者。姓禽，字滑釐，墨翟弟子也。墨翟滑釐，性好勤儉，聞禹風教，深悅愛之，務為此道，勤苦過甚，適周己身自順，未堪教被於人矣。禽滑釐，墨翟弟子也。不順五帝三王之樂，嫌其奢。【釋文】「度眾」徒各反。「墨翟」宋大夫，尚儉素。「禽滑」音骨，又戶八反。「釐」力之反，又音熙。「大過」音太，舊敕佐反。後大過、大多、大少倣此。「大順」順也，或作循。《尚書中候》曰：循，順。《書大傳》三正若循環，《白虎通義》引此，循作順。順與循，古同聲而通用也。鄭注《尚書》循，順行也。「而說」音悅。下注同，後聞風而說皆同。◎慶藩案循，或作順。《說文》：循，順行也。

5.【疏】〈非樂〉、〈節用〉，是《墨子》二篇書名也。生不歌，故非樂，死無服，故節用，謂無衣衾棺槨等資葬之服，言其窮儉惜費也。【釋文】「非樂節用」《墨子》二篇名。

6.【注】夫物不足，則以鬪為是，今墨子令百姓皆勤儉各有餘，故以鬪為非也。【疏】普泛兼愛，利益群生，使各自足，故無鬪爭，以鬪爭為非也。【釋文】「泛」芳劍反。「愛兼利」化同己儉為泛愛兼利。「令百」

7.【注】但自刻也。【疏】克己勤儉，故不怨怒於物也。

8.【注】既自以為是，則欲令萬物皆同乎己也。【疏】墨子又好學，博通墳典，己既勤儉，欲物同之也。

9.【注】先王則恣其群異，然後同焉皆得而不知所以得也。

10.【注】嫌其侈靡。【疏】禮則節文隆殺，樂則鐘鼓羽毛，嫌其侈靡奢華，所以毀棄不用。

黃帝有〈咸池〉，堯有〈大章〉，舜有〈大韶〉，禹有〈大夏〉，湯有

〈大濩〉，文王有辟雍之樂，武王周公作〈武〉1。古之喪禮，貴賤有儀，上下有等，天子棺槨七重，諸侯五重，大夫三重，士再重2。今墨子獨生不歌，死不服，桐棺三寸而无槨，以為法式。以此教人，恐不愛人；以此自行，固不愛己。3未敗墨子道4，雖然，歌而非歌，哭而非哭，樂而非樂，是果類乎5？其生也勤，其死也薄，其道大觳6；使人憂，使人悲，其行難為也，恐其不可以為聖人之道7，反天下之心，天下不堪。墨子雖獨能任，奈天下何！離於天下，其去王也遠矣。8

1.【疏】以上是五帝三王樂名也。【釋文】「有夏」戶雅反。◎盧文弨曰：今書作有〈大夏〉。下〈有濩〉亦作有〈大濩〉。「有辟」音壁。「作武」武，樂名。

2.【疏】自天王已下，至于士庶，皆有儀法，悉有等級，斯古之禮也。【釋文】「七重」直龍反。下同。

3.【注】物皆以任力稱情為愛，今以勤儉為法而為之大過，雖欲饒天下，更非所以為愛也。【疏】師於禹迹，勤儉過分，上則乖於三王，下則逆於萬民，故生死勤窮，不能養於外物，形容枯槁，未可愛於己身也。

4.【注】但非道德。【疏】未，無也。翟性尹老之意也。【釋文】「未敗」敗，或作毀。「墨子」是一家之正，故不可以為敗也。崔云：未壞其道。

5.【注】雖獨成墨而不類萬物之情。【疏】夫生歌死哭，人倫之常理；凶哀吉樂，世物之大情。今乃反此，故非徒類矣。【釋文】「非歌」生應歌，而墨以歌為非也。「樂而」音洛。下及注同。◎家世父曰：墨子之意，虧奪民衣食之財，其治逾寡。莊子亦辯其非樂薄葬，而歸本於節用，言墨子之道所以未敗，今之歌固非歌，今之樂固非樂，其與墨子之言，果類乎，果非類乎？故以下但著其勤苦之實，以明墨子之本旨。

6.【注】觳，無潤也。【疏】觳，無潤也。生則勤苦身心，死則資葬儉薄，其為道乾觳無潤也。【釋文】

「觳」郭苦角反。徐戶角反；無潤也。郭李皆云：無潤也。◎家世父曰：《爾雅·釋詁》觳，盡也。《管子·地員篇》淖而不肕，剛而不觳；其下土三十物，又次曰五觳。觳者，薄也。《史記·始皇本紀》雖監門之養，不觳於此矣，言不薄於此也。墨子之道，自處以薄。郭象注觳無潤也，解似迂曲。

7.【注】夫聖人之道，悅以使民，民得性之所樂則悅，悅則天下無難矣。【釋文】「其行」下孟反。下注以成其行同。【疏】夫聖人之道，得百姓之歡心，今乃使物憂悲，行之難久，又無潤澤，故不可以教世也。

8.【注】王者必合天下之懽心而與物俱往也。【疏】大王天下者，必須虛心忘己，大順群生，今乃毀皇王之法，反黔首之性，其於主物，不亦遠乎！【釋文】「能任」音任。

墨子稱道曰：「昔禹之湮洪水，決江河而通四夷九州也，名山三百，支川三千，小者无數[1]。禹親自操橐耜而九雜天下之川[2]；腓无胈，脛无毛，沐甚雨，櫛疾風，置萬國。禹大聖也而形勞天下也如此[3]。」使後世之墨者，多以裘褐為衣，以跂蹻為服，日夜不休，以自苦為極[4]，曰：「不能如此，非禹之道也，不足謂墨[5]。」

1.【疏】湮，塞也。昔堯遭洪水，命禹治水，寶塞隄防，通決川瀆，救百六之災，以播種九穀也。【釋文】「湮洪水」音因，又音煙，塞也，沒也。掘地而注之海，使水由地下也。引禹之儉同己之道。◎盧文弨曰：舊儉譌險，今改正。◎俞樾曰：名山當作名川，字之誤也。名川支川，猶言大水小水。下文曰禹親自操橐耜而九雜天下之川，可見此文專以川言，不當言山也。若但言支川而不言名川，則是舉流而遺其原，於文為不備矣。襄十一年《左傳》曰名山名川，是山川並得言名，學者多見名山，尠見名川，故誤改之耳。《呂氏春秋·始覽篇》、《淮南·墜形篇》並曰名山六百。◎慶藩案名川，人川也。《禮·禮器》因名山升中於天，鄭注：名，猶大也。高注《淮南·墜形篇》亦曰：名山，大山也。《王制》言名山大川，《月令》言大山名源，其義一也。《魯語》取名魚，韋注：名魚，大魚也。《秦策》賂之一名都，高注：名，大也（《魏策》大都數百，名都數十也）。此皆訓名為大之證。「支川」本或作支流。

2.【疏】槀，盛土器也。粗，掘土具也。禹捉粗掘地，操槀負土，躬自辛苦以導川原，於是舟楫往來，九州雜易。又解：古者字少，以滌為盪，川為原，凡經九度，言九雜也。

【釋文】「又自操」七曹反。「槀」舊古考反，崔郭音託，字則應作橐。《三蒼》云：未頭鐵也。崔云：棰也。司馬云：囊也。司馬云：盛土器也。「而九」音似。本亦作鳩，聚也。本或作籴，音同。崔云：所治非一，故曰雜也。《玉篇》：雜，同也。《廣韻》：雜，集也。《書序》決九州，言雜匯諸川之水，使同會於大川，故曰九雜天下之川。

3.【注】墨子徒見禹之形勞耳，未覩其性之適也。

【疏】通導百川，安置萬國，聞啟之泣，無暇暫看，三過其門，不得看子。賴驟雨而洒髮，假疾風而梳頭，勤苦執勞，形容毀悴，遂使腓股無肉，膝脛無毛。禹之大聖，尚自艱辛，況我凡庸，而不勤苦！

【釋文】「腓」音肥，又符畏反。「無胈」步葛反，又符蓋反。「脛」刑定反。「甚雨」如字。◎盧文弨曰：今書沐甚風櫛疾雨，當本是沐甚雨櫛疾風。此以甚雨在櫛字上，當本是沐甚雨櫛疾風，文義較順。《淮南·脩務篇》云：禹沐浴霪雨，櫛扶風。◎慶藩案崔本甚作湛，可以為證。《淮南》浴字乃衍文。李善注《文選》和王著作《八公山詩》引《淮南》作沐淫雨，櫛疾風。◎慶藩案崔本甚作湛，是也。湛與淫同。《論衡·明雩篇》久雨為湛，湛即淫也。〈太史公自序〉帝辛湛湎。淫湛義同，字亦相通。《考工記》幎氏淫之以蜃，杜子春云：淫當為湛。《淮南·覽冥篇》東風而酒湛溢。《淮南·脩務篇》正作禹沐淫雨（《禮·檀弓》門人後，雨淫雨。《春秋繁露·同類相動篇》水得夜長數分，東風而酒湛溢，皆其證。）東風而酒湛溢，湛溢即淫溢，謂酒得東風加長也。

4.【注】謂自苦為盡理之法。

【疏】裘褐，粗衣也。木曰跂。後世墨者，翟之弟子也。裘褐跂蹻，儉也。日夜不休，力也。用此自苦，為理之妙極也。

【釋文】「裘褐」戶葛反。「跂」其逆反。「蹻」紀略反。「跂」其逆反。「蹻」紀略蹻跂。草曰蹻也。木曰跂也。屬與蹻同。一云：鞋類也。一云：鞋類也。麻曰屬，木曰屐，屬與蹻同。

5.【注】非其時而守其道，所以為墨也。

【疏】墨者，禹之陳迹也。故不能苦勤，乖於禹道者，不可謂之墨也。

相里勤之弟子五侯之徒，南方之墨者苦獲、已齒、鄧陵子之屬，俱誦《墨經》，而倍譎不同，相謂別墨[1]；以堅白同異之辯相訾，以觭偶不仵之辭相應；以巨子為聖人[2]，皆願為之尸[3]，冀得為其後世，至今不決[4]。

1.【注】必其各守所見，則所在無通，故於墨之中又相與別也。【疏】姓相里，名勤，南方之墨師也。苦獲五侯之屬，並是學墨人也。譎，異也。俱誦《墨經》而更相倍異，相呼為別墨。【釋文】「里」息亮反。「相訾」音紫。「以觭」紀宜反，又音寄。「勤」司馬云：墨師也。譎，異也。◎俞樾曰：《韓非子·顯學篇》有相里氏之墨，有相夫氏之墨，有鄧陵氏之墨。「苦獲已齒」李云：二人姓字也。「巳齒」郭音佩，又裴罪反。「譎」古穴反。崔云：決也。◎慶藩案倍譎，諸書多作倍僪，或作背譎（《呂氏春秋·明理篇》曰有倍僪，高注云：背譎見於天），皆背鐍之借字。《淮南·覽冥篇》高注云：日旁之危氣也，在兩旁反出為倍，在上反出為儔。《漢書·天文志》暈適背穴，孟康曰：背，形如北字也。似，故孟康云背如北。（案《吳語》韋昭注：臣心乖則背譎見於天，皆背鐍之借字也。北，古之背字。《說文》：北，乖也，從二人相背。）穴，讀作鐍，其形如玉鐍也。如淳曰：凡氣在日上，為冠為戴，在旁直對為珥，在旁如半環，向日為抱，向外為背，有氣刺日為鐍－鐍，抉傷也。今案背鐍皆外向之名，莊子蓋喻各泥一見，二人相背耳。以氣刺日為鐍，失之。

2.【注】巨子最能辨其所是以成其行。【疏】訾，毀也。巨，大也。獨唱曰觭，音奇。對辯曰偶。仵，倫次也。言鄧陵之徒，雖蹈墨術，堅執堅白，各炫己能，合異為同，析同為異；或獨唱而寡和，或實主而往來，以有無是非之辯相毀，用無倫次之辭相應，勤儉甚者，號為聖人。【釋文】「不仵」音誤。徐音五。仵，同也。「巨子」向崔本作鉅。向云：墨家號其道理成者為鉅子，若儒家之碩儒。

3.【注】尸者，主也。

4.【注】為欲係巨子之業也。【疏】咸願為師主，庶傳業將來，對爭勝負不能決定也。

墨翟禽滑釐之意則是[1]，其行則非也[2]。將使後世之墨者，必自苦以腓无胈脛无毛相進而已矣[3]。亂之上也[4]，治之下也[5]。雖然，墨子真天下之

好也[6]，將求之不得也[7]，雖枯槁不舍也[8]。才士也夫[9]！

1.【注】意在不侈靡而偭世之急，斯所以為是。

2.【注】為之太過故也。

3.【疏】過也。後世學徒，執墨陳迹，精苦自勵，意在過人也。

4.【注】亂莫大於逆物而傷性也。

5.【注】任眾適性為上，今墨反之，故為下。

【疏】墨子之道，逆物傷性，故是治化之下術，荒亂之上首也。

【釋文】[治之] 直吏反。

6.【注】為其真好天下也，但不可以教人。

【釋文】[之好] 呼報反，注同。◎俞樾曰：真天下之好，謂其真好重聖賢不逆也，即所謂墨子兼愛也。下文曰將求之不得也，雖枯槁不舍也，此求字即心誠求之之求。求之不得，雖枯槁不舍，即所謂摩頂放踵，利天下為之也。郭注未得。「為其」于偽反。

7.【注】無輩。

8.【注】所以為真好也。

【疏】宇內好儉，一人而已，求其輩類，竟不能得。顒顡如此，終不休廢，率性真好，非矯為也。

【釋文】[枯槁] 苦老反。[不舍也] 音捨。下章同。

9.【注】非有德也。

【疏】夫，歎也。逆物傷性，誠非聖賢，亦勤儉救世才能之士耳。

不累於俗，不飾於物，不苟於人，不忮於眾[1]，願天下之安寧以活民命，人我之養畢足而止[2]，以此白心，古之道術有在於是者[3]。宋鈃尹文聞其風而悅之[4]，作為華山之冠以自表[5]，接萬物以別宥為始[6]；語心之容，命之曰心之行[7]，以聏合驩，以調海內[8]，請欲置之以為主[9]。見侮不辱[10]，救民之鬭，禁攻寢兵，救世之戰[11]。以此周行天下，上說下教，雖天下不取，強聒而不舍者也[12]，故曰上下見厭而強見也[13]。

1.【注】忮,逆也。【疏】於俗無患累,於物無矯飾,於人無苟且,於眾無逆忮,立於名行以養蒼生也。

2.【注】不敢望有餘也。

【釋文】「忮」之豉反,逆也。司馬崔云：害也。《字書》云：很也。又音支,韋昭音洎。

3.【疏】每願宇內清夷,濟活黔首,物我儉素,止分知足,以此教迹,清白其心,古術有在,相傳不替矣。

【釋文】「白心」崔云,明白其心也。白,或作任。

4.【疏】姓宋,名鈃,並齊宣王時人,同遊稷下。宋著書一篇,尹著書二篇,咸師於黔首而為之名也。性與教合,故聞風悅愛。

【釋文】「宋鈃」音形。徐胡冷反,郭音堅。「尹文」崔云：齊宣王時人,著書一篇,在名家。師古曰：劉向云,與宋鈃俱遊稷下。◎俞樾曰：《列子‧周穆王篇》老成子學玄於尹文先生,未知即其人否。《漢書‧藝文志》《尹文子》一篇。

5.【注】華山上下均平。【疏】華山,其形如削,上下均平,而宋尹立志清高,故為冠以表德之異。【釋文】「華山之冠」華山上下均平,作冠象之,表己心均平也。

6.【注】不欲令相犯錯。【疏】宥,區域也。始,本也。置立名教,應接人間,而區別萬有,用斯為本也。

7.【釋文】「以別」彼列反,又如字。「宥為始」宥,始也。崔云：以別善惡,宥不及也。

8.【注】強以其道䐌令合,調令和也。【疏】命,名也。發語吐辭,每令心容萬物,即名此容受而為心行。【釋文】「䐌」崔本作腼,音而,郭音餌。司馬云：色厚貌。崔郭王云：和也。䐌和萬物,物合則歡矣。一云：調也。「合驩」以道化物,和而調之,合意則歡。◎家世父曰：以䐌合驩,即軟孰之意。《說文》肉部：䐌,爛也。《方言》：䐌,孰也。以䐌合驩,即軟孰之意。《太玄經》炙其中,炙其膝,炙其哇,司馬光集注：炙字與軟同。亦正此意。《闕誤》作腼字者是也。「強以」其丈反。下皆同。「令合」力呈反。下同。

9.【注】二子請得若此者立以為物主也。【疏】二子請得若此名教和調四海,庶令同合以得驩心,置立此人以為物主也。

10.【注】其於以活民為急也。

11.【注】所謂䐌調。【疏】寢,息也。防禁攻伐,止息十戈,意在調和,不許戰鬪,假令欺侮,不以為辱,

意在救世，所以然也。

12.【注】聏調之理然也。【疏】用斯教迹，行化九州，上說君王，下教百姓，雖復物不取用，而強勸喧聏，不自廢舍也。【釋文】「上說」音悅，又如字。「下教」上，謂國主也，悅上之教下也。一云：說，猶教也。上教教下也。「聏」古活反，謂強聏其耳而語之也。

13.【注】所謂不辱。【疏】雖復物皆厭賤，猶自強見勸他，所謂被人輕侮而不恥辱也。【釋文】「見厭」於鹽反，徐於贍反。

雖然，其為人太多，其自為太少[1]；曰：「請欲固置五升之飯足矣[2]。」先生恐不得飽，弟子雖飢，不忘天下[3]，日夜不休，曰：「我必得活哉[4]！」圖傲乎救世之士哉[5]！曰：「君子不為苛察[6]，不以身假物[7]。」以為无益於天下者，明之不如已也[8]，以禁攻寢兵為外[9]，以情欲寡淺為內[10]，其小大精粗，其行適至是而止[11]。

1.【注】不因其自化而強以慰之，則其功太重也。【疏】夫達道聖賢，感而後應，先存諸己，後存諸人。今乃勤強勸人，被厭不已，當身枯槁，豈非自為太少乎！

2.【注】斯明自為之太少也。【釋文】「為人」于偽反。下「自為」同。

3.【注】宋鈃尹文稱天下為先生，自稱為弟子也。【疏】宋尹稱黔首為先生，自謂為弟子，先物後己故也。

4.【注】謂民必當報己也。

5.【注】揮斥高大之貌也。【疏】圖傲，高大之貌也。言其強力忍垢，接濟黎元，雖未合道，可謂救世之人坦然之迹，意在勤儉，置五升之飯，為一日之食，唯恐百姓之飢，不慮己身之餓，不忘天下，以此為心，勤儉故養蒼生也，用斯作法，晝夜不息矣。【釋文】「圖傲」五報反。

6.【注】務寬恕也。【疏】夫賢人君子，恕己寬容，終不用取捨之心苟且伺察於物也。【釋文】「苛察」

音河。一本作苟。◎慶藩案苟一本作苟，非也。古書從句從叵之字，往往因隸變而譌，苟作苟，亦形似之誤也。漢〈巴郡太守張納碑〉犴無拘紲之人，拘作抲，胸忍蠻夷，胸作阿。〈冀州從事郭君碑〉凋柯霜榮，柯字作枸，〈說文〉抲字解引〈酒誥〉曰盡執抲，今本抲作拘。〈考工記〉妢胡之笴，注：故〈書〉笴為笴，杜子春云：笴當作笴。〈管子・五輔篇〉上彌殘苟而無解舍，苟，今本為作苟，皆其明證。

7.【注】必自出其力也。　【疏】立身求己，不必假物以成名也。

8.【注】所以為救世之士也。　【疏】已，止也。苦心勞形，乖道逆物，既無益於宇內，明不如止而勿行。

9.【疏】為利他，外行也。

10.【疏】為自利，內行也。

11.【注】未能經虛涉曠。　【疏】自利利他，內外兩行，雖復大小有異，精粗稍殊，而立趨維綱，不過適是而已矣。

【釋文】「其行」下孟反，又如字。

公而不當，易而无私，決然无主[1]，趣物而不兩[2]，不顧於慮，不謀於知，於物无擇，與之俱往[3]，古之道術有在於是者[4]。彭蒙田駢慎到聞其風而悅之[5]，齊萬物以為首，曰：「天能覆之而不能載之，地能載之而不能覆之，大道能包之而不能辯之，知萬物皆有所可，有所不可，故曰選則不徧[6]，教則不至[7]，道則无遺者矣[8]。」

1.【注】各自任也。　【疏】公正而不阿黨，平易而無偏私，依理斷決，無的主宰，所謂法者，其在於斯。

2.【釋文】「不當」丁浪反。崔本作黨，云：至公無黨也。◎盧文弨曰：作不黨是。「易而」以豉反。

3.【注】物得所趣，故一。　【疏】意在理趣而於物無二也。

【疏】依理用法，不顧前後，斷決正直，無所懼慮，亦不運知，法外謀謨，守法而往，酷而無擇。　【釋文】於知音智。下棄知同。

4.【疏】自五帝已來，有以法為政術者，故有可尚之迹而猶在乎世。

5.【疏】姓彭，名蒙；姓田，名駢；姓慎，名到；並齊之隱士，俱游稷下，各著書數篇。性與法合，故聞風悅愛也。◎俞樾曰：據下文，彭蒙當是田駢之師。《意林》引《尹文子》有彭蒙曰：雉兔在野，眾皆逐之，分未定也；雞豕滿市，莫有志者，分定故也。【釋文】「田駢」薄田反。齊人也，遊稷下，著書十五篇。《慎子》云：名廣。◎俞樾曰：《漢書·藝文志》道家《田子》二十五篇，名駢，齊人也，遊稷下，號天口駢。《呂覽·不二篇》陳駢貴齊，即田駢也。《淮南·人間篇》唐子短陳駢子於齊威王云云，即田駢之事實，亦可見貴齊之一端矣。

6.【注】都用乃周。【疏】夫天覆地載，各有所能，大道包容，未嘗辯說。故知萬物有可不可，隨其性分，但當任之，若欲揀選，必不周徧也。【釋文】「不徧」音徧。

7.【注】性其性乃至。【釋文】「不至」一本作不王。

8.【疏】萬物不同，稟性各異，以此教彼，良非至極，若率至玄道，則物皆自得而無遺失矣。【釋文】「无遺」如字。本又作貴。

是故慎到棄知去己而緣不得已，泠汰於物以為道理[1]，曰知不知，將薄知而後鄰傷之者也[2]，謑髁無任而笑天下之尚賢也[3]，縱脫无行而非天下之大聖[4]，椎拍輐斷，與物宛轉[5]，舍是與非，苟可以免[6]，不師知慮，不知前後[7]，魏然而已矣[8]。推而後行，曳而後往[9]，若飄風之還，若羽之旋，若磨石之隧，全而无非，動靜无過，未嘗有罪[10]。是何故[11]？夫无知之物，无建己之患，无用知之累，動靜不離於理，是以終身无譽[12]。故曰至於若无知之物而已，无用賢聖[13]，夫塊不失道[14]。豪桀相與笑之曰：「慎到之道，非生人之行而至死人之理[15]，適得怪焉[16]。」

1.【注】泠汰，猶聽放也。【疏】泠汰，猶揀鍊也。息慮棄知，忘身去己，機不得已，感而後應，揀鍊是非，據法斷決，慎到守此，用為道理。◎俞樾曰：《史記·孟荀列傳》慎到，趙人，著十二論。《漢書·藝文志》

法家有《慎子》四十二篇，名到，先申韓，申韓稱之。【釋文】「去已」起呂反。章內注同。「泠」音零。

「汰」音泰，徐徒蓋反。郭云：泠汰，猶聽放也。一云：泠汰，猶沙汰也，謂沙汰使之泠然也；皆泠汰之歸於一，

以此為道理也。或音裔，又音替。

2.【注】謂知力淺，不知任其自然，故薄之而又鄰傷焉。【疏】鄰，近也。夫知則有所不知，故薄淺其知；

雖復薄知而未能都忘，故猶近傷於理。

3.【注】不肯當其任而任夫眾人，眾人各自能，則無為橫復尚賢也。

的任用，物各自得，不尚賢能，故笑之也。【釋文】「譏髁」胡啟反，不定貌也。隨物順情，無

米反。「髁」戶寡反，郭勘禍反；譏髁，訑倪不正貌。王云：謂謹刻也。◎家世父曰：

譏，一作謨。賈誼〈治安策〉：謹詬無節。譏髁，髀骨也。髁，通作跨。《說文》：譏詬，恥也。◎家世

《廣韻》：跨，同踝。《說文》：《釋名》：譏詬，訑倪不正貌。王云，譏刻

也，居足兩旁磽确然也，亦因其形踝踝然也。譏髁，謂堅确能忍恥辱。《釋文》：譏髁，謹刻確

也。均未免望文生義。「无任」無所施任也。王云，雖謹刻於法，而猶能不自任以事，事不與眾共之，則無為尚

賢，所以笑也。「橫復」扶又反。

4.【注】欲壞其迹，使物不殉。【疏】縱恣脫略，不為仁義之德行，忘遺陳迹，故非宇內之聖人也。【釋

「无行」下孟反。下人之行同。文】

5.【注】法家雖妙，猶有椎拍，故未泯合。【疏】椎拍，輐斷，行刑也。宛轉，變化也。復能打拍

刑戮，而隨順時代，故能與物變化而不固執之者也。【釋文】「椎」直追反。王云，椎拍輐斷，皆刑截者所用。◎家世

胡亂反，又五亂反。徐胡管反，圓也。「斷」丁管反，又丁亂反，方也。王云，椎拍輐斷，皆刑截者所用。◎家世

父曰：《說文》：輐，圓也。王云，椎拍輐斷，皆刑截者所用。疑王說非也。輐斷即下文觥斷，無

圭角也。《說文》：椎，擊也。拍，拊也。言擊拊之而已，不用攻刺；觥斷之而已，不用鋒稜；所以處制事物而與

為宛轉也。

6.【疏】不固執是非，苟且免於當世之為也。

7.【注】不能知是之與非，前之與後，暗目恣性，苟免當時之患也。【疏】不師其成心，不運用知慮，亦不

瞻前顧後，矯性偽情，直舉弘綱，順物而已。【釋文】「不師知」音智。

8.【注】任性獨立。
【疏】魏然，不動之貌也。雖復處俗同塵，而魏然獨立也。【釋文】「魏然」魚威反，李五回反。

9.【注】所謂緣於不得已。

10.【注】磨，磑也。隧，轉也。【疏】推而曳之，緣不得已，感而後應，非先唱也。如飄風之回，如落羽之旋，若磑石之轉。三者無心，故能全得，是以無是無非，無罪無過，故致然也。【釋文】「若飄」婢遙反，若磑石之隧。「若飄」一音必遙反。《爾雅》云：回風為飄。「之還」音旋，一音環。「若磨」末佐反，又如字。「石之隧」音遂，回也。徐絕句，一讀至全字絕句。「全而无非」磨石所劖，纖細全在人，言德全無見非責時，言其無心也。

11.【疏】假設疑問以顯其能。

12.【注】患生於譽，譽生於有建。【疏】夫物莫不耽滯身己，建立功名，運用心知，沒溺前境。今磨磑等，行藏任物，動靜無心，恆居妙理，患累斯絕，是以終於天命，無咎無譽也。

13.【注】唯聖人然後能去知與故，循天之理，故愚知處宜，貴賤當位，賢不肖襲情，而云無用聖賢，所以為不知道也。【釋文】「不離」力智反。

14.【注】欲令去知如土塊也。亦為凡物云云，皆無緣得道，道非遍物也。【疏】貴尚無知，情同瓦石，無用賢聖，闇若夜游，遂如土塊，名為得理。慎到之惑，其例如斯。【釋文】「夫塊」苦對反，或苦猥反。「欲令」力呈反。

15.【注】夫去知任性，然後神明洞照，所以為賢聖也。而云土塊乃不失道，人若土塊，非死如何！豈生人之行也。是以英儒贍聞，玄通豪桀，知其乖理，故嗤笑之。【疏】夫得道賢聖，照物無心，德合二儀，明齊三景。今乃以土塊為道，與死何殊！既無神用，非生人之行也。

16.【注】未合至道，故為詭怪。【疏】不合至道者，適為其怪也。

田駢亦然，學於彭蒙，得不教焉[1]。彭蒙之師曰：「古之道人，至於莫之是莫之非而已矣[2]。其風窢然，惡可而言[3]？」常反人，不見觀[4]，而不免於魭斷[5]。其所謂道非道，而所言之韙不免於非[6]。彭蒙田駢慎到不知道[7]。

雖然，概乎皆嘗有聞者也 8 。

1.【注】得自任之道也。

2.【注】所謂齊萬物以為首。

3.【注】逆風所動之聲。【疏】窾然，迅速貌也。古者道人，虛懷忘我，指為天地，無復是非，風教窾然，隨時過去，何可留其聖迹，執而言之也。【釋文】「窾」字亦作竅，又作闚，況逼反，又火麥反。向郭云：逆風窾然，聲。「惡可」音烏。

4.【注】不順民望。【疏】未能大順群品，而每逆忤人心，亦不能致蒼生之稱其瞻望也。【釋文】「不見觀」一本作不聚觀。

5.【注】雖立法而魭斷無圭角也。【疏】魭斷，無圭角貌也。雖復立法施化，而未能大齊萬物，故不免於魭斷也。【釋文】「於魭」五管反，又五亂反。「斷」丁管反。郭云：魭斷，無圭角也。一本無斷字。

6.【注】魋，是也。【疏】魋，是也。慎到所謂為道者非正道也，所言為是者不是也，故不免於非也。【釋文】「魋」于鬼反，是也。

7.【注】道無所不在，而云土塊乃不失道，所以為不知。【疏】雖復習尚虛忘，以無心為道，而未得圓照，故不知也。

8.【注】但不至也。【疏】彭蒙之類，雖未體真，而志尚無知，略有梗概，更相師祖，皆有稟承，非獨臆斷，故嘗有聞之也。【釋文】「概乎」古愛反。

以本為精，以物為粗 1 ，以有積為不足 2 ，澹然獨與神明居，古之道術有在於是者 3 。關尹老聃聞其風而悅之 4 ，建之以常無有 5 ，主之以太一 6 ，以濡弱謙下為表，以空虛不毀萬物為實 7 。

1.【疏】本，無也。物，有也。用無為妙，道為精，用有為事，物為粗。

2.【注】寄之天下，乃有餘也。

3.【疏】貪而儲積，心常不足，知足止分，故清廉虛淡，絕待獨立而精神，道無不在，自古有之也。【釋文】「澹然」徒暫反。

4.【疏】姓尹，名熹，字公度，周平王時函谷關令，故謂之關尹也。師資唱和，與理相應，故聞無為之風而悅愛之也。「老聃」他甘反，即老子也。為喜著書十九篇。◎俞樾曰：《漢書・藝文志》道家有《關尹子》九篇，注云：名喜，為關吏。或以尹喜為姓名，失之。又按《釋文》云：老子為喜著書十九篇。考《老子》一書，《漢志》有《鄰氏經傳》四篇、《傅氏經說》三十七篇、《徐氏經說》六篇，未聞有十九篇之說。《呂覽・不二篇》關尹貴清，高注：關尹，關正也，名喜，作《道書》九篇，能相風角，知將有神人而老子到，喜說之，請著《上至經》五千言。《上至經》之名，他書所未見也。

5.【注】夫無有何所能建？建之以常無有，則明有物之自建也。

6.【注】自天地以及群物，皆各自得而已，不兼他飾，斯非主之以太一耶！建立言教，每以凝常無物為宗，悟其指歸，以虛通太一為主。斯蓋好儉以勞形質，未可以教他人，亦無勞敗其道術也。【疏】太者廣大之名，一以不二為稱。言大道曠蕩，無不制圍，括囊萬有，通而為一，故謂之太一也。

7.【疏】表，外也。以柔弱謙和為權智外行，以空惠圓明為實智內德也。【釋文】「以濡」如兗反，一音儒。「謙下」退嫁反。

關尹曰：「在己无居[1]，形物自著[2]。其動若水，其靜若鏡，其應若響[3]。芴乎若亡，寂乎若清，同焉者和，得焉者失[4]。未嘗先人而常隨人[5]。」

1.【注】物來則應，應而不藏，故功隨物去。【疏】成功弗居，推功於物，用此在己而修其身也。

2.【注】不自是而委萬物，故物形各自彰著。【疏】委任萬物，不伐其功，故彼之形性各自彰著也。

3.【注】常無情也。【疏】動若水流，靜如懸鏡，其逗機也似響應聲，動靜無心，神用故速。【釋文】

「若響」許丈反。

4.【注】常全者不知所得也。

【疏】茍，忽也。亡，無也。夫道非有非無，不清不濁，故闇忽似無，體非無也，靜寂如清也。是已同靡清濁，和蒼生之淺見也，遂以此清虛無為而為德者，斯喪道矣。

【釋文】「茍」音忽。

5.【疏】和而不唱也。

老聃曰：「知其雄，守其雌，為天下谿；知其白，守其辱，為天下谷[1]。」人皆取先，己獨取後[2]，曰受天下之垢[3]；人皆取實[4]，己獨取虛[5]，无藏也故有餘[6]，巋然而有餘[7]。其行身也，徐而不費[8]，无為也而笑巧[9]；人皆求福，己獨曲全[10]，曰苟免於咎[11]。以深為根[12]，以約為紀[13]，曰堅則毀矣[14]，銳則挫矣[15]。常寬容於物[16]，不削於人[17]，可謂至極。

1.【注】物各自守其分，則靜默而已，無雄白也。夫雄白者，非尚勝自顯者耶？尚勝自顯，豈非逐知過分以殆其生耶？故古人不隨無崖之知，守其分內而已，故其性全。其性全，然後能及天下，然後歸之如谿谷也。

【疏】夫英雄俊傑，進躁所以夭年；雌柔謙下，退靜所以長久。是以去彼顯白之榮華，取此韜光之屈辱，斯乃學道之樞機，故為宇內之谿谷也。而谿谷俱是川壑，但谿小而谷大，故重言耳。

【釋文】「谿」苦兮反。

2.【注】不與萬物爭鋒，然後天下樂推而不厭，故後其身。

【疏】俗人皆尚勝趨先，大聖獨謙卑處後，故後其身而身先。

《道經》云，後其身而身先。

音苟。

3.【注】雌辱後下之類，皆物之所謂垢也。

【疏】退身居後，推物在先，斯受垢辱之者。

【釋文】「之垢」

4.【注】唯知有之以為利，未知無之以為用。

【疏】貪貨也。

5.【注】守沖泊以待群實。

【疏】守沖寂也。

【釋文】「沖泊」步各反。

6.【注】付萬物使各自守，故不患其少。

【疏】藏，積也。知足守分，散而不積，故有餘。

7.【注】獨立自足之謂。

【疏】巋然，獨立之謂也。言清廉潔己，在物至稀，獨有聖人無心而已。【釋

文】「歸」去軌反，又去類反。本或作魏。

8.【注】因民所利而行之，隨四時而成之，常與道理俱，故無疾無費也。【疏】費，損也。夫達道之人，無近恩惠，食苟簡之田，立不貸之圃，從容閒雅，終不損己為物耳，以此為行而養其身也。【釋文】「不費」芳味反。

9.【注】巧者有為，以傷神器之自成，故無為為者，因其自生，任其自成，萬物各得自為。【疏】率性而動，淳朴無為，嗤彼俗人，機心巧偽也。【釋文】「蜘」音知。蜘蛛猶能結網，則人人自有所能矣，無貴於工倕也。【蛛】音誅。「工倕」音垂。

10.【注】委順至理則常全，故無所求福，福已足。

11.【注】隨物，故物不得咎也。【疏】咎，禍也。俗人愚迷，所為封執，但知求福，不能慮禍。唯大聖虛懷，委曲隨物，保全生道，且免災映。

12.【注】埋根於大初之極，不可謂之淺也。【釋文】「大初」音泰。

13.【注】去甚泰也。【疏】以深玄為德之本根，以儉約為行之綱紀。【釋文】「去甚」起呂反。

14.【注】夫至順則雖金石無堅也，迕逆則雖水氣無軟也。至順則全，迕逆則毀，斯正理也。【釋文】「迕逆」五故反。「無軟」如充反，本或作濡，音同。◎盧文弨曰：今書作無耎。

15.【注】進躁無崖為銳。【疏】毀損堅剛之行，挫止貪銳之心，故《道經》云挫其銳。【釋文】「挫」作臥反。

16.【注】各守其分，則自容有餘。

17.【注】全其性也。【疏】退己謙和，故寬容於物；知足守分，故不侵削於人也。

關尹老聃乎！古之博大真人哉！1

1.【疏】關尹老子，古之大聖，窮微極妙，冥真合道；教則浩蕩而宏博，理則廣大而深玄，莊子庶幾，故有斯嘆也。

芴漠无形，變化无常[1]，死與生與，天地並與，神明往與[2]！芒乎何之，忽乎何適[3]，萬物畢羅，莫足以歸[4]，古之道術有在於是者。莊周聞其風而悅之，以謬悠之說，荒唐之言，无端崖之辭，時恣縱而不儻，不以觭見之也[5]。以天下為沈濁，不可與莊語[6]，以巵言為曼衍，以重言為真，以寓言為廣[7]。獨與天地精神往來而不敖倪於萬物[8]，不譴是非[9]，以與世俗處[10]。其書雖瑰瑋而連犿无傷也[11]。其辭雖參差而諔詭可觀[12]。彼其充實不可以已[13]，上與造物者遊，而下與外死生无終始者為友[14]。其於本也，弘大而辟，深閎而肆，其於宗也，可謂稠適而上遂矣[15]。雖然，其應於化而解於物也[16]，其理不竭，其來不蛻[17]，芒乎昧乎，未之盡者[18]。

1.【注】隨物也。【疏】妙本無形，故寂漠也；迹隨物化，故無常也。【釋文】「芴」元嘉本作寂。「漠」音莫。

2.【注】任化也。【疏】以死生為晝夜，故將二儀並也；隨造化而轉變，故共神明往矣。【釋文】「死與」音餘。下同。

3.【注】無意趣也。【疏】委自然而變化，隨芒忽而遨遊，既無情於去取，亦任命而之適。【釋文】「芒乎」莫剛反。下同。

4.【注】故都任置。【疏】包羅庶物，囊括宇內，未嘗離道，何處歸根。

5.【注】不急欲使物見其意。【疏】謬，虛也。悠，遠也。荒唐，廣大也。恣縱，猶放任也。觭，不偶也。而莊子應世挺生，冥契玄道，故能致虛遠深弘之說，無涯無緒之談，隨時放任而不偏黨，和氣混俗，未嘗觭介也。【釋文】「謬悠」謂若忘於情實者也。「荒唐」謂廣大無域畔者也。◎慶藩案无端崖，猶無垠鄂也。《淮南·原道篇》無垠鄂之門，許注垠鄂云：端崖也。高注：無形狀也。《說文》土部：垠，地垠也。《楚辭》王注：垠，岸崖

也。《文選‧甘泉賦》李善注：鄂，垠堮也。「而儻」丁蕩反。徐敕蕩反。◎盧文弨曰：今書時恣縱而不儻有不字。「觭」音羈，徐起宜反。

6.【注】累於形名，以莊語為狂而不信，故不與也。

小辯，未可與說大言也。

【釋文】「莊語」並如字。郭云：莊，莊周也。一云：莊，端正也。一本作壯，側亮反，大也。◎慶藩案莊壯，古音義通用。《逸周書‧諡法篇》兵甲亟作曰莊，叡圉克服曰莊，勝敵志強曰莊，死於原野曰莊，屢征殺伐曰莊。莊之言壯也。《楚辭‧遠游》精粹而始壯，與行鄉陽為韻。《詩‧邶風‧君子偕老箋》顏色之莊，《釋文》：莊，本又作壯。《禮‧檀弓》衞有太史曰柳莊，《漢書‧古今人表》作柳壯。天下不可與莊語，《釋文》：壯，一本作壯。皆其明證。

7.【疏】卮言，不定也。曼衍，無心也。重，尊老也。寓，寄也。夫卮滿則傾，卮空則仰，故以卮器以況至言。而耆艾之談，體多真實，寄之他人，其理深廣，則鴻蒙雲將海若之徒是也。

【釋文】「以卮」音支。

8.【注】其言通至理，正當萬物之性命。

來死往，謙和順物，固不驕矜。

【疏】敖倪，猶驕矜也。抱真精之智，運不測之神，寄迹域中，生

【釋文】「不敖」五報反。「倪」音詣。

9.【注】已無是非，故恣物而行。

【釋文】「不譴」遣戰反。

10.【注】形多群於物。

【疏】譴，責也。是非無主，不可窮責，故能混世揚波，處於塵俗也。

11.【注】還與物合，故無傷也。

合物而無傷。

【疏】瑰瑋，弘壯也。連犿，和混也。莊子之書，其旨高遠，言猶涉俗，故

【釋文】「瑰」古回反。「瑋」瑋瑋，奇特也。「連犿」本亦作抃，同。芳袁反。又音獲，又敷晚反。李云：皆宛轉貌。一云：相從之貌，謂與物相從而不違，故無傷。

12.【注】不唯應當時之務，故參差。

事，時代參差，而諔詭滑稽，甚可觀閱也。

【疏】參差者，或虛或實，不一其言也。諔詭，猶滑稽也。雖寓言託

【釋文】「參」初林反。注同。「差」初宜反。「諔」尺叔反。

13.【注】多所有也。

【疏】已，止也。

14.【疏】乘變化而遨遊，交自然而為友，故能混同生死，冥一始終。本妙迹粗，故言上下。

15.【疏】闊，開也。弘，大也。肆，申也。遂，達也。言至本深大，申暢開通，真宗調適，上達玄道也。

【釋文】「而辟」婢亦反。「深閎」音宏。「稠適」稠，音調。本亦作調。

16.【疏】言此莊書，雖復諔詭，而應機變化，解釋物情，莫之先也。

17.【疏】蛻，脫捨也。妙理虛玄，應無窮竭，而機來感己，終不蛻而捨之也。【釋文】「不蛻」音悅，徐始銳反，又敕外反。

18.【注】莊子通以平意說己，與說他人無異也，案其辭明為汪汪然，禹拜昌言，亦何嫌乎此也！【疏】芒昧，猶窈冥也。言莊子之書，窈窕深遠，芒昧恍忽，視聽無辯，若以言象徵求，未窮其趣也。【釋文】「汪汪」烏黃反。

惠施多方，其書五車，其道舛駁，其言也不中[1]。麻物之意[2]，曰：「至大无外，謂之大一；至小无內，謂之小一[3]。无厚，不可積也，其大千里[4]。天與地卑，山與澤平[5]。日方中方睨，物方生方死[6]。大同而與小同異，此之謂小同異[7]；萬物畢同畢異，此之謂大同異[8]。南方无窮而有窮[9]，今日適越而昔來[10]。連環可解也[11]。我知天下之中央，燕之北越之南是也[12]。氾愛萬物，天地一體也[13]。」

1.【疏】舛，差殊也。駁，雜揉也。既多方術，書有五車，道理殊雜而不純，言辭雖辯而無當也。【釋文】「惠施」施，惠子名。「五車」尺蛇反，又音居。「舛」川兗反，徐尺允反。「駁」邦角反。◎慶藩案司馬作踳駁。《文選》左太沖〈魏都賦〉注引司馬云：踳讀曰舛；舛，乖也；駁，色雜不同也。《釋文》闕。◎藩又案舛駁，當作踳駁。又作踳駞。《淮南・俶真篇》二者代謝舛馳。《說山篇》分流舛馳。《氾論篇》見聞舛馳於外。《法言》敍曰，諸子各以其知舛馳。是其證。

2.【疏】心遊萬物，麻覽辯之。【釋文】「麻」古歷字。本亦作歷。「物之意」分別歷說之。

3.【疏】囊括無外，謂之大也；入於無間，謂之小也。雖復大小異名，理歸無二，故曰一也。【釋文】「至大无外謂之大一至小无內謂之小一」司馬云：無外不可一，無內不可分，故謂之一也。天下所謂大小皆非形，所謂

一二非至名也。至形無形，至名無名。

4.【疏】理既精微，搏之不得，妙絕形色，何厚之有！故不可積而累之也。非但不有，亦乃不無，有無相生，故大千里也。【釋文】「无厚不可積也其大千里」司馬云：物言形為有，形之外為無，無形與有，相為表裏，故形物之厚，無厚與有，同一體也，其有厚大者，其無厚亦大。高因廣立，則其可積，因不可積者，苟其可積，何但千里乎！

5.【疏】夫物情見者，則天高而地卑，山崇而澤下。今以道觀之，則山澤均平，天地一致矣。《齊物》云，莫大於秋豪而泰山為小，即其義也。【釋文】「天與地卑」如字，又音婢。「山與澤平」李云：以地比天，則地卑於天，若宇宙之高，則天地皆卑，天地皆卑，則山與澤平矣。

6.【疏】睨，側視也。居西者呼為中，處東者呼為側，則無中側也。猶生死也，生者以死為死，死者以生為死。日既中側不殊，物亦死生無異也。【釋文】「日方中方睨」音詣。「物方生方死」李云：睨，側視也。謂日方中而景已復昃，謂景方昃而光已復沒，謂光方沒而明已復升。凡中昃之與升沒，若轉樞循環，自相與為前後，始終無別，則存亡死生與之何殊也！

7.【疏】物情分別，見有同異，此小同異也。

8.【疏】死生交謝，寒暑遞遷，形性不同，體理無異，此大同異也。【釋文】「大同而與小同異此之謂小同異萬物畢同畢異此之謂大同異」同體異分，故曰小同異。死生禍福，寒暑晝夜，動靜變化，眾辨莫同，異之至也，則萬物之同異一矣。若堅白，無不合，無不離也。若火含陰，水含陽，火中之陰異於水，水中之陽異於火，然則水異於水，火異於火。至異異所同，至同同所異，故曰大同異。

9.【疏】知四方無窮，會有物也。形不盡形，色不盡色，形與色相盡也；知不窮知，物不窮物，知與物相盡也。獨言南方，舉一隅，三可知也。【釋文】「南方无窮而有窮」司馬云：四方無窮，上下皆不能處其窮，會有窮耳。一云：知四方之無窮，是以無無窮無窮也。形不盡形，色不盡色，形與色相盡也；知不窮知，物不窮物，知與物相盡也。獨言南方，舉一隅也。

10.【疏】夫以今望昔，所以有今；以昔望今，何能有昔！昔自非今，豈有今哉！既其無昔無今，故曰今適越而昔來可也。【釋文】「今日適越而昔來」智之適物，物之適智，形有所止，智有所行，智有所守，形有所從，故形智往來，相為逆旅也。鑒以鑒影而鑒亦有影，兩鑒相鑒，則重影無窮。萬物入於一

智而智無間，萬物入於一物而物無昧，天在心中則身在天外，心在天內則天在心外也。遠而思親者往也，病而思親者來也。智在物為物，物在智為智。司馬云：彼日猶此日，則見此猶見彼也。彼猶此見，則吳與越人交相見矣。◎

盧文弨曰：今書眣作眣。案眣與瞬同，眣訓目精，義皆不合。似當作眣兆之眣。

11.【疏】夫環之相貫，貫於空處，不貫於環也。是以兩環貫空，不相涉入，各自通轉，故可解也。【釋文】「連環可解也」司馬云：夫物盡於形，形盡之外，則非物也。連環所貫，非貫於環也，若兩環不相貫，則雖連環，故可解也。

12.【疏】夫燕越二邦，相去迢遞，人情封執，各是其方。而南北之遠無窮，由無窮觀有數，則燕越之間未始有分也。天下無方，故所在為中，循環無端，故所在為始也。【釋文】「我知天之中央燕之北越之南是也」司馬云：燕之去越有數，而南北之遠無窮，由無窮觀有數，則燕越之間未始有分也。天下

13.【疏】萬物與我為一，故氾愛之。二儀與我並生，故同體也。【釋文】「氾」芳劍反。「愛萬物天地一體也」李云：日月可觀而目不可見，愛出於身而所愛在物。天地為首足，萬物為五藏，故肝膽之別，合於一人，一人之別，合於一體也。

惠施以此為大，觀於天下而曉辯者[1]，天下之辯者相與樂之[2]。卵有毛[3]，雞三足[4]，郢有天下[5]，犬可以為羊[6]，馬有卵[7]，丁子有尾[8]，火不熱[9]，山出口[10]，輪不蹍地[11]，目不見[12]，指不至，至不絕[13]，龜長於蛇[14]，矩不方，規不可以為圓[15]，鑿不圍枘[16]，飛鳥之景未嘗動也[17]，鏃矢之疾而有不行不止之時[18]，狗非犬[19]，黃馬驪牛三[20]，白狗黑[21]，孤駒未嘗有母，一尺之捶，日取其半，萬世不竭[22]。辯者以此與惠施相應，終身无窮。

1.【疏】惠施用斯道理，自以為最，觀照天下，曉示辯人也。【釋文】「為大觀」古亂反。「於天下」所謂自以為最也。「曉辯」《字林》云：辯，慧也。

2.【疏】愛好既同，情性相感，故域中辯士樂而學之也。【釋文】「樂之」音洛。

3.【疏】有無二名，咸歸虛寂，俗情執見，謂卵無毛，名謂既空，有毛可也。雞伏鵠卵，卵不為雞，則生類於鵠也。毛氣成毛，羽氣成羽，雖胎卵未生，而毛羽之性已著矣。故鳶肩蜂目，必有毛羽。雞伏鵠卵，卵不為雞，則生類於鵠也。神以引明，氣以成質，質之所剋如戶牖，明暗之懸以晝夜。性相近，習相遠，則性之明遠，有習於生。◎盧文弨曰：遠，舊作逯，今書作遠，從之。◎慶藩案《荀子·不苟篇》楊注引司馬云：胎卵之生，必有毛羽。雞伏鵠卵，卵不為雞，則生類於鵠。毛氣成毛，羽氣成羽，雖胎卵未生，而毛羽之性已著也。視《釋文》為略。

4.【疏】數之所起，自虛從無，從無適有，三名斯立。是知二三，竟無實體，故雞之二足可名為三。雞足既未生，而毛羽之性已著矣，故曰卵有毛也。【釋文】「雞三足」司馬云：雞兩足，所以行而非動也，故行由足發，動由神御。今雞雖兩足，須神而行，故曰三足也。

5.【疏】郢，楚都也。在江陵北七十里。夫物之所居，皆有四方，是以燕北越南，可謂天中，故楚都於郢，地方千里，何妨即天下耶！【釋文】「郢有天下」郢，楚都也，在江陵北七十里。李云：九州之內，於宇宙之中未萬中之一分也。故舉天下者，以喻盡而名大夫非大。若各指其所有而言其未足，雖郢方千里，亦可有天下也。

6.【疏】名無得物之功，物無應名之實，名實不定，可呼犬為羊。鄭人謂玉未理者為璞，周人謂鼠未腊者亦曰璞，故形在於物，名在於人也。【釋文】「犬可以為羊」司馬云：名以名物，而非物也，犬羊之名，非犬羊也。

7.【疏】夫胎卵濕化，人情分別，以道觀者，未始不同。鳥卵既有毛，獸胎何妨名卵也！【釋文】「馬有卵」李云：形之所託，名之所寄，皆假耳，非真也。故犬羊無定名，胎卵無定形，故鳥可以有胎，馬可以有卵也。

8.【疏】小異者大同，犬羊之與胎卵，無分於鳥馬也。【釋文】「丁子有尾」李云：夫萬物無定形，形無定稱，在上為首，在下為尾。一云：楚人呼蝦蟆為丁子也。夫蝦蟆無尾，天下共知，此蓋物情，非關至理。以道觀之者，無體非無，非無尚得稱無，何妨非有，可名尾也。

9.【疏】火熱水冷，起自物情，據理觀之，非冷非熱。何者？南方有食火之獸，聖人則入水不濡，以此而言，

固非冷熱也。又譬杖加於體而痛發於人，人痛杖不痛，亦猶火加於體而熱發於人，人熱火不熱也。【釋文】「火不熱」司馬云：木生於水，火生於木，木以水潤，火以木光。金寒於水而熱於火，而寒熱相兼無窮，水火之性有盡，謂火熱水寒，是偏舉也，偏舉則水熱火寒可也。一云：猶金木加於人有楚痛，楚痛發於人，而金木非楚痛也。如處火之鳥，則火不熱也。

10.【疏】山本無名，山名出自人口。在山既爾，萬法皆然也。◎盧文弨曰：舊處火作處水，誤，今改正。

【釋文】「山出口」司馬云：形聲氣色，合而成物。律呂以聲兼形，玄黃以色兼質。呼於一山，一山皆應，一山之聲入於耳，形與聲並行，是山猶有口也。

11.【疏】夫車之運動，輪轉不停，前迹已過，後塗未至，除卻前後，更無蹔時。是以輪雖運行，竟不蹔於地也。猶《肇論》云，旋風偃嶽而常靜，江河競注而不流，野馬飄鼓而不動，日月歷天而不周。復何怪哉！復何怪哉！

【釋文】「輪不蹍」本又作跈，女展反。

12.【疏】夫目之見物，必待於緣。絺既體空，故知目不能見之者也。【地】司馬云：地平輪圓，則輪之所行者迹也。

【釋文】「目不見」司馬云：水中視魚，必先見水，光中視物，必先見光。魚之濡鱗非曝鱗，異於曝鱗，則視濡也。光之曜形異於不曜，則視見於曜形，非見形也。目不夜見非暗，晝見非明，有假也，所以見者明也。目不假光而後明，無以見光，故目之於物，未嘗有見也。

13.【疏】夫以指指物而非指，故指不全也。而自指得物，故至不絕也。一云：指之取火以鉗，刺鼠以錐，故假於物，指之取物，不能自至，要假物故至也，然假物由指不絕也。【釋文】「指不至至不絕」司馬云：夫指之取物，不能自至，要假物故至也，然假物由指不絕也。

14.【疏】夫長短相形，則無長無短。謂蛇長龜短，乃是物之滯情，今欲遣此昏迷，故云龜長於蛇也。【釋文】「龜長於蛇」司馬云：蛇形雖長而命不久，龜形雖短而命甚長。◎俞樾曰：此即莫大於秋豪之末而大山為小之意。司馬云：蛇形雖長而命不久，龜形雖短而命甚長，則不以形言而以壽言，真為龜長蛇短矣，殊非其旨。

15.【疏】夫規圓矩方，其來久矣。而名謂不定，方圓無實，故不可也。【釋文】「矩不方規不可以為圓」司馬云：矩雖為方而非方，規雖為圓而非圓，譬繩為直而非直也。

16.【疏】鑿者，孔也。柄者，內孔中之木也。然柄入鑿中。木穿空處不關涉，故不能圍。此猶連環可解義也。【釋文】「鑿」曹報反。「不圍柄」如銳反。司馬云：鑿柄異質，合為一形。鑿積於柄，則鑿柄異圍，鑿柄異圍，

是不相圍也。

17.【疏】過去已滅，未來未至，過未之外，更無飛時，唯鳥與影，嶷然不動。是知世間即體皆寂，故《肇論》云，然則四象風馳，璇璣電卷，得意豪微，雖遷不轉。所謂物不遷者也。【釋文】「飛鳥之景」音影。「未嘗動也」司馬云：鳥之蔽光，猶魚之蔽水，魚動蔽水而水不動，鳥動影生，影生光亡。亡非往，生非來，《索隱》曰，影不徙也。

18.【疏】鏃，矢端也。夫機發雖速，不離三時，無異輪行，何殊鳥影。輪既不蹍不動，鏃矢豈有止有行！亦如利刀割三條絲，其中亦有過去未來見在者也。◎慶藩案鏃，郭音族，非也。鏃為鏃字之誤。矦，隸書作佳，字形相似，故鏃矢之字，多誤為鏃（亦多誤為錐。佳字隸書作佳，亦因形似而誤。見《淮南·兵略篇》疾如錐矢。《齊策》亦誤作錐矢。高注以錐矢為小矢，非）。《爾雅》金鏃翦羽謂之鏃。《說文》同。《方言》曰：箭，江淮之間謂之鏃。《大雅》四鏃既均，《周官·司弓矢》曰殺矢、鏃矢，《考工記》矢人曰：鏃矢三分（鏃字亦作鍭）。《士喪禮》曰：鍭矢一乘。故知鏃為鏃之誤也（《鶡冠子·世兵篇》發如鏃矢。鏃本或作鏃，亦當以從鏃為是）。「矢之疾而有不行不止之時」司馬云：形分止，勢分行；形分明者行遲，勢分明者行疾。目明無形，分無所止，則其疾無間，則其疾無間者，中有止也，質薄而可離，中有無及者也。

19.【疏】狗之與犬，一物兩名。名字既空，故狗非犬也。狗犬同實異名，則彼所謂狗，異於犬也。【釋文】「狗非犬」司馬云：狗犬同實異名。

20.【疏】夫形非色，色乃非形。故一馬一牛，以之為二，添馬之色，則為三也。曰黃馬，曰驪牛，形為三也。亦猶一與言為二，二與一為三者也。【釋文】「黃馬驪牛」力智反，又音梨。「牛三」司馬云：牛馬以二為三，曰牛，曰馬，形之三也。曰黃，曰驪，色之三也。曰黃馬，曰驪牛，形與色為三也。故曰一與言為二，二與一為三也。◎慶藩案《文選》劉孝標《廣絕交論》注引司馬云：牛馬以二為三，兼與別也。曰牛，曰馬，形之三也。曰黃，曰驪，色之三也。曰黃馬，曰驪牛，形與色之三也。與《釋文》小異。

21.【疏】夫名謂不實，形色皆空，欲反執情，故指白為黑也。【釋文】「白狗黑」司馬云：狗之目眇，謂之

眇狗。狗之目大，不曰大狗，此乃一是一非。然則白狗黑目，亦可為黑狗。

故曰萬世不竭。

22.【疏】捶，杖也。取，折也。問曰：一尺之杖，今朝折半，五寸存焉，兩日之間，捶當窮盡。此事顯著，豈不竭之義乎？答曰：夫名以應體，體以應名，故以名求物，物不能隱也。是以執名責實，名曰尺捶，每於尺取，何有窮時？若於五寸折之，便虧名理。乃曰半尺，豈是一尺之義耶？【釋文】「孤駒未嘗有母」李云：駒生有母，言孤則無母，孤稱立則母名去也。母嘗為駒之母也，故孤駒未嘗有母也。本亦無此句。「一尺」本無一字。「之捶」章蘂反。「日取其半萬世不竭」司馬云：捶，杖也。若其可析，則常有兩，若其不可析，其一常存。

桓團公孫龍辯者之徒[1]，飾人之心，易人之意[2]，能勝人之口，不能服人之心，辯者之囿也[3]。惠施日以其知與人之辯，特與天下之辯者為怪，此其柢也[4]。

1.【疏】姓桓，名團；姓公孫，名龍；並趙人，皆辯士也）客游平原君之家。而公孫龍著《守白論》，見行於世。用此上來尺捶言，更相應和，以斯卒歲，無復窮已。【釋文】「桓團」李云：人姓名。徐徒丸反。

2.【疏】縱茲玄辯，彫飾人心，用此雅辭，改易人意。

3.【疏】辯過於物，故能勝人之口；言未當理，故不服人之心也。而辯者之徒，用為苑囿。又解：囿，域也。惠施之言，未冥於理，所詮限域，莫出於斯者也。【釋文】「之囿」音又。

4.【疏】特，獨也，字亦有作將者。怪，異也。柢，體也。惠子日用分別之知，共人評之，獨將一己與天地殊異，雖復姦狡萬端，而本體莫過於此。◎俞樾曰：與人之辯，義不可通，蓋涉下句天下之辯者而衍之字。柢與氐通。《史記·秦始皇紀》大氐盡畔秦吏，《正義》曰：氐，猶略也。此其柢也，猶云此其略也。上文卵有毛，雞三足以下皆是。【釋文】「其柢」丁計反。

然惠施之口談，自以為最賢[1]，曰天地其壯乎！施存雄而无術[2]。南方

有倚人焉曰黃繚，問天地所以不墜不陷，風雨雷霆之故3。惠施不辭而應，不慮而對，遍為萬物說，說而不休，多而无已，猶以為寡，益之以怪5。以反人為實而欲以勝人為名，是以與眾不適也6。弱於德，強於物，其塗隩矣7。由天地之道觀惠施之能，其猶一蚉一虻之勞者也。其於物也何庸8！夫充一尚可，曰愈貴道，幾矣9！惠施不能以此自寧，散於萬物而不厭，卒以善辯為名10。惜乎！惠施之才，駘蕩而不得，逐萬物而不反，是窮響以聲，形與影競走也。悲夫11！

1.【疏】然，猶如此也。言惠施解理，亞乎莊生，加之口談最賢於眾，豈似諸人直辯而已！

2.【疏】術，道也。言天地與我並生，不足稱大。意在雄俊，超世過人，既不謙柔，故無真道。而言其壯者，猶獨壯也。【釋文】「天地其壯乎」司馬云：惠施唯以天地為壯於己也。「施存雄而无術」司馬云：意在勝人，而無道理之術。

3.【疏】住在南方，姓黃，名繚，不偶於俗，羈異於人，游方之外，賢士者也。聞惠施聰辯，故來致問，問二儀長久，風雨雷霆，動靜所發，起何端緒。【釋文】「倚人」本或作畸，同。紀宜反。李云：異也。◎慶藩案倚當為奇，倚人，異人也。王逸注《九章》云：奇，異也。倚從奇聲，故古字倚與奇通也。《易·說卦傳》參天兩地而倚數，蜀才本倚作奇。《春官》大祝奇擿，杜子春曰：奇讀為倚。僖三十三年《穀梁傳》匹馬倚輪無反者，《釋文》：倚，居宜反。即奇輪也。字或作畸。《荀子·天論篇》墨子有見於齊，無見於畸，楊注，謂不齊也。不齊即異之義也（〈大宗師篇〉敢問畸人，李頤曰：畸，奇異也）。「黃繚」音了，李而小反，云：賢人也。「不墜」直類反。

4.【疏】意氣雄俊，言辯縱橫，是以未辭謝而應機，不思慮而對答者也。「霆」音廷，又音挺。

5.【疏】遍為陳說萬物根由，並辯二儀雷霆之故，不知休止，猶嫌簡約，故加奇怪以騁其能者也。【釋文】「遍為」音遍，下于偽反。

6.【疏】以反人情曰為實道，每欲超勝群物，出眾為心，意在聲名，故不能和適於世者也。

7.【疏】塗，道也。德術甚弱，化物極強，自言道理異常深奧也。【釋文】【隩】烏報反。李云：深也，謂其道深。

8.【疏】由，從也。庸，用也。從二儀生成之道，觀惠施化物之能，無異乎蚊虻飛空，鼓翅喧擾，徒自勞倦，曾何足云！歷物之言，便成無用者也。【釋文】【一蚊】音文。【一虻】孟庚反。

9.【疏】幾，近也。夫惠施之辯，詮理不弘，於萬物之中，尚可充一數而已。而欲銳情貴道，飾意近真，權而論之，良未可也。【釋文】【愈貴】羊主反。李云：自謂所慕愈貴近於道也。

10.【疏】卒，終也。

11.【注】昔吾未覽《莊子》，嘗聞論者爭夫尺棰連環之意，而皆云莊生之言，遂以莊生為辯者之流。案此篇較評諸子，至於此章，則曰其道舛駁，其言不中，乃知道聽塗說之傷實也。吾意亦謂無經國體致，真所謂無用之談也。然膏粱之子，均之戲豫，或倦於典言，而能辯名析理，以宣其氣，以係其思，流於後世，使性不邪淫，不猶賢於博奕者乎！故存而不論，以貽好事也。【疏】駘，放也。痛惜惠施有才無道，放蕩辭辯，不得真原，馳逐萬物之末，不能反歸於妙本。夫得理莫若忘知，反本無過息辯。今惠子役心術以求道，縱河瀉以索真，亦何異乎欲逃響以振聲，將避影而疾走者也！洪才若此，深可悲傷也。【釋文】【駘】李音殆。【悲夫】音符。【不邪】似嗟反。【好事】呼報反。【較】音角。【評】音病。【不中】丁仲反。【或倦】力困反。【論者】力困反。◎慶藩案《文選》謝元暉〈直中書省詩〉注引司馬云：駘蕩，猶放散也。《釋文》闕。郭生前歎膏粱之塗說，余亦晚覩貴遊之妄談。斯所謂異代同風，何可復言也！或曰：莊惠標濠梁之契，發郢匠之模，而云其書五車，其言不中，何也？豈契若郢匠，褒同寢斤，而相非之言如此之甚者也？答曰：夫不失欲極有教之肆，神明其言者，豈得不善其辭而盡其喻乎！莊生振徽音於七篇，列斯文於後世，重言盡涉玄之路，雖談無貴辯，而教無虛唱。然其文易覽，其趣難窺，造懷而未達者，有過理之嫌。袪斯之弊，故大舉惠子之云辯也。◎盧文弨曰：案不失二字，疑衍文。神，宋本作伸。又下列斯文於後世，舊脫後字，今補。又從事發有辭之敘，今書發作展。

國家圖書館出版品預行編目資料

莊子集釋/[清]郭慶藩. -- 初版. -- 臺北市：商周出版，城邦文
化出版：家庭傳媒城邦分公司發行； 民107.01
面： 公分. --（中文可以更好；42）

ISBN 978-986-477-379-4（精裝）

1. 莊子 2.註釋

121.331   106023669

中文可以更好 42

莊子集釋

集　　　　釋／郭慶藩
企 畫 選 書／林宏濤
責 任 編 輯／陳名珉、林宏濤

版　　　　權／翁靜如
行 銷 業 務／李衍逸、黃崇華
總　　編　　輯／楊如玉
總　　經　　理／彭之琬
發　　行　　人／何飛鵬
法 律 顧 問／元禾法律事務所　王子文律師
出　　　　版／商周出版
　　　　　　　城邦文化事業股份有限公司
　　　　　　　115台北市南港區昆陽街16號4樓
　　　　　　　電話：(02) 2500-7008　傳眞：(02) 2500-7579
　　　　　　　E-mail：bwp.service@cite.com.tw
　　　　　　　Blog：http://bwp25007008.pixnet.net/blog
發　　　　行／英屬蓋曼群島商家庭傳媒股份有限公司城邦分公司
　　　　　　　115台北市南港區昆陽街16號5樓
　　　　　　　書虫客服服務專線：(02)2500-7718・(02)2500-7719
　　　　　　　24小時傳眞服務：(02)2500-1990・(02)2500-1991
　　　　　　　服務時間：週一至週五09:30-12:00・13:30-17:00
　　　　　　　郵撥帳號：19863813　戶名：書虫股份有限公司
　　　　　　　讀者服務信箱E-mail：service@readingclub.com.tw
　　　　　　　歡迎光臨城邦讀書花園 網址：www.cite.com.tw
香 港 發 行 所／城邦（香港）出版集團有限公司
　　　　　　　香港九龍土瓜灣土瓜灣道86號順聯工業大廈6樓A室
　　　　　　　電話：(852) 2508-6231　傳眞：(852) 2578-9337
馬 新 發 行 所／城邦(馬新)出版集團【Cité (M) Sdn. Bhd. (458372U)】
　　　　　　　41, Jalan Radin Anum, Bandar Baru Sri Petaling,
　　　　　　　57000 Kuala Lumpur, Malaysia
　　　　　　　電話：(603) 9056-3833　傳眞：(603) 9057-6622

封 面 設 計／黃聖文
排　　　　版／新鑫電腦排版工作室
印　　　　刷／韋懋實業有限公司
總　　經　　銷／聯合發行股份有限公司
　　　　　　　電話：(02) 2917-8022　傳眞：(02) 2911-0053
　　　　　　　地址：新北市231新店區寶橋路235巷6弄6號2樓

■2018年(民107年) 01月16日初版　　　　　　Printed in Taiwan
■2024年(民113年) 04月09日初版2.3刷
定價 650元

ISBN　978-986-477-379-4

104台北市民生東路二段141號2樓

英屬蓋曼群島商家庭傳媒股份有限公司　城邦分公司

- -

請沿虛線對摺，謝謝！

| 書號：BK6042C | 書名：莊子集釋 | 編碼： |

商周出版

讀者回函卡

感謝您購買我們出版的書籍！請費心填寫此回函卡，我們將不定期寄上城邦集團最新的出版訊息。

不定期好禮相贈！
立即加入：商周出版
Facebook 粉絲團

姓名：＿＿＿＿＿＿＿＿＿＿＿＿＿＿＿＿＿＿＿＿ 性別：□男 □女

生日：西元＿＿＿＿＿＿＿＿年＿＿＿＿＿月＿＿＿＿＿日

地址：＿＿＿＿＿＿＿＿＿＿＿＿＿＿＿＿＿＿＿＿＿＿＿＿＿

聯絡電話：＿＿＿＿＿＿＿＿＿＿＿ 傳真：＿＿＿＿＿＿＿＿＿＿

E-mail：

學歷：□ 1. 小學 □ 2. 國中 □ 3. 高中 □ 4. 大學 □ 5. 研究所以上

職業：□ 1. 學生 □ 2. 軍公教 □ 3. 服務 □ 4. 金融 □ 5. 製造 □ 6. 資訊

　　　□ 7. 傳播 □ 8. 自由業 □ 9. 農漁牧 □ 10. 家管 □ 11. 退休

　　　□ 12. 其他＿＿＿＿＿＿＿＿＿＿＿＿＿＿＿＿＿＿＿＿＿

您從何種方式得知本書消息？

　　　□ 1. 書店 □ 2. 網路 □ 3. 報紙 □ 4. 雜誌 □ 5. 廣播 □ 6. 電視

　　　□ 7. 親友推薦 □ 8. 其他＿＿＿＿＿＿＿＿＿＿＿＿＿＿＿＿

您通常以何種方式購書？

　　　□ 1. 書店 □ 2. 網路 □ 3. 傳真訂購 □ 4. 郵局劃撥 □ 5. 其他＿＿＿＿

您喜歡閱讀那些類別的書籍？

　　　□ 1. 財經商業 □ 2. 自然科學 □ 3. 歷史 □ 4. 法律 □ 5. 文學

　　　□ 6. 休閒旅遊 □ 7. 小說 □ 8. 人物傳記 □ 9. 生活、勵志 □ 10. 其他

對我們的建議：＿＿＿＿＿＿＿＿＿＿＿＿＿＿＿＿＿＿＿＿＿＿

＿＿＿＿＿＿＿＿＿＿＿＿＿＿＿＿＿＿＿＿＿＿＿＿＿＿＿＿＿

＿＿＿＿＿＿＿＿＿＿＿＿＿＿＿＿＿＿＿＿＿＿＿＿＿＿＿＿＿